교정학 *Penology*

행형론과 수용자 처우

금용명

박영사

서문

이 책은 행형이론, 행형역사 그리고 수용자의 시설내 처우에 관한 기본서이다.

행형역사는 자유형의 역사, 우리나라 행형사, 교도소 건축사, 유엔최저기준규칙의 성립과 발전, 각종 행형제도의 연혁 등으로 구성되어 있으며 통섭적 관점으로 기술하였다. 수용자 처우에 관해서는 현행제도의 역사적 배경과 함께 법령과 판례를 기초로 내용을 구성하였다. 이 책을 통해 행형상의 각종 제도는 역사적 우연으로부터 각국에서 필요에 따라 발전해 왔고 범죄자 처우와 관련된 역사는 인간의 기본적 권리보장과 확대의 역사였으며, 법령에 기초한 현행제도는 판례를 통해 그 가치를 평가받고 있다는 것을 알 수 있다.

교정업무는 대부분 실무적 성격을 띠며, 국가행정작용 중 이와 같이 실무가 강조되는 분야는 많지 않다. 실무는 수용자의 처우과정에 직접 참여하고 수많은 사례를 접하고 경험하는 과정을 통해서만 알 수 있기 때문에 연구자가 학문적으로 연구하여 문제점을 찾아 개선하고 이론적인 체계를 정립하기는 매우 어렵다.

행형을 주제로 한 이 책이 행형이론과 역사 그리고 수용자 처우에 관한 교과서로 평가받고 행형실무가 학문으로 자리잡고 발전하는 데 도움이 되기를 바라면서 존경하고 자랑스러운 우리나라 교도관들에게 바친다.

구금은 범죄로부터 사회의 일상을 보호하는 것이다. 교정시설의 기능은 시민의 생명과 재산을 보호하고 사회의 안전을 확보하는 것이다. 그리고 교정의 궁극적인 목적은 범죄자의 재사회화를 통해 범죄를 감소시킴으로써 국민의 생명과 신체, 재산을 보호하고 공동체의 안전을 증진시키는 것이다. 현재 우리나라 교정은 현장에서 실무를 담당하고 있는 교도관들의 노력과 헌신 그리고 희생으로 유지되고 있기에 그들이 법령과 제도, 실무의 탄생 배경과 역사적인 발전과정을 이해하고 자신들의 일에 보다 더 자긍심을 가지기를 바란다. 나아가 국가의 노력과 교도관의 헌신, 교정에 대한 대중의 이해가 함께하면서 교도관의 역할이 국가와 국민으로부터 정당하게 평가받기를 기원한다.

교도소는 양립하기 어려운 처벌과 교정을 동시에 하는 시설이다. 즉 교도소는 형벌을 집행하는 시설이지만 다른 한편으로는 범죄자의 재사회화를 위해 다양한 처우를 실시하는 시설이기도 하다. 국민은 범죄자의 재사회화라고 하는 교정의 목적을 지지하지만, 국가는 교정정책의 추진에 소극적인 입장을 취하기 때문에 범죄자의 인권을 보호하고 그들을 재사회화하여 건전한 구성원으로 사회복귀시키고자 하는 교정행정을 곤란에 빠지게 하고 교도관에게 희생을 강요하고 있다.

뿐만 아니라 교정시스템을 둘러싼 내부와 외부의 부조화는 교정행정이 처벌과 사회복귀라고 하는 상반되는 교정이념을 구현하는데 어려움을 주고 있다. 교정시설이 지역사회에서 문화의 일부로 받아들여지면서 대중과 공존하고 있는 독일 등의 국가와는 달리 우리나라에서는 혐오시설이자 1급 위험시설로 평가받으면서 지역사회로부터 배척받는 현실을 어떻게 받아들여야할지 혼란스럽다. 지금까지 우리나라의 교정은 사회의 변화에 따른 지원과 대중의 이해를 얻는 데 성공한 적은 거의 없다.

형사사법의 역사는 공정, 평등, 법적 안정성을 의미하는 법치주의의 이념과 대중적 사법의 열정 사이에 존재하는 긴장감 속에서 자의적이고 변덕스러운 일들로 점철되어 왔다. 또한 형사사법기구는 부패, 비능률, 가혹행위와 같은 길고도 슬픈 역사를 가지고 있다. 권력을 가진 자는 자신의 이익을 위해 사회적 약자, 정치적 반대자, 문화와 생활방식을 달리하는 사람들의 희생에 형사사법체계를 주저없이 활용하였다. 정치권력과 형사사법체계의 핵심 주체들은 공익보다는 교도소를 처벌의 한 수단으로 이해하고, 반대자들을 제거하는 데 거리낌 없이 사용하였다. 즉 교도소는 사회질서에 대한 위협에 대응하는 편리한 도구였다.

일제강점기와 현대사를 통해 순수 범죄가 아니라 특정집단의 생각에 따르지 아니하는 사람을 처벌했던 일들이 교도소에 대한 주된 기억으로 대중들의 머리속에 자리잡았다. 그 영향은 범죄자란 누구인가와 범죄자 처우 그리고 재사회화를 이념적 기초로 하는 교정철학에 오랫동안 혼란을 초래하였다. 또한 교도소는 사회복귀, 형벌, 무해화라고 하는 모순된 목적들을 동시에 충족시켜야만 했고 그와 같은 목적에 대한 혼란의 결과는 교도소의 역사를 끊임없이 실패의 역사로 만들었다.

대중은 형벌의 본질은 범죄자에 대한 엄중한 처벌이라고 생각하며, 그들을 인간적으로 처우하는 것에 대해서도 감정적 차원에서 과도할 정도로 비판적이다. 국가는 교정시설에 구금된 범죄자도 우리와 같은 시민이라는 사실과 그들이 언젠가는 다시 사회로 돌아와 건전한 시민으로 살아가야 한다는 사실 그리고 범죄가 발생하는 사회구조에 대한 책임이 국가에 일정부분이 있다는 사실에 대하여 명확하게 인식하지 못하고 있다.

국가의 형사사법정책은 범죄자에 대한 대중의 감정과는 별개로 가치중립적으로 시행되어야 하지만 이를 혼동한 국가는 교정을 국가정책의 후순위에 두고 있다. 도로를 건설하는데 수조원을 사용하면서도 국가적으로 매우 중요한 교도소 건축에는 수백억원도 사용하지 아니하는 것이 현실이다. 그 결과로 인해 잔혹하고 비정상적인 수용환경은 여전히 진행 중이다.

국가행정의 일부인 교정은 그 특징에 대해 고려받지 못하고 운용되면서 국가는 공동체의 안전에 대한 위협이라고 하는 비싼 대가를 지불하고 있다. 안타깝게도 이러한 현상이 가까운 장래에 개선될 것 같지도 않다. 범죄자를 우리와 같은 시민의 한 사람으로서가 아니라 특별한 사람으로 대우하는 한 그리고 국가운영과 대중의 관념을 혼동하는 사람들에 의해 교정정책이 좌우되는 현상이 지속되는 한 범죄자를 재사회화하기 위한 교정의 노력은 실패할 수밖에 없다.

교도관은 최고의 존경과 찬사를 받을 자격이 있다. 유럽교정시설규칙은 교도관이 스스로 사회의 이익과 수용자의 재사회화를 위하여 그리고 자기의 직업상의 사명을 위하여 그 역할을 하고 있다고 믿을 수 있는 환경을 만들어 주어야 한다는 것을 선언하고 있다. 그러나 우리나라에서 교도관은 그들의 미래를 결정하는 데 있어서 할 수 있는 게 아무것도 없다.

교정현장에는 처벌과 교화의 균형축이 무너져 죄에 대한 벌의 관념은 사라지고 교화만이 남아있다. 수용자에 대한 과도한 권리보장은 중복되고 다양한 관료적 통제를 만들어냄으로써 구금의 위하력과 일반예방의 효과 그리고 교도관의 역할과 감화력을 약화시켰다. 2000년 이후부터 수용자에 대한 전통적인 관리방식은 헌법재판소, 법원, 국가인권위원회의 조사와 개입의 대상이 되었다. 국가인권위원회가 헌법상 국민의 기본권에 대하여 평균적 정의에 입각하여 객관적인 결정을 내릴 것이라고 생각하는 건 현실과 거리가 있다. 고립된 교정공무원들은 위축되고 내부적으로 비판하고 불신하면서 자존감을 상실하고 있다. 국가 형사사법체계의 한 축이 소리없이 무너지고 있는 안타까운 상황에 있으며 그 책임을 져야 하는 교도관들의 어깨는 더 무거워지고 있다.

고위정책결정자, 국회의원, 교수, 오피니언 리더 등은 교도관이 존경받는 사회를 만들어야 할 가장 큰 책임이 자신들에게 있다는 사실을 깨닫고 지금이라도 이와 같은 현실을 바로잡아야 한다.

'교도관이란 누구인가?'라고 하는 본질적인 물음에 답해야 할 책임은 교도관 자신에게 있다. 교도관은 자신에게 주어진 업무의 중요성과 의미 그리고 가치에 대한 성찰과 확신을 통해 바른 정체성을 확립하고 지속적으로 유지해야 한다. 조직구성원이 건강하고 역량을 갖출수록 그 조직의 미래는 희망적이다. 어떤 조직이든 리더의 수준이 조직의 수준을 결정하고, 리더의 판단과 선택이 그 조직의 미래를 결정한다. 불행하게도 우리는 향후 수십년 이내에 역량을 갖춘 훌륭한 리더가 교정조직을 이끌어가리라고 기대하기는 어렵다. 왜냐하면 훌륭한 리더를 키워내는 조직의 환경이 갖춰져야 하고 개인의 역량과 열정 그리고 그 개인의 경험이 축적되는 데에는 오랜 시간이 필요하기 때문이다. 따라서 교정은 현장에서의 개혁밖에 기대할 수 없다. 내일의 교도소에 근무할 역량과 의지가 있는 교도관들과 훌륭한 리더를 기다린다.

교도관과 수용자 사이에 형성되는 인간적인 관계와 교도관의 훌륭한 인성이 상호 교류를 통해 수용자에게 미치는 감화력은 측량하기는 어렵지만 매우 크다. 대부분의 교도관은 따뜻한 마음과 온화한 성품으로 수용자들과 공감하며 헌신적으로 근무하고 있다.

일반적으로 교도관과 수용자는 법집행의 틀 속에서 관계가 형성된다고 생각한다. 그러나 실상은 다르다. 수용자는 교도관의 행동과 언어를 관찰하며 간접학습을 통해 사회생활을 경험하고, 관심과 격려에 감동하기도 하고, 질책과 훈계에 반성하기도 하고, 상담과 경청에 위로받으면서 바람직한 삶의 방식을 배운다. 이와 마찬가지로 교도관도 수용자들의 다양한 과거와 현재의 삶의 모습을 보면서 반면교사로 삼기도 한다.

교도관은 수용자를 존중하고 수용자는 교도관을 존경하는 환경이야 말로 교정정책의 지향점이라고 할 수 있다. 나는 29년 동안 교도관으로 근무하면서 교도소에서 만난 훌륭한 교도관들뿐만 아니라 수용자들과의 관계를 통해 성장하고 내적으로 성숙하였다. 예를 들면 1992년 안동교도소에서 교도관으로 첫 걸음을 내딛으면서 만난 당시 수용자이자 인생의 선배였던 故 문익환 목사님으로부터는 삶과 마주하는 자세를 배웠다.

전문가들이 이루어 놓은 행형에서의 축적된 성과와 오래전부터 준비해 온 내용을 정리하여 세상에 내놓으면서 두려움이 앞서기도 한다. 전문가와 교도관 그리고 교정에 뜻을 두고 공부하고 있거나 관심있는 모든 분들의 지적을 겸허한 자세로 기다리면서 그런 지적을 이 책의 완성도를 높이는 데 필요한 밑거름으로 삼고자 한다.

이 책의 필요성과 가치를 인정해 주시고 흔쾌히 발간을 허락해주신 박영사 안상준 대표님과 책 출판을 도와주신 장규식 과장님, 최문용 님, 문선미 님께 감사의 말씀을 드린다.

대한민국 정부 수립 이후 지금까지 국가의 관심대상에서 벗어나 있었고, 건축전문가들에게는 알려지지 아니한 채 고독한 시설물로 존재해 온 국내 교정시설의 건축 발전을 위해 사랑과 열정으로 연구하시는 서울대학교 건축학과 백진 교수님과 박사과정 이연미 님께 진심으로 감사를 드린다.

전체 내용에 대해 검토해 준 이민희 님과 최윤석 님 그리고 내용과 판례를 검토해 준 서정호 님, 법령을 꼼꼼하게 확인을 해준 김보성 님, 이광현 님께도 감사드린다.

2021년 2월
정신문화의 수도 안동에서 저자
kym0709@hanmail.net

차례

▌제 3 장 교도소 건축사

제 2 편   교정 관리

제 1 장 수형자의 법적지위와 권리

제 2 장 교정기관의 감독 및 공개, 기본계획

제 3 편   수용자 처우

제 1 장 수용과 과밀수용

제5장 외부교통

제 6 장 종교와 문화

제 7 장 특별한 보호를 필요로 하는 수용자

제8장 수형자 처우

▌제 12 장 규율과 상벌

제4편 수용의 종료

▌제1장 서론

▌제2장 가석방

일러두기

1. 용어 및 법령의 약칭

본문에는 구금시설에 대해 감옥, 형무소, 교도소, 감화원(house of corrections), 징치장(Workhouse, Zuchthaus)이라는 용어가 사용되고 있다. 그 중 감옥, 형무소, 교도소는 prison을 번역한 것으로 1920년대를 기준으로 그 이전은 감옥으로, 그 이후부터는 형무소 또는 교도소라고 표현하였다.

법령의 명칭은 정식명칭을 그대로 사용하는 것을 원칙으로 하되, 법제처 공식법령 약칭이 있는 경우에는 약칭을 사용하였다. 특히 '법'은 형집행법, '법 시행령'은 형집행법 시행령, '법 시행규칙'은 형집행법 시행규칙을 의미한다. 그리고 '수계지침'은 「수용관리 및 계호업무 등에 관한 지침」의 약칭이다.

2. 법령

대한민국헌법 [1987. 10. 29. 헌법 제10호]

헌법재판소법 [2018. 3. 20. 법률 제15495호]

형법 [2018. 12. 18. 법률 제15982호]

형사소송법 [2019. 12. 31. 법률 제16850호]

형의 집행 및 수용자의 처우에 관한 법률 [2020. 2. 4. 법률 제16925호]

형의 집행 및 수용자의 처우에 관한 법률 시행령 [2020. 8. 5. 대통령령 제 30909호]

형의 집행 및 수용자의 처우에 관한 법률 시행규칙 [2020. 8. 5. 법무부령 제976호]

교도작업의 운영 및 특별회계에 관한 법률[2013. 4. 5. 법률 제11727호]

감염병의 예방 및 관리에 관한 법률 [2020. 3. 4. 법률 제17067호]

민영교도소 등의 설치·운영에 관한 법률 [2009. 3. 25. 법률 제9522호]

감사원법 [2015. 2. 3. 법률 제13204호]

소년법 [2018. 9. 18. 법률 제15757호]

행정심판법 [법률 제17354호, 2020. 6. 9.]

공공기관의 정보공개에 관한 법률 [2017. 7. 26. 법률 제14839호]

소년법 [2018. 9. 18. 법률 제15757호]

순회점검반 운영지침 [2019. 7. 1. 법무부예규 제1232호]

수용자 청원처리지침 [2020. 12. 30. 법무부예규 제1272호]

수용관리 및 계호업무 등에 관한 지침 [2019. 3. 7. 법무부훈령 제1211호]

수용구분 및 이송·기록 등에 관한 지침 [2019. 4. 18. 법무부예규 제1219호]

수용자 급식관리위원회 운영지침 [2016. 12. 30. 법무부예규 제1087호]

보관금품 관리지침 [2020. 9. 21. 법무부예규 제1263호]

수용자 교육교화 운영지침 [2019. 1. 21. 법무부예규 제1208호]

수용자 의료관리지침 [2019. 4. 24. 법무부예규 제1221호]

교정시설 경비등급별 수형자의 처우 등에 관한 지침 [2018. 7. 2. 법무부예규 제1193호]

분류센터 운영지침 [2020. 10. 19. 법무부예규 제1264]

교도작업 운영지침 [2019. 9. 2. 법무부예규 제1235호]

교도작업특별회계 운영지침 [2019. 9. 2. 법무부예규 제1236호]

수용자 피복관리 및 제작·운용에 관한 지침 [2017. 1. 2. 법무부예규 제1136호]

수형자 직업능력개발훈련 운영지침 [2019. 5. 15. 법무부예규 제1224호]

수용자 사회복귀지원 등에 관한 지침 [2019. 4. 25. 법무부예규 제1222호]

3. 법원 및 헌법재판소 사건번호 인용

교재에 인용한 판결과 헌법재판소 결정은 아래와 같이 표시하였다.

헌법재판소 결정 → 헌재 2016. 12. 29. 2013헌마142

대법원 판결 → 대법원 1994. 10. 11. 94다22569

고등법원 판결 → 대전고등법원 2013. 8. 13. 2012누742

지방법원 판결 → 광주지방법원 2013. 4. 18. 2012구합464

제1편 총론

제 1 장 행형과 형집행법

제 1 절 행형 일반

1. 행형

범죄자에 대한 처벌이 범죄를 억제하는 것이 아니라 범죄를 예방하기 위해서는 범죄를 포기하게 만드는 사회적 조건에 주목해야 한다는 주장이 16세기에 나타났으며 이는 현대 범죄학과 행형학의 출현에 많은 기여를 하였다.[1] 특히 18세기 계몽시대에 몽테스키외, 볼테르, 베까리아, 벤담, 존 하워드 등 개혁운동가들은 잔혹한 형벌에 대한 비판과 인간의 본질적인 존엄에 대한 대중의 관심을 불러일으켰으며 범죄의 예방이 범죄의 처벌보다 더 중요하고, 처벌의 목적은 사회적 보복이 아니라 범죄를 억제하는 데 있다는 사상 등의 영향으로 새로운 행형정책을 필요로 하였다. 20세기에 들어와 특히 제1차 세계대전 후부터 독일에서 자유형의 집행은 단순히 형사소송의 마지막 단계인 형의 집행(Strafvollstreckung)이 아니라 수형자의 개선과 교육을 목적으로 운영되어야 한다는 사상이 생겨났다. 그리고 그것이 행형(Strafvollzug)이라고 하는 말로 표현되었다.

형의 집행이 제재의 실현 여부에 초점을 두고 있다면 행형은 수형자를 석방시까지 교정시설에 수용하는 영역을 포함한다.[2] 이와 같은 의미에서 '행형이란 국가의 수용시설인 교정시설의 적정한 관리운영을 도모하고 수형자, 미결수용자, 사형확정자, 그 밖의 수용자의 인권을 존중하면서 각각의 수용의 성질에 따라 현실적이고 적극적인 처우의 실현을 목표로 하여 실시되는 행정활동이다.'라고 정의할 수 있다.[3] 그리고 행형은 재판의 집행이라고 하는 법적안정성의 틀 속에 있지만 단순한 형사사법의 연장이 아니라 합목적성의 이념이 지배하는 행정활동으로 이해되어야 한다.

---

[1] 해리 앨런·에드워드 라테사·브루스 판더 저/박철현·박성민·곽대훈·장현석 공저, 교정학개론, 박영사, 2020년 9월 10일, 14쪽.

[2] 클라우스 라우벤탈 저/신양균·김태명·조기영 역, 독일행형법, 한국형사정책연구원, 2010년 10월 20일, 9쪽/小野清一郎·朝倉京一, 改訂 監獄法, 有斐閣, 2001년, 7쪽.

[3] 鴨下孝守, 新行刑法要論, 東京法令出版, 2006년 12월 20일, 2쪽.

행형학(Gefängniskunde, Penology)이라는 말은 함브르크 의사 율리우스 (Nikolaus Julius)가 '교도소 또는 행형의 개선에 대한 강의(Vorlesung über die Gefängniskunde oder über die verbesserung der Gefängnisse)'에서 사용하였으며, 그는 처음으로 행형의 학문에 대한 기초를 만들었다.[4] 행형학이란 형의 집행에 관한 학문으로 정의되지만 그 내용 면에서는 구금시설과 사회 내에서 형벌을 집행하는 다양한 행위, 이론, 운영 등을 폭넓게 포함하여 왔다.[5] 즉 행형학이란 행형시설의 설치와 운용에 관한 그리고 주로 집행시설에 초점을 맞춘 모든 원칙, 학설 그리고 규칙의 총체를 의미하며, 19세기부터 발달한 자연과학과 함께 경험과학으로 발전하였다.

2. 교정

교정(矯正) 또는 교정학은 'Corrections'를 번역한 것으로 그 이전에는 행형 또는 행형학(Penology)이라는 용어가 사용되었다. 행형은 응보형주의 하에서 구금확보기능을 위주로 하던 시대에 주로 사용된 반면, 교정은 근대 이후 교육형주의가 대두됨에 따라 범죄인의 교화·개선을 통한 사회복귀를 강조하면서 생성된 개념이다. 즉 행형이 교정의 형식적·법률적 측면을 강조한 것이라면, 교정은 행형의 실질적·이념적 의미를 강조한 개념이다. 행형은 수형자의 교화개선이라는 목적 이외에 응보, 일반예방, 고통의 부과 또는 격리에 의한 특별예방 등 다른 목적을 포함하고 교정은 수형자의 교화개선을 다른 목적보다 중요시하거나 이를 우선적으로 한다는 현대 교정이념을 담고 있다.[6]

행형에서 교정으로 용어가 바뀐 배경에는 1929년에 시작된 대공황(The Depression)의 영향으로 미국에서 교도소 인구가 급증하였으며, 그 이전부터 시작된 행형에 있어서의 혁신적인 조치들 즉 선시제도, 가석방, 부정기형 등을 시행한 결과, 범죄행위를 한 개인에게 전적으로 모든 책임을 지울 수 없고 범죄자 역시 사회복귀 내지 교정될 수 있다는 개념이 미국사회에 정착되게 된 것에 있다. 그리고 이 개념이 이후 1970년대까지 약 40여 년간 미국사회를 지

---

4 클라우스 라우벤탈 저／신양균·김태명·조기영 역, 앞의 책(2010년), 57쪽.
5 이백철, 교정학, 교육과학사, 2020년 9월 25일, 4쪽.
6 이백철, 앞의 책(2020년), 5쪽.

배하는 행형철학의 근간이 되었다.[7]

교정학의 등장을 가져오게 된 구체적인 배경에는 형사정책이 범죄의 현상을 파악하고 범죄의 원인을 과학적으로 규명함과 동시에, 현재 발생하였거나 발생할 수 있는 범죄에 대하여 현존하는 형벌제도가 범죄대책으로서 가치가 있는지 여부를 연구하고 형벌제도 자체의 개혁방안 못지않게 그 보완책에 관심을 가지면서부터라고 할 수 있다.[8]

우리나라에서는 교정을 범주에 따라 협의와 광의로 구분하고, 협의의 교정은 교정시설 내에서 이루어지는 각종 처우 등을 범위로 하는 반면 광의의 교정은 비행소년이나 범죄자를 대상으로 하는 모든 분야에서의 행위를 포함하는 것으로 구분한다.[9] 규범학적으로 정의하면 협의의 교정은 징역형, 금고형, 노역장유치를 받은 자, 구류형을 받은 자에 대하여 교정시설 내에서 형을 집행하는 절차를 의미하고, 광의의 교정은 협의의 교정 외에 미결구금과 자유박탈을 동반하는 보안처분의 집행까지 포함하는 개념으로 보며 보호관찰, 갱생보호 등 사회내 처우를 포함한다.[10] 최근에는 신체형의 감소와 함께 구금에 대한 대안의 발전으로 교정의 역할은 다이버젼, 중간처벌, 전자감시, 보호관찰 등 비구금적 처벌을 포함하는 것까지 확대하고 있다.

교정의 목적에 따른 구분으로 소극적 관점에서의 교정은 교정시설의 질서유지와 수용자가 시설 내의 환경과 질서에 잘 적응할 수 있도록 하는 제반활동을 목적으로 본다. 적극적 관점에서의 교정은 범죄성의 제거 또는 시설 내 환경에 적응하게 하는 차원을 넘어 재범방지는 물론 재사회화를 통한 사회의 건전한 구성원으로 변화시키는 것까지를 포함한다.[11]

위와 같은 관점에서 광의적이고 적극적 의미에서 교정학을 정의하면 '비행자 또는 범죄자를 대상으로 그가 안고 있는 비행성 또는 범죄적 요소를 순화시키는 한편 준법시민으로서 사회발전에 적극적으로 참여하여 기여할 수 있는 사람으로 변화시키기 위하여, 그가 있는 교정시설 또는 지역사회에서 다

7 이백철, 앞의 책(2020년), 114쪽.
8 허주욱, 교정학, 2013년 3월 22일, 18쪽.
9 교정에 대한 개념을 최협의, 협의, 광의, 최광의로 나누어 설명하는 견해도 있다(허주욱, 앞의 책(2013년), 4~6쪽 참조).
10 이백철, 앞의 책(2020년), 7쪽.
11 자세한 내용은 이백철, 앞의 책(2020년), 8~10쪽 참조.

양한 사회 각 부문과의 연계 속에서 행해지는 제반활동을 연구하는 학문이다.'라고 할 수 있다.[12]

3. 형벌의 목적과 시설내 처우의 이념

형벌의 목적에 대해서는 형벌은 범죄를 저지른 것에 대한 보복으로서 부과되는 것으로, 그 자체가 정의로운 것이므로 정당화된다는 절대적 응보형론과 형벌은 범죄를 방지하기 위해 부과하는 것으로 범죄의 방지효과가 있기 때문에 정당화된다는 목적형론, 그리고 형벌은 응보인 동시에 범죄예방의 효과를 가짐으로써 정당화된다고 하는 상대적 응보형론으로 구분된다.[13]

목적형론은 형벌의 예고와 부과를 통해 잠재적 범죄자에 의한 범죄를 억지하는 것을 내용으로 하는 일반예방론과 실제로 형벌이 부과되는 범죄자 자신이 장래에 재범하는 것을 방지하려고 하는 특별예방론이 있다. 일반예방론은 전통적으로 형벌의 위하에 의한 범죄예방을 주장해 왔지만(소극적 일반예방론), 최근에는 범죄자를 처벌함으로써 규범의 존재를 확인시키는 한편 일반국민에게 규범의식을 각성하게 하고 강화킴으로서 범죄를 예방한다는 이론(적극적 일반예방론)이 주장되고 있다. 이 이론은 법규범이 침해된 경우에 제재가 따르지 않으면 법규범에 대한 신뢰가 무너져 범죄를 저지르는 사람이 나오기 때문에, 형벌을 부과함으로써 이를 막는다는 의미에서 일반예방으로 볼 수 있지만, 그 방법은 전통적인 일반예방론과는 다르다. 그리고 특별예방은 범죄자에 대한 위하를 통한 억지(적극적 특별예방), 사회로부터 범죄자를 격리하는 것을 통한 억지(소극적 특별예방), 형벌을 집행하면서 실시하는 처우에 근거한 범죄자의 개선갱생의 결과로서 재범방지를 포함한다. 특별예방론은 마지막의 의미로 사용되는 경우가 많다. 수형자로 하여금 장래 합법적인 생활을 영위할 수 있게 하는 것은 그가 저지를 새로운 범죄행위로부터 사회를 보호한다는 목표를 포함하고 있으며, 적절한 처우와 교정·교화를 통해 범죄자를 사회로 통합하는 것은 필연적으로 안전에 대한 사회의 욕구를 충족시킨다.[14]

---

12 이백철, 앞의 책(2020년), 9쪽.
13 内藤謙, 刑法講義総論(上), 有斐閣, 1983년, 120쪽 이하.
14 클라우스 라우벤탈 저/신양균·김태명·조기영 역, 앞의 책(2010년), 93쪽.

그 밖에 형벌의 목적을 일원적으로 이해하는 것이 아니라 입법단계, 재판에서 형의 선고단계, 형의 집행단계로 나누어 각각의 단계에서 중점이 다르다고 하는 이론도 있다(삼원설). 이에 따르면 입법단계에서는 위하에 의한 일반예방이 주된 목적이 되고, 재판단계에서는 일반예방과 특별예방이 함께 목적이 되며, 집행단계에서는 개선갱생을 통한 특별예방이 주된 목적이 된다고 한다.

형벌의 목적에 관한 이상의 논의는 주로 자유형인 징역형을 대상으로 한 것이다. 예를 들면 사형에 대해서는 범인의 개선갱생을 통한 특별예방이 있을 수 없고, 벌금에 대해서는 범인을 사회로부터 격리한다는 특별예방이 있을 수 없다. 그러므로 형벌의 목적론은 시설내 처우의 이념이라는 문제와 중복되는 부분이 많고, 여기에서 이론의 차이가 가장 선명하게 드러나게 된다.

4. 행정작용으로서의 행형

행형은 국가의 행정작용의 한 분야이다. 국가의 행정은 법 아래에서 법의 지배를 받으면서 구체적으로 국가목적의 적극적인 실현을 목표로 하여 실시되는 전체로서 통일성을 가진 계속적인 형성적 국가활동으로 정의할 수 있다.

행정기관에는 행정기관의 장 외에 행정기관을 구성하는 모든 직원이 포함되어 있다. 교정에서는 법무부장관과 교정시설의 장은 행정청이고, 법무부장관을 보좌하는 교정본부장과 각 과장 및 각 교정기관의 과장은 보조기관이며, 교도관회의와 분류심사위원회 등은 자문기관이고, 교도관은 집행기관이다.[15]

교도관은 수용자의 인권을 보호하면서 교정시설 내의 규칙과 질서를 유지하고, 수용자의 행동을 감시하고 통제하며, 수형자의 사회복귀를 지원하고, 시설과 설비의 기능을 유지하며, 금지된 물품을 검사하고, 수용자의 행동 등에 대한 보고 등의 업무를 수행한다. 법무부장관은 수용자에 대한 처우 및 교정시설의 유지·관리를 위한 적정인력을 확보하여야 한다(법 제6조 제3항).

행정작용 중에서 행정청이 공권력의 발동으로서 법령에 기초하여 구체적으로 외부에 대하여 실시하는 공법상의 행위를 행정처분이라고 한다. 행정처분은 행정청이 행정목적을 실현하기 위해 상대방의 승낙없이 국가의 의사를

---

15 집행기관이란 행정청의 지시명령을 받아 행정청의 의사를 실력으로 실현하는 것을 임무로 하는 기관을 말한다(鴨下孝守, 앞의 책(2006년), 13~14쪽).

일방적으로 강제하고 권리의무를 규제할 수 있는 성질을 가지고 있다. 소장이 하는 수용자에 대한 처우상의 조치 중에는 수용자의 동의 없이 일방적인 의사 결정에 따라 직접 수용자의 신체, 재산, 자유 등에 공권력을 행사하고 구체적으로 사실상태에 변경을 가하여 행정상 필요한 상태를 실현시키는 사실행위도 많으며 이러한 사실행위의 대부분은 행정소송의 대상이 된다.

5. 행형의 목표

행형의 목표와 관련하여 '범죄자의 재사회화 또는 건전한 사회복귀'(법 제1조)라는 용어가 사용되고 있다. 여기에는 행형이 발전하는 과정에서 수형자가 형을 마친 후 대부분 다시 사회로 돌아간다는 인식을 전제로, 그가 사회로 돌아와 새로 범죄를 저지르지 아니하고 사회에 재편입되도록 하기 위해 구금기간 동안 실시되는 개선을 위한 각종 조치에서 출발하고 있다. 통상 사회화는 이미 유년기에 시작하여 성인이 되기까지의 과정에서 다른 사람과의 지속적인 교류를 통해 자신이 속해 있는 사회 및 법 질서와 사회적 행동방식과 사고방식을 학습하는 과정을 의미한다. 따라서 범죄자가 다시 사회화 과정을 통해 환경에 적응하면서 건전한 구성원으로 살아가도록 하기 위해 행형에서는 광범위하고 다양한 사회화 과정을 제공하여야 한다.

행형의 궁극적인 목표는 자유형을 선고받은 수형자의 개선 내지 교육이 아니라 범죄행위자의 재사회화이다. 여기서 재사회화란 수형자가 장래에 더 이상 범죄행위를 저지르지 아니하고 사회적으로 책임있는 생활을 영위할 수 있도록 하는 것을 목표로 하는 행형에서의 모든 노력의 총체를 말한다.[16] 재사회화라고 하는 목표를 달성하기 위해서는 수용자가 인간으로서 존중받고, 행형에서의 생활조건이 사회에의 재편입의 기회를 위해 더 이상 범죄행위를 저지르지 않고 사회생활을 영위하는데 적합하도록 구성되어야 하며, 각종 교육과 처우는 사회에 복귀를 위한 것이어야 한다.

오늘날 교정의 궁극적인 목적은 범죄자로 하여금 법을 준수하게 하고 일반시민으로 사회에 복귀하게 하는 재사회화(再社會化)에 있는 바, 이 때 재사회화는 수형자가 출소 후에 범행하지 않고 정상적인 사회생활을 영위할 수 있도록 한다는 적극

---

16 클라우스 라우벤탈 저/신양균·김태명·조기영 역, 앞의 책(2010년), 75쪽.

적인 의미를 담고 있다(헌재 2016. 12. 29. 2013헌마142).

한편 재사회화 과정에서 수형자가 사회적으로 책임있는 생활을 영위할 수 있도록 하여야 한다면 범행의 경험과 피해자에 미치는 영향이 사회적 학습에 대한 중요한 연결점으로 의미를 가진다. 피해자의 관점을 포함시키고 특히 피해자와 관련하여 발생한 범행을 처리하는 것은 행동이나 생각을 바꾸도록 작용하고 행형의 목표를 달성하기 위한 중요한 방안이 될 수 있다.[17] 그러나 우리나라 형집행법에서는 범죄피해자를 전혀 고려하고 있지는 아니하다.

제 2 절 형집행법

1. 서

형집행법이란 형사사건으로 교정시설에 수용된 자에 대한 구금 내지 형의 집행을 규율하기 위한 법률체계를 말하며, 현행법의 취지에 따라 수용자처우법이라고 부르기도 한다. 형식적 의미의 형집행법이란 유죄판결이 확정되어 자유형을 집행하는 수형자에 대해 수용부터 시설 내 생활 그리고 석방에 이르기까지의 전과정을 규율하는 법률체계만을 의미하는데, 현행 형집행법은 이외에도 벌금 또는 과료를 완납하지 아니하여 노역장 유치명령을 받은 사람, 미결수용자, 사형확정자 등의 처우와 권리 그리고 교정시설의 운영에 관하여 필요한 사항도 규율하고 있다. 한편 형집행법 이외에도 헌법, 형법, 형사소송법, 정부조직법 등에서 형집행에 관한 사항을 규율하고 있는 바, 이러한 내용을 포함하고 있는 법률을 실질적 의미의 형집행법이라 한다.[18] 즉 교정조직, 교정공무원, 교정시설, 형법과 형사소송법 등 형벌에 관한 법규, 그 밖에 형집행절차를 규정한 법률전체를 의미한다.[19]

형집행법에서 교정시설의 관리운영과 수용자에 대한 처우의 권한을 부여받고 그에 대한 책임을 지는 것은 교정시설의 장이며, 다수의 규정에서 교정시

---

17 클라우스 라우벤탈 저 / 신양균·김태명·조기영 역, 앞의 책(2010년), 91쪽.
18 신양균, 형집행법, 화산미디어, 2012년 12월 26일, 3쪽.
19 허주욱, 앞의 책(2013년), 125쪽.

설의 장의 권한 또는 의무의 형태로 규정되어 있다. 이 권한과 의무의 주체가 되는 교정기관의 장은 교도소, 구치소 등의 소장이다. 소장은 교정기관의 가장 높은 행정직위에 있는 공무원이며 관리책임을 가지고 있다. 소장의 가장 중요한 책임은 기관의 운영, 직원관리, 수용자에 대한 처우이다. 시설의 예산과 자원을 적정하게 관리 및 배분하고, 직원들의 근무환경과 사기진작에 책임을 지고 훈련과 교육을 실시하며, 대외적으로 언론과 형사사법기관과의 상호작용과 협력을 도모한다. 또한 시설의 보안, 질서, 안전에 대한 책임을 지며 법집행업무를 담당하고 있다. 수용자에 대한 의식주와 보건의료, 각종 교육과 사회복귀를 위한 프로그램의 시행, 교정에의 민간자원의 활용 등에 대한 업무를 총괄하고 있다.

2. 형집행법의 성격

형집행법은 국가법체계 중에서 공법, 행정법, 형사법, 절차법의 성격을 가지고 있다.

먼저 법을 공법과 사법(私法)으로 구분하면 형집행법은 공법에 속한다. 법을 공법과 사법으로 이분하는 것은 로마법 시대부터 받아들여진 것으로, 공법은 국가와 개인 또는 국가 상호간의 공적 생활관계를 규율하는 법을 말하고 사법은 개인 상호간의 사적인 생활관계를 규율하는 법을 말한다.[20] 형집행법은 국가와 수용자와의 생활관계를 규율하며, 형집행법에 의하여 보호되는 법익은 사익은 물론 국가 전체의 이익을 위한다는 점에서 공법에 속한다.[21]

법을 행정법과 사법법으로 구분하면 형집행법은 행정법에 속한다. 형집행법의 목적을 형법, 형사소송법과 같이 법적 안정성에서 구하지 않고 수형자를 교정·교화시켜 건전한 사회의 일원으로 복귀시키는 데 있다고 하는 합목적적 입장에서는 형집행법은 행정법에 속한다고 할 수 있다. 행정법을 행정조직 및 국가 또는 공공단체와 그 구성원과의 관계를 정하는 법이라 하고 사법법을 국가의 형벌권 작용의 전부에 관한 법이라고 하는 입장에서는 형집행법은 자유형의 집행과 미결수용자의 수용에 관한 법으로서 형벌권 작용에 속한다고 보아 광의의 사법법에 속한다고 할 수 있다. 그러나 형집행법이 형법이나 형사

---

20 허주욱, 앞의 책(2013년), 128쪽.
21 클라우스 라우벤탈 저/신양균·김태명·조기영 역, 앞의 책(2010년), 9쪽.

소송법과 같이 법적안정성은 물론 합목적성 내지 구체적 타당성을 기저로 하고 있다는 입장에서 본다면 행정법에 속한다고 할 수 있다. 다만 형집행법이 행정법 체계에 속한다고 하더라도 형벌권의 작용에 관한 내용이 포함되어 있는 점에서 사법적 색채가 강한 행정법에 속한다고 해석하여야 한다.[22]

법을 형사법과 민사법으로 구분하면 형집행법은 형사법에 속한다. 형사법은 공익의 유지를 목적으로 하는 형벌권에 관한 법 전체를 말하고, 민사법은 국민 개개인간의 권리관계를 규율하는 법 전체를 의미한다. 형사법은 전체와 부분과의 관계로서 배분적(配分的) 정의에 입각한 직권주의가 지배하고, 민사법은 부분과 부분과의 관계로서 평균적(平均的) 정의에 입각한 당사자주의가 지배한다.[23] 이러한 관점에서 볼 때 형집행법은 형사법에 속한다.

법을 실체법과 절차법으로 구분하면 형집행법은 절차법에 속한다. 형사법을 실체법과 절차법으로 구분하는 경우, 형법은 전자에 속하고 형사소송법은 후자에 속한다. 형법은 범죄의 법률적 구성요건과 형벌을 규정한 것으로 국가는 형법에 따라 형벌권을 행사하는데 반해, 형집행법은 자유형의 집행에 관한 절차적 규정을 그 근간으로 하는 것으로 형사소송법과 더불어 절차법에 속한다.[24]

위에서 살펴본 바와 같이 형집행법은 행정적 성격과 사법적 성격을 모두 가지고 있다고 할 수 있다. 협의의 사법기능은 구체적 사건에 대한 개별 법적용을 법관의 재판행위로 실현하는 것이라고 볼 수 있으므로 형집행은 이러한 사법기능에 속하지 아니하고 행정적 기능에 속한다고 할 수 있다. 따라서 형집행은 행정적 기능의 지도원리인 '합목적성 내지 구체적 타당성'에 의해 지배된다. 그리고 국가의 기능을 입법, 행정, 사법의 세 가지로 구분한다면 형집행은 국가의 형벌권을 구체적으로 실현한다는 점에서 광의의 사법기능에 속한다고 할 수 있으며 이 경우에는 형집행은 사법적 기능의 지도원리인 '법적 안정성 내지 일반적 확실성'에 의해 지배된다. 따라서 형집행법은 합목적성과 법적 안정성의 이중적 성격을 가지고 있다.[25]

---

22 허주욱, 앞의 책(2013년), 129쪽.
23 허주욱, 앞의 책(2013년), 129~130쪽.
24 이백철, 앞의 책(2020년), 12쪽 / 허주욱, 앞의 책(2013년), 130쪽.
25 허주욱, 앞의 책(2013년), 131쪽.

3. 적용대상과 적용범위

가. 적용대상

형집행법의 적용대상인 '수용자'란 수형자, 미결수용자, 사형확정자 등 법률과 적법한 절차에 따라 교도소·구치소 및 그 지소에 수용된 사람을 말한다(법 제2조 제1호).

수형자란 징역형·금고형 또는 구류형의 선고를 받아 그 형이 확정되어 교정시설에 수용된 사람과 벌금 또는 과료를 완납하지 아니하여 노역장 유치명령을 받아 교정시설에 수용된 사람을 말한다(동조 제2호). '징역은 형무소 내에 구치하여 정역에 복무하게 하고, 금고와 구류는 형무소에 구치한다(형법 제67조, 제68조).'고 하는 규정에 따른 것이다. 형집행법은 수형자를 대상으로 하는 사항에 대해서는 명확하게 수형자라고 규정하고, 수용자 모두에게 적용되는 사항에 대해서는 수용자라고 규정하여 구분하고 있다.

미결수용자란 형사피의자 또는 형사피고인으로서 체포되거나 구속영장의 집행을 받아 교정시설에 수용된 사람을 말한다(법 제2조 제3호). 미결은 형사소송 절차에서 재판확정 전의 상태에 있는 것을 의미하고 미결수용자는 미결인 사람이라는 것을 전제로 하여 법령상 근거에 의하여 구금되어 있는 사람을 말한다. 미결수용자에 대해서는 '범죄의 증거를 인멸하거나 인멸하려고 하는 때'에 접견 등 외부교통을 제한하는 처우에 대해 규정하고 있다. 이는 미결수용자에 대해서는 형사재판에서 사안의 진상을 밝히고 형벌법령을 적정하게 적용하기 위하여 교정시설에서의 처우에서도 죄증인멸의 방지를 도모하기 위한 것이다.

사형확정자란 사형의 선고를 받아 그 형이 확정되어 교정시설에 수용된 사람을 말한다(동조 제4호). '사형은 형무소 내에서 교수하여 집행한다(형법 제66조).'고 규정하고 있기 때문에 사형의 선고를 받은 사람은 집행에 이르기까지 교정시설에 구치하고 있다. 사형확정자의 수용은 사형의 집행에 이르기까지 필연적으로 부수되는 절차이며 수형자 또는 미결수용자의 수용과는 그 성격을 달리한다. 특히 사형확정자는 다가올 죽음을 기다리고 있는 특수한 상황에 놓여있으며 일상적으로도 큰 정신적 동요와 고뇌 속에 있기 때문에 심정의

안정을 얻도록 하는 것이 필요하다.[26]

교정시설에 수용되어 있는 사람 가운데 수형자와 미결수용자 또는 미결수용자와 사형확정자처럼 복수의 지위를 함께 가지고 있는 경우도 있다. 그러나 교정시설 내에서 양육되고 있는 수용자의 자녀(법 제53조)와 질병에 의해 교정시설에 일시적으로 수용되어 있는 사람(법 제125조)은 수용자가 아니다.

나. 적용범위와 교정시설

형집행법의 적용범위는 교정시설의 구내와 교도관이 수용자를 계호(戒護)하고 있는 그 밖의 장소로서 교도관의 통제가 요구되는 공간에 대하여 적용한다(법 제3조). 수용자가 입원 중인 외부의료시설, 외부작업장 등과 같이 교도관이 교정시설의 밖에서 수용자를 계호하고 있는 경우에는 그 장소를 포함한다. 즉 형집행법의 적용대상은 현실적으로 교정시설에 의한 구금상태 아래에 있는 사람을 의미하지만 반드시 교정시설의 건축물과 설비 내에 물리적으로 현재하고 있을 필요는 없다.[27] 강제력 행사(법 제100조 제2항 제6호), 무기의 사용(법 제101조 제2항) 등에서 이와 같은 내용을 규정하고 있다.

형집행법은 교도소·구치소 및 그 지소를 교정시설이라고 하고 있다(법 제2조 제1호). 우리나라에서는 1896년 근대적인 국가체계를 갖추면서 조선시대까지 구금시설이었던 전옥서(典獄署)를 감옥서(監獄署)로 개칭하면서 감옥(監獄)이라는 명칭을 사용하였으며 1923년에는 형무소로, 1961년에는 교도소로 명칭을 차례로 변경하였다.

「법무부와 그 소속기관 직제」에는 '법무부장관의 소관 사무를 분장하게 하기 위하여 법무부장관 소속 하에 지방교정청을 두며, 지방교정청장 소속 하에 교도소 및 구치소를 둔다(제2조).'고 규정하고 있으며 교도소와 구치소는 이 규정에 따라 설치된 것이다.

교정시설은 단순한 건조물이 아니라 인적 조직과 물적 설비로 이루어진 영조물을 말한다. 교정시설의 장이 관리하고 있는 구외작업장은 교정시설의 일부이다. 그러나 교정시설 구내에 설치되어 있는 개방작업장을 제외한 외부

---

26 林眞琴·北村篤·名取俊也 공저 / 안성훈·금용명 등 번역, 일본행형법, 한국형사정책연구원, 2016년 9월 23일, 21쪽.

27 林眞琴·北村篤·名取俊也 공저 / 안성훈·금용명 등 번역, 앞의 책(2016년), 25쪽.

통근작업이 실시되는 민간의 작업장이나 법원 또는 검찰청 등 수용자를 일시적으로 구금하는 구치감은 교정시설의 장이 관리하는 곳이 아니며 따라서 교정시설은 아니다.[28]

4. 형집행법의 법원(法源)과 해석

법원(法源)이란 법의 존재형식을 의미하는 것으로 성문법주의와 불문법주의로 구분할 수 있다. 우리나라는 성문법주의를 채택하고 있으며(헌법 제12조 제1항), 형집행법은 국가와 수용자와의 관계를 규율하는 중요한 법원이다.

형집행에 있어서 주요 법원은 대한민국헌법, 형법, 형사소송법, 정부조직법, 형의 집행 및 수용자의 처우에 관한 법률, 소년법, 사면법, 보호관찰 등에 관한 법률, 교도작업 운영 및 특별회계에 관한 법률, 민영교도소 설치 등에 관한 법률 등이 있다. 그리고 대통령령은 형집행법 시행령, 수형자 등 호송규칙, 가석방자 관리규정, 교정직 공무원 승진임용규정 등이 있다. 부령은 형집행법 시행규칙, 교도관 직무규칙, 교도관 복제규칙 등이 있다. 그 밖에 법무부 훈령은 수용관리 및 계호업무 등에 관한 지침 등이 있다.

형집행법에 대통령령, 법무부령, 법무부장관에게 위임하는 규정이 많은 이유는 행형에는 전문적·기술적인 사항이 많고, 사정의 변화에 신속하고 유연하게 대응하여야 하는 사항도 적지 아니하는 등 복잡다양하여 모든 사항을 망라하여 법률에서 규정하는 것은 불가능하기 때문이다.

형집행법은 원칙적으로 성문법주의에 의하고 있으나 성문법이 존재하지 아니하는 경우에 성문법 해석의 표준이 되거나 또는 성문법규를 수정하거나 변경하는 불문법이 인정된다.[29] 또한 교정시설 내 질서유지를 위해 필요한 모든 상황을 상정하여 이를 법률에서 구체적으로 열거하는 명확성의 산술적 관철은 입법기술적으로 불가능하거나 매우 곤란하다. 형집행법의 성격이 사법적 색채가 강한 행정법이라는 특징에서 합목적성이 요구되며 이때 형집행법의 해석이 필요하게 된다. 예를 들면 헌법소원 심판시 법원리 등은 형집행법의 해석에 있어서 기준이 되고 있다. 형집행법은 행정법에 속하며, 구체적 타당성을

---

28 林眞琴·北村篤·名取俊也 공저 / 안성훈·금용명 등 번역, 앞의 책(2016년), 27쪽.
29 허주욱, 앞의 책(2013년), 127쪽.

위해 여러 가지 해석이 행해지고 있기 때문에 불문법주의가 인정된다. 따라서 구체적으로 성문법이 존재하지 아니하는 경우에 이를 보충하기 위한 것으로 관습법과 조리 등에 따른다.

행형관습법은 교정운영과 관련하여 관행에 의해 발생한 일종의 규범으로서 사회의 법적 확신에 의해 지지되었을 때 사회내에서 법적규범으로 승인하여 시행되고 있는 것을 말한다. 관습법은 일정한 문화를 가진 사회내에서 언제나 존재하고, 성문법이 정비된 사회에서도 끊임없이 발생하고 있다. 이러한 관습법의 효력이 성문법과 대응한 효력을 가지느냐 또는 성문법이 없는 영역에서 보충적인 효력을 가지느냐에 대해 국가의 법체계에 따라 다르지만 우리나라는 보충적인 효력을 인정한다고 할 수 있다.

조리(條理)란 그 시대의 사회통념에 의해 정의라고 인정된 것을 기초로 하여 법적 규범으로서 효력을 인정한 것을 말한다. 조리는 형집행법에 관하여 성문법은 물론 관습법이 존재하지 아니할 경우에 최종적인 법원이 된다.[30]

> 가족만남의 집 이용제도는 수용자의 교화나 사회복귀지원 등을 위해 교정당국이 일정한 요건을 갖춘 수용자에 대한 포상으로 행하는 시혜적 제도로 봄이 타당하므로, 수용자에게 가족만남의 집 이용에 관한 법규상 또는 조리상 신청권이 있다고 할 수 없다(대구고등법원 2015. 4. 3. 2014누6570).

형집행법에는 '우려가 있는 때'라는 표현을 여러 조문에서 사용하고 있다. 이는 장래의 가능성과 관련하여 일정부분 가치개념을 포함하는 다소 포괄적이고 추상적인 용어이다. 이에 대한 판단은 구체적으로 발생한 상황에 대한 판단이 아니라 장래에 발생할 수 있는 상황의 가능성에 대해 예측하는 것이므로 이러한 예측판단은 추상적일 수밖에 없다. 결국 '우려가 있는 때'가 어떤 의미인지에 대해서는 교정기관에서 발생할 수 있는 상황의 다양한 위험, 그에 대처하기 위한 행형수단의 다양성에 상응하는 행형당국의 재량과 판단여지를 충분히 고려하지 않을 수 없다. 이러한 예측과 판단의 주체인 교정기관의 장은 통상적인 법감정과 직업의식을 가진 경우라면 장기간의 교정행정업무에 종사한 경험을 바탕으로 어느 경우에 이러한 사유가 발생할 우려가 있는지에 대해 합

---

30 허주욱, 앞의 책(2013년), 128쪽.

리적으로 판단할 수 있을 것이다.[31]

5. 형집행법의 목적과 기본원칙

가. 목적

형집행법은 '교정시설의 운영에 필요한 사항'과 '수형자의 교정·교화와 건전한 사회복귀를 도모'하고, '수용자의 처우와 권리에 필요한 사항'을 규정함을 목적으로 하는 취지를 규정하고 있다(법 제1조). 따라서 형집행법은 '교정시설에 구금되어 수용자에게 인간으로서의 기본적인 생활권을 보장하고, 교정시설의 적정한 관리운영을 도모하며, 수형자의 재사회화를 위한 각종 처우를 실시한다.'고 하는 세 가지로 구성되어 있다고 볼 수 있다. 즉 교정시설의 적정한 관리운영은 수용자의 수용을 확보하면서 처우를 위한 적정한 환경 및 안전하고 평온한 생활을 유지하기 위한 내용과 수용자에 대하여 인간으로서의 기본적인 생활권을 보장하기 위한 내용 및 수형자를 건전한 구성원으로 사회에 복귀시키기 위한 각종 처우와 관련된 내용으로 구성되어 있다. 이 목적규정은 형식적으로는 세 가지를 병렬적으로 규정하고 있지만 형집행법의 궁극적인 목적은 '적절한 처우'의 실현이다.[32]

나. 기본원칙

교정시설은 형법, 형사소송법 등의 규정에 의해 구금된 사람을 강제로 수용하여 처우하는 시설로, 교정시설에는 수용자의 수용을 확보하는 한편 처우를 위한 적절한 환경과 공동생활을 안정적으로 유지하기 위하여 질서의 유지가 필요하다. 또한 다수의 수용자에게 평등한 생활을 보장하기 위하여 개인의 권리 등에 어느 정도의 제약을 가하는 것도 필요하기 때문에 교정시설의 운영에 필요한 사항을 규정하는 것을 목적의 하나로 규정하고 있다. 그리고 '수형자의 교정·교화와 건전한 사회복귀를 도모'하는 것은 수형자 처우의 원칙(법 제55조)을 의미하는 것으로 자유형의 집행에는 ① 교정시설의 적정한 관리운영, ② 수용자의 인권의 존중, ③ 수형자의 개선갱생을 목적으로 한 교정처우가 3가지의 기본원칙이 된다.

이상의 3가지 원칙은 각각이 별도로 존재하는 것이 아니라 상호간에 밀접

---

31 헌재 2016. 5. 26. 2013헌바98.
32 林眞琴·北村篤·名取俊也 공저/안성훈·금용명 등 번역, 앞의 책(2016년), 11쪽.

하게 연관되기 때문에 그 상호관계를 어떻게 이해할 것인지가 중요한 문제가 된다. 수형자의 경우 교정·교화와 건전한 사회복귀를 도모하기 위한 교정처우를 실시하기 위해서는 수형자의 기본적인 생활을 보장하는 한편으로 그 자유의 한계를 구분지을 필요가 있다. 그 때에 '교정시설의 적정한 관리운영'과 '수형자의 인권의 존중'을 고려하여야 한다는 것을 규정한 것이라고 해석해야 할 것이다. 이와 같이 이해한다면 관리운영의 내용을 차지하는 시설 내의 규율 및 질서를 유지하기 위한 자유제한은 단순히 시설운영의 편의 때문이 아니라, 시설 내의 공동생활의 안전확보라고 하는 인권보장의 견지 및 수형자에게 적절한 처우환경을 확보한다고 하는 교정처우의 견지에서 합리적으로 실시될 것이 요구된다. 또한, 인권존중과 교정처우의 관계에 대해서도 수형자의 교정·교화와 건전한 사회복귀가 교정처우의 목적이고, 이를 위해서 일정한 의무 부과와 자유 제한이 허용된다고 하더라도 여기에는 수형자의 인권이라는 관점에서 한계가 있다는 귀결로 이어진다. 행형에는 '수형자의 교정처우,' '수용자의 권리,' '시설의 규율 및 질서의 유지'라는 3가지 측면이 상호 관련된다.

한편 형집행법은 교정시설의 적정한 관리운영과 관련하여 장비의 과학화, 보호장비의 개선, 징벌제도 개선 등을 통해 수용자에 대한 권리보장을 실천하고 과학화를 규정하고 있다. 또한 미결수용자와 사형확정자를 포함한 모든 수용자에 대하여 기본적인 생활수준과 의료처우를 향상하고 권리구제수단을 확대하는 한편, 접견 등 외부교통의 보장과 여성 등 사회적 약자를 특별히 보호하기 위한 배려를 하는 등 수용자에 대하여 국민으로서의 기본적인 권리를 보장하기 위한 규정을 두고 있다. 그리고 교육, 교화프로그램, 작업, 직업훈련 등을 통하여 수형자를 교정·교화하여 건전한 사회의 일원으로 사회생활에 적응하는 능력을 함양하도록 기반을 마련하고 있다.

6. 형집행법의 기능

행집행법은 국가와 수용자의 관계를 규율하는 법질서 전체를 의미하며 형집행법규는 범죄를 조건으로 하여, 이에 대한 법률적 효과로서 형벌집행과 강제력 발동을 그 내용으로 한다. 여기서 형집행법의 기능은 법의 목적달성을 전제로 하고 그 목적은 법의 기능을 통하여 실현된다. 형집행법의 기능은 규범적

기능, 강제적 기능, 보장적 기능, 형제적 기능으로 구별할 수 있다.[33]

가. 규범적 기능

형집행법은 교정시설과 수용자 간에 발생하는 여러 가지 현상이나 문제를 형집행법이 정하는 기준에 따라 합법·적법이라고 판단하거나 위법·불법이라고 평가하고 그에 상응하는 법적효과를 부여한다. 이것은 형집행법이 한편으로는 여러 가지 현상이나 문제에 대한 평가과정을 가지고 있음을 의미하고, 다른 한편으로는 이와 같은 평과과정을 통하여 무가치하게 인정된 행위에 대하여 수용자가 해서는 안 되는 의무를 부과하고 있다. 전자가 평가규범이고, 후자가 행위의사결정규범으로 이 두 가지를 합하여 규범적 기능이라고 한다. 또한 전자는 교도관에게 준거할 규범을 제시하는 기능을 가지고, 후자는 수용자에게 준거하여야 하는 도덕적 규범내용을 제시하는 기능을 내용으로 하고 있다.

나. 강제적 기능

형집행법은 국가와 수용자와의 관계를 규율하는 법질서로서, 국가가 제시한 행위준칙에 따를 것을 요구한다. 교도관의 직무수행에 있어서 그리고 수용자는 각자의 지위에 따르는 행위준칙을 준수하고 다른 사람의 합법적인 생활태도를 존중하며 침해하지 않을 의무를 진다. 형집행법의 법적 규제는 수용자의 의사를 강제하고 구속하며, 만약 그들이 형집행법이 요구하는 작위 또는 부작위에 따르지 아니할 때는 국가가 강제적으로 이를 실현하게 된다. 이것은 수용자가 일반 국민으로서의 지위에서 요구되는 강제력이 아니라 수용자라는 특수한 신분관계에서 요구되는 것이다.

수용자에 대하여 그 수용목적을 달성하기 위해 실시되는 처우상의 조치는 법률의 규정에 근거한 강제적인 수용관계를 전제로 하여 교정시설의 적정한 관리운영을 도모하고 규율 및 질서를 유지하면서 수용목적을 달성한다고 하는 책무를 지고 있기 때문에 행정주체인 교정시설의 장과 그 밖의 직원에게는 우월적인 법적지위가 보장되고 수용자의 권리의무를 규제할 수 있는 성질을 가지기 때문에 권력적 행정작용이라고 해석하여야 한다.[34]

특히 수용자의 자살, 도주 또는 폭력행위에 대하여 실력을 행사하여 제지

---

33 허주욱, 앞의 책(2013년) 135~137쪽 참조.

34 鴨下孝守, 앞의 책(2006년), 4쪽.

또는 구속하고, 보호장비를 사용하거나 보호실에 수용하거나 또는 무기를 사용하는 등의 행정작용은 긴급한 장해를 제거하기 위해 또는 사전에 의무를 명하는 목적을 달성할 수 없는 경우에 직접 수용자의 신체 또는 재산에 실력을 행사하여 행정목적을 달성하는 것으로 행정법상 즉시강제이다. 이러한 즉시강제는 수용자의 자유를 제한하기 때문에 목적달성을 위해 필요최소한도에 그쳐야 하고 규율 및 질서유지 등을 위해서만 발동되어야 하는 일정한 한계가 있다.

다. 보장적 기능

형집행법은 수용자에 대한 의사결정규범인 동시에 처우준칙을 정한 것으로서 이에 의해 수용자는 헌법상 보장되고 있는 국민으로서의 기본권을 포함하여 각종 권리를 보호받는다. 이것을 보장적 기능 또는 보호적 기능이라고 한다.

행형의 목적이 수용자에 대한 각종 처우를 실천하고, 수형자를 교정 · 교화하여 건전한 사람으로 사회에 복귀시키고 미결수용자의 구금확보에 있지만, 이를 달성하기 위한 과정에는 수용자의 보호를 위해 형집행법이 적용될 것이 요구된다. 즉 수용자를 처우하는 경우에 형집행법에 대한 자의적인 해석에 의해서는 아니되며, 법의 목적에 따라 수용자의 기본적인 권리를 보장하여야 하는 것으로 수용자의 마그나카르타(Magna Carta)로서의 기능을 한다. 특히 사법부의 판단에서 수용자에게 헌법상의 기본권을 보장하고 국민의 권리를 보호하는 것과 강제력 행사시 요구되는 각종 원칙은 보장적 기능에 근거한 것이다.

라. 형제적 기능

형제적(刑制的) 기능이라고 함은 교정에 관한 각종 제도를 만드는 기능을 말한다. 예를 들면 독거제, 혼거제, 분류제, 자치제 등은 단순한 행형관습규범에 의해 만들어진 것이 아니라 행형법에 의하여 성립된 법적 제도로 이것을 형집행법의 형제적 기능이라고 한다. 이 기능은 행형사에서 중요한 의미를 가진다. 현행 제도의 역사적 배경을 아는 것은 각종 제도, 개념, 운영에 대한 이해를 증가시키고 미래 교정으로 향하는 데 있어서 오늘날의 교정이 어떠한 발전과정을 거쳤는지에 대해 이해를 깊게 해 주기 때문이다. 또한 누진처우제도와 같이 역사속으로 사라진 각종 제도가 현재의 교정에 미친 역할과 가치를 아는 것도 현재 교정을 이해하는 데 있어서 매우 중요하다.

형집행법의 형제적 기능은 특히 건전한 사회복귀를 위한 각종 처우에서 중요한 역할을 하고 있다. 행형이 범죄자를 교정·교화하여 사회에 복귀시킴으로써 범죄로부터 사회를 보호하는 데 있는 이상, 행형상의 각종 제도는 이러한 목적을 위한 것이어야 한다. 따라서 행형제도는 행형법규와 유기적인 통일체로서 범죄자의 개선과 사회복귀에 연결되는 것이어야 한다.

제 2 장 행형역사론

제 1 절 서론

역사적 사실이 적절히 정리되고 해석되는 경우에는 다른 시대에 산 사람들에게 그들 자신의 문제를 어떻게 보았으며 새로운 아이디어가 어떻게 사회정책으로 변화되어가는가에 대해서 중요한 것을 알려준다. 우리는 행형역사에 대한 고찰을 통해 현재의 행형제도와 그 수단, 그리고 범죄와 형벌에 관한 현상 등이 어떠한 과정을 거쳐 이루어졌는가를 사실적으로 인식할 수 있다.

인간사회는 집단생활의 초기부터 오늘날까지 개인의 바람직하지 못한 행위에 대하여 사형, 신체형, 자유박탈, 명예형, 강제노동, 벌금, 국외추방 등 다양한 처벌방법을 발달시켜왔다. 그렇지만 이 모든 방법이 모든 사회에서 항상 적용된 것은 아니며, 또한 이와 같은 처벌방법이 최초로 행해진 시기를 특정하는 것은 사실상 불가능하다.

고대 로마법에는 미결구금을 위하여 또는 사형과 신체형을 집행하기까지 강제, 보안구금이 존재하였고 나아가 광산노동과 도로공사 등에 강제적으로 종사시키는 노동이 자유박탈을 내용으로 하는 형벌로서 존재하였다. 그러나 이러한 종류의 형벌은 근대적 자유형과의 사이에는 역사적인 연결성 및 직접적인 관련은 없었다고 하는 것이 일반적이며 현대적인 형벌의 형태는 16세기 후반에야 시작되었다.[35]

한편 고대 중국법과 이를 계수한 우리나라의 법령에 '도형(徒刑)'이라고 하는 형벌이 존재하였지만 교정의 이념을 목적으로 하지 않았다는 점에서 근대적 자유형제도와 본질적인 차이가 있을 뿐만 아니라 조선시대의 다른 형벌제도와 함께 역사적으로 단절되었다는 점에서 현재 우리나라의 자유형제도에 별다른 영향을 끼치지 못하였다.[36]

---

35 宮澤浩一·西原春夫·中山研一·藤木英雄 編著, 刑事政策講座, 第2卷(刑罰), 成文堂, 1972년, 58쪽/클라우스 라우벤탈 저,신양균·김태명·조기영 역, 앞의 책(2010년), 48쪽.
36 한영수, 행형과 형사사법, 세창출판사, 2000년 12월 30일, 14쪽.

제 2 절 자유형 제도의 역사적 발전

1. 서

근대 이전의 형벌이 신체에 대한 물리적 고통의 부과에 초점을 두고 있었는데 비해, 근대 이후의 형벌은 자유의 박탈과 시설 내 구금에 의해 특징지어지는 자유형의 우위현상을 나타낸다.[37] 자유형이 사형과 신체형에 우위를 차지하게 되기까지는 형벌제도와 형벌사상의 근대화라고 하는 일정한 역사적 경과가 필요하였다. 다른 한편으로는 자유형 자체의 폐해와 한계가 의식됨에 따라 벌금형을 포함하여 자유를 박탈하지 아니하는 그 밖의 형과 지역사회내 교정의 확대 등으로의 점진적 대체라는 현상도 현재 진행중이다.

특히 근대적 자유형의 성립과 그 후의 전개과정을 살펴보는 것은 범죄자에 대한 구금은 중세 말까지만 하더라도 주로 형사절차를 위하여 수용자를 신체형이나 사형을 집행하기 위하여 일시적으로 사용되었기 때문이다.[38] 또한 자유형의 역사는 형벌의 역사의 일부이지만, 각종 처우에 관한 제도의 역사이자 교정시설 건축 역사의 핵심가치와도 밀접하게 연관되어 있다.

일반적으로 행형의 발전단계를 교정제도의 역사적 발전이라는 제목하에 복수적 단계, 위하적 단계, 교육적 개선단계, 과학적 처우단계, 사회적 권리보장단계, 국제적 협력단계로 구분하여 기술하고 있다.[39] 이러한 시대구분은 각 시대별로 추구한 새로운 패러다임의 등장을 기준으로 구분한 것으로 행형의 진보는 각 시대의 정치, 사회, 문화 등의 영향을 받으면서 발전했고, 행형이 추구한 핵심적인 가치는 근대 이후 각 시대에 걸쳐 존재했을 뿐만 아니라 복수나 위하와 같은 기능은 오늘날에도 여전히 중요한 기능으로 작용하기 때문에 유의미한 구분이라고 할 수 없다.[40]

---

37 한인섭, 형벌과 사회통제, 박영사, 2007년 9월 30일, 92쪽.
38 이재상, 형법총론, 박영사. 2010년 6월 30일, 564쪽.
39 이윤호, 교정학, 박영사, 2012년 4월 15일, 49~51쪽/허주욱, 앞의 책(2013년), 139~151쪽/이백철, 앞의 책(2020년), 59~62쪽.
40 이백철, 앞의 책(2020년) 59쪽 참조.

2. 중세까지의 형벌과 구금

고대부터 근대 초기 이전의 형벌은 재산형, 명예형 그리고 신체형이 일반적이었으며 구금은 다른 형벌을 집행하기 위해 일시적으로 사용되거나 또는 형벌의 한 형태였다고 한다.[41] 로마시대 유명한 법학자였던 울피아누스 (Ulpian)은 '감옥은 형벌을 위해서가 아니라 범죄자의 구금만을 위하여 사용되어야 한다.'라고 하였고, 유스티아누스 황제는 6세기 법이론을 집대성한 로마법전에서 이를 인용하고 법률로 완성하였다.[42]

16세기 말까지 거의 모든 감옥는 범죄자를 처형하기 전까지 구금하는 장소로 사용되는 한정된 기능을 수행하였다. 당시의 구금은 재판을 대기하는 시설 또는 기대하는 결과를 얻기 위한 위협의 수단으로서, 그리고 정치적 반대자를 제거하기 위한 방법으로 사용되었다.[43]

그리스 아테네에서는 자유시민이 감옥에 구금되는 것은 국사범(國事犯) 또는 세금체납자만이었다. 로마법에는 사형과 재산형이 있었으나 로마제국이 되고나서부터 국외추방과 강제노동이 추가되었다.[44] 한편 아테네의 도편추방 (Ostracism), 로마인의 종신추방과 같이 민족공동체로부터의 추방은 매우 광범위하게 행해졌으며 이와 같은 형벌은 게르만인 사이에서는 평화상실로 알려졌다. 로마제정 시대에는 신체의 일부를 절단하는 형과 각종 사형이 잔혹하게 널리 행해졌다. 게르만법에도 화장, 익살, 말로 사지를 자르는 형 등 사형의 특수형태가 인정되었고, 낙인형과 태형 등 무서운 형벌이 드물지 아니하였다. 1532년 제정된 카로리나형법전은 형벌의 종류로 무기 또는 유기의 자유형을 정하고 있었지만 그 외에 사지찢기, 생매장 등 각종 사형과 손과 귀의 절단 등의 신체형이 원칙적으로 인정되었다.[45] 당시 통상적인 형벌은 벌금형, 형틀형 (Pillory), 사형, 신체형이었으며 사형과 신체형은 공중의 면전에서 집행되는 것이 다반사였고 일반예방의 관점에서 시민에 대한 경고의 의미를 가졌다.

---

41 Torsten Eriksson, The Reformers, 1976 by Elsevier Scientific Publishing Company, Inc. 4쪽/Norman Johnston, Forms of Constraint, 2000 by the Board of Trustees of the Universit of Illinois. 5쪽/클라우스 라우벤탈 저, 신양균·김태명·조기영 역, 앞의 책(2010년), 48쪽.

42 Torsten Eriksson, 앞의 책(1976년), 4~5쪽.

43 이백철/양승은 저, 矯正教育學, 시사법률, 1995년 6월 10일, 79쪽/이백철, 앞의 책(2020년), 69쪽.

44 Norman Johnston, 앞의 책(2000년), 5쪽.

45 宮澤浩一·西原春夫·中山硏一·藤木英雄 編著, 앞의 책(1972년), 58쪽.

자유형이 성립하는데 중요한 영향을 주었던 것은 4세기부터 제도화된 수도원 구금(Klosterhaft)이라는 제재형태였다.[46] 원래 죄를 저지른 수도사를 구금하여 죄에 대한 응보로서 고통을 주고 그러한 고통이 죄인의 마음을 개선시키리라고 기대하면서 사용되었다. 9세기 이후부터는 성직자뿐만 아니라 일반인을 구금하였으며, 유기 또는 무기로 과해지는 수도원 구금은 제재를 받은 사람의 내적 개선을 목표로 하였다.[47]

지하시설, 성(城)이나 요새의 일부시설 등이 구금장소로 사용되었으며[48] 교회도 또한 초기 단계에서 수도원을 구금시설로 사용하기 시작하였다. 성(城)은 총과 대포의 발달에 따른 군사전략이 변화함에 따라 그 기능이 축소되었으며 15세기 말에는 군사적 중요성이 대부분 상실되었다. 중앙집권이 진행됨에 따라 국왕은 성(城)을 왕립감옥으로 사용하였으며, 런던탑이나 프랑스 빈센느성과 같이 성 전체가 감옥이 되거나 또는 성 내의 몇 개 거실이 사용되었다.[49] 요새로는 바스티유성이 대표적이었다. 그 밖에 도시의 첨탑, 마을공회당(toll house), 교회의 뾰족탑, 버려진 가옥 등이 구금시설로 사용되었다. 이러한 초기의 시설은 수형자의 건강과 복지에 거의 관심을 기울이지 아니하였으며, 비참한 상태는 수용자의 진정한 교정을 기대하지 못하였을 뿐만 아니라 그 효과는 변형된 신체형이나 생명형과 같았다.[50] 그리고 교회 수도원의 구금시설은 구금을 통한 고통과 고독이 명상을 통한 개선을 가져온다고 하여 개선사상을 도입하였으나 이러한 개선과 독방에서의 고독이라고 하는 이상은 세속적인 감옥에는 반영되지 아니하였고 근대초기 형벌집행에서도 드물게 실시되었다.[51]

행형당국은 18세기말이 되어서야 겨우 사형, 손발절단, 국외추방이라고 하는 통상적인 형벌의 대체수단을 찾기 위하여 형벌로서의 구금형을 대규모로 실시하였다. 즉 자유형의 등장으로 신체형과 생명형, 그리고 그것과 관련이 있

---

46 현대 교도소 제도의 뿌리를 중세 수도원 제도에서 찾을 수 있다(이백철·양승은 저, 앞의 책 (1995년), 80쪽/이백철, 앞의 책(2020년), 70쪽).

47 클라우스 라우벤탈 저/신양균·김태명·조기영 역, 앞의 책(2010년), 49쪽.

48 한인섭, 앞의 책(2007년), 44쪽.

49 Norman Johnston, 앞의 책(2000년), 6~12쪽 참조.

50 Norman Johnston, 앞의 책(2000년), 16쪽/클라우스 라우벤탈 저, 신양균·김태명·조기영 역, 앞의 책(2010년), 50쪽.

51 Norman Johnston, 앞의 책(2000년), 17쪽.

는 법의 파괴자에 대한 응보와 무해화라는 형벌목적이 점차 추방되기 시작하였다.[52]

3. 징치장과 근대적 자유형의 성립

가. 배경

근대적 자유형이 성립하기 위해서는 근대적 사회가 성립될 필요가 있었다. 자유형은 16세기 후반부터 기간이 한정된 자유박탈과 기존의 형벌과는 그 기능을 달리하면서 점차 신체형과 생명형을 대신하였다. 그 배경에는 다음과 같은 사회적, 종교적, 경제적인 상황이 있었다. 당시 십자군전쟁의 결과로 사회가 뿌리채 흔들렸고 주민들 중에서 빈곤으로 거지와 부랑자가 많이 출현하였으며, 이들에 의한 범죄에 대하여 더 이상 신체형이나 생명형으로는 대처할 수 없었다. 거지 가운데에는 아이들과 여자, 젊은이들이 많았기 때문에 다른 대응방식으로 빈곤구제라고 하는 사고의 전환이 이루어졌다. 또한 같은 시기에 캘빈주의의 직업윤리와 노동의 신성시는 거지, 부랑자, 절도범에 대하여 노동이라는 형태의 규율을 통하여 대처할 것을 요구하였다. 또한 중상주의가 발전함에 따라 수용자를 가치있는 잠재적인 노동력으로 인식하였다.[53]

나. 영국 브라이드웰

16세기 영국의 법률은 거지와 부랑자에 대하여 매우 준엄하였으나 그 효과는 의문시 되었다. 종교철학자와 사회학자들은 이 문제에 많은 관심을 기울였으며 그 중 마틴 루터(Martin Luther)는 거지에 대한 교회의 관용에 대하여 모든 인간은 노동의 의무가 있다고 주장하였다.[54] 당시 영국에는 고아와 환자 및 불구자는 시(市)에서 운영하는 시설에 수용하였으나, 거지와 부랑자는 물론 나태한 매춘부 등을 수용할 수 있는 시설이 없었기 때문에 리들리 주교가 1553년 에드워드 6세가 기부한 브라이드웰성에 노역장(workhouse)을 건설하여 이들을 수용하였다.

이 시설의 목표는 첫째 강제노동과 규율을 통한 수용자의 개선도모, 둘째 수용소 밖의 부랑자와 빈민에 대한 교훈적 효과의 도모, 셋째 노동을 통한 자

---

52 클라우스 라우벤탈 저/신양균·김태명·조기영 역, 앞의 책(2010년), 50쪽.
53 클라우스 라우벤탈 저/신양균·김태명·조기영 역, 앞의 책(2010년), 51쪽
54 Torsten Eriksson, 앞의 책(1976년), 8쪽.

급자족의 확보 등으로 요약할 수 있다.[55] 1555년부터 이들을 수용하기 시작하여 방직공장, 금속가공 공장, 목공장, 제분공장, 제빵공장에서 엄격한 규율 아래 노동에 종사하도록 하였다. 이 새로운 시도는 커다란 성공을 거두었고 영국의 각지에서 모방되었다.

이와 같은 시설의 목적은 위하뿐만 아니라 거지, 부랑자, 매춘부, 절도범이 스스로 생활자금을 벌고 작업과 규율을 통하여 개선되어 궁극적으로 사회에 복귀하도록 하는 것이었다. 이러한 의미에서 브라이드웰징치장은 시대의 선구였다고 할 수 있다.[56]

다. 네덜란드 암스테르담

영국의 징치장(houses of correction)은 이와 같이 사회적인 일탈에 대한 대책으로 시행된데 반하여, 범죄자에 대한 개선을 위한 사상은 네덜란드에서 암스테르담징치장의 설립으로 실현되었다.[57] 즉 16세기말 네덜란드에 설립된 징치장은 자유형을 발전시키는 데 있어 가장 중요한 의의가 있었다.

당시는 유럽경제의 중심이 스페인으로부터 네덜란드로 이동되어 정치와 경제가 부흥하는 시기였다. 암스테르담징치장의 설립배경에는 중세 말기의 사회경제구조의 변화, 특히 농촌해체에 따른 도시빈민층의 증가, 구걸과 부랑행위의 정착화와 직업화라고 하는 사회현상이 있었고[58] 따라서 징치장에의 구금이 빈곤을 구제하는 한편 값싼 노동력의 확보라고 하는 초기산업사회의 요청에 대응하는 것이었다. 한편 절도범에 대해 사형이 아니라 징치장에 수용하는 것은 징치형이 가진 교육 및 개선의 목적과 인도주의의 표현이라고 해도 좋지만, 당시 네덜란드가 유럽의 경제적 중심이 되었고, 프로테스탄트의 윤리가 지배하고 있었기 때문에 그것은 자본주의화로 파악해야 할 것이다.[59]

암스테르담징치장은 현대적인 의미에서 최초의 행형시설로 간주되고 있으나 시기적으로 40여년이나 빠른 브라이드웰징치장과의 사이에 어느 쪽이 선구였는가에 대하여 견해가 나뉘고 있다. 당시 영국과 네덜란드 사이에는 도버

---

55 한인섭, 앞의 책(2007년), 53쪽.
56 브라이들웰은 징치장(houses of correction)이라는 용어를 대체할 정도로 널리 사용되었다.
57 클라우스 라우벤탈 저/신양균·김태명·조기영 역, 앞의 책(2010년), 51쪽.
58 小野坂弘, 近代的自由刑の發生と展開(一), 新潟大學 法政理論, 1卷2號, 1962年 2月, 64쪽.
59 宮澤浩一/西原春夫/中山硏一/藤木英雄 編著, 앞의 책(1972년), 60쪽.

해협을 사이에 두고 양모산업과 관련하여 긴밀한 통상관계가 있었으며, 일반
적으로 암스테르담징치장은 영국의 제도를 그대로 모방하여 만들었다고 생각
하거나 또는 최소한 착상에 도움이 되었다고 할 수 있다.[60] 그리고 암스테르담
징치장에 대해서는 히펠(Robert von Hippel)과 셀린(Thorsten Sellin)이 연구를
하였지만 영국 브라이드웰에 관한 연구는 존재하지 아니한 것도 자유형 탄생
의 시작을 암스테르담징치장이라고 주장하는 근거라고 할 수 있다.[61]

암스테르담에서는 성(聖)카톨릭수도회의 수도원을 개축하여 남자를 위한
시설인 목공장(Rasphuis)을 설치하고 1596년 2월 3일 최초로 12명을 수용하였
다.[62] 그 후 수개월에 걸친 목공장의 운영경험을 근거로 암스테르담시 의회는
1596년말 여자용 시설을 설치하기로 의결하고 다음 해인 1597년 방직공장
(Spinhuis)을 개설하여 매춘부, 알콜중독여성, 불량소녀를 수용하여 방직과 재
봉작업에 종사하도록 하였다. 남자징치장의 수용자들은 직물의 염료를 만들기
위하여 다양한 나무를 벗겼기 때문에 Rasphuis(목공장)라 불리었고 여자징치
장에서는 직물, 방직, 봉재 등의 작업이 실시되었기 때문에 Spinhuis(방직장)라
불리었다.

암스테르담징치장에서 수용자는 약 150명이 소규모 공동체 거실에서 생
활하면서 주간에는 목조가공용 줄작업과 방적작업에 종사하거나, 사제(師弟)
에 의한 교육을 받았다. 또한 노동에 대한 댓가로 상여금을 받았고 그 중 일부
는 석방시 지급되었다. 엄격한 노동과 종교를 통하여 개선되고 사회에 적응할
수 있는 능력을 몸에 익히도록 하였으며, 처우는 결코 굴욕적이지 않았다.[63]
존 하워드는 1776년 처음으로 이 시설을 방문하였고 그 후 저술한 『영국과 웨
일즈에서의 감옥실상』에서 목공장 입구 위에 '모든 사람들이 두려워하는 것을
순화시키는 데에는 커다란 용기가 필요하다(Virtutis est domare, quae cuncti
pavent).'라고 쓰여있었다고 기록하였다.[64]

---

60 藤本哲也, 近代自由刑の起源, 法學新報, 95권 3·4호, 1988년, 21쪽.
61 藤本哲也, 近代的自由刑の起源(三), 法學新報 108권 11·12號, 90쪽.
62 Thorsten Sellin, Pioneering in Penology, The Amsterdam Houses of Correction in the
    sixteenth and Seventeenth Centuries, Philadelphia: University of Pennsylvania Press,
    1944. 26~30쪽 참조.
63 클라우스 라우벤탈 저/신양균·김태명·조기영 역, 앞의 책(2010년), 51쪽.
64 Torsten Eriksson, 앞의 책(1976년), 15쪽.

라. 유럽 각국에의 영향

암스테르담징치장은 네덜란드뿐만 아니라 독일 북부의 주요 도시와 스위스 등 유럽의 여러 국가에서 구금시설을 설치하는 데 선도적인 역할을 하였다. 독일에는 최초로 자유도시 브레멘에서 암스테르담을 모델로 하는 징치장(Zuchthaus)이 설립되었으며 그 후 함부르크, 단찌히, 뤼벡 등 다른 독일 여러 도시의 모델이 되었다.[65] 그렇지만 교육과 개선을 목표로 하는 징치장 설립목적과는 달리 단순한 응보에 초점을 맞춘 자유박탈이 여전히 존재하였고 지하감옥에서 노동없이 자유가 박탈되는 구금과 결합된 신체형이라는 성격을 가지고 있었다.

한편 프랑스에서는 17세기 중반 빈민구호원(Hospital General)이 설립되었다. 1656년 파리시에 개설된 빈민구호원은 성별, 연령, 노동능력 유무, 질병 유무를 불문하고 모든 종류의 빈민을 수용할 수 있는 시설이었다. 이와 같이 프랑스가 수용집단을 세분하지 아니한 것은 유럽의 다른 지역과의 경제적 격차에서 기인한다고 볼 수 있다. 즉 암스테르담과 북독일의 경우 중상주의적 상업과 공장제 수공업이 발달함에 따라 노동력 확보에 중점을 둔 반면, 프랑스는 사회적 규율과 안전의 확보에 치중한 것으로 보여진다.[66]

그 후 독일에서는 30년전쟁(1618~1648)으로 인한 사회적 혼란의 결과 징치장 시설이 노역장, 빈민구호소, 고아원, 정신병자 수용소로서 중복된 기능을 가짐으로써 타락하기 시작하였다. 게다가 중상주의로 인하여 노동을 통한 개선이라는 목표보다 경제적 이익이 우선시되었고, 징치장은 사기업에 임대되기도 하였다. 사기업은 수용자를 사회에 통합시키기 위한 조치보다 이윤추구를 우선시하였기 때문에 일반적으로 징치장은 과밀상태에서 남자, 여자, 소년이 비좁은 공간에 함께 수용되었고 비위생적인 상태였다. 17세기 말이 되어서는 설립 초기의 이념이 퇴색되어 오히려 구금보다 중한 제재형태로 간주되었다. 18세기에는 오히려 범죄학교, 매음굴, 하수구, 도박소굴로 변해갔고 더 이상 범죄를 방지하기 위한 시설이 아니었다. 다만, 1703년 교황 클레멘스 11세가

---

65 Wolfgang Sellert, 石塚伸一 역, Zur Entstehung und Entwicklung der Freiheitsstrafe in der Geschichte der deutschen Strafrechtspflege, 北九州大學法政論集 제18권 제2호, 1990년 9월, 7~8쪽.

66 한인섭, 앞의 책(2007년), 58쪽.

로마의 산미케레에 불량소년의 집(Böse Buben Haus)을 개설하였고,[67] 1775년 벨기에의 겐트(Gend)에 문을 연 메이슨 디 포스(maision de force) 감옥은 개선을 위한 집행을 일관되게 실시하였다.[68] 한편 암스테르담 남자징치장은 나중에 감옥으로 사용되다가 1890년 해체되었다.

4. 계몽시대

18세기 후반부터 19세기 초반에 걸쳐 전개된 형벌과 감옥제도, 행형개혁과 관련된 사상적 흐름에 큰 영향을 준 사상은 베까리아를 필두로 한 계몽사상, 감옥실상과 행형에 대한 관심과 개혁을 추진했던 박애적 내지 종교적 개혁운동, 벤담으로 대표되는 세속적 · 합리적 규율과 통제를 갈망한 공리주의로 대변할 수 있다.[69] 이 시대에는 범죄의 초점이 신학적 관점으로부터 개인적 및 사회적 맥락으로 이동하게 되었으며, 범죄에 대한 새로운 시각은 형벌에 대한 공리주의적 접근으로 이어지고 '억제'라고 하는 새로운 형벌의 목적이 탄생하였다.[70] 20세기에 행형철학의 주류였고 현재도 여전히 가치를 가지는 사회복귀이념은 범죄자에게 개선의 기회를 주고 사회와 통합하려는 사상이 그 바탕을 이루는 것으로 계몽시대의 발전과 함께 출현하였다고 해도 과언이 아니다.

계몽주의의 특징은 개인의 이성과 자유의사를 강조하는 점에 있다. 즉 계몽주의가 가정하는 인간상은 이성적으로 자신의 이해(利害)를 판단하고 자유로운 의사결정에 따라 행동하는 개인이었다. 계몽시대에 들어와서는 징치장제도의 쇠퇴와 시설 내의 폐해로 인하여 18세기에 개혁을 위한 노력이 시작되었다. 특히 자유형제도의 발전에 영향을 준 것은 칸트 이전의 계몽철학이다.

몽테스키외(Montesquieu, 1689~1755), 볼테르(Voltaire, 1694~1778)를 거쳐

---

67 교황 클레멘스 11세의 명령에 의해 창설된 로마의 소년감화원의 유명한 표어는 소년감화시설의 특성을 잘 나타내고 있다. 표어는 '규율적 훈육에 의하여 불량자를 개선하지 아니하면 형벌에 의해 이들을 구금하더라도 무의미하다.'(Parum est eoercere improbos poena, nisi probos ifficias disclplina)라는 것이다. 여기에서는 주간혼거노동과 야간독거구금이 행하여졌다. 이 시설은 불량소년을 위한 교육기관으로서 설립되었던 것이다(Dr. Paul Pollitz, Starfe und Verbrechen, Geschichte und Organisation des Gefängniswesens(1910) 東邦彦 役, 刑罰と犯罪, 刑務協會横濱支部, 1938년. 17쪽).

68 클라우스 라우벤탈 저/신양균·김태명·조기영 역, 앞의 책(2010년), 52쪽.

69 한인섭, 앞의 책(2007년), 110쪽.

70 이백철, 앞의 책(2020년), 81쪽.

베까리아(Beccaria, 1738~1794)에 이르는 계몽주의자들은 고문과 신체형, 생명
형의 종국적인 추방을 주장하였고 결국 그 결실을 맺었다. 즉 국가의 형벌권과
형벌의 목적, 본질에 관한 문제가 새로운 윤리적인 관점에서 논의되게 된 것은
계몽운동에 따른 하나의 진보였다. 계몽사상과 그 구체화에 의해 추진된 것은
형벌의 인도화였지만 구체적으로는 잔학한 형벌의 폐지, 사형의 제한 내지 폐지,
형벌의 완화, 고문폐지 등을 내용으로 하는 것이었다. 이러한 점에서 계몽주의 형
벌사상과 근대적 자유형과 관련하여 근대적 징치장은 자유형 내부에서만 아니라
형벌체계 전체 속에서 지배적인 지위를 차지하는 방향으로 발전을 지향하였다.[71]

  1764년에 발간된 베까리아의『범죄와 형벌』은 특히 중요한 의의를 가지
고 있다. 그는 형벌을 일반적으로 중대범죄에만 제한하는 동시에 신체형, 특히
사형적용을 제한할 것을 요구하고 형벌입법의 근본목적이 범죄의 방지에 있다
는 것을 분명히 하였다.[72] 베까리아의 사상은 1770년대에 시작된 유럽 각국의
형법개혁에 기여하였다.[73] 계몽철학의 후원자인 동시에 계몽사상가인 프로이
센의 프리드리히 대왕(Friedrich der Große, 1712~1786)은 소년범죄인에게는 사
형대신에 종신의 구금형을 적용하도록 법률을 개정하는 등 사형을 제한하였
고, 범죄를 벌하는 것이 아니라 범죄를 미연에 방지하는 것이라고 생각하였
다.[74] 1794년 프로이센 일반란트법(ALR)에는 계몽시대의 가장 중요한 법전 편
찬에서와 마찬가지로 자유형이 형벌체제의 중앙에 위치하였다.[75] 1789년 프랑
스의 '인간과 시민의 권리선언'은 베까리아의 영향을 직접적으로 받았으며,
1791년 혁명정부는 계몽사상에 입각한 신형법전을 제정하였다.[76]

  그러나 중상주의로 특징지어지는 18세기 독일 연방국가에서는 군주가 시
설을 사유화하고 공장경영자에게 시설을 임대하는 현상이 널리 퍼져서 징치장
의 운영상황이 악화되었다. 징치장은 거의 예외없이 경제적 이익에 봉사하는
시설이 되었고, 수용자는 값싼 노동력으로 이용되었다. 공장경영자들은 징치
장으로부터 가능한 한 많은 이익만을 올릴려고 하였기 때문에 시설설비에 최

71 宮澤浩一·西原春夫·中山硏一·藤木英雄 編著, 앞의 책(1972년), 64쪽.
72 체자레 베까리아 저, 이수성·한인섭 공역, 범죄와 형벌, 길안사, 1998년 5월 10일 참조.
73 Samuel Walker 저/장영민 역, 미국형사사법사, 한국형사정책연구원, 2007년 6월 5일, 43쪽.
74 Dr. Paul Pollitz/東邦彦역, 앞의 책(1938년), 24~25쪽.
75 Wolfgang Sellert, 石塚伸一 역, 앞의 논문(1990년 9월). 9쪽.
76 Samuel Walker 저, 장영민 역, 앞의 책(2007년), 44쪽.

소한의 재정적 지출만을 하였다. 그 결과 교육과 개선사상은 후퇴하였고 자유
형에 의하여 달성하려고 했던 형사정책적 목적은 뒤로 밀려나고 말았다.

존 하워드(John Howard, 1726~1790)는 1777년 발간된 『영국과 웨일즈에
서의 감옥실상』(The State of the Prisons in England and Wales) 제3장 개선을 위
한 제언에서 감옥개량운동에 대한 자신의 주장을 피력하였다. 즉 입소시 및 위
생상 필요한 목욕을 실시하고 노후화된 시설을 개선하는 등을 통해 감옥은 안
전하고 위생적인 시설이어야 한다는 것을 역설하였다. 감옥이 개선의 장소로
변화되고 범죄가 상호간 감염되는 것을 방지하기 위하여 남자와 여자, 소년과
노인, 상습범 등을 분리구금하여야 하며 야간독거의 필요성을 주장하였다. 그
리고 노동의 중요성은 인정했지만 강제노역을 시키는 것에는 반대하였고 작업
임금지불과 연계된 작업, 석방시 임금 중 일부를 반환할 의무, 개인이 선행을
통해 형기의 단축에까지 이르는 상우를 받을 수 있는 누진처우제의 도입 등을
주장하였다. 또한 교도관은 정직하고 활동적이며 인간성이 풍부하여야 하고,
감옥의 관리운영은 중요한 업무이기 때문에 의회나 시당국으로부터 시찰관이
선임되어야 하며, 수형자에게 책임있는 어떤 지위도 부여해서는 안된다는 것
을 역설하였다.[77] 그의 인도주의 정신은 영국 지식사회로부터 큰 공감을 얻었
고 범죄자 처우의 개혁자로서 기억되었으며 수형자 처우개선을 위한 행형개혁
운동은 오늘날까지도 영향을 미치고 있다.

영국의 철학자인 제레미 벤담은 18세기말의 감옥개량운동에 중요한 공헌
을 하였다. 그는 파놉티콘(Panopticon)이라는 근대적인 감옥을 설계하였으며,
지속적인 감시는 구금의 교정작용을 크게 제고할 것이라고 주장하였다. 영국
정부는 벤담의 설계에 따른 시설을 건축하는 데 반대하였으나 토마스 제퍼슨
의 버지니아주립감옥 계획에는 수정된 파놉티콘이 포함되었다.[78]

한편 독일에서는 시설 내 목사인 하인리히 바그니츠(Heinrich Wagnitz)가
하워드의 영향을 받아 그의 개혁사상을 보급하였다. 그는 1791년 '독일에서
가장 눈에 띄는 징치장에 대한 역사적 보고와 기록들(Historische Nachrichten

---

77 클라우스 라우벤탈 저, 신양균·김태명·조기영 역, 앞의 책(2010년), 53쪽/자세한 내용은 한
   인섭, 앞의 책(2007년), 122~125쪽 참조.
78 Samuel Walker 저/장영민 역, 앞의 책(2007년), 46쪽.

und Bemerkungen über die merkwürdigsten Zuchthäuser in Deutschland)'에서 노동을 통한 범죄자의 개선을 주장하였다.[79]

5. 미국에서 구금형의 발전

가. 서

독립전쟁(1775~1783) 이전까지 식민지 시대에 미국의 형벌은 영국과 마찬가지로 벌금, 태형, 가욕형(加辱刑), 추방형, 사형이 중요한 자리를 차지하였고 그 집행방법도 가혹하였다. 중요범죄행위는 사형에 처하였고, 태형은 공공장소에서 집행되었으며, 재산범과 풍속범에게는 벌금과 손해배상을 부과하였다.[80] 그리고 구금시설은 유럽의 감옥과 같이 다른 형벌을 집행하기 위한 일시적인 구금이나 채무자를 수용하기 위한 곳이었다.

독립 직후부터 1820년대까지 대부분 주에서 형법 개정이 이루어졌고 사형은 살인죄, 그 밖의 중대범죄를 제외하고는 대부분 폐지되었으며 자유형 중심의 형벌체계가 형성되기 시작하였다. 미국에서 형법개정운동의 원인은 첫째 독립선언이 계몽철학을 본보기로 하였기 때문에 당시 유럽의 베까리아, 벤담, 하워드 등의 형벌이론이 미국에 쉽게 수용될 수 있었고, 둘째 독립직후 애국심의 고양으로 종래 형법전에 대한 배척감과 혐오심이 존재하였으며, 셋째 도시규모의 확대와 인구의 도시이동 등으로 새로운 형벌제도의 필요성이 높아진 것 등을 들 수 있다.[81]

미국에서 형벌제도의 개혁을 선도한 것은 펜실베니아주로 자유형 중심의 형벌체계 구축의 선구가 되었다.[82] 1776년 필라델피아시의 퀘이커교도가 중심이 되어 '수형자의 고통완화를 위한 필라델피아협회(Philadelphia Society for Alleviating Distressed Prisoners)'를 결성하여 활동하였으나 독립전쟁으로 중단

---

79 클라우스 라우벤탈 저/신양균·김태명·조기영 역, 앞의 책(2010년), 53~54쪽.
80 Samuel Walker 저/장영민 역, 앞의 책(2007년), 17~18쪽.
81 小澤政治 저·금용명 역, 미국에서의 구금형의 생성(상), 교정지 2005년 4월호, 90쪽.
82 펜실베니아는 윌리암 펜의 퀘이커형법전(1682)의 전통을 가진 주로 동 형법전의 시행시기(1682~1718)는 짧았으나 당시 사형과 신체형 중심의 형벌체계와는 달리 사형범죄는 모살범에 한정하고 대다수의 범죄에 대하여 벌금과 구금형을 규정하여 자유형 중심의 형벌체계를 수립하였다(H.E. Barnes, The Evolution of Penology in Pennsylvania : A Study in American Social History, Indianapolis : Bobbs—Merrill Co.(1927) 31~37쪽).

되었다.[83] 그 후 1787년에 '공공감옥의 참상을 구제하기 위한 필라델피아협회(Philadelphia Society for Alleviating the Miseries of Public Prisons)'라는 이름으로 부활하여,[84] 당시 공공노역 형태로 실시되고 있던 노동을 병과하는 구금형의 비인도적인 행태를 비판하고 고독한 묵상과 반성이 인간의 영혼을 정화시킨다고 하는 퀘이커파 교리에 기초하여 독거구금을 주장하였다. 동 협회의 가장 중요한 업적은 독거 하의 중노동을 수형자의 개선과 규율을 위한 기본원칙으로 채택하여 발전시킨 것이다.[85] 이에 따라 주의회는 1789년법으로 필라델피아의 월넛스트리트 구치시설(Walnut Street Jail)을 1년 이상 노동병과 구금형을 선고받은 자의 수용시설로 사용하기로 하고 범죄경향이 진전된 흉악한 범죄자를 독거구금하였다.[86] 여기서 구상된 독거구금(solitary confinement)은 단순히 처우상 구금의 한 방법이 아니라 하나의 독립된 형벌로서의 독거구금형이라고 하는 형벌의 집행방법 그 자체가 되었다.[87] 그러나 과밀수용으로 인해 첫 실험은 실패로 끝났다.[88]

월넛스트리트 구치시설은 주립감옥으로서 역할을 담당하면서 미결구금자, 수형자 등의 분리가 철저하게 이루어졌으며, 여자와 소년의 전용구역이 만들어졌다. 또한 작업과 교과교육이 장려되었고 초등교육을 위한 강좌도 개설되었다. 이와 같은 개혁에 자극을 받아 많은 주에서 월넛스트리트 구치시설의 설비구조를 모방하여 가장 위험한 수형자는 독거실에 수용하였고 그 밖의 수형자를 위한 혼거실과 공동작업장을 설치하였다. 특히 1797년에는 최초로 뉴욕주의 뉴게이트감옥(Newgate Prison, 나중에 쿠퍼카인감옥으로 개칭됨)이 월넛스트리트 구치시설을 모방하여 개설되었다.[89]

그러나 19세기초 미국은 산업혁명의 시기로 도시화와 산업화가 진행됨에 따라 범죄가 증가하였고 대부분 시설은 과잉수용상태가 되어 감옥의 규율과

83 창립자는 퀘이커 교도인 리차드 위스터(the Quaker Richard Wister)고 한다(이백철·양승은 저, 앞의 책(1995년), 82쪽/이백철, 앞의 책(2020년), 90쪽).
84 平野龍一 監譯, アメリカの刑事司法－犯罪學Ⅱ－, 有信堂高文社, 1984년, 206쪽.
85 한인섭, 앞의 책(2007년), 135쪽.
86 Samuel Walker 저/장영민 역, 앞의 책(2007년), 52쪽/이 독거수용동이 나중에 징치감(Penitentiary)이라 불리었다(小澤政治 저·금용명 역, 앞의 논문(상)(2005년), 93쪽)/Penitentiary라는 용어는 응보가 아니라 반성 또는 반성에 의한 개선을 만들어내는 시설이라는 의미를 가지고 있었다(平野龍一 監譯, 앞의 책(1984년), 207쪽).
87 小澤政治 저·금용명 역, 앞의 논문(상)(2005년), 94쪽.
88 Samuel Walker 저/장영민 역, 앞의 책(2007년), 67쪽.
89 小澤政治 저·금용명 역, 앞의 논문(상)(2005년), 96쪽.

질서가 무너졌다. 월넛스트리트 구치시설과 뉴게이트감옥은 구금형이라고 하는 새로운 형벌방법을 미국에 보급하였지만 안정적이고 지속적인 관리체계를 구축하는 데까지는 이르지 못하였다. 왜냐하면 당시 구금과 도주방지라는 감옥의 기본적인 기능을 수행하는데 필요한 건축양식이 발달하지 못하였고, 시설내 생활에 있어 행동규제가 제도화되어 있지 않았으며, 일과로서 교도작업을 확립하려고 하였으나 수형자의 노동력을 조직적으로 질서정연하게 작업에 종사하게 하기 위한 기술적인 지식이 부족하였기 때문이었다.[90]

나. 펜실베니아제와 오번제의 확립과 보급

미국에서는 초창기 혼거구금의 폐해에 대한 반성으로 1820년대 이후 독거실을 갖춘 감옥을 건설하였으며 이를 선도한 것은 펜실베니아주의 동부감옥과 서부감옥, 뉴욕주의 오번감옥과 싱싱감옥이다. 펜실베니아제는 하워드, 벤담, 베까리아, 몽테스키외 등 계몽주의자들의 휴머니스트적 이상에 기초하여, 벤자민 플랭클린(Benjamin Franklin, 1706~1790)과 벤자민 러쉬(Benjamin Rush, 1745~1791)와 같은 개혁자들의 이상과 노력을 통해 발전하였다.[91]

펜실베니아주에서는 월넛스트리트 구치시설의 실패로 구금형의 집행방법을 개선하여 독거구금에 의하는 것으로 결정하였다. 이를 위하여 피츠버그에 벤덤의 파놉티콘형의 영향을 받은 서부감옥을 1818년 윌리암 스트릭랜드(William Strickland)가 설계를 하였으며 1826년에 완공되었다. 그러나 거실이 협소하고 채광이 불량하여 거실내 작업이 불가능하였다.[92] 1829년에는 필라델피아 체르힐(Cherry Hill)에 동부감옥의 수용동 일부가 완성되어 수용을 개시하였다. 존 하빌랜드(John Haviland, 1793~1852)가 동부감옥을 설계하였으며, 이 시설은 중앙복도의 양측에 거실을 마주보게 배열하는 건축양식으로 체리힐의 시설과 환경은 그 시대 감옥 중에서도 뛰어났다고 말할 수 있고 국제적으로 커다란 반향을 불러일으켰다.[93] 이 두 시설은 퀘이커교 교리의 영향을 받아 범죄자에 대하여 고독한 묵상과 반성에 의한 개선갱생을 촉진하고 악풍감염을

90　小澤政治 저·금용명 역, 앞의 논문(상)(2005년), 100쪽.

91　해리 앨런·에드워드 라테사·브루스 판더 저/박철현·박성민·곽대훈·장현석 공저, 앞의 책(2020년), 35쪽.

92　이백철/양승은 저, 앞의 책(1995년), 85쪽 / 小澤政治 저·금용명 역, 앞의 논문(상)(2005년), 103쪽.

93　Norman Johnston, 앞의 책(2000년), 70~74쪽.

방지하기 위하여 주야독거구금을 하였다. 수형자는 각자의 거실에서 식사를 하였고 작업과 종교교회, 운동, 취침을 혼자서 하는 등 엄정독거구금을 기본으로 하는 처우방식으로 펜실베니아제로 불리었다. 특히 작업과 관련하여 대부분의 작업이 거실내 작업으로 수공업형태가 중심이 될 수밖에 없었고, 직기와 피혁 제조의 2대 직종이 오랫동안 실시되었다.[94]

한편, 뉴욕주는 뉴게이트감옥의 과잉구금을 완화하기 위하여 1816년부터 1832년까지 오번감옥(Auburn Prison)을 건설하였고, 1828년에는 싱싱감옥(Sing Sing Prison)을 개설하였다. 오번제는 주야독거구금의 실패에 대한 대안으로 오번감옥에서 확립된 처우방식으로 주간에는 침묵제를 도입하여 수형자의 대화를 금지하면서 공장에서 작업에 종사시키고, 야간에는 독거실에 구금하였다. 이 집단관리기법은 1821년 오번감옥의 소장으로 취임한 엘람 린즈(Elam Lynds, 1784~1855)가 고안한 것으로 첫째 교도작업을 시설 내 생활의 중심에 두고 기계적인 일과가 확립되었고, 둘째 수형자의 동작과 시설 내 생활의 모든 면에서 획일화·규격화를 강제하였으며, 셋째 작업과 일과의 통일, 규칙을 실천하기 위하여 사소한 위반에 대해서도 가혹한 징벌이 부과되었다.[95]

펜실베니아제의 확립에는 퀘이커교도를 중심으로 하는 '공공감옥의 참상을 구제하기 위한 필라델피아협회'가 역할을 하였으나 오번제는 1825년 루이스 드와이트(Louis Dwigt, 1793~1854)가 결성한 '보스턴감옥규율협회(Prison Discipline Society of Boston)'가 지지하였다.[96]

다. 양 제도의 평가

펜실베니아제와 오번제 사이의 주요 쟁점은 침묵과 참회의 처방이 악풍감염을 방지하고 범죄자의 행동을 개선할 수 있는가이다.[97]

펜실베니아제 지지자들은 첫째 수형자를 주야독거구금함으로써 개개의 수형자에 대한 관리가 용이하고, 둘째 수형자의 개별적인 필요에 따른 처우의 개별화를 도모할 수 있으며, 셋째 주야독거구금 아래에서는 수형자가 규율위반

---

94 小澤政治 저·금용명 역, 앞의 논문(상)(2005년), 105쪽.
95 小澤政治 저·금용명 역, 앞의 논문(상)(2005년), 108~110쪽 참조.
96 Samuel Walker 저/장영민 역, 앞의 책(2007년), 68쪽.
97 해리 앨런·에드워드 라테사·브루스 판더 저/박철현·박성민·곽대훈·장현석 공저, 앞의 책 (2020년), 48쪽.

행위를 할 기회를 배제할 수 있고, 넷째 직원과 교회사에 의한 교정·교화활동이 수형자의 집단반항에 의해 감쇄될 우려가 없으며, 다섯째 악풍감염이나 출소후 동료로부터 범죄에 유혹될 우려가 없다는 점 등이 우수하다고 주장하였다.

이에 대해 오번제의 지지자들은 펜실베니아제의 결함으로 첫째 장기간의 주야독거구금은 수형자의 육체적 및 정신적 건강을 해치고 정상적인 사회복귀를 곤란하게 하며, 둘째 독거구금 하에서는 교과교육을 실시하기 어렵고 종교교회, 작업의 감독, 운동실시 등에 불편하며, 셋째 주야독거구금 하에서도 수형자 서로간에 다양한 방법으로 의사전달을 하는 등의 규율위반을 완전히 불식할 수 없다는 점을 지적하면서 오번제의 최대의 장점은 건축비가 비교적 저렴하고 수형자의 노동을 통해 이윤을 얻는 한편 운영경비가 싸다는 점을 강조하였다.[98]

즉 펜실베니아제는 이념적 또는 사상적 측면에서, 오번제도는 비용이 적게 든다는 경제적 측면에서 각각 그 우월성을 주장하였다.[99] 결국 오번제가 수익성이 있는 교도작업을 용이하게 한다는 단순한 이유로 승리를 거두었다.[100]

양 제도의 본질은 다음과 같다. 펜실베니아제는 모든 수형자를 주야독거구금함으로써 수형자 사이의 악풍감염을 방지하고 개개의 수형자에 대하여 종교적인 감화를 통하여 인격을 개조하고, 감옥 내에는 집단이 존재하지 않는 것으로 규율과 질서의 문제가 해결되었다고 생각하였다. 이에 오번제는 수형자 사이의 접촉을 최소화한 가운데 규율에의 복종과 노동습관을 함양시킴으로써 재범방지에 주안을 두고 규율과 질서는 침묵제, 일과, 통일동작, 그 밖에 다양한 집단관리기술로 해결할 수 있다고 생각하였다.

교도작업과 관련하여 펜실베니아제의 동부감옥 및 서부감옥에는 거실내 작업이기 때문에 도입할 수 있는 작업종류에 제약이 있었고, 또한 원재료의 구입부터 제품판매에 이르기까지의 전 과정이 교정당국의 통제 하에 있어야 한다는 사고방식을 고수하였다. 이에 비해 오번감옥과 싱싱감옥에서는 주간에 수형자를 최대한으로 교도작업에 투입하여 성공을 거두었다. 그 사회적 배경

---

98 小澤政治 저·금용명 역, 미국에서의 구금형의 생성(하), 교정지 2005년 5월호. 89~90쪽.
99 이백철·양승은 저, 앞의 책(1995년), 88쪽/이백철, 앞의 책(2020년), 95쪽.
100 Samuel Walker 저/장영민 역, 앞의 책(2007년), 68쪽.

에는 당시 미국은 산업혁명의 비약적인 진행기였고, 노동습관의 강조는 범죄원인에 관한 당시의 사회통념과 일치한 점 등이 있었다. 이와 같은 교도작업의 비교를 수형자에 대한 노동윤리의 내면화라고 하는 관점에서 본다면 펜실베니아제는 과거 수공업을 기반으로 하는 전통적인 종교사회에서의 노동자상을 지향하고 있었던 것에 비해, 오번제는 현재 산업화시대에서 요구되는 공장노동자로서의 노동규율을 지향하고 있었다고 평가할 수 있다.[101]

1830년대 말에는 행형실무상 오번제가 미국의 주류가 되었다. 그 이유는 첫째 오번제는 펜실베니아제에 비해 감옥을 운영하고 유지하는데 재정부담이 적어서 경제적으로 매력이 있었고, 둘째 오번제가 단기간에 제도로서의 완성을 이루었으나 펜실베니아제는 서부감옥의 결함 등에 따른 신용이 실추되었기 때문이었다.[102] 그러나 영국, 프랑스, 프로이센, 벨기에 등의 감옥개량에 관련된 위원회의 위원들이 미국의 양제도를 시찰한 후 자국 정부에 펜실베이나제에 대해 호의적인 보고를 제출하였으며, 많은 유럽국가들은 펜실베니아제를 수정한 형태로 채택하였다.[103]

라. 양 제도의 붕괴

펜실베니아제는 1860년대까지 당초의 제도적 이념에 충실한 처우방식을 지속하였으나 오번제는 상당히 빠른 시기에 붕괴되기 시작하였다.

오번감옥에서는 1840년 무렵부터 수형자의 집단관리에 빈틈이 발생하면서 가장 중요한 침묵제가 이완되기 시작하였으며 붕괴의 직접적인 계기는 다음과 같다. 첫째는 1844년 결성된 뉴욕주감옥협회가 세력을 얻어, 규율을 유지시키기 위하여 가혹한 징벌을 부과하는 것에 대하여 반대하였고 수형자의 개선갱생에 중점을 두고 비인도적인 징벌의 금지를 요구하는 운동이 사회의 지지를 얻었으며, 둘째 산업혁명의 진행으로 생산의 단위가 개인에서 산업자본가로 이동하였고, 생산방식도 공장제 기계공업으로 이동함에 따라 몰락한 노동자가 도시로 집중되어 빈곤이나 범죄문제가 심각한 사회문제로 대두하였

---

101 이윤호, 앞의 책(2012년), 70쪽/이백철, 앞의 책(2020년), 96쪽/小澤政治 저·금용명 역, 앞의 논문(하)(2005년), 95, 96쪽.
102 小澤政治 저·금용명 역, 앞의 논문(하)(2005년), 97쪽.
103 Samuel Walker 저·장영민 역, 앞의 책(2007년), 68쪽/해리 앨런·에드워드 라테사·브루스 판더 저, 박철현·박성민·곽대훈·장현석 공저, 앞의 책(2020년), 45쪽.

고 교도작업이 그 영향을 받아 쇠퇴하기 시작한 점을 들 수 있다.[104] 이에 비해 펜실베니아제는 산업혁명의 급격한 진행이 범죄의 증가를 가져왔고 이는 필연적으로 수용인원의 증가로 이어졌으며, 그 결과 수형자의 혼거구금을 합법적인 구금방법으로 용인하고 혼거취업을 실시하였다.

한편 1850년대에 들어서서 인도주의적인 자선운동가들의 관심이 노예제도 반대론으로 옮겨가고, 오랜기간 동안의 논쟁에 대하여 사회적 관심이 저하되는 등의 사정에 더하여, 알렉산더 마코노키(Alexander Maconochie, 1787~1860)의 점수제와 아일랜드제 등의 성과가 양제도의 무의미한 논쟁을 종결시킴에 따라 1870년대 후반부터 새로운 단계에 접어들었다. 그것은 1876년 뉴욕주에 건설된 엘마이라감화원(Elmira Reformatory)을 시작으로 하는 감화원운동(Reformatory Movement)이다.

마. 형벌로서 구금형의 정착과 교정사상의 대두

미국에서 형벌로서 구금형은 19세기 후반을 지나면서 더욱 정착되어 갔다. 이는 오늘날 교도소가 가지고 있는 형벌로서의 성격을 정립해 가는 단계로 볼 수 있다.[105]

미국에서의 19세기 후반의 행형은 계몽시대를 거치면서 응보적인 처벌이 점차 소멸되었고 그에 대신하여 경제적인 목적이 지배적인 관심사가 되었으며, 수익을 올리기 위해 수용자의 노동력을 제공하는 임대제도(lease system)가 행형제도의 중요한 근간이 되었다.[106] 1870년 10월에는 신시네티(Cincinnati)에서 감옥 및 소년원의 규칙에 관한 회의(The National Congress on Penitentiary and Reformatory Discipline)가 개최되어 구금의 목적을 수용자의 교정·교화에 두어야 한다는 주장이 제기되었다. 이 회의에서 부정기형, 분류심사, 교정시설 규모, 교육 및 훈련, 교도관, 사면, 건축구조 등에 관한 의미있고 혁신적인 제안들이 선언으로 채택되었다.[107]

신시네티에서의 회의와 선언의 영향으로 미국에서는 마코노키의 점수제,

---

104 小澤政治 저·금용명 역, 앞의 논문(하)(2005년), 99~104쪽.
105 이백철, 앞의 책(2020년) 99쪽.
106 이백철, 앞의 책(2020년), 100쪽.
107 신시네티 선언의 주요내용에 대해서는 이백철, 앞의 책(2016년), 104쪽 및 Samuel Walker 저·장영민 역, 앞의 책(2007년), 85~86쪽 참조.

크로프톤의 아일랜드제 및 부정기형제도를 종합하여 19세기 행형사상의 결정인 엘마이라제가 탄생하였다. 그 후 미국에서는 남부와 북부를 구분으로 하여 각 지역에 따라 감옥제도가 다양한 형태로 발전하였다. 1870년부터 1900년 사이에 교도소를 건축한 16개 주는 모두 북부나 서부에 위치한 주들로 모두 오번제를 따랐고 부정기형과 가석방을 이용하였다. 그러나 남북전쟁에 의해 황폐화된 남부에서는 계약노동형태를 취하거나 교도작업에 수형자를 임대하는 방식을 통해 그들의 노동력을 자유흑인에 대체하였다.[108]

산업시대로 불리운 1900년대 초반의 미국에서는 자유경제시장에서 저렴한 교도소 제품들과의 경쟁을 피하기 위해 교도소 개혁가들과 노동조합이 수용자의 노동력을 사용하는 임대계약제도의 남용에 반대하였고, 그 결과 1888년 뉴욕주에서는 모든 교도소산업의 중지를 명하는 예츠법(The Yats Law)을 통과시켰다.[109] 이를 계기로 수익성을 추구해 온 교도소 산업은 점차 관용제도(state account)로 대체되었고 작업을 수형자를 변화시키는 수단으로 활용하고자 하였다.[110] 그 결과 교도소 내에서의 작업량이 급감하였고 이와 더불어 교도소 인구의 증가는 교정기관 운영에 심각한 문제를 초래하였으며, 이러한 현상은 제1차 및 제2차 세계대전 동안에도 이어져 1918년과 1921년 사이, 1929년과 1930년 사이에 대규모 교도소 폭동으로 이어졌다.[111] 특히 제1차 세계대전 이후의 교도소 인구의 증가는 행형체계에 중요한 변화를 가져왔다. 수형자의 노동력을 이용하여 수익을 추구했던 방식의 금지 이후 행형에서는 교도소에 수용된 범죄자를 유형별로 분류하는 분류심사제도가 정립되었으며, 각 주에서는 부정기형 법안을 채택하였고, 가석방이 정착되었다.[112]

---

108 해리 앨런·에드워드 라테사·브루스 판더 저/박철현·박성민·곽대훈·장현석 공저, 앞의 책 (2020년), 59쪽.

109 이백철, 앞의 책(2020년), 109쪽.

110 교도소 내에서 시행되고 있었던 몇 가지 종류의 작업의 종말이 시작된 것은 교도작업 제품의 지위를 통제하는 두 개의 연방법이 만들어지면서부터였다. 1929년 제정된 호이스 쿠퍼법(Hawes-Cooper Act)은 교도소 생산품에 대해 배송되는 주의 법에 의해 규제를 받도록 하였고, 1935년 제정된 아슈어스트 섬너스법은 교도소 생산품에 대해 생산한 교도소의 이름을 명시하도록 하여 교도소 생산품의 거래를 금지하는 주로 배송을 할 수 없도록 하였다 (해리 앨런·에드워드 라테사·브루스 판더 저/박철현·박성민·곽대훈·장현석 공저, 앞의 책 (2020년), 61쪽).

111 이백철, 앞의 책(2020년), 110쪽.

112 1866년 메사추세츠주에서 최초의 가석방 담당교도관이 탄생하였고, 1910년까지 41개주에

1929년 대공황이 시작되어 교도소 인구가 급증하였고 그 결과 범죄행위의 원인에 대한 사회적 측면을 고려하였다. 즉 범죄의 원인을 완전히 개인의 책임으로 돌릴 수만은 없고 경제상황, 사회구조, 국가의 정책 등과 같이 개인이 통제할 수 없는 영역에 의해 영향을 받은 것임을 인식하였다. 이에 따라 범죄자에 대한 교정 내지 사회복귀사상이 부상하였고 이러한 사상은 이후 40년간 미국사회를 지배하는 행형철학의 근간이 되었으며, 행형은 교정으로 바뀌었다.[113]

미국의 감옥개혁은 1780년대부터 시작해서 1850년대 후반에 소멸된 첫 번째 주기와 1870년대에 시작하여 1900년부터 1915년 사이에 번성하다가 빠르게 쇠퇴한 두 번째 주기 그리고 1930년대에 서서히 시작하여 1950년대말부터 1960년대초에 절정에 달하고 1971년에 갑자기 소멸한 세 번째 주기가 존재하였다. 각 주기는 수십년 동안에 걸쳐 새로운 이념의 출현, 제도의 확립 그리고 최종적으로 침체, 환멸, 쇠퇴를 거치는 특징을 가지고 있다.[114] 이 과정에서 한 가지 분명한 사실은 각 시대의 이념은 교정정책과 건축물에 반영되었고, 사회의 변화와 진보적인 행동은 교도소로 연결되었으며 이는 미국의 교정정책의 변화와 발전을 이끌어 냈다는 점이다.

6. 영국과 아일랜드의 단계적 처우

19세기 유럽에는 미국과 달리 독거가 지배적인 구금형태였다. 영국은 미국의 동부감옥을 모델로 하여 1842년 독거구금 시설인 펜톤빌(Pentonville)감옥이 문을 열었다. 여기서 독거구금은 당시 영국에서 실시되고 있었던 누진처우제의 한 단계로 하워드가 주장한 가석방의 첫단계라고 할 수 있다.[115]

17세기초 영국에 도입된 추방형(Banishment)은 미국의 독립과 여러 가지 문제로 인하여 운영이 곤란하였고 19세기 이후 추방형의 적용이 감소함에 따라 영국감옥에 수용되는 수형자에 대하여 3단계 처우가 발달하였다.[116] 제1단계는 최장 18개월의 독거구금이었다. 제2단계에서는 수형자는 공공작업에 종

서 선시법(good time system)과 가석방방법이 통과되었다(이백철, 앞의 책(2020년), 112쪽).
113 이백철, 앞의 책(2020년), 114쪽.
114 Samuel Walker 저/장영민 역, 앞의 책(2007년), 83쪽.
115 클라우스 라우벤탈 저/신양균·김태명·조기영 역, 앞의 책(2010년), 55쪽.
116 Torsten Eriksson, 앞의 책(1976년), 91쪽.

사하면서 구금시설로 적합하지 아니한 폐선이나 감옥선 또는 특별한 공공작업
감옥에 수용되었다. 석방일이 다가오는 수형자는 제3단계로 옮겨졌으며 이 단
계는 가(假)사면증을 주고 경찰의 감시 하에 두어졌다. 자세한 내용에 대해서
는 제1편 제4장 제2절 누진처우제도의 연혁에서 기술한다.

월터 크로프턴(Walter Crofton)은 1854년 아일랜드 교정국장으로 취임하여
아일랜드 누진처우제(Irish Progressive System)라고 하는 새로운 제도를 시행하
였다. 더블린(Dublin)에는 후에 영국감옥위원회(English Prison Commission)의
회장이 된 제프 경(Sir Joshua Jebb)이 설계한 새로운 마운트조이(Mountjoy) 감
옥을 건설하였다.

아일랜드제의 처우는 4단계로 구성되어 있었다.[117] 제1단계는 마운트조이
감옥에서의 독거구금으로 8개월 내지 9개월 동안 수형자는 '감옥의 모든 힘
듦'을 체험하도록 하였으며, 최초의 3개월은 감식(減食)한 가운데 노동에 종사
하는 것이 허가되지 아니하였다. 제2단계는 4계급 즉 3급, 2급, 1급 및 최고의
A급으로 세분되었다. 제3단계는 크로프턴이 창안한 것으로 중간단계라 불리
었으며, 수형자는 이 단계에서 완전개방시설로 이송되었다. 제4단계에서는 조
건부 석방, 즉 가석방을 실시하였다. 아일랜드제의 자세한 내용에 대해서는 제1
편 제4장 제2절 분류제도와 누진처우제도에서 기술한다. 그리고 이후의 변화에
대해서는 본 절의 범죄자 처우 이념과 처우 모델의 변천에서 다루고자 한다.

7. 엘마이라감화원과 보스탈제도

미국에서 형벌사상의 변화를 가져온 것은 1870년 미국형무협회(American
Prison Association) 제1차 회의가 오하이오주 신시네티에서 개최된 후부터였
다.[118] 당시 마코노키의 노포크(Norfolk)섬에서의 실험과 크로프턴의 아일랜드
누진처우제는 엘마이라의 창설과 신시네티 선언에 영향을 주었다.[119]

블록웨이(Zebulon Blockway)는 1877년 엘마이라감화원의 소장이 되어 시
설내 처우계획을 수립하였으며 이는 부정기형의 채택, 누진처우제도, 완전한

---

117 자세한 내용은 Torsten Eriksson, 앞의 책(1976년), 91~95쪽 참조.
118 Torsten Eriksson, 앞의 책(1976년), 98쪽.
119 Torsten Eriksson, 앞의 책(1976년), 98쪽／민건식 편저, 형사학의 선구자, 홍문관, 1983년,
      124쪽.

교육계획, 군사교육, 적절한 운동, 작업요법, 영양있는 식사, 도덕적 및 종교적 감화 등을 기반으로 하였다.[120] 엘마이라감화원은 16세에서 30세까지의 중범죄를 저지른 초범수형자를 직원이 직접 법원으로부터 데려와서 입소시 조사를 한 후, 1급하(2급)에 편입시켰다. 그곳에서 수형자는 시설규칙을 배우고 작업 및 교과반에서 편입되어 철저한 성적기록방식에 의해 공장, 학교 및 도덕적 행동에 대하여 성적이 평가되었다. 일정점수 이하가 되면 최하급 단계로 강등되지만 기준점 이상을 유지하면 1급으로 진급하고, 그곳에서 6개월 동안 처벌을 받지아니하면 조건부 석방의 후보자가 되었다. 수형자는 자신이 실습한 직장에 취업을 보증받으면 6개월 동안 취업후 석방될 수 있었다.[121]

엘마이라제는 부정기형, 일정한 점수를 획득함으로써 처우가 완화되어 자유를 얻을 수 있는 점수제, 가석방(패롤)으로 구성되었으며 부정기형, 직업훈련 및 누진처우제의 미국내 발상지가 되었다. 혁신적·종교적 교육을 위한 광범위한 프로그램에 대학교수, 공립학교 교사, 변호사, 성직자를 참여시켰다.[122] 작업은 국가를 위해서가 아니라 수용자의 사회적응에 도움이 되도록 직업훈련의 한 방식으로 실시하였으며 수형자 임금제를 도입하였다.[123] 수형자는 노동에 대한 보수를 받았고 그들은 입소 후 최초로 지급되는 식사와 의류를 제외하고 모든 급여품에 대하여 대가를 지불하였다.

미국과 유럽 각국의 관리와 연구자들은 엘마이라감화원을 방문하였으며, 이 감화원제도는 미국에서 급속하게 확산되었다. 1875년 이후 미국에 만들어진 대부분의 교정원은 엘마이라제에 기초하였으나, 사회복귀와 형벌사이에 이념적인 모순을 가지고 있었다. 두 가지 이념을 각각 실현하기 위한 방법 사이에 구조적인 모순을 가진 이 제도는 주감옥에까지 급속하게 확대되었고 결국 감옥과 교정원 사이에 구분이 곤란해졌다.

1897년 영국 교정본부장 러글러스 브라이스(Evelyn Ruggles-Brise) 경이 이 시설을 방문하였으며,[124] 그 후 1902년 켄트주(Count of Kent) 로체스타의

120 Torsten Eriksson, 앞의 책(1976년), 100~101쪽.
121 Torsten Eriksson, 앞의 책(1976년), 101쪽.
122   Samuel Walker, 앞의 책(2007년), 97쪽.
123 Torsten Eriksson, 앞의 책(1976년), 102쪽.
124 보스탈제는 1890년 러글스 브라이스 경에 의해 창안된 것이라고 하는 견해도 있다(이윤호, 앞의 책(2012년), 305쪽.

감옥을 특별청년감옥으로 전환하였고 후에 지명을 따서 보스탈(Bostal)이라고
하였다. 보스탈에 수용되는 대상자는 16세에서 21세의 소년으로 한정하였으
며, 제도의 법률적 구조는 1908년의 범죄방지법(Prevention of Crime Act)에서
규정하였다. 이 제도의 목적은 소년의 체력증강과 인성의 도적적 함양에 있었
고 책임능력과 자제력을 높이기 위하여 직업훈련을 실시하였다. 보스탈의 일
과는 체육, 작업, 개별학습, 취미활동 및 스포츠를 정해진 시간대로 실시하였
고 변화가 풍부하였다. 러글러스 브라이스는 '보스탈제도의 제1의 그리고 가
장 중요한 기초는 확고하고 친절하게 운용되는 훈련이다.'라고 하였다.[125]

　　보스탈제도는 영국으로부터 유럽대륙으로 널리 전파되었으며, 덴마크에
는 1933년 소비소가드시설에서 청년교도소(Ungdomsfengsel)라는 이름으로 도
입되었고, 스웨덴에는 1935년에 16세에서 21세의 범죄자를 대상으로 하는 청
소년 시설인 스케나쓰소년원(Skennäs Institution)이 개설되었고, 여자용은 비백
소년원(Viebäch Institution)이 개설되었다.[126]

8. 독일

가. 독일 연방국가에서 행형제도의 발전

　　영국과 미국에서의 행형제도의 발전은 독일 연방국가에 영향을 미쳤다. 프
로이센 사법대신 아르님(von Arnim)은 1804년 「개선된 형사재판제도의 일반적
도입과 감옥 및 형사시설을 개선하기 위한 일반요강」(Generalplan zur Einführung
einer besseren Criminal - Gerichts - Verfassung und zur Verbesserung der Gefängnis - und
Straf - Anstalten)을 발표하였다. 이 계획에는 개선할 수 있는 범죄자와 교육할
수 없는 범죄자를 분류하여 수용하는 것과 미결구금과 기결구금의 구분, 노동
교육에 대한 규정, 단계행형 사상이 포함되었다. 그렇지만 이 요강은 프로이센
의 행형을 둘러싼 행정부와 법무부 간의 이원적인 교정행정으로 인한 권한갈
등과 나폴레옹전쟁(1804~1815)으로 인해 실시되지 못하였다.[127]

125　Torsten Eriksson, 앞의 책(1976년), 105쪽.
126　Torsten Eriksson, 앞의 책(1976년), 105쪽.
127　클라우스 라우벤탈 저, 신양균·김태명·조기영 역, 앞의 책(2010년), 57쪽 / Wolfgang
　　　Sellert, 石塚伸一 역, Zur Entstehung und Entwicklung der Freiheitsstrafe in der
　　　Geschichte der deutschen Strafrechtspflege, 北九州大學法政論集 제18권 제2호, 1990년 9
　　　월, 10~11쪽.

그 후 독일에서는 행형개혁에 대한 자극으로 감옥협회의 설립과 기독교에 의한 수용자 지원단체의 설립이 있있다. 첫번째 감옥협회는 1826년 플리드너 (Theodor Fliedner)가 주도하여 설립한 라인베스트팔렌감옥협회이고, 1827년에는 베를린보호단체가 설립되었다. 이들 단체는 석방자 지원뿐만 아니라 구금자에 대한 교육과 교회를 위해 노력하였다.[128] 개선사상에 초점을 맞춘 학자들은 영국과 미국의 다양한 모델의 장점들에 대하여 강조하였으며 특히 펜실베니아제를 지지하는 그룹과 오번제를 지지하는 그룹으로 나뉘어졌다. 1846년 프랑크프르트에서 개최된 제1차 국제감옥회의(Internationale Gefängniskongress)에서는 펜실베니아제가 압도적인 지지를 받았으며, 그 영향으로 독일연방국가에서는 펜실베니아를 모델로 한 구금시설이 건축되었다.[129] 1848년 개소한 바덴주 독거형 형사시설과 베를린 모아빗(Berlin – Moabit)의 독거구금시설이 그 예이다. 이에 반해 바이에른은 개별구금제도에 대하여 소극적이었으며, 작센주는 영국을 모델로 한 누진처우제도를 받아들였다.

나폴레옹전쟁 후 국가재정은 피폐해졌고 감옥개량운동은 뒷전으로 밀려나게 되었다. 더구나 칸트(I. Kant)와 그의 제자 포에르바흐(A. v. Feuerbach)의 영향으로 국가가 범죄자에 대하여 개선 내지 교육을 위하여 실시하는 모든 시도는 국가의 권한을 남용하는 것으로 평가되었으며, 징치장에 더 이상의 재정지출을 하는 것에 대하여 비판적인 국민들에게 커다란 영향을 미쳤다. 이와 같은 이유로 독일에서는 법적통일문제에 더하여 1871년 비스마르크에 의한 독일통일까지 행형개혁은 진전되지 아니하였다.[130] 독일 연방에는 행형에 대한 통일된 규정이 존재하지 아니하였고 각 주에서는 행정부가 임의로 자유형의 집행과 형사시설을 설치하는 것을 행정의 문제로 간주하였다.[131]

나. 독일제국 수립 이후부터 바이마르헌법시대

1871년 제국수립 이후 행형에 대한 포괄적이고 통일적인 명문화가 개혁의 본질적인 관심사였다. 1879년 제국정부는 「자유형의 집행에 관한 법률초안」(Entwurf eines Gesetzes über die Vollstreckung von Freiheitsstrafen)을 제출하

---

128 클라우스 라우벤탈 저/신양균·김태명·조기영 역, 앞의 책(2010년), 57쪽.
129 클라우스 라우벤탈 저/신양균·김태명·조기영 역, 앞의 책(2010년), 58쪽.
130 Wolfgang Sellert, 石塚伸一 역, 앞의 논문(1990년 9월), 11쪽.
131 클라우스 라우벤탈 저/신양균·김태명·조기영 역, 앞의 책(2010년), 59쪽.

였다. 이 초안은 개별구금을 내용으로 하고 있었기 때문에 독거실을 갖춘 감옥의 신설을 위한 재정적인 곤란에 직면하였으며, 그 후 법률이나 연방규칙의 효력을 가지는 규정이 만들어지지 못하였고 각 주의 재량에 맡겨졌다. 결국 제1차 세계대전이 끝날 때까지 성인행형의 실질적인 변화는 기대할 수 없었다.

19세부터 20세기의 전환기가 되어 리스트(Franz v. Liszt, 1851~1919)와 프랑크프르트 학파의 프로이덴탈(Berthold Freudenthal)의 영향 아래 행형이 다시 논의되었다. 리스트는 1882년 '형법에서의 목적사상(Zweckgedanken im Strafrecht)'에서 다시 재사회화 사상을 전면에 내세웠다. 그는 개선가능한 기회범죄인과 개선불가능한 상습성 범죄인을 구별하였고, 소년범죄인은 개선가능한 것으로 간주하였으며, 누진처우제도를 통해 개선할 수 있는 자의 개선을 요구하였다. 프로이덴탈은 학장취임강연에서 '수형자의 국법상 지위(Die staatsrechtliche Stellund des Gefangenen, 1910)'라는 제목으로 법치국가적 필요로 행형법의 제정을 주장하였다. 리스트 학파의 이념은 제1차 세계대전 후 미국에서의 경험을 기초로 하고, 프로이덴탈의 건의에 따라 비트리히(Wittlich)소년감옥에 적용되었다. 교육과 개선사상이 확립되기 시작하였으며, 이러한 발전은 1922년 「소년보호법」(Jugendwohlfahrtsgesetz)과 1923년 「소년재판소법」(Jugendgerichtsgesetz)에서 교육이 정착되었다.[132]

바이마르헌법시대(1919~1933)에는 교육형제도를 실질적으로 실현하기 위한 수단으로 영국과 아일랜드의 누진처우제도가 중요한 의미를 얻었다. 비트리히소년감옥에서 시작된 처우제도는 행형실무자들에 의해 단계적인 제도로 만들어졌다. 교육사상이 성인교정에서 다시 채용된 것은 바이마르헌법시대의 사법대신 라드부르흐(Gustav Radbruch, 1878~1949)의 역할이 지대하였다. 그는 개별구금을 반대하고 시설을 자유로운 상태에서 생활을 단계적으로 맞추어가는 것을 목표로 하였다. 1923년 마련된 제국참의원 원칙(Reichsratsgrundsätze)은 재범방지를 목적으로 하고 수용자에 대한 교육적 작용이라는 집행목표를 특징으로 하였다. 1927년 제국정부는 「행형법 공식초안(Amtlicher Entwurf) 및 이유서」를 제출하였다. 지도원리는 교육사상과 수용자의 법적지위 보장의 강화였

---

132 Wolfgang Sellert, 石塚伸一 역, 앞의 논문(1990년 9월), 11~12쪽/클라우스 라우벤탈 저, 신양균·김태명·조기영 역, 앞의 책(2010년) 62쪽.

으며 목표는 재범방지였다.[133]

그러나 바이마르헌법시대의 단계행형은 실무상 특전을 베푸는 것으로 교육적인 효과를 거의 거두지 못하였고, 시설 내에서의 처우완화가 주로 이루어졌기 때문에 오히려 시설 내부의 규율유지를 위한 수단으로 발전되었다. 때마침 특별권력관계이론의 확립으로 구금된 자의 권리는 법적 근거가 없어도 박탈될 수 있었다.

다. 통일 행형법의 제정과 변화

독일에서는 통일된 행형법이 제정되지 아니하였으며, 오랜기간 동안 주 차원에서 직무 및 집행규정을 통하여 행형을 운영하였다. 2차 세계대전 후 연방법률을 통한 행형의 법률화에 대한 요구가 나타났으나 1950년대와 1960년대에도 통일된 행형법의 실현은 이루어지지 아니하였다.

독일에서 통일된 행형법은 1976년 2월 12일 연방의회에서 행형법이 의결되었으며 1977년 1월 1일부터 시행되었다.[134] 그러나 2006년 8월 28일 기본법 개정을 위한 법률을 통해 행형과 미결구금의 업무가 입법의 경합대상에서 제외되었고 주의 입법권한에 속하게 되었다. 결국 연방법으로 제정된 행형법은 부분적으로 적용되는 연방법으로 계속 효력을 갖게 되었으며, 연방의 주들은 각 주의 행형법을 제정하여 시행하고 있다.[135]

9. 국제적인 협력과 유엔의 활동

19세기에는 범죄자 처우를 우선하거나 이를 전문적으로 게재하는 정기간행물이 발간되었고 국제적으로 많은 독자층을 얻었다. 특히, 유럽에서 큰 영향력을 발휘한 것은 독일인 의사 율리우스(Nicolaus Heinrich Julius), 의사 바렌트렙(Georg Varrentrapp), 법률가 노엘너(Friedrich Noellner) 등 3명에 의해 창간된 『감옥학 연보』(Jahrbücher der Gefängniskunde)였다. 세 사람은 하이델베르크대학 법학부 교수 미터마이어(Karl Joseph Anton von Mittermaier)와 공동으로 1846년 9월 28일 프랑크푸르트 암 마인에서 국제회의를 주최하였다. 이 회의

---

133 클라우스 라우벤탈 저/신양균·김태명·조기영 역, 앞의 책(2010년), 63쪽.
134 클라우스 라우벤탈 저/신양균·김태명·조기영 역, 앞의 책(2010년), 67쪽.
135 클라우스 라우벤탈 저/신양균·김태명·조기영 역, 앞의 책(2010년), 70쪽.

에는 미국과 유럽 12개국을 대표하는 75명이 출석하였으며, 3일간에 걸쳐 처우 방법으로서 독거구금의 문제에 대하여 집중적으로 토의하였다.[136]

1872년 7월 3일 런던에서 전문가 등 400명(그 중 4분의 1이 정부대표)이 참석한 가운데 세계회의가 개최되었으며, 와인즈(Enoch C. Wines)는 정부 간의 협조를 위한 항구적 조직을 만들려고 하는 결의를 성립시키는 데 성공하였다. 이 조직은 최초의 국제감옥위원회(International Penitentiary Commission, IPC)로 나중에는 국제형법 및 감옥위원회(International Penal and Penitentiary Commission, IPPC)로 발전하였다.

2차 세계대전 후 유엔은 IPPC를 계승하면서 형사정책에서의 국제협조를 활발하게 할 것을 서약하였다. 1952년 유엔은 기관지인 국제형사정책지(International Review of Criminal Policy)를 창간하였고 형사정책 영역에서 다양한 국제조직은 자문기관의 형태로 유엔과 긴밀한 관계를 가졌다. 유엔은 프로베이션, 패롤, 소년비행, 비행자에 대한 의학적·심리학적·사회학적 조사의 문제에 관하여 연구업적을 간행하면서 세계 각지에서 세미나를 개최하였으며, IPPC가 5년에 1회 세계회의를 개최하여 온 그 실적을 승계하였다.[137] 그러나 얼마지나지 않아 유엔은 재정적인 문제와 새로운 주제가 점차 줄어드는 등의 사정으로 어려움에 봉착하였다. 1962년에는 일본 도쿄 후쭈(府中)에 '아시아극동범죄방지·범죄자처우연수소(Asia and Far East Institute for the Prevention of Crime and the Treatment of Offenders, UNAFEI)'를 설립하였다. 이집트 카이로(Cairo)와 코스타리카 산호세(San José)에 지역기관을 설치하였으나 언제까지 재정적으로 지원하는가가 문제가 되었다. 또한 유엔이 이탈리아 정부와 협력하여 로마에 유엔사회방위연구소(United Nations Social Defence Research Institute, UNSDRI)라는 특수한 연구센터를 창설하였다.

10. 범죄자 처우이념과 처우모델의 변천

가. 서

1940년대와 1950년대의 전통적인 처우방법은 종교교회(敎誨), 반성, 교육

---

136 Torsten Eriksson, 앞의 책(1976년), 239쪽.
137 Torsten Eriksson, 앞의 책(1976년), 241~242쪽.

등 건설적인 방법에 의해 수형자를 개선시켜야 한다는 것이었지만 점차 비형벌적 처우방법으로 수형자를 개선하여야 한다는 사고방식으로 변화되었다. 그러나 범죄자의 자유를 박탈하는 것 자체가 범죄자에게 고통을 주는 것으로 이와 같은 의도적인 처벌이 국가에 의해 실시되고 있는 이상 교도소는 형벌의 장으로서 존속할 수밖에 없다.

　한편 수형자 처우의 목적은 전통적으로 교정처우를 통해 범죄자를 사회에 복귀시키는 것에 있다고 인식되어 왔으며, 국제적으로도 이와 같은 견해가 주류였다. 1955년 제1회 유엔범죄방지 및 범죄자처우회의에서 결의되어 그 후 세계 각국의 교정처우의 이론과 실천에 큰 영향을 준 「수용자 처우에 관한 유엔최저기준규칙」[138]이 구금형의 일차적인 목적은 범죄로부터 사회를 방위하고 재범을 감소시키는 것에 있으며, 이와 같은 목적은 범죄를 저지른 사람이 준법적이고 자주적인 생활을 보낼 수 있도록 하고 석방시에 이러한 사람의 사회에의 재통합을 가능한 한 확보하기 위하여 구금기간이 이용되는 경우에만 달성할 수 있다(제4조 제1항)고 규정한 것은 이와 같은 견해에 따른 것이라고 할 수 있다. 이 규칙의 원안은 1929년 국제형법 및 형무위원회(IPPC)에서 기초되었고, 1933년 수정을 거쳐 1934년에 국제연맹 총회에서 승인된 「피수용자처우최저기준규칙」이다.[139] 구규칙은 피구금자의 법적지위를 명확히 하고 처우의 목적이 사회복귀에 있다는 것을 규정(동 규칙 제65조)함으로써 행형관련 입법과 제도개혁의 기본이념이 되었으며, 우리나라 형집행법 제1조 목적 규정에서 수형자의 교정·교화와 사회복귀를 규정하고 있는 것도 그 연혁을 여기에서 찾을 수 있다.

나. 교정철학의 변화와 사회복귀사상의 퇴조

　1960년대에는 교정철학이 극적으로 변화하였으며 1970년대에는 과밀수용, 교정시설 내 폭동, 오래되고 열악한 교정시설, 법원의 중재, 대중들의 항의, 법령제정 등 입법적 변화, 의료모델에서 정의모델로의 철학적 이동, 가석방의 변화와 폐지 등이 교정에 결정적인 영향을 미쳤다.

138　동 규칙은 2015년 개정되어 「넬슨 만델라 규칙」이라고 호칭되었다.
139　木村亀二, 被収容者処遇最低基準規則について, 刑政 67巻6号, 1956년, 8쪽/芝原邦爾·前掲論文(1980年) 458쪽/森本益之, 行刑の現代的展開, 成文堂, 1985년, 325쪽.

미국에서는 1960년대까지 사회복귀사상을 보다 철저하게 적용하여 범죄자를 환자로 인식하고, 시설내 처우는 환자를 병원에 입원시키는 것과 마찬가지로 범죄자를 형사시설에 수용하여 그 병의 원인을 제거하기 위해 치료를 하는 것이라는 입장이 지배적이었다. 형사사법제도는 대상자에게 어떠한 처우를 해야 하는지를 판결 전에 조사한 후 판사가 형기의 폭이 넓은 부정기형을 선고하여 시설에 수용하고, 가석방위원회는 개선의 정도를 고려하여 가석방을 한 후 잔형기간과는 구별해서 사후관리로서의 보호관찰을 하는 방식으로 운용되었다.

특히 사회복귀사상은 1970년대까지 범죄자처우의 기본이념이었으며 이와 관련하여 의료모델(medical model) 또는 사회복귀모델이 등장하였다. 의료모델은 1920년대 말과 1930년대 초에 걸쳐 스탠포드 베이트스와 미국연방교정국의 선도 하에 발전하였으며,[140] 의료모델의 기본적인 사고방식은 범죄자를 환자와 같이 보는 것이다. 즉 환자에게 병이 된 원인을 찾는 것과 마찬가지로 범죄의 원인을 찾아 치료하는 것이 매우 중요하다고 보는 것이다. 의료모델에서는 범죄자에게는 진단과 분류가 필요하고 그 결과에 따라 처우를 하였다. 또한 개개의 범죄자에 따라 적절한 처우를 하기 위해서는 정기형보다도 부정기형이 효율적이고, 처우의 효과가 달성되면 가석방이 실시되는 것이 합리적이었다. 1975년 이전까지는 연방과 모든 주에서는 부정기형을 법에 규정하고 있었으나 1976년 이후부터는 거의 3분의 2의 주와 연방제도는 가석방위원회의 재량을 제한하거나 재량적 가석방을 완전히 폐지하였다.

1970년대 특히 1973년 오일쇼크를 계기로 미국에서는 범죄가 격증하였고 교정시설은 과잉구금 상태가 되었으며, 그 결과 개선교육을 통한 사회복귀사상은 그 효과가 의문시되었고, 사회내 처우는 많은 비용이 들었기 때문에 사회복귀의 이념은 많은 비판에 직면하였다. 이와 같은 비판은 이전부터 있었지만 1970년대에 들어서 그 목소리가 급격하게 높아졌다. 그 계기가 된 것은 마틴슨(Martinson)의 연구로 대표되는 일련의 실증적 연구에 의해 제기된 시설내 처우의 효과에 대한 의문이다. 이와 같은 연구는 특별한 사회복귀프로그램을

---

140 해리 앨런·에드워드 라테사·브루스 판더 저/박철현·박성민·곽대훈·장현석 공저, 앞의 책 (2020년), 93쪽.

실시하고 있는 곳과 그렇지 않은 곳에서의 재범률은 차이가 없다고 하는 결론을 도출하였고, 이러한 결론은 시설내 처우의 효과에 대한 의문을 제기하는 한편, 의료모델의 기초가 된 과학에 의한 인간행동의 파악에 관한 신뢰를 뒤흔드는 결과로 이어졌다.[141]

또한 교정페시미즘 사상에 의해 신랄한 비판을 받기에 이르렀다. 실증연구에 더하여 사회복귀사상에 기초하는 형사사법제도의 운용은 진보와 보수 양쪽으로부터 비판을 받았다. 진보적 입장에서는 양형과 가석방 기준의 불명확성과 대상자 간에 존재하는 현저한 불공평을 문제삼아 적법절차 내지 인권보장의 관점에서 비판을 전개하였고, 보수적 입장에서는 중대한 죄를 저지른 사람이 조기에 가석방되는 것을 문제시하여 엄벌론의 관점에서 비판을 전개하였다. 이러한 다양한 측면에서의 비판을 받은 결과 미국에서는 사회복귀이념이 현저하게 퇴조하였다.

다. 정의모델의 대두와 사회내 처우의 발전

1975년 미국 연방교정국은 의료모델을 포기하고 사회복귀모델로부터 철수를 선언하기에 이르렀다.[142] 그 대표적인 사례로 의료모델에 대체하여 등장한 것이 '공정(Justice)' 및 '선택적 격리(selective incapacitation)'사상이다. 전자는 범죄의 중대성에 따른 형벌을 부과하여야 한다고 하는 죄형균형의 입장이고, 후자는 위험한 누범자를 선별하여 사회로부터 격리함으로써 재범을 방지한다고 하는 입장이다. 즉 자유형의 목적은 사회 일반과 해당 범죄자에 대한 억제와 사회로부터의 격리라고 보고, 사회복귀는 자유형의 하나의 기능이지만 목적은 아니라고 본 것이다.

범죄자에 대하여 단순히 응보로서 또는 사회로부터 격리의 수단으로서 형벌을 과하거나 범죄자를 개선하여 사회복귀를 도모하여야 하는 것은 아니라고 하는 반사회복귀사상이 주장되었으며,[143] 특히 1970년대에 들어와 미국에서는 정의모델(justice model)이 대두되었다. 즉 1975년까지의 사회내 처우의 각종 기술이 범죄자의 개선교육을 목표로 하였으나 그 이후는 형벌적 요소를 가미

---

141 川出敏裕·金光旭, 刑事政策, 成文堂, 2018년 5월 1일, 169쪽.
142 藤本哲也, 앞의 책(2008년), 221쪽.
143 藤本哲也, 앞의 책(2008년), 219쪽.

한 형태로 전개되었다.

각 주에서는 차례차례 부정기형제도를 폐지하였고 이 제도와 표리일체를 이루고 있었던 가석방제도가 폐지되기에 이르렀으며 결과적으로 연방 차원에서도 1984년 포괄적 범죄규제법(Comprehensive Crime Control Act of 1984)을 제정한 결과, 결국 의료모델로부터의 완전철수를 표명하게 되었다.[144]

동법에서는 첫째, 구금형은 사회복귀를 추진하기 위한 적절한 수단이 아니고 따라서 구금형의 부과 여부, 부과할 경우에 그 기간을 결정함에 있어서 사회복귀를 목적으로 하고 또한 그것을 위한 요소를 고려하는 것은 타당하지 않다는 취지가 명문으로 규정되었다. 다만 그것이 사회복귀사상을 모두 부정하는 것은 아니다. 예를 들면 구금형이 부과된 사람에 대하여 교도소에서 사회복귀를 위한 처우를 실시하는 것은 무방하다. 그러나 그것을 수형자에게 의무지워서는 아니된다고 규정하였다. 둘째, 부정기형이 폐지되었고 정기형이 도입되는 한편, 판사의 재량을 제한하기 위해 양형위원회에 의해 상세한 양형가이드라인을 작성하는 것을 규정하였다. 셋째, 가석방제도가 전면적으로 폐지되는 한편, 시설내 질서를 유지하기 위한 수단으로 규율을 지킨 사람에 대하여 1년에 몇일 정도의 형기의 단축을 인정하는, 이른바 선시제가 채택되었다. 넷째, 구금형에 대체하는 형벌로서 보호관찰, 손해배상명령, 벌금 등 비구금형의 다양화가 도모되었고, 구금형을 선택하지 아니한 사람에 대해서는 이러한 비구금형을 적용하게 되었다.

스웨덴에서는 정의모델 하에서 형사사법제도를 운영하면서 범죄에 대한 제재로서 구금을 크게 신뢰하지 아니하고 범죄자를 자유박탈에 의존하지 아니하는 대안형을 부과해 왔다. 주요처벌방법으로 벌금, 보호관찰, 사회봉사, 민간치료보호관찰(civil commitment), 집행유예, 지역사회교정프로그램 등을 들 수 있다.[145]

한편 범죄자가 교도소에 있는 동안에는 일시적으로 범죄를 방지할 수 있으나 거의 모든 범죄자들은 결국 출소할 것이기 때문에 지역사회와 정부기관

---

144 藤本哲也, 앞의 책(2008년), 223쪽.
145 해리 앨런·에드워드 라테사·브루스 판더 저/박철현·박성민·곽대훈·장현석 공저, 앞의 책 (2020년), 82쪽.

들은 범죄예방에 관심을 가지게 되었다. 이는 범죄기회를 최소화할 수 있는 환경을 만드는 것을 강조하는 것으로 범죄에 대한 방해물을 만드는 것 뿐만 아니라 범죄를 감소시키는 각종 조치들을 장려하는 것이다.[146]

1980년대에 들어와서 정의모델을 유지하면서도 무해화 정책이 전개되었으며 특히 선별적 무해화(selectivr incapacitation) 정책은 위험한 범죄자를 선별하여 장기간 교정시설에 수용하여 격리하도록 하였다. 그러나 이 정책의 결과로 인해 필연적으로 수용능력이 한계에 달하였고 과잉구금상태라고 하는 문제가 발생하였다. 이에 과잉구금상태를 해소하기 위하여 수형자가 개선되었기 때문에 석방하는 것이 아니라 과잉구금을 해소하기 위하여 석방하는 결과가 되어 사태는 보다 심각하였다. 위험한 범죄자가 사회에 나와 시민의 안전이 위협받자 그 비난을 면하기 위하여 집중감독프로베이션(Intensive Probation Supervision)이라고 하는 새로운 사회내 처우를 고안해냈다.[147] 그뿐만 아니라 재범의 위험성이 있는 범죄자를 감시하고 시민의 안전을 확보하기 위하여 전자감시시스템(electronic monitoring)과 가택구금(house arrest) 등 특별한 감시시스템을 만들어냈다.

한편, 형사사법체계의 일선에서 일하는 실무자들은 매일 점점 더 많은 청소년과 성인들이 범죄에 가담하는 것을 보면서 좌절에 직면하고 있었다. 이러한 좌절은 형사사법 전문가로 하여금 조직문화, 가치 그리고 프로그램을 변화시켜 소년사법에 보다 균형적이고 회복적인 접근을 하도록 하였으며 피해자—가해자 중재, 피해자—가해자 위원회, 가족회합, 사회봉사, 배상 그리고 근로체험 등과 같은 회복적 사법원리를 반영하는 프로그램과 같은 진보적인 과정을 만들어 내었다.[148]

미국의 현대교정은 1980년대 이후 교정에서 다섯 가지의 중요한 발전으로 특징지을 수 있다. 첫째 의료모델의 폐기, 둘째 정기형으로의 변화, 셋째 법원에서 명령하는 보호관찰보다 더 효과적이고 장기구금보다 덜 엄격한 처벌(중간처벌)에 대한 탐색, 넷째 범죄자에 대한 사회복귀와 효과적인 프로그램에

---

146 해리 앨런·에드워드 라테사·브루스 판더 저/박철현·박성민·곽대훈·장현석 공저, 앞의 책(2020년), 95쪽.
147 藤本哲也, 앞의 책(2008년), 225쪽.
148 해리 앨런·에드워드 라테사·브루스 판더 저/박철현·박성민·곽대훈·장현석 공저, 앞의 책(2020년), 99쪽.

대한 강조, 다섯째 회법적 사법이 그것이다.[149]

라. 사회복귀이념의 평가

미국에서의 동향은 국제적인 형사정책의 전개에도 커다란 영향을 주었다. 예를 들면 유엔의 활동을 보더라도 1970년대 이후는 시설내 처우의 폐해를 강조하여 구금형의 대체 조치의 활용을 각국에 권고하는 데에 역점을 두었다. 그 상징적인 사건이 1990년 제8회 유엔범죄방지회의에서 「비구금조치에 관한 유엔최저기준규칙」의 채택이다.

다만 동일하게 시설내 처우의 효과에 회의적인 견해를 보이는 입장에서도 사회복귀이념에 대한 평가가 반드시 동일하지 않다는 점에는 주의할 필요가 있다. 유엔의 활동에서 나타난 시설내 처우에 대한 문제의식은 주로 자유사회에서의 자유의 훈련을 자유를 박탈한 상황 하에서 실시하는 것의 한계를 지적하고, 또한 행동과학에의 과도한 신뢰를 전제로 한 의료모델이 예정하였던 것으로 처우를 통하여 수형자의 행동패턴에 일정한 영향을 줄 수 있는 것 자체를 부정하는 것은 아니었다. 바꾸어 말하면 그것은 수형자를 사회복귀시킨다고 하는 이념 자체를 부정하는 것이 아니라 오히려 그것을 전제로 하여 그것을 달성하기 위한 수단으로서 구금형의 한계에 주의를 환기시키고, 구금형을 가능한 한 회피하여야 한다고 하면서도 구금형이 사용되는 경우에는 그 기간을 이용해서 수형자가 석방 후에 사회에 적응할 수 있도록 끊임없는 노력을 하여야 한다는 입장이라고 할 수 있다.

미국과 함께 시설내 처우에 대한 비판을 강력하게 전개한 북유럽 국가에서도 기본적으로는 이와 같은 입장을 취하고 있다고 할 수 있다.[150] 그러한 의미에서 시설내 처우의 기본이념을 범죄자의 사회복귀에서 구하자고 하는 사상은 오늘날에도 기본적으로는 변하지 않고 유효하다고 할 수 있다.[151]

---

149 해리 앨런·에드워드 라테사·브루스 판더 저/박철현·박성민·곽대훈·장현석 공저, 앞의 책(2020년), 102~103쪽.

150 芝原邦爾, 國際刑事政策の展開 ─ 第7回國連犯罪防止會議にみるその動向, 犯罪と非行 66호, 1985년, 11쪽.

151 川出敏裕·金光旭, 앞의 책(2018년), 170~171쪽.

제 3 절 우리나라 행형사

1. 서

고대에서 조선시대까지는 형벌과 구금, 재판 등 형사절차가 분리되지 않았다. 그리고 구금시설을 필요로 하는 자유형과 같은 시간제 형벌이 존재하지 않았으며, 사형이나 체형 또는 유형과 같은 형벌은 형집행을 위해서 감옥에 오랫 동안 신병을 구속해 둘 필요가 없었다. 행형이 형사사법절차에서 독자적인 역할을 가지게 된 것은 자유형이 규정된 형법이 제정된 이후부터이다. 그러나 행형의 역사에 대한 고찰을 통해 행형 전반에 관한 역사적 이념과 지식을 체계적으로 연구하고 그 발전과정을 파악하는 것은 현재의 법률과 각종 제도, 그리고 행형을 둘러싸고 있는 환경에 대해 가치를 부여하고 앞으로의 행형발전의 방향을 제시하는 데 있어서 필요한 일이다.

우리나라 행형에 대한 역사적인 고찰은 씨족, 부족사회의 행형에 대한 문헌 등의 자료가 존재하지 않으므로 문헌상 자료가 존재하는 고조선 시대부터 살펴보고자 한다. 다만, 조선까지의 행형은 형사사법의 규정과 절차 그리고 제도가 분리되지 아니하였기 때문에 형사사법 전체에 대해 기술한다.

2. 고대

가. 고조선

고조선은 사회의 안녕질서를 유지하기 위하여 일정한 형벌제도를 갖추고 있었음이 기록으로 남아있다. 즉 고조선 사회의 형벌제도에 대해서는 중국 후한의 역사가인 반고(班固)가 지은 『한서지리지』(漢書地理志)에 기록이 있으며, 여기에 기록된 팔조금법(八條禁法) 가운데 오늘날 세 개 조문의 내용이 남아있다. 그 내용은 '첫째 사람을 죽인 자는 즉시 사형에 처하고, 둘째 다른 사람에게 상해를 입힌 자는 곡물로 배상하고, 셋째 남의 물건을 훔친 자는 노비로 삼고 다만 자속(自贖)하려는 자는 50만전을 내야하고, 자속하여 풀려났다 하더라도 혼인상대자를 얻지 못한다.'는 것이다.[152]

---

[152] 권인호, 行刑史, 국민서관, 1973년 2월 10일, 296쪽/허주욱, 행형학, 일조각, 1992년 1월 10일, 27쪽/中橋政吉, 朝鮮舊時の刑政, 治刑協會, 1936년 12월 15일, 1쪽.

이 규정을 통해서 고조선사회는 계급제도와 사유재산제도가 존재하였고, 당시 주요 범죄는 살인·상해·절도 등이었으며, 응보형주의에 입각하였다는 것을 알 수 있다. 또한 곡물배상이나 속전(贖錢)제도 등 속죄형이 존재하였고, 개인의 생명과 신체를 존중하였으며 형벌노비제도가 존재하였음을 알 수 있다.

나. 부여

삼국지(三國志) 위지 동이전(魏志 東夷傳)에는 옥저, 예, 부여 등의 풍속에 대한 기록이 남아있으며, 이를 통해 형률에 대한 것을 살펴볼 수 있다.

부여에서는 영고(迎鼓)라고 하는 제천의식에서 은력(殷曆) 정월에 천신(天神)에게 제사를 지내고 사람들이 모여서 음주가무를 하면서 노래하고 춤을 추었으며 이때에는 형벌과 옥사를 판결하고, 죄수를 석방하였다고 하는 기록이 있다.[153]

살인자는 죽이고 재산은 몰수하며 그 가족까지 노비로 삼았으며, 특히 절도죄에 대해서는 훔친 물건의 12배를 배상하는 일책십이법(一責十二法)과 간음한 자와 투기한 부인은 사형에 처하도록 하는 등으로 미루어 보아 당시 응보를 기본으로 하는 엄격한 형벌이 존재하였고 정절을 중히 여기는 사회윤리가 법제화되어 있었음을 알 수 있다.[154] 부여에 이미 옥(獄)을 비롯한 제도적인 행형이 존재하였고, 동해(同害)보복적인 형벌사상에서 크게 진보되어 공권력에 의한 형벌사상이 어느 정도 정착되었음을 알 수 있다.[155]

다. 옥저, 동예, 삼한

옥저와 동예는 부여와 유사한 법제를 가지고 있었다고 보여지며, 특히 동예에는 부락 상호간에 경계가 설정되어 있어 그 경계를 침범하면 책화(責禍)라고 하여 노비나 소나 말 등으로 배상하게 하는 등 엄중하게 처벌하였다.

한반도 남쪽에 위치한 삼한의 사회는 씨족사회의 요소가 지배적인 사회구조를 형성하였다. 그 당시 제정은 일찍부터 분리되어 족장 외에 제사권을 가진 천군이라는 제사장이 있었으며 '소도(蘇塗)'라고 불리는 신성한 구역이 있어 죄인이 그 구역으로 도망하면 그를 붙잡아 가지 못하였다고 한다.

---

153 中橋政吉, 앞의 책(1936년), 41쪽.
154 권인호, 앞의 책(1973년), 296~297쪽/中橋政吉, 앞의 책(1936년), 2쪽.
155 이백철, 앞의 책(2020년), 139쪽.

3. 삼국

삼국의 형벌제도는 응보형주의에 바탕을 두어 준엄하고 가혹하였으나 한편으로는 점차 재판기관이 정비되었고 세 나라 모두 특사(特赦)를 실시한 것으로 보아 국왕이나 위정자가 범죄자에 대하여 많은 관심을 가지고 있었다. 또한 형벌의 종류가 사형, 유형, 장형, 재산형 등으로 다양해졌고, 감옥이 정비되는 등 국가공권력이 체계를 갖추었으며 감옥의 명칭은 뇌옥(牢獄), 영어(囹圄), 형옥(刑獄), 수옥(囚獄) 등으로 불리었다.

가. 고구려

고구려는 일찍부터 자주적인 국가체제를 갖추었으며, 대륙에 인접한 지정학적 조건으로 국민성 자체가 강인하고 전투적이었다. 이와 같은 기질은 형벌제도 상으로 나타났으며, 형벌은 준엄하고 가혹하였다. 특히 국가의 안위와 관련되는 범죄자는 가혹한 방법으로 사형에 처하였고 그 가족은 노비로 삼았으며 재산을 몰수하였다.

형벌은 일반예방을 위주로 하여 준엄하였고 체형으로 사형과 장형(杖刑)이 있었다.[156] 범죄인에 대하여 재판결과 유죄임이 밝혀지면 감옥에 구금하지 않고 즉시 사형에 처하였으며 그의 처자는 노비로 삼았다는 기록이 위지(魏志) 고구려전에 남아있다.[157] 또한 반역과 모살(謀殺)에 대하여는 일반인을 위하하기 위해 신체형과 사형을 병과하였고, 절도의 경우에는 그 액의 10배를 배상하게 하고 만약 이를 갚지 못할 때에는 처자를 주어 갚아야 한다라는 기록이 있다.[158] 이와 같은 기록으로 미루어 볼 때, 고구려 초기의 행형은 배상제를 벗어나지 못하였고 형벌이 제도적으로 확립되지 못하였다는 것을 알 수 있다.

373년(소수림왕 3)에 율령을 반포한 후 형률이 정비되었고 형벌제도가 갖추어지기 시작하였다. 그리고 당시 제가(諸加)라고 하는 국가기구가 있었으며 이 제가의 평의에 의하여 유·무죄와 형벌집행이 결정되었다.[159]

한편 행형은 범죄행위에 대한 제재라는 관념이 아직 확립되지 않았기 때

---

156 中橋政吉, 앞의 책(1936년), 180쪽.
157 권인호, 앞의 책(1973년), 298쪽.
158 신왕식, 새行刑學, 法曹文化社, 1988년 6월 20일, 36쪽.
159 권인호, 앞의 책(1973년), 299쪽 / 中橋政吉, 앞의 책(1936년), 41쪽.

문에 조사를 하고 일시적으로 구금하는 것까지도 형이라고 생각하였다. 그러나 재판에 의해 집행하는 형률상의 형벌뿐만 아니라 법외의 형이 존재하였다. 또한 당시의 형벌은 단순하여 생명형인 사형과 재산형으로서 배상과 노비에 몰입하는 형이 존재하였으며, 체형으로 장형이 있었다.[160] 어떤 구금시설이 있었는지는 분명하지 아니하나 소수림왕이 혹서기에 뇌옥(牢獄)에 있는 죄수를 염려했다는 기록에 비추어 보아 당시 구금시설이 존재하였음을 알 수 있다.[161]

나. 백제

백제는 일찍부터 중국의 제도를 받아들여 문화를 발전시키고 율령에 의한 형정이 정착되었으며 관제를 정비하는 등 삼국 중에서 가장 발달된 관료제 국가의 행태를 갖추었으나 형벌은 응보주의에 입각한 위하적 성격을 벗어나지 못하였다. 중국의 형벌제도를 도입하여 사형, 유형, 도형과 같은 형벌을 시행하였으며 지방관의 남형을 방지하기 위하여 사형에 대하여는 경옥(京獄)이 복심(覆審)을 하였고 국왕의 친재(親裁)를 얻어 집행하는 등 상당히 일찍부터 재판제도가 정비되었다.[162]

260년(고이왕 27)에 관제를 정하면서 6좌평 중 조정좌평(朝廷佐平)이 형옥을 관장하도록 하였다. 반역자와 퇴군자와 살인자는 참수하였고, 절도는 유형에 처하였으며, 관리의 속죄는 3배를 징수한 후 종신금고에 처하는 형벌이 있었다.[163] 또한 백제의 형률 중에 절도는 유형에 처한다는 내용이 있었다는 사실로 보아 삼국시대에도 유형이 존재하였음을 알 수 있다.[164] 그리고 일찍부터 뇌옥이 설치되어 수도와 지방에 분포되어 있었다. 형률과 형전이 존재가 있었던 이상 필연적으로 뇌옥의 설비를 갖추었으며, 당시 옥은 조정좌평에 속하는

---

160 신왕식, 앞의 책(1988년), 37쪽.

161 권인호, 앞의 책(1973년), 300쪽／허주욱, 앞의 책(1992년), 193쪽／中橋政吉, 앞의 책(1936년), 85쪽.

162 다루왕(多婁王) 2년(서기 29년)에 왕이 지방현에게 하명하여 '비록 사형에 해당할 지라도 즉결하지 말고 이를 모두 계사(系師)의 옥으로 이송하여 다시 한번 사안을 복심한 후에 봉재를 취하라.'라고 하였고, 또한 '사형에 해당하는 죄는 오주(五奏)를 거쳐 결정하라.'라고 한 것으로 보아 각 지방에 재판기능을 가진 관서가 있었으며 사형은 반드시 중앙기관의 재심리를 거쳐 왕의 재결을 얻도록 하였다(신왕식, 앞의 책(1988년), 38쪽／中橋政吉, 앞의 책(1936년), 42~43쪽).

163 이백철, 앞의 책(2020년) 140쪽／中橋政吉, 앞의 책(1936년), 180쪽.

164 권인호, 앞의 책(1973년), 302쪽.

영조물에 지나지 않았고 그 명칭은 영어(囹圄) 또는 뇌옥이라 불리었다.[165]

다. 신라

신라는 지정학적 관계로 중국과의 교류가 늦어 독자적인 형벌체계를 가지고 있었으나 법흥왕 때에 이르러 율령을 반포하는 등 중앙집권적 국가체제로 정비되면서 고유한 제도와 중국이나 고구려의 제도가 혼합된 행형제도를 가지게 되었다.

초기부터 형정에 대하여 관심이 많았으며 대사나 감면 등이 행해진 것으로 보아 일찍부터 율령체제가 어느 정도 갖추어져 있었다고 추측되지만, 520년(법흥왕 7)에 율령이 반포되고 난 후 형벌체제가 형태를 제대로 갖추어졌다. 651년(진덕여왕 5)에는 좌이방부(左理方府)라고 하는 관부를 창설하고 율령을 관장하도록 하였으며, 667년(문무왕 7)에는 우이방부를 설치하여 사법기관의 확장을 도모하였다. 좌·우이방부는 사법사무를 관장하였고 이는 형조에 해당하는 관부였다.[166]

신라의 형벌제도는 다른 고대국가들과 마찬가지로 응보주의에 따른 위하형의 성격을 가지고 있었다. 형벌 중에서 가장 준엄하게 처벌한 것은 반역죄로 모반자는 극형에 처하고 그 가족까지 멸족시켰으며 전투에 임하여 퇴각한 자와 살인자도 사형에 처하였다. 증보문헌비고 등 각종 문헌상에는 가뭄시에는 죄수의 고통을 덜어주기 위하여 이들을 방면했다는 기록이 있으며, 기원전 2년(유리왕 2)에 대사(大赦)가 행하여 졌다는 기록 등으로 보아 일찍부터 인도주의적인 행형이 실시되었음을 알 수 있다.[167] 또한 이와 같은 기록 등으로 보아 구금시설인 뇌옥도 존재하였다고 보여진다.

4. 고려

고려는 중앙집권적 봉건사회로 역사상 전제왕권체제를 확립한 최초의 국가라고 할 수 있다. 고려는 당(唐)의 관제를 모방하여 관료제도를 채택하였고, 전제왕권을 확립하기 위하여 형률도 당률을 참고로 하여 정비하였다.[168] 한편 삼국

---

165 中橋政吉, 앞의 책(1936년), 86쪽.
166 中橋政吉, 앞의 책(1936년), 43쪽.
167 신왕식, 앞의 책(1988년), 39~40쪽.
168 中橋政吉, 앞의 책(1936년), 44쪽.

시대와 같은 응보적인 형벌제도에서 조금씩 벗어나 형벌은 관용성을 가지기 시작하였다. 이처럼 형정에서 관용을 베푼 것은 귀화인을 포섭하여 국가의 안정을 도모할 필요가 있었고, 불교국가로서 종교적인 영향에 의한 것으로 볼 수 있다.

중앙의 재판기관으로 의형대(義刑臺)를 설치하였고, 성종 때에 이르러 3성 6부의 중앙집권적인 통치체제가 확립됨에 따라 6부 가운데 행형을 관장하는 형부를 두었다. 상서형부(尙書刑部)는 안핵(按覈)[169], 상복(詳覆) 및 노예의 결송 (決訟)에 관한 사무를 관장하였고, 그 아래에 형옥을 담당하는 전옥서(典獄署) 를 설치하였다.[170] 또한 노비의 부적(簿籍)과 이에 대한 송사를 담당하는 상서 도관(尙書都官)을 두었으며, 각 지방에는 지방관으로 하여금 재판과 형옥을 관리하도록 하였다. 이들 지방관에 대한 재판업무를 감독하기 위하여 중앙정부 에서 염문사(廉問使)를 각 지방에 파견하여 감찰하도록 하였다.[171] 그러나 수도 의 사옥서(司獄署)는 행형만을 담당하였고, 순군만호부(巡軍萬戶府)가 있어 범인의 수사를 담당하였다.

형률은 초기에는 당률(唐律)을 모방하였고 그 위에 국왕의 교지를 첨가하여 시행하였으나 성종이 최충(崔沖)에게 명하여 현실에 맞는 형률을 보완하여 총 13장 72조로 구성된 「고려형법」을 반포하였다.[172]

한편 왕권에 대한 범죄나 사회계급에 대한 범죄 등에 대해서는 엄중하게 처벌하였다. 일반범죄는 단심에 그쳤으나 1047년(문종 원년)의 기록에 의하면 사형에 한해서는 삼복제가 실시되었음을 알 수 있다.[173] 뿐만 아니라 심리에 일한(日限)이 있었고,[174] 또한 자백을 얻기 위하여 고문이 성행하였다.

형벌은 당제를 도입하여 태(笞), 장(杖), 도(徒), 유(流), 사(死)의 5종이 근간을 이루었고 이러한 형벌은 고려시대 이전부터 존재한 것을 체계화한 것으로 보여진다. 고려형법에는 태형은 10, 20, 30, 40, 50의 5등급으로 장형은 60,

---

169 자세히 조사하여 살핌
170 권인호, 앞의 책(1973년), 309쪽.
171 中橋政吉, 앞의 책(1936년), 45쪽.
172 신왕식, 앞의 책(1988년), 42쪽.
173 자세한 내용은 권인호, 앞의 책(1973년), 316쪽 참조/中橋政吉, 앞의 책(1936년), 63쪽.
174 숙종 원년에 하교를 내려 '결송(決訟)함에 있어 소사(小事)는 5일, 중사(中事)는 10일, 대사 (大事)는 20일, 도형 이외의 것은 30일은 이미 정해진 것이니 이를 받들어 실시하라'라고 한 기록이 있다(권인호, 앞의 책(1973년), 316쪽/中橋政吉, 앞의 책(1936년), 64쪽).

70, 80, 90, 100의 5등급으로 나누었다.[175] 그 외 부가형으로 범죄인의 얼굴에 칼로 흉터를 남기는 삽루형(鈒鏤刑), 얼굴에 묵침으로 글자를 새겨넣는 경면형(鏡面刑), 일정한 조건 하에 돈을 받고 형벌을 면제해 주는 속전(贖錢), 가재몰수, 노비몰입 등이 있었다.[176] 형구는 형장만이 법으로 규정되어 있었고 배장(背杖), 견장(견장), 태장(笞杖)의 3종이 있었다. 형의 집행은 중앙에서는 한성부 또는 전옥서에서, 지방에서는 지방관아에서 실시하였다.

고려 초기의 행정기구를 정비하는 과정에서 감옥관제는 사법기관으로 의형대를 설치하고 형옥을 관장하게 하는 동시에 종래 옥, 뇌옥, 영어라고 불리었던 구금시설로 전옥서(典獄署)라는 명칭의 관아를 창설하였다.[177] 전옥서는 수도에 있는 옥이며 각 지방에 설치된 옥은 재판권을 겸하여 가지고 있는 지방관 소속의 뇌옥에 지나지 않았다. 가옥(假獄)은 광종(光宗) 때 노비제도를 정비하면서 사회질서를 유지하기 위하여 많은 노비들을 구금하면서 임시로 수용시설을 만든 것으로 경종(景宗) 때 폐지되었다. 공민왕(恭愍王) 때 개경의 전옥서 외의 감옥을 모두 시옥이라 불렀다.

이 이외에 죄수에게 가혹한 처우를 한 관리를 문책하거나 특사령을 내리는 등 휼수의 예는 많았다. 이와 같이 죄수를 불쌍하게 생각하고 시설에 대한 개선을 실시하였으나 위생상태는 좋지 않았다고 보여지며, 1392년(공양왕 4)에 전옥서에 의관(醫官)을 두고 의료시설을 갖추기도 하였다.[178]

5. 조선

가. 서

조선사회는 유교중심의 관료적 중앙집권사회라고 할 수 있다. 유교는 국가의 지도이념으로서 정치, 사회, 교육의 원리가 되었고 조선의 모든 제도와 정책은 유교사상의 영향을 받았다고 볼 수 있다. 이와 같은 조선왕조의 특징으로 인하여 형정(刑政)도 유교사상의 영향을 받을 수밖에 없었다. 또한 왕명이 법률이 되거나 지시가 되기도 하였으며, 재판의 지침이 되기도 하였다. 그러나

---

175 中橋政吉, 앞의 책(1936년), 207쪽.
176 허주욱, 교정학(2013년), 157쪽/이백철, 교정학(2020년), 143쪽.
177 中橋政吉, 앞의 책(1936년), 87쪽.
178 신왕식, 앞의 책(1988년), 43쪽/中橋政吉, 앞의 책(1936년), 132~133쪽, 307쪽.

행정과 사법이 분리되지 아니하여 일반행정기관에서 사법업무도 함께 관장하였다. 사법을 관장하는 기관으로 형조, 사헌부, 의금부, 장예원 등이 있었고 지방에는 관찰사와 수령이 관장하였다.

형벌제도는 고려와 마찬가지로 태형, 장형, 도형, 유형, 사형 등 5종을 기본으로 하였고 그 외에도 부가형이 실시되었다. 그러나 도형과 유형이 확대 실시되는 등 형의 집행방법과 형구의 규격 및 사용방법과 절차가 자세하게 성문화되었다.

남형을 방지하고 인권을 보호하려는 취지에서 인신을 구속할 수 있는 기관인 직수아문(直囚衙門)을 경국대전에 규정하였다. 세종 때에는 휼형교서를 내려 남형을 방지하였고, 사형에 처할 경우 세 번을 심사하도록 하였다. 영조 때에는 압슬형(壓膝刑)과 낙형(烙刑)을 금지하였고, 정조 때에는 남형을 단속하는 형전사목을 반포하는 한편 옥구와 형구를 개량하는 흠휼전칙(欽恤典則)을 제정·시행하였다. 그리고 중앙에서 훈도(訓導), 검율(檢律)이라고 불리는 율사를 각 지방으로 파견하여 관찰사의 사법업무를 보좌하게 하였다.

나. 사법기관

조선시대에 사법권을 가진 기관을 법사(法司)라 하였으며 중앙에는 형조, 사헌부, 의금부, 한성부, 장예원이 있었고 그중에 형조, 사헌부, 한성부를 삼법사라 불렀다.[179] 지방에는 관찰사와 수령이 관할 지역의 일정한 경범죄에 대한 사법권을 행사하였다. 오형의 집행과 관련하여 관찰사는 유형 이하의 사건을 처리하고 군·현의 수령은 장형 이하의 사건만을 처리하도록 하였다.

재판기관은 형조와 의금부가 있었으며, 형조는 근대의 법부(法部)에 해당하고 의금부는 법원의 기원이라고 할 수 있다. 그러나 둘 다 독립된 재판기관으로 다만 사물관할을 달리한 것에 지나지 않는다고 보는 것이 적절하다.[180]

형조는 1392년(태조 원년)에 설치된 6조(曹) 중 하나로 국가의 사법사무와 노예에 관한 사무를 총괄하였다. 형조에는 사형죄에 해당하는 중범죄자의 복심을 담당하는 상복사(詳覆司), 법령의 조사와 심의를 담당하는 고율사(考律司), 감옥과 범죄수사를 담당하는 장금사(掌禁司), 노예의 호적과 소송 및 포로

---

179 본래 의미의 순수한 사법기관은 형조와 의금부이고, 다른 관부는 각기 고유의 직무와 관련이 있는 범위 내에서 사법권을 행사하였다(권인호, 앞의 책(1973년), 323쪽)/中橋政吉, 앞의 책(1936년), 46쪽.

180 中橋政吉, 앞의 책(1936년), 48쪽.

에 관한 업무를 담당하는 장예사(掌隷司) 등 4사를 두었다. 그 중에서 장예사는 처음에는 장예원이라 하여 독립된 기관이었던 것을 1728년(영조 40)에 형조에 속하게 하였다. 그 후부터 형조는 법률, 송사에 관한 사항 이외에도 노예에 관한 사항을 관장하였으며 관원으로 판서, 참판, 참의 등이 있었다. 형조에 소속된 기관으로서는 율학청, 전옥서, 좌우포도청이 있었다. 형조는 1894년 갑오개혁으로 폐지되고 법무아문(法務衙門)이 되었다.[181]

태조 초기에 사평순위부(司平巡衛府)를 설치하였고, 1414년(태종 14)에 이를 의금부로 개칭하였으며 1894년 갑오개혁으로 법무아문에 소속되었다. 의금부는 왕의 명령에 의하여 특수범죄를 담당하였으며 특히 왕실과 왕족에 대한 범죄, 관원으로서 관기를 문란하게 한 범죄, 사헌부가 탄핵한 사건, 국사범, 역모 및 반역죄 등을 관장하였다.[182] 그리고 의금부에 소속된 옥사를 의금옥 또는 조옥(詔獄)이라고 하였다. 초기에는 의금부에서 일반범죄자를 수용하였으나 1408년(태종 8) 칙령으로 일반범죄자를 수용하는 것을 금지하였다.

사헌부는 관리의 기강과 시정의 시비를 논하는 감찰기관으로 대사헌 이하의 집의, 장령, 지평, 감찰 등의 관원을 두었다. 이들 중에서 감찰은 조정의 회의, 국고출납 등 모든 일에 임검하여 위반사항을 조사하는 권한이 있었으나, 그 외에도 백성의 억울함을 해결해 주는 직무도 일부 담당하였다.

한성부는 수도의 일반행정 외에 경찰 및 사법업무까지 관장하였고 전국의 토지, 가옥에 대한 송사를 담당하였다.

지방에서는 관찰사가 행정, 사법, 군사를 총괄하였고 수령을 지휘·감독하였다. 또한 유형 이하의 형사사건을 초심으로 직접 재판하고 민사사건에 있어서는 수령의 재판에 대한 복심을 하였다. 그리고 관찰사의 지휘를 받는 부, 목, 군, 현의 수령이 관할지역 내의 형사업무를 관장하였다. 수령은 관찰사의 감독 하에 일반행정에 관한 권한 이외에 민사사송(私訟), 중하지 않은 형사사건을 심판하는 사법권도 가지고 있었다.

---

181 中橋政吉, 앞의 책(1936년), 49~50쪽.
182 中橋政吉, 앞의 책(1936년), 50~51쪽/의금부는 왕의 교지를 받아서 개정하는 특수재판기관으로 양반재판소라 불리었던 반면, 형조는 상민재판소라 불리었다(신왕식, 앞의 책(1988년), 45쪽).

다. 형률

태조는 대명률(大明律)[183]을 의용할 것을 선언하였고 그 이후 조선왕조 내내 형사법의 기본으로 사회생활을 규율하였다. 그러나 중국의 사회생활을 기초로 하여 제정된 대명률이 우리나라에 그대로 적용되기에는 곤란한 점이 적지 아니하여 보충규정과 예외규정이 나올 수밖에 없었다.

태조는 1397년 12월에 그때까지 발령하였던 조례를 편찬한 「경제육전」(經濟六典)을 반포하였다. 정종은 1399년 10월에 경제육전 반포 후 발령한 조례 등을 모아 「경제속육전」(經濟續六典)을 편찬하였고, 세종은 「신속육전」(新續六典)을 편찬하였다.

세조때 시작한 「경국대전」(經國大典) 편찬사업은 성종 때에 결실을 맺어 비로소 조선왕조 건국 이래 완성된 형태의 법전이 시행되었다. 1744년(영조 20)에 「속대전」(續大典)이, 1785년(정조 9)에는 「대전통편」(大典通編)이 편찬되어 시행되었다. 1865년(고종 2)에는 다시 이 대전통편을 증보하여 「대전회통」(大典會通)을 편찬하였고, 그 후 이를 보완한 「육전조례」(六典條例)를 편찬하였다. 1905년 4월 29일에는 5편 부칙 682조로 구성된 근대적 형법인 「형법대전」(刑法大全)을 제정·공포되었다.[184]

라. 형벌제도

1) 서

조선의 형벌은 고려와 마찬가지로 태(笞), 장(杖), 도(徒), 유(流), 사(死)의 5형이 주축이었으나 고려와 다른 점은 도형은 5급으로, 유형은 3급으로 세분하였다는 점이다.[185] 그 중 태형과 장형은 신체형이고 도형과 유형은 자유형과 유사하며, 사형은 생명형이고 그 외에 부가형인 자자(刺字), 노비몰입 등이 있었다. 대명률과 조선의 형전에는 충군, 전가사변율(傳家徒邊律) 등의 형벌이 있었으나 전가사변율은 숙종때 폐지되었고 자자형 및 낙형 등 육체형은 영조때 금지되었다.[186] 중앙집권국가를 형성한 조선왕조에서는 그 외에도 전제적인 봉건국

---

183 대명률은 1368년 12월 명 태조 朱元璋이 율령을 종합하여 시행한 것으로 조선시대 형사법에 의용되었다. 名例律, 吏律, 戶律, 禮律, 兵律, 刑律, 工律 등 7종의 율령에 총 30권 456조로 구성된 법전이었다.
184 허주욱, 앞의 책(1992년), 33쪽.
185 권인호, 앞의 책(1973년), 363쪽 / 신왕식, 앞의 책(1988년), 52쪽.
186 권인호, 앞의 책(1973년), 363쪽.

가를 유지하기 위하여 법전에 규정되지 아니한 형벌이 남용되기도 하였다.[187]

2) 태형

태형(笞刑)은 경범죄를 범한 자에게 부과하는 가장 가벼운 형벌로 10대에서 50대까지 5등급으로 구분되었으며, 작은 가시나무 회초리로 죄인의 볼기를 때렸다. 다만 70세 이상의 고령자, 임산부, 15세 미만자, 폐질환자 등에 대해서는 태형 대신 속전을 받았다. 그러나 단장(檀杖), 동장(桐杖), 지장(紙杖) 등 태의 종류에 따라 강약의 차이가 있어 뇌물여부에 따라 태를 달리하는 등 남용이 있었다.[188] 집행방법은 죄수를 형틀에 묶어놓고 하의를 내려 엉덩이를 노출시킨 상태에서 집행하였으나 여자의 경우에는 하의를 벗기지 아니하였다.

태형은 장형이 폐지된 이후에도 존속되다가 1920년 폐지되었다.[189] 즉 조선총독부는 1912년 3월 형법대전을 폐지하고, 「조선태형령」(朝鮮笞刑令)(제령 제13호)을 제정·시행하였고 태형은 조선인에게만 부과하였다. 당시의 태형은 주형으로서 독립된 형이 아니라 징역, 구류 또는 금형(禁刑)으로 바꾸어 행할 수 있는 대용형(代用刑)으로 바뀌었다.[190] 조선태형령에 따르면 16세 이상 60세 이하의 남자를 대상으로 하루 30대까지만 부과할 수 있었고 형구의 재질은 가죽으로 바뀌었다.

3) 장형

장형(杖刑)은 태형에 처할 범죄보다 중한 범죄를 범한 자에게 적용하는 형벌로 60대에서 100대까지 5등급으로 구분되었으며, 굵은 가시나무 회초리로 죄인의 볼기를 때렸다. 장형은 별도로 집행되는 경우도 있었으나 보통 도형과 유형의 병과형으로 부과되었으며 남형의 폐해가 가장 많았다. 신장의 종류와 제식, 사용방법을 정하고 1회에 30대를 넘을 수 없게 제한하였으며 그 후 3일

187　다산 정약용은 『목민심서』 형전 중 「휼수」에서 '옥이란 이승의 지옥이니, 옥수(獄囚)의 고통은 어진 사람들이 마땅히 살펴야 할 일이다.' 라고 하면서 죄수를 불쌍히 여기고 돌보아야 한다고 하였다. 특히 옥중에서 겪는 고통은 다 갖추어 말할 수 없으며, 그 큰 고통으로 다음과 같은 다섯 가지를 들고 있다. 첫째는 형틀의 고통이요, 둘째는 토색(討索)질(가혹행위)을 당하는 고통이요, 셋째는 질병의 고통이요, 넷째는 춥고 배고픈 고통이요, 다섯째는 오래 갇혀 있는 고통이다(정약용 저/다산연구회 역주, 譯註 牧民心書Ⅴ, 創作과 批評社, 1992년, 64면). 김성수, '교정과 목민심서 : 현대 형사사법에의 시사점 - 다산 정약용의 목민심서를 통한 우리나라의 교정사상 -, 교정, 2008년 7월(통권 387), 84~109쪽 참조.

188　신왕식, 앞의 책(1988년), 55쪽.

189　이윤호, 앞의 책(2012년), 54쪽.

190　中橋政吉, 앞의 책(1936년), 216쪽.

내에는 다시 집행할 수 없도록 하였고 고문 10일 후에는 죄를 결정하도록 하
였다.[191] 장형은 1898년 4월 4일 제정된 「형율명례」(刑律明例)에 의해 폐지되
었다.[192]

4) 도형

도형(徒刑)은 비교적 중한 죄를 범한 자에 대하여 관아에 구금하여 소금을
굽는 작업을 시키거나 쇠를 녹여 못을 만드는 노역을 부과하는 형벌로 오늘날
자유형과 유사하였다. 도형은 당률의 영향을 받아 고려시대에 처음 시행되었
고[193] 조선에서는 경국대전 및 형전을 비롯하여 대명률직해, 속대전 등 형사법
전에 도형에 관한 규정을 두었고 더욱 구체화하였다.[194] 형기는 1년에서 3년까
지 5종으로 구분하였고 장형을 병과하였다.

도형에 대신하는 형벌로 수군이나 변방의 군역에 복무시키는 충군(充軍)
이 있었으며 이는 일종의 대체형벌로 볼 수 있고 통상적으로 장 100대를 병과
하였다. 도형은 군, 현 등의 관아에서 집행하였으며, 형조에서는 전국의 도형
수 명부를 비치하여 관리하였다. 1895년 「징역처단례」를 제정하여 도형을 징
역으로 개정하고 옥내에서 노역에 종사하도록 하였다.[195]

5) 유형

유형(流刑)은 도형과 달리 기간이 정해지지 않는 무기금고형에 해당하는
자유형의 일종으로 중죄를 범한 자에게 먼 지방으로 귀양보내어 죽을 때까지
고향에 돌아오지 못하도록 하는 형벌로 장형이 병과되었다.[196] 유형에 대한 관
할은 지방 수령에게 있었고 왕명이 있어야 사면되었다. 식량 등 생활필수품은
관에서 공급하였으며 가족은 허가에 의해 동반할 수 있었다.

유형의 등급은 2,000리, 2,500리, 3,000리 등 3등급이 있었고 그 외에도 천사(遷
徙), 부처(付處), 안치(安置)가 있었다. 1895년에 법률 제4호로서 종래 유배지 장단에

191 中橋政吉, 앞의 책(1936년), 67쪽.
192 장형은 갑오개혁 다음 해인 1895년 행형제도의 개혁과 동시에 폐지되었다는 견해(이백철,
     앞의 책(2012년), 54쪽, 59쪽)와 1896년 형률명례를 제정할 때 장형을 폐지하였다고 하는
     견해(中橋政吉, 앞의 책(1936년), 211쪽)도 있다.
193 이윤호, 앞의 책(2012년), 55쪽.
194 이백철, 앞의 책(2020년), 147쪽.
195 中橋政吉, 앞의 책(1936년), 251쪽.
196 권인호, 앞의 책(1973년), 367쪽/이윤호, 앞의 책(2012년), 55쪽.

따라 그 경중을 헤아리던 것을 유배기간의 장단에 의한 기간제로 개정하였다.[197]

천사는 일반 상민에게 과하는 유형으로 죄인을 1,000리 밖으로 강제 이주시켰으며 조선 초기 북방개척을 위한 이민정책으로 시행되기도 하였다. 이주 후에는 일반 양민과 동등한 생활을 유지할 수 있도록 하였다. 특히 전가사변은 전가족을 이주시키는 형벌로 천사 중에서 가장 가혹하였다.

부처는 관원이나 유생에 대하여 과하는 유형의 일종으로 일정한 지역을 정하여 그곳에서만 거주하도록 하였으며 중도부처(中途付處)라고도 하였다.

안치는 왕족이나 고위관직에 있는 자를 대상으로 일정한 장소에 격리하여 머물게 하는 형벌로 유형 중에서 행동의 제약이 가장 심하였다.[198] 그 중 죄인을 자신의 고향에 안치하는 본향안치(本鄕安置)는 죄인에게 은전을 베푸는 차원에서 시행되었다. 위리안치(圍籬安置)는 집 주위에 가시나무 울타리를 둘러치고 외출을 통제하였으며 가족의 동거가 허용되지 아니하였다. 절도안치(絶島安置)는 외딴 섬에 죄인을 격리하여 안치하는 것으로 안치 중 가장 가혹하였다.

6) 사형

사형(死刑)을 결정하는 경우에는 세 번을 심리하는 삼복제에 의하도록 하였으며 최종적으로 왕이 재가한 후에 사형을 집행하였다. 사형은 형조의 상복사에서 전담하였다. 사형집행방법으로는 교형(絞刑), 참형(斬刑), 능지처참, 사사(賜死)[199]가 주로 사용되었고 사형수를 수용하는 시설로 남간(南間)을 두었다.

참형은 1894년 6월 24일 칙령으로 폐지하였고, 사법상 사형은 교수로 집행하고 군률의 사형은 포살만을 집행하기로 정하였다. 1896년에 제정된「형률각예」(刑律各例)에 다시 참형이 명시되었으나 1900년에 이르러 폐지되었다. 능지처참은 신체의 살을 잘게 다지거나, 신체의 특정한 수 개소에 칼질을 하여 고통을 가한 후 목을 베는 것으로 대역죄나 남편살해 등의 죄에 적용하였다. 능지처참의 한 방법으로 죄인의 사지를 수레에 묶어 각 방향으로 몰아 찍어죽이는 거열(車裂)이 있었다. 사형집행 후 효수형(梟首刑)과 기시형(棄市刑)이 실

---

197 中橋政吉, 앞의 책(1936년), 25쪽.
198 이윤호, 앞의 책(2012년), 55쪽.
199 사사는 주로 왕족이나 사대부가 역모사건에 연루되었을 때 그 체면을 존중하여 극형을 집행하는 대신 왕명으로 독약을 마시고 죽게 하는 방법으로 신체보존이 가능하였다는 점에서 사형집행 중 가장 명예로운 방법이었다.

시되기도 하였으며, 효수는 죄인을 참수한 다음 머리 또는 시신을 공중에 매달아 일반 민중에게 보이는 것으로 일반예방을 목적으로 하였다. 기시형은 참형의 집행을 시장에서 민중들이 보는 앞에서 공개적으로 하는 것으로 위하주의의 표현이며 일반예방을 목적으로 하였다. 대역죄인의 경우 부관참시라고 하여 이미 죽은 자의 시신을 다시 참형하는 형벌도 시행되었다.

7) 부가형

5종의 기본형 외에 자자형(刺字刑), 노비몰입, 몰관(沒官), 재산몰수, 피해배상 등의 부가형(附加刑)이 있었다. 또한 모반, 대역, 불효 등 특별히 정한 범죄를 제외하고는 형 대신 금전으로 납부할 수 있는 속전(贖錢)제도가 있었다.

자자형이란 뇌물에 관한 죄를 범한 자[200]에게 장형이나 도형 등에 부과하여 과하는 형벌로 신체의 특정부위에 먹물로 글씨를 새겨 넣는 방법으로 시행되었으며 뇌물 종류, 착취 방법에 따라서 글자를 달리하였다.[201] 자자형에는 글씨를 얼굴에 새기는 경면(鏡面)과 팔뚝에 새겨넣는 삽루가 있었다. 자자형은 1740년(영조 40년)에 자자도구를 소각하고 전국에 엄명을 내려 완전히 폐지하였다.[202]

노비몰입은 범죄인이나 그 가족을 노비에 편입시키는 형벌이다. 몰관은 죄인의 가족이나 재산을 몰수하는 것을 말하며, 몰수·적몰(籍沒) 및 추징이 이에 속하였다. 재산몰수형은 범죄인이나 그 가족의 재산을 몰수하는 형벌로 범죄에 사용된 물건만을 몰수하는 경우와 가족의 재산 전부를 몰수하는 경우가 있었다. 배상형은 가해자의 재산을 강제로 징발하여 피해자에게 지급하는 것으로 오늘날 형사소송법상의 배상명령제도와 유사한 형벌이다. 한편 윤형(輪刑)은 신분에 과하는 형으로써 관리의 신분에 과하는 형과 승려 등이 죄를 지은 경우에 그 신분을 박탈하는 것이 있으며 오늘날 자격상실과 유사한 형벌이었다.

마. 법외의 형

조선시대에는 국가권력이 점차 확립되면서 공(公)형벌주의를 원칙으로 하

---

200 절도범을 대상으로 하였다는 견해도 있다.
201 간수자가 자기가 지키는 창고의 돈이나 곡식을 훔친 경우 에는 '盜官錢'이라는 세자를, 대낮에 남의 재물을 절취한 경우에는 '搶奪'이라는 두자를, 소나 말을 잡아서 죽인 자에게는 삼범이면 '宰牛' 또는 '宰馬'라는 두자를, 강도에게는 '強盜'라는 세자를 자자하였다(신왕식, 앞의 책(1988년), 58쪽).
202 이백철, 앞의 책(2020년), 149쪽.

고 사(私)형벌은 극히 제한된 범위에서만 인정되었으며 법정형과 부과형 등의 공형벌주의를 원칙으로 하였고, 예외적으로 법에 규정된 이외에 사형벌이 인정되었다.

사형벌이 인정되는 경우는 조부모 또는 부모에 대한 가해자를 그 자손이 구타한 경우 그 상해의 정도가 중상이 아닌 때와 조부모 또는 부모의 피살현장에서 자손이 그 범인을 살해한 경우에는 불문에 붙였다. 또한 다른 사람이 조부모 또는 부모를 구타하는 때에 그 자손이 구타한 자를 살해한 경우, 처가 남편의 조부모 또는 부모를 구타할 때에 남편이 처를 살해한 경우, 교령(敎令) 위반자를 징계하는 중에 사망하거나 과실치사한 경우, 명령에 복종하지 않는 노비를 징계하는 중에 사망하거나 과실치사한 경우, 남편이 처를 구타한 경우라도 중상해에 이르지 아니한 경우에는 불문에 붙였다.

사형벌 중에 관에서 행해진 형벌은 양다리를 결박하여 주리를 트는 주뢰(周牢), 무릎을 꿇려 그 위에 압력을 가하는 압슬(壓膝), 여러 사람이 장(杖)으로 집단가격하는 난장(亂杖), 불에 달군 쇠로 몸을 지지는 낙형(烙刑)이 있었다. 대부분 노비를 대상으로 권문세가에서 행해진 사형벌은 코를 베는 의비(劓鼻), 아킬레스를 제거하는 월형(刖刑), 코에 잿물을 붓는 비공입회수(鼻孔入灰水), 도끼 등으로 발을 쪼개는 고족(刳足), 삶아 죽이는 팽형(烹刑), 활로 쏘아 몸을 상하게 하는 와궁상살(窩弓傷殺) 등이 있었다.

바. 재판 및 휼형제도

형사사건의 재판권은 왕이 직접 장악하고 있었으며, 경미한 사건에 대해서는 관찰사나 수령에게 위임하였다.[203] 왕이 재판하는 경우 형조, 의금부, 사헌부 등의 관리들이 참여하지만 이는 보조기관으로서의 성격을 가졌다. 또한 지방에서 관찰사나 수령이 하는 재판은 단독제 법원이라고 할 수 있었다.

범죄인에 대한 심리에는 일정한 기간의 제약이 있었으며, 이는 사건을 신속히 처리하여 구금으로 인한 고통을 줄이기 위한 것이었다. 경국대전 및 대전통편과 대전회통에는 대사(사죄)는 30일, 중사(도, 유)는 20일, 소사(태, 장)는 10일로 한정하였다.[204] 그리고 사죄(死罪)에 해당하는 죄를 범한 죄인에 대한

---

203 권인호, 앞의 책(1973년), 384쪽.
204 권인호, 앞의 책(1973년), 388쪽 / 中橋政吉, 앞의 책(1936년), 66쪽.

심리는 초복, 재복, 삼복으로 심리를 반복하는 등 신중을 기하였다. 또한 증언에도 제한을 두어 부자간, 형제간, 부부간, 주종간은 증언을 증거로 사용하지 못하고 15세 미만의 자는 증언할 수 없다고 정하였다.[205]

살인이나 상해치사 등 인명에 대한 범죄가 발생한 경우에는 관리가 직접 현장에 가서 사체를 수회에 걸쳐 검시하는 제도인 검험(檢驗)이 있었다.[206] 뿐만 아니라 상소의 일종인 소원(訴冤)제도가 있어 억울한 일이 있을 때에는 경사에서는 의금부의 당직청에 설치되어 있는 신문고(申聞鼓)를 쳐서 왕에게 상소할 수 있었고, 지방에는 관찰사에게 하였다.[207]

휼형(恤刑)이란 범죄인에 대한 수사, 심문, 재판, 형집행 과정을 엄중하고 공정하게 진행하되 처리에 신중을 기하고 그 정상을 참작하여 관용을 베푸는 한편 죄인을 불쌍히 여겨 성심껏 보살피는 일체의 행위를 말하며,[208] 삼국시대에서부터 비롯되어 고려를 거쳐 조선시대에도 폭 넓게 시행되었다. 휼형의 종류는 사면, 감강종경(減降從輕), 보방(保放)이 있었다. 사면은 죄를 용서하여 형벌을 면제해 주는 제도이다. 감강종경은 사형에 해당하는 죄는 유형으로 유형은 도형으로, 도형은 장형으로 죄를 한 단계씩 강등해 주는 제도로 오늘날 감형과 비슷하다. 보방은 죄인의 건강이 좋지 않거나 친상(親喪)을 당한 경우에 불구금 상태로 재판을 받게 하거나 일시석방 후 다시 구금하는 제도로 오늘날의 구속집행정지나 형집행정지 또는 특별귀휴와 유사한 제도라고 할 수 있다.

사. 형구

형구(刑具)란 죄인에게 형벌을 집행하거나 구속이나 고문을 하기 위하여 사용하는 도구로서 옥구(獄具)라고도 한다. 조선에는 형구로 태(笞), 장(杖), 신장(訊杖), 가(枷), 추(杻), 철삭(鐵索), 요(鐐) 등이 사용되었으며 형구에 대하여는 규격과 사용방법이 정해져 있었다.[209] 그 중 태와 장은 태형과 장형을 집행하는 데 사용하였고, 신장은 고문이 합법적으로 인정되었던 조선왕조에서 고

---

205 권인호, 앞의 책(1973년), 391쪽 / 中橋政吉, 앞의 책(1936년), 69쪽.
206 中橋政吉, 앞의 책(1936년), 71쪽.
207 신문고는 태종 2년에 만들어졌으며, 그 후 신문고가 폐지되고 격금(擊金)하여 상소하게 하였다. 영조 47년에 다시 복구하여 형조에서 추문하도록 하였다(中橋政吉, 앞의 책(1936년), 71쪽).
208 이윤호, 앞의 책(2012년), 57쪽.
209 권인호, 앞의 책(1973년), 370쪽.

문을 하는데 사용되었다. 그 밖에 가, 추, 철삭, 요, 질은 범죄인의 도주를 방지하기 위하여 사용되었다.

태(笞)는 태형을 집행할 때 사용하는 작은 회초리로 옹이와 나무눈을 깎아 없앤 것을 말하고, 검사기인 관제의 교판(較板)을 사용하여 규격검사를 하였으며 가는 쪽 끝으로 볼기를 쳤다.

장(杖)은 장형을 집행할 때 사용하는 큰 회초리로 태와 같은 품질이었으나 태보다 크기가 컸다. 관제의 교판을 사용하여 미리 규격검사를 하였고 집행할 때에는 가는 편 끝으로 볼기를 쳤다.

신장(訊杖)은 고문에 사용하는 가시나무 회초리로, 중죄를 범하고 정황이나 물증이 확실함에도 자복하지 않는 경우에 신장으로 고문하였다. 이 경우에는 아래 끝으로 무릎 아래를 치되 정강이에 이르기 아니하게 하였으며 1회에 30대를 넘지 못하게 하였다.

가(枷)는 죄인의 목에 씌우는 나무칼로 죄인의 목을 삽입시킨 후 옆에서 못을 박고 밑에서 열쇠로 여는 것이었다. 사형수에게 씌우는 것은 무게가 25근(斤)이고, 도형이나 유형의 죄수에게는 20근, 장죄는 15근이다. 여자나 유생에게는 착용을 금지시켰다.

추(杻)는 사형에 해당하는 죄를 지은 자의 손에 채우는 형구로 유형 이하의 형에 해당하는 경우에 사용하였으며 여자인 경우에는 사형에 해당하는 죄일지라도 착용을 금지시켰다. 육전조례에는 '사죄에 대하여 추를 사용할 경우에는 바른 쪽 손과 팔을 추에 넣은 뒤에 못을 박는다.'라고 규정되어 있다.[210]

철삭(鐵索)은 죄질이 가벼운 사람의 발이나 목에 채우는 쇠사슬로 도주방지를 위해 사용되었고 쇄항(鎖項)은 손에, 쇄족(鎖足)은 발에 사용하였다.

요(鐐)는 쇠사슬로 연결하여 죄인의 발목에 채우는 쇠뭉치를 말하며, 도형을 집행중인 죄수에게 노역을 시킬 때 도주방지를 위해 사용되었다.

질(桎)은 발에 묶는 형구로 좌우에서 교대로 왼발, 오른발을 한 개씩 끼워 넣도록 하고 뺐다 끼웠다할 수 없도록 채웠다.[211]

곤(棍)은 군무에 관한 사건, 관아나 궐문에 난입한 자에게 사용하던 형구로 소

---

210 권인호, 앞의 책(1973년), 372쪽.
211 中橋政吉, 앞의 책(1936년), 273쪽.

곤(小棍), 중곤(中棍), 중곤(重棍), 대곤(大棍), 치도곤(治盜棍) 등 5종이 있었다.

아. 구금시설

조선시대의 옥(獄)은 수사, 재판 등의 형사절차를 거쳐 형을 집행할 때까지 구금을 위한 장소에 불과하였으며, 오늘날과 같은 자유형의 집행을 위한 시설이라고 볼 수 없다. 인신을 구속할 수 있는 기관은 직수아문(直囚衙門)이라 하여 경국대전에 명시하였으며 형조, 병조, 한성부, 사헌부, 승정원, 장예원, 종부사, 비변사, 포도청, 관찰사, 지방수령 등이 이에 해당하였다. 그리고 각 직수아문에는 감옥이 부설되어 있었다.

한편 조선 초기부터 구금시설로서 전옥서(典獄署)가 있었으며, 형조에 소속되어 있었다. 형조에 소속된 전옥서는 고려 초기에 처음 설치되어 조선시대까지 계승된 구금시설로 갑오개혁 이후 경무청 감옥서로 변경되었다가 다시 종로감옥으로 개칭되었으며, 그 후 서대문감옥 종로출장소로 사용되다가 1921년에 폐지되었다. 전옥서 이외에 금부옥(禁府獄)이 있었으며 의금부의 부속 옥사로 설치된 것이다. 전옥서는 서민범죄자를 구금하였고 금부옥은 관인, 즉 벼슬을 한 사람을 구금한 곳이었다. 그 외에도 병조, 사간원(司諫院), 비변사(備邊司), 포도청에는 그 권한에 상응하는 범인을 체포하고 처벌하는 권한이 있어서 옥사도 부설되어 있었다.[212] 추관지나 육전조례의 전옥서편에 따르면 남·녀옥이 따로 있어 동서에 남자와 여자를 구분하여 수용하도록 하고, 원형으로 된 담으로 둘러쌓여 있었다.[213] 그리고 구금기관이나 구금요건 등을 상세하게 규정하는 등 엄격한 기준에 따라 감옥업무를 집행하였다.

지방에서는 감사(관찰사)나 수령, 부윤, 군수와 같은 지방관 아래 육방이 설치되어 지방행정을 담당하였다. 그 중 형방에서 재판, 금령, 감옥에 관한 사무를 관장하였고 옥사가 부설되어 있었으며 도옥, 부옥, 군옥, 향옥 등으로 불리었고 이를 총칭하여 지방옥으로 불렀다.

한편 1422년(세종 8)에 안옥도(犴獄圖)를 만들어 중앙과 지방에 공포하였다.[214] 안옥도는 각 관아에 있던 옥사의 전체를 안옥도에 의해 건축한 것으로

---

212 中橋政吉, 앞의 책(1936년), 91~92쪽.
213 감옥 전체가 원형인 것이 아니라 감방 밖 주위가 원형인 듯하다(권인호, 앞의 책(1973년), 397쪽).
214 증보문헌비고(증보문헌비고) 등에서는 1422년(세종 8)으로 적고 있다(中橋政吉, 앞의 책

보인다. 안옥도는 옥사의 표준설계도와 같은 것으로 조선시대 각 지방에 설치된 옥은 안옥도의 설계에 따라 건축되었다고 볼 수 있다.[215]

6. 근대화 시기

전통사회에서 근대사회로의 전환기에는 국가운영의 모든 분야에 걸쳐 근본적인 개혁과 변화가 일어났다. 행형에서도 전통적인 행형으로부터 자유형 집행의 행형으로 전환하기 위해 법령을 포함한 형사사법절차가 정비되었다. 그러나 자유형 집행을 위한 시설과 설비, 특히 취사장과 공장 등을 건축하기까지는 상당한 기간을 필요로 하였다. 이러한 행형의 변천과정을 검토하는 것은 오늘날 행형에 대한 이해와 미래의 행형을 예측하기 위해서 필요하다.

가. 갑오개혁(1894~1896)과 행형

동학농민운동을 계기로 일본은 조선의 왕권을 무력화시키면서 친일정권을 수립하고 조선침략에 유리한 방향으로 국정전반을 바꾸어놓으려고 하였다. 일본 공사 오토리(大鳥圭介)와 일본군은 서울을 점령하고, 1894년 7월 23일 고종을 포로로 만든 상황에서 자신들이 요구하는 내정개혁안을 통과시켰다. 갑오개혁의 중심기관은 군국기무처라는 임시특별기구로 그해 12월까지 약 210개의 개혁안을 시행하였다. 1차 개혁에서 중점적으로 추진된 것은 정치와 경제의 개편으로 왕권을 축소시키는 대신 의정부(議政府)와 그 밑에 육조(六曹)를 개편한 내무, 외무, 탁지, 군무, 법무, 학무, 공무, 농상 등 8개아문(衙門)을 두었고 내무아문 산하에 경무청이라는 경찰기관을 설치하였다. 그때까지 배후에서 지원하던 일본은 청일전쟁(1894~1895)에서 승리가 확실해지자 군국기무처를 해체한 후 일본에서 돌아온 박영효와 서광범 등 변법파(變法派)를 대신으로 입각시켜 개혁을 추진하였다. 1895년 1월 7일 홍범 14조를 발표하였고 총 213건의 개혁안이 실시되었다.

그러나 두 차례의 개혁은 제도상으로는 근대국가에 한층 가까운 모습을

(1936년), 112쪽).

215 300년전 이조시대의 원형감옥이 경북 경주와 경남 울산과 충남 공주와 평남 안주 등에 남아있는 것을 법무국 土居 행형과장이 출장하여 탐사하고 사진을 찍어가지고 돌아왔는데, 이 원형감옥은 동양은 물론 구미제국에서도 일찍이 보지 못한 것으로 옥도 그간 풍우에 맡겨두어 옛자취를 그대로 찾아볼 수 없음은 조선고대의 문화와 역사적으로 보아 아까운 것이다(동아일보, 1926년 10월 26일 기사).

갖추는 등 전통사회에서 근대사회로의 전환점이 되었으나 근대 서양과 일본에 맞추어 바꾼 것으로 국민적 지지를 얻지 못하였고 오히려 반발을 불러일으키는 계기가 되었다. 그러나 갑오개혁은 개혁의 주체나 과정에서 많은 문제점을 내포하고 있었음에도 불구하고 전통형벌체계를 자유형 중심의 근대적 형벌체계로 전환시키는 계기가 되었다.

위와 같은 제 개혁은 근대자유형을 확립하였고 행형제도에도 커다란 영향을 미쳤으며, 그 중 행형관련 주요사항은 다음과 같다.[216]

먼저 사법기관과 관련하여 형조를 폐지하고 법무아문(法務衙門)을, 사헌부를 폐지하고 도찰원을, 의금부를 폐지하고 의금사(義禁司)로 하였다가 법무아문에 속하도록 하였으며 좌우포도청을 폐지하고 경무청을 신설하였다. 또한 형조에 소속된 전옥서를 경무청 감옥서로 바꾸고, 직수아문에 부설되었던 감옥을 모두 폐지하였으며 감옥사무를 내무아문(內務衙門)으로 일원화하였다. 고형(拷刑)을 금지하고 수감자는 감옥서에서 노역에 종사하게 하였으며 미결수와 기결수를 분리수용하는 등 징역형이 일반적인 형벌로 정착되는 계기를 마련하였다.

1895년「재판소구성법」[217]을 제정하여 사법권 독립을 제도화하였다. 재판은 2심제를 채택하였으며 법관을 비롯하여 직원 및 사법사무관리 직원양성소를 설치하였다. 재판소는 지방재판소, 한성 및 개항장재판소, 순회재판소, 고등재판소, 특별법원의 5종으로 하였다.[218]

행형과 관련하여 1894년 감옥운영의 기준이 되는「감옥규칙」(監獄規則)과 징역수형자의 누진처우를 규정하는「징역표」(懲役表)를 제정하였다. 이는 우리 역사상 최초로 체계적이고 성문화된 기본적인 행형법규라고 할 수 있다.[219]

감옥규칙의 주요내용은 감옥을 미결감과 기결감으로 구분하고, 재판관 및 검사의 재판에 속하는 감옥을 순시하는 규정을 두었으며, 부녀의 대동유아가 3세 미만인 경우에는 입감을 허가하고, 기결수의 의복은 대여하고 미결수의

216 법무부 교정본부, 대한민국 교정사(Ⅰ), 2010년, 187쪽.
217 1895년 3월 5일자로 시행되었으며, 행정권으로부터 사법권을 독립시키는 근대적 사법제도의 기본원리를 실제로 처음 시도하였다(이윤호, 앞의 책(2012년), 59쪽).
218 中橋政吉, 앞의 책(1936년), 52~54쪽.
219 신양균, 앞의 책(2012년), 4쪽.

의복은 자변으로 하는 것 등을 규정하였다.[220] 징역표는 범죄자에 대한 일종의
분류 및 누진처우제도로 수감자를 보통자·특수기능소유자·노유자·부녀자
등 4종류로 구분하고, 종류에 따라 1~5등급으로 세분하여 일정기간이 지나면
상위등급으로 진급시켜 점차 계호를 완화하는 등의 단계적 처우를 시행하였
다.[221] 그리고 1895년(고종 32) 5월 2일 「징역처단례」(懲役處斷例)를 통해 종전
의 도형을 폐지하고 실질적으로 징역제를 채택하였고, 유형은 국사범에 한해
존속시켰다.[222]

나. 광무시대(1897~1907)

일본의 협박과 강요속에 추진된 갑오개혁 이후 일련의 제도개혁은 일반
국민들로부터 큰 반발을 불러일으켰다. 그러나 1896년 아관파천 이후 1904년
러일전쟁이 발발하기 전까지 주변열강과 구미 제국의 세력균형 속에 비교적
자주적인 개혁을 추진하였다. 갑오개혁을 통한 행형개혁은 전통적인 오형제도
를 자유형 중심의 행형으로 전환시키는 계기를 만들었지만 실제적으로 근대
자유형이 확립된 시기는 광무시대부터라고 할 수 있다.[223]

1895년 5월 1일 「경무청관제」(칙령 제85호)에 감옥서장, 감옥서기, 간수장
및 간수 등의 직과 감옥서의 사무를 규정하였다. 또한 각 지방관아에 있던 감
옥을 개편하여 감옥서로 관제를 갖추었다.[224] 이와 같이 감옥관제를 개편하고,
감옥기구를 감옥서로 일원화하는 등 근대행형의 기틀을 마련하였다.

1898년 4월 4일 제정·공포된 「형률명례」(刑律名例)(법률 제3호)에 의해 장
형이 폐지됨에 따라 사형, 유형, 역형, 태형의 4종으로 구분되었다.[225] 같은 해
감옥규칙의 시행규칙인 「감옥세칙」(監獄細則)(내부령 제11호)이 제정되었으며,
수감자에 대한 처우를 정하였다.[226] 감옥세칙은 통규(通規), 급여, 위생 또는
사망, 접견 및 자공품(自供品), 상여, 상벌 등 6장 27개조로 구성되었다. 1898
년 1월 12일 「감옥규칙」(칙령 제3호)을 개정하여 수감자의 작업에 관한 규정을

---

220 권인호, 앞의 책(1973년), 408쪽.
221 권인호, 앞의 책(1973년), 411~414쪽.
222 中橋政吉, 앞의 책(1936년), 26쪽.
223 법무부 교정본부, 앞의 책(2010년), 198쪽.
224 자세한 내용은 中橋政吉, 앞의 책(1936년), 95~98쪽 참조.
225 中橋政吉, 앞의 책(1936년), 27쪽~29쪽 참조.
226 자세한 내용은 권인호, 앞의 책(1973년), 410쪽 참조.

정하고 공전(工錢)을 지급하도록 하였다. 1899년(광무 3)에는 재판소구성법을 개정하여 고등재판소를 평리원(平理院)으로 변경하였다.

1905년 4월 29일 대전회통, 대명률, 형률명례를 폐지하고 서양의 법체계를 참고한 「형법대전」(刑法大典)을 제정·공포하여 형사관계 법률을 일원화하였다.[227] 주요 내용은 형벌은 주형과 부가형의 2종으로 구분하고 사형집행방법은 교형으로 일원화하였으며 유형은 1년에서 종신까지 10등급으로, 금옥형(禁獄刑)은 감옥에 구금하여 1개월에서 10개월까지의 10등급으로, 태형은 10대에서 100대까지 10등급으로 구분하였다.[228]

다. 융희시대(1907~1910)

이 시기에는 일본이 본격적으로 우리나라에 대한 독점적 지배권을 확립하였으며, 모든 개혁의 초점이 일본의 지배에 맞추어졌다. 행형에 있어서도 일본의 직접적인 개입이 시작되어 자주권이 상실되었으며, 근대행형의 도입 이래 국내 정세의 변화에도 꾸준하게 추진되어 온 근대적 개혁은 종식되고 일본의 행형제도를 그대로 옮겨놓는 형식으로 변화하였다.

감옥사무는 갑오개혁 이후 내부아문(內部衙門)의 경무청에 속해 있었으나 1907년 12월 13일 「감옥관제」(監獄官制)(칙령 제52호)가 선포되면서 감옥사무가 내부에서 법부로 이관되었고, 이를 계기로 행형조직과 업무에 관한 규정이 제정·시행되었다.[229]

1907년 12월 27일 「경성감옥서의 설치에 관한 건」(법부령 제1호), 1908년 4월 11일 「전국 8개 감옥의 명칭과 위치를 정하는 건」(법부령 제2호), 1908년 4월 25일 「간수와 간수장 중간에 간수부장 직급을 신설하는 건」(법부령 제3호), 1908년 11월 20일 「8개 감옥분감의 증설에 관한 건」(법부령 제19호) 등이 그 예이다. 그러나 위와 같은 행형관련 조직과 제도는 일본에 의해 주도된 것으로 일본의 모방에 그치는 정도였다.

1909년 7월 12일 기유각서의 체결로 우리나라의 법부와 재판소는 폐청이

---

227 형사실체관계에 관한 규정, 형사절차 및 행형에 관한 규정 등이 포함되어 있고, 국한문을 혼용한 전문 680조로 되어 있다(이윤호, 앞의 책(2012년), 60쪽).
228 형법대전의 형제(刑制)에 관한 내용은 中橋政吉, 앞의 책(1936년), 31~36쪽 참조.
229 1907년(융희 원년)에 제2차 한일협약의 체결과 더불어 서정개혁을 착수하면서 감옥에 대해서도 독립된 관제를 제정(칙령 제52호)하여 같은 해 12월 13일 공포하였다(허주욱, 앞의 책(1992년), 194쪽)/감옥관제의 내용은 中橋政吉, 앞의 책(1936년), 99~100쪽 참조.

되고 사법 및 감옥사무는 통감부로 이관되었다.[230] 같은 해 10월 31일 사법 및 감옥에 관한 제 법령이 폐지되었으며 일본 통감부의 법령이 적용됨에 따라 갑오개혁 이래 추진되어 온 행형에서의 근대적 개혁은 중단되었고 일제강점기의 행형으로 넘어갔다.

7. 일제강점기

가. 행형운영

1910년 8월 29일 한국강제병합 후에는 통감부의 조직을 잠정적으로 유지하다가 같은 해 10월 1일부터 조선총독부 관제를 제정·시행함으로써 통감부 사법청이 총독부 사법부로 개편되었고, 감옥사무는 사법부 감옥과에서 관장하였다. 총독부령 제11호로 전국의 감옥은 본감 8개소, 분감 13개소 등 총 21개소로 개편되었다.[231]

1909년 칙령 243호로 제정된 감옥관제에 따라 총독이 감옥을 관리하고 그 설치나 폐지도 총독의 권한에 속하였으며 항소원 검사장이 총독의 명을 받아 관할지역 내의 감옥을 감독하였다. 1909년 7월 기유각서에 의해 대한제국의 감옥사무를 장악한 후, 같은 해 10월 31일 감옥규칙 등 관련 법령을 모두 폐지하였고 다음 날부터 통감부령에 의해 감옥사무를 집행하였다. 1912년 3월 공포한 「조선감옥령」(제령 제14호)에 의해 일본의 감옥법이 그대로 적용되었다.[232] 같은 해 4월 「조선형사령」을 제정하면서 조선인에 대해서는 살인, 강도, 강간 등의 범죄에 한해서만 형법대전이 적용되었고 다른 범죄에 대해서는 그 적용을 폐지하였다.[233]

1918년 5월 「간수교습소규정」(훈령 제23호)을 제정하였으며,[234] 1923년 5월 5일 「조선감화령」을 시행하여 감옥을 형무소로, 분감을 지소로, 감옥과를 행형과로 개칭하는 한편 비행청소년에 대한 처우제도를 처음으로 도입하였다.

---

230 기유각서는 한국의 사법 및 감옥사무를 일본 정부에 위탁하는 건에 관한 각서로, 제1조에서 '한국의 사법 및 감옥사무가 완비되었다고 인정할 때까지 한국 정부는 사법 및 감옥사무를 일본국 정부에 위탁할 것'이라고 규정하여 감옥사무를 장악하였다.

231 법무부 교정본부, 앞의 책(2010년), 252쪽.

232 신양균, 앞의 책(2012년), 5쪽.

233 中橋政吉, 앞의 책(1936년), 37쪽.

234 허주욱, 앞의 책(1992년), 34쪽.

1923년 개성소년형무소를 개청하고, 1924년 4월 김천지소를 김천소년형무소
로 개편하였으며 1936년 인천소년형무소를 설치하였다. 일제강점기 말에는
형무소 17개소, 형무소 지소 11개소와 사상범의 예방구금을 위하여 보호교도
소[235] 1개소를 유지하였다. 당시 형무소 등은 강압적인 식민통치의 수단이었고
수용자 처우는 권위주의에 입각하여 매우 가혹하였다. 1942년 「조선교정원
령」과 「조선교정원관제」를 제정·공포하고 같은 해 4월 20일 서울에 조선교정
원을 설치하여 근대적 소년보호제도의 기반을 마련하였으나 당시 소년교정원
의 보호대상은 조선에 거주하는 일본인 소년으로 제한되었다.

행형기구는 총독부 산하에 법무국이 있었고, 법무국은 행형과와 법무과를
두었다가 형사과를 증설하였다. 행형과에는 인사계, 감계(鑑係), 재정계, 물자
계, 교화보건계를 두었다.[236]

나. 일제강점기 행형에 대한 평가

일제강점기의 행형에 대해서는 주로 식민지 통치를 위한 수단으로 해석되
는 것이 일반적이며, 수감자에 대한 처우도 권위주의적 제도하에서 엄격하게
운영된 것으로 평가되고 있다. 행형관계 법규는 일본의 감옥법 등을 그대로 차
용하였고 조선감옥령을 제정하여 총독의 명령 하에 별도의 규정을 둘 수 있도
록 함으로써 태형과 예방구금을 인정하였으며,[237] 수감자에 대한 교육은 황국
신민화와 민족말살을 도모하기 위한 목적으로 시행되었다. 따라서 일제강점기
의 행형관계 법규는 사실상 민족적 차별과 응보주의적 성격이 강했다고 평가
된다.

이러한 해석이 일반적이 된 이유는, 일제강점기의 행형운영에 대한 연구
가 주로 독립운동사의 분야에서 이루어져 연구자의 주관적이고 편향적 성향이
연구기록의 주된 해석이 되었기 때문이다. 실제로 일제강점기의 행형은 근대
적인 형태를 가지고 있었으며 수감자에 대한 교화, 누진처우제도, 가출옥 등
일부 개혁적인 제도가 실시되었던 것도 사실이다.

---

235 1941년 2월 12일 「조선사상범 예방구금령」을 제정·공포한 데이어 같은 해 7월 4일에는 사
    상법 등의 예방구금을 위한 예방구금소를 서대문형무소내에 설치하고 그 명칭을 '보호교도
    소'라 하였다(법무부 교정본부, 앞의 책(2010년), 269쪽).
236 허주욱, 앞의 책(1992년), 34쪽.
237 허주욱, 앞의 책(2013년), 168쪽.

독립운동사를 연구하는 분야에서의 행형에 대한 기록이 역사적 사실에 대한 잘못된 해석이나 기술이 아니다. 그러나 객관성을 결여하고 편향된 평가로 인해 우리나라 행형에 시대적 단절을 가져온 중요한 단초를 제공하였고, 현대 교정철학과 교정정책을 표류하게 만든 원인으로 작용하면서 미래 교정에까지 혼란을 초래하고 있다.

따라서 일제강점기 행형운영에 대한 사실적인 고찰과 현대행형에 미친 영향 등을 평가하고 이를 보완해야 할 당위성이 있다. 무엇보다도 일제강점기 행형운영에 대해 객관적 사료를 근거로 기록하고 해석하고 평가하는 연구가 이루어져야 한다.

실제로는 일제강점기에 지금의 교정체계의 근간이 되는 대부분의 제도가 만들어졌고 운영되었다. 일반 수용자에 대한 의식주와 보건의료는 물론 규율과 질서의 유지, 사회복귀를 위한 다양한 처우는 초보적인 형태이거나 단순한 내용으로 구성되었지만 국가형사사법운영 체제의 구성부분으로 자리잡는 시기이기도 하였다. 따라서 일제강점기 행형에 대한 자료수집과 연구 등을 통해 객관적인 사실을 기술하는 것이야말로 우리나라 행형의 연속성을 부여하고 현대행형에서 전개되고 있는 제도와 핵심 가치 그리고 각종 교정정책이 국민들에게 폭넓게 받아들여지는 계기가 될 것이다.

8. 미군정기

미군정기에는 해방 후 우리나라 국가체제가 정비되기 전으로 일제 강점기의 감옥법을 그대로 적용하였고 총독부 시대의 조직과 관리를 그대로 유지하였기 때문에 행형상 획기적인 변화는 없었다. 즉 미군정은 군정법령(軍政法令)을 선포하여 일제강점기의 법령 가운데 한국인을 차별대우하던 법령만을 폐지하고 그 외의 법령은 존속시켰으며, 이에 따라 조선감옥령은 그 효력을 계속 유지하였다. 행형업무를 관장하던 초기 정부기관은 일제 총독부의 조직을 이어받은 법무국이었으며, 법무국 내에 민사과 · 형사과 · 형무과를 두었다가 1946년 3월 「조선정부 각 부서의 명칭변경」(미군정법령 제64호)에 따라 법무국은 사법부로, 형무과는 형무국으로 승격되었다.

미군정청은 1947년 10월 28일 조선총독부로부터 접수한 38선 이남의 형무소 12개소와 형무소지소 및 형무관연습소를 몇 차례의 기구 통폐합을 통해 형무소 18개소, 지소 1개소, 형무관학교로 개편하였다.[238]

이 시기에는 행형의 기본이념을 민주행형에 두기는 하였지만 실제로는 일제의 감옥법을 의용하였고, 행형기구에 있어서도 조선총독부의 기구를 그대로 유지하였기 때문에 행형제도 상의 큰 변화는 없었으나 민주적인 행형을 위한 개선의 노력이 있었다. 1945년 10월 9일 군정법령 제11호로 일제시대 한국인에게 차별이나 압박을 가하던 모든 정책을 폐지하였으며, 1945년 11월 3일 법무국 훈령 제1호로 형무소 관리에게 도주자의 체포 외에 어떤 사람도 체포 또는 구류할 권한을 인정하지 않음으로써 불법체포나 구속을 금지하였다. 1945년 11월 19일 군정장관 사령 제36호로 미결수용자로서 30일 이상 구금되어 있는 사람에게 석방청원을 할 수 있도록 하였다. 1946년 3월 23일에는 형정국장의 지시로 감옥법 상의 감식벌을 폐지하는 등 징벌제도를 개선하는 한편 수갑사용을 가급적 단기간에 그치도록 하는 등 계구남용을 제한하였다. 1948년 3월 31일 남조선 과도정부 법령 제172호로 「우량수형자석방령」을 공포하고 선시제도를 도입하였다.[239] 또한 행형에 관한 학문적 연구와 행형실무에 대한 지식을 높여 형무관의 직무능력을 향상시키고 행형발전을 위하여 1947년 4월 1일 형정지(刑政誌)를 발간하였다.

그러나 이 시기는 좌우 이념대립에 의한 갈등으로 사회는 혼란 속에 있었으며, 그 영향으로 각종 교정사고가 발생하였다.[240] 1946년 11월 11일 전주형무소 수용자 413명이 탈주하는 사고가 발생하였고, 1946년 11월 22일에는 광주형무소에서 좌익계열 수용자를 중심으로 900명이 집단으로 소요를 일으키기고 탈주를 기도하였다. 1947년 9월 1일에는 공주형무소에서 수용자 200명이 집단으로 도주하는 사고가 발생하였고, 춘천형무소에서는 남로당프락치사건이 발생하여 음모가 발각되어 직원 7명이 구속되고 23명이 파면되었으며, 같은 해 10월 1일에는 계리직원이 월북하는 사고가 발생하였다. 이와 같이 광복 이후 좌·우익의 대립으로 인한 사회혼란 속에서 전국 형무소에는 크고 작

---

238 이백철, 앞의 책(2020년), 161쪽.
239 우량수형자 석방령은 1953년 형법 제정시 부칙에 의해 폐지되었다.
240 자세한 내용은 법무부 교정본부, 앞의 책(2010년), 352~358쪽 참조.

은 사건들이 일어났으며, 행형은 극도의 혼란 속에서 빠져있었다. 뿐만 아니라 미군정기는 과도기였기 때문에 행형정책의 뚜렷한 방향이나 장기적인 발전계획이 없었고 구체적인 행형의 현대화는 건국 이후로 미루어질 수밖에 없었다.

9. 현대행형

가. 서

우리나라는 1945년 8월 15일 광복을 맞이하였고, 미군정기를 거쳐 1948년에 「정부조직법」이 공포되어 교정행정을 관리하는 중앙행정기관인 법무부 교정국이 설치되었다. 행형법은 1950년 3월 2일 법률 제105호로 제정, 같은 달 17일부터 시행되어 행형의 법적기초가 마련되었다. 그 후 사회의 발전과 시대의 변천에 따라 행형법은 1961년 12월 23일 첫 개정 이후 여러 차례의 개정이 이루어졌다. 그 중 1961년과 2007년에는 행형법의 전면 개정이 이루어졌다.

또한 우리나라에서 실질적인 민주주의의 시작이라고 하는 1987년 헌법이 '모든 국민은 인간으로서의 존엄과 가치를 가지고, 행복을 추구할 권리를 가진다. 국가는 개인이 가지는 불가침의 기본적 인권을 확인하고, 이것을 보장할 의무를 진다.'라고 규정하여 국민의 기본권적 인권보장에 중점을 둔 것이 행형에도 커다란 영향을 미치게 되었다. 이 책에서는 1948년 정부수립과 1950년 행형법 제정 이후의 행형의 변천에 대하여 다음과 같이 4기로 구분한다.

1948년 대한민국 정부 수립 이후부터 행형법의 제정 및 제1차 행형법 개정 전까지를 '현대행형의 성립'으로, 1961년 행형법 개정부터 1987년 헌법제정까지의 시기를 '현대행형의 전개'로, 1987년 헌법시행 이후의 변화와 2001년 인권위원회의 설립을 포함한 2007년 행형법 개정 전까지의 시기를 '현대행형의 발전'으로, 2007년 형집행법 시행 이후의 시기를 '현대행형의 진보'로 구분하고 각 시기별로 각종 제도의 도입 및 개선, 수용자 처우의 변화, 법령 제·개정, 역사적인 사실과 사건에 대하여 기술한다.[241]

---

241 현대교정의 시대구분과 관련하여 혼란과 전란에 맞선 애국교정(1945~1961), 교정이념의 도입과 조직의 정비(1962~1992), 교정에 대한 통제강화와 수용자 인권의식의 성장(1993~2007), 교정법치의 확립과 치료적 교정프로그램의 도입(2008~현재)으로 구분하는 견해도 있다(이언담, 한국교정 70년의 회고와 전망, 2015년 10월 23일, 제49회 한국교정학회 학술발표대회 29~39쪽 참조).

나. 현대행형의 성립

정부수립 이후 1961년 행형법 개정 전까지의 시기에는 해방 후 미처 행형 관련 제도와 시설이 갖추어지기도 전에 일어난 한국전쟁으로 행형은 직원과 시설에 막대한 타격을 입었으며, 휴전 후 열악한 환경과 경제적인 어려움 속에서도 많은 시간과 노력을 기울여 현대행형에로의 걸음을 시작하였다.

1948년 8월 15일 대한민국 정부가 수립되었고 정부의 각 부 직제가 제정되어 법무부 형정국은 18개의 형무소와 1개 형무지소 및 형무관학교를 관장하는 행형의 중앙기구로 발족하였다. 그리고 1950년 3월 2일 「행형법」(법률 제105호)을 제정하여 민주행형의 이념 아래 새로운 행형시대를 전개하였다.

행형법은 전문과 14개장(총칙, 수용, 계호, 접견과 편지, 급여, 위생과 의료, 교육과 교회, 작업, 영치, 상벌, 가석방, 석방, 사망, 미결수용), 67개조 및 부칙으로 구성되었다. 제정행형법은 '수형자를 격리보호하여 교정·교화하며 건전한 국민사상과 근로정신을 함양하고 기술교육을 실시하여 사회에 복귀케 함을 목적으로 한다(제1조).'고 규정하여 교육형주의의 원칙과 행형의 목적이 수형자의 사회복귀에 있다는 것을 선언하였다.

그러나 해방 후의 혼란 속에서 행형의 제도적·물리적인 기초가 정비되기도 전에 한국전쟁이 발발하였고 이로 인해 행형에 종사한 수많은 직원을 잃었고 행형시설의 약 80%가 파괴되었다. 행형당국은 한국전쟁이 미처 끝나기도 전부터 행형전문직원의 확보, 시설의 재건과 행형관련 제도의 정비에 착수하였다. 1951년 11월 유엔한국재건단(UNKRA)과 국제협력단(ICA)의 원조자재로 청주 등 7개 시설의 수용동을 재건하는 한편 매년 예산으로 복구사업을 계속하여 1954년에는 전쟁 전의 45%, 1956년에는 52%, 1960년에는 70.1%까지 복구하였다. 또 1955년부터 1959년까지 형무소 부흥 5개년 개획을 수립하여 시설복구사업을 추진하는 한편 법무부내에 형무소부흥대책위원회를 구성하여 시설복구는 물론 문화적·위생적인 환경을 조성하는데 주력하였다.[242] 한편 행형관계 법령의 정비에 착수하여 1956년 2월 「행형법시행령」(대통령령 제1125호)을 제정하였고, 이어서 「가석방심사규정」, 「행장심사규정」, 「재소자식량규정」, 「재소자의류 및 침구제식규정」, 「수형자상우규정」 등을 제정 또는 개정

---

[242] 법무부 교정본부, 앞의 책(2010년), 424~425쪽.

하는 한편, 일제강점기 및 미군정기의 법령을 폐지하는 등을 통해 자주적이고 민주적인 행형의 실현을 꾸준히 추진하여 행형발전의 토대를 마련하였다.

한편, 1949년 7월 21일 정부수립 후 처음으로 전국형무소장회의를 개최하여 행형의 당면문제와 대책을 논의하였다. 1949년 6월 4일에는 형무직원의 사기진작을 목적으로 전국형무관무도대회를 개최하였고 지금까지도 매년 개최되고 있으며, 1959년 4월 18일에는 전국형무관사격대회를 개최하였다. '형무관의 날'을 제정하여 1959년 10월 29일 선포하였고, 1957년 6월 13일부터 4일 동안 재소자 작업 및 문예작품전시회를 개최하였다.

이 기간 동안 사회내 좌우대립의 극한상황이 교정시설 내에도 영향을 미쳤으며, 각종 교정사고가 발생하였다.[243] 1949년 9월 14일 목포형무소에서 수용되어 있던 4·3 제주사건과 여수순천 10.19사건[244]에 연루된 수형자들이 주동되어 폭동을 일으키고 411명이 집단으로 탈주한 사건이 발생하였다. 1949년 10월 1일에는 안동형무소에 무장공비가 습격하는 사건이 발생하였고, 1949년 10월 27일에는 진주형무소, 1951년 2월 4일에는 광주형무소, 1951년 5월 26일에는 청주형무소에 무장공비가 습격하는 사건이 발생하였다. 뿐만 아니라 정부수립 후 사상대립에 따른 각종 공산계열의 책동은 교정에도 영향을 미쳐 1949년 6월에는 서울형무소, 1949년 9월에는 인천형무소, 1950년 4월에는 김천소년형무소, 같은 해 8월에는 마산형무소에서 불순조직이 적발되어 많은 직원들이 구속되었다. 그리고 1954년 9월 2일에는 경기도 화성군에 있었던 영등포형무소 송산작업장에서 수형자 19명이 집단으로 도주하는 사고가 발생하기도 하였다.

다. 현대행형의 전개

이 시기는 1961년 행형법의 개정에서 1987년 헌법제정 전까지로 정치적으로는 제3공화국에서부터 제5공화국까지를 포함한다. 1961년 행형법을 전면 개정하여 행형의 목적이 '수형자의 교정·교화'라는 것을 명확히 하였으며 우리나라 독자의 행형을 전개하기 시작한 것이 가장 큰 특징이다. 1962년부터

---

243 자세한 내용은 법무부 교정본부, 대한민국 교정사(Ⅰ), 2010년, 487~499쪽 참조.
244 1948년 10월 19일 전남 여수에 주둔 중이던 국군 제14연대 좌익계열 군인들이 일으킨 사건으로 '여수순천반란사건'이라고 하였다.

시작된 경제개발에 따라 국민생활이 개선되었음에도 불구하고 행형은 장기간의 독재정권과 쿠데타 등 정치적인 불안하에 독재에 반대하는 민주화운동 관련자의 대량구금이 있었으며 교정행정은 대응에 그 한계와 곤란을 경험하였다.

1961년 5월 16일 군사정변 후 제정·공포된 「국가재건비상조치법」에 의해 새로운 통치질서가 만들어졌고 정치·경제·사회·문화 등 모든 분야에 있어 과감한 개혁이 추진되었다. 행형분야에서는 행형법의 개정을 비롯하여 교도소 직제의 개정, 교도작업특별회계법의 제정 등 법령의 정비가 이루어졌다. 1972년 10월 17일 단행된 10월유신은 국정의 능률을 도모할 목적으로 각계각층에 대하여 서정쇄신을 강력하게 추진하였고, 직원 증원과 보수체계의 상향조정 등 근무조건의 개선이 이루어졌다. 이 시기에는 교정시설의 신축과 급양·의료 등 기본적인 처우가 향상되었으며 분류제도를 체계화함으로써 합리적인 수용관리를 도모하였다. 교정·교화분야에 있어서도 개별처우제도를 발전시키고 교정교육을 내실화하는 한편, 산업사회에 필요로 하는 직업훈련을 실시하였다. 1979년 10월 26일 박정희 대통령 서거와 1980년 봄 민주화 운동, 그리고 1981년 3월 3일 제5공화국 정부 출범 후 1987년 헌법개정시까지는 실질적인 민주화과정이었고 이러한 사회의 민주화는 행형에도 개혁과 변화를 요구하였다. 1981년에는 경비교도대가 창설되어 교정시설의 경비와 방호를 담당하였고 교정공무원 사기진작을 위한 다양한 제도가 실시되었다. 한편 교정시설의 현대화가 추진되어 청송지역에 교도소와 보호감호시설이 신축된 것을 비롯하여 도심의 시설이 외곽으로 이전되었다. 그리고 행형법 등 교정관계 법령에 대한 개정이 이루어졌다.

이 시기에 개정된 행형법의 주요 내용은 다음과 같다.

먼저 1961년 행형법 개정(법률 제858호)[245]은 민주행형과 교육형의 이념을

---

245 제안이유에서 '조선총독부 감옥관제는 구법령이므로 이를 폐지하고 그에 대체되는 규정을 행형법에 두게 하며, 현행 형무소의 명칭은 응보형주의의 유물이므로 이를 현행법의 교도주의 이념에 맞추어 교도소로 개정하여 명실상부한 민주행형을 기하며, 종래 형무소에 수용하던 형사피의자와 형사피고인에 대하여는 따로 구치소를 설치하여 별도로 수용처우하게 하며, 수형자에 대한 귀휴제도를 창설하여 개과의 정상이 현저하고 행장이 우수한 자에 대하여 3주일 이내의 귀휴를 허용하여 가사를 돌보게 하는 동시에 무모한 도주를 방지하게 하며…'라고 하면서 행형이념에 부합하는 수용자 처우를 하기 위하여 법률체계에서부터 그 세부내용에 이르기까지 개정하였다.

기초로 한 전면개정이었다. 각 조문별 제목을 명시하였고, 현대 교정의 이념을 반영하여 형무소와 형무관이라는 용어를 교도소와 교도관으로 바꾸었으며, 구치소의 설치근거를 마련하고 행형법의 목적에 미결수용업무를 포함시켰다. 또한 수형자 이송과 종파교회, 두발단삭의 예외, 귀휴제도, 작업상여금 지급시기를 새롭게 규정하는 한편 교도관의 도주자의 체포시한을 종래 60시간에서 72시간으로 연장하였다.

1962년 개정(법률 제1222호)은 행형법 제정당시 접견과 편지는 수형자의 권리로서 보장되었으나 이를 소장의 허가제로 하고 그 범위를 확대하였다.

1973년 개정(법률 제2437호)[246]에서는 행형법 제2조 제1항에서 '행형에 관한 사무를 관장하게 하기 위하여 법무부장관 소속 하에 교도소 및 소년교도소를 두며 교도소에는 필요에 따라 지소를 둘 수 있다'라고 규정했던 교도소 설치 근거규정을 삭제하는 대신에 이를 교도소 직제(대통령령 제6765호, 1973년 7월 14일)로 규정하였다.

1980년 개정(법률 제3289호)[247]에서는 교도소 등에 대한 외부의 침입시 제한된 범위 내에서 수용자 외의 사람에 대한 무기를 사용할 수 있는 근거규정을 마련하고, 수형자의 개과천선을 촉진하기 위하여 교정·교화에 관한 사항을 합리적으로 규정하였으며, 교정질서를 확립하기 위하여 규율위반자에 대한 징벌의 종류 가운데 계고와 처우의 정지 및 취소를 삭제하고 경고 및 2월 이내의 접견·편지의 금지와 감식벌을 추가하였고, 분류처우제도 및 수형자 교정교육의 근거규정을 신설하였다.

한편, 1963년 1월 10일 「교도관 직무규칙」(법무부령 제56호)을 제정하여 교정직원의 직무별 업무내용을 규정하였다. 1961년 12월 23일 「교도작업특별회계법」(법률 제859호)을 제정하여 수형자의 근로정신을 함양하고 기술교육을 실시하는 가운데 원활한 교도작업이 가능하도록 하는 한편 1962년 1월 10일에는 민업압박의 문제를 최소화하면서 교도작업의 발전을 도모하고 국고를 절약하기 위하여 「교도작업관용법」(법률 제960호)을 제정하였다. 교도관의 근무

---

246 정부조직법 개정에 따라 개정된 것이다.
247 제안이유에서 '교도소 등의 자위권행사의 근거를 명시하고, 수형자 각인의 개전도에 따라 그에 상응하는 처우를 함으로써 교정행정의 목적달성에 기여하고…'라고 하였다.

에 관한 기본지침을 정하여 계호근무의 정당성을 부여하고 업무의 합리화를 위하여 1975년 2월 28일「계호근무준칙」(법무부 훈령 제52호)을 제정·시행하였다. 또한 수형자에 대한 분류심사의 과학화를 촉진하기 위하여 1978년 9월 25일「수형자 분류검사지침」을 마련하여 각종 분류검사제도를 체계화하였고, 1979년 2월 15일에는「수형자 분류처우요강」(예규 제226호)을 제정하여 수형자에 대하여 과학적인 분류조사에 기초한 합리적인 처우와 관리를 하였다. 1980년 11월 24일 교도작업의 시행에 필요한 세부사항을 통합하여「교도작업규정」(예규 제238호)을 제정·시행함으로써 교도작업의 체계화와 효율성을 기하였다. 1981년 7월 21일「방송통신고등학교 교육과정 설치 및 운영요강」을 제정하여 교정시설 내에서 고등학교 교육과정을 실시하였고, 1987년부터는 방송통신대학교육과정을 설치·운영함으로써 구금으로 인한 학업중단을 방지하는 한편 고등교육의 기회를 부여하였다.

　　1970년 12월부터는 독지방문위원제도가 시행되어 수형자의 교정·교화 및 자원봉사활동 등 민간의 교정참여를 제도적으로 보장하였다. 1983년 12월 18일 독지방문위원을 교화위원과 종교위원으로 구분하고 같은 해 각 교정기관별로 교화협의회를 구성하여 효율적인 교정·교화활동을 실시하였다. 한편, 교정관련 국제적인 협력과 국제교류를 확대하기 위하여 1960년 런던에서 개최된 '국제연합 범죄방지 및 범죄자처우회의'에 처음으로 참가하였다. 1980년 홍콩에서 제1차 '아시아·태평양지역 교정국장회의'가 개최되었으며, 우리나라는 1983년 뉴질랜드에서 개최된 4차 회의에 처음으로 참가하였고, 1986년에는 서울에서 제7차 회의를 주최하였다. 그리고 1978년부터는 한일 교정직원 친선무도대회를 개최하여 유도와 검도를 통한 양국 직원의 무술기량을 연마하고 상호 친선도모와 교정제도의 비교연구를 통한 교정행정의 발전을 도모하였다.

　　이 기간 동안은 국가 주도로 경제발전을 이룩하였으나 1970년대 독재권력에 대한 저항과 1980년대 민주화 운동으로 구금된 사람에 대해서는 일반 범죄자와는 다른 처우가 필요하였으나 제도적인 한계와 관리경험의 부재 등으로 인해 교정은 인적·물적 한계에 직면하였다. 이 시기에 발생한 각종 사고를 살펴보면 다음과 같다. 먼저 대구교도소 수용자가 살인가담 의혹사건으로 1968

년 5월 30일 체포되는 사건이 발생하여 커다란 충격을 주었다.[248] 1974년 10월 17일 안양교도소에 복역 중이던 무기수형자가 법정에서 증인을 살해한 사건이 발생하였다.[249] 1979년 5월 서울구치소에서는 수용자의 진료 및 입병사와 관련하여 소장과 부소장이 구속되고 17명의 직원이 파면되는 사건이 발생하였다. 1981년 6월 5일 영등포교도소 수용자 4명이 서울지방법원 남부지원에서 출정을 마치고 나오면서 집단으로 도주하였고, 1983년 4월 14일 대법원 구내의 구치감에서 조세형이 환기통을 뜯고 도주하는 사건이 발생하였다.[250]

라. 현대행형의 발전

이 시기는 1987년 헌법시행 후부터 2001년 국가인권위원회의 설립을 포함하여 2008년 12월 형집행법 시행전까지로 정치적으로는 제6공화국과 문민정부, 국민의 정부, 참여정부를 거치면서 실질적인 민주주의가 정착된 시기였다.

1987년 6월 민주항쟁으로 높아진 국민의식은 정치의 민주화를 요구하였고, 이에 국민의 합의에 의해 제정된 1987년 헌법의 이념은 행형을 포함한 사회전반에 많은 영향을 미쳤다. 1991년 11월 1일 서울, 대구, 대전, 광주에 지방교정청이 개청되어 중간감독기관으로서 일선기관에 대한 효율적인 감독을 통한 수용관리기능을 강화하였고, 1989년 보안근무체제를 2부제에서 3부제로 바꾸는 한편 직원 증원 등을 통한 교정공무원 처우개선이 이루어졌다. 뿐만 아니라 모범수형자의 외부통근작업을 도입하였고 지방교정청에서는 순회진료반을 운영하여 수용자의 의료처우를 향상하는 한편 천안개방교도소를 신설하여 개방처우제를 도입하는 등 현대 교정의 이념에 따른 교정행정을 전개한 시기였다. 또한 1989년 10월 16일 청주여자교도소를 신설하여 여자수형자에 대한 처우개선을 하였다. 1999년 6월 9일 교정행정의 전문화와 경쟁력 강화를 위해 그 동안 검사장으로 보임되었던 교정국장에 교정공무원이 처음으로 보임되었다. 2007년 2월 2일부터는 보안 4부제 근무를 위한 「보안 야간근무 운영규정」(법무부예규 제706호)을 제정하여, 같은 해 7월부터 총 33개 기관에서 시행하였다. 또한 경비교도 인력감축에 따라 2006년부터 외부로부터의 침입은 물론 수

---

248 자세한 내용은 법무부 교정본부, 앞의 책(2010년), 647쪽 참조.
249 자세한 내용은 법무부 교정본부, 앞의 책(2010년), 741~742쪽 참조.
250 법무부 교정본부, 대한민국 교정사(Ⅱ), 2010년, 211~214쪽 참조.

용자 도주시 효율적으로 대처할 수 있는 전자경비시스템을 교정시설에 순차적
으로 구축하였다.

1980년대 말까지 국민의 인권보장과 관련하여 다양한 국제적인 요구와
비판적인 시각이 있었다. 이와 같은 비판을 고려하여 국민의 기본권은 자연권
이라는 것을 선언하는 등 국민의 권리보장을 강화하였으며 점차 발전하여 온
국민의 권리의식은 저항권의 주장으로까지 나타났다. 2001년 5월 24일 「국가
인권위원회법」(법률 제6401호)이 공포되어 같은 해 11월 25일부터 시행되었고,
다음날 대통령 직속의 독립행정기관인 국가인권위원회가 설립되었다. 동 위원
회는 인권에 관련된 국가기관, 단체, 개인의 제활동을 감시하고 정부의 인권정
책에 대한 권고, 인권교육, 인권침해행위 등의 조사 및 구제를 주된 임무로 하
고 있다. 동 위원회의 활동에 따라 사회내 인권의 중요성이 제기되었고 교정시
설내 수용자 처우, 시설 및 환경, 징벌 등 강제력의 행사, 의료 등 수용자 처우
전반에 걸쳐 다양한 진전이 있었으며 동 위원회에 의한 수용자 면담, 조사, 형
사시설방문 등이 실시되었다. 이와 같이 수용자의 인권보장에 배려하는 과정
에서 교정에서 다양한 관리운영상의 문제도 드러났다.

이 시기에는 1988년 10월 8일 영등포교도소 호송수형자의 집단탈주사건
을 계기로 교정공무원에 대한 열악한 근무환경에 대한 사회적인 관심이 높아
졌고 교정공무원에 대한 처우개선의 일환으로 1989년 11월부터 보안3부제를
시행하였다. 또한 교정시설의 현대화를 추진하여 1988년부터 1992년까지 4개
시설을 신설하고, 오래된 시설에 대한 신축 또는 이전을 실시하였다. 또한
2002년 12월 30일에는 「법무시설기준규칙」(법무부훈령 제413호)을 개정하여 교
정시설의 1인당 혼거실 기준면적을 2.48평방미터로 확대하여 수용자의 기본
적인 생활환경을 보장하였다. 2005년부터 교정시설과 일반 병원과의 원격화
상진료시스템을 구축하여 수용자 의료처우의 향상을 꾀하였다.

1993년 본부 및 전국 교정기관 상호간에 수용자 행형기록 등 처우자료에
대한 온라인전산망을 구축하였고, 1994년에는 전국 교정기관을 온라인종합통
신망으로 연결하고 수용자에 대한 행형기록 및 수용관리 등 교정업무를 전산
화하였다. 2003년 11월 17일부터 통합교정정보시스템을 운영하여 접견, 보관
금품, 교화, 출정, 의료 등 수용자 처우의 과학화를 통한 공정하고 효율적인 업

무처리가 가능하도록 하였다.

또한 1986년 제7차 아시아·태평양 지역 교정국장회의를 개최한 이래, 2005년 9월 제25차 회의를 다시 서울에서 개최하여 우리나라 교정의 발전상을 홍보하고 국제협력을 강화하였다.

이 기간 동안 개정된 행형법의 주요 내용은 다음과 같다.

1995년 개정(법률 제4936호)[251]에서는 미결수용자에 대한 특별한 규정이 없는 한 수형자에 대한 규정을 포괄적으로 준용하는 규정을 삭제하고 각 조문별로 수형자에게만 적용되는 규정, 수형자와 미결수용자에 공통적으로 준용되는 규정, 미결수용자에게만 적용되는 규정으로 구분하여 규정하고, 수용자의 청원절차를 명문화하여 법률에 상세히 규정하였으며, 접견 및 편지수발의 제한을 대폭 완화하여 교화상 또는 처우상 특히 부적당한 사유가 없는 한 원칙적으로 허가하도록 하고, 교도작업의 일환으로 외부통근작업과 개방시설처우의 근거규정을 신설하는 한편, 징벌제도를 개선하여 감식, 운동정지, 작업정지, 접견 및 서신금지를 폐지하고 도서열람제한을 3월에서 1월로 단축하였으며, 계구의 종류 중 방성구는 사용시 호흡곤란이나 치아손상의 우려가 있어 이를 안면보호구로 바꾸었고, 신입수용자에 대한 건강진단과 라디오 및 TV시청에 대한 규정을 신설하고, 헌법재판소의 위헌결정이 내려진 변호인 접견시 교도관 참여금지규정을 신설하였다.

1996년 행형법 개정(법률 제7175호)에서는 소장을 위원장으로 하는 각 시설에 설치되어 있었던 가석방심사위원회를 폐지하고, 법무부장관 소속 하에 법무부차관을 위원장으로 하는 가석방심사위원회를 설치하여 가석방심사의 전문화와 공정성을 제고하였다.

1987년 헌법시행 이후 국민의 기본권보장이 확보되고 인권의식이 높아지는 등 사회가 변화하고 민주주의가 성숙되었다. 또한 행형과 관련한 헌법재판소 결정과 각종 판례가 축적되는 등에 따라 수용자의 관리와 행형기관 운영에

---

251 제안이유에서 '날로 증가되어 가고 있는 범죄현상은 갈수록 누범화·흉폭화·조직화·지능화되어 가고 있으나, 우리 교정제도의 현실은 교육형주의 이념에 입각한 교화우선보다는 응보형주의에 치우친 보안과 계호위주의 형태를 벗어나지 못하고 있는 실정인 바, 이를 현대 행형의 지도이념인 행형의 인도화·과학화·사회화·법률화에 맞춰 일부 부적합한 규정을 개선·보완함으로써 수용자의 인권을 보호하는 한편, 과학적인 교정프로그램의 도입을 통하여 수용자의 재사회화와 재범방지를 도모하려는 것'이라고 하였다.

대한 근본적인 개선이 필요하여 행형법 개정의 필요성이 요구되었고 이에 전
면적인 개정에 가까운 1999년 개정(법률 제6038호)이 이루어졌으며,[252] 주요내
용은 다음과 같다. 수용자의 기본적 인권은 최대한 존중되어야 하며, 국적·성
별·종교 또는 사회적 신분 등에 의하여 차별을 받지 아니하는 내용의 수용자
인권존중 및 차별금지 규정을 신설하였다. 법무부장관은 교도소 등의 설치 및
운영에 관한 업무의 일부를 민간에 위탁할 수 있도록 하고 수탁자의 자격, 시
설, 수용자 처우의 기준 및 국가의 감독 등 교도소 등의 민간위탁에 관하여 필
요한 사항은 따로 법률로 정하도록 하는 민영교도소 설치의 법적근거를 마련
하였다. 법무부장관에 청원할 때 소장을 경유하는 규정을 삭제하여 법무부장
관에게 직접 제출하도록 하고 청원을 하였다는 이유로 불이익한 처우를 할 수
없도록 하였다. 신입수용자에 대하여 접견·규율·징벌·청원 등 수용생활에
필요한 사항을 고지하도록 하고, 접견에 대한 교도관의 참여 및 서신검열에 관
한 규정을 임의규정으로 바꾸고 미결수용자와 변호인과의 서신은 소지금지품
의 포함 또는 불법내용의 기재 등이 의심되는 경우를 제외하고는 검열할 수
없도록 하였다. 보호장비 사용요건을 강화하고 징벌의 수단으로 사용할 수 없
도록 하였으며, 수용자가 자해·도주 기타 다른 사람의 안전과 수용질서를 해
치는 행위를 하는 경우 교도관이 강제력을 사용할 수 있도록 하였다. 소장의
허가를 요건으로 전화통화와 집필권 보장에 관한 규정을 신설하는 한편 수형
자의 귀휴허가요건을 완화하고, 귀휴기간을 연장하였으며, 일정한 사유가 있
는 경우 귀휴요건과 상관없이 5일 이내의 특별귀휴를 허가할 수 있도록 하였
다. 수형자에 대하여 외부의 교육기관 또는 기업체 등에 통근하게 할 수 있도록
하고, 수용자에 대하여 문서·도화의 작성이나 문학·학술 등에 관한 집필활동을
할 수 있도록 하였다. 징벌요건을 구체화하고, 징벌의 종류인 청원작업정지의
상한기간을 2개월 이내로 정하였으며, 징벌집행유예제도를 신설하는 한편, 징벌
위원회의 위원에 외부인사를 위촉하여 징벌의 공정성을 확보하였다.

---

252 재안이유에서 '수용질서확립의 기초 위에서 날로 증대하고 있는 수용자의 인권에 대한 사
    회적 관심을 수용자처우에 반영함으로써 질서와 인권이 조화되는 교정행정풍토를 조성하
    고, 수용자의 건전한 사회복귀를 촉진하기 위하여 관련규정을 정비하며, 과밀수용을 해소
    하고 교정·교화를 제고하기 위하여 교도소 등의 설치 및 운영에 관한 업무의 일부를 민간
    에 위탁할 수 있는 근거를 마련하려는 것'이라고 하였다.

1990년 5월 1일 「계호근무준칙」을 개정하여(법무부훈령 제239호) 계호업무의 기준을 정비하였다. 1995년 5월 3일 「계구의 제식과 사용절차에 관한 규칙」(법무부훈령 제333호)을 제정하여 수용자에게 사용하는 계구의 종류·모양·규격·사용요건·사용방법, 주의사항 및 계구의 관리 등에 관한 사항을 규정하여 계구사용의 적정을 기하고 수용자에 대한 인권침해가 발생하지 않도록 하였다. 그 후 국가인권위원회의 권고와 학계의 비판 등을 고려하여 2004년 6월 29일 「수용자 규율 및 징벌에 관한 규칙」(법무부령 제555호)을 전면 개정하여 수용자의 인권과 권리 보장을 강화하였다.

1999년 개정된 행형법에서는 교정업무의 민간위탁에 관한 법적 근거에 따라 2000년 1월 28일 「민영교도소 등의 설치·운영 등에 관한 법률」(법률 제6206호)을 제정하여 민영교도소의 도입에 대한 법적기반을 마련하였다.

수용자의 가족관계회복을 통한 원활한 사회복귀를 위하여 1999년 5월 25일 「부부만남의 집 운영지침」을 제정하여 시행하였다.

2003년 12월 31일 「국제수형자 이송법」(법률 제7033호)이 제정되어 외국에서 형집행 중인 우리나라 국민의 국내이송과 우리나라에서 형집행 중인 외국인의 국외이송이 가능해졌고, 2005년 1월 「유럽수형자이송협약」에 가입하여 국제법적 근거를 마련하였다. 2007년 3월 8일 처음으로 미국 교도소에서 수용생활을 하던 우리나라 국민을 국내로 이송하였다.

헌법개정에 따른 인권의식이 높아짐에 따라 교정에 대한 개혁과 수용자 처우의 개선이 요구되었으며, 이에 부응하기 위해서는 시간과 예산 등이 뒷받침되고 인적·물적 환경이 개선되어야 함에도 교정은 이를 감당할 제도적 기반과 여력이 없었다. 과밀수용으로 인한 열악한 환경과 미완성된 시스템은 각종 교정사고로 이어졌다. 이 시기에 발생한 교정사고를 살펴보면 다음과 같다.[253] 1988년 10월 8일 영등포교도소에서 호송 중이던 미결수용자 12명이 호송버스를 탈취하여 도주한 사건이 발생하여 사회에 커다란 충격을 주었다. 1989년 4월 21일 대구교도소에 수용 중인 수용자 3명이 대구공업고등학교에서 개최된 지방기능경기대회 중에 교도관을 칼로 위협하고 도주한 사건이 발

---

253 자세한 내용은 법무부 교정본부, 대한민국 교정사(Ⅱ), 2010년, 360~367쪽 및 514쪽, 702쪽/대한민국 교정사(Ⅲ), 2010년, 204~208쪽 참조.

생하였고, 1990년 6월 25일에는 부산교도소에서 수용자가 소장을 인질로 잡고
권총과 실탄을 받아 인질을 위협하면서 난동을 부린 사건이 발생하였다. 1990
년 12월 27일에는 전주교도소 수용자 3명이 거실창문의 쇠창살을 절단하고 도
주한 사고가 발생하였고, 1991년 5월 6일 한진중공업 노조위원장이 외부병원
입원 중에 옥상으로 올라가 자살한 사고가 발생하였다. 1997년 1월 20일 부산
교도소에서 무기수형자 신창원이 주벽을 넘어 도주하는 사고가 발생하였고,
2000년 2월 24일 광주교도소 수용자 3명이 광주지방법원 법정에서 직원에게
중상을 입히고 도주하는 사건이 발생하였다. 2002년 4월 22일부터 수차례에
걸쳐 피보호감호자들이 집단으로 불식하는 사건이 발생하여 사회보호법의 폐
지로 이어지는 계기가 되었다. 2005년 7월 11일 전주교도소 수형자가 정문을
통과하여 도주하는 사건이 발생하였고, 2004년 7월 12일 대전교도소에서 수용
자에 의한 직원살인사건이 발생하여 교정공무원에게 큰 충격과 슬픔을 주기도
하였다.

마. 현대행형의 진보

2007년 행형법 전면개정은 2000년 이후 축적된 형사정책분야의 성과를
반영하는 한편 앞으로의 우리나라 행형의 미래에 대한 방향과 목표를 제시하
고 있다. 그리고 개정의 배경에는 수형자의 인권을 배려한 생활을 영위하도록
함으로써 건전한 사회복귀와 권리보호를 도모한다고 하는 행형의 목적과도 깊
게 관련되어 있다.

그 동안의 행형법 개정은 1961년 개정을 제외하고 부분개정을 통해 사회
의 변화와 형사사법의 필요에 대응하여 왔다. 그러나 민주주의의 성숙에 따른
국민의 권리보장과 인권보호에 대한 요구는 행형법에 대한 전면적인 개정을
필요로 하였다. 2007년 12월 21일 행형법을 전부개정하는 한편 법률의 이름을
「형의 집행 및 수용자의 처우에 관한 법률」(법률 제9136호)로 변경하였다.[254]

---

254 개정이유에서 '교정관계 법령이 인권존중의 시대적 요구에 미흡하다는 비판이 각계에서 제
     기됨에 따라, 수형자·미결수용자 등 교정시설 수용자에 대한 차별금지 사유의 확대, 여
     성·노인·장애인 수용자에 대한 배려, 미결수용자에 대한 처우 개선, 서신검열의 원칙적인
     폐지 등으로 수용자의 기본적인 인권 및 외부교통권이 보호될 수 있도록 하고, 수용자별 처
     우계획의 수립, 수용장비의 과학화, 보호장비의 개선, 징벌종류의 다양화 등으로 수용관리
     의 효율과 수용자의 사회적응력을 높일 수 있도록 하며, 그 밖에 청원제도 등 현행 제도의
     미비점을 개선하여 수용자의 인권 신장과 수용관리의 과학화·효율화 및 교정행정의 선진화

주요내용을 살펴보면 다음과 같다.

첫째, 차별금지 규정에 장애·나이·출신지역·출신민족·용모 등 신체조건·병력(病歷), 혼인여부, 정치적 의견 및 성적(性的)지향 등의 사항을 추가하고, 미결수용자의 무죄추정에 따른 처우규정을 신설하였으며, 종교의 자유를 확대보장하는 내용을 규정하고, 여성·노인·장애인수용자에 대한 배려규정을 신설하였으며, 징벌의 종류를 추가하고, 지방교정청장에 대한 청원을 신설하는 등 인권보장과 권리구제를 강화하였다.

둘째, 서신에 대하여 무검열을 원칙으로 하고 집필에 대한 사전허가제를 폐지하였으며 귀휴요건을 완화하는 등 수용자 외부교통권 및 사회적응력을 강화하였다.

셋째, 교정시설 신축시 원칙적으로 수용규모가 500명 이내가 되도록 하고, 교정시설의 설비기준을 규정하는 등 수용환경개선 및 수용자 건강에 대한 배려를 하였다.

넷째, 수형자의 도주방지 등을 위한 수용설비와 계호의 정도에 따라 교정시설을 개방시설·완화경비시설·일반경비시설·중경비시설로 등급화하고, 전자장비를 이용한 계호와 보호실 및 진정실 설치근거를 마련하였다. 보호장비 중 사슬을 폐지하고 보호복·보호침대·보호의자 등을 도입하여 현대화하는 한편 보호장비 남용금지 규정을 신설하고, 수용자 외의 사람에 대한 강제력 행사규정을 신설하였다. 그리고 수용자가 주류·담배·현금·수표를 교정시설에 반입하거나 이를 소지·사용·수수·교환 또는 은닉하는 경우와 수용자 이외의 사람이 위 물품을 반입·수수·교환하는 경우 벌칙규정을 신설하는 등 수용관리의 효율성을 제고하였다.

다섯째, 수형자의 교정·교화와 사회적응능력 함양을 위하여 수형자의 개별적 특성에 알맞은 수형자의 개별처우계획을 수립하도록 하고 분류심사의 결과에 따라 그에 적합한 시설에 수용하도록 하며, 수형자의 인성·자질·특성 등을 조사·측정·평가하는 분류심사를 전담하는 시설의 설치근거를 마련하였다.

여섯째, 징벌위원회의 외부위원의 수를 3인 이상이 되도록 하고 위원의 제척·기피제도를 신설하였으며, 교정자문위원회를 설치하는 등 교정에의 국민참여확대와 교정행정의 투명성을 높였다. 그리고 징벌의 종류에 근로봉사, 공

를 이루려는 것'이라고 하였다.

동행사 참가정지, 전화통화 제한, 텔레비전 시청제한, 자비구매물품 사용제한 등
9종을 추가하여 징벌의 실질적 효과를 높이고 징벌실효제도를 도입하였다.

일곱째, 여성·노인·장애인 수용자를 특별히 보호하기 위하여 신체적·심
리적 특성, 나이·건강상태 및 장애의 정도 등을 고려하여 그 처우에 있어 적
정한 배려를 하도록 하고, 외국인수용자에 대하여는 언어·생활문화 등을 고
려하여 적정한 처우를 하도록 하였다. 그리고 마약류사범·조직폭력사범 등의
수용자에 대하여 수용자로서 기본적인 처우가 보장되는 범위 안에서 다른 수
용자와는 달리 관리할 수 있도록 하였다.

여덟째, 미결수용자는 무죄추정에 합당한 처우를 받는다는 것을 명시하
고, 미결수용자가 규율위반으로 조사를 받거나 징벌집행 중인 경우라도 소송
서류의 작성, 변호인과의 접견, 편지수수 등 수사 및 재판과정에서의 권리행사
를 보장하였다.

2008년 12월 11일 개정(법률 제9136호)에서는 사형확정자에 대한 처우에
관한 규정을 마련하면서 교육·교화프로그램의 실시 등을 위하여 필요한 경우
혼거수용할 수 있도록 하고(법 제11조 및 제89조), 교육·교화 프로그램의 실시
및 신청에 따른 작업을 부과할 수 있도록 하였으며(법 제90조), 소년수용자의
기준연령을 20세에서 19세로 하향하였다(법 제11조~제13조).

2010년 5월 4일 개정[255](법률 제10273호)에서는 야간 또는 공휴일 등에는
교정시설에 근무하는 간호사가 경미한 의료행위를 할 수 있도록 하여 교정시
설에서 발생하는 응급상황에 신속하게 대처할 수 있도록 법적근거를 마련하여
교정시설 내 의료공백현상의 완화 및 수용자에 대한 의료처우의 향상을 기하
고, 정보공개를 한 후 정당한 사유 없이 그 청구를 취하하거나 정보공개결정
후 정보공개 등에 소요되는 비용을 납부하지 않은 사실이 2회 이상 있는 수용
자의 경우 정보공개 등에 소용되는 비용을 미리 납부하게 하여 수용자의 정보
공개청구 남용행위에 효과적으로 대처하도록 하였다.

2011년 7월 18일 개정(법률 제10865호)에서는 가석방심사위원회의 심사과

---

255 간호사의 긴급의료행위를 허용한 것이 수용자의 건강권 확보를 위하여 타당한지에 대하여
    의료계의 문제제기가 있고, 정보공개청구 예납제도는 형편이 어려운 수용자의 정보공개청
    구권을 제한한다는 비판이 있다(신양균, 앞의 책(2012년), 15쪽).

정 및 심사내용의 공개와 관련하여 위원의 명단과 경력사항 및 위원회의 심의
서는 즉시 공개하고, 회의록은 5년이 경과한 때부터 공개하도록 함으로써 가
석방심사과정의 투명성과 공정성을 확보하는 한편 심의서와 회의록은 개인의
신상을 특정할 수 있는 부분은 삭제하고 공개하도록 하여 개인의 사생활 보호
를 도모하도록 하였다(법 제120조 제3항).

　　2014년 12월 30일 개정(법률 제12900호)에서는 교정시설의 장은 여성수용
자에 대하여 건강검진을 실시하는 경우에는 나이·건강 등을 고려하여 부인과
질환에 관한 검사를 포함시키도록 의무화하고(법 제50조 제2항), 생리 중인 여
성수용자에 대해서는 위생에 필요한 물품을 지급하도록 하여(동조 제3항) 여성
수용자의 처우를 개선하였다.

　　2015년 3월 27일 개정(법률 제13235호)에서는 교정시설 신입자에게 건강
진단을 받을 의무를 부여하고(법 제16조 제3항), 소년수용자에 대하여 나이·적
성 등을 고려하여 적정한 처우를 하도록 하였으며(법 제54조 제4항), 중간처우
제도의 구체적 근거를 마련하는(법 제57조 제4항, 제63조 제3항 및 제110조 제2항) 한편
변화된 장례문화를 반영하는 동시에 묘지확보의 어려움을 해결하기 위하여 무연고
수용자가 사망한 경우에는 그 시신을 화장할 수 있도록 하였다(법 제128조).

　　2016년 1월 6일 개정(법률 제13721호)에서는 가석방심사위원회와 징벌위
원회의 민간위원에게 벌칙을 적용하는 경우에는 공무원으로 의제하도록 하여
민간위원이 수행하는 업무의 공정성 및 책임성을 제고하였다.

　　2016년 12월 2일 개정(법률 제14281호)에서는 수용자에 대한 정의를 명확
히 하여 교정시설에 수용된 사람임을 명시하고(제2조), 「감염병의 예방 및 관
리에 관한 법률」의 용어 변경에 따라 이 법에서 사용하는 관련 용어를 정비하
는 한편(제35조), 형사사건으로 수사 또는 재판을 받고 있는 수형자, 사형확정
자에 대하여도 수사, 재판 등에 참석할 때는 사복을 착용할 수 있도록 하고(제
88조), 금치처분을 받은 자의 실외운동을 원칙적으로 허용하고 시설의 안전 또
는 질서를 크게 해칠 우려가 있는 경우에만 예외적으로 실외운동을 금지할 수
있도록 하였다(제112조).

　　2017년 12월 19일 개정(법률 제15259호)에서는 체포된 피의자를 교정시설
에 가유치하는 경우 및 사전구속영장이 청구된 피의자를 피의자 심문을 위하여

교정시설에 유치하는 경우에는 신체·의류·휴대품 검사 및 건강진단과 같은 일반 수용자에 대한 신입자 입소 절차를 적용하지 않고 필요한 경우 간이입소절차를 실시할 수 있도록 함으로써 피의자의 인격권을 보장하였다(제16조의2).

2019년 4월 23일 개정(법률 제16345호)[256]에서는 법무부장관은 5년마다 형의 집행 및 수용자의 처우에 관한 기본계획을 수립·추진하도록 하고(제5조의2), 수용자 접견은 원칙적으로 접촉차단시설이 설치된 장소에서 하도록 하고, 예외적으로 미결수용자가 변호인과 접견하거나 수용자가 소송사건의 대리인인 변호사와 접견하는 경우로서 교정시설의 안전 또는 질서를 해칠 우려가 없는 경우에는 접촉차단 시설이 설치되지 아니한 장소에서 접견하도록 하되, 수용자가 미성년자인 자녀와 접견하는 등의 경우에는 접촉차단시설이 설치되지 아니한 장소에서 접견할 수 있도록 하였다(제41조 제2항 및 제3항). 그리고 교정시설 내 소지와 반입이 금지되는 물품에 무인비행장치, 전자·통신기기, 그 밖에 도주나 다른 사람과의 연락에 이용될 우려가 있는 물품을 추가하되, 소장이 수용자의 처우를 위하여 허가하는 경우에는 소지할 수 있도록 하고(제92조), 종전에 교정시설에 설치된 교정자문위원회를 지방교정청에 설치하여 수용자 관리 및 교정교화 사무에 대한 지방교정청장의 자문에 응하도록 하였으며(제129조), 소장의 허가 없이 무인비행장치, 전자·통신기기를 소지한 경우 2년 이하의 징역 또는 2천만원 이하의 벌금에 처하도록 하고, 소장의 허가 없이 무인비행장치, 전자·통신기기를 반입한 경우 3년 이하의 징역 또는 3천만원 이하의 벌금에 처하도록 하는 한편(제132조 제1항, 제133조 제1항), 소장의 허가 없이 교정시설 내부를 녹화·촬영한 사람은 1년 이하의 징역 또는 1천만원 이하의 벌금에 처하는 규정을 신설하였다(제135조).

2008년 12월 22일 수용자 분류수용지침 등 16개 예규를 통폐합하고 내용을 현실에 맞게 보완하여 「수용관리업무지침」(법무부 예규 제846호)을 제정하

---

[256] 개정이유에서 '수형자의 교정교화와 건전한 사회복귀라는 목적을 체계적이고 효율적으로 달성하기 위하여 법무부장관이 형의 집행 및 수용자의 처우에 관한 기본계획을 수립하도록 하고, 수용자가 미성년인 자녀와 접견하는 경우 차단시설이 없는 장소에서 접견할 수 있도록 하여 미성년 자녀에 대한 보호를 강화하는 한편, 교정시설의 안전과 질서 유지를 위하여 소지나 반입이 금지되는 물품에 무인비행장치, 전자·통신장비 등을 추가하고, 허가 없이 교정시설을 촬영하는 행위에 대한 처벌을 신설하는 등 현행 제도의 운영상 나타난 일부 미비점을 개선·보완하려는 것'이라고 하였다.

였다. 2008년 12월 11일 시행 중인「교도작업관용법」과「교도작업특별회계법」을 통합하여「교도작업의 운영 및 특별회계에 관한 법률」(법률 제9137호)로 통합 규정하여 교도작업을 활성화하고 효율적인 운영을 도모하였다.

2008년 6월 11일 정부과천청사에 교화방송센터를 설립하고 전국 교정시설의 방송업무를 교화방송센터에서 통합운영하고, 2009년 1월 21일 안양교도소에 소망의 집을 개관하여 중간처우제도를 도입하여 수용자 사회복귀제도를 정비하였다.

제 3 장 교도소 건축사

제 1 절 서론

17세기 이전까지 구금은 재판에 출석하기 위해 또는 사형집행 등을 위해 일시적으로 대기하도록 하는 수단에 지나지 아니하였다. 구금시설은 숙소의 형태를 갖춘 구조였으며 현대와 같은 구조와 설비를 갖추는 데에는 징역형이라고 하는 시간제 형벌이 도입되기까지 시간이 필요하였다.

형벌에 관한 역사연구는 대부분 구금상태와 방법 등에 대한 연구이지만 구금하는 건축물에 대한 연구는 매우 드물다.[257] 이는 우리나라 교도소 건축에 관해서도 마찬가지이다. 그러나 조선 세종때 안옥도(犴獄圖)라고 하는 감옥의 표준설계도를 작성하여 전국에 배포하였다는 기록이 남아있다. 조선시대에 감옥은 관청의 부속건물로서 기와지붕으로 지어졌고 공공건물로 매우 중요시되었다. 오늘날 우리나라 교도소는 건축물의 목적과 사용자의 요구가 고려되지 아니한 채 교정의 이념구현은 물론 인간으로서 기본적인 생활조차 하기 어려운 구조로 건축되고 있다.

교도소 건축이 실현하고자 하는 기능과 목표는 시대와 행형이 추구하는 철학에 따라 다양하게 변화해 왔다. 그러나 어느 시대이든 수용자의 구금과 도주방지, 외부침입으로부터 방어, 처벌, 감시, 건강유지, 상호 접촉으로 인한 범죄성의 감염 방지, 범죄자의 교정이라고 하는 내용의 전부 아니면 일부는 포함하고 있다. 교도소 건축의 발전을 주도한 처벌의 이념과 설계이론은 한 시대 구금의 목적을 달성할 수 있다고 생각된 것도 다음 시대가 되면 변하였고 물리적 구조와 건물의 기능이 변해감에 따라 새로운 교도소 모형이 탄생하였다.

교도소 건축과 관련하여 빠뜨릴 수 없는 것은 1975년 발간한 미셸 푸코의 『감시와 처벌』[258]과 제레미 벤담의 파놉티콘이라고 하는 교도소 설계이다. 푸코는 형벌의 역사를 국가권력 사용의 변천으로 보고 있으며, 사회변화에 대한

---

257 교도소 건축사에 대한 연구는 Norman Johnston의 Forms of Constraint - A History of Prison Architecture(2000년)가 있다.

258 미셸 푸코 저 / 오생근 역, 감시와 처벌 - 감옥의 역사 -, 나남출판, 2006년 7월 5일.

위대한 이론은 형벌학과 건축에 관한 역사가들에게 적지 않은 영향을 미쳤다. 파놉티콘의 설계는 푸코에게 있어서 국가의 새로운 권력 또는 통제수단의 상징이었다. 그렇지만 17세기 이후 수많은 개혁가들은 처벌과 감시라고 하는 범위내에서 가혹한 환경을 개선하는 것을 목표로 하였으며, 실제 교도소의 목적과 방법 그리고 그 성공에 대해 각 시대의 창조적인 사고와 영향이 건축과 설계에 크게 작용하였다. 교도소 건축의 역사는 단순한 일직선으로 진보한 것이 아니라 각 시대가 추구했던 이상과 철학이 반영되면서 창조와 혁신, 그리고 전통과 발전이 혼재되면서 진보하였다.

제 2 절 외국의 교도소 건축사

1. 서

　범죄자 처벌에 대한 관념의 변화, 건축기술과 자재의 발달, 교도소에 대한 대중의 인식, 범죄에 대한 국가의 형사정책적 대응방식, 각국의 역사, 국민의 생활방식과 국가의 경제적 수준 등은 끊임없이 변화하기 때문에 교도소 건축은 무척 복잡한 경로로 발달해 왔다.

　초기의 감옥에는 성(城), 요새, 공공건물 등이 이용되면서 남자와 여자, 성인과 소년, 채무자와 범죄자, 환자 등을 혼거수용하였다. 건물은 구금시설로 건축된 것이 아니었고 건축시부터 튼튼하고 접근하기 어려운 지하에 위치하는 경우가 많았다. 당시에는 음식물이나 채광, 신선한 공기 등이 충분하지 아니하였으며 지향하는 철학은 명확한 처벌이었다. 한편 죄를 지은 성직자나 목사에게 회개를 통해 마음의 변화를 가져오도록 하고 영혼을 구제하기 위해 노동과 명상이 부과된 독거구금을 수도원 건물을 이용하여 집행하였으며 형벌의 목적은 처벌보다 도덕적인 부활을 의도하였다.

　감옥이 건축되기 시작한 것은 근대 초기로 구금의 증가에 대응하기 위해 새로운 건물을 만들었으나 당시에는 사회복귀라고 하는 목적이 아직 생성되기 이전이었기 때문에 내부설비와 외관은 충분하지 아니하였다. 18세기 말 개혁가들에 의해 추진된 감옥개량운동은 대중과 정부의 인식에 큰 변화를 가져왔고 감옥건축은 심각한 건강문제를 해결하고 무질서한 생활을 개선하며 노동을 통한 개선을 위해 십자형, 원형, 반원형 등 특유한 형태를 띠기 시작하였다.

19세기에 들어와서는 미국에서 탄생한 펜실베니아제와 오번제라는 대조적인 형벌시스템에 의해 독거와 혼거에 적합한 감옥이 건축되었다. 20세기 초까지는 방사형의 배치가 교도소 건축을 지배하였으며 1940년대 일부 교도소는 파빌리온형(전주형)으로 디자인되었다.

제2차 세계대전 이후 파빌리온형 계획이 세계적으로 널리 채택되기 시작하였고, 1960년대의 교도소 설계는 다양해지기 시작하여 유럽, 아시아, 미국 등에서 각국의 독특한 건축물을 발달시켜왔다. 파빌리온형 계획은 미국에서 1970년대 말까지 1세대 교도소 건축으로 자리잡았으나 1980년대 초부터는 수형자와 직원의 관계를 중시하는 공간계획과 사용자의 필요를 고려한 교도소 건축이 급속하게 발달하였다. 그 배경에는 미국에서 1980년대 이후 수용인원의 급격한 증가로 인해 교도소 건축 또한 급격히 증가하였기 때문이다. 교도소 건축시장의 확대는 민간건축전문회사의 적극적인 참여와 연구, 교정당국의 실제 사용을 통한 시설개선에의 노력, 민간설계회사와의 협업을 통한 발달, 분류와 상담 등의 보편화, 현대의 발달된 보안기술의 적용 등을 가능하게 하였으며 현재는 3세대 교정시설이 건축되고 있다. 3세대 교정시설은 직원과 수용자와의 인간적인 교류를 위한 공간계획, 중범죄자들에 대한 시설계호와 직원의 안전확보, 현대의 발달된 기술의 적용이 그 특징이다. 미국에서 발달된 3세대 교정시설은 영국 등 유럽과 호주, 싱가폴, 중국, 브라질 등 남미국가로 확대되었다. 미국에서의 교도소 건축 프로세스는 건축과 설계에 긍정적인 영향을 미치면서 현재도 진행중이다.

2. 고대부터 16세기까지 구금형 시행 이전의 구금시설

고대부터 16세기 말까지 거의 모든 감옥은 사형, 신체형, 추방형을 선고받은 범죄자를 구금해 두는 곳이었고 정치적 반대자, 전쟁포로, 노예를 구금하기도 하였다. 그리스 아테네와 로마에서 감옥은 재판이나 사형집행 전 일시적인 구금에 사용되었다. 그러나 그 당시의 구조물이 완전한 형태로 발견되지 아니하였고 그림이나 설계도가 존재하지 아니하기 때문에 형태를 알 수 없다. 그리고 근대 초기 이전의 형벌은 사형, 추방형, 신체형 등 위주로 운영되었기 때문에 형벌로서 구금형을 집행하기 위한 감옥건축의 발달은 기대하기 어려웠다.

　　15세기 말 이후부터 화약의 출현으로 인하여 방어적 역할이 사라진 성(城)은 감옥으로 사용되었고 그 밖에 요새나 수도원, 창고 등이 범죄자의 구금에 사용되었다. 특히 성내로 출입을 관리하던 건물에 구금용 거실이 만들어졌으며 그중에 유명한 것이 런던의 뉴게이트(Newgate)감옥이다. 국왕의 권력이 강화되면서 중요한 정치적 인물을 수용하는 시설로 요새나 성을 사용하였으며 그중 가장 오래된 것은 런던탑으로 화장실 등 기본적인 설비만 갖춘 몇 개의 거실이 있었다. 런던탑은 존하워드 시대에 신분이 높은 자를 수용하는 국가교도소로 사용되었고 1차·2차 세계대전 당시에는 전쟁포로를 수용하기도 하였다. 14세기경 프랑스에 세워진 파리 교외의 빈센느성이 루이 13세부터 1784년까지 정치범을 수용하는 감옥으로 사용되었다. 요새 가운데 가장 유명한 것은 영국으로부터 파리를 방어하기 위하여 만들어진 바스티유성으로, 구체제 말기인 1370년에 건축가 휴그스 오블리오(Hugues Aubriot)가 건축에 착수하였고 1789년 프랑스대혁명으로 파괴되기까지 구금시설로 사용되었다. 그러나 당시의 시설은 도주방지를 목적으로 소수의 사람을 구금하였고 건강과 복지에는 관심을 거의 기울이지 아니하였으며 가혹한 환경은 범죄자의 교정을 기대하기 어려웠다.

　　한편 유럽에서 수도원제가 널리 확대된 것은 5세기 이후로 카톨릭교회는 종교적인 이유로 죄상이 가벼운 수도사에 대해서는 수도원 내에 있는 독거실이나 회개실에 가두었고 중대한 범죄를 저지른 수도사는 구금을 목적으로 만들어진 거실에 수용하였다. 그리고 교회규칙에 따라 수도원에는 절도, 위조, 살인, 방화죄를 저지른 자를 수용하는 감옥을 두었다. 12세기 말부터 13세기 중반에 걸쳐 이단을 처벌하는 심문제도가 확립되었고 교회는 가벼운 죄에 대해서는 기도, 단식 등의 처벌을 과하였으나 무거운 죄를 범한 사람에 대해서는 성지순례, 구금 등을 하였다. 이단에 대한 탄압으로 다수의 구금자가 발생하였기 때문에 수도원의 소규모 감옥은 과잉상태가 되자 공영감옥이나 성 등이 구금에 이용되었다. 교회는 처벌과 교정 두 가지를 감옥의 목적으로 하였으며 이후에 전개되는 감옥개량운동에 영향을 주었다. 1820년부터 제2차 세계대전까지 미국과 유럽에서 발달한 독거구금제도는 교회에 의한 구금의 간접적인 발전형태라고 생각된다.

3. 근대 초기의 교도소 건축

　　16세기에는 영국, 네덜란드, 벨기에 등에서 봉건제의 붕괴, 초기상업자본
주의의 출현 등으로 인한 엔클로저운동(Enclosure Movement)의 결과 농촌에서
도시로 대규모 인구가 유입되어 사회적 무질서의 개념이 등장하는 등 사회정
세가 악화되어 부랑자, 매춘부, 거지, 경범죄자가 급증하였으며 그들에게 노동
을 통한 근면한 습관을 기르게 한다는 사고에 근거하여 징치장이 만들어졌다.
1589년에 문을 연 암스테르담징치장은 최초의 징치장인 브라드웰징치장보다
유럽 국가에 많은 영향을 주었으며 1613년에는 뤼벡과 브레멘, 1620년에는 함
부르크에 이어 17세기 말까지 유럽의 각 도시에 징치장이 만들어졌다. 초기의
징치장은 최초의 교정시설이었고, 종교적 가르침과 노동에 의하여 범죄자를
교정시킨다는 새로운 사고에 기초하였다.

　　근대 초기(17세기와 18세기)가 되어 건축전문가가 설계한 감옥이 건축되기
시작하였으며 노동과 격리에 의한 범죄자의 개선을 목표로 하였다. 18세기 말
무렵에는 감옥건축 양식에 대한 보다 명확한 철학이 등장하였다. 그것은 감옥
은 두려움과 공포를 기억하도록 하는 건물이어야 범죄자의 교정에 연결된다고
하는 것이었다. 감옥 설계자는 수도원, 병원, 학교, 요새 등 공공건축물을 본보
기로 하였으며 병원과 구빈원 등은 감옥과 정도의 차이는 있지만 다수의 사람
을 수용하여 엄중하게 격리한다고 하는 공통점이 있었고 그러한 건축물은 건
축양식에 있어서 상당한 유사성을 가졌다.

　　당시 진보적인 형벌시스템, 독특한 건축, 좋은 평가 등 건축적인 면과 수
형자의 처우 면에서 예외적인 감옥으로 로마의 산미케레소년원, 밀라노징치
원, 벨기에의 메이슨 디 포스(maison de force) 감옥을 들 수 있다.[259] 1703년 개
설된 로마의 산미케레 소년원은 직사각형의 3층 건물로 건축가 카를로 폰타나
(Carlo Fontana)가 설계하였다. 각 층에는 거실을 나란히 배열하였고 각 거실에
는 화장실과 유리가 달린 창문, 매트리스 등이 있었으며 중앙공간에는 작업장,
식당, 제단 등이 있었다. 건축가 프란체스코 크로체(Francesco Croce)가 설계한
밀라노징치원은 전통적인 십자가 형태로 T자의 중앙부에 120개의 거실이 있

---

[259] 존 하워드가 1777년부터 1792년 사이에 출판한 『감옥실상』에는 위 세 감옥의 도면이 실려
　　있고 상세하게 설명하고 있다.

고 그 양쪽에 작업장이 배치되었다. 각 거실에는 침대, 의자, 변기가 있고 외벽의 창과 건물안쪽 통로에 면한 창이 설치되어 있었다. 1775년 벨기에의 간트에 문을 연 메이슨 디 포스감옥은 대규모 성인수용시설로는 처음으로 수형자의 처우에 관한 철학을 실현할 목적으로 사용되었다고 할 수 있다. 건축가 말페이존(Malfaison)과 예수교의 사제인 클룩크만(Kluchman)이 설계하였으며 8개의 각각 독립한 사다리꼴 모양의 건물이 거대한 팔각형의 형태를 이루고 있었다. 각 건물에는 거실과 작업장이 마련되었고 서로 다른 수형자, 부랑자, 여성, 실업자 등은 각각 다른 공간에 수용되었으며 중정의 주위에는 관리용 건물이 마련되어 상호 협력을 용이하게 하였다. 이 독특한 건축형태는 다른 감옥에서 모방되지 아니하였으나 건축과 운영에 대한 사고는 19세기 이후 감옥건축의 개선으로 연결되었다.

4. 18세기 후반 개혁사상의 대두와 교도소 건축에의 영향

18세기 후반 이후부터 감옥개량운동과 형법개혁운동의 영향으로 감옥에는 중범죄와 경범죄, 남성과 여성, 성인과 소년을 분리하여야 한다고 생각하였고 종교지도, 교육, 노동에 필요한 설비를 갖추도록 요구되었다. 그리고 인도주의 사상에 의해 수용자의 건강관리와 위생 등의 면에서 개선이 필요하였으며 건축전문가가 감옥의 설계를 하는 사례가 증가하여 설비의 본질과 목적을 의미하는 공용공간이 등장하였다.

개혁이 시작된 배경에는 18세기 말에 사상가나 지식인 사이에 범죄의 원인에 대한 관심이 높아졌고 교육, 음주, 빈부의 격차, 도시생활 등 외적요인이 범죄의 원인이라고 생각한 것에 있다. 또한 사형과 신체형이 줄어들고 유형제도가 폐지되면서 많은 수형자가 장기간에 걸쳐 구금되었으며, 그 결과 감옥은 과밀상태가 되어 규율과 질서가 문란해지자 공공정책을 담당하는 사람들의 관심이 높아진 점도 있다.

수형자의 교정은 감옥개량운동이 지향하는 목표였지만 제대로 된 프로그램과 제도가 만들어진 것은 1830년대 이후 일이었다. 이때부터 행형이론가의 요구를 반영하여 건축가, 판사, 소장 등이 감옥의 설계에 관여하면서 이전부터 존재하고 있었던 건축양식인 직사각형 또는 비방사형, 방사형, 원형 또는 다각형 등 다양한 건축양식이 감옥건축에 응용되었다. 그 중 직사각형 또는 비방사형은 감옥과 교회건축의 기본이 되었고 방사형은 1790년 이후 가장 많이 채택되었다. 이 시기에 주철은 감옥설계자가 가장 선호하는 건축자재였고 철의 가격이 내려가면서 문, 내부기둥, 바닥과 벽 등에 사용되었다. 19세기 초에는 직사각형, U자형, 중정을 둘러싼 직사각형의 건물에 독거실이 만들어졌다. 또한 건물의 집중난방, 환기, 급배수 설비가 발달하여 감옥에 응용되기 시작하였다.

18세기 말 감옥에 관해 가장 중요한 제언을 한 것은 건축가가 아니라 철학자이자 형법개혁자인 제레미 벤담이었다. 그는 수형자에게 외적인 관심을 주는 감옥건축을 고안하였고 1787년에 만들어진 최초의 파놉티콘 계획은 중앙에 감독자의 숙소를 배치하고 거실창으로부터 빛이 들어오게 하는 것으로 어두운 중앙에서 수형자가 눈치채지 못하는 상태에서 거실을 감시할 수 있는 감옥 구조를 고안하였다. 영국의회에서 징치시설에 관한 법안이 통과되었으나 벤담의 파놉티콘형이 아니었으며 결국 벤담의 생존 시에는 파놉티콘양식은 건설되지 아니하였고 그의 사후에 영국과 아일랜드, 스코틀랜드에 반원형 감옥이 건설되었다.

18세기 말에 건설된 감옥은 수용자 상호간의 교류를 억제하고 직원과 수용자의 행동을 감시할 목적으로 반원형 또는 방사형의 건물이 건축되었다. 초기 감옥건축과 프로그램은 결점이 있었지만 감옥개혁운동가와 건축가들의 노력으로 감옥에 특유한 건축을 만들어내어 다양한 수용자의 혼거 폐해와 무질서한 행동, 교도관의 부패, 수용자의 건강과 위생문제를 개선하려고 하였다. 그러나 수용자의 건강과 감옥내 무질서의 문제에 대해서는 어느 정도 성공을 거두었으나 수형자의 교정을 포함하여 모든 문제의 해결책을 제시하지는 못하였다. 감옥건축과 범죄자의 교정에 대한 새로운 사고방식은 미국의 개혁운동과 영국출신 건축가에 의해 태어났다.

5. 미국에서 구금형의 발전과 교도소 건축

1830년대 이전까지 감옥건축의 발전과 수형자의 처우에 관한 사상은 영국에서 시작되었으나 범죄자의 교정에 대해서는 확고한 방침이 확립되지 아니하였다. 반면에 미국에서는 구금과 수형자 처우에 관한 펜실베니아제와 오번제라고 하는 방식이 고안되었다.

1773년 당시 가장 저명한 건축가 로버트 스미스(Robert Smith)가 설계한 월넛스트리트 구치시설의 건설이 시작되어 1776년에 완공되었다. 이 시설은 U자형 설계로 3층 건물의 측면에 두 개의 수용동이 직각으로 배치되었다. 필라델피아의 인구가 급격하게 증가하였기 때문에 이 구치시설은 금방 과밀한 상태가 되었고 독거구금제는 중단되었다. 독거구금제의 장점은 무엇보다도 뛰어난 징벌인 동시에 고독에 의해 반성과 회오의 기회를 수형자에게 준 것이었다.

펜실베니아주에는 하빌랜드(John Haviland)가 설계한 체리힐(Cherry Hill)의 동부징치감이 건축되기 시작해 건물이 완성되기 전인 1829년 10월에 최초로 수용을 시작하였고 1836년 7개의 수용동이 완공되었으며 총 450개의 거실이 있었다. 하빌랜드는 1832년 뉴저지주의 새로운 트랜튼감옥(Trenton State Prison)의 설계자로 선정되었다. 중앙에서 방사형으로 배열된 다섯 개의 수용동에 300개의 독거실을 배치하였으며 1836년에 개소하였다. 독거실 내에서 작업, 화장실, 운동이 이루어지도록 함으로써 수용자의 외부출입을 엄격하게 금지하여 악풍감염을 방지한 점에서 칭송을 받았으나 실제로는 엄격한 격리로 인해 정신건강에 문제를 가져왔고 난방과 환기는 해결되지 아니하였지만, 이 감옥은 19세기 프랑스 등 유럽의 감옥건축에 큰 영향을 미쳤다.

감옥은 수형자에게 건강한 환경을 제공하는 것이 중요하였으나 19세기 초기에는 대규모의 난방과 화기, 폐기물 처리의 문제를 해결하는 건축기술이 없었기 때문에 습기가 많고 난방도 불충분한 독거실에서 신체적으로 건강한 환경을 실현해야 한다는 문제는 마지막까지 해결되지 아니하였다. 수형자의 건강이 근본적으로 해결된 것은 독거구금제가 붕괴되고 난 이후였다. 그러나 체리힐의 시설과 환경은 동시대의 감옥중에서 가장 뛰어났다고 말할 수 있으며 유럽에서 온 대표단은 펜실베니아제에 호의적이었고 결국 펜실베니아제가 유럽에 받아들여진 중요한 요인은 하빌랜드가 설계한 건축의 수준높음에 있었다고 해도 좋을 것이다.

1816년 뉴욕주 의회는 새로운 징치감을 만드는 법안을 통과시켰으며 건설지는 오번이었다. 조나단 다니엘스(Jonathan Daniels)가 설계한 오번감옥의 남동쪽은 전통적인 구상에 따라 건설되었으며 2인용 거실 61개와 혼거실 28개가 있고 건물 한쪽에서 출입하는 구조로 되어 있었다. 1825년에는 수형자의 노동에 의해 북동쪽도 건물이 완공되어 수용을 개시하였다. 오번감옥은 처음부터 환기, 난방, 채광의 문제를 가지고 있었고 거실은 습하고 해충이 만연하였으며 난방용 스토브를 두었지만 겨울 동안 거실은 따뜻한 적이 없었다. 뉴욕시는 오번감옥의 과밀상태를 완화하기 위해 싱싱감옥을 건설하고 1835년부터 수용을 시작하였다. 오번과 마찬가지로 수용동은 5층으로 배열되었고 1,000개 거실과 작업장이 있었다. 그러나 거실은 매우 축축하고 어두웠으며 환기도 불충분한 가운데 화장실 설비가 없어서 바케스가 지급되었다.

펜실베니아제를 채택한 감옥은 유럽의 영향을 받아 거실을 방사형 수용동의 바깥쪽으로 배치하였고, 오번제를 채택한 감옥은 건물의 중앙에 거실을 배치하는 구조로 설계되었다. 이것은 미국의 개혁론자와 건설업자가 독자적으로 고안한 것이었다. 펜실베니아제는 작업에 적합하지 아니하였고 위생설비, 난방, 환기 등에 불충분하였으며 실외운동의 문제도 해소되지 아니하였다. 오번제는 건설비가 비교적 저렴하였고 수형자를 보다 생산적인 노동에 취업시키는 등의 경제적인 면과 정신적인 면에서의 장점으로 인해 건축양식과 더불어 미국에 넓게 보급되었다. 1820년대와 1830년대에는 미국의 대부분 주가 오번제를 채택하였다.

6. 1835년부터 제2차 세계대전까지 교도소 건축

영국을 발상지로 하는 행형학과 건축사상은 미국에서 논쟁과 실천을 거쳐 거의 완성된 체계를 확립하였으며 다시 유럽에 전해졌다. 유럽 각국은 1835년부터 제2차 세계대전까지 인구증가와 더불어 도시화가 급속하게 진행되었고 사형이 감소하고 유형이 폐지된 결과 자유형 집행으로 수용자는 급증하였다. 이와 같은 변화와 감옥개혁운동의 영향으로 영국, 독일, 벨기에 등 유럽 각국은 감옥제도의 재구축과 규모의 확대를 도모하였으며 대도시에 감옥건축을 서두르면서 교회건물, 군사시설 등을 범죄자 구금 장소로 전용하였다. 특히 교육과 생산노동 그리고 수형자를 위한 후생사업에 관심을 기울이게 되었으며 형벌은 엄중한 처벌로부터 인도적인 환경과 체계적인 사회복귀로의 전환이 시도되었지만 신축된 많은 감옥은 여전히 구태의연하게 운영되었다. 그러나 경비의 정도에 따라 다양한 형태가 나타나기 시작하였다.

미국 행형학이 1840년대부터 세계의 감옥건축과 행형운영에 영향을 주게 된 이후 설계의 주류가 된 것은 복수의 수용동으로 구성된 방사형과 그 응용 형태였다. 유럽과 아시아에서 건설된 감옥의 구조가 유사했던 것은 유럽의 감옥개혁가들이 미국 등을 여행하였고 각국의 감옥협회의 활동과 각종 국제회의에 의한 영향이었다. 1847년 브릿셀에서 개최된 국제회의에서는 거실은 운동을 실시하고 건강을 유지할 수 있는 넓이로 하고 적절한 조명, 난방, 환기를 실시할 것과 침대, 수세식 화장실, 직원과의 연락수단을 설치하고 운동장, 예배당, 접견실은 수용자와 분리하고 직원은 수용자의 눈에 띄지 아니하고 감시할 수 있도록 한다는 거실의 필요조건을 정하기도 하였다.

영국은 미국의 영향을 받아 1840년부터 1842년까지 모범감옥으로 불리운 펜톤빌(Pentonville)감옥을 건설하였다. 4개의 수용동이 중앙감시동을 중심으로 원형으로 배치되었고 각 수용동에는 거실이 3층으로 배열되었다. 수용자는 운동, 학습, 예배시를 제외하고 거실을 떠나는 것이 허용되지 아니하였고 창은 수용자가 밖을 보지 못하는 위치에 있었다. 예배당은 칸막이가 설치된 개인용 250석이 있었고 운동장도 수용자가 대화를 할 수 없는 구조로 만들어졌다. 이 감옥은 감옥건축의 모범으로 유럽 각국에서 모방을 하였다. 이후 영국에 건축된 감옥은 건물의 배치방법에 따라 방사형, 직사각형, 분산형의 세 가지 그룹으로 분류할 수 있다. 방사형에는 십자가형 또는 수레바퀴형이 있었고 분산형은 수용동을 평행으로 배치하거나 변형된 캠퍼스형이었다.

1841년 프로이센 국왕으로 즉위한 빌헬름 4세는 완공 전의 펜톤빌감옥을 방문한 후 동 감옥을 높게 평가하고 독거구금의 중요성을 인식하였다. 최초의 감옥은 독일건축가 칼 프리드리히 쉰켈(Kahl Friedrich Schinkel)이 설계한 인터베르그(Insterberg)의 징치장으로 중앙의 사각형 건물과 독립된 2개의 수용동 그리고 그 두 동과 직각으로 또 하나의 수용동이 중앙동에 부속하였다. 중앙건물에는 취사장과 집무실, 2층에는 예배당이 있었다. 베를린에 건축가 칼 부쎄(Kahl Busse)가 설계한 모아빗(Moabit)감옥이 건설되었으며, 펜실베니아제를 채용한 구조로 4개의 수용동이 복도에서 중앙의 반원형 감시동에 연결되었고 수용동 사이에는 운동을 실시하는 울타리가 설치되어 있었다. 독일은 유럽의 다른 국가들보다 오래된 혼거감옥을 독거시설로 개축하였고, 건축비와 많은 수

형자 등으로 인해 고대의 성이나 요새 등을 감옥으로 사용하였다.[260]

프랑스에서는 파리의 마자(Mazas)감옥이 방사형으로 건축되었고 화장실을 갖춘 1,200개의 독거실이 있었다. 이 무렵 프랑스에는 캠퍼스형과 파빌리온형의 두 가지 새로운 양식이 등장하였다. 1840년 개설된 메트레이(Mattray)감화원은 청소년을 위한 상당히 개방적인 농업공동체로 중앙의 잔디밭에 면하여 5동의 카티지, 예배당, 학교, 업무용 건물이 배치된 구조였다. 1894년부터 1898년까지 건설된 프랑스 교외에 세이네(Seine)감옥은 환기와 채광에서 보다 뛰어난 파빌리온형을 채용하였다. 이 감옥은 옆으로 긴 세 개의 수용동이 중앙 복도로 나뉘어져 있고 각각의 수용동에는 506개의 독거실이 있었으며 1,500명 이상을 수용할 수 있었다.

일본은 1872년에 감옥칙(監獄則)을 제정하면서 처우방법과 감옥건축에 커다란 변화를 가져왔다. 감옥칙에서 방사형의 수용동을 채용하는 방침을 정하면서 미야기(宮城)집치감을 건축하면서 6개의 수용동을 방사형으로 배치하였으며 방사형은 제2차 세계대전 후까지 일본감옥건축의 특징이 되었다. 1931년에 기후(岐阜)감옥과 하코다테(函館)감옥이 완전방사형으로 건축되었다. 모두 6개의 2층 건물의 수용동으로 구성되었고 중앙의 원형건물에 복도로 연결한 레이아웃으로 체리힐감옥과 유사하였다. 1883년 히로시마(廣島)감옥의 대화재 이후 평행분리형의 감옥을 건축하기 시작하였다. 대표적인 것이 요코하마(橫浜)감옥으로 혼거실이 있는 수용동 4개의 방사형 건물과는 별도로 네 개의 수용동이 한 개의 복도로 연결되었다. 1870년 시작된 일본의 감옥개혁은 유럽의 건물배치 뿐만 아니라 고딕풍의 외관과 거친돌을 쌓아올린 모양과 아치형 문, 첨탑 등을 도입하였다. 1920년대부터는 콘크리트를 주제로 한 건물이 건축되기 시작하였다.

중국에서는 1906년 사법성 내에 중앙감옥관리국이 설치되었고 1909년 베이징제1감옥을 시작으로 중국 전역에 대규모 건설계획이 실시되었다. 베이징제1감옥은 5개의 수용동을 가진 방사형의 건물 2동이 서로 인접하여 관리동에

---

260 독일 헤센주에 있는 슈발름슈타트(Schwalmstadt)교도소는 1537년에 건축된 요새를 현재도 중구금시설로 사용하고 있다(https://jva-schwalmstadt-justiz.hessen.de/irj/JVA_Schwalmstadt_Internet).

연결되어 있었다. 하얼빈에 건설된 만주성감옥과 제2안휘성감옥은 십자가형 태였으며 제1하남성감옥은 완전방사형 감옥이었다.

미국에서는 각 주가 독자적으로 감옥을 운영하였고 방사형의 감옥이 여러 곳에 건설되었다. 그러나 오번감옥은 19세기 초에 개축하여 확장된 시설로 직사각형의 부지의 한쪽에 관리동을 배치하고 좌우에 펼쳐진 복수층의 수용동을 배치하였으며 나머지 세 변에는 식당과 그밖의 부속시설을 배치하였다. 파빌리온형을 최초로 채용한 것은 미네소타주립감옥으로 1909년에 건축가 클라렌스 존스턴(Clarence Johnston)이 설계하였다. 중앙의 직원근무실로부터 직각으로 펼쳐진 복도가 있었고 복도의 좌우로 수용동과 예배당, 세탁장, 식당, 취사장 등이 연결되었다. 작업동과 의료동은 각각 별개의 건물로 배치되었다. 노후화된 필라델피아 동부징치감을 대신하여 새로운 징치감이 건설되었고 파놉티콘형이 제안되었으나 최종적으로는 파빌리온형으로 설계가 진행되어 5개동에 독거실 2,144개가 만들어졌다. 1930년대와 1940년대에는 미연방정부는 파빌리온형 교도소를 건설하였다. 1930년부터 연방정부는 급속하게 확대되는 교도소 조직망 정비에 적극적으로 파빌리온형 설계를 도입하였고 펜실베니아주에 미연방 징치감이 건설되었다. 파빌리온형을 미국에 소개한 건축가 알프레드 홉킨스(Alfred Hopkins)에 의해 레위스버그(Lewisburg)교도소가 건축되었으며 식당과 취사장, 집무실이 위치한 본관을 중심으로 그 양쪽에 파빌리온형 배열의 수용동이 나란하였고 독거실 외에 공동침실과 병동이 배치되었다. 작업동은 별도의 건물에 있었다. 파빌리온형 설계는 이후 40년간 미국의 중(重)경비시설이나 중간경비시설의 표준모델이 되었다.

20세기 초에는 캠퍼스형이라 불리우는 레이아웃을 가진 시설이 여성과 청소년 시설에 도입되었다. 오하오주 랭커스터(Lancaster)소년원은 1858년에 개소하였으나 이와 같은 개방적인 형태가 널리 사용된 것은 제1차 세계대전 직전 경(輕)경비시설이 건설되면서부터였다. 미국에서 건축학상 가장 특색있는 감옥은 1916년부터 1924년에 걸쳐 건축된 스테이트빌(Stateville)로 알려진 일리노이주립징치감이다. 건축회사 카비스 짐머맨(Carbys Zimmerman)의 설계와 수형자의 노동으로 건설된 이 감옥은 벤담의 독창적인 개념을 충실하게 재현한 소수의 파놉티콘형으로 이 형태가 미국 내에서 건설된 것은 유일하다. 또한 건축학상 의의는 거의 없지만 샌프란시스코만에 건축된 알카트라즈 (Alcatraz) 섬에 있는 감옥이 있다. 제1차·제2차 세계대전에 걸쳐서 미연방교정 국이 주도한 의욕적인 건축계획을 중심으로 하여 파빌리온 형태의 교도소가 급격하게 보급되었으며 이러한 기조는 1970년대 말까지 지속되었다.

7. 1950년 이후 교도소 건축의 흐름

1945년 이후에도 교도소의 기본적인 기능은 수형자의 처벌, 구금확보, 교정과 재범방지, 건강과 안전이었다. 그러나 이 시기에는 중요시된 기능에 변화가 있었으며 하이테크놀로지의 사용이 증가하였다. 그러한 변화는 일반시민 및 정치가가 한층 보수화되었을 뿐만 아니라 수형자의 성질이 변화하였기 때문이다. 구형 교도소 설계가 여전히 사용되었지만 대폭적인 수정이 가해졌고 그 후 30년 동안 몇가지의 새로운 양식이 생겨났다.

먼저 개혁파의 활동이 활발하여 수형자의 교정이 중시되었고 대부분 교도소에서는 엄격한 규칙이 완화됨에 따라 교육, 직업훈련, 오락, 소셜워커·정신과 의사·임상병리사에 의한 지도와 치료 등의 용도에 사용되는 공간이 증가하였다.

1960년대에는 교정철학이 극적으로 변하였고 1970년대에는 교정시설 설계의 발전에 역동적인 변화가 있었다. 1950년대에 태어난 범죄자의 사회복귀라고 하는 이상주의적 목표는 퇴보하였고, 1970년대에는 범죄행동의 교정을 목적으로 행해진 대책에 대한 실망이 널리퍼졌다. 사회는 이제 수형자 교정의 가능성을 추구하는 것을 그만두고 범죄자에 대하여 보다 강경한 조치를 요구하게 되었다. 그 결과 1980년 이후 미국에서는 수용자수가 급격하게 증가하였고 교도소 건축의 수요가 증가함에 따라 민간설계회사에서는 적극적으로 교도소 설계에 참여하였으며 설계회사는 연방과 주 교정국과의 협업을 통해 교도소 건축을 발전시켜 왔다. 특히 민간의 발전된 설계기술과 교정국의 축적된 교도소 운영방식과의 협업은 실제 교도소 건축의 경험을 통해 시행착오를 거치면서 파빌리온형의 1세대 교정시설의 자리를 대신하는 3세대 교정시설을 건축하는 원동력이 되었고 현재에도 그 진보는 진행 중에 있다. 특히 이 기간 동안 민간교도소의 건축수요가 증가하였고 민간교도소 건축을 통해 얻은 건축과 설계기술은 영국, 호주, 싱가폴, 중국, 중남미에 수출되고 있다.

1980년 미국교정협회는 『성인교정시설 설계지침』(Design Guide for Secure Adult Correctional Facilities)[261]을 발간하면서 1970년대와 1980년 초기에 꽃피웠던 교정프로그램과 그 운영에 기초한 설계개념을 제시하였다. 이 책의 출판에는 미연방교정국의 기획연구팀, 건축가, 경영분석가, 형사사법설계센터, 미국교정협회 등이 참여하였으며 교도소 건축을 위한 부지선정에서부터 보안, 교정철학 등 전체를 반영한 최초의 교도소 건축 전문서라고 할 수 있다. 이 책에서는 '좋은 시설계획은 교정시스템의 요구에 대한 지속적인 평가의 역동적인 과정을 거쳐야 하고 그 과정은 형사사법시스템의 모든 요소들 사이에 신중한 조정을 포함해야 한다.'라고 하고 있다.

8. 교도소 건축의 새로운 동향

미국과 영국은 교도소 운영과 건축의 양면에서 다른 나라에 영향을 주었지만 앞으로는 그 역할은 끝났을지 모른다. 스칸디나비아 등 일부 국가에서는 자유주의적인 교도소 운영이 계속되었으며, 각국의 건축가들은 설계의 아이디어를 찾으면서 자신의 국내로 눈을 돌리게 되었다. 즉 제2차 세계대전 후에 신설된 많은 교도소는 수형자의 움직임을 보다 자유롭게 하고 환경의 소프트화를 추구하였다. 예를 들면 거실의 철격자를 경비의 엄중함을 느끼지 못하도록 하는 디자인의 창으로 하고, 복도와 거실 사이에 철격자에 대신하여 문과 벽을 설치하였으며, 높은 주벽 대신에 펜스와 전자장치를 도입하였다. 이러한 흐름이 1980년대부터 1990년에 걸쳐 계속되었고, 새로운 교도소 중에는 건물 외부와 내부가 구금시설이라고 하기보다는 일반건축물에 가까운 것도 있다.

특히 네덜란드와 프랑스의 교도소 시스템은 전통적인 교도소 건축으로부터 극적인 변화를 하였다. 네덜란드에서는 교도소 내부에 밝은 색을 사용하는 것이 중요한 요소가 되어 있다. 전통적인 교도소의 무채색을 탈피하여 온화함이 있는 색, 부드러운 색, 산뜻한 색 등이 공용구역과 주거공간에 사용되고 있으며 여러 가지 모양의 창이 있고 천정이 많이 사용되고 있다. 가구와 인테리

---

261 미국교정협회(ACA)/최윤석 역·백진 감수, 성인교정시설 설계지침, 법무부 교정본부, 2016년 12월.

어도 목제 등 소프트 소재가 사용되었다. 색조타일이 사용되었고 따뜻함을 느끼게 하는 거실이 만들어졌다.

영국과 미국에서는 대부분의 수형자가 새로운 교도소에 수용되었지만 다른 수형자와 교도관 모두에게 위험한 상습적인 문제를 일으키는 극소수의 수형자들의 처우가 곤란하게 되었다. 그러한 수형자들을 수용하기 위하여 1970년 이전에 건설된 중경비시설보다도 경비수준을 높게 한 새로운 종류의 교도소 건축이 생겨났다. 내부는 단조롭고 수형자의 움직임은 엄격하게 제한되었으며 전자감시장치 등 하이테크가 도입되었다. 현재 영국과 미국에서는 소프트한 교도소와 하드한 교도소가 공존하고 있다.

일리노이주 마리온(Marion)교도소는 알카트라즈교도소의 후임으로 기대되고 있지만 불충분한 점이 나타났기 때문에 1972년 교도소 내에 관리공간이 건설되었다. 그곳에서 시작된 많은 방법과 대책은 나중에 건설된 주 및 연방의 초중구금교도소에 모방되었다. 같은 무렵 교도소 내 폭력이 문제화되고 있었던 캘리포니아주에서는 1970년대 솔다드(Soledad), 폴솜(Folsom), 산퀜틴(San Quentin) 등 초중구금의 교도소 내에 중구금의 적응센터를 건설하였다.

캘리포니아주는 1988년 코코란(Corcoran)과 1989년 베리칸베이(Pelican Bay)에 초중구금교도소를 건설하였다. 수형자의 증가에 직면하여 폭력적인 교도소 갱단, 질서를 문란하게 하는 수형자를 격리할 필요가 있었기 때문이다. 각 거실에는 침대용 콘크리트바닥, 바닥과 벽에 고정된 콘그리트 테이블과 의자, 스텐레스제 화장실과 세면장을 설치하였다.

1990년대 미국 연방교도소 시스템은 하나의 부지 내에 경비수준이 다른 별개의 시설을 배치한 새로운 교도소를 건설하였다. 예를 들면 1993년에 개소한 펜실베니아주 알렌우드(Allenwood)연방교도소는 개방교도소, 그 보다 경비수준이 높은 연방교도소, 중구금교도소가 별도의 부지에 건설되었고 독립하여 운영되고 있다. 연방정부에 의하여 건설된 최초의 초중구금교도소는 1994년 콜로라도주에 완성된 프로렌스(Florence)교도소이다. 교도소 부지는 거의 삼각형으로 수용동과 교육 및 지원시설 등이 복도의 양쪽에 건설되어 있다. 하우징 공간은 X자형으로 독거방은 X자의 세 변에 한 열씩, 이층건물로 나란히 하고 있다. 독거방의 한쪽에 세면대, 화장실, 콘크리트제의 테이블과 의자, 침대용의 콘크리트바닥이 있다. 교도소 정원은 575명으로 여섯 개의 경비레벨로 분류되어 있다.

2000년 전후에 건설된 영국과 미국의 많은 교도소는 종래 교도소와 비교하여 수용정원이 축소되었다. 이것은 이전부터 스웨덴, 덴마크 등 일부 유럽국가에서 보여진 경향이다. 주거공간과 식당을 소규모로 건축함으로써 이전 교도소에서 만성적으로 발생하고 있는 폭동과 난동 등 많은 문제가 해결되었다. 그러나 유럽의 일부, 영국, 미국 이외의 국가에서는 지금도 정원이 많은 교도소가 건설되고 있다. 교도소 개혁의 역사를 통하여 독거구금이 이상화된 것에 대한 변화는 없었다. 그러나 어느 정도의 수형자 증가를 예측하고 교도소를 신설하여도 실제로는 거의 대부분의 교도소가 만성적인 과잉구금에 시달리고 있으며, 현재도 그 경향에는 변함이 없다. 정원 2배의 수형자를 수용한다면 아무리 좋은 건물을 설계하더라도 그 장점이 살아날 수 없다.

제 3 절 우리나라 교도소 건축사

1. 서

우리나라는 1905년 형법대전을 제정하면서 징역형이 본격적으로 도입되었다고 할 수 있다. 1894년 갑오개혁 이전까지 옥(獄)이 사형, 유형, 신체형을 집행하기 위해 일시적으로 구금하는 장소로 사용된 것은 구금형이 도입되기 이전의 유럽 구금시설의 기능과 유사하였다고 볼 수 있다. 감옥은 1894년 갑오개혁부터 1907년 법부(法部)에서 감옥사무를 인수하여 운영하기까지는 징역형을 집행하기에 적합한 구조와 설비를 갖추지 못하였다. 1908년 서대문 금계동에 경성감옥을 건축하고 1910년 이후부터 근대식 감옥건축이 들어서면서 수용동이 방사형으로 건축되었다. 방사형은 한국전쟁으로 파괴된 교도소를 복구하면서 그대로 유지되어 1970년대 말까지 운영되었다. 해방 이후 신축된 교도소는 파빌리온형으로 건축되었다. 그리고 또한 기존 교도소를 이전하면서 파빌리온형으로 건축되었다. 현재 신축중이거나 계획중인 교도소의 레이아웃도 여전히 파빌리온형으로 건축되고 있다.

우리나라 교도소 건축은 유럽의 영향을 받은 일본으로부터 방사형 건축이 도입되었으며 한국전쟁 후 복구하는 과정에서도 방사형을 유지하였으나 1960년대 이후부터 국내 교도소 건축은 미국의 영향으로 파빌리온형이 주류를 이루었다. 현재 미국은 3세대 교정시설을 건축하면서 인간에게 적합한 건축과 설비, 환경을 갖추면서 세계의 교도소 건축을 선도하고 있지만 우리나라 교도소 건축은 여전히 1세대 교정시설에 머무르고 있다. 그러나 국내 교정시설 건축은 프로세스의 문제로 인해 가까운 장래에도 여전히 1세대 교정시설로부터 보다 발전된 형태로의 변화를 기대하기 어려운 상황에 있다.

2. 고대부터 조선시대까지 감옥

고대부터 조선시대까지 옥의 형태와 관련한 설계도면이나 구조에 대해 구체적으로 설명하는 자료는 존재하지 아니한다. 고려시대에는 형무기관으로서 전옥서(典獄署)를 창설하였고 수도에 있는 옥의 명칭을 전옥서라고 하였다. 지방에는 뇌옥이 있었으며 광종때는 가옥(假屋)을 두기도 하였다. 조선시대에는 형조, 의금부, 병조, 사간원, 비변사, 포도청 등 수사기관은 범인을 체포하여 처리하는 권한을 가지고 있었으며 부설 옥사가 있었다. 지방에는 관찰사, 부윤, 군수와 같은 지방관 소속의 형방(刑房)에서 재판과 감옥에 관한 사무를 관장하면서 부설 옥사가 있었다. 1894년 좌우포도청을 폐지하고 경무청을 창설하면서 전옥서를 감옥서로 개칭하였고 지방감옥에 대해서는 1895년 칙령에 의해 각 지방에 감옥서를 설치하여 종래 존재한 옥사를 사용하도록 하였다.[262]

1422년(세종 8)에[263] 안옥도라고 하는 감옥건축의 표준설계도를 만들어 전국에 배포했다는 기록이 있으나 구체적인 도면은 존재하고 있지 아니하다. 다만, 조선시대에 제작된 지방지도에 표기되어 있는 둥근 외벽을 가진 옥의 형태는 전국에 분포하였으며, 안옥도를 기초로 건축된 옥으로 추정된다. 둥근외벽으로 둘러쌓인 감옥건물이 마지막까지 존재했던 것은 공주, 경주, 울산, 안주(安州)의 옥으로 1926년 조선총독부 법무국에서 당시 네 곳의 감옥에 대한 사

---

262 中橋政吉, 앞의 책(1936년), 95쪽.
263 안옥도의 제작연도에 대해서는 1462년(세조 8)이라고 하는 책도 있으나 증보문헌비고(增補文獻備考)에는 1422년으로 기록되어 있다(中橋政吉, 앞의 책(1936년), 112쪽).

진기록을 남겼다.[264] 그 중 공주의 옥은 1913년 말까지 외옥으로 수감자를 수용하였으며 완전한 형태가 사진으로 남아있다. 그리고 경주의 옥은 무너진 형태가 사진으로 남아있으며 1998년 아파트공사 중에 발견된 옥터를 발굴하였다. 두 자료로부터 안옥도의 내용을 추정해 보면 높이 3미터, 두께 1미터의 견고한 둥근 외벽으로 둘러쌓인 내부에는 두 동의 옥사가 있었다. 내부지름은 약 30미터이고 면적은 약 214평 정도였다. 조선시대까지 감옥은 관공서에 속한 건물로 기와지붕으로 건축하는 등 그 중요성이 인정되었으며 조선시대의 형벌은 신체형, 사형 등이 위주였기 때문에 취사나 작업장 설비 등은 갖추어지지 아니하였다.

1907년 법부에서 감옥사무를 인계받아 개소한 8개 감옥 가운데 당시 경성감옥을 제외하고는 기존의 옥사나 기와집 또는 초가집을 감옥으로 사용하였다. 이와 관련한 자료사진은 1924년 조선총독부에서 발간한 『조선형무소 사진첩』에 실려있다. 자유형을 집행하기 위해서는 취사장이나 작업장, 세탁장 등의 설비가 필요하였기 때문에 법부는 감옥사무 인수 후 각 감옥에 이러한 설비를 갖추는데 주력하였다.

3. 근대식 감옥과 방사형 건축

징역형의 도입으로 전국 감옥의 수감자수가 점차 증가하였고 작업을 위한 작업장과 설비를 갖추는 것이 필요하였기 때문에 순차적으로 근대식 감옥을 건축하였다. 근대식 감옥은 청사를 비롯하여 기결감과 미결감, 여감, 병감 등의 수용동이 만들어졌고 공장, 취사장, 목욕탕 등의 건물이 유기적인 관계위에서 배치되었다. 국가기록원에 보존되어 있는 당시 설계도면에는 경성, 공주, 평양, 대구, 광주, 함흥, 해주, 진주 등 전국 감옥에 대한 상세한 기록이 남아있다.

특히 수용동은 방사형으로 건축되었으며 수용규모에 따라 수용동의 수를 달리하였다. 공장과 수용동은 지붕이 딸린 복도로 연결되었고 1920년대 이후부터는 교회당 등의 건물이 들어섰다. 3·1만세운동 이후 수감자수가 급증함에 따라 수용규모를 확대하기 위하여 감옥의 설비를 확장하였고 1919년에는 대

---

264 1926년 10월 28일자 동아일보에 '전세계에 유래없는 조선의 원형감옥'이라는 제목의 기사에 게재되었다.

전감옥을 장기수를 수용하기 위한 중구금 감옥으로 신축하면서 전국의 독립운동가를 수감하였다. 당시 감옥이 방사형으로 건축된 것은 일본이 감옥칙을 제정하면서 방사형으로 할 것을 규정함으로써 근대적 시설의 감옥을 방사형으로 건축한 데 영향을 받은 것이다.

   일제강점기에 건축된 감옥은 해방 이후에도 구금기능을 계속하였다. 해방 직후 남한지역에는 형무소 18개소와 지소 1곳이 있었다. 그러나 한국전쟁으로 남한지역 형무소의 약 80%가 파괴되었다. 전쟁이 미처 끝나기도 전에 수용자를 구금하기 위한 수용동이 필요하여 1950년 11월부터 한국재건단(UNCRA)과 국제협력처(ICA)의 원조자재인 미국과 캐나다산 목재로 청주, 공주, 광주, 전주, 진주, 김천, 안동 등의 형무소 복구작업을 시작하였으며 1960년 약 70%까지 복구하였다.

   복구는 기본적으로 일제강점기에 건축되었던 수용동을 원래 자리에 그대로 복구하면서 방사형으로 하였다. 이때 복구된 수용동은 부족한 자재와 낙후된 건축기술 등으로 수용환경은 열악하였고 악취와 추위, 더위 등으로 수용자는 물론 직원근무환경은 말로 표현하기 어려울 정도였다. 이러한 시설은 1963년 10월 1일 마포형무소가 안양교도소로, 1987년 11월 15일 서울구치소[265]가 서대문에서 현재위치로 이전하면서 모두 파빌리온형으로 건축되었다.

   2000년대 초에 건축된 여주교도소는 완전한 방사형으로 건축된 시설로 국내 교정시설 중 유일하다. 건축과정에서 미국에서 오래 전에 건축된 교정시설을 참고로 하였으며 건물배치, 공간계획, 운용면 등에서 국내 교정시설 가운데 가장 훌륭한 시설로 평가할 수 있다. 2010년 초반까지는 충주구치소, 통영구치소, 청주여자교도소, 울산구치소 등 2~5층의 변형된 중정형의 시설이 건축되었다.

4. 파빌리온형과 고층형 구치소 건축

   1949년 부천형무소, 1954년 수원형무소, 1967년 순천교도소, 1971년 김해교도소, 1969년 영등포구치소, 1973년 9월 5일 경주교도소, 1973년 9월 7일 홍성교도소, 1975년 4월 15일 장흥교도소, 1977년 7월 7일 성동구치소, 1979

---

265   서울구치소는 1984년 7월 22일 형조 전옥서에서 경무청 소속 감옥서로, 1908년 4월 11일 경성감옥으로 개칭하였다. 1908년 10월 21일 현 서대문역사관 자리로 이전하였고 1912년 9월 3일 서대문감옥으로, 1923년 5월 5일 서대문형무소로, 1945년 11월 21일 서울형무소로, 1961년 12월 23일 서울교도소로, 1967년 7월 7일 서울구치소로 개칭하여 현재에 이르고 있다.

년 9월 19일 원주교도소가 신설되면서 수용동은 모두 파빌리온형으로 건축되었다. 한편 도심에 있던 노후화된 교정시설이 외곽으로 점차 이전되었다. 1970년 2월 16일 마산교도소, 같은 해 6월 1일 대구교도소, 같은 해 7월 광주교도소, 1972년 12월 6일 전주교도소, 1974년 부산교도소, 1978년 8월 13일, 공주교도소, 1978년 11월 21일 청주교도소, 1984년 3월 20일 대전교도소가 각각 신축이전하였으며 수용동은 파빌리온형으로 건축되었다.

우리나라가 1960년대 중반에 파빌리온형으로 건축을 한 배경에는 1945년 미국이 일본을 항복시킨 후 당시 미국 교도소 건축의 주류형태였던 파빌리온형을 일본의 교도소 건축에 적용하면서 일본의 교도소 형태가 파빌리온형으로 건축되었고 우리나라도 같은 영향을 받았기 때문으로 생각된다.

1970년대 말까지 건축된 교도소는 수용동이 대부분 2층의 파빌리온 형태였다. 수용정원을 확대하기 위해 1980년 10월 2일 청송지역 교정시설의 수용동을 3층으로 건축하면서 그 이후에 건축된 대전교도소, 안동교도소 등의 시설부터 현재까지 3층 수용동을 파빌리온형으로 배치하고 있다.

1990년대 후반에는 수용인원의 급증으로 인해 시설에 대한 증설의 필요성과 교정시설의 입지개선을 위한 시도로 울산구치소, 수원구치소, 인천구치소 등 도심의 고층형 구치소를 건축하였으며, 고층건물이 가진 문제를 개선한 시설이 가장 최근인 2018년에 건축된 서울동부구치소이다. 고층시설은 도심에 위치하는 관계로 부지확보의 어려움을 해결하는 방안으로 선택되었다.

5. 국내 교정시설 건축의 문제와 해결방안

현재 국내교정시설은 건축적인 면이나 건물용도의 면에서 목적에 부합하지 아니하고 구조와 기능상으로 많은 문제를 가지고 있다. 즉 국내 교정시설은 건축물의 목적과 사용자의 필요에 맞게 건축되지 아니하였고, 반대로 사용자가 지어진 건물에 맞추어야 하기 때문에 그 공간에서 생활하는 교도관과 수용자들에게 희생을 강요할 뿐만 아니라 기본적인 인권조차 보장받지 못하고 있다. 사람이 건물을 만들지만 결국 건물이 사람의 삶의 형태와 방식을 결정한다.

가장 큰 문제는 국내교정시설 건축프로세스에 있다. 교정시설은 부지선정, 기본구상과 계획, 건축프로그램, 설계, 시공과 감리, 준공의 과정을 거쳐

만들어진다. 이와 같은 과정에는 건축전문가, 행정가, 사용자가 참여하면서 상호
유기적인 협업과 소통, 논의와 수정 등의 과정이 필수적이다. 그러나 우리나라
교정시설의 건축프로세스에는 사용자의 실질적인 참여가 이루어지지 않고 있
다. 일본은 법무성에 교정시설 설계와 건축을 담당하는 부서를 두고 사용자의
실질적인 참여 하에 기본계획과 설계가 진행되는 시스템을 구축하고 있다.

사용자의 참여는 건축물이 그 목적에 적합하도록 건축되고 기능하도록 하
는데 있어서 필수적인 요소이다. 우리나라에서 사용자의 참여가 이루어지지
아니하는 일이 50여년 이상 반복되면서 개선되지 못하는 것은 교정시설이 가
진 특성과 교도소 건축을 실질적으로 주도하는 주체의 무지와 조직 이기주의
가 가장 큰 원인이라고 생각한다.

교정시설은 국가적으로 매우 중요한 건축물이자, 다양한 기능들이 한정된
공간에 존재하는 일반사회에는 존재하지 아니하는 무척 복잡하고 특수한 건축
물이다. 이와 같은 건축물을 건축하기 위해서는 건축물이 담아야 하는 실무와
철학, 그리고 경험과 이상을 명확하게 아는 사람들이 주도해야 한다. 미국은
민간설계회사가 교정국의 시설전문가와 협업을 통해 현대 세계교정건축의 발
달을 주도하고 있다. 미국의 교정시설 설계시장은 충분히 넓기 때문에 민간에
서 투자와 경험을 통해 전문적인 설계자를 양성하고 교정국의 시설전문가는
실무와 철학에 대한 전문성을 확보하여 건축과정에 참여하는 방법을 통해 훌
륭한 교정시설을 건축하면서 발전하고 있다. 반면에 일본은 교정시설 건축 시
장이 좁은 관계로 민간에서 교정시설 전문가를 육성하기 어렵고 교정시설의
복잡성이라고 하는 특성과 보안시설이라는 특수성 때문에 국가가 교정시설 설
계를 직접 담당하고 있다.

우리나라는 교정시설 건축시장이 매우 협소하여 민간에서 전문가의 양성
을 기대할 수 없고, 국가가 교정시설을 직접 설계하지 않기 때문에 교정건축의
발달을 기대할 수 없음은 물론 파빌리온형에 정체되면서 앞으로도 이와 같은
현상은 오랫동안 지속될 것으로 예상된다. 해방 후 지금까지 우리나라 교정시
설 건축은 다양한 문제로 인해 실패를 통해 교훈을 얻지 못했고 교도소 건축
의 발전을 위한 축적도 이루지 못하였다.

해결방안은 교정시설 설계와 건축에 있어서 시행착오와 피드백을 통해 개

선을 위한 자료를 축적하는 프로세스를 구축하는 것이다. 교도관이 교정시설 건축프로세스를 주도하면서 가장 최신의 건축기술을 가진 설계회사와의 협업을 통해 교정의 목적과 철학을 건축물에 담아야 하고, 완성된 건축물을 사용하면서 피드백을 통해 다음 시설에는 실패를 반복하지 아니하는 시스템을 만들어야 한다. 이것이 인간이 생활하는 데 적합한 환경을 갖춘 교정시설을 구현할 수 있는 구체적인 방안이다. 그리고 그 프로세스가 공개적이고 공식적으로 진행되면서 신축예정부지와 관련한 안전과 재산적 가치에 대한 지역사회의 불안을 인정하고 다루어야 교정시설의 입지조건에 가장 적합한 부지를 선정할 수 있다.

제 4 절 교도소 건축양식

1. 서

교도소 건축은 시대의 변화에 대응하여 계속 변하고 있지만, 현대 교도소 건물에 오래된 설계양식이 사용되는 경우도 많다. 1830년대 이후 감옥은 6개의 다른 레이아웃에 기초하여 설계되었다. 먼저 중앙관리동 양쪽에 수용동을 배치한 형태로 거실이 중앙의 복도에 접한 단순한 직사각형은 소규모나 중간규모의 감옥에 사용되었다. 20세기에 들어와서는 중정형태가 변화하여 수용동, 작업장, 업무동이 큰 공간을 둘러싼 형태가 나타났다. 벤담이 설계한 파놉티콘은 영국에는 건설되지 아니하였으나 하빌랜드에 의해 미국에 전해졌고 제1차 세계대전까지 세계감옥건축의 주된 형태가 되었다. 방사형은 미국은 물론 유럽과 일본 등에서 널리 보급되었다. 미국에서 캠퍼스형이라 불리운 형태는 직사각형의 오픈공간의 주위에 독립한 건물을 배치하고 건물과 건물은 지붕이 딸린 통로로 연결하였다. 또 하나는 파빌리온형으로 평행으로 나란한 건물을 1개 또는 2개의 복도로 연결한 형태였다.

현대 교도소 건축은 보다 복잡한 구조를 가지고, 그 분류는 용이하지 아니하지만 제2차 세계대전 후까지 살아남은 건축양식은 다섯 가지로 나눌 수 있다. 직사각형 또는 일자형, 중정형(둘러싸여진 형), 방사형, 파빌리온형 그리고 캠퍼스형이다. 그 밖에 고층형 시설이 건축되었다.

2. 직사각형

직사각형(Rectangular Layouts) 또는 장방형 구조는 교도소 건축이 시작되면서 일반건축물에 익숙한 건축가와 건축업자들이 채택한 것으로 초기 감옥건축에 많이 사용되었다. 가장 큰 영향을 미친 것은 존하워드가 만든 감옥설계안으로 정비된 하수설비가 있었고 통풍을 확보하고 도주를 방지하기 위해 아케이드 위에 거실을 만든 구조였다. 최초의 감옥설계전문가인 윌리암 블랙스번(William Blackburn, 1750~1790)은 존 하워드의 친구로 수형자에게 건강한 환경을 주는 동시에 안전한 구금을 확보하는 설계가 필요하다고 생각하였으며 영국과 아일랜드에 16~18곳의 감옥을 설계하였다.

직사각형 모양, 즉 비방사형은 이전의 감옥에 비해 경비와 건강면에서 우수하였지만 독거방은 좁고 어두웠으며 통풍과 난방은 불충분하였다. 그 원인은 건축가가 독거구금용 건물을 설계한 경험이 없었다는 점과 예산상의 제약이 있었던 점이다. 이 양식에 대한 비판은 수형자를 다양한 종류로 분류하여 분리하지 못했다는 점과 데이룸(Dayroom), 거실, 정원에 있는 수형자를 교도관이 충분하게 감시할 수 없었다는 점이다.

1958년 건축된 영국의 에버토르프(Everthorpe)교도소는 직사각형으로, 수용동 2동과 정면 관리동이 정사각형의 세 변을 구성하고 2동의 수용동은 관리동과 평행하는 복도로 중앙부에 연결되어 있다. 3층의 건물 내부에는 거실을 배열하고 일층에는 식당을 배치하였다. 이 교도소는 영국에서 50년만에 건설된 대규모 시설로 설계자의 경험부족은 금방 밝혀졌으며 수용동은 너무 크고 빅토리아 양식의 건물을 연상케 하였다. 그와 같은 건축은 이미 수형자 처우와 그 처우에 관한 새로운 생각에 맞지 아니하였다. 1945년 이후 독일, 포르투갈 등에서 건설된 몇 개의 감옥은 직사각형의 수용동을 평행으로 나란히 배치한 구조였다. 기타 유럽제국에서는 수용동과 업무동을 직사각형으로 배치한 다른 설계가 이용되었다.

3. 중정형

감옥건축의 역사에서 중정형(Courtyard) 또는 중앙을 비운 정사각형(Self-

Enclosed Prisons)의 감옥은 암스테르담징치장과 런던의 뉴게이트감옥까지 거슬러 오르는 오랜 전통을 자랑하고 있다. 징치장을 포함한 당시 감옥의 외관은 공공건축을 모방하여 웅장하였으나 다수의 혼거방이 무질서하게 배치되거나 중정을 둘러싼 형태로 건축되었으며, 목욕이나 위생에 대한 설비는 갖추어지지 아니하였다. 1769년에 시작하여 1780년에 완공된 런던의 뉴게이트(Newgate)감옥은 조지 댄스(George Dance the Younger, 1740~1825)가 설계하였고 외부모양은 훌륭하였으나 내부는 협소하고 비위생적이었다.

1950년 이후 교도소 설계는 복수의 직사각형 건물과 중정으로 구성되어 있다. 또한 교도소 부지 내에 각각 독립한 건물이 중앙을 비운 정사각형의 모양을 만들고 있는 양식도 있다. 1982년 미네소타주에 건설된 300명 수용의 오크파크하이츠(Oak Park Heights)교도소는 그때까지의 초중구금 시설의 운영방법을 일부 도입하는 한편, 참신한 건축적 접근법을 채용하였다. 주거공간을 포함한 교도소 건물이 넓은 중정을 둘러싸도록 배치되었다. 거실침대와 그 외 가구는 콘크리트로 만들어져 있다. 각 모듈의 가장 윗층에는 작업장, 교육시설이 있으며 1층에는 중정에 면한 공간에 인접하고 펜스로 둘러싸인 옥외운동장이 있고 일인용의 케이지가 마련되어 있다. 우리나라는 충주구치소와 통영구치소를 중정형의 변형된 형태로 볼 수 있다.

4. 방사형

하워드 등 개혁주의자들이 요구한 형태는 방사형(Radial Plans) 감옥이었다. 여기서 방사형이란 중심에서 건물이 연결되어 있는지 여부와 관계없이 수용동이 중심점에 모여진 배치로 T자형, 십자가형, 부채꼴형, 중심의 주위에 원을 그린 형태 등 다양하다. 영국 최초의 십자가 형태의 감옥은 방사사형 감옥의 아버지로 불리우는 블랙스번이 설계한 수포크카운티 구치시설(Suffolk County Jail)이다. 이 시설은 십자가 형태로 4동의 수용동이 8각형의 중앙건물로부터 방사형으로 나란히 배치되었고 서로 직각으로 교차하는 구조였다.

방사형 감옥은 영국과 아일랜드에서 건설되었으며 같은 무렵 미국에서도 다양한 양식의 방사형 감옥이 등장하였고 이후의 감옥건축에도 커다란 영향을 미쳤다. 1800년대 후반에 일본과 중국 그리고 우리나라에 도입된 근대감옥은 모두 방사형으로 건축되었다. 1940년 이후에도 미국, 영국, 프랑스, 캐나다, 네덜란드 등의 국가에서 방사형 교도소가 건설되었다. 1950년대 이후 교도소는 종래 방사형과는 달리 작업장, 학교, 식당 등이 넓은 공간 또는 커다란 건물을 자치하였다.

5. 파빌리온형

영국에서 기존의 형태와는 완전히 다른 배치를 채택한 시설은 웜우드스크루프(Wormwood Scrubs)교도소로 건축가는 당시 교도소감독관회의의 의장이었던 에드먼드 듀케인(Edmund DuCane) 경이었다. 듀케인은 평행으로 나란한 4개의 수용동을 아케이드라고 불리우는 지붕이 딸린 복도로 연결하는 배치를 고안하였다. 이 형태는 미국에서 파빌리온형(Telephone – Pole Layouts)으로 알려졌으며 미국에서 파빌리온형 설계로 건설된 최초의 감옥은 미네소타주 스틸워터(Stillwater)의 감옥으로 제2차 세계대전 후부터 1970년대 말까지 중경비용 교도소의 표준모델이 되었다. 우리나라에서는 해방후 신축하거나 한국전쟁후 복구된 방사형 교도소를 도심의 외곽으로 이전하면서 파빌리온형으로 건축하였으며 현재도 이 형태의 교도소 건축이 지속되고 있다.

미국 이외의 국가들에 건설된 파빌리온형 감옥에 영향을 준 것은 미국정부의 전문가와 교도소의 설계·건설을 전문으로 하는 건축사무소였다. 1945년 종전 직후 미국은 일본과 서독의 일부를 지배하면서 일본과 서독에는 파빌리온형 교도소가 다수 건설되었다. 일본에서는 1959년부터 1979년 사이에 나가노(中野)형무소를 비롯하여 7개의 파빌리온형 형무소가 개소하였으며, 이는 제2차 세계대전 이전에 주류였던 방사형으로부터 커다란 전환이었다. 서독에서는 특히 1960년대와 1970년대에 파빌리온형 교도소가 다수 신설되었으며 중앙복도의 한쪽에 수용동을 나란히 하고 반대측에는 작업소, 학교, 업무시설을 나란히 한 설계였다.

6. 캠퍼스형

방사형과 파빌리온형이 한동안 교도소 건축의 주류가 된 것처럼 1980년대 이후 미국에서는 다른 양식이 교도소 건축의 주류가 되었다. 현재 미국에서 선호하는 건축형태는 몇 개의 레이아웃과 교도소 관리방식이 조합된 것이다. 그것은 변형캠퍼스형(Modified Campus)이라고 할 수 있는 설계로 포드(pod)라고 불리우는 소규모의 수용동과 기타 시설이 지붕이 딸린 통로와 건물을 이은 복도로 연결되어 있다.

캠퍼스형은 원래는 여성과 청소년의 시설에서 자주 사용되었다. 그러나 과잉구금의 만성화와 수형자 구성의 변화에 따라 싸움이 증가하고 수형자의 관리가 점차 어렵게 되자 관리책임자들은 수형자 관리의 새로운 방법을 모색하였다. 그 결과 주거공간(unit) 또는 팀 메니지먼트라고 불리우는 접근방법이 등장하였다. 이 접근방법은 교도소를 소규모의 자기충족적 주거공간으로 나누고 각각을 독자적으로 운영하는 것으로 각 공간에는 관리직원과 전문직원이 배치되었다. 이 방법은 1950년대 중반에 오클라호마주 엘에노(El Eeno) 연방교도소 및 켄터키주 아스랜드(Ashland) 연방소년센터에서 생겨났고 1960년대와 1970년대에 연방교정국 관할의 몇 개 소년·청소년시설에 적용되었으며 소규모의 공간을 가진 캠퍼스형이었다.

1970년 이전에는 재판전 미결구금과 연방교도소 송치 전의 수형자를 지방의 구치소에 수용하고 있었다. 그러나 많은 지방구치소는 기준 이하의 시설로 과잉구금상태였기 때문에 연방법원은 공판전 구치시설을 건설할 것을 결정하였다. 지방구치소에서 발생하는 질서문란을 해소하기 위해 혁신적인 디자인이 모색되었고 그 결과 1974년 연방메트로폴리탄교정센터가 샌디에이고에 완성되었다. 같은 해 캘리포니아주 플리잔톤(Pleasanton)에 캠퍼스형의 연방소년시설이 개소하였다. 두 시설은 연방교정국 건축가들의 새로운 사고방식을 구현하는 것으로 개방적인 시설의 공간관리의 성공에 기초하고 있다. 새로운 시설은 리모트컨트롤의 자동도어록, 분리감시, 수용동 내의 사무실을 없애고 직원은 수형자와 적극적인 관계를 가지도록 하였다. 보통 가정에 있는 가구와 위생설비가 도입되었고 철제문을 대신하여 목제문, 무기질의 염색이 아니라 밝은색이 사용되었다.

1980년대와 1990년대에 캘리포니아주에 건설된 대부분의 교도소에는 직접감시와 간접감시를 조합한 정사각형 형태의 공간이 도입되었다. 거실은 정사각형 공간의 세 변에 2층으로 나란히 하고 있다. 정사각형의 중앙 1층에는

통용구와 사무실이 마련되었고 2층 관리실로부터는 100개의 거실, 샤워, 데이
룸(Dayroom)을 감시할 수 있었다. 또 하나의 표준설계는 페리칸베이(Pelican
Bay, 1989), 새클라멘트(Sacramento, 1992)의 일반수형자 거실에 채용되었으며
두 개의 사다리꼴 공간으로 구성되었다. 각각의 공간은 세 개의 구획으로 나뉘
어졌으며 각 구획에 24개의 거실이 2층으로 나란하고 데이룸이 마련되어 있
다. 이 시기에 캘리포니아주에 신설된 교도소는 독방이 2,000개 이상 있는 대
규모 시설이 많았다.

영국에서는 수형자의 관리유지 문제가 심각하여 1984년 영국내무성은 대
표단을 파견하여 미국의 8개 새로운 교도소를 시찰하였다. 다음 해 발표된
『교도소 설계의 새로운 방향성』(New Directions in Prison Design)에는 캠퍼스형
교도소, 삼각형의 주거공간, 직접감시, 내장·외관·설비에 관한 새로운 기준 등
이 소개되었다. 1992년부터 1993년에 걸쳐 영국에는 미국의 나비넥타이식 주
거공간을 넓은 부지에 배치한 교도소가 3곳에 건설되었다. 우드힐(Woodhill)교
도소는 교도소 건축의 보다 인도적인 방법을 구현하고 소규모의 공간과 밝은
색을 사용하는 동시에 내장·외장·가구 등을 일반가정과 학교, 상업시설에 가까
운 것으로 하였다. 삼각형의 두 변에 거실을 3층으로 나란히 하고 남은 한 변
은 유리창이 있고 아트리움이라 불리우는 내부공간에는 데이룸이 마련되어 있
다. 각각의 포드에는 60개의 거실이 있고 전체 정원은 579명이었다. 랭커스터
팜즈(Lancaster Farms)교도소와 돈카스타(Doncster)교도소 설계는 창이 거의 없
고 삼각형의 세 변에 거실이 나란하였다. 세 교도소가 만들어진 시점에 삼각형
교도소는 건설비가 너무 비싸다고 하는 결론에 이르러, 그 후에는 각각 5명의
수형자를 수용하는 직사각형의 주거공간을 쌍으로 하고 그 양끝을 연결하는
설계가 도입되었다.

7. 고층빌딩형

20세기 고층빌딩형 구치시설(High-Rise Prisons)은 주로 도시지역, 특히
대도시에서 건설되었다. 도시 내에 부지를 확보하기 어려운 점이 고층빌딩형
구치소를 건설하게 된 가장 큰 이유라고 할 수 있다. 고층빌딩형 구치소는 특
히 도시부에서는 안전한 시설로 기대되고 있어 앞으로도 건설될 것이지만, 교

도소는 작업, 교육 및 교화 등 각종 재사회화 프로그램을 시행하기 위해서는넓은 부지가 필요하기 때문에 고층빌딩형으로 건설되는 경우는 없을 것이다.

시카고의 구치시설은 지방주민의 반감을 누그러뜨리기 위해서 삼각형 26층의 건물에 용적을 최소한으로 하고 부지에 커다란 공지를 두었다. 빌딩의 1층부터 13층까지에는 법원, 특별거실, 격리(징벌)실이 들어서 있다. 14층 이상의 층에는 수용동이 들어서 있고 아래층과 위층의 사이에는 공동공간이 마련되어 있다. 시카고구치시설의 삼각형 설계는 거실과 수형자들의 활동을 감시하기 쉽다고 하는 이점이 있었으며 이로부터 배워 미국 각지의 지방구치소 및 신설 주립교도소와 연방교도소에서 삼각형 설계가 채택되었다. 우리나라에도 고층형 구치소가 건축되어 운영되고 있다. 교도소가 고층으로 건설된 예로는 1965년 독일의 슈트트가르트 슈탐하임(Stuttgart-Stammheim)에 완성한 교도소로 건물 6층부터 10층에 남성과 여성수형자를 수용하였다. 1975년 네덜란드의 마스트리히트(Maastricht)에 8층의 교도소가 개소하였다. 미국 유일의 고층빌딩형 교도소는 1970년대에 노스캐롤라이나주에 건설되었다.

제 5 절 결어

일반사람들은 범죄자에 대하여 보통 상반된 감정을 가지고 있다. 한편은 수용자에 대한 인도적인 관심과 교정의 시도이고, 또 다른 한편은 사법제도의 엄정함과 교도소를 보다 엄중하고 위하력이 느껴지는 곳으로 하는 요구이다. 양자는 서로 교차하여 나타나거나 때로는 동시에 존재한다. 이와 같은 상반되는 사회의 태도는 교도소 운영에 큰 영향을 미치지만 가까운 장래에 모순이 해소되리라고는 기대할 수 없다. 또한 보다 많은 수형자들을 교정할 수 있는 방법도 금방 발견될 것 같지 아니하다. 따라서 교도소 건축의 역할은 현상을 조금이라도 개선하는 것이 될 것이다.

감옥개혁운동이 활발했던 18세기 말부터 19세기 초에 걸쳐서는 감옥건축에 큰 관심이 존재하였다. 개혁의 효과에 대하여 낙관적으로 때로는 순진하다고 조차 생각할 수 있는 기대가 있었고 그 시대의 가장 우수한 건축가들이 감옥을 설계하였다. 그 후 감옥개혁운동가들은 감옥건축에 흥미를 잃어버리고 이류 이하의 건축가들이 모범감옥에 거의 유사하거나 정해진 설계를 재현하는 시대가 계속되었다. 그러나 미국 교도소 건축에는 활기에 넘친 혁신과 창조의 시대를 다시 맞이하고 있다.

　　뛰어난 교도소를 건설하기 위하여 건축가가 고려해야 할 요소는 간단하지 않고 시대에 따라서 변하지만 앞으로 교도소 건축에 참여하는 사람들이 지향해야 하는 목표는 다음과 같다. 첫째, 교도소 설계에 있어서 시설 내 집단생활로 발생하는 심리적 압박과 영향을 잘 이해하여야 한다. 이를 위해서는 행정의 정책입안자와 협의하고 나아가서는 교도관과 수형자의 의견을 수렴할 필요가 있다. 둘째, 수형자와 교도관 모두의 신체적, 심리적 위험부담을 최소한으로 하는 건축환경을 만들어야 한다. 셋째, 도주의 예방이라고 하는 제한된 범위 내에서 여러 가지 색, 소재, 공간을 이용함으로써 교도소를 덜 자극적이고 인도적인 환경으로 만들어야 한다. 넷째, 교도소는 너무 크지 아니하는 시설로 해야 한다. 교도소의 규모가 크다는 것이 운영실패의 주요 원인은 아닐지 모른다. 소규모의 교도소가 반드시 성공하는 것은 아니지만 대규모의 교도소는 결국은 실패로 끝난다.

　　때로는 이상주의와 선의가 교도소 설계에 활력이 되는 경우도 있지만, 최근까지 교도소 건축의 역사는 의도했든 의도하지 않았든 우리들이 같은 시민을 비하하는 역사였다. 수형자를 비인간적으로 취급하고 그들의 프라이버시, 존엄, 자존심을 빼앗고 동시에 범죄성을 조장하는 교도소가 건설되어 왔다. 교도소의 그러한 문제점의 전부를 설계자의 책임으로 돌릴 수 없지만, 지금부터는 건축가는 스스로의 작품에 의해서 야기된 비의도적인 존엄의 유린과 그 영향에 대하여 책임을 져야 한다.

　　20세기 마지막 10년 동안 미국을 비롯한 국가들에서 발전한 혁신적인 디자인과 새로운 설계를 본다면 교도소 건축은 점차로 성숙하였다. 그러나 뛰어난 구금시설을 만드는 것은 그리 간단한 것은 아니다. 현재 훌륭하다고 평가되고 있는 교도소도 그 진가는 이용과 경험에 의해서만이 판단되기 때문이다.

제 4 장 교정관련 국제규칙

제 1 절 서론

「수용자 처우에 관한 유엔최저기준규칙」[266](2015년 5월까지는 「유엔피구금자처우에 관한 최저기준규칙」이라고 번역되어 사용되었다. 이하 '유엔최저기준규칙'이라 한다)의 기초원리는 수용자를 인간으로서 존중하는 것으로, 이 원리로부터 수용자의 권리보장과 수형자의 사회복귀를 위한 처우의 원칙이 도출되며,[267] 이 규칙은 각국 교정시설의 관리, 수용자 처우 등 행형운영과 관련된 업무에 있어 가장 기본적인 지침으로 인식되고 있다. 또한 유엔최저기준규칙은 1955년 채택된 이후 수용자의 구금에 대한 최저기준으로서 각국의 행형과 관련한 입법 정책수립, 실무에 대한 지침으로 그 가치와 영향력을 행사해 왔다.

우리나라는 2007년 「행형법」을 전부 개정하였으며, 현재 시행되고 있는 「형의 집행 및 수용자의 처우에 관한 법률」의 이념적인 배경에는 수용자에게 인권을 배려한 수용생활을 영위하도록 함으로써 건전한 사회복귀와 권리보호를 도모한다고 하는 유엔최저기준규칙의 원칙과도 깊게 관련되어 있다. 특히 2015년 개정된 유엔최저기준규칙의 내용은 현행 형집행법의 개정 필요성을 요구하고, 또한 개정시 고려하여야 하는 중요한 준거점이 된다. 다수의 헌법재판소 결정에서 유엔최저기준규칙이 인용된 바 있고, 향후 헌법재판소의 위헌성 판단의 기준으로 활용될 것으로 보인다.[268]

본장에서는 국제적 수준의 형사정책의 필요성과 더불어, 수용자의 처우를

---

266 United Nations Standard Minimum Rules for the Treatment of Prisoners.
267 芝原邦爾, 刑事政策と国際準則, 神戸法学雑誌, 29巻4号, 1980년, 459쪽／森本益之, 앞의 책(1985년), 325~326쪽.
268 구치소 내 과밀수용행위 위헌확인(헌재 2016.12.29. 2013헌마142) 보충의견: 최저기준규칙 제10조(피구금자 설비 기준)／형집행법 제108조 위헌확인(헌재 2016. 5. 26. 2014헌마45)·형의 집행 및 수용자의 처우에 관한 법률 제112조 제3항 위헌확인 등(헌재 2016.4.28. 2012헌마549, 2013헌마865(병합) 반대의견: 최저기준규칙 제39조(신문, 방송)／형집행법 제82조 위헌확인(헌재 2015. 12. 23. 2013헌마712)·공권력행사 위헌확인 등(헌재 2011.2.24. 2009헌마209) 반대의견: 최저기준규칙 제17조 제3항(사복착용)／수갑 및 포승 사용(施用) 위헌확인(헌재 2005.5.26. 2001헌마728 전원재판부): 최저기준규칙 제84조 제2항(미결수용자 무죄추정), 제33조(계구 사용).

둘러싼 이론과 실천, 특히 지금까지 세계 각국의 수용자 처우의 이론과 실무에
커다란 영향을 미친 유엔을 중심으로 한 일련의 관련 규칙에 대하여 고찰한다.
즉 유엔최저기준규칙의 제정 및 그 이후의 전개 과정과 유럽평의회에 의한 유
럽교정시설규칙의 제정과 그 이후의 중요한 개정 사항, 그 밖에 교정관계 각종
국제규약을 검토하고 그 중에서 유엔최저기준규칙의 내용이 현재 시행되고 있
는 형집행법 및 관련 법령, 현행 우리나라 교정실무에 대해 시사하는 사항에
대해서 기술한다.

제 2 절 수용자 처우에 관한 유엔최저기준규칙

1. 서

　　유엔최저기준규칙의 제정을 주도한 국제형법 및 형무위원회는 그 전신이
국제감옥회의(Internationaler Gefängniskongress)이다. 1846년 프랑크푸르트 암
마인에서 독일, 프랑스, 벨기에, 네덜란드, 덴마크, 영국 등의 형사학자들이 국
가를 초월하여 제1회 국제감옥회의를 개최하였고, 이 회의는 3회를 개최한 후
정치정세 때문에 중단되었다. 한편, 미국감옥협회는 1870년 미국 신시네티
(Cincinati)에서 회의를 개최하면서 당시 감옥개량사상이 활발한 것에 힘입어
감옥에 관한 모든 원칙인 신시내티선언을 의결하였고, 감옥개량은 국제적으로
시행되어야 한다는 입장에서 종래 유럽에서 개최되다가 일시 중단된 감옥회의
를 다시 개최할 것을 의결하였다. 이에 따라 1872년 제1회 국제감옥회의
(International Prison Congress : IPC)가 런던에서 개최되었고, 종래의 학자와 실
무자 외에 23개국의 정부대표가 참가한 국제회의로서 재출발하였으며, 1930
년에 열린 제10회 회의부터 국제형법 및 감옥회의(International Penal and
Penitentiary Congress : IPPC)로 명칭이 바뀌었다. 그 후 1950년 네덜란드 헤이
그에서 제12회 회의까지 개최되었으며, 동 회의에서 유엔으로 승계하는 것이
결의되었다. 이를 인수한 유엔은 1955년 스위스 제네바에서 제1회 유엔범죄방
지 및 범죄자 처우회의(United Nations Congress on the Prevention of Crime and
the Treatment of Offenders, 이하 '유엔범죄방지회의'라 한다)를 개최하였으며,

2005년 개최된 제11차 회의부터 회의의 명칭을 유엔형사사법총회(United Nations Congresses on Crime Prevention and Criminal Justice)로 변경하여 현재까지 존속하고 있다.

2. 연혁

가. 유엔최저기준규칙의 제정 과정과 그 이후의 추이

유엔최저기준규칙은 1955년 제네바에서 개최된 제1회 유엔범죄방지회의에서 채택되었다. 그러나 이 규칙의 원안은 1929년 국제형법 및 형무위원회(IPPC)[269]에서 기초되었고, 1933년 수정을 거쳐 1934년에 국제연맹 총회에서 승인된 「피수용자처우최저기준규칙」이다.[270] 동 위원회는 1949년 소위원회를 조직하고 동 규칙에 대한 개정작업을 진행하는 한편, 유엔과 협력하면서 1950년 헤이그에서 열린 제12회 회의와 1951년의 국제형법 및 형무위원회에서도 심의를 진행하였다. 그 결과 1951년 7월 6일 수용자 처우에 관한 최저기준규칙 초안[271]이 작성되었다.

그 후 유엔은 초안에 대한 각국의 의견을 수렴하였고, 1952년 12월 8일부터 16일까지 스위스의 제네바에서 열린 국제형법 및 형무위원회에서 각국 정부의 의견에 대한 축조심의가 실시되었다. 동 규칙은 국제형법 및 형무위원회를 인계한 유엔범죄방지위원회의 1955년 제1회 회의에서 결의되었고, 1957년 유엔경제사회이사회의 승인을 받아 영어·프랑스어·스페인어로 인쇄되어 전 가맹국에 송부되었다. 이후 각국에 대하여 교정운영에 있어 유엔최저기준규칙의 내용을 충족시키기 위하여 노력하도록 요구하였고 동 규칙은 처우의 지침으로서 중요한 역할을 담당하였다.

1955년의 규칙과 1929년의 규칙을 비교하면, 1955년 규칙은 수용자 처우

---

269 藤本哲也, 앞의 책(2006年), 36쪽 / 長島敦, 犯罪防止と犯罪者の処遇-国連と世界の動き-, 成文堂, 1984년, 4~14쪽.

270 Torsten Eriksson, 앞의 책(1976년), 245쪽 / 木村亀二, 被収容者処遇最低基準規則について, 刑政, 67卷6号, 1956年, 8쪽 / 芝原邦爾·앞의 논문(1980년), 458쪽 / 森本益之, 앞의 책(1985년), 325쪽.

271 Draft of Standard Minimum Rules for the Treatment of Prisoners. 일본 후쿠오카(福岡)교정관구가 번역한 「被拘禁者の処遇に関する最低基準規則草案」은 九州矯正, 8卷7号, 1953년, 44~59쪽에 전문에 게재되어 있다.

의 근본사상을 보다 명확하고 상세하게 조문화하는 한편, 형사정책의 실시에 대해서도 적극적인 배려를 하였다. 예를 들면 1929년 기준규칙이 처우의 일반 원칙으로 제4조에 '처우는 수형자를 질서와 노동에 익숙하도록 하고 도덕적으로 건강하게 하는 것을 근본목적으로 한다.'라고 규정하는 데 그쳤지만, 유엔 최저기준규칙은 제58조와 제59조에서 '자유형의 목적은 궁극적으로는 범죄로 부터 사회를 방위하는 것이라는 사실을 명확히 하고, 그 목적달성을 위하여 수 형자가 사회에 복귀한 후 도덕적이고 자주적인 생활을 영위하는 것이 가능하 도록 하는 의사와 능력을 배양하기 위한 치료적ㆍ교육적ㆍ도덕적ㆍ정신적ㆍ그 밖에 적절한 원조수단이 사용되어야 한다.'는 것을 분명히 하고 있다.[272]

1967년 유엔사무국은 유엔최저기준규칙이 어느 정도까지 이행되고 있 는가에 대한 질문지를 135개 가맹국에 보내어 상세한 정보를 요구하였으나 회답을 보내온 것은 44개국뿐이었다. 1974년에는 두 번째의 질문지가 보내 졌고 62개국이 회답하였다. 미국, 캐나다 그리고 유럽 26개국이 그 중에 포 함되어 있었지만 대부분의 개발도상국으로부터 회답이 없었다. 1975년 제네 바 회의에서 유엔사무국 보고는 실망스러운 어조로 '몇 개의 틀림없이 가장 중요하다고 생각되는 규칙은 가장 이행될 수 없는 것 중에 포함되어 있다.' 고 적고 있다.[273]

1970년 일본 교토(京都)에서 개최된 제4회 유엔범죄방지회의에서도 '교정 분야에 있어서 최근의 진보에 비추어 본 유엔최저기준규칙'이라고 하는 의제 가 상정되어 규칙의 성격, 적용범위, 법적지위, 충족, 개정 등에 대한 검토가 행해졌다.[274] 그러나 유엔최저기준규칙에 대하여 소극적인 의견이 다수를 차 지하여 개정은 실현에 이르지 못하였다. 그 원인은 당시 유엔가맹국의 교정실 무의 수준이 국가에 따라서 각각 다르고, 개정에 대한 합의가 쉽게 얻어질 수 없었기 때문이었다. 즉 1955년 동 규칙의 성립 당시는 유엔가맹국 중에 행형 제도에 대한 공통요소가 많은 유럽국가가 차지하는 비율이 높았기 때문에 가 맹국간에 합의를 이끌어내기 쉬웠다. 그러나 1970년 당시에는 행형제도에 대

---

272 日本法務總合研究所, 被拘禁者處遇最低基準規則の研究, 法務研究, 58卷3号, 1971年, 7~8쪽.

273 Torsten Eriksson, 앞의 책(1976년), 246쪽.

274 森本益之, 앞의 책(1985년), 327~328쪽.

한 공통요소의 충족을 달성하는 것조차 곤란한 개발도상국이 다수 가맹국인 반면, 스칸디나비아 제국과 같이 기준규칙의 수준을 훨씬 상회하는 처우가 실시되거나 또는 중국, 러시아, 중남미 국가 등과 같이 의도적으로 다른 교정처우를 실시하고 있는 국가들도 존재하였다. 따라서 이론적으로는 개정의 필요가 인정되더라도 전세계적 수준의 합의에 달하는 것이 사실상 곤란한 상태였다.

또한 현재 실제로 필요한 것은 규칙의 개정이 아니라 각국의 교정시설에서 현재의 유엔최저기준규칙에 규정되어 있는 수준을 달성하는 것이고, 현재 개정을 하면 지금까지 현행 규칙을 목표로 노력을 기울여 온 특히 개발도상국가들에게 불필요한 혼란을 초래하는 것도 그 논거의 하나였다.[275]

나. 유럽교정시설규칙의 제정 및 개정

유럽평의회(Council of Europe)[276]는 유엔최저기준규칙의 채택 이후 범죄자 처우에 있어서의 이론과 실무의 진보를 반영하여, 1968년 유럽수준의 '보다 자유주의적인 공통사항'을 정하는 것을 목적으로 하여 유엔최저기준규칙의 재검토에 착수하였다. 그리고 범죄문제위원회(Europe Committee on Crime Problems) 산하에 소위원회를 설치하여 작업을 진행하였다. 그 결과 1973년 유엔최저기준규칙의 일부 개정이라고 하는 형태로, 각료위원회(Committee of MInisters)의 결의에 의한 유럽피구금자처우최저기준규칙(The European Standard Minimum Rules for the Treatment of Prisoners. 이하 '유럽최저기준규칙'이라 한다.)이 성립되기에 이르렀다.[277] 그 후 유럽최저기준규칙은 두 차례 개정이 이루어졌다.

첫번째 개정은 1987년 2월 12일 각료위원회 제404회의[278]에서 채택된 「유럽교정시설규칙」(The European Prison Rules)으로, '교정시설을 관할하는 당

---

275 芝原邦爾, 앞의 논문(1980년), 470쪽.

276 유럽평의회는 국제적 형사정책을 추진하기 위하여 1957년에 각료위원회(The Committee of Ministers) 산하에 유럽범죄문제위원회를 설립하고 동유럽을 제외한 유럽국가의 범위를 초월한 국가간의 협력에 의한 형사정책의 추진에 착수하였고, 그 이후 형사법과 형사정책의 영역에서 활발한 활동을 계속하고 있다(芝原邦爾, 刑事政策の国際化, 法曹時報, 32卷4号, 1980年, 4쪽).

277 일본 법무성 교정국에 의하여 「被拘禁者ヨ_ロッパ最低基準規則」이라고 하는 규칙명으로 번역되어 있다. 원문은 https://wcd.coe.int/ViewDoc.jsp?id=656187&BackColorInternet=9999CC&BackColorIntranet=FFBB55&BackColorLogged=FFAC75 (2007年1月31日確認).

278 Adopted by the Committee of Ministers of 12 February 1987 at the 404th meeting of the Ministers Deputies.

국, 수용자 및 시설직원의 필요와 요구사항에 대하여, 일관성을 가지고 건설적·현실적 및 동시대적으로 반영한다.'는 것을 목적으로 행해졌다. 두 번째 개정은 2006년 1월 11일 유럽평의회의 각료위원회 제952회의에서 새로운 유럽교정시설규칙에 대하여 각료위원회의 가맹국에 대한 권고가 채택되었다. 2006년 개정된 규칙은 1987년 채택 이후의 유럽지역 형사시설을 둘러싼 중요한 발전과 변화를 반영하고 있다.

다. 2015년 유엔최저기준규칙의 개정

유엔최저기준규칙은 1955년 제1회 유엔범죄방지회의에서 채택된 이후 그에 대한 개정 노력이 여러 차례 추진되었으나 각국의 이해관계 등을 이유로 오랫동안 개정작업이 진행되지 아니하다가 2012년부터 2015년까지 4회에 걸쳐 정부간 전문가 회의를 개최하여 개정에 대한 논의가 진행되었다.

논의가 행해진 배경에는 2010년 4월에 개최된 제12회 회의에서 '최근 교정학의 진보와 최선의 실천을 현행 최저기준규칙에 반영하고, 다음 단계에서 유엔범죄방지 및 형사사법위원회에 권고하는 것을 목표로 최선의 실천, 국내법, 기존의 국제법 및 현행 최저기준규칙의 개정에 관한 정보를 교환하기 위해 제한없는 정부간 전문가회의의 개최를 검토하기 위해 초청한다.'는 결의가 의결되었고, 이 의결에 따라 같은 해 12월 유엔총회에서 위원회에 대해 제한없는 정부간 전문가회의의 개최가 요청된 데 따른 것이다.

동 전문가회의는 2012년 1월 오스트리아 빈에서 제1회 회의, 같은 해 12월 아르헨티나 부에노스아이레스에서 제2회 회의, 2014년 3월 다시 빈에서 제3회 회의가 개최되었고 2015년 3월 남아프리카 케이프타운에서 개최된 제4회 회의[279]에서 합의에 도달하였다. 그 후 유엔 범죄예방 및 형사사법위원회는 2015년 5월 18일부터 22일까지 오스트리아 빈에서 개최된 제24차 회의에서 동 규칙에 대하여 합의를 하고, 같은 해 12월 17일 유엔총회에서 정식으로 채택되어 오랜 개정의 숙원사업을 달성하였다.[280] 그리고 인권과 평등, 민주주의, 평화를 위해 싸우며 27년간 수감생활을 한 남아프리카공화국의 전 대통령

---

279 본 회의의 의장에는 개최국 남아프리카공화국의 하우텡 고등재판소장인 Dunstan Mlambo 가 선출되었다.

280 杉山多惠, 被拘禁者處遇最低基準規則改正について, 刑政, 日本矯正協會, 2016년 3월, 127권 3호, 78쪽.

인 넬슨 만델라의 업적을 기리기 위하여 규칙의 부제를 「만델라 규칙」(The Mandela Rules)으로 명명한 전문가 단체의 권고를 승인하였다.

3. 유엔최저기준규칙의 개요

가. 1929년 국제형법 및 형무위원회의 피구금자처우규칙 초안

동 초안[281]은 전문, 격리 및 수용시설, 처우, 징벌과 보호장비, 직원, 석방자 보호 등 5장 54조로 구성되어 있다.

'전문'에서는 각국의 형사제도 운영에 대하여 권고하는 일반원칙으로, 수용자 처우가 인도적·사회적 견지에서 충족해야 할 최저조건을 나타내는 것에 지나지 아니한다는 것을 선언하였다.

제2장 '처우'에서는 수용자의 개성을 고려하면서(제3조), 수용자를 질서와 노동에 익숙해지도록 하는 동시에 도덕적으로 건강해지도록 하는 것을 목적으로 한다는 원칙을 규정하였다(제4조). 그리고 특별수용자, 보관(영치), 의류 및 침구, 식량, 작업, 보건설비, 도덕적 및 지적 교육, 사회와의 교류 등에 대하여 규정하고 있다. 작업은 가능한 한 교육적 성질을 가져야 하는 동시에 수용자의 석방 후 생활수단이 되는 것을 선정하고(제10조), 노동에 대하여는 노임을 지급할 수 있다고(제13조) 규정하였다. 또한 보건설비는 수용자의 건강에 유해하지 아니하는 상태에 있도록 하고(제14조), 실내온도(제15조), 일광(제16조), 공기의 유통(제18조), 음료와 물품의 비치(제20조), 의사에 의한 진료(제24조), 운동(제25조) 등을 규정하였다. 도덕적 및 지적 교육에 관해서는 종교생활(제29조), 교육(제28조), 도서의 열람(제29조) 등에 대하여, 그리고 친족 및 친구와 교통할 기회의 보장(제31조), 외국인수용자의 외부교통권의 보장(제32조)에 대하여 규정하였다.

제3장 '징벌 및 보호장비'에서는 징벌의 법정화(제33조), 감식 및 옥외운동 제한의 금지 또는 제한(제29조) 그리고 징벌의 수단으로 보호장비 사용을 해서는 아니된다는 것(제39조) 등에 대하여 규정하였다.

---

281 이 초안은 1929년 1월에 개최된 국제형무위원회 소위원회의 결과 작성된 것으로, 이에 대한 각국의 수정의견을 모아 다음 형무위원회의 회의에 소위원회의 결정안으로서 제출하기 위하여 마사끼 아끼라(正木亮) 위원에게 회송되어 온 것이다. 상세한 것은 木村龜二訳, 拘禁者処遇に関する国際刑務委員会の草案, 刑政 42巻12号, 1929年, 17~27쪽 참조.

제4장 '직원'에서는 교정직원의 의무는 단순히 감시하는 것뿐만 아니라 자기의 행동이 수용자에게 교육적 감화를 주는 것을 목적으로 하여야 한다는 것을 명시하고(제44조), 의사의 확보 등에 대하여 규정하였다(제48조).

제5장의 '석방자 보호'에서는 수용자에 대한 원조는 구금시부터 시작되어야 한다는 것(제54조) 등을 선언하였다.

나. 1955년 유엔최저기준규칙

유엔최저기준규칙의 내용은 본 규칙 성립 당시 세계의 형사정책이 달성한 교정처우에 관한 제 원칙을 집대성한 것이다. 본 규칙은 모두 94조[282]로 구성되어 있으며 서론과 제1편 통칙 및 제2편 특칙으로 나뉘어져 있다.

'서론'에서는 본 규칙이 형사시설의 모범적인 제도를 상세하게 정하도록 하는 것이 아니라 근대사상의 일반적 견해와 오늘날 가장 타당한 제도의 본질적인 요소를 기초로 하여 수용자 처우 및 수용시설의 관리에 대하여 일반적으로 보다 좋은 원칙 또는 실천을 확립하는 것을 목적으로 하는 본 규칙의 성질에 대하여 정하고 있다(제1조). 그리고 '본 규칙은 유엔에서 적절한 것으로 승인된 수용자 처우의 최저조건을 나타내는 것이라는 사실을 알림으로써 그 적용에 방해가 되는 실제상의 여러 곤란을 극복하려고 하는 부단한 노력을 촉구하는 데에 도움이 될 것이다(제2조).'라고 선언하고 있다.

제1편 '통칙'은 시설의 일반적 관리에 대하여 정한 것으로 모든 종류의 수용자, 즉 형사피구금자 및 민사피구금자, 미결수용자 또는 수형자 나아가 보안처분 또는 판사의 명에 의하여 교정처분에 처해진 사람에게도 적용된다. 주요 내용은 규칙의 공정한 적용, 수용자의 구분, 주거설비, 개인위생, 의류 및 침구, 식량, 운동 및 경기, 의료, 규율 및 징벌, 보호장비, 수용자에게 제공되어야 하는 정보 및 불복신청, 외부교통, 도서, 종교, 수용자 소유물의 보관, 사망 · 질병 · 이송 등에 대한 통지, 수용자 이송, 시설직원, 관찰 등에 관한 규정이 마련되어 있다.

제2편 '특칙'은 특정 수용자에게 적용되는 규정을 두고 있다. 그 중에서도

---

282 유엔최저기준규칙 제95조는 계엄령하 등 특정 범죄의 혐의에 의하지 아니하고 장기간 구금되어 있는 사람에 대하여 기준규칙을 정하는 인권보장의 제원칙을 적용하기 위하여 1977년에 추가되었다(森本益之, 앞의 책(1985년), 326쪽).

가장 중요한 수형자의 처우에 대한 중요내용은 다음과 같다.

우선 자유형의 목적은 사회방위, 즉 범죄로부터 사회를 보호하는 것으로, 수형자의 처우는 범죄자가 사회복귀 후 준법적이고 자립적인 생활을 할 수 있는 의사와 능력을 가지도록 할 것을 목표로 하여, 그들의 자존심을 높이고 책임감을 향상시킬 것(제58조, 제65조)과 '자유형은 수형자의 자유를 박탈하고 자기결정권을 빼앗는 그 자체로서 고통을 주기 때문에 행형제도는 수형자에게 자유형 고유의 고통 이상을 주어서는 안 된다(제57조).'고 규정하고 있다.

처우목적 설정을 위해서는 처우의 개별화가 필요하고 수형자 개인의 성격 등에 대한 과학적인 조사결과를 기초로 하여 작성된 개별처우계획에 근거하고, 각자의 필요성에 따른 치료적 · 교육적 그 밖에 모든 유효한 방법이 사용되어야 한다는 것(제66조, 제69조)을 명백히 하고 있다.

분류에 대해서는 수형자를 집단으로 분류하여 실시하는 처우분류를 진행하여야 한다는 것(제63조 제1항, 제67조, 제68조)과 개방시설의 처우(제63조 제2항)에 대해서 규정하고 있다. 또한 형사시설 내의 생활을 외부의 자유로운 생활에 가능한 한 가깝게 하여, 양자의 차이를 최소화하도록 노력하여야 한다(제60조 제1항)는 것과 '수형자의 처우는 사회로부터의 배제가 아니라 사회와의 연결을 강조하는 것이어야 하고, 수형자와 가족 및 그의 사회복귀에 도움이 되는 시설 외의 개인이나 단체와의 관계가 유지 · 촉진되어야 한다(제61조, 제79조, 제80조).'고 규정하고 있다.

석방전 준비제도와 실험적 석방제도 등 수형자가 점차 사회생활에 복귀하도록 하는 수단이 마련되어야 하고, 동시에 석방 후에는 사회복귀를 도모하기 위한 유효한 사후지도가 행해져야 한다(제60조 제2항, 제64조, 제81조)는 것 등을 규정하고 있다.

다. 1973년 유럽최저기준규칙

유럽최저기준규칙[283]은 모두 94조로 구성되어 있으며 서칙, 제1편 통칙 및 제2편 각종 피구금자에게 적용되는 규칙으로 나뉘어져 있다. 제2편 각종 수용자에게 적용되는 규칙에는 수형자, 정신병 및 정신이상 수용자, 피체포자 및 미결수용자, 민사구금에 처해진 채권확정자에 대한 규정을 두고 있다.

283　Standard Minimum Rules for the Treatment of Prisons.

유럽최저기준규칙에 대하여는 수형자 처우에 관한 유엔 수준에서의 중점
의 추이가 수형자의 '처우의 지침'이라고 하는 측면에서 '수용자의 권리장전'
이라는 측면을 강조하는 방향으로 전개되고 있는 시대적 상황을 반영하는 동
시에, 사회복귀처우의 목적을 실현하기 위해서는 수형자 스스로의 처우에의
자주적 참가와 가족을 포함한 외부사회의 이해와 협력, 유능하고 열의를 가진
시설직원의 확보 등이 불가결한 조건을 이룬다고 하는 인식에 기초하여, 유엔
최저기준규칙을 개정한 것이라고 평가할 수 있다.[284]

유엔최저기준규칙과 비교하면 수형자의 인간으로서의 존엄확보를 한층
더 강조하고, 권리의 확대를 도모하는 동시에 범죄자 처우의 면에서도 철저한
처우의 개별화의 실현, 수형자가 주체적이고 적극적으로 협력·참가하는 처우
의 추진, 그리고 그것을 위해 필요한 수형자와 직원간의 커뮤니케이션 촉진,
수형자와 외부 사회와의 연대의 유지·확대 등의 점에서 대체하는 것도 가능
하게 하였다. 그러나 유엔최저기준규칙과 마찬가지로 주말구금, 일시귀휴, 석
방전 처우로서의 중간처우시설 등 중간처우에 대한 실질적인 규정을 마련하지
아니한 것은 과제로 남았다.[285]

자유형의 목적에 대해서 유럽최저기준규칙은 유엔최저기준규칙과 마찬가
지로 범죄에 대한 사회방위와 그것을 통한 사회복귀의 달성이라고 하고(제55
조, 제66조), 또한 자유형에 따르는 불가피한 고통은 자유의 박탈 그 자체이며,
형의 내용으로서 그 이상의 고통을 수형자에게 주어서는 아니된다(제58조)고
하였다.

인간의 존엄확보 및 수형자의 권리에 관하여 자유박탈은 인간의 존엄에
대한 존중을 확보할 수 있는 물질적 및 정신적 조건 아래에서 실시되어야 한
다는 규정(제5조 제3항)을 신설하고, 또한 새로운 처우방법을 시도하는 것은 인
간의 존엄보호원리와 일치하는 한, 방해받지 아니한다(제3조)고 하였다. 수용
자의 외부와의 교통·접견의 권리, 외부사회의 정보를 얻을 권리에 대해서도
유엔최저기준규칙과 비교하여 대폭 확대되었다(제37조, 제39조). 형사시설 내
의 규율 및 수용자의 징벌에 대해서도 인권보장이라고 하는 방향에서 개정이

---

284 森本益之, 앞의 책(1985년), 331쪽.
285 芝原邦爾, 앞의 논문(1980년), 4쪽.

행해졌다(제27~제34조).

처우의 개별화 및 분류처우에 대해서는 유엔최저기준규칙과 마찬가지로 처우의 개별화를 강조하고(제60조, 제64조, 제67조, 제70조), 분류처우에 대해서는 유엔최저기준규칙에서 정하고 있는 형사시설의 규모 등에 대한 약간의 형식적인 규정을 개정하여 시설 또는 분류형태, 규모, 조직 및 수용능력은 기본적으로 실시하는 처우의 성질에 따라서 결정되어야 한다고 규정하였다(제64조 제3항).

수형자의 처우에의 협력 및 참가와 관련하여 수형자를 처우의 주체로 적극적으로 처우에 참가시키고 그의 자주적인 협력을 이끌어 낼 것과 그 전제로서 직원과 수형자와의 커뮤니케이션을 촉진할 것을 강조하였다(제60조 제2항, 제67조 제4항). 또한 유엔최저기준규칙의 상우제도(제70조)를 폐지하고, 그 대신에 수형자의 자발적인 노력에 의한 자기의 처우에 대한 협력과 참가의 필요성을 강조하는 규정을 마련하였다(제71조).

외부사회와의 연대와 관련해서는 유엔최저기준규칙과 마찬가지로, 형사시설의 생활을 가능한 한 일반사회의 생활에 가깝게 하고, 수형자의 외부사회와의 연대를 촉진하기 위한 규정을 두었다. 형사시설 내의 생활과 외부사회의 자유로운 생활과의 차이를 최소화하는 노력을 실시할 것(제58조)과 수형자를 사회로부터 배제하는 것이 아니라 사회와의 연대를 강조하는 처우가 실시되어야 한다(제62조)고 규정하였다.

교도작업에 대해서는 교도작업이 징벌적 성질의 것이어서는 안되고, 또한 범죄에 대한 응보로서 과해져서도 안된다고 하는 취지를 명확히 하였다. 그리고 수형자에 대하여 현저한 위험 또는 건강을 해칠 수 있는 작업을 하도록 해서는 아니된다(제72조 제1항)고 규정하였다. 그 밖에 교도작업의 조직, 방법, 노동조건 등에 대한 규정은 유엔최저기준규칙과 거의 같다.

직원에 대해서는 '교정직원의 선발은 신중하게 해야 하고(제46조 제1항), 또한 충분한 교육과 보수가 보장되어야 한다(제46조 제3항).'라고 규정하고 당국은 직원과 일반사회의 국민들에게 형사시설의 업무가 매우 중요한 사회적 사업이라는 신념을 갖도록 노력하고, 그것을 위해서 사회에 대하여 적절한 홍보활동을 실시할 필요가 있다(제46조 제2항)고 규정하였다. 그 밖에 수형자의 자주적인 참가·협력에 기초한 처우를 실현하고 동시에 형사시설을 원활하게 운영하기 위해서도 수형자와 직원 사이의 커뮤니케이션의 촉진과 더불어, 직원 상호간의 커뮤니케이션의 촉진을 강조하였다(제51조).

석방전 준비 및 석방후의 원조에 대해서는 형의 집행 초기부터 석방후의 수형자의 장래에 대하여 배려하여야 하고, 또한 수형자의 사회복귀에 도움이 되는 친족 등을 비롯한 시설 외의 개인 또는 기관과의 관계를 설정·유지하도록 장려하고 원조하여야 한다(제80조)고 규정하였다. 그리고 수형자가 서서히 사회생활에 복귀할 수 있도록 석방전 준비제도와 실험적 석방제도가 필요하며 (제61조), 또한 사회에 대한 의무는 수형자의 석방으로 끝나지 아니하고, 석방 후 수형자의 사회복귀를 위하여 수용생활 중에도 취업을 원조하는 효과적인 업무와 기관이 설치되어야 한다(제65조, 제81조)고 규정하였다.

라. 1987년 유럽교정시설규칙

유럽최저기준규칙에 대한 개정안이 1987년 2월 12일 유럽각료위원회 제404회의에서 채택되고, 규칙명도 「유럽교정시설규칙(European Prison Rules)」으로 변경하였다. 동 규칙은 서장, 제1부 기본원칙, 제2부 형사시설의 운영, 제3부 교정직원, 제4부 시설내 처우 및 체제, 제5부 분류에 속하는 수용자에 대한 추가 조항으로 구성되어 있다.

먼저 '서장'은 본 규칙의 목적을 교정시설제도 전반에 걸친 최저기준을 확립하고, 교정시설의 직원이 스스로 사회의 이익과 수용자의 갱생을 위하여 그리고 자기의 직업상 사명을 위하여 그 역할을 하고 있다고 믿을 수 있는 환경을 만들어 주어야 한다고 선언하였다. 또한 인간존엄의 존중, 인도적이고 동시에 적극적 처우를 위한 구금제도 아래의 구금, 직원 역할의 중요성 및 효과적이고 근대적인 시설관리라는 접근이 새롭게 강조되었다.

제1부 '기본원칙'은 수용자 처우의 목적은 수용자의 건강 및 자존심을 유지하고, 선고받은 형기가 허용하는 한도에서 책임감을 강화시키며, 석방 후 법을 존중하면서 자립생활을 영위하도록 하기 위한 가장 좋은 기회를 주고, 사회복귀를 촉진하는 생활태도와 기술을 장려하는 것에 있다는 것을 규정하였다 (제3조).

제2부 '교정시설 운영'에서는 수용 및 등록, 수용자의 분리 및 분류, 구금장소, 개인위생, 의류 및 침구, 급식, 의료업무, 규율 및 징벌, 구속 방법, 수용

자에게 제공하는 정보 및 불복신청의 권리, 외부와의 교통, 종교적 및 도덕적
원조, 수용자의 소지품 보관, 사망·질병·이송 등에 대한 통지, 수용자 이송
등에 대하여 규정하였다. 제2부의 내용은 유럽최저기준규칙의 제1편 통칙과
거의 같다. 그러나 수용 후 즉시 각 수용자에 대한 보고서 및 수형자의 석방준
비에 대비한 훈련계획서를 작성할 것(제10조 제1항), 원칙적으로 임부의 출산은
외부의 의료시설에서 하도록 조치를 취할 것(제28조 제1항), 규율 및 징벌에 따르
는 불복신청절차와 담당에 관한 내용을 법률 또는 권한 있는 행정당국의 규칙으
로 정할 것(제35조), 외부와의 교통을 장려하기 위하여 처우목적과 병립하는 가
출소 허가제도를 도입할 것(제43조 제2항) 등에 대하여 새롭게 규정하였다.

　　제3부 '교정직원'에 대한 내용은 유럽최저기준규칙과 같다. 다만 시설의
적절한 관리와 조직운영상, 시설내 처우의 목적을 수행함에 있어 시설직원 측
면이 본질적인 중요성을 가진다는 입장에서 당국은 직원에 관한 규칙의 충족
도에 높은 우선순위를 두어야 한다고 하고(제51조), 직원의 훈련에는 유럽교정
시설규칙 및 유럽인권조약 상의 요구와 적용에 대한 교시가 포함되어야 한다
(제54조 제4항)는 내용이 추가되었다.

　　제4부 '시설내 처우 및 처우체제'에서는 시설내 처우의 목적 및 체제, 작
업, 교육, 체육·운동·스포츠·레크리에이션 및 석방준비에 대하여 규정하고
있다. 이 개정에서 가장 중점이 두어진 부분이다. 시설내 처우의 목적은 '구금
형은 범죄자로부터 그 자유를 박탈하는 그 자체가 형벌이다. 구금상태 및 교정
제도는 정당한 이유에 기초하여 분리처우 또는 규율유지에 따르는 조치를 제
외하고는 이와 같은 상황에 따른 고유한 고통을 그 이상 증대해서는 아니된다
(제64조)'라고 규정하고, 또한 '수용자의 사회복귀를 달성하기 위하여 적절한
교정·교육·도덕·정신적 또는 그 밖의 수단이 각 수용자의 개별적 처우상 필
요에 따라서 제공되고, 이용가능한 것이어야 한다(제66조)'는 것을 분명히 하
였다. 그리고 교도작업은 처우, 훈련 및 시설관리상 적극적인 요소로 운영되어
야 하고(제71조), 교도작업의 조직 및 방법은 현대적인 노동기준 및 기술에 적
합한 것이어야 한다(제72조 제1항)는 것 등에 대하여 규정하였다. 또한 교육에
대해서는 교육프로그램의 제공과 그 프로그램이 수용자의 사회복귀를 성공시
키고, 그들에게 준법적인 태도 및 자립심을 가지게 하며 향상시킬 가능성을 높

이는 것을 목적으로 하여야 한다(제77조)는 것을 추가하였다. 석방전 준비로서 석방전 계획 및 조건부 석방을 시도한다고(제88조) 규정하였다.

제5부 '특정한 분류에 속하는 수용자에 대한 추가조항'에서는 미결수용자, 민사피구금자, 정신병 및 정신이상 수용자에 대하여 규정하였다.

마. 2006년 유럽교정시설규칙

2006년 1월 11일 유럽평의회의 각료위원회 제952차 회의에서 채택된 새로운 유럽교정시설규칙은 1987년 개정 이후 유럽지역에서의 형사시설을 둘러싼 중요한 발전, 판례의 축적, 사회 및 범죄대책의 변화 등을 반영한 것이다.[286]

개정의 특징으로는 다음과 같은 세 가지를 들 수 있다. 첫 번째는 유럽 형사시설의 발전에 중요한 역할을 담당하여 온 유럽인권재판소[287]의 판결과 유럽고문금지위원회[288]에 의한 활동의 성과를 반영하였다. 두 번째는 구금은 최후의 수단으로서만 사용되어야 한다라고 하는 기본원칙을 밑바탕에 두었다. 이 사상은 형사시설의 수용자 수를 가능한 한 최소화하는 것을 고려하기 때문에 매우 중대한 범죄에 대해서만 구금형을 과하도록 하고, 수형자의 경우라도 구금에 대신하는 형벌을 과하거나 일정한 범죄에 대해서는 비범죄화의 가능성을 모색하여야 한다고 하는 것이다. 세 번째는 각 가맹국의 법제도와 교정행정 규칙의 실효화를 도모하는 것이다. 그 실효화를 높이기 위하여 본규칙은 각 가맹국의 법 개정과 교정행정의 개혁에 대한 일정한 지침을 제공하고 있다.

2006년 규칙은 제1부 기본원칙 및 적용범위, 제2부 구금조건, 제3부 보건의료, 제4부 질서유지, 제5부 관리운영 및 형사시설직원, 제6부 감사 및 감시, 제7부 미결수용자, 제8부 수형자에 대한 교정처우, 제9부 규정의 개정 등으로 구성되어 있다.

바. 2015년 유엔최저기준규칙

1) 의의

2012년 1월 제1회 전문가회의에서는 어떻게 유엔최저기준규칙을 개정할

---

286 클라우스 라우벤탈 저/신양균·김태명·조기영 역, 앞의 책(2010년), 22쪽.
287 The European Court of Human Rights.
288 The European Committee for the Prevention of Torture and Inhuman or Degrading Treatment or Punishment.

것인가에 대하여 공통의 인식이 있었던 것은 아니었다. 즉 개정 후 유엔최저기준규칙의 법적성질에 대하여 조약체결국가에 대하여 법적 구속력을 가지는 조약으로 할 것을 희망하는 국가도 있었지만, 법적 구속력을 가지지 아니하는 국제적 지침으로서의 성격을 유지하는 것을 희망하는 국가도 있었다. 또한 개정에 대해서도 전면적으로 개정하여야 한다고 하는 국가에서부터 현행 유엔최저기준규칙을 기본적으로 유지하여야 한다는 국가까지 다양하였다.

한편, 제1회 회의에서는 유엔최저기준규칙의 개정시 현행 규정을 밑도는 기준으로 해서는 아니된다는 합의가 이루어진 외에 최근의 교정학의 진보와 최선의 실천을 반영하기 위해 우선적으로 검토하여야 하는 9개 분야를 선정하였고 제2회 회의 이후부터는 각 분야별로 검토한 결과, 종전에는 95개조이었던 조문의 수가 개정후에는 121개조로 증가하였다.

개정된 유엔최저기준규칙은 형사사법의 인간화와 인권보호에 대한 유엔의 지속적인 노력에 기초하여 1955년 이후 수용자 처우에 관련된 국제법의 점진적인 발전을 반영하는 한편, 수용자 처우와 관련된 유엔의 각종 규칙과 소년사법과 여성 등 특수한 상황의 수용자에 대한 유엔의 각종 성과에 입각하고, 유럽·미주·아프리카 등 수용자 처우에 관한 각 지역의 원칙과 기준을 반영하였다. 또한 수용자의 안전과 보안, 인도적 환경을 유지하면서 최근 교정학 분야의 진보를 반영하였다.

2) 주요 개정내용
가) 수용자의 존엄존중 및 약자 보호, 직원연수

인종, 성별 등에 따른 차별금지 및 종교적 신조의 존중 등 처우에 관한 기본원칙에 대하여 정한 구규칙 제6조에 인간으로서의 존엄, 고문 또는 비인도적 처우 등의 금지 및 관계자의 안전의 보장에 관한 규정을 추가하는 한편(제1조), 가장 약한 입장에 있으며 특별한 필요성을 가진 수용자의 권리보호 등을 위한 대책은 불공정으로 간주되지 아니한다는 취지의 규정을 추가하였다(제5조 제2항).

또한 수형자에 대한 자유형의 목적에 대해서는 지금까지 '범죄로부터 사회를 보호하는 것'이 규정되어 있었지만(구 제58조), 새롭게 '재범을 줄이는 것'을 목적에 추가하였다(제4조 제1항).

그 외에 구규칙 제47조는 모든 직원이 임무에 임하기 전에 임무에 따른 연수를 받아야 한다는 취지의 규정을 하고 있었으며 연수내용에 법령, 직원의 권리의무 및 금지행위, 위기관리, 응급조치 등이 포함되어야 한다는 것을 새롭게 포함하였다(제76조).

나) 보건의료

보건의료와 관련하여 수용자의 보건의료에 대한 국가의 책임을 규정하고 수용자는 지역사회에서 제공하는 것과 동일한 수준의 보건의료 혜택을 누릴 권리가 있으며 법적 신분으로 인한 차별을 받지 아니하고 필요한 보건의료 서비스를 무상으로 이용할 수 있어야 한다고 규정(제24조)하는 한편 의료 및 보건서비스에 관한 사항을 구체화하였다. 수용자에 대한 의료제공은 국가의 책무이고, 수용자가 사회와 같은 수준의 의료를 무상으로 받을 권리를 가진다(제24조 제1항)고 하는 이념을 명확하게 하는 외에, 의료에 관련된 결정이 의료전문가에 의해 행해져야 한다는 원칙(제27조 제2항)이 명기되었다.

의료파일에 대해서 적절한 작성·관리 및 자기의 파일에의 접근보장이 포함되었다(제26조 제1항). 또한 제4회 회의에서 '접근'이란 구두 등에 의해 당해 정보에 접할 수 있어도 충분하고, 반드시 서면을 열람할 수 있는 것까지 의미하는 것은 아니라는 견해가 의장으로부터 제시되었다. 또한 수용자를 이송할 때는 그 이송시설에 의료파일을 이관하는 것도 포함되었다(제26조 제2항).

의료종사자의 의무에 대해서는 '모든 진료는 완전히 비밀로 실시되어야 한다.'는 규정이 포함되었다(제31조). 이 규정에 관하여 의료장소에 교도관을 입회하는 처리와 '완전하게 비밀로'와의 관계에 대해서는 제4회 회의에서 다수 국가의 참석자로부터 경비상의 이유에 의해 경비직원이 입회하는 것의 필요성이 제기되었고(미국, 캐나다, 프랑스, 이스라엘 등), 또한 개정 최저기준규칙 제1조에 '수용자, 직원, 업무제공자 및 방문자의 안전은 어떠한 경우라도 보장되어야 한다.'라는 규정으로부터도 수용자의 수치심 등을 배려하는 가운데 경비상 필요한 범위에서 의료관계자 이외의 직원을 입회시키는 것도 허용된다고 하였다.

또한 제48조 제2항에서 '분만중, 출산 중 및 출산 직후의 여성에게는 절대 보호장비를 사용해서는 안된다.'라는 규정이 추가되었다. 2010년 12월 유엔총회에서 채택된「여성수용자의 처우 및 여성범죄자의 비구금조치에 관한 유엔 규칙(방콕규칙)」제24조에서 '보호장비는 분만 중, 출산 중 및 출산 직후의 여성에게 사용하지 않는 것으로 한다.'라는 규정을 반영한 것이다.

다) 규율 및 질서

규율위반에 대한 처벌과 관련하여 공정하고 신속한 조사, 법적 지원, 처벌에 대한 사법심사의 기회제공, 독거수용과 식사량 감축에 대한 제한, 처벌된 수용자의 건강상태에 대한 각별한 주의 등에 대하여 규정하고 있다(제36조~제46조).

보호장비와 관련하여 사용상 원칙과 보호장비 사용법에 대한 직원교육을 규정하는 한편, 거실검사시 인간의 존엄성과 개인의 사생활 보호에 유의하도록 하고, 알몸검사와 체강검사시 자격을 갖춘 전문가 등이 하도록 규정하였다(제48조~제53조).

제4회 회의에서는 각국 참석자의 의견이 크게 나뉘어지고 그 논의에 가장 많은 시간이 할애된 문제는 규율 및 질서, 특히 엄정독거구금에 대한 규제의 방법에 대해서였다. 사무국으로부터 제시된 당초의 개정안에는 엄정독거구금(solitary confinement)을 사용하는 경우는 예외적인 경우에 한하고, 최후 수단으로서 가능한 한 단기간이어야 하며, 무제한 또는 장기에 걸친 엄정독거구금을 금지한다고 하는 내용이었지만 원래 '엄정독거구금'과 '장기'의 정의가 애매하고, 각국이 받아들이는 방법도 다양하였기에 의논이 좀처럼 수습되지 않았다. 밤늦게까지 장시간 의논한 결과 개정 최저기준규칙에서는 '엄정독거구금'은 '의미 있는 인적접촉이 없는 1일 22시간 이상의 구금'이라고 정의되었다(제44조). 이것은 2011년 8월에 공표된 '고문 및 다른 잔학한, 비인도적 또는 품위를 손상하는 처우 또는 형벌에 관한 인권이사회 특별보고서의 중간보고서'에서, '하루 22시간에서 24시간 거실에의 구금에 의한 개인의 물리적 · 사회적인 격리(고립)'가 '엄정독거구금'이라고 정의되었지만, 각국의 실정을 반드시 고려하지 않았기 때문에 장기간의 논의 끝에 이 정의에 귀착되었다. '의미 있는 인적 접촉이 없는 1일 22시간 이상의 구금'을 예외적인 경우에 한해 최후수단으로서 가능한 한 단기간만 사용되고, 또한 독립한 심사에 회부되고 권한 있는 당국에 의한 허가에 의해서만 사용되어야 한다고 하는 한편(제45조 제1항), 무기한의 엄정독거구금이나 연속한 15일을 초과하는 장기에 걸친 엄정독거구금은 금지되어야 하는 것으로 하였다(제43조 제1항 가 및 나, 제44조).

　라) 법적대리인과의 접촉, 불복신청, 감사

　이중처벌 금지 등 징벌에 관한 규정인 구규칙 제30조에 따라 과해진 징벌에 대하여 사법심사를 요구하는 기회가 주어져야 한다는 것(제41조 제4항)과 규율위반이 범죄로서 소추되는 경우에 적법절차의 보장 규정이 새롭게 포함되었다(동조 제5항).

　또한 자기가 선임하는 법적지원자 등과의 접견이나 상담 등에 관한 규정이 포함되었다. 예를 들면 이러한 사람과의 접견에 있어서는 국내법의 규정에 근거하여 지체 없이 입회나 검열 없이 완전하게 비밀로 실시되어야 한다(제61조 제1항)는 것이다.

　불복신청 및 감사에 대해서도 많은 규정이 포함되었다. 특히 제56조 제4항에서 불복신청 및 감사에 관한 권리에 대해서는 수용자에게 추가하여 법적지원자에게도 적용되어야 한다는 규정이 포함되었다. 교정시설에 대하여 정기적인 내·외부 감사를 할 것과 감사의 목적, 감독관의 권한 등에 대하여 규정하였다(제83조, 제84조).

　마) 고문 등의 방지 등

　구최저기준규칙에는 수용자가 사망한 경우 등에 그 친족에게 통지하여야 한다는 취지의 규정이 있었으나, 이번 개정에 의해 사망사안 등에 대한 조사에 대한 규정이 포함되었다. 즉 모든 사망(custodial death) 사안에 대하여 사법당국에 보고할 것을 의무지운 것이다(제71조 제1항).

　수용자의 기록관리와 관련하여 입소시 및 구금 기간 중 수용자의 정보에 대한 기록관리에 대하여 구체화하고 기밀로 관리하도록 하였으며(제6조~제10조), 외국 국적을 가진 수용자에 대한 편의제공(제62조)에 대하여 규정하였다.

제 3 절　그 밖의 교정관련 국제규칙

1. 수형자 처우를 위한 기본원칙

　수형자 처우를 위한 기본원칙(Basic Principle for the Treatment of Prisoners)

은 1990년 9월에 개최된 제8회 유엔범죄방지회의에서 의결되고, 같은 해 12월 14일 유엔총회에서 채택되었다. 이 원칙은 11개로 구성되어 있으며 법적인 구속력은 없으나 수형자의 처우에 관한 입법 및 실무운영에 있어서 지도이념으로 존중되고 준수되어야 할 기본원칙으로 고려하도록 요구하고 있는 국제적인 원칙이다.

주요내용은 모든 수형자를 인간고유의 존엄과 가치를 존중하여 처우하여야 한다는 것, 수형자의 구금과 범죄로부터 사회방위에 대한 구금시설의 책임은 사회전체 구성원의 복지의 충실과 발전이라고 하는 사회의 목표와 국가의 기본적인 책임 아래에 달성하여야 한다는 것, 수형자는 인격의 충분한 발전을 목적으로 하는 문화적 활동 및 교육에 참가할 권리를 가진다는 것, 수형자에게는 국가의 노동시장에 재통합되는 데 도움이 되고 자신과 가족의 재정지원에 도움이 될 수 있게 하는 정당한 대가를 보장하는 노동을 할 수 있는 여건을 조성하여야 한다는 것, 수형자는 자신의 법적 상태를 이유로 차별을 받지 아니하고 국가에서 이용할 수 있는 건강서비스를 받을 권리를 가진다는 것, 지역사회 및 사회내의 관계 기관의 협력과 참가를 얻고, 피해자의 이익을 정당하게 고려하면서 출소자가 최저 가능한 조건 아래에서 사회복귀를 할 수 있도록 한다는 것 등이다.

2. 시민적 및 정치적 권리에 관한 국제규약(국제인권 B규약)

시민적 및 정치적 권리에 관한 국제규약[289](International Covenant of Civil and Political Rights)은 1966년 12월 16일 채택되고, 1976년 3월 23일 발효되었다.[290] 이 규약은 법률보다 상위의 효력을 가지고 있으며, 비준국은 규약에서 정해져 있는 권리를 존중하고 확보할 의무를 진다. 이를 위하여 필요한 입법 및 그 밖의 조치를 취할 필요가 있고 또한 규약상의 권리가 침해된 경우에는

---

[289] 경제적, 사회적 및 문화적 권리에 관한 국제규약(International Covenant on Economic, Social and Cultural Rights)이 국제인권 A규약이라고 불리고 있는 데 대하여 본규약은 국제인권 B규약이라고 한다.

[290] 우리나라는 ① 시민적·정치적 권리에 관한 국제규약, ② 경제적·사회적 및 문화적 권리에 관한 국제규약, ③ 여성에 대한 모든 형태의 차별철폐에 관한 조약, ④ 아동권리조약, ⑤ 모든 형태의 인종차별철폐에 관한 국제조약, ⑥ 고문방지 조약 등의 국제인권조약에 가입하고 있다(법무부, 국민의 정부 인권보호정책의 성과, 법무부, 2003년, 292쪽).

법원 등에 구제조치를 요구할 수 있다. 본 조약 제40조는 체약국에 대하여 본 규약에서 열거하는 권리의 국내적 실시에 대하여 보고서를 제출하도록 요구하고 있다.

전문에서는 인권 및 자유의 보편적 가치의 존중 및 보장에 노력해야 할 의무를 각국이 부담하고 있다는 것, 개인이 다른 사람 및 그가 속한 사회에 대하여 의무를 부담한다는 사실과 이 규약에서 인정된 권리의 확대 및 옹호를 위하여 노력할 책임을 가지고 있다는 것에 대하여 규정하고 있다.

본문에서는 모든 사람이 생존권, 주거이전의 자유, 공평한 재판을 받을 권리, 표현의 자유, 집회 및 결사의 자유 등을 가지고 있고 노예제와 강제노동 등을 금지할 것 등 시민적·정치적인 분야에 관련된 권리에 대하여 규정하고 있다. 특히, 가혹하고 비인도적인 또는 모욕적인 처우나 형벌을 금지하는 제7조와 자유를 박탈당한 모든 사람은 인도적으로 또한 인간의 고유한 존엄성을 존중하여 취급되어야 함을 규정한 제10조는 수용자의 기본권 제한과 관련된다.

헌법재판소는 접견불허처분 등 위헌확인심판에서 '비록 자유형 수형자, 그 중에서도 규율을 위반하여 금치처분을 받은 수형자라고 하여도, 우리와 같은 인간으로서 가지는 기본적인 존엄과 가치를 훼손할 수 없다는 의미를 내포한 것이다. 우리나라가 가입되어 있는 시민적 및 정치적 권리에 관한 국제규약 (이른바 B규약) 제10조에서 "자유를 박탈당한 모든 사람은 인도적으로 또한 인간의 고유한 존엄성을 존중하여 취급되어야 한다"고 규정하고, 제7조에서 "가혹한, 비인도적인 또는 모욕적인 처우나 형벌"의 금지규정을 두고 있는 것은 바로 이와 같은 인간에 대한 기본적 권위를 존중하는 보편적 정신의 제도적 발현이라 할 것이다.'라고 하였다.[291]

3. 교도작업에 관한 권고

1955년 제네바에서 개최된 제1회 유엔범죄방지회의에서 채택된 「교도작업에 관한 권고」(Recommendations on Prison Labour)는 법적인 구속력은 없지

---

[291] 헌재 2004.12.16. 2002헌마478/구치소 내 과밀수용행위 위헌확인(2016. 12. 29. 2013헌마 142) 재판관 4인 보충의견에서는 '우리나라가 1990년 가입한 '시민적·정치적 권리에 관한 국제규약' 제10조 제1항은 "자유를 박탈당한 모든 사람은 인도적으로 또한 인간의 존엄성을 존중하여 취급된다."라고 규정하고 있고…'라고 하였다.

만, 수형자의 작업에 관한 입법 및 실무운영에 있어 지도이념으로서 존중되고, 가능한 한 참작하도록 요구되는 국제적 권고이다.

교도작업은 부가적인 형벌이 아니라 수형자의 개선갱생, 직업훈련, 좋은 노동습관을 촉진하고 시설 내 무질서를 방지하는 수단으로 실시할 것, 시설 내의 작업으로부터 수익을 올릴 목적으로 수형자 개인 및 직업훈련의 중요성이 경시되어서는 안된다는 것, 교도작업은 근로습관과 일에 대한 흥미를 환기시키는 조건과 환경 아래에서 실시되어야 한다는 것, 일반노동자의 안전·건강의 보호를 위한 예방조치는 시설 내에서도 마찬가지로 준수되어야 한다는 것, 수형자는 그 작업에 대한 적절한 보수를 받아야 한다는 것 등에 대하여 규정하고 있다.

4. 개방교정시설에 관한 권고

1955년 제네바에서 개최된 제1회 유엔범죄방지회의에서 채택된 「개방교정시설에 관한 권고」(Recommendation on Open Penal and Correctional Institutions)는 법적구속력이 없지만, 개방적 처우시설과 관련된 입법 및 실무운영에 있어서 지도이념으로서 존중되고, 가능한 한 참작하도록 요구되고 있는 국제적 권고이다.

본 권고에서는 개방시설에 관한 정의, 입소대상이 되는 수용자 선택의 기준, 성공조건, 처우내용 등에 대하여 규정하고 있다. 특히 개방시설은 근대 행형제도의 발전에 있어 중요한 의의가 있는 것으로, 수형자의 사회복귀라는 관점에서 처우의 개별화 원칙에 가장 성공한 적용 예의 하나라는 사실을 고려할 때 가능한 한 이 제도의 적용을 확대할 것을 권고하고 있다.

5. 형태를 불문한 억류·구금 하에 있는 모든 사람의 보호에 관한 원칙

1988년 12월에 유엔총회에서 채택된 「형태를 불문한 억류·구금 하에 있는 모든 사람의 보호에 관한 원칙」(Body of Principles for the Protection of all Persons under Any Form of Detention or Imprisonment)은 법적인 구속력은 없지만, 각국에서 형태를 불문한 구류 또는 구금되어 있는 사람의 취급에 관한 입법 및 실무운영에 있어서 지도이념으로서 존중하고, 충분히 노력하도록 하는 권고적 성격을 가진 국제기준이다.

형사절차에 한하지 아니하고 모든 사람이 자의적인 체포, 구금 등으로부터 자유로워야 한다고 하는 사고에 기초하여, 그 사람의 인권을 보호하기 위한 사법적 통제의 철저라고 하는 관점에서 구류 또는 구금되어 있는 사람의 보호에 관하여 폭넓게 규정하고 있다. 교정에 관한 규정을 살펴보면 구류, 구금 등을 담당하는 기관은 수용개시시 권리 및 권리행사의 방법에 관한 정보를 제공하고 설명할 것, 징벌의 요건 및 종류 등에 대해서는 법률 또는 규칙으로 명기하고 고지할 것, 피구류자 및 피구금자 등은 자기가 받는 처우, 특히 고문 및 그 밖의 잔학한 처우에 대한 고충을 시설의 관리책임을 지는 기관과 그 상급기관 등에 대하여 신청할 권리를 가질 것 등이 규정되어 있다.

6. 외국인수용자의 처우에 관한 권고

1985년 밀라노에서 개최된 제7회 유엔범죄방지회의에서 채택된 「외국인수용자의 처우에 관한 권고」(Recommendations on the Treatment of Foreign Prisoners)는 법적인 구속력은 없지만 외국인수용자의 처우에 관한 입법 및 실무운영에 있어 지도이념으로 존중되어야 하고, 가능한 한 참작하도록 요구되는 국제적인 권고이다.

형사시설에 수용되어 있는 외국인수용자는 언어, 문화, 습관 및 종교의 차이 등의 요인에서 기인하는 다양한 어려움이 존재한다는 점을 고려하고, 적절한 처우를 위해 노력할 것, 외국인수용자에 대하여 자국민인 수용자와 같은 정도의 교육·노동 및 직업훈련의 실시, 종교상의 계율 및 습관의 존중, 그 국가의 영사부와 연락할 권리의 고지, 접견 및 통신에 대한 모든 필요에 따른 기회의 제공, 보호관찰 등에 대해 규정하고 있다.

7. 의료윤리원칙

고문 및 그 밖에 잔학한, 비인도적인 또는 굴욕적인 처우 또는 처벌로부터 피구금자 및 피억류자를 보호하는 보건직원, 특히 의사의 역할에 관한 의료윤리원칙[292]은 '구류되어 있는 사람, 구금된 사람 그리고 그 밖의 형태로 공권

---

[292] Principles of Medical Ethics Relevant to the Role of Health Personnel, Particularly

력의 관리 하에 있는 사람도 같은 인간이고, 따라서 그들의 인권도 또한 보호 받아야 한다'라는 권리의 보호를, 특히 의료종사자의 행위와 관련시켜서 촉진 하기 위하여 1982년 12월 18일 유엔총회에서 채택되었다. 법적인 구속력은 없 지만 각국이 수용자에 대하여 진료를 실시하는 의사 등의 의학상 윤리에 관한 입법 및 실무운영에 있어서의 지도이념으로서 존중되고 준수되어야 할 기본원 칙으로서 고려할 것을 요구하는 국제원칙이다.

수용자에 대하여 진료를 실시하는 보건직원, 특히 의사는 수용자에 대하 여 구금되어있지 아니하는 사람에게 실시하는 것과 동등한 질과 같은 수준의 신체적 및 정신적 건강에 대한 보호와 치료를 제공할 의무를 부담할 것과 고 문 그 밖에 잔학한 처우에 어떠한 형태를 불문하고 관여해서는 안된다는 것, 고문 및 그 밖에 잔학, 비인도적 또는 굴욕적인 처우나 그와 같은 처우로부터 의 수용자 및 피구류자 보호의 입장에서 의사 등의 의학윤리에 대하여 규정하 고 있다.

8. 법집행 공무원 행동규약

법집행 공무원 행동규약(Code of Conduct for Law Enforcement Officials)은 인권의 촉진·보호에 있어 법집행 공무원이 중요한 역할을 담당할 뿐만 아니 라, 법집행 공무원의 직무수행의 적정화를 도모하고 그들이 법집행시 인권을 침해하는 것을 우려하여 1979년 12월 17일 유엔총회에서 채택되었다. 법적인 구속력은 없지만 각국의 경찰관, 교도관 등의 직무수행에 관한 입법 및 실무운 영에 있어 지도이념으로 존중하고 준수해야 할 기본원칙으로 고려하도록 요구 되고 있는 국제규칙이다.

본 규약은 모두 6조로 구성되어 있으며 법집행 공무원은 어떠한 사람도 인 간으로서의 존엄을 존중하고 보호하여야 하며, 그 인권을 옹호하여야 한다는 것, 엄격하게 정해진 필요한 경우에 한하여 직무수행에 필요한 범위 내에서 강 제력을 행사할 수 있다는 것, 고문 또는 잔혹하고 비인도적 또는 굴욕적인 취급 이나 처벌의 어떠한 행위라도 실행, 선동 또는 허용되어서는 안 된다는 것, 직무

Physicians, in the Protection of Prisoners and Detainees against Torture and Other Cruel, Inhuman or Degrading Treatment or Punishment.

에 어긋난 어떤 행위도 해서는 안 된다는 것 등에 대하여 규정하고 있다.

9. 형사 및 교정시설 직원의 선발과 교육훈련에 관한 권고

1955년 제네바에서 개최된 제1회 유엔범죄방지회의에서 채택된「형사 및 교정시설 직원의 선발과 교육훈련에 관한 권고」(Recommendations of the Selection and Training of Personnel for Penal and Correctional Institutions)는 법적인 구속력은 없지만 형사시설 직원의 선발 및 연수에 관한 입법과 실무운영에 있어서의 지도이념으로 존중하고 가능한 한 참작하도록 요구되는 국제권고이다.

형사시설의 직원이 단순한 감시자의 입장에서 각자의 능력, 적절한 연수 및 양호한 팀워크가 필요한 중요한 사회적 업무의 담당자라는 것과 교도소 업무의 근대적 개념, 직원의 지위와 근무조건, 직원의 임용, 전문연수 등에 대하여 유의해야 할 사항에 대하여 규정하고 있다.

10. 법집행 공무원의 강제력 및 무기사용에 있어서의 기본원칙

법집행 공무원의 강제력 및 무기사용에 있어서의 기본원칙(Basic Principles on the Use of Force and Firearms by Law Enforcement Officials)은 1990년 쿠바의 수도 아바나(Habana)에서 개최된 범죄예방 및 범죄자 처우에 관한 제8차 유엔회의에서 채택되었으며, 그 성격은 비준·발효한 조약이 아니며 법적인 구속력이 없다. 각국의 경찰관, 교정직원 등 법집행공무원에 의한 실력행사 등에 관한 입법 및 실무운영에 있어서 지도이념으로서 존중하고 준수하여야 하는 기본원칙으로서 고려하도록 요구되는 국제적인 원칙이다.

주요 내용으로 자유 및 신체의 안전에 대한 권리보호에 있어서 중요한 역할을 담당하고 있는 법집행 공무원의 역할을 고려하면서 법집행 공무원에 의한 실력행사 및 무기사용시 인권에 대한 충분한 배려를 할 것, 법집행 공무원의 자격, 훈련 및 행사에 대하여 고려하여야 하는 사항에 대하여 규정하고 있다.

제4절 교정관련 국제규칙에 대한 평가

1929년 국제형법 및 형무위원회에서 기초되고 1934년 국제연맹총회에서 승인된 규칙과 제2차 세계대전 후 수용자 처우와 관련한 국제사조를 반영한 1955년 유엔최저기준규칙이 채택된 이후, 다양한 교정관계 국제규칙과 권고 등이 만들어졌다. 이러한 규칙들은 각 분야에 있어 수용자의 권리와 처우의 기준으로서 중요한 지침을 제공해 왔다. 그리고 이러한 규칙들의 바탕에 있는 사상은 모두 수용자를 인간으로서 존중하는 것으로,[293] 이러한 기본원리에 기초하여 수용자의 권리보장과 수형자의 사회복귀를 위한 처우의 원칙이 도출되었다.

따라서 유엔최저기준규칙은 수용자에게는 '권리의 장전'인 동시에 수형자의 사회복귀를 지향하는 '처우의 지침'이라고 하는 이중의 성격을 가지는 매우 중요한 국제준칙이라고 할 수 있다.[294]

1955년 제정된 유엔최저기준규칙은 시대의 흐름과 범죄자에 대한 의식의 변화 등에 따라서 개정의 필요성이 주장되었지만, 수용자를 둘러싼 각국 형사환경의 차이와 사정 등에 의하여 그 개정이 미루어지다가 2015년 개정이 이루어져 결실을 보게 되었다. 앞으로도 변함없이 각국의 행형운영과 법제정, 제도등에 있어서 기준으로 중요한 역할을 할 것으로 예상된다.

한편 유럽평의회에 의해 채택된 유럽최저기준규칙과 그 후 행해진 두 차례의 개정은 1955년 유엔최저기준규칙 성립 이후의 유럽지역의 교정시설을 둘러싼 중요한 발전과 변화를 반영하고 있다. 즉 유럽교정시설규칙 제103조 제7항에서 피수용자의 동의를 전제로 하여 회복적 사법프로그램(Programme of restoration justice)에 참가시킬 수 있다고 규정하고 있는 것도 그 예라고 할 수 있다.

한편 유엔최저기준규칙과 우리나라 교정처우의 각 영역별 국내법규와 실제의 이행실태에 대하여 수용질서, 수용자의 기본적 생활, 수형자 처우, 권리보장과 교정시설 감독, 미결수용자와 소수 수용자 관리, 교정시설 조직과 직원으로 나누어 그 이행실태를 평가한 바, 국내법규는 대체로 이행으로 평가되었

---

293 森本益之, 앞의 책(1985년), 325쪽.
294 芝原邦爾, 앞의 논문(1980년), 461쪽.

으나 교정실제와는 차이가 있었다.[295] 특히 교정처우의 영역 중 개선해야 할 사항은 수용시설과 설비의 선진화, 수형자 사회복귀 지원을 위한 처우의 내실화, 교정직원에 대한 인권교육 및 직무교육 강화, 의료처우의 선진화, 교정시설에 대한 감찰과 교도작업에서 수형자에 대한 보호가 지적되었다.

2015년 개정된 유엔최저기준규칙의 내용은 1955년 이후의 교정분야의 발전을 포함하여 대폭 개선된 내용을 반영하고 있기 때문에 현행 형집행법의 개정 필요성을 요구하는 한편, 개정시 최저기준으로서의 중요한 준거점이 될 뿐만 아니라 현행 교정실무의 개선을 요구하고 있다. 따라서 새로 개정된 유엔최저기준규칙은 앞으로의 행형운영의 최소기준으로 활용하고, 각 분야를 개혁할 때에는 그 밖의 제기준 등도 참고하여야 한다.

---

295 자세한 내용에 대해서는 최영신·이승호·윤옥경·금용명, 재범방지를 위한 교정보호의 선진화 방안 연구(Ⅲ) -총괄보고서-, 한국형사정책연구원, 2014년 12월, 89~121쪽 참조.

제 5 장 행형제도

제 1 절 구금제도

1. 서

　　형벌은 사회 일반에 받아들여진 행동양식을 준수하지 아니하거나 준수하기를 거부하는 구성원에 대해 공동체가 부과하는 최후의 제재를 의미한다. 형벌 중 자유형의 집행방법은 구금주의와 유형주의로 나눌 수 있다.[296]

　　유형주의는 범죄자를 일정한 기간 동안 일정한 지역에 보내어 체재시키는 방법으로 사형의 대체 또는 완화방법으로 이용되었다. 이러한 유형주의는 범죄인을 사회로부터 격리시킬 수 있을 뿐만 아니라 구금에 따르는 비용을 절감할 수 있어 영국 등 유럽 국가의 식민지 개척에 이용되었으나 오늘날에는 찾아보기 어렵다. 우리나라에서도 조선시대까지의 형벌 가운데 유형이 있었다.

　　구금주의는 범죄자를 일정한 시설에 구금하여 자유를 박탈하고 고통을 가함으로써 일방예방의 효과를 거두는 동시에 각종 처우를 통해 교화하여 궁극적으로 사회로 복귀시키는 것이다. 이러한 구금주의는 형태와 관련하여 엄정독거구금, 완화독거구금, 혼거구금 등으로 분류되고 있다. 그러나 최근에는 사회복귀측면이 강조되어 개방처우, 외부통근, 반구금, 주말구금, 귀휴 등과 같은 사회적 처우가 활발하게 실시되고 있다.

2. 독거구금

가. 의의

　　독거구금이라 함은 상호 범죄수법의 전파나 범죄성의 감염, 통모를 방지하기 위하여 수형자를 교정시설 내의 단독실에 구금하여 서로간의 접촉을 방지하는 구금방식을 말한다. 이는 가장 고전적인 구금형태로 침묵과 회상을 통하여 반성과 속죄를 하게 함으로써 개선을 촉진하는 데 중점을 두는 방식이다.

　　독거구금과 관련하여 펜실베니아제와 오번제에 대하여 논하면서 일반적

296　허주욱, 교정학(2013년), 177쪽.

으로 전자를 엄정독거구금, 후자를 완화독거구금의 원형이라고 하고 양제도를 구금방법에 관한 연혁의 문제로 논하는 경우가 많다. 그러나 자유형의 역사에서 논한 바와 같이 양 제도는 미국에서 식민지시대의 사형과 신체형 중심의 형벌체계로부터 자유형 중심의 체계로의 변혁기에 그 이행을 견인하는 데에 큰 공헌을 한 중요한 감옥개량운동이었고 또한 그 후 행형상의 여러 제도에 대하여 귀중한 반성과 검토의 재료를 제공하였다.[297] 유엔최저기준규칙은 '취침시설이 각 거실마다 설치되어 있는 경우 개별 수용자에게는 야간에 독거실이 제공되어야 한다(제12조).'고 규정하고 있다.

나. 연혁

중세 수도원 구금에서는 규칙을 위반한 수도사를 독거구금하여 회개와 반성을 하도록 하였다. 그러나 형벌의 집행과 관련한 독거수용은 1704년 교황 클레멘스 11세가 산미켈레(San Michele)소년감화원에서 소년에 대하여 야간독거수용을 실시한 바 있고, 빌렌(Vilain) 14세가 1772년부터 1775년까지 벨기에 간트감옥에서 일반 범죄인을 대상으로 실시한 것이 시초라고 할 수 있다.[298] 그 후 존 하워드는 1777년 발간한『영국과 웨일즈에서의 감옥실상』에서 채무자와 범죄자, 남자와 여자, 소년과 성년이 혼거하여 아무런 작업을 하지 않고 무위도식하고 소년이 성인 범죄자로부터 범죄를 배우는 등의 폐해를 지적하면서 혼거구금의 무질서와 비위생을 개선하기 위한 방법으로 반독거형태인 주간 또는 야간 독거구금을 주장하였다.[299] 하워드의 영향으로 영국에는 호샴(Horsahm), 글로세스터(Gloucester), 페트워드(Petworth)에 독거감옥이 설립되었다.[300]

미국에서는 범죄인의 정신적 개선방법으로 하워드가 주장한 독거구금과 교회의 참회사상을 결부시킨 독거구금이 펜실베니아주 퀘이커(Quaker)교도들에 의해 구체화되었다. 펜실베니아제라고도 하는 이 구금방식은 윌리암 펜(William Penn, 1644~1718)[301]에 의해 주도된 펜실베니아주의 퀘이커교도들에

---

297 小澤政治 저·금용명 역, 앞의 논문(상)(2005년), 89쪽.
298 신양균, 앞의 책(2012년), 104쪽／허주욱, 앞의 책(2013년), 178쪽.
299 배종대·정승환, 行刑學, 弘文社, 2002년 8월 30일, 139~140쪽／신양균, 앞의 책(2012년), 104쪽.
300 허주욱, 교정학(2013년), 179쪽.
301 윌리암 펜은 펜실베니아 식민지 건설자로서 퀘이커교도이다. 그는 찰스 2세로부터 식민지 건설의 특허장을 받아 1682년 미국으로 건너와 같은 해 펜실베니아 형법전을 제정하였다.

의해 시도되었고, 이후 1787년 감옥개량을 목적으로 설립된 '공공감옥의 참상을 구제하기 위한 필라델피아협회'에 의해 지지되었다.

펜실베니아제는 기도를 통한 자기반성과 성찰의 기회를 주기 위하여 1789년 법에서 1년 이상의 노동병과의 구금형을 선고받은 자를 월넛스트리트 구치시설(Walnat Street Jail)[302]에 수용하여 소규모로 시도하였으나 동 구치시설은 미결구금자를 일시적으로 구금하는 소규모의 시설이었기 때문에 한계가 있다. 다수의 수형자를 수년 내지 수십년 동안 구금하는 동시에 시설 내에서의 생활을 통제 및 관리하는 새로운 시도로 이 실험을 최초로 추종한 것은 1797년에 개설된 뉴욕주 뉴게이트감옥이었으나 얼마 지나지 않아 1810년대에는 과잉구금상태에 빠져들었다.

당시 미국의 감옥은 과잉구금과 관리운영체제의 미숙 때문에 혼란상태에 있었고 그 원인의 대부분이 혼거구금의 폐해라는 것을 반성하면서 1820년대 이후 독거실을 갖춘 감옥을 건설하였다. 이러한 경향을 선도한 것이 펜실베니아주로, 월넛스트리트 구치시설 이후 1818년법에서 서부감옥(Western State Penitentiary)과 1821년법에서 동부감옥(Eastern State Penitentiary)의 설치가 각각 승인되었으며 전자가 1826년에, 후자가 1829년에 각각 수용을 시작하였다. 1830년 이후 펜실베니아제의 명성은 유럽 각지에 전파되어 모범적 사례로 평가받았고 유럽국가들이 견학하기 위해 방문하였으며, 19세기 후반 이후 유럽의 감옥개량운동의 원동력이 되기도 하였다. 그러나 인간의 본성인 사회성 습득과 수용자의 교화개선을 위한 사회적 훈련 및 공동생활방식에 대한 고려가 결여되었다는 비판과 함께 과잉구금을 해소하기 위하여 차례로 혼거구금을 인정하였다.

이 형법전은 시행시기가 짧았으나(1682년~1718년) 사형과 신체형 중심의 당시 형벌체계와는 달리 관용을 취지로 하는 퀘이커파의 교의를 기초로 사형범죄를 모살범에만 한정하고 대다수의 죄에 대하여 벌금 및 구금형을 규정하여 자유형중심의 형벌체계를 수립한 획기적인 형벌이었다(H.E.Barnes. The Evolution of Penonlogy in Pennsylvania: A Study in American Social History, Indiananpolis: Bobbs – Merrill Co. 1927년, 31~37쪽).

302 월넛스트리트구치시설은 1773년에 건설되었고 영국군이 철수한 후인 1778년부터 시의 구치시설로 사용되고 있었으며 당시의 다른 시설과 마찬가지로 수용자를 혼거구금하였다. 그러나 1789년법과 1790년법에서 일정한 수형자를 독거구금하도록 규정함에 따라 주립감옥으로 사용되어 그 운영이 크게 개선되었다. 최종적으로 설치된 독거실은 불과 36개(남자용 24, 여자용 12)로 독거구금의 운영에 대해서는 성공을 거두었다고 보기 어렵다.

반면 뉴욕주에서는 뉴게이트감옥의 과잉구금상태를 개선하기 위하여 1816년부터 오번감옥을 건설하기 시작하여 1818년 완성되었으며, 혼거실을 위주로 하는 감옥으로 건축되었다. 그러나 혼거구금의 폐해가 현저하였기 때문에 펜실베니아제의 영향을 받아 기존의 28개의 혼거실 외에 61개의 독거실을 추가로 설치하여 주야독거구금을 실시하였다. 그러나 수형자에게 정신적인 문제가 발생하거나 건강상태가 악화되는 등 혼거구금에 못지않게 많은 문제가 발생하였기 때문에 1823년 12월 주야독거구금의 실험은 종료하였다. 1832년까지 770개의 거실을 정비하였고, 1828년에는 싱싱감옥이 개설되어 1,000개의 독거실이 정비되었다.

1823년 오번감옥의 2대 소장인 엘람 린즈는 혼거구금과 엄정독거구금의 단점을 제거하고 장점을 취한 절충적인 구금제도를 창안하였다. 즉 극단적인 독거구금으로 인한 폐해와 혼거구금의 폐해인 범죄성향 등의 감염을 막기 위하여 수용자를 주간에는 공장에 취업시키면서 상호간의 대화를 엄격히 금지하고 야간에는 독거실에 구금하는 오번제를 실시하였다. 오번제는 오번감옥에서의 주야독거구금의 실패에서부터 싱싱감옥의 설치승인까지 사이에 오번감옥에서 확립된 처우방식이다. 오번제는 교도작업을 적극적으로 활용하였다는 점에서 펜실베니아제에 비하여 진일보한 제도라고 할 수 있다.[303] 즉 펜실베니아제는 독거수용으로 명상을 통한 종교적 반성을 촉구하는 등 정직한 인간을 만드는 데에 중점을 둔 반면, 오번제는 산업시대가 지향하는 생산성 향상을 목표로 공동노동과 엄격한 훈육을 통해 복종적 시민을 만드는 데에 중점을 두었다. 다만 양 제도 모두 수형자는 사회로부터 격리되어야 하고 훈육을 통해 개선될 수 있다는 믿음에 기초하고 있다는 점에서 다르지 않다고 할 수 있다.

수형자를 주간에 공장에 취업하도록 하는 완화독거구금은 생산적인 분업과 기계의 활용이 가능한 합리적인 경영형태이며 재정적·경제적 측면에서 펜실베니아제 보다 진일보한 것으로 평가받았다.[304] 이와 같이 주간 공동노동,

---

303 허주욱, 행형학, 일조각, 1992년 11월 10일, 137쪽.

304 미국에서 구금형태에 대한 논쟁은 유럽 각국에서 비상한 관심을 불러일으켜 공식방문단을 파견하여 자세한 실태조사를 하였고 보고서를 작성하였다. 그중 유명한 것이 보몽(Beaumont)과 토크빌(Tocqueville)의 것이다. 이들은 보고서에서 '필라델피아 방식은 수형자의 양심에 깊은 인상을 만들어낸다는 점에서 오번방식 보다 큰 개선효과를 도모할 수 있으나, 오번방식은 사회적 존재로서의 인간의 본성에 보다 합당하다고 할 수 있으며, 이로 인해 사회적 규율과 의무를 준수하게 만든다는 점에서 더 많은 개선효과를 거둘 수 있을 것

야간독거, 절대적인 침묵유지, 강압적인 규율과 징벌을 특징으로 하는 완화독거구금은 당시 노동력이 필요로 했던 미국에서 지지를 받았으며 그 후 1825년 싱싱감옥을 비롯하여 미국의 감옥 모델로 전파되었다. 그러나 오번제에 대해서는 펜실베니아제의 엄정독거에 따른 폐해를 방지하는 데에는 유리하였으나 수용자의 노동력을 착취하는 수단이 되었다는 비판이 있었다. 즉 완화독거구금은 혼거에 따른 폐해를 최소화하기 위하여 절대적인 침묵을 강조하고 강압적인 규율과 징벌을 남용하는 등 수용자들에게는 억압적인 구금방식으로 인식되었으며 나아가서 노동력을 착취하는 수단으로 사용되었다는 비판을 받았다.[305] 또한 엘람 린즈는 '질서유지를 위하여 수용자에게 엄격한 규율을 강요하였고, 가혹한 징벌을 부과하였기 때문에 당시 수용자들은 희망보다는 공포 속에서 생활해야 했다.'고 말했다.[306]

양 제도에 대한 논쟁은 남북전쟁(1861)까지 계속되었지만 펜실베니아제를 추종한 것은 2개주에 불과하였고 오번제가 당시 미국의 주류가 되었다.[307] 오번제가 주류가 된 이유는 펜실베니아제에 비해서 재정부담이 적기 때문에 경제적으로 매력적이었다는 점과 펜실베니아제 보다 제도로서의 확립과정이 원활하게 진행되었다는 점을 들 수 있다. 그러나 오번제는 가혹한 징벌에 대한 비판과 교도작업의 쇠퇴 때문에 펜실베니아제 보다 먼저 붕괴하기 시작하였다.[308]

산업혁명의 급속한 진행은 범죄의 증가로 이어졌고 필연적으로 교도소 수용인원의 증가를 초래하였다. 이러한 과잉구금으로 인해 펜실베니아제도 더 이상 독거구금을 유지할 수 없었기 때문에 1866년부터 종말이 시작되었다.[309] 다시 말하

이다. 이 말이 타당하다면 필라델피아방식은 보다 정직한 인간을, 오번방식은 보다 복종적인 시민을 만들어 낼 것이다.'라고 주장하였다.

305 신양균, 앞의 책(2012년), 105쪽.
306 1819년법의 징벌의 종류는 채찍질, 병금벌, 족가 또는 공개대의 3종류가 정식으로 인정되었지만 시행상의 편리함 때문에 채찍질이 가장 많이 사용되었다고 한다.
307 小澤 政治 저/금용명 번역, 앞의 논문(상)(2005년), 97쪽.
308 일반적으로 펜실베니아제는 엄격한 독거구금의 폐해로 인해 채 20년이 못되어 쇠퇴하였으며 그 이유로 엄정독거구금은 구금성 정신질환을 유발하고 인도적인 견지에서 바람직하지 못하며, 범죄자의 사회복귀에 지장을 초래하였기 때문에 새로운 구금제도를 필요로 하였고 따라서 완화 독거구금인 오번제가 만들어지게 되었다(허주욱, 앞의 책(1992년), 134쪽)고 하지만, 오번제가 펜실베니아제 보다 먼저 붕괴되었다.
309 N.K. Teeters & J.D. Shearer. The Prison at Philadelphia: Cherry Hill. New York: Columbia Univ. Press(1957) 218쪽.

면 펜실베니아제는 과잉구금을 해소하기 위해 더 이상 독거구금을 유지할 수 없었기 때문에 붕괴하기 시작하였으며, 서부감옥은 1869년법으로 혼거구금을 합법적인 구금방법으로 인정하였고, 동부감옥은 1913년에 혼거구금을 합법화하였다.

다. 독거구금의 종류

독거구금은 처우내용에 따라 주야엄정독거와 주간혼거·야간독거인 완화독거구금으로 구분할 수 있다. 전자는 교회, 운동, 목욕 등 모든 처우를 개인별로 하는 방식이고 후자는 작업, 교회, 목욕, 교육, 운동, 진료 등의 경우에는 집단으로 하는 방식이다.

1) 엄정독거구금

엄정독거구금란 수형자 한 사람을 1개 거실에 주·야간 수용하는 구금방식을 말하며 펜실베니아제, 필라델피아제, 분방제라고도 한다. 이는 수형자에게 독거수용을 통해 자기반성과 갱생을 도모하려고 하는 것으로 중세 교회의 참회사상과 존 하워드가 주장한 독거구금, 그리고 퀘이커교도의 감옥개량운동 등의 사상이 결합된 구금방식이다. 침묵이 강요되고, 운동·목욕 등 기본적 처우는 물론 접견·작업·교회 등 모든 처우를 자신의 거실 내에서 실시하는 등 다른 수용자와의 접촉이 일체 허용되지 않는다.

엄정독거구금의 장점은 수형자에게 자신의 비행에 대한 회오와 반성의 기회를 주는 등 정신적인 교화에 효과적이고, 다른 수형자와의 혼거에서 초래되는 악습과 범죄성 등의 감염폐해를 방지할 수 있으며, 출소 후 범죄자간 교류를 통한 범죄를 예방할 수 있고, 모의에 의한 폭동이나 난동 등 교정사고를 사전에 막을 수 있어 수형자의 계호와 규율유지가 용이하며, 수형자의 명예보호와 개별처우에 적정을 기할 수 있고, 질병 그 밖의 정신이상자를 발견하기 쉽고 감염병의 예방 및 확산방지에 효과적이며, 미결수용자의 경우 증거인멸의 방지에 효과적이라는 점 등이 있다.

단점은 다른 사람과의 모든 접촉을 차단하는 것은 사회적 존재인 인간본성에 반하고, 독립적인 생활공간 확보를 위한 건축비용상승 등 국가재정 증가의 부담을 초래하며, 수형자간 상호 감시기능을 활용할 수 없어 감시 등에 많은 인력이 소모되고, 고립으로 인한 자해·자살·정신장애 등 정신적·생리적 장애를 유발할 수 있으며, 행형실무상 집단적으로 실시하는 교육·교회·운동·작업 등의 처우가 곤란하고, 공동생활에 대한 적응능력을 기를 수 없어 원만한 사회복귀를 어렵게 한다는 점 등이다.

2) 완화독거구금

완화독거구금이라 함은 수형자를 주간에는 혼거생활을 하게 하고, 야간에는 독거구금하여 혼자 생활하게 하는 구금방식을 말한다. 주간에는 침묵 속에서 작업을 한다는 점에서 침묵제 또는 교담금지제라고도 하고, 엄정독거구금보다 완화된 구금형태라는 점에서 완화독거구금 또는 반독거구금 또는 야간에만 독거수용한다는 점에서 야간독거구금 그리고 엄정독거구금과 혼거구금의 장점을 가지고 있다는 점에서 절충제라고도 한다.

완화독거구금의 장점은 주간에는 작업에 취업시켜 공동생활에 적응하도록 함으로써 독거로 인한 정신적·육체적인 질병을 예방할 수 있는 한편 사회적 존재인 인간본성에 적합하고, 주간에는 교담을 금지하고 야간에는 독거구금을 함으로 수형자 상호간의 범죄성향의 악풍감염을 방지할 수 있으며, 공모에 의한 도주·난동·소란·부정행위 등 교정사고를 예방할 수 있고, 공장작업에 취업시킬 수 있어 작업경영상 합리적·경제적이고 직업훈련에 용이하며, 엄정독거구금 보다 시설건축에 드는 경비가 절약된다는 점 등을 들 수 있다.

반면에 단점은 수형자 상호간 의사소통을 금지하는 것은 인간본래의 사회성에 배치되는 것으로 사회적응 훈련에 적합하지 못하고, 계호상 감시 및 규율유지가 곤란하며, 교담금지를 위반함으로 인한 규율위반사례가 증가할 우려가 있고, 엄정독거구금에 비하여 비위생적이고 방역이 곤란하며, 공동으로 하는 교육이나 작업시 의사소통이 불가능하여 작업능률이 저하되기 쉽고, 운영상 효율을 기하지 못하면 독거구금과 혼거구금의 단점이 모두 나타날 수 있다는 점 등이 있다.

3. 혼거구금

혼거구금이란 여러 명의 수용자를 같은 거실 또는 공장에서 함께 생활하도록 하는 구금방법으로 잡거제라고도 하며, 이는 행형제도의 발달사에 있어 가장 오래된 자유형의 집행방법이다.[310] 혼거구금은 고대부터 근대까지 범죄자를 사회로부터 격리하는 데에 그 목적이 있었으나 근대 이후 교육형주의의

---

310 허주욱, 앞의 책(2013년), 183쪽.

대두와 더불어 공동생활을 통한 사회성을 기르고, 출소 후 사회에 원만하게 적응하도록 하는 데에 그 목적을 두게 되었다. 즉 독거구금은 개인의 정신적 개선에 중점을 두는 구금형태라고 한다면 혼거구금은 인간의 사회성 배양에 중점을 두는 구금형태라고 할 수 있다.

혼거구금은 관리상의 편리와 경제상의 이유에서 인정되었지만 다양한 범죄자를 혼거함으로 인한 악풍감염의 폐해가 초래되어 교정시설이 범죄자 양성학교로 전락되었다는 비판과 함께, 위생상으로 많은 문제를 가지고 있다. 이러한 혼거구금의 폐해를 줄이기 위하여 혼거상태에서 상호간 교담을 제한하는 침묵제나 분류제 등이 활용되었다.

혼거구금의 장점은 공동생활을 통한 사회적응능력을 기르기에 적합하고 출소후 사회복귀에 도움이 되며, 형벌집행과 처우에 있어 통일을 기할 수 있고, 건축비와 인건비·비품·소모품 등 수용관리비용을 절감할 수 있으며, 작업과 직업훈련 등을 통해 노동생산성의 향상을 기할 수 있고, 고립으로 인한 정신적 장애나 자살 등을 방지할 수 있으며, 수용자 상호간의 감시를 통해 계호의 사각지대를 줄일 수 있다는 점 등을 들 수 있다.

단점은 수형자 상호간에 악습 및 범죄학습의 기회가 확대되고 증거인멸·도주·부정행위 등이 발생하기 쉬우며, 석방 후 교도소에서 만난 자들끼리 공모에 의한 범죄를 저지를 가능성이 높고, 계호상 개인에 대한 감시와 질서유지가 어려우며, 독거구금에 비해 비위생적이고 특히 방역상 곤란한 점이 있으며, 거실이나 공장내에서 수형자간 모의에 의한 증거인멸·도주·난동 등 교정사고나 분쟁을 일으킬 가능성이 높고, 동성간의 성적 교류 등 성범죄가 발생할 가능성이 있으며, 거실내 공동생활에 따른 책임의식이 희박하여 관급품이나 대여품 등이 낭비될 우려가 있다는 점 등을 들 수 있다. 이 중 가장 심각한 폐해는 동료의 간접경험을 통해 새로운 범죄수법을 익히는 이른바 '범죄학교'로 전락하는 문제일 것이다.[311]

4. 분류제

분류제란 수용자 개인의 적성이나 개성에 따라 몇 가지 유형으로 분류한

---

311   배종대·정승환, 앞의 책(2002년), 141쪽 / 허주욱, 앞의 책(2013년), 184쪽.

후, 유형별로 수용하여 처우하는 제도를 말하며 수용자에 대한 계호와 교정처우를 합리적으로 실시하는 것을 목적으로 한다.[312] 이 제도는 혼거구금의 문제점을 개선하기 위하여 고안된 제도로 엄중독거구금이나 완화독거구금의 경우에는 수용자 분류의 필요성은 그다지 높다고 할 수 없다. 왜냐하면 엄정독거구금에서는 수용자가 항상 독거수용되어 있기 때문에 수용자에 대한 분류 자체가 필요없고, 완화독거구금의 경우에도 주간혼거 시에 절대적 침묵이 요구되며 야간에는 독거수용되기 때문에 마찬가지이다.

수형자 분류는 목적에 따라 수용관리에 중점을 둔 수용분류와 재사회화에 중점을 둔 처우분류로 나눌 수 있다. 수용분류는 수형자의 성별, 연령, 형명(刑名), 형기, 죄질 등을 기초로 수형자의 보호나 관리에 중점을 둔 분류를 말하고 처우분류는 수형자의 적성, 능력 등을 고려하여 교육·작업·직업능력개발훈련 등 구체적인 처우에 중점을 둔 분류를 말한다.

우리나라는 법률상 독거수용원칙을 규정하고 있지만, 국가재정상의 문제와 시설 및 인력의 부족 등으로 실제로 혼거구금으로 운영되고 있기 때문에 수형자에 대한 과학적 분류와 이에 따른 다양한 처우방식을 적용하고 있다. 현행 형집행법은 혼거수용을 인정하는 한편 혼거제의 폐단을 줄이기 위하여 분류제를 규정하고 있다. 형집행법은 수용자의 거실을 지정하는 경우 죄명·형기·죄질·성격·범죄전력·나이·경력 및 수용생활태도, 그 밖에 수용자의 개인적 특성을 고려하도록 하고 있다(법 제15조).

수용자 분류제도에 대한 자세한 내용은 제3편 제8장 수형자 분류편에서 자세하게 다루고 있다.

5. 그 밖의 구금제도

가. 수형자자치제

1) 의의

수형자자치제(Inmate Self-government System)는 한편으로는 교도소 내 질서를 유지하고, 다른 한편으로는 자신의 사회복귀를 준비하는 자치활동으로 행형을 운용하는 제도로 수형자의 사회적응을 위한 훈련에 중점을 두고 수형

---

312 배종대·정승환, 앞의 책(2002년), 143쪽.

자 스스로의 책임에 기초하고 있다.[313] 따라서 이 제도는 사회적 훈련에 중점
을 둔 시설 내 민주주의의 실험이라고 할 수 있다. 수형자자치제는 자치가 허
용되는 범위에 따라 시설 내의 모든 부분에 걸쳐 자치를 허용하는 전면자치제
와 작업이나 계호 또는 교화활동 등 일부에 대해서만 자치를 허용하는 부분자
치제로 나눌 수 있다.

2) 연혁

수형자자치제의 기원은 19세기 초 미국과 유럽의 소년감화원이나 소년구
호원 등에서 실시한 것에서 찾을 수 있으며 1826년부터 1831년까지 웰즈
(E.M.P. Wells)가 보스턴소년감화원(Boston House of Reformation)에서 최초로
실시하였다.[314] 그곳에서 실시한 제도는 크로프턴의 아일랜드 누진처우제에
가까운 것으로 세 개의 불량급과 세 개의 양호급을 두었으며 자신의 노력으로
상위급으로 진급이 가능하였다. 일과는 5시간 반의 작업, 4시간의 수업, 2시간
15분의 레크리에이션, 1시간 반의 식사, 1시간 15분의 기도로 채웠다.[315] 또
다른 예는 1833년에는 비헤른(H. Wihern)이 독일 함부르크소년구호원에서 실
시한 기록이 있고, 1860년대 블록웨이가 주도한 디트로이트교정원에서는 완
전한 자치제가 실시되었다고 한다.

1895년 뉴욕주 프리빌(Freeville)시에 윌리암 조지(William George)의 이름
을 딴 조지소년소녀공화국(George Junior Republic)이 설립되었다.[316] 윌리암 조
지는 자신의 토지에 14세에서 21세까지의 소년 100명과 소녀 50명을 수용하여 정
부를 모델로 한 작은 공화국을 건설하였다. 공화국은 입법, 행정, 사법의 세 개 부
분으로 나뉘어졌고 대통령, 내각, 의원 등이 있었으며 원생은 시민의 역할을 하면
서 권력분립을 모방한 자치제를 시행한 것이 수형자자치제의 선례가 되었다.

한편, 교정시설 관리와 수형자 처우라고 하는 두가지 면에 대한 책임을
결합한 원칙을 교정시설에 도입하는 것은 소년시설보다 훨씬 어려웠기 때문에
행형제도로 도입한 것은 20세기초 오번감옥이다. 오번시장 출신인 오스본

---

313 허주욱, 앞의 책(2013년), 649~650쪽 / 배종대·정승환, 앞의 책(2002년), 145쪽 / 신왕식, 앞
    의 책(1988년), 197쪽.
314 배종대·정승환, 앞의 책(2002년), 237쪽.
315 Torsten Eriksson, 앞의 책(1976년), 132~134쪽.
316 이백철, 앞의 책(2020년), 238쪽.

(Thomas Mott Osborne)은 1913년 오번감옥 소장의 허락하에 톰 브라운(Tom Brown)이라는 가명으로 8일 동안 자원수형자가 되어 교도소의 문제점을 직접 체험하였다. 그는 영국의 정치가 글래드스턴(W. Gladstone)이 "사람을 자유에 적합하게 하는 것은 오직 자유 뿐이다."라고 말한 것을 신조로 수형자에게 1일 1선을 권장하면서 수형자는 선량한 수형자가 아닌 선량한 시민으로 양성되어야 한다고 주장하였다. 이후 수형자 자치단체인 상호복지연맹(The Mutual Welfare League)을 조직한 후 이를 중심으로 수형자자치제 실시를 건의하였고, 뉴욕주 지사와 오번감옥 소장의 동의하에 1914년 오번감옥에서 시행하였다. 그는 1914년 12월 1일 싱싱감옥 소장으로 부임하여 오번감옥와 마찬가지로 황금율조합(Golden Rule Brotherhood)을 만들고 60명의 대표자로 구성된 위원회를 구성하여 수형자자치제를 실시하였다. 당시 이 조합에서 실시한 프로그램 중에서 중요한 것은 음악과 연극으로 비교적 먼거리에 있는 다른 시설에 가서 공연을 하기도 하였다. 초창기에는 교도작업의 수익성, 질서유지 등에서 큰 성과를 거두었으나 나중에 일부 관리상의 문제점이 노출되면서 선정적인 언론보도 등의 문제로 사임하면서 교도소 민주주의의 시도는 실패로 끝났다.[317] 그 후 수형자자치제는 포츠머스해군교도소, 1914년 뉴저지주립 엘라웨이감화원, 1915년 코네티컷주립 체셔감화원, 1918년 뉴저지주립 클린턴팜여자감화원 등으로 확대되었다.[318]

3) 형사정책적 의의

수형자자치제는 어디까지나 자유형을 집행중인 수형자들의 자치이기 때문에 완전한 자치가 아니라 그 의미와 효과가 제한적인 자치에 해당된다. 그리고 수형자자치제를 실시하기 위해서는 다음과 같은 전제조건이 마련되어야 한다.

먼저 자치제를 실시하더라도 자유형 집행의 본질을 벗어나서는 아니된다. 또한 자치제 대상 수형자에 대한 과학적 조사와 분류가 선행되어야 하고 민주시민의식의 함양을 위한 처우프로그램이 마련되어 있어야 한다. 독거구금에서는 자치를 허용할 수 있는 영역에 한계가 있으므로 혼거구금하에 운영되어야 하고, 대규모 교도소에서는 소수의 수형자에 의하여 일반 수형자들이 지배될

317　Samuel Walker 저/장영민 역, 앞의 책(2007년), 147~148쪽.
318　허주욱, 앞의 책(2013년), 651쪽.

수 있으므로 소규모 교도소에서 실시하는 것이 바람직하다. 또한 정기형제도
하에서는 자치능력을 습득하지 못한 수형자라도 형기종료가 도래하면 사회에
복귀시켜야 하므로 부정기형제도 아래에서 운용하는 것이 바람직하다.[319] 그
리고 자치제는 수형자에 대한 불신이 있는 경우에는 성과를 거두기 어렵기 때
문에 직원과 수형자 사이에 인간적인 유대관계가 형성되어 있어야 한다. 그 밖
에 사회의 민주화가 성숙되고 건전한 시민의식이 정착되어야 교도소내의 문화
도 자율적 풍토가 정착될 수 있으므로 사회 자체가 민주화되어야 한다.

　수형자자치제의 장점은 수형자에게 독립심과 자립심을 키워줌으로써 자
기통제력을 회복시켜 줄 수 있고, 수형자의 저항과 엄격한 계호주의의 폐단을
극복할 수 있으며, 수용질서의 유지에 도움이 되고, 수형자와 교도관의 인격적
관계를 회복시킴으로써 교정의 효율성을 극대화할 수 있으며, 계호에 따르는
인력 및 시설 등의 비용을 절감할 수 있고, 명예심과 경쟁심의 자극을 통하여
자력개선의지를 고양할 수 있으며, 수형자의 사회성 훈련 및 사회적응능력을
함양할 수 있다는 점 등이 있다.

　반면에 단점은 범죄자에게 많은 자유를 주는 것은 국민의 법감정에 부합
되지 아니하고, 형벌의 위하력이 약화되어 수용생활이 범죄에 대한 반성과 회
오의 계기가 되지 않고 오히려 범죄자의 악성만을 키우는 결과가 될 수 있으
며, 자율성과 책임성이 없는 수형자에게는 그 효과를 기대하기 어렵고, 소수의
힘있는 수형자에 의해 대다수의 일반 수형자가 억압되거나 통제되는 폐단을
초래할 수 있으며, 법집행의 준엄함과 교도관의 권위를 저하시킬 수 있고, 선
량한 시민보다는 단순히 선량한 수형자를 만드는 데 그치기 쉽다는 점 등이
있다.

4) 현행법상 수형자자치제

　우리나라의 행형실무에서는 수형자자치제를 전면적으로 시행하고 있지
아니하고, 부분적인 자치생활을 보장하고 있다. 자치생활의 대상자는 개방처
우급, 완화경비처우급 수형자로 소장은 이들에게 자치생활을 허가할 수 있고

319　수형자자치제는 자치능력이 함양될 때까지 부정기형제도와 결합하여 운용해야 효과가 있
　　 다는 주장에 대하여 수형자자치제를 수단이 아닌 목적으로 이해한 데서 비롯된 잘못된 주
　　 장이라는 견해도 있다. 자세한 것은 배종대·정승환, 앞의 책(2002년), 239쪽 참조.

자치생활의 범위는 인원점검, 취미활동, 일정한 구역 안에서의 생활 등으로 한다(법 시행규칙 제86조 제1항, 제2항).[320] 그리고 자치생활 수형자들이 교육실, 강당 등 적당한 장소에서 월 1회 이상 토론회를 할 있도록 하여야 한다(동조 제3항). 소장은 자치생활 수형자가 법무부장관 또는 소장이 정하는 자치생활 준수사항을 위반한 경우에는 자치생활 허가를 취소할 수 있다(동조 제4항).

나. 카티지제

카티지제(Cottage System)란 수형자를 개인적 적성과 특성에 따라 여러 개의 소규모 집단으로 분류하여 수용한 후 각 집단별로 가족적인 분위기에서 집단별 특성에 적합한 처우를 실시하는 것을 말한다. 이 제도는 대규모 시설에서 획일적인 처우를 실시하는 것에 따르는 부작용을 보완하기 위하여 시도된 소집단처우제도이다.[321] 카티지제는 과학적 분류제도와 부정기형이 전제될 때 효과적이며 수형자자치제의 한 형태라고 볼 수 있다.

카티지제는 1854년 미국 오하이오주 랭커스터의 오하이오학교에서 처음 실시되었고,[322] 1904년 뉴욕주 청소년보호수용소(Juvenile Asylum)에서 채택한 이래 여자교도소와 소년교도소는 물론 성인교도소까지 확대되었다. 그 후 이 제도는 1913년 캘빈 데릭에 의해 수형자자치제와 결합하여 운용되었다. 소집단의 카티지 내에서 자치를 허용함으로써 결국 누진처우와 연결되는 형태로 발전하였으며 1922년 보스턴감화원, 1927년 메사추세츠주 노포크감옥 등에서 실시되었다.

카티지제의 구체적인 내용은 다음과 같다. 먼저 수형자를 적성 및 개별특성에 따라 카티지로 분류하고 각 카티지 별로 자치활동을 보장하지만 엄격한 행동제한과 처우방법이 강구되었다. 하나의 카티지의 인원은 통상 20~30명 정도이며, 독립된 가옥에 이들을 분류수용하고, 가족적인 분위기 속에서 생활하도록 하였다. 가장 모범적인 것으로 알려진 벨기에의 소년카티지제의 사례를 보면 같은 교도소 내에서 카티지를 4등급으로 나누어 분류심사를 위한 분류감, 가족적인 교정처우, 전면적 자치처우, 그리고 마지막으로 시설외 출입

---

320 형집행법시행규칙에서는 부분적인 자치활동에서 중대한 잘못이 발견 된 경우 자치활동허가를 취소할 수 있다(구분류처우규칙 제46조 제4항)는 공동책임에 대한 내용을 삭제하였다.

321 배종대·정승환, 앞의 책(2002년), 145쪽.

322 배종대·정승환, 앞의 책(2002년), 238쪽 / 이백철, 앞의 책(2020년), 243쪽 / 이윤호, 앞의 책(2012년), 303쪽.

이 허용되는 반자유처우를 실시하였다고 한다.

이러한 카티지제는 누진처우제 및 자치제와 결합하여 분류와 처우를 가족적으로 소형화함으로써 수형자의 개별처우에 적합하고 점수제와 독거구금이나 혼거구금의 단점을 보완할 수 있는 반면, 시설의 소규모화에 따른 재정부담이 크고 범죄인에 대한 과도한 배려는 국민의 법감정 및 피해자의 감정과 부합하지 않으며 과학적 분류제도와 전문직원의 확보가 선행되지 아니하면 제도의 장점을 살리기 어렵다.

다. 선시제도

선시제도(Good Time System)란 규율을 잘 준수하고 작업에 적극적으로 참여하여 그 실적이 우수하며 선행을 한 수형자에게 그 대가로 일정한 형기를 단축시켜 주는 제도로 선행보상제도 또는 형기자기단축제도라고도 한다. 이 제도는 형기 그 자체가 경감되는 것이 아니라 수형자의 노력에 따라 석방시기가 단축된다는 점에서 형기 자체가 단축되는 감형과는 구별된다.

선시제도를 실시하는 목적은 법률의 엄격성을 완화하고, 교도소의 규율유지에 도움이 되며, 작업독려 및 수익증대에 기여하고, 개선의욕을 자극하는 데 있다.

선시제도는 가석방제도가 창안되기 이전인 19세기 초 은사제도를 남용하지 않으면서 정기형제도의 엄격성을 완화할 목적으로 미국에서 창안되었다. 1817년 뉴욕주에서 최초로 선시법이 제정되어 행상이 양호한 수형자를 대상으로 형기의 4분의 1을 단축하는 방법으로 시행된 이래, 1868년까지 24개 주로 확대되었다.[323] 그 후 호주, 뉴질랜드, 캐나다 등 영미법계 국가에서 이를 채택하여 다양한 형태로 운용하고 있다. 일본은 제2차 세계대전 중 수형자를 조선공장에 출역시키면서 행장이 양호하고 근면한 자에게 2일을 3일로 환산하는 방법으로 시행한 적이 있다. 우리나라에서는 1948년 「우량수형자석방령」으로 시행하다가 1953년 10월 3일 형법제정시 폐지하였다.

선시제도와 가석방은 다음과 같은 점에서 구별된다. 먼저 선시제도는 시설내 처우인 반면, 가석방제도는 사회내 처우이다. 또한 선시제도는 법률에 정한 일정요건이 충족되면 반드시 석방하여야 하지만, 가석방의 경우 요건이 충

---

323 이백철, 앞의 책(2020년), 244~245쪽 / 해리 앨런·에드워드 라테사·브루스 판더 저, 박철현·박성민·곽대훈·장현석 공저, 앞의 책(2020년), 507쪽.

족되더라도 가석방하지 않을 수 있다. 그리고 선시제도는 형기가 실질적으로 단축되지만, 가석방은 형기중 사회내 처우로 형의 집행방법이 변경되는 것이다. 선시제도는 위험성 유무와 관계없이 수형생활 중 선행과 근면정도를 기준으로 한다는 점에서 행형성적의 우수 외에도 재범위험성이 없음을 요하는 가석방제도와 구별된다. 한편, 선시제도는 형기계산이 복잡하고, 행형성적이 좋아도 개선되지 않을 수 있으며, 교활한 수형자에게 유리한 제도로 이용될 수 있다는 점 등은 누진처우제도와 유사하다.

오늘날 여러 국가들이 과밀수용해소를 위해 선시제도를 활용하고 있으며 통상적으로 양호한 수형생활과 선행의 지속 및 성실한 의무수행, 그리고 모범적인 행위를 요건으로 하고, 그 밖에 작업목표의 초과 달성이나 생산성 향상을 위한 제안 등을 특별요건으로 하고 있다.

선시제도의 장점은 행형성적이 우수한 수형자의 석방시기를 단축해 줌으로써 선행을 장려할 수 있고, 본인의 노력만 있으면 다른 요건이 없어도 석방시기를 앞당길 수 있으므로 정기형의 경직성을 완화할 수 있으며, 수형자의 시설 내 질서유지에 도움이 되는 한편 수용생활을 올바른 방향으로 유도할 수 있고, 작업성적을 올리기 위해 스스로 노력하는 등 작업능률을 향상시킬 수 있다는 점 등을 들 수 있다. 반면 형기계산이 복잡하고, 사법부가 결정한 형기를 행정부가 변경하는 것은 삼권분립의 원칙에 반하며, 요령있는 수형자에게 유리하게 이용될 여지가 많고, 행형성적이 우수한 수형자가 반드시 건전한 시민이 된다고 보기 어려우므로 형사정책상 불합리하고, 수형자의 선행에 따라 요건이 충족되면 별도의 심사없이 석방하여야 하므로 사회방위에 불리하며, 성공적인 사회복귀를 위한 교화개선 보다 수용관리의 방편으로 이용될 소지가 많고, 본래의 목적인 교화개선보다 수형자를 관리하는 측면에 중점을 두어 운영되었고, 궁극적인 동기부여 보다 처벌의 부정적 형태로 운영되어 왔다는 등의 비판이 있다.

라. 개방처우

개방처우란 다양한 의미로 사용되고 있지만, 전통적인 시설내 처우가 폐쇄된 시설 내에서 외부와의 접촉을 차단하는 방식으로 이루어짐에 따라 여러 가지 문제들이 야기되었던 점에 대한 반성으로 시설내 처우에 기반을 두면서도 시설의 폐쇄성을 완화하여 구금의 폐해를 최소화하고, 수형자를 가능한 한 일반 사회인의 생활에 가깝게 함으로써 재사회화에 기여하고자 하는 처우방식을 말한다.[324] 한편 전통적인 구금방식은 공동체 생활이 기본이 되는 일반사회의 생활방식과는 본질적으로 다르기 때문에 수형자의 재사회화에 어려움을 줄 수 있다. 따라서 구금에 따른 폐해를 최소화하면서 사회복귀를 위한 처우가 가능한 다양한 방안들이 각국에서 고안되어 시행되고 있다. 이러한 방안들을 사회적 처우라고 부른다.

개방처우는 개방시설에서 처우하는 협의의 개방처우와 폐쇄시설의 한계를 극복하기 위한 다양한 방식의 처우, 즉 외부통근제, 주말구금제 등과 같은 반자유처우 또는 출소준비를 위한 중간처우를 포함하는 광의의 개방처우로 구분된다.[325]

개방처우는 범죄자를 시설에 수용하지 않고 사회에서 일반인과 같이 생활하도록 하면서 보호관찰관 등의 지도, 감시와 원호를 통하여 그 개선, 갱생을 도모하는 방식인 사회내 처우 또는 지역사회에 기반을 둔 처우와는 달리 시설내 처우를 전제로 하면서 시설내 처우의 폐해를 최소화하는 방식을 취한다는 점에 특징이 있다. 그리고 개방시설의 특징은 도주에 대비한 주벽, 자물쇠, 철격자, 무장하거나 또는 특별한 보안 등 물질적 또는 물리적 예방장치를 갖추지 아니할 것과 자율과 수용자가 공동으로 하는 집단에 대한 책임에 기초한 제도이다.[326] 이는 수용으로 인한 불필요한 폐해를 최소화할 수 있도록 물리적으로 도주를 경계하는 설비가 없어야 하고, 수용자에 대한 신뢰관계를 기초로 하여야 한다.

개방시설은 전통적으로 폐쇄된 교정시설의 일부로서 개방시설을 운영하거나, 개방교도소와 같이 시설전체를 개방시설로 운영할 수 있다. 전자와 같이 운영할 경우 처우의 지속성이 유지될 수 있고, 개방시설에서 규율을 위반하거나 위험성이 있으면 즉시 폐쇄시설로 보낼 수 있는 장점이 있다. 후자의 경우에는 전체 교도소의 시설, 정책, 자원 등을 개방처우에 맞출 수 있기 때문에 완전한 형태의 개방처우가 가능하여 개방처우의 목적을 달성할 수 있다는 장

---

324 신양균, 앞의 책(2012년), 352쪽 / 이백철, 앞의 책(2020년), 247쪽.
325 이백철, 앞의 책(2020년), 247쪽.
326 1955년 제1차 범죄예방 범죄자 처우에 관한 유엔회의에서 채택된 「개방교정시설에 관한 권고」 참조(법무부 교정본부, 교정관계 국제규약집, 2015년, 587~589쪽).

점이 있다.[327]

개방처우의 형사정책적 의의는 첫째 구금완화를 통해 형벌의 인도주의에 기여하고, 둘째 구금기능을 최소화하고 교화개선기능을 극대화함으로써 자주성이 신장되어 사회복귀능력을 향상시킬 수 있으며, 셋째 도주방지를 위한 각종 보안설비를 설치할 필요가 없고 계호인력을 절감할 수 있으며 효율적인 작업으로 수익성을 확보할 수 있다는 점에서 경제적이고, 넷째 개방처우제도의 확대는 수형자 상호간의 교류를 활성화시키고 처우활동의 폭을 확장시켜 교정처우의 다양화에 기여한다.[328] 그러나 개방처우제도는 일반 국민의 법감정에 위배되고, 도주의 우려가 상존한다는 단점이 있다.

개방처우는 교정의 인도화와 사회화에 기여함은 물론 교정의 목표인 범죄자의 개선과 사회복귀에 긍정적으로 기여할 수 있는 점에서 긍정적으로 평가되고 있다.

6. 현행법상 구금제도

가. 서

현행법은 독거구금을 원칙으로 하고 예외적으로 혼거구금을 할 수 있다고 규정하고 있다. 즉 수용자는 독거수용하고 다만 ① 독거실 부족 등 시설여건이 충분하지 아니한 때, ② 수용자의 생명 또는 신체의 보호, 정서적 안정을 위하여 필요한 때, ③ 수형자의 교화 또는 건전한 사회복귀를 위하여 필요한 때의 어느 하나에 해당하는 사유가 있으면 혼거수용할 수 있다(법 제14조).

교정시설을 새로 설치하는 경우에는 수용자의 거실수용을 위하여 독거실(獨居室)과 혼거실(混居室)의 비율을 적정한 수준이 되도록 한다(법 시행령 제4조). 여기서 말하는 독거실과 혼거실의 구별은 물리적인 형태에 의한 구별이 아니라 거실의 사용방법에 의한 구별로 1인용 넓이의 거실이라 하더라도 복수의 수용자가 사용하는 경우는 혼거실이며, 그 반대의 경우도 마찬가지이다.[329]

헌법재판소는 수용자의 독거수용을 요구할 권리가 있는지에 대하여 다음과 같이 판단하였다. 행형법 제11조는 '수용자는 독거수용한다. 다만 필요한

---

327 이윤호, 앞의 책(2012년), 296쪽.
328 이백철, 앞의 책(2020년), 248쪽.
329 林眞琴·北村篤·名取俊也 공저/안성훈·금용명 등 번역, 앞의 책(2016년), 110쪽.

경우에는 혼거수용할 수 있다. 혼거수용의 경우에는 수형자의 형기·죄질·성격·범수(犯數)·연령·경력 등을 참작하여 거실을 구별수용한다.'라고 규정하여 독거수용을 원칙으로 하고 있으나, 필요한 경우에는 혼거수용을 할 수 있도록 규정하고 있을 뿐, 수용자의 독거수용 또는 혼거수용 신청 등이 있을 경우에 어떻게 할 것인지에 대하여는 아무런 규정이 없으므로, 소장이 수용자의 독거수용 주장을 받아들일 법률적 의무는 존재하지 아니한다.[330] 교정시설을 어떻게 활용할 것인지의 문제는 수용자와 교도인력의 숫자와 비율, 교정시설의 규모와 수준, 교도행정의 효율성 등 제반 사정을 고려하여 교정시설의 장이 결정할 것이라고 할 것이고, 수용자가 사용되지 않고 있는 독거실의 사용을 요청하는 경우 소장이 이를 허용해야 할 작위의무가 헌법의 문언이나 해석에서 도출된다고 할 수 없다.[331]

> 비록 형집행법은 독거수용을 원칙으로 하고 있지만, 필요한 경우 혼거수용을 할 수 있도록 하고 그 밖에 수용자의 거실을 지정하는 경우 수용자의 여러 특성을 고려하도록 하고 있는바, 그렇다면 교정시설의 장에게 모든 수용자를 독거수용하여야 할 의무가 있다고 볼 수 없으며, 수용자를 교정시설 내의 어떤 수용거실에 수용할지 여부는 수용자의 교정교화와 건전한 사회복귀를 도모할 수 있도록 구체적인 사항을 참작하여 교정시설의 장이 결정할 수 있다 할 것이다. 나아가 헌법이나 형집행법 등에 수용자가 독거수용 신청을 할 수 있다는 규정이나, 그와 같은 신청이 있는 경우 이를 어떻게 처리할 것인지에 대한 규정도 존재하지 아니한다. 이러한 점을 고려하면 수용자에게 독거수용을 신청할 권리가 있다고 할 수 없다(헌재 2012. 12. 26. 2012헌마935 참조), (헌재 2013. 6. 4. 2013헌마287).

우리나라 교정시설에서 대부분의 수용자를 혼거수용하고 있는 현실과 형집행법상 독거수용의 원칙은 법과 현실과의 불일치를 보여주는 예라고 할 수 있다. 유엔최저기준규칙과 다른 국가의 형집행법상 규정은 독거수용을 원칙으로 하지 아니하고 야간독거수용 또는 독거수용을 권장하거나 오히려 독거수용을 엄격하게 제한하고 있으며, 미결수용자와 기결수용자 등 수용자의 신분에 따라 별도의 조문에서 규정[332]하고 있는 추세이다. 2015년 유엔최

---

330 헌재 2006.6.20. 2006헌마621.
331 헌재 2013.5.21. 2013헌마339.
332 일본 형사수용시설법 제35조 및 제37조, 이탈리아 형집행법 제6조.

저기준규칙 개정시에 엄정독거구금의 제한적 사용에 대한 논의가 있었고 엄정독거구금의 기준을 마련하는 데 있어서 각국의 합의에 도달하기까지 상당한 의견이 있었다.[333]

구금형태와 관련하여 각국의 형집행법은 독거사유와 기간 등을 제한하거나 혼거수용시 특별히 고려하여야 하는 사항에 대하여 규정하고 있다. 따라서 독거수용 또는 혼거수용 등 수용형태를 통한 행형목적의 달성이 아니라 과학적 분류와 개별처우 등을 통하여 행형운영의 효율화를 도모하면서 재사회화라고 하는 교정의 목적을 달성하는 방향으로 운영해야 할 것이다. 향후 수용자의 신분에 따른 수용형태의 구분, 개별처우와 관련한 교정시설의 여건 등을 고려한 수용 등 현대적 의미에 맞게 형집행법을 개정하는 것이 바람직하다.

나. 독거수용

독거수용은 처우상 독거수용과 계호상 독거수용의 2종류가 있다.

처우상 독거수용이란 주간에는 교육·작업 등의 처우를 위하여 일과(日課)에 따른 공동생활을 하게 하고 휴업일과 야간에만 독거수용하는 것을 말한다(법 시행령 제5조 제1호). 통상 독거수용의 원칙에서 독거수용이라 함은 처우상 독거수용을 말한다. 처우상 독거수용은 수형자의 재사회화를 위해 공동생활을 통한 사회적응을 가능하게 한다는 점에서 형사사법의 국제적인 경향에 부응한다고 할 수 있다.[334]

계호(戒護)상 독거수용이란 사람의 생명·신체의 보호 또는 교정시설의 안전과 질서유지를 위하여 항상 독거수용하고, 수사·재판·실외운동·목욕·접견·진료 등을 위하여 필요한 경우를 제외하고 다른 수용자와의 접촉을 금지하는 것을 말한다(법 시행령 제5조 제2호).[335] 계호상 독거수용은 주·야간독거수용하는 것을 원칙으로 하고, 일정한 처우가 제한되므로 징벌적 성격을 지니는 독거수용의 방식이라고 할 수 있다.

계호상 독거수용은 사람의 생명·신체의 보호 또는 교정시설의 안전과 질

---

333 자세한 내용은 제1편 제4장 제1절의 2015년 유엔최저기준규칙 중 주요개정내용 참조.
334 신양균, 앞의 책(2012년), 108쪽.
335 독거거실 수용자들에 대해서는 행정적 제재 및 교정의 필요상 TV시청을 규제할 필요성이 있으므로 독거수용 중인 청구인이 TV시청을 제한받게 되었다고 하더라도 이러한 행위가 곧 합리적인 이유가 없는 자의적 차별이라고 할 수 없어 평등원칙에 위반된다고 볼 수 없다(헌재 2005. 5. 26, 2004헌마571).

서유지를 위하여 하는 것으로서 수용자의 권리를 제한할 여지가 있기 때문에 법 시행령은 계호상 독거수용자에 대한 시찰에 관하여 규정하고 있다.

즉, 교도관은 계호상 독거수용자를 수시로 시찰하여 건강상 또는 교화상 이상이 없는지를 살펴야 한다. 시찰결과 계호상 독거수용자가 건강상 이상이 있는 것으로 보이는 경우에는 교정시설에 근무하는 의사에게 즉시 알려야 하고, 교화상 문제가 있다고 인정하는 경우에는 소장에게 지체 없이 보고하여야 한다. 의무관은 계호상 독거수용자의 건강상 이상이 있는 것으로 보인다는 통보를 받은 즉시 해당 수용자를 상담·진찰하는 등 적절한 의료조치를 하여야 하며, 계호상 독거수용자를 계속하여 독거수용하는 것이 건강상 해롭다고 인정하는 경우에는 그 의견을 소장에게 즉시 보고하여야 한다. 소장은 계호상 독거수용자를 계속하여 독거수용하는 것이 건강상 또는 교화상 해롭다고 인정하는 경우에는 이를 즉시 중단하여야 한다(법 시행령 제6조).

실무에서는 모든 독거수용자를 대상으로 반기 1회 독거수용 적정 여부를 교도관회의를 통해 심의하고 그 결과에 따라 독거수용여부를 결정하고 있다.

다. 혼거수용

혼거수용을 하는 경우에는 혼거에 따른 폐해를 최소화하기 위하여 대상수용자를 신중하게 선정하고, 시설 내 설비 등에 있어서 수용자 개인의 사생활 보호에 배려하여야 하며, 시설의 안전과 질서유지를 위해 필요한 조치를 취하여야 한다.[336] 유엔최저기준규칙의 '혼거실이 사용되는 때에는 그 환경에서 서로 사이좋게 지낼 수 있는 수용자를 신중하게 선정하여 수용하여야 한다. 이 때에는 시설의 성격에 맞추어 야간에 정기적인 감독이 수행되어야 한다(제12조 제2항).'는 규정도 같은 취지이다.

혼거수용의 기준은 3명 이상으로 하고 다만 요양이나 그 밖의 부득이한 사정이 있는 경우에는 예외로 한다(법 시행령 제8조). 혼거수용의 제한에 대하여 형집행법은 '노역장 유치명령을 받은 수형자와 징역형·금고형 또는 구류형을 선고받아 그 형이 확정된 수형자를 혼거수용해서는 아니된다. 다만, 징역형·금고형 또는 구류형의 집행을 마친 다음에 계속해서 노역장유치명령을 집행하거나 그 밖에 부득이한 사정이 있는 경우에는 혼거수용할 수 있다(법 시행

---

336 신양균, 앞의 책(2012년), 109쪽.

령 제9조).'라고 규정하여 법적 지위가 다른 노역장 유치명령을 받은 자와 자유
형을 선고받은 수형자를 분리해서 수용하도록 하고 있다.

　　그리고 소장은 수용자의 생명·신체의 보호, 증거인멸의 방지 및 교정시
설의 안전과 질서유지를 위하여 필요하다고 인정하면 혼거실·교육실·강
당·작업장, 그 밖에 수용자들이 서로 접촉할 수 있는 장소에서 수용자의 자리
를 지정할 수 있다(법 시행령 제10조).

제 2 절　분류제도와 누진처우제도

1. 서

　　자유형 집행의 역사에 있어서 가장 중요한 역할을 담당하여 온 제도는 분류제도
와 누진처우제도라고 할 수 있다. 수형자 처우의 목표를 재사회화에 두는 행형사상의
등장에 따라 양 제도의 기능과 역할이 중요성을 더하여 갔으며 그 취지는 서로 중복
되는 면도 있어서 양자의 관계는 반드시 명확하게 파악되어 있지 아니하다.

　　수형자를 성별, 연령, 범죄의 종류 등에 따라 분류수용하는 원칙적인 분류
는 이미 16세기 말에 나타났다고 할 수 있지만 현재의 분류 또는 분류수용은
심리학, 교육학, 사회학, 의학 등 소위 과학의 발달에 따라 영향을 받은 과학적
분류로서 보다 광범위한 내용을 포함하고 있다. 이것은 범죄인의 분류와는 구
별된다. 범죄학에서 행해지는 범죄인 분류는 범죄의 과학적 인식에 따라 이루
어진 분류로 범죄자를 대상으로 하는 분류임에 대해, 수형자의 분류는 교정시
설에서 처우상 이루어지는 분류로 수형자를 대상으로 한다.[337]

　　누진처우제는 오스트레일리아에서 시작된 이래 각국에 제도적으로 정착
되었고 일부분에서는 어느 정도 과학적 분류의 영향을 받은 형태로 법제화되
었다. 그러나 누진처우제는 분류제에 비해 비교적 고정화된 것으로 파악되었
고 비판이 누진처우제도에 집중되었다. 상대적으로 분류제는 개념의 애매함과
더불어 운용면에서도 비판이 있었지만 과학의 발전에 따라 행형운영에 있어
비교적 호의적으로 받아들여진 경향이 있다. 또한 누진처우제가 자유형의 집

337　허주욱, 앞의 책(1992년), 36~37쪽.

행, 그것도 비교적 오랫동안 징역형에 적용되었고, 행형이라고 하는 관념에 보다 친숙하여 온 것에 비해 분류제는 폭넓은 적용범위를 가지고 있으면서 '처우' 내지 '치료'라고 하는 관념에 보다 친숙한 것도 이 경향에 박차를 가하는 결과가 되었다.[338]

우리나라에서는 형집행법 개정에 따라 누진처우제는 이미 적어도 규정상으로는 과거의 제도가 되었지만 그 이념 자체는 결코 의의를 잃어버린 것은 아니다. 이것을 어떻게 활용하여 분류제와 조화를 도모하여 가느냐는 것이 앞으로의 과제이다.

2. 연혁

가. 분류제도

1) 연혁

수형자에 대한 분류는 근대적 자유형의 탄생과 함께 시작되었다고 할 수 있다. 그러나 초기의 수형자 분류는 그 목적을 분리수용에 두었으며 성별 또는 연령별로 분리수용하는 매우 초보적인 형태였다.[339] 근대적 자유형의 시작이라고 하는 네덜란드 암스테르담징치장에서 남녀혼거수용의 폐단을 막기 위하여 1597년 여성수용자를 분리수용한 것이 성별에 따른 분류의 시초라고 할 수 있고, 동 교정원에서 1603년 성인들과 분리하여 소년교정원을 설치한 것이 연령에 따른 분류의 시작이었다.[340] 1703년 교황 클레맨스 11세는 산미켈레(San Michele)수도원 내에 소년감화원을 설치하여 소년수용자들을 연령 및 범죄성의 정도에 따라 분류수용하였고, 1775년 벨기에의 간트감옥에서는 수형자에 대하여 성별·연령·죄질에 따른 분류수용을 시행하면서 야간에는 엄격한 분리구금, 주간에는 혼거상태에서 노동에 종사하도록 하였다.[341]

연령이나 성별, 범죄의 경중과 같은 고전적 형태의 분류를 넘어 현대적 의미에서 체계적 분류가 이루어진 것은 18세기 말 이후이다. 19세기와 20세기에는 자연과학의 발달과 더불어 범죄생물학, 범죄인류학, 범죄사회학, 범죄심리학 등이 행형에 많은 영향을 주었고 수형자에 대한 개별조사와 진단기술의

338　宮澤浩一·西原春夫·中山研一·藤木英雄 編著, 앞의 책(1972년), 121~122쪽.
339　이윤호, 앞의 책(2012년), 158쪽.
340　배종대·정승환, 앞의 책(2002년), 163쪽 / 허주욱, 앞의 책(1992년), 37쪽.
341　배종대·정승환, 앞의 책(2002년), 163쪽 / 이영근, 분류처우론, 시사법률, 1995년, 31~32쪽.

개발로 분류와 처우에서 혁신적 성과를 거두게 됨에 따라 종래의 고전적 기준 이외에 체질적 차이, 심리적·감정적 차이, 정신적·육체적 건강 상의 차이, 직업적인 숙련의 유무 및 개선의 가능성 유무 등을 분류의 기준으로 고려하는 종합적인 과학적 분류처우제도가 정착되었다.[342]

현대적 의미의 과학적 분류는 베르바에크(Lours Vervaeck)가 1907년 벨기에 포레스트(Forest)감옥의 수형자에 대하여 과학적 인격검사를 실시하고 그 결과에 따라 사회적 요인에 의한 범죄자, 심리학적 결함에 의한 범죄자 및 이들의 혼합형 등 세 종류로 분류한 후 각각에 따른 적절한 처우방법을 선택한 것에서 시작되었다.[343] 독일에서는 1922년 바이에른에서 시행된 누진처우제도 중에 범죄생물학적 조사에 의한 범죄자 분류를 채용하였다. 스트라우빙(Straubing)감옥에서 하나의 구역을 만들어 그곳에서 전면적인 생물학적인 조사를 시작하였으며 심리학, 정신의학적인 조사 외에 수형자의 신상관계조사 등이 실시되었다.[344] 미국에서는 1918년 미국 뉴저지주의 트렌튼(Trenton)감옥에서 최초로 시행되었고, 이어서 뉴욕주의 싱싱감옥에서는 분류를 전담하는 분류센터(Clearing House)를 두어 종합적인 분류를 시도하였으며,[345] 이는 미국 내의 각 주에는 물론 세계 각국에도 큰 영향을 주었다.

분류의 개념은 유럽과 미국이 본질적으로 다른 관점에 기초하고 있다. 즉 유럽에서는 연령, 성, 범죄횟수, 정신상태 등에 따라 범죄자를 집단으로 수용하고 각 시설에서 그들을 어떻게 분류하는가를 의미하는 데 반해, 미국의 행형이론과 실무에서 사용하고 있는 분류는 진단(diagnostic), 지도(orientation), 처우(treatment) 등이라는 용어를 사용하여 개인에 대한 진단과 치료 등 개별화에 중점을 두고 있다. 다시 말하면 유럽에서 수형자 분류의 특징은 수형자를 어떤 시설에 수용한 후 그 시설 내의 하위집단으로 편성하여 처우하여야 하는가라

---

342 이창수, 수형자분류처우제도의 문제점과 개선방안, 조선대학교 법학논집, 1998년, 793쪽.
343 허주욱, 앞의 책(2013년), 580쪽/宮澤浩一·西原春夫·中山硏一·藤木英雄 編著, 앞의 책(1972년), 131쪽
344 허주욱, 앞의 책(2013년), 580쪽/宮澤浩一·西原春夫·中山硏一·藤木英雄 編著, 앞의 책(1972년), 131쪽.
345 허주욱, 앞의 책(2013년), 581쪽/이영근, 앞의 책(1995년), 35쪽/이순길·김용준, 교정학, 고시원, 1999년, 406면.

는 집단처우에 기초를 둔 분류를 의미하였다.[346] 그러나 미국에서는 범죄자 한 사람 한 사람이 다른 개성을 가진 인격체이고 범죄원인도 각각 다르기 때문에 그들을 개선하여 사회에 복귀시키기 위해서는 개별적 특성에 따른 처우를 하여야 하고, 그 전제로 수형자 개개인의 내면에 대한 과학적 조사와 평가를 하여 고유한 문제와 특수한 사정을 고려하여 분류하는 것을 의미하였다.[347]

한편, 1950년 헤이그에서 개최된 제12회 국제형법 및 형무회의에서는 특수한 수형자의 의료, 분류 및 처우의 개별화, 행형시설에 있어서 수형자 분류 시 기본으로 삼아야 할 원칙을 채택하였으며, 1955년의 유엔최저기준규칙은 분류의 기본원칙을 규정하고 각국에 그 실천을 권고하였다.[348]

2) 우리나라 분류제도

조선시대까지는 자유형과 같은 형벌이 존재하지 아니하였기 때문에 근대적인 분류의 개념이 등장한 것은 1894년 제정된 「감옥규칙」과 「징역표」가 제정된 이후부터라고 볼 수 있다.[349] 징역표는 조선의 전통적 행형에서 근대적 행형으로 전환하는 과도기적 특징을 보여주고 있으며, 이는 수형자에 대한 분류와 단계적 처우제도의 근대적 효시라고 할 수 있다.[350] 1923년 5월 5일에는 감옥을 형무소로 개칭하였고 개성소년형무소를 설치하여 연령에 따른 분류수용을 하였다. 그 후 1935년 7월 나환자를 수용하는 광주형무소 소록도지소를 설치하였으며, 1937년에는 부산형무소 마산지소를 불구자나 노인수형자를 집금하는 수용소로, 공주형무소를 심신미약수형자를 집금하는 시설로 지정하였다.[351]

이와 같은 분류개념은 1923년 소년수형자에 대한 계급제도의 실시, 1948년 「우량수형자석방령」의 시행 등으로 이어지다가 1956년 10월 29일 「행상심사규정」(부령 제20호)과 1957년 9월 25일 「수형자 상우규정」(부령 제23호)이 제정·시행되면서 현대적 의미의 과학적 분류처우개념이 확립되었다. 그러나 당

---

346 新田建一, 受刑者の分類處遇,「行刑の現代的視點」, 有斐閣, 1981년, 70쪽.
347 김화수, 행형법학, 동민출판사, 1991년, 372쪽.
348 허주욱, 앞의 책(2013년), 574쪽 / 이영근, 앞의 책(1995년), 35쪽.
349 자세한 내용은 법무부 교정본부, 앞의 책(2010년), 204~211쪽 참조.
350 조택현, 우리나라 분류처우제도의 변천과정, 교정, 2009년 8월호, 통권 400호, 17쪽.
351 강영철, 현행 수형자분류처우제도의 문제점과 개선방안, 교정연구, 제8호, 한국교정학회, 1998년, 61쪽.

시는 처우의 객관성이 결여되고 비과학적인 측정방법 등 운영상의 문제점이 지적되었다.[352] 이러한 문제점을 개선하고 수형자에 대한 처우를 합리화·과학화하기 위하여 1964년 7월 14일「수형자분류심사방안」(예규교 제39호)을 제정하여 수형자의 개성과 능력 및 범죄원인을 과학적으로 진단·분류하여 수형자의 개별처우에 적정을 기하였다. 그 후 1969년 5월 13일 분류심사와 행상심사를 일원화한「교정누진처우규정」(법무부령 제111호)[353]이 제정·시행되어 분류처우제도가 본격적으로 정착되기 시작하였다.

1980년 12월 22일 행형법 개정을 통해 수형자분류처우의 근거규정을 마련하였으며, 1991년 3월 14일「교정누진처우규정」이「수형자분류처우규칙」으로 개정되어 수형자처우는 분류처우와 누진처우로 개편되었다. 그러나 2008년 12월 22일 시행된 형집행법과 관련 법령에서는 누진처우규정이 삭제되었고 또한 수형자분류처우규칙이 형집행법 시행규칙에 흡수·통합됨에 따라 분류처우의 단일화가 시작되었다. 이에 따라 수형자의 처우 및 관리와 관련하여 처우등급을 기본수용급, 경비처우급, 개별처우급으로 구분하고 교정시설 경비등급을 개방시설, 완화경비시설, 일반경비시설, 중(重)경비시설 등 4등급으로 구분하여 수형자의 분류심사의 결과에 따라 분류수용하여 차별화된 처우가 가능하도록 하였다. 이는 기존의 획일적인 누진처우제도에서 수형자의 개별특성에 맞는 분류처우제도로 전환되는 계기가 되었다.

나. 누진처우제도

1) 연혁[354]

1791년 아더 필립(Arthur Philip)이 오스트레일리아 뉴 사우스 웨일즈에서 가석방을 실시하였으나 자유식민자들이 이 원칙 없는 가석방에 대하여 강한 반대를 하였기 때문에 1822년에는 형기를 4기로 나눈 누진처우제도가 만들어졌다. 이것이 누진처우제도의 맹아로 보여지지만 알렉산더 마코노키(Alexander Maconochie)는 영국의 유형지인 오스트레일리아에서 이러한 형벌집행의 상황을 근거로 하여 1840년부터 1844년 사이에 형기의 제1단계를 형벌단계(penal stage), 제2단계를 사회

---

352 김화수, 앞의 책(1991년), 386쪽.
353 이 규정은 행장심사규정(법무부령 제20호, 1956. 10. 2)과 수형자 상우규정(법무부령 제23호, 1957. 9. 25)을 일원화한 것이다.
354 자세한 내용은 Torsten Eriksson, 앞의 책(1976년), 89~97쪽 참조.

화 단계(social stage), 제3단계를 개별화 단계(individualized stage)로 하는 누진처우제도를 완성하여 오스트레일리아 노포크섬에서 실시하였다.[355] 이 제도는 그 후 영미국가와 대륙국가에 도입되었다.[356]

누진처우제도 탄생에 있어 단초를 제공한 영국의 추방형에 대하여 검토하고자 한다. 수형자 추방은 17세기 초 영국에서 시작되었으며, 가장 오래된 기록은 엘리자베스 1세에 의해 제정된 1598년 법률에서 찾아볼 수 있다. 그 당시 영국은 실업문제로 골치를 앓고 있었고 다른 한편으로는 미국의 새로운 식민지에는 노동력이 부족하였다. 강도범 등은 당시의 준엄한 법률로 사형을 선고하였지만, 그 중 체력이 강한 사람은 식민지로 보내질 뿐 그 이상의 제제는 받지 아니하였다. 1619년 제임스 1세는 100명의 품행이 좋지 않은 여성을 버지니아의 식민지로 보내어 여성부족해소에 도움이 되도록 하였다. 그렇지만 추방형이 형벌의 일종으로 형벌제도로 받아들여진 것은 1678년 및 1682년 법률이 통과되고 나서이다.[357] 최초에는 다양한 유형의 추방자에 대하여 특별한 제한규정이 없었기 때문에 많은 사람이 영국으로 돌아오는 다음 배편으로 귀국하고 말았다. 그 때문에 18세기 중엽에는 은사(恩赦)는 피추방자가 식민지에 잔류하는 것을 조건으로 하여서만 부여한다고 규정하였다.

초기 수십년 동안 영국정부는 추방자를 인수받은 사람에게 1명당 5파운드를 지불하였으나 1717년 이후는 선장에게 형집행기간 동안 수형자에게 일을 시키는 권리를 부여하였다. 이 방법은 수형자를 노동상품으로 이해하게 된 계기가 되었고 선장은 미국에 도착한 후 이 권리를 다른 사람에게 양도할 수 있었다. 당국은 수형자가 은사조건에 위반하여 영국 본토에 귀국하는 경우를 제외하고 수형자에게는 아무런 관심을 가지지 아니하였다. 수형자 운반선이 식민지에 도착하면 그들의 노동력은 최고액의 입찰자에게 판매되었고 선장은 이 노동상품을 새로운 소유자에게 양도하였다.

미국에로의 추방은 1776년 미국이 독립할 때까지 계속되었다. 그 후 이 제도는 1778년 오스트레일리아에 도입되었고, 미국에서 시행된 제도와는 달

---

355 藤本哲也, 앞의 책(2008년), 234~235쪽／이백철, 앞의 책(2020년), 103~104쪽.
356 川出敏裕·金光旭, 앞의 책(2018년), 180쪽.
357 Torsten Eriksson, 앞의 책(1976년), 89쪽.

리 수형자는 형기종료까지 국가의 수형자였다.

추방형에 대하여 전혀 상반되는 두 가지 평가가 존재하였다. 하나는 잔학한 형벌로 간주하는 평가이고, 또 하나는 수천명의 범죄자가 모국에서는 기대할 수 없는 행운을 잡을 기회가 주어졌다고 하는 평가이다. 그러나 영국 당국의 태도에는 하나는 상습범죄자를 추방하는 편법이라고 하는 면이고, 또 하나는 식민지에의 노동력 제공이라고 하는 두 가지 측면이 있었다.

1790년까지는 오스트레일리아 식민지의 총독에게 추방된 수형자의 형기를 경감하는 권한이 부여되었다. 이것은 초기에는 완전사면의 형태로 실시되었지만 얼마 지나지 않아 가석방증이라고 하는 조건부 사면제도가 도입되었다. 이 가석방증에는 석방된 범죄자는 국가에 대한 노동의무가 해제되고, 일정지역 내에서 직업을 찾는 자격이 있다고 하는 취지의 내용과 총독의 서명이 포함되어 있었다. 이 제도는 1811년까지는 상당히 순조롭게 진전되었으며 가석방되는 수형자의 선정에 관한 각종 기준이 추가되었다. 1821년에는 중노동 7년 이하의 경우는 4년 경과 후, 14년 이하는 6년 경과 후, 종신형에 대해서는 8년 경과 후에 선량한 행동을 하는 것을 조건으로 석방할 수 있었다. 1842년에는 이 제도는 더욱 복잡해졌다. 예를 들면 수형자는 우선 형기의 일부(길게는 18개월까지) 동안 밀방크(Millbank) 또는 펜톤빌(Pentonville)의 독거감옥에 수용되었다. 그 다음에는 종신형의 경우는 노포크섬으로, 단기형의 경우는 벤 디멘즈 랜드(Van Diemen's Land)로 이송되었다. 단기형의 수형자와 일정기간 후 벤 디멘즈 랜드에 이송된 종신형 수형자는 감시 하에 노동을 하는 가석방 전 관찰집단으로 편성되었다. 그 후 행동이 선량하면 시험적 외출증이 주어졌고 한정된 자유와 임금을 받기 위한 민간의 일에 종사할 자격이 주어졌다. 그리고 다음으로 최종 단계로서 가석방증이 주어졌다.

1853년 영국 의회는 새로운 형사법인 중징역법(Penal Servitude Act)을 제정하였다. 동법에 의하여 형기 14년 이하의 수형자는 영국의 감옥에 수용되었지만 형기 14년 이상의 수형자는 영국 내의 감옥에 수용하거나 또는 일정기간 감옥에 수용한 후 추방을 결정하는 권한이 재판관에게 주어졌다. 7년 이상 10년 미만의 형을 받은 수형자는 4년 내지 6년 후, 형기가 10년부터 15년의 경우에는 6년 내지 8년 후에 가석방증을 얻을 수 있었다. 그러나 추방형에 대하여 오스트레일리아의 반대가 강해 결국 이 관행은 1857년 법률로 중지되었다.

　　1853년 법률은 영국 내에서는 거의 반대가 없었으나 그 후 수년 동안 범죄율의 증가가 국민의 관심을 불러일으켰다. 추방형의 적용이 감소하였고 동시에 영국에 남을 수밖에 없게 된 수형자에 대하여 점차 3단계의 처우가 발달하였다. 제1단계는 최장 18개월까지의 독거구금이었다. 제2단계는 형기는 다양하였으나 공공작업에 종사하였고, 이 기간 동안 다수의 수형자는 빈 선박이나 폐선 또는 특별한 공공작업감옥(Public Works Prisons)에 비참한 상태로 수용되었다. 최초의 공공작업감옥은 1848년 폴란드에 개설되었으며 두번째로는 악명높은 다트무어(Dartmoor)감옥이 1850년에 개설되었다. 형기가 이 단계에 있는 수형자는 때로는 지브롤터(Gibraltar)와 버뮤다(Bermuda)의 요새감옥에 배로 이송된 적도 있었다. 다음으로 일정한 시기가 도래하면 수형자는 3단계로 옮겨졌다. 가석방증을 주는 단계로 경찰의 감시 하에 두어졌다. 그렇지만 경찰감시에 대해서는 충분한 효과가 없다고 하는 국민의 불만이 있었고, 석방된 자도 취업에 방해가 된다고 하는 불만이 있었다.

　　1854년에는 월터 크로프턴이 아일랜드의 감옥개량작업에서 아일랜드제(Irish Progerssive System)로 알려진 누진처우제도를 실시하였다. 아일랜드제는 최초의 9개월을 엄정독거하고, 제2단계로 스파이크섬의 감옥으로 이송하여 혼거구금하면서 토목요새 공사에 종사하도록 하였다. 그 다음 제3단계로 완전개방시설인 러스크(Lusk) 및 스미스윌드의 중간감옥(intermediate prison)에 이송하여 농업이나 공업에 종사시키고, 폭넓은 자유와 자치를 허용하였다. 아일랜드제의 성공은 미국의 행형에도 영향을 주어, 1870년 신시네티선언에서 누진처우제도 채택의 제언이 있었으며, 1876년 엘마이라제로 발전하였다. 또한 1897년 영국의 보스탈제, 20세기에 들어와서 미국의 오스본의 수형자자치제, 제2차 세계대전 후 프랑스의 교도소학교 등도 이러한 누진처우제도의 일환으로서 발전한 것이라고 말할 수 있다.[358]

　　누진처우제도는 수형자의 갱생을 위한 스스로의 노력을 촉구하는 한편 등급의 상승에 따라 점차 사회생활에 적응시켜 가는 것을 주된 목적으로 하였다. 노력하면 보상을 받을 수 있다는 것을 자각하도록 함으로써 타율적인 수용환

---

[358] 藤本哲也, 앞의 책(2008년), 234~235쪽.

경 속에서 자율성을 발휘할 수 있는 제도였고, 이러한 의미에서 누진처우제도
는 수형자의 주체성 존중이라는 원칙에 비추어 볼 때 적극적으로 평가할 수
있는 제도였다고 할 수 있다.[359]

2) 우리나라 누진처우제도의 연혁

1985년 갑오개혁시 징역수형자의 누진처우를 규정하는「징역표」를 제정
하였다. 징역표에는 범죄자에 대한 일종의 분류 및 누진처우제를 규정하면서
수형자를 보통자, 특수기능소유자, 노유자, 부녀자 등 4종류로 구분하고 다시
각 종류에 따라 2~5등으로 나누어 각 등급마다 상용 보호장비의 종류를 달리
하였으며, 일정 기간이 지나면 진급시키고 계호의 정도를 완화하는 등 단계적
처우를 시행하였다.[360]

일제시대인 1937년에 점수제 형태로「조선행형누진처우규칙」[361]이 제
정·시행되다가 1944년 고사제 형태인「행상심사규정(行狀審査規定)」과「수형
자처우규정」으로 개정되었으나 해방 이후까지 시행되지 아니하였다.[362]

1956년 10월 29일 수형자 처우를 개전의 정도에 따라 단계적으로 완화하
고 개별처우를 통해 개선을 촉진하기 위하여「행상심사규정」(부령 제20호)을
제정하였다. 그리고 1957년 9월 25일 행동 등이 양호하고 모범이 되는 수형자
를 우대하여 행상의 실효성을 높이기 위하여「수형자 상우규정」(부령 제23호)
을 제정·시행하였다.[363] 1969년 5월 13일「교정누진처우규정」(법무부령 제111
호)이 제정·시행되면서부터 누진처우제도가 본격적으로 실시되었다.[364]

교정누진처우규정은 행형처우의 발전과 시대의 변화에 따라 수차례 개정
을 거치면서 수형자 처우와 행형운영에 있어 중요한 역할을 담당하였다. 1991
년 개정에서는「교정누진처우규정」을「수형자분류처우규칙」으로 개정하고,

---

359 川出敏裕·金光旭, 앞의 책(2018년), 181쪽.
360 징역표의 실시결과에 대하여 기록이 없고 징역표 중에 기재된 체(釱), 중쇄(重鎖), 경쇄(輕鎖)
라고 하는 계구는 그 근거가 불분명하였을 뿐만 아니라 실제상 설치하지도 아니하였기 때문
에 사문화되지 아니하였을까라고 추측하는 견해도 있다(김화수, 앞의 책(1991년), 384쪽).
361 동 규칙은 수형자를 4계급으로 나눈 후 각 계급별로 책임점수를 부여하였고 각 계급에 대
한 책임점수를 채우면 상급으로 진급시켰으며, 각 계급에 따라 처우를 달리하도록 규정하
였다(김화수, 앞의 책(1991년), 384~395쪽 참조).
362 허주욱, 교정보호학, 박영사, 2010년 9월 3일, 586쪽/배종대·정승환, 앞의 책(2002년), 181쪽.
363 법무부 교정본부, 앞의 책(2010년), 447쪽.
364 김화수, 앞의 책(1991년), 386쪽.

수형자의 시설별 분류수용 및 단계처우의 근거규정을 신설하였다.

한편 1978년 7월 4일 「가석방심사등에관한규칙」(법무부령 제206호)이 제정되었으나 누진처우제도와 관련된 내용은 없었다. 또한 1999년 6월 1일 「수형자분류처우규칙」(법무부령 제480호)의 개정으로 종래 '가석방의 요건에 해당된 제1급 수형자로서 가석방이 적당하다고 인정되는 자와 가석방 요건에 해당된 제2급 이하의 수형자로서 뉘우치는 빛이 뚜렷하고 사회생활에 적응할 수 있다고 인정되는 자'에 대하여는 분류처우회의에 회부하여야 한다는 내용을 삭제하여 가석방과 누진계급과의 관계가 규정상으로 완전히 단절되었다. 뿐만 아니라 종래 상급자에게만 인정되고 있었던 많은 우대조치가 하급자에 대하여도 개개의 수형자의 처우상 필요에 따라 인정되었다. 즉 누진처우로서의 처우의 차이를 무의미하게 하는 개정이 행해졌다. 「수형자분류처우규칙」은 2008년 12월 19일 폐지되고 형집행법과 동법 시행령, 동법 시행규칙에 흡수·통합되었다.

3. 수형자 분류

가. 수형자 분류의 필요성

수형자의 분류는 수형자 상호간의 범죄성 감염의 방지를 위한 것이다. 수형자를 분류하지 아니하고 혼거시킬 경우에는 상호간 범죄의 악풍감염과 학습을 통한 범죄수법이 전파될 우려가 매우 크기 때문에 이를 방지하기 위해 성별, 연령, 범죄횟수, 형기, 죄질 등에 따라 분류하고 있다. 형집행법은 19세를 기준으로 수형자를 교도소와 소년교도소에 구분수용하고(법 제11조 제1항), 남성과 여성은 분리하여 수용하며(법 제13조 제1항), 수용자의 거실을 지정하는 경우에는 죄명·형기·죄질·성격·범죄전력·나이·경력 및 수용생활 태도, 그 밖에 수용자의 개인적 특성을 고려하도록 하고 있다(법 제15조).

분류는 수형자에 대한 처우를 개인의 특성에 따라 합리적이고 효율적으로 하기 위해, 그리고 수형자 개인의 적성에 맞는 작업을 부과하고, 직업훈련을 실시하며 필요한 교육을 하고 장래 사회에 복귀하여 건전한 사람으로 살아가는 데 필요한 각종 처우를 하는 데 있어서 필요하다.

수형자의 분류는 범죄자에 대한 동질성을 기준으로 하기 때문에 어느 정

도 획일성이 요구된다. 그러나 형식적인 분류로 인해 구체적인 타당성을 결해
서는 아니되며 탄력적으로 운영되어야 한다. 어느 정도 범주 내의 수형자를 수
용하여 집단생활을 통해 사회성을 함양하고 상호 인간관계를 형성하도록 해야
하기 때문이다.

나. 수형자 분류의 전제

수형자의 분류는 대부분 범죄자의 특성에 따른 분류를 중심으로 하는 경
우가 많기 때문에 이와 같은 범죄자 유형별 분류는 수형자 분류의 목적에 맞
지 아니하는 문제가 있다.[365] 또한 대부분 분류제도가 일정한 부분에서 중복성
과 모호성을 안고 있다. 예를 들면 실제로 조직범죄자가 마약범죄자인 경우가
많고, 마약중독자는 각종 정신적인 문제를 가지고 있는 경우가 많다. 이와 같
이 중복되거나 모호한 경우에 있어서 범죄자 분류는 사실상 적정한 처우나 개
별처우를 곤란하게 한다. 그리고 범죄유형에 따라 수형자를 분류하는 것은 교
정처우를 위한 바람직한 기초자료가 될 수 없다.

수형자 분류의 목적은 관리와 처우를 효과적으로 하기 위한 것으로 범죄
유형별 분류는 범죄자의 특성을 파악하는 데 도움이 될 수 있지만 교정시설의
안전이나 보안의 잠재적 위험성 등을 파악하고 수형자에게 필요한 교정처우프
로그램을 하기 위해서는 보다 세분화된 분류가 필요하다. 또한 수형자를 분류
하기 위해서는 분류의 기준이 명확하여야 한다. 일반적으로 범죄의 경중, 재범
위험성, 필요한 교정처우에 따라 범죄자를 분류하고 있지만 이러한 분류가 범
죄에 따라 항상 같은 결과를 가져오는 것이 아니다. 따라서 교정당국에서는 특
정범죄자를 관리하기 위해서 가장 적절한 방법을 결정할 수 있도록 다양한 분
류제도를 운영할 필요가 있다.

4. 누진처우제도

가. 서

범죄자 처우의 최종목표를 사회복귀에 두는 근대 행형사상 하에서는 처우
에 누진적 차이를 두고 그 차이에 따라 단계적으로 수형자의 생활을 사회생활
에 가깝게 해 가는 사고방식이 생겨난 것은 당연한 결과였다. 누진처우제도는

---

365 이윤호, 앞의 책(2012년), 164~165쪽.

근대 행형사상이 가져온 성과의 하나로, 자유형 집행의 전 과정을 수개의 단계로 나누고 수형자의 반성과 개선정도에 따라 각각의 단계에 편입시켜 점차 사회생활에 가깝도록 처우하고 각종 우대와 특전을 주어 스스로의 개선을 촉진하며, 다른 한편으로 그 완화의 정도에 따라 책임을 달리하는 처우방법을 의미한다.[366]

그러나 이 제도가 효율적으로 기능하기 위해서는 수형자의 분류와 수형성적 관리의 객관화와 정량화, 수형자의 지위보장과 개별처우 및 교도작업에 대한 평가가 이루어져야 하고 또한 처우의 성과를 높이기 위해서는 가석방과 연계되어야 한다.[367] 누진처우제도의 목적은 수형자 스스로의 노력에 의하여 처우를 완화하고 점차 사회생활에 근접하게 하여 개선을 도모하려는 것으로 초기에는 수형자를 독거구금하고 혼거구금을 거쳐 마지막으로 가석방을 하였다. 그러나 현대에 들어와 누진처우급의 최상위자가 보호관계나 취업 등의 이유로 가석방되지 않음으로써 본래의 기능과 제도의 취지를 상실하였으며, 시설 내 질서유지를 위한 수단으로 전락하고 말았다. 이는 결국 누진처우제도의 폐지에 이른 결정적인 요인이 되었다.

누진처우제도에 대하여는 첫째 고지식하고 성실한 수형자보다 위선적이고 교활한 수형자에게 오히려 유리하게 작용될 수 있어 수형자의 위선과 기망을 조장할 수 있고, 둘째 수형생활은 범죄인이 자신의 범죄행위에 대하여 고통을 받으면서 과거를 반성하고 속죄하여야 하는 함에도 불구하고 오히려 수형자를 공리적인 인간으로 만들어 안락한 수형생활을 향유하는 수단이 될 수 있으며, 셋째 처우를 결정하는 누진심사가 교도관의 주관적 기준과 자의적 판단에 의해 좌우될 수 있고, 넷째 인격특성을 고려한 개별처우가 경시되는 경향이 있고 상대적으로 최하위급 수형자에게 불리한 처우가 되기 쉬우며, 다섯째 단기수형자나 정신질환 수형자에게는 제도적 의미를 찾기가 어렵고, 여섯째 입소시 모든 수형자를 최하급의 단계에 속하게 하는 것은 처우의 개별화 이념에 반하며, 일곱째 실제 운용에 있어서는 규율위반의 유무를 중심으로 진급을 결정하기 때문에 제도가 단순히 시설의 질서유지를 위한 수단으로 이용될 우려

---

366 藤本哲也, 앞의 책(2008년), 233쪽 / 허주욱, 앞의 책(2013년), 622쪽.
367 이윤호, 앞의 책(2012년), 165~166쪽.

가 있는 점 등 다양한 비판이 제기되었다.[368]

나. 유형

1) 고사제

고사제(考査制, Probation System)란 형기의 일정기간이 경과하였을 때에 그 기간 내의 교정성적을 담당 교도관의 보고로 위원회가 심사하여 진급을 결정하는 방법을 말하며, 1843년 오스트레일리아의 제임스 그레이엄(J. Graham)과 영국의 로드 스탠리(Lord Stanly)가 창안한 제도이다.[369] 이 제도는 일정한 기간이 경과되었을 때 교정성적을 조사하여 진급을 결정하므로 기간제라고도 한다.[370]

그레이엄은 수형자를 15년 이상의 장기수형자 및 무기수형자와 특히 위험한 수형자, 7년 이하의 형에 처해진 자로서 개선될 수 없는 자, 그 밖의 수형자 등 형기·위험성·개선가능성을 기준으로 세 가지로 분류하고 4단계 처우를 실시하였다. 제1단계는 공공노역에 복역시키고, 제2단계는 개인기업에서 작업하도록 하면서 임금의 일부는 국가에 보증금으로 납부하고 반칙이 있을 때에는 몰수하였다. 그리고 제3단계는 가석방증을 주어 취업지역을 제한하여 자유노동에 복역시키고, 제4단계는 가석방을 인정하였다.

고사제는 진급과 가석방의 구체적 타당성을 기할 수 있으나 진급이 교도관의 자의적 또는 주관적인 판단에 좌우되기 쉽고, 관계 직원이 공정한 심사를 하지 아니할 경우 수형자의 불신을 초래하여 자력개선의욕을 저하시킬 수 있다는 점 등이 단점으로 지적되었다.[371]

2) 점수제

가) 서

점수제(Mark System)란 형기에 상당하는 책임점수를 미리 정한 후 매일 또는 매월마다 취득하는 소득점수로 소각하고, 책임점수의 전부를 소각한 때에는 석방시키는 제도를 말한다. 점수제는 1840년 마코노키가 노포크섬에서 시행하였으며 수형자 각자의 형기에 상당하는 책임점수를 정하여 놓고, 이를 매일 계산된 소득점수로 소각하여 가는 것이 특징으로 점수소각제라고도 한

368 허주욱, 앞의 책(2013년), 624쪽／川出敏裕·金光旭, 앞의 책(2018년), 181~182쪽.
369 이윤호, 앞의 책(2012년), 167쪽.
370 배종대·정승환, 앞의 책(2002년), 180쪽.
371 허주욱, 앞의 책(2013년), 625~626쪽.

다.[372] 시간의 경과로 진급이 되는 고사제와는 달리 노동에 의하여 점수가 매겨지는 점수제는 시간제(time system)를 노동제(task system)로 대체하였고, 그 노동을 측정하는 데에 점수제도를 활용하였다.

점수제는 수형자의 노력이 정확하게 표현된다는 점에서 자력적 개선을 촉구할 수 있으며, 노동력이라는 기준으로 점수를 산정하기 때문에 자의적 결정이나 재량권 남용의 문제가 적고, 객관적이며 단순하다는 것이 장점이다. 반면에 노동의 양은 쉽게 측정할 수 있기 때문에 노동의 결과에 가치를 부여하면 수형자는 노동의 근본적인 가치를 중시하지 않고 기계적·형식적으로 노동하기 쉽고, 단순히 노동의 점수로만 누진계급을 산정하기 때문에 위선과 기만으로 작업성적과 외면적 행상을 높게 평가받아 최상위급으로 진급하는 경우 가석방이 적당하지 않는 위험한 수형자가 가석방될 수 있다는 단점이 있다.[373]

점수제에는 잉글랜드제와 아일랜드제가 있으며, 엘마이라제도 점수제에 기초하여 누진처우를 실시하였다.

나) 잉글랜드제

마코노키가 창안한 점수제는 영국에서 채택되어 잉글랜드제(England System)라 불리는 누진처우제도가 만들어졌다. 잉글랜드제는 최초에는 진급방법으로 고사제를 채택하였으나 1864년부터 점수제에 의하였다.[374]

잉글랜드제는 수형자를 최초 9개월간 독거구금한 후 공공작업감옥에 보내어 혼거한 상태로 강제노역에 종사하도록 하였다. 여기에서는 수형자를 고사급(考査級), 제3급, 제2급, 제1급, 특별급의 5계급으로 나누어 지정된 책임점수를 소각하면 진급을 시키고 처우상 우대를 하였다.[375] 잉글랜드제는 매일의 작업에 대한 노력과 성적에 따라 소득점수와 작업상여금이 정해졌고, 적어도 4계급을 경과하지 않으면 가석방이 허가되지 않았으며, 형기단축의 최고한도는 공공작업감옥 복역기간의 4분의 1을 초과할 수 없었다.

372 배종대·정승환, 앞의 책(2002년), 179쪽 / 허주욱, 앞의 책(2013년), 626쪽 / 이윤호, 앞의 책(2012년), 166쪽 / Samuel Walker, 앞의 책(2007년), 95쪽.
373 이윤호, 앞의 책(2012년), 166~167쪽 / 허주욱, 앞의 책(2013년), 626쪽.
374 허주욱, 앞의 책(2013년), 626~627쪽.
375 이윤호, 앞의 책(2012년), 168쪽.

다) 아일랜드제

아일랜드제(Irish Progressive System)는 1854년부터 1862년 사이 아일랜드 교정국장을 지냈던 월터 크로프턴(Water Crofton)이 마코노키의 점수제를 응용하여 창안한 제도이다.[376] 크로프턴은 1862년 출판한 그의 논문에서 새로운 제도에 대하여 설명하고 있다.

아일랜드제는 보상이나 수형자의 석방 등을 포함하여 모든 처우는 자신의 노동과 선행에 의하도록 하였고, 관리자와 수형자 사이에 개인적 유대가 형성되어야 하며, 처우는 점차 자유로운 상태로 접근하고 마지막 단계에 가까울수록 규제는 최소화하면서 자유를 확대하였고, 석방후 엄격한 감시를 받았다.[377] 그렇지만 크로프턴은 본질적으로 마코노키와 같은 방향으로 생각하였으며, 이 제도가 기초로 하고 있는 사고는 응보와 격리, 그리고 개선이었다.[378]

아일랜드제는 형기 3년 이상의 수형자에 대해서만 적용하였고 4단계로 구성되었다.[379]

제1단계는 마운트조이(Mountjoy)감옥에 8개월 내지 9개월 동안 독거구금하는 것으로[380] 수형자의 행상에 따라서 결정되었다. 이 기간 동안 수형자는 감옥의 엄격함과 부자유 등 모든 힘듦을 체험하였다. 수용 후 최초 3개월은 감식한 가운데 노동에 종사하는 것이 허가되지 아니하였으며, 3개월이 지나면 그들에게 충분한 식사로 체력을 회복시켜 통상적인 노동에 견딜 수 있도록 하였다. 이 단계에서는 종교교회와 함께 독서를 포함한 실용적 기술도 가르쳤다.[381]

---

376 1853년 크로프턴(1815~1897))은 다른 3명과 함께 아일랜드의 교도소 상태를 조사하도록 명받았다. 다음해 그는 아일랜드 교정국장이 되어 하나의 새로운 제도를 도입하였고, 이것이 그의 이름을 널리 알렸을 뿐만 아니라 아일랜드누진처우제도라고 알려지게 되었다(Torsten Erikkson, 앞의 책(1976년), 91쪽)./Samuel Walker, 앞의 책(2007년), 95~96쪽.
377 당시 크로프턴은 휴가증(Ticket of Leave)제도를 시행했는데, 이것이 보호관찰부 가석방(parole)의 시초가 되었다고 한다(이윤호, 앞의 책(2012년), 168쪽).
378 Torsten Erikkson, 앞의 책(1976년), 92쪽.
379 자세한 내용은 Torsten Eriksson, 앞의 책(1976년), 91~95쪽 참조.
380 크로프턴의 결정에 따라 더블린에 새로운 교도소인 마운트조이가 건설되었다. 이것은 건축가이자 나중에 영국교도소위원회(English Prison Commission) 회장이 된 젭(Sir Joshua Jebb)에 의해 건설되었다. 마운트조이교도소는 젭 경이 설계한 것 가운데 가장 유명한 것으로, 유럽의 많은 교도소건축 모델이 되었다(Torsten Erikkson, 앞의 책(1976년), 91쪽).
381 Torsten Erikkson, 앞의 책(1976년), 93쪽.

그 후 제2단계로 진급되었고 다른 수형자와 집단생활을 하기 위하여 요새공사를 하는 스파이크섬(Spike Island)감옥, 기능노동자를 위한 필립스타운(Philipstown)감옥과 같은 특별한 시설에 이송되었다. 이 단계는 4계급, 즉 3급, 2급, 1급 및 최고의 A[382]급으로 세분되었으며 수형자는 매월 근면함에 대한 3점을 포함하여 세 가지의 다른 영역에서 9점을 획득할 수 있었다. 크로프턴은 '획득점수를 결정하는 것은 기능이 아니라 무언가를 달성하려고 하는 의지이다.'라고 강조하였다. 수형자는 18점, 즉 가장 우수한 성적의 경우 2개월만에 3급에서 2급으로 진급할 수 있었고, 1급에의 진급에는 54점이 필요하여 적어도 6개월이 걸렸다. A급으로의 진급에는 가장 좋은 경우 12개월, 108점을 필요로 하였다. A급 수형자는 마찬가지로 A-1, A-2… 등으로 등급이 나뉘어졌다. 수형자는 어떤 면에서라도 부적합한 점이 있으면 감점으로 처벌되었다. A급 수형자는 다른 단계의 수형자와는 완전히 분리되어 수용되었다. 교육은 각 단계에서 노동과 병행하여 실시하였지만 A급수형자는 야간에 공부하고 주간에는 노동에 종사하였다.

제3단계는 크로프턴은 이를 중간단계라 불렀고 그가 창안한 것 중 하나였다. 수형자는 이 단계에서 완전개방시설로 이송되어 주로 영농·목공 등 가벼운 일에 종사하였다. 이 중간단계는 근대적인 자유통근자의 집의 기원이 되었다.[383] 1856년 크로프턴에 의한 최초의 개방시설이 더블린(Dublin)에서 수킬로미터 떨어진 러스크(Lusk)에 개설되었으며 최고 100명의 수용능력을 가진 단순한 바라크건물로 직원은 불과 6명이 있었다.[384] 그리고 도덕심 향상을 위한 강의를 목적으로 가까운 마을에서 강사가 초빙되었다. 러스크 교도소를 거쳐 간 1,000명의 수형자 중 도주한 자는 불과 2명이었다.[385]

---

382 A는 상급을 의미하는 Advance의 약자.

383 클라우스 라우벤탈 저/신양균·김태명·조기영 역, 앞의 책(2010년), 56쪽.

384 크로프턴의 개방교도소는 격렬한 여론의 항의를 불러일으켰고 강한 비난을 받았을 뿐만 아니라 수형자의 폭력행위를 두려워하는 지역주민으로부터도 비난을 받았다. 크로프턴은 러스크교도소의 직원지도를 위하여 두 가지의 직무규칙을 마련하였다. 그 하나는 수형자에게 자신이 직원으로부터 신뢰를 받고 있다는 것을 확신시키는 것이고, 또한 수형자가 그것까지 달성하고 그것을 획득점수로 실증한 진보에 대하여 신뢰를 두는 것이었다. 이 집단에는 범죄자가 아니더라도 같은 상황에 있다면 규율유지를 위하여 당연히 필요한, 최소한의 규칙밖에 없었다.

385 Mary Carpenter, Reformatory, Prison Discipline as Developed by the Rt. Hon. Sir Walter Crofton in the Irish Convict Prison(London: Longman, Longman, Green, Longman,

제4단계에서는 제3단계에서 만족할 만한 성적을 거두게 되면 조건부 석방, 즉 가석방을 실시하였다. 이 때 가석방된 자는 사회사업가 또는 경찰의 관찰을 받았으며 이는 행형사상 처음으로 갱생보호프로그램을 도입한 것으로 볼 수 있다. 수형자가 가사면증을 받아 자유에의 마지막 단계로 옮기는 것이 러스크 및 같은 종류의 시설, 특히 스미스필드(Smithfield)와 포트캠든(Fort Camden)의 감옥이었다. 크로프턴은 1863년 발간된 소책자에서 장기수형자 처우의 세 가지 원칙을 확립하였다. 첫째, 수형자를 소집단으로 나누어 처우하고 수용의 원인이 아닌 자신이 가진 장점을 살려가는 것만이 상황을 호전시킬 수 있다고 확신시키는 것이 장기수형자를 보다 좋게, 보다 효과적으로 처우하는 길이다. 둘째, 석방전 수형자는 일반 감옥에서가 아니라 훨씬 자연스러운 상태에서 작업에 종사하도록 함으로써 국민은 수형자를 이해하게 되고 석방자가 직면하는 문제를 줄일 수 있다. 셋째, 직업적 범죄인을 보다 위험한 존재로 취급하는 연구가 확실하게 재범예방에 도움이 되기 때문에 경찰감시(police supervision), 범죄인의 사진촬영 및 장기형을 받을 수밖에 없는 누범자에 대한 정보를 얻기 위하여 관내 소장들의 조직적 연락체제를 만드는 것 등은 항상 유의해야 할 매우 중요한 수단이었다.[386]

잉글랜드제와 아일랜드제와의 차이점은 전자는 소득점수를 매일 계산하였고, 독거구금·혼거구금·가석방의 3단계만 두고 있었으며, 최상급의 점수에 도달한 자를 가석방하는 반면 후자는 소득점수를 매월 계산하였고, 반자유구금으로서 중간교도소를 추가단계로 두어 단계적인 분류처우를 위한 제도적 장치를 마련하였으며, 최상급의 점수에 도달한 자를 중간교도소로 보냈고 가석방자에 대하여는 경찰감시에 붙인 점이다.[387]

라) 엘마이라제

엘마이라제(Elmira System)는 부정기형과 누진처우제를 결합하여 행형성적의 등급에 따라 처우를 점차 완화하고 마지막으로 가석방하는 것을 내용으

1972); Franz von Holtzendorff, Dan Irische Gefängnis−system, Insbesondere die Zwischenanstalten vor der Entlassung(Leipzig: J. A Barth, 1859).

386 Torsten Eriksson, 앞의 책(1976년), 95쪽.

387 이윤호, 앞의 책(2012년), 168쪽 / 허주욱, 앞의 책(2013년), 627쪽.

로 하는 제도이다.[388] 이 제도는 마코노키의 점수제, 스탠리와 그레이엄(Stanly
& Graham)의 고사제, 크로프턴(W. Crofton)의 아일랜드제와 부정기형을 결합
한 형태로서 수형자의 자발적 개선에 중점을 둔 행형제도이다.[389] 한편 감화제
라고도 하였으며 엘마이라는 미국에 있어 부정기형, 직업훈련 및 누진처우제
의 발상지가 되었다.[390]

　뉴욕감옥협회의 회원이던 드와이트(Dwight), 와인즈(Wines), 샌본
(Sanborn), 블록웨이(Brockway) 등은 누진처우제도의 개선사상에 입각한 새로
운 감화원의 설립과 부정기형의 채택을 주장하였고, 이들의 주장은 1869년 엘마이
라감화원의 설립을 위한 법률제정으로 이어졌다. 1870년에는 신시내티선언에서 행
형원칙이 선언되었으며, 이 원칙에 따라 채택된 것이 엘마이라제이다.

　1876년 엘마이라감화원이 설립되었고 초대원장으로 취임한 블록웨이는
처우를 다음과 같이 계획하였다. 먼저 원칙적으로 수용대상을 과거 수용전력
이 없는 16세에서 30세까지의 초범자로 하였다.[391] 둘째 부정기형, 즉 법으로
상한만을 정하였고 하한은 정해지지 아니한 수형자를 수용하고 하한은 시설에서 결
정하도록 하였다. 셋째 처우는 수용자의 성격을 변화시키는 것을 목적으로 하였다.
넷째 최종적인 석방은 조건부석방기간 후에 실시되도록 하였다. 이 제도는 1910년 워
싱턴 국제형무회의에서 승인을 받아 사실상 다른 국가로 널리 전파되었다.

　엘마이라제의 기본정신은 '그대의 잃어버린 자유는 그대의 근면과 선행에
의하여 찾으라'라는 말로 요약된다.[392] 엘마이라감화원에서는 수형자가 형기내
에서 자신의 노력에 따라 석방시기를 앞당길 수 있도록 함으로써 사회복귀프로
그램에 전념할 동기를 제공하였다. 블록웨이는 엘마이라감화원을 학과교육, 직
업훈련, 도덕교육 등의 과정을 제공하고 학교와 같은 분위기를 만들고자 하였
다.[393] 그리고 처우는 3계급으로 나누어 신입자는 제2급으로 편입시켜 시설의 규

388　배종대·정승환, 앞의 책(2002년). 144쪽.
389　허주욱, 앞의 책(2013년), 627쪽/배종대·정승환, 앞의 책(2002년), 180쪽.
390　Torsten Erikkson, 앞의 책(1976년), 126쪽.
391　실제로 블록웨이는 초범자에 한정하지 아니하였고 최소한 3분의 1은 재범자가 차지하고 있
　　었다(Torsten Erikkson, 앞의 책(1976년), 100쪽).
392　엘마이라제에 있어서 정말로 새로운 점은 교도작업이 국가를 위해서가 아니라 수형자의 사
　　회적응에 도움이 되도록 실시되었다는 점이다(Torsten Erikkson, 앞의 책(1976년), 102쪽).
393　이윤호, 앞의 책(2012년), 168쪽.

칙을 가르치고 자신에게 가장 적합한 작업이나 교육반에서 실적을 평가한 후 일정한 점수 이하가 되면 최하급으로 강급시켰다. 그러나 6개월 이상 기준점 이상을 취득하면 1급으로 진급시키고, 그곳에서 6개월 동안 견책처분을 받지 아니하면 가석방, 즉 조건부 석방의 후보자가 되었다. 그리고 자신이 습득한 직종의 직장을 찾으면 출원하고 6개월의 선행기간 후 석방되는 단계를 거쳤다.

처우면에서는 체육에 중점을 두고 군사훈련과 체조 등을 실시하였다. 교화수단으로는 학과교육이나 토론회를 개최하였으며, 계급에 따라 처우내용에 차이를 두어 제1급 수형자에게는 식당에서의 공동식사, 자신의 비용으로 음식물 구입, 다른 수형자를 감독하고 징벌하는 권한, 자유토론의 기회 등이 허용되었다.

엘마이라제는 특히 청소년 범죄자의 건강증진과 규율유지 및 교화개선에 효과를 거두었고 수형자 분류, 교화개선프로그램, 부정기형, 보호관찰부 가석방 등이 이 제도로부터 비롯되었다는 점[394]에서 19세기 인도적 행형의 결정체로 평가받고 있다. 그러나 초범을 대상으로 하여 대상자가 제한적이었고, 새로운 교육방법의 개발에 적극적이지 않았으며, 진지한 개선노력과 상위등급을 받기 위한 속임수를 구별하기 어렵다는 점 등이 단점으로 지적되었다.[395]

다. 평가

구행형법상 누진처우제도는 수형자분류처우규칙에 기초하여 실시되었다. 누진처우제도의 목적이었던 '수형자를 과학적으로 분류심사하여 합리적인 개별처우계획을 수립하고 수형자의 반성과 노력의 정도에 따라 처우를 점차 완화함으로써 수형자로 하여금 스스로 개선하고 보다 빨리 사회생활에 적응하도록 하기 위하여(수형자분류처우규칙(시행 2003.11.24, 법무부령 제541호) 제1조)'라고 하는 것은 수형자의 분류와 처우의 목적에는 적합한 것이었으나 그 내용 및 방법이 획일적이었기 때문에 형집행법이 지향하는 처우의 개별화와는 맞지 아니하였다.

누진처우제도의 문제점은 첫째 적용이 제외되는 수형자가 많다는 점이다. 구류수형자는 물론 금고형수형자도 제외되고, 또한 징역형수형자라고 하더라

---

394 이윤호, 앞의 책(2012년), 169쪽.
395 배종대·정승환, 앞의 책(2002년), 145쪽/이윤호, 앞의 책(2012년), 169쪽 참조.

도 집행할 형기가 6월 이하인 자, 임산부, 장애자 또는 3주 이상의 치료를 요
하는 환자로서 작업을 감당할 수 없는 자, 70세 이상인 자, 의사소통이 곤란한
외국인, 제4급 수형자 중 규율을 문란하게 하여 누진계급에 의한 처우가 부적
당하다고 인정되는 사람도 제외되었다. 이것은 개개 수형자의 인격적 특성 및
환경적 조건을 고려하여 개선갱생 및 사회복귀를 도모하기 위한 효과적인 처
우를 실시한다고 하는 처우의 개별화의 취지에 반한다.

둘째 적용을 받는 수형자의 처우를 4급에서 1급까지 4단계로 나누고, 원
칙적으로 4급에서 점차 각 계급을 거쳐 진급을 시켰다. 이것은 개선갱생 및 사
회복귀를 도모하기 위한 개별 수형자의 인격적 특성 및 환경적 조건에 따라
효과인 처우를 실시한다고 하는 처우의 개별화와 맞지 아니한다.

셋째 누진처우제도는 가석방과 연계됨으로써 사회복귀를 도모한다고 하
는 목적달성에 유효한 제도가 되었지만 가석방과의 제도적인 관련이 없어짐으
로써 형사시설의 규율 및 질서유지를 위한 제도가 되고 말았다.

넷째 누진처우제도에서는 계급별 처우에 차이가 있어야 하는 처우수단이
양적으로 적고 질적으로도 상급자에게 자유와 책임을 준다고 하는 본래의 목
적으로부터 동떨어진 그다지 중요한 것이 아니었다.

이와 같은 문제점을 고려하면 누진처우제도는 새로운 수형자 처우의 기
본제도가 될 수 없는 것은 분명하고, 누진처우제도에 대신하여 처우의 개별
화의 이념 아래 과학적인 조사에 의하여 개개 수형자의 인격특성 및 과거와
현재의 환경을 정확하게 파악하고 개선갱생 및 사회복귀에 관련된 문제점을
명확히 하여 그 문제점을 해소하기 위해 유효적절한 처우를 계획적으로 실
시하는 것을 내용으로 하는 분류제도가 수형자 처우의 기본제도가 될 수밖
에 없었다.[396]

우리나라에서 시설내 처우제도는 분류제도에 의한 처우가 수형자 처우의
기본이고, 누진처우제도는 처우의 개별화 원칙에 맞지 아니하게 되었다고 하
는 인식이 나타난 사실에 주의하여야 한다. 해방 후 교정당국이 처우의 개별화
를 목표로 하는 분류제도를 도입하고, 분류제도에 역점을 두었기 때문에 누진
처우제도는 점차 그 그림자가 옅어지게 된 것은 어쩔수 없는 현실이었다.

---

396 鴨下孝守, 앞의 책(2006년), 374~375쪽.

그러나 누진처우제도를 역사적으로 본다면 행형분야에 등장하여 그 나름대로의 성과를 거두었다고 말할 수 있다. 즉 누진처우제도는 획일적인 처우로 일관하여 처우의 개별화 이념과는 맞지 아니한다든가, 너무 기술적인 것으로 직원에게 아부하는 교도소 인간을 만들어낸다고 하는 경향이 있다는 비판에도 불구하고 누진처우제도가 가진 공평·평등의 원칙과 수형자의 억압된 기분을 가능한 한 해방하여 수형자의 인간성을 인정함으로써 그 자율적인 향상심을 이끌어 내고 책임감을 양성하는 자주독립의 원칙이라고 하는 두 가지 특징을 가진 점이 시설내 처우에 있어 큰 역할을 하였다.

5. 분류제와 누진처우제의 관계

가. 양 제도의 관계

분류제와 누진처우제도와의 관계에 대하여는 양 제도의 역사적 전개와 목적, 발전 등에 대한 변화를 함께 고려하지 않으면 안된다. 왜냐하면 양 제도는 그 탄생의 배경을 달리하였지만 행형 이념의 변천, 과학기술의 발달, 산업화 등이 양 제도에 공통된 영향을 미쳤기 때문이다. 또한 초기의 분류제는 수형자 관리의 편리와 인도주의적인 배려를 통하여 악풍감염을 방지한다고 하는 극히 초보적인 수준에 따른 분류에 그쳤다. 그러나 정신의학, 심리학, 교육학, 물리학, 화학, 사회학 등 관련 분야의 기술진보가 분류제도의 질적 수준을 높였기 때문에 개별처우를 위한 분류가 전문적으로 이루어졌다. 이에 따라 분류가 수형자처우의 기본제도로 자리잡게 되었고 행형의 발전에 있어 중요한 역할을 담당하였다. 그러나 오늘날 시설내 처우의 한계에 대한 비판과 각종 교정처우의 효과가 의문시되고 사회내 처우의 증가로 인하여 분류제도의 역할이 변화되고 있다.

한편 누진처우제는 초기에 점수제, 고사제 등 획기적인 행형제도로 자리잡았으나 그 후 분류제도가 발달하게 됨에 따라 경험주의와 획일성에 바탕을 둔 누진처우제에 대한 반성이 행해졌고, 또한 수형자 처우의 기준이 일반적으로 향상되었기 때문에 누진처우제의 계급간의 격차가 줄어들게 되었고 따라서 그 의의는 축소되기에 이르렀다.[397]

---

397   김화수, 앞의 책(1991년), 374~375쪽.

분류제도와 누진처우제도와의 관계에 대하여 누진처우제를 분류제의 일
종으로 보고 누진처우제는 폐지되어야 한다는 입장과 분류제와 누진처우제는
상호 보완적인 기능을 하므로 병존하여야 한다는 입장이 있다.

전자는 분류제는 누진처우제를 포함하고 개선의 정도와 같은 가변적인 기
준을 반영한 개별처우·집단처우의 방법 그 자체라고 한다. 즉 분류는 계획
적·실험적인 것이며 단계적으로 계호를 완화하고 처우를 적극화하는 것은 당
연히 그 내용에 포함된다고 한다.[398] 주로 개인에 대한 진단과 치료에 중점을
두는 미국형 분류개념에 따르면서 스웨덴형 소시설주의를 채택하는 미국, 스
웨덴 등이 여기에 속한다.[399] 또한 분류기능을 적극적인 교육훈련에 중점을 두
면서 분류제가 등장하여 누진처우제는 분류제로 이행·흡수되어 의의가 상실
되었다고 보기 때문에 누진처우제를 분류제의 일종으로 간주하여 폐지하여야
한다고 본다.[400]

후자는 분류제는 횡적 분류(horizontal classification)이고 누진처우제는 종
적인 분류(vertical classification)로서 각각 별개의 기준과 적용영역을 가지고 있
다는 견해이다. 즉 분류제는 성격이나 성별과 같이 주로 고정적 기준에 따라
수형자를 집단으로 나누는 기능을 가진 것이고, 누진처우제는 시설 내에서 개
선의 정도와 같은 변동적인 기준에 따라 단계적으로 계호를 완화하여 우대조
치를 하는 것이다.[401] 주로 집단별 분류에 중점을 두는 유럽형 분류개념에 따
르면서 중·대 시설주의를 취하는 프랑스, 일본, 우리나라가 여기에 속하며,[402]
분류가 이루어진 각 집단마다 누진처우제를 실시할 여지가 있게 된다.

그러나 분류와 누진처우와의 관계를 단지 횡적 분류와 종적 분류의 관계
라고 하여 양자 간에 본질적인 차이를 인정하지 아니하고 다만 어디에 중점을
두는가 하는 점만이 문제가 된다는 견해도 있다.[403]

---

398 川原富良, 分類處遇と段階處遇, 日本行刑の展開, 一粒社, 1993년, 81쪽.
399 배종대·정승환, 앞의 책(2002년), 178~179쪽 / 김화수, 앞의 책(1991년), 375쪽.
400 허주욱, 앞의 책(2013년), 625쪽.
401 森井暲, 自由刑(四)−分類と累進制, 刑事政策講座 第2卷 刑罰, 成文堂, 1972년, 제138쪽
      이하.
402 배종대·정승환, 앞의 책(2002년), 179쪽.
403 문창규, 수형자 분류제도의 발전과정, 교정 1966년 3월, 50~51쪽 / 김화수, 앞의 책(1991
      년), 374쪽에서 재인용.

나. 평가

형집행법 시행 이전까지는 교정시설이 대부분 중·대규모화되어 있는 현실을 고려할 때 수형자를 분류수용한 후 다시 시설 내에서 누진처우제를 실시하여 양 제도의 조화를 꾀하고 있다고 볼 수 있으며, 실제로 수형자 처우는 양자의 성격을 동시에 가지고 있었다.[404] 즉 구행형법에서는 누진처우에 관한 규정은 없었으나, 동법 시행령에서 가석방 요건으로 누진계급이 최상급에 속하는 자가 규정되어 있었고, 수형자 분류처우규칙에서 책임점수의 소각·진급과 강급 등 누진처우제도를 규정하고 있었다.

그러나 형집행법에서는 누진처우에 관한 규정을 두고 있지 않으며, 동법 시행령에서 가석방 요건 중 하나이던 누진계급 최상급 조항이 삭제되었다. 또한 동법 시행규칙에서는 책임점수제도·진급 및 강급 등 누진처우의 근간이 되는 제도가 삭제되었기 때문에 누진처우제도는 적어도 규정상으로는 폐지되었다고 보는 것이 타당하다. 그러나 처우의 개별화 요청(법 제56조 제1항)에 따라 아무리 분류제에 충실하더라도 수형자 처우는 한 사람 한 사람의 개별처우는 될 수 없다.

실제 운용상 수용분류 및 처우분류에 의하여 그룹화되어 있고, 적정규모의 집단적 처우를 실시하지 않을 수 없다. 또한 미국과 같은 분류개념을 채용하고 스웨덴과 같은 소시설주의로 운영되는 경우 수용분류에 의한 수용 또는 이송에 의하여 특수화된 시설에서 개별처우를 실시할 수 있기 때문에 누진처우제도가 불필요하지만 유럽형 분류개념과 중·대 시설주의로 운영되는 경우에는 각 그룹별로 누진처우를 적용할 수 있다.[405] 집단처우를 실시하는 경우에는 일반사회의 집단조직과 마찬가지로 집단관리의 방법으로서 수형자에게 생활목표를 줄 수 있는 적절한 우대제도를 마련하여 활용함으로써 그 집단이 원활하게 관리되고 적합한 처우환경과 안전하고 평온한 공동생활을 유지할 수 있는 경우가 있다. 예를 들면 형기가 길고 범죄성향이 진전된 자로 편성된 집단에서 구성원의 수가 많은 경우 등에는 우대제도의 하나로서 누진처우를 채용하는 것은 행정상의 배려로 고려되어도 좋을 것이다.

---

404 배종대·정승환, 앞의 책(2002년), 179쪽.
405 森下忠, 刑法改正と刑事政策, 一粒社, 1964년, 248쪽.

제 2 편   교정 관리

제 1 장 수형자의 법적지위와 권리

제 1 절 서론

행형에 있어 수형자의 권리는 국가와 수형자와의 관계를 어떻게 볼 것인가라고 하는 문제에서 출발하며, 수형자의 법적지위와 관련된 문제이기도 하다. 그리고 수형자의 법적지위와 관련한 권리구제의 문제는 행형상의 각종 결정에 대한 사법적 통제의 문제와도 연결된다.

헌법은 국민의 기본적 인권을 보장하면서 다른 한편으로는 사회적 질서를 유지하기 위한 불가결한 형벌제도로서 자유형을 인정하고 있다. 근대까지 형벌은 복수적 위하가 사상적 토대를 이루고 있었고 수형자는 응보의 대상이자 단순한 형집행의 대상이며 무권리상태에 있다고 하는 사고가 일반적으로 인정되었다. 즉 전통적으로 수형자는 법의 보호밖에 있는 자로 권리의 주체성이 인정되지 아니하였다. 그 후 19세기 말부터 20세기 초까지의 행형실무에서 사실상 수형자에게는 어느 정도의 자유가 주어졌지만, 그것은 어디까지나 국가의 은혜에 의한 것이라고 생각되었다. 한편 19세기 중엽 독일에서는 특별권력관계이론이 제창되었고, 행형은 법률이 아니라 행정명령에 의해 규율되었다. 그리고 미국에서는 핸즈오프(hands-off doctrine) 정책 아래 1960년대까지 사법부가 교정행정에 간섭해서는 안된다고 하는 불간섭 원칙이 채택된 것도 이러한 사고방식의 표현이었다고 할 수 있다.

그러나 헌법상 규정된 죄형법정주의가 국가의 자의적인 형벌권의 행사로부터 국민의 권리와 자유를 보호하는 기능을 담당하는 것이라고 한다면 형벌부과의 한계를 명확히 해야 할 뿐만 아니라 형의 집행단계의 내용까지도 법적으로 명확하게 하는 것이 필요하다. 왜냐하면 형벌부과에 의한 권리의 침해는 형의 집행에 의해 구체화되기 때문이다.[1] 따라서 죄형법정주의의 요청에 따라 수용자에게 박탈되고 또한 제한되는 권리의 내용 및 제한의 한계를 법적으로 명확하게 하는 것이 필요하다. 또한 자유형의 집행이 수형자의 개선 및 사회복

---

1 平野龍一 등, 刑事法辭典, 123쪽.

귀를 목적으로 하고 있는 이상 형의 집행단계에서도 수형자의 인간성 내지 주체성을 가능한 한 인정하지 않으면 안된다.

수형자에 대하여 권리의 내용 및 제한의 한계를 명확하게 하는 것은 형사정책적인 면에서도 필요하다. 수형자의 처우에 있어서 처우의 개별화와 자주성의 촉진 등이 요구되고 있고, 행형의 사회화와 과학적 처우 등 그 내용은 다양화되어 가고 있다. 이와 같은 방향에서 본다면 수형자의 권리의 내용 및 제한의 한계는 단순히 법률의 범주로서 이념적으로 파악할 수 있는 것이 아니라 처우론 내지 정책론의 범주로서 현실적·구체적인 필요성 위에서 생각할 필요가 있다. 즉 수형자의 권리의 내용 및 제한의 한계에 대한 해석은 오히려 현대 형사정책의 중요한 과제라고 할 수 있다.[2]

수형자에게도 형의 집행과정과 교정시설 내에 구금되어 있는 것에서 필연적으로 요구되는 자유의 제한 이외의 자유는 일반인과 똑같이 인정되어야 한다. 즉 수형자의 경우에도 모든 기본권의 제한이 정당화될 수는 없으며, 국가는 개인의 불가침의 기본적인 인권을 확인하고 보장할 의무(헌법 제10조)로부터 자유로울 수는 없다. 수형자의 법적지위에 대해서는 그것을 법률관계, 즉 법률에 기초한 권리의무관계로서 다루어야 한다는 것이 현재 일반적으로 받아들여지고 있는 이론이라고 말할 수 있다.

제 2 절   수형자의 법적지위

1. 서

국가가 수형자를 처우함에 있어 권리와 의무를 인정할 것인가에서 출발한 수형자와 국가의 관계는 오늘날 수형자를 국민의 한 사람으로서 인정하고 최소한의 제한 이외의 모든 권리가 보장되어야 한다는 생각이 보편적으로 받아들여지기까지는 자유형의 발달과 함께 한 행형개혁과 밀접하게 관련되어 있다. 그리고 수형자 처우의 획기적인 진보는 의심할 바 없이 최근 100년 정도의 노력을 통해 수형자의 권리관계에 법적기초를 다지는 데에 성공하였다고 할

---

2   鴨下守孝, 앞의 책(2006년), 61쪽.

수 있다.

수형자의 법적지위에 대한 기준은 행형에서 수형자를 어떻게 처우하여야 하는지에 대한 기준이 되며, 수형자의 법적지위는 또 다른 의미에서 행형의 기본원칙을 설정하는 기준이 된다.[3] 따라서 행형에서 특히 중요한 것은 수형자에 대한 기본권 제한의 법적근거와 그 한계에 관한 것이다.

2. 수형자의 법적지위의 발달과정

가. 자유형의 탄생과 형벌의 객체로서의 수형자

근대자유형의 성립과 발달과정은 수형자의 법적지위의 전개와 밀접하게 관련되어 있다. 자유형은 수형자를 일정한 시설에 구금하여 신체적 자유를 박탈하는 것을 내용으로 하는 형벌로서 범죄자의 자유를 박탈함으로서 징벌성을 충족시키고, 노동을 강제함으로서 범죄자에게 노동의 의미를 인식하도록 하며, 질서있는 생활을 강제함으로서 준법의식을 가지도록 함은 물론 나아가 구금시설 내에서의 자유박탈에 의해 장래 위험에 대한 특별예방과 일방예방기능을 동시에 실현하고자 하는 것에 그 목적이 있다고 할 수 있다.

근대 자유형의 기원에 대해서는 제1편 제2장에서 논한 바와 같이 의견이 나뉘어지고 있다. 초기의 징치장은 수용자에게 노동을 통해 근로습관을 기르고 또한 실용적인 기능을 훈련시키는 한편 규율과 도덕교육을 통하여 수용자의 성격을 개선하려고 한 것이었지만,[4] 그 후 중상주의 경제시대가 도래하자 징치장의 본래의 목적은 후퇴하였고 강제적·폭력적 형벌이 동반된 노동력의 착취라고 하는 상황 하에 두어졌다.[5] 또한 근대적 자유형이 형벌제도의 중심을 차지하게 된 19세기에는 독일의 관념론을 근거로 한 응보형론이 지배적이되었고 형벌을 절대화하여 범죄인에게 오로지 내면적인 속죄를 요구하였기 때문에 수형자는 형벌의 객체일 뿐이었고 권리의 주체라는 생각은 고려되지 아니한 시대였다.[6]

---

3 배종대·정승환, 앞의 책(2002년), 89쪽.
4 藤本哲也, 앞의 논문(1988년), 21쪽.
5 슈미트는 그 원인으로 범죄인의 교화·개선과 재사회화 사상이 개인의 노동력의 최대한 이용이라고하는 경제적 이후의 배후로 밀려나고 중상주의적 사상이 지배하게 되었기 때문이라고 하였다(中山硏一, 自由刑(1), 刑事政策講座 제2권, 成文堂, 1973년, 64쪽).
6 박재윤, 수형자의 권리와 권리구제제도, 국민대학출판부, 1996년, 20쪽.

나. 감옥개량운동과 구금조건의 완화

초기 징치장의 이념이 붕괴하였음에도 불구하고 수형자의 법적지위의 보호라고 하는 문제의식은 매우 부분적이지만, 18세기 말 이후의 행형개혁운동 중에서 나타났다고 할 수 있다.[7] 존 하워드에 의해 시작된 감옥개량운동은 독일의 바그니츠에 의해 유럽대륙에서 전개되었다. 이 운동은 미국에도 영향을 미쳐 펜실베니아제와 오번제 등의 새로운 구금방식을 통한 수형자의 개선을 추구하였고 1870년에는 제1회 미국감옥회의에서 신시내티선언을 하였으며 이를 기초로 세워진 엘마이라감화원은 18세기 행형개혁의 결정체로 평가받았다. 특히 1882년 오스트레일리아에서 시행된 마코노키의 누진처우제도와 1855년 크로프턴의 중간교도소제도 등은 수형자 자율의식의 강화와 구금조건의 단계적 완화를 통하여 수형자 지위의 법적보호를 의도한 것이었다고 볼 수 있다. 또한 1914년 오스본이 수형자자치제를 실시한 것과 독일에서 형벌휴가제도를 채택한 것은 이러한 경향을 반영한 것이라고 할 수 있다. 즉 수형자자치제는 사회생활 규칙의 구금시설 내에서의 적용과 관리자 지배권의 후퇴를 의미하였고, 휴가제도는 인간으로서 살아가기 위한 생리작용의 보전을 의도한 것이었기 때문이다.[8]

그러나 감옥개량운동과 미국에서의 수형자 구호운동은 구금시설 내에서 수형자 생활조건의 개선에는 적지 않은 기여를 하였지만, 여전히 부분적·은혜적인 범주를 벗어나지 못하였고 인도주의 입장에서 수형자의 비참한 생활을 경감시키려 했을 뿐으로 권리보호차원은 아니었다.[9] 따라서 수형자의 법적지위 문제는 이러한 제도 속에서 보여지는 부분적·은혜적 시책에 의한 구금조건의 완화방향을 찾는 것보다 '수형자에게 형벌의 본질상 제한되는 자유는 무엇인가, 반대로 수형자의 수중에서 박탈할 수 없는 자유 내지 권리는 무엇인가'라고 하는 인간의 존엄성 그 자체의 근원에 대해 탐구하는 과정에서 도출하여야 한다.

---

7 藤本哲也, 刑事政策槪論, 靑林書院, 2008년, 263쪽 참조.
8 石原才顯, 受刑者の法的地位, ジュリスト, 497호, 1972년, 25~26쪽.
9 박재윤, 앞의 책(1996년), 20쪽.

다. 법적지위의 확립

국가와 수형자와의 관계, 즉 수형자의 법적지위에 대해서 단순히 주체와 객체의 관계가 아니라 기본적으로 권리와 의무의 상호성에 입각한 법률관계가 되지 않으면 안된다고 주장되기 시작한 것은 1909년 11월 3일 프랑크프르트 암 마인 사회·상업학아카데미 총장직 취임시 프로이덴탈이 '수형자의 국법상 지위'(Die Staatrechtliche Stellung des Gdfangenan)라는 연설에서 주장하면서부터이다.[10] 여기서 프로이덴탈은 자유형의 집행인 교도소 수용관계가 법률관계라고 주장하고 국가와 수형자의 관계가 법률에 의해 규정되지 않으면 안되며 형벌로서 합목적적으로 제한된 이외의 자유는 수형자도 일반인과 똑같이 향유할 수 있어야 한다고 주장하였다.

단적으로 말하면 행형관계는 국가가 단순한 복종 관계를 수형자에게 강제하는 것이 아니라 국가와 수형자가 상호 권리·의무관계에 선 법률관계라고 하는 것이다. 나아가 프로이덴탈은 수형자의 법적지위에 관하여 첫째 법치국가에 있어서 법의 지배는 법률의 지배를 의미하고 법률상 유보된 법규명령만이 법률과 같기 때문에 수형자의 권리제한은 형식적 의미에서의 법률 또는 그에 기초한 법규명령으로 하여야 하고, 둘째 행형에서도 단순하게 형식적으로 법률을 마련할 뿐만 아니라 실질적으로 행형을 법률관계로 하여 국가와 수형자 간의 권리의무관계로 설정하고 나아가 정밀한 법률규제를 하여야 하며, 셋째 형식적 및 실질적인 수형자의 법적지위를 보호하기 위한 사법적 심사를 포함한 권리구제제도가 확립되어야 한다고 강조하였다.

라. 법률에 기초한 권리의무관계

인도주의적 행형론에서는 과학적 처우의 실천과 맞물려서 수형자에 대한 처우과정에서 법적지위의 확립을 불가결한 것으로 요구하고 있다. 그리고 현재는 교정시설 내에 구금되어 있는 것으로부터 필연적으로 요구되는 자유의 제한 이외의 자유는 수형자에게도 일반인과 똑같이 인정되어야 한다고 하는 주장이 확립되기에 이르렀다. 각국의 입법례에는 교정시설의 질서유지와 사

---

10 자유형 순화론이라고도 한다. 즉 자유형은 자유박탈을 본질적인 요소로 하는 형벌이므로 자유박탈 이외에 일체의 침해적 효과를 배제함으로써 자유형의 형벌로서의 독자성과 순수성을 유지하도록 하여야 한다는 것이다(박재윤, 앞의 책(1996년), 25쪽).

회복귀상의 필요성이라고 하는 관점에서는 자유의 제한을 인정하여야 하는 경우가 많지만, 그 범위가 어느 정도인가는 여전히 불명확한 채로 남아있다. 그럼에도 수형자의 법적지위에 대해서 그것을 법률관계, 즉 법률에 기초한 권리의무관계로서 다루어야 한다는 것이 현재의 추세라고 말할 수 있다.

독일 행형법은 처우의 형성 및 행형목적 달성에의 수형자 참가, 즉 사회적 책임이 있는 생활태도를 위해 준비하는 처우과정에서 수용자의 적극적인 지위와 수용자의 일반적 법률상 지위, 즉 소극적인 권리보호의 지위에 관하여 규정하고 있다(제4조). 처우에의 참가와 관련하여 처우과정에 행형목적 달성을 위한 모든 조치 및 활동이 문제되는 경우에는 수용자의 적극적인 관여가 요구된다. 또한 수형자에게는 자신의 처우과정에서 능동적 역할을 하는 주체적 지위가 인정된다.[11] 한편, 일본에서는 1958년 사형확정자의 행정소송에 대한 오사카(大阪)지방재판소의 판결[12]에서 교도소 수용관계가 공법상의 특별권력관계라는 것을 긍정하면서도 '수용자의 신체가 자유가 박탈된 것은 어쩔수 없지만, 구금이 법률에 기초하여 용인된 이상 수용자에 대한 모든 인권의 제한은 당연히 포괄적·구체적인 법률의 근거 없이 허용되어야 한다고 생각해야 할 이유는 없다.'라고 판시하여 수형자에 대한 제권리의 제한에는 구체적인 법률의 근거를 요한다는 사실과 교정당국의 재량권 행사는 결코 무제한인 것이 아니라 그 한계를 넘으면 위법하게 되고 사법심사의 대상이 된다는 것을 인정하였다.

3. 미국에서의 수형자 권리보장의 전개

미국에서는 수형자의 권리보장에 대한 원칙이 판례를 통해 형성되었으며, 연방최고재판소 판례의 경향으로부터 다음과 같이 3기로 구분할 수 있다.[13]

제1기는 불개입 원칙(The 'Hand-Off' Doctrine)의 시기(1789~1966)로 이 시기에는 연방의회에서 권리장전(U.S. Constitution's Bill of Rights)이 비준된 1789년부터 연방최고재판소가 수형자에게 재판을 받을 권리를 가지고 있다는

---

11 클라우스 라우벤탈 저/신양균·김태명·조기영 역, 앞의 책(2010년), 132쪽.
12 大阪地昭和33년8월20일 行政事件裁判例集 9권 8호 162쪽.
13 William G. Archambeault/Betty J. Archambeault, Correctional Supervisory Management, 1982년, 194~220쪽 참조.

것을 인정한 1966년까지 오랜 기간 동안 미국의 교정을 지배하여 왔다. 예를 들면 1891년 러핀 대 버지니아주(Ruffin v. Commowealth of Virginia)판결[14]은 '수형자는 자기범죄의 결과로 자유를 박탈당할 뿐만 아니라 법률이 자애로서 범죄자에게 부여하고 있는 권리를 제외하고 일체의 개인적 권리는 박탈된다. 범죄자는 형기 동안 주(州)의 노예이다.'라고 판시하여 수형자에 대한 권리장전의 적용을 거부하였다. 따라서 이 기간 동안에는 수형자의 법적지위가 논의될 여지가 없었으며, 당시 전개된 교도소 개혁운동은 생활조건을 개선하는 데 그쳤다. 법원이 이와 같이 불개입원칙을 고수해 온 이유는 법관들이 행형을 행정부의 기능으로 인식하여 권력분립의 원칙을 유지하려 했고, 사법부의 간섭이 교도소의 규율과 질서를 해칠 우려가 있으며, 법관들 스스로가 행형에 대한 전문성이 결여되어 있다고 생각했기 때문이었다. 또 다른 이유는 수용자 문제에 본격적으로 개입할 경우 과도한 소송업무가 넘쳐날 것을 염려하여 신체적 고문과 같은 특별한 경우를 제외하고 불개입 관례를 유지하였기 때문이다. 수용자 문제에 대한 법원의 개입은 1960년대 이후의 일로 당시 인종차별철폐, 반전운동, 여성해방 등으로 상징되는 사회변동과 개혁의 시대조류와 그 틀을 같이 하였다.[15]

제2기 개입 원칙(The 'Involved Hands' Doctrine)의 시기(1966~1976)에는 수형자의 권리와 교도소와의 관계에 대한 초기의 자세가 180도 역전되어 연방최고법원은 1966년 콜맨 대 페이튼(Colemann v. Peyton)[16] 판결에서 '재판을 받을 권리는 수형자가 가지고 있는 권리 가운데 하나이다.'라고 판시하였다. 이 시기에는 수형자라고 하더라도 헌법에서 보장하고 있는 권리를 향유할 수 있다는 사고 아래 수형자의 권리를 인정하는 수많은 판례가 연방최고법원을 중심으로 나왔다. 연방최고법원은 존슨 대 에이버리(Johnson v. Avery, 1969) 판결에서 많은 수용자가 문맹이거나 또는 헌법적 권리에 대해 무지한 경우가 많기

---

14 이백철, 앞의 책(2020년), 455쪽.
15 이백철, 앞의 책(2020년), 454쪽.
16 Colemann v. Peyton/쿠퍼사건(Cooper v. Pate, 1964)은 개인의 권리가 유린된 경우에 변호사가 주단위에서의 일차적인 사법적 단계가 없이도 연방법원에 제소할 수 있도록 허용한 결정이 수용자들에게도 적용됨을 명시하였다. 이는 러핀사건의 판결을 번복한 것으로 수용자의 헌법적 권리를 공식적으로 인정한 것이며, 특히 주 및 지방단위에서 수용자가 민권법(The Civil Rights Act, 1871)의 보호를 받게 된 것이다(이백철, 앞의 책(2020년), 455쪽).

때문에 국가기관이 보다 나은 법적지원을 제공하지 않는 여건 하에서는 교도
소 변호사의 조력을 받을 수 있다는 결론을 내렸다.[17] 나아가 바운스 대 스미
스(Bounds v. Smith, 1977) 판결은 법원에 제소할 수 있는 권리뿐만 아니라 제
소하는 데 필요한 보다 실질적인 조치를 제공받을 권리가 부여되어야 한다고
명시하였다. 국가는 제소하는 데 필요한 수단을 제공해야 할 의무를 지게 되어
법률지원서비스를 제공하였음은 물론 영거 대 길무어(Younger v. Gilmore, 1971
년) 판결에서는 법률도서관의 설치가 의무화되었다.[18]

그러나 연방최고법원이 수형자에게 재판을 받을 권리를 인정함에 따라 수
형자에 의한 소송이 홍수와 같이 넘쳐나게 되는 계기가 되었다. 또한 이 시기
에는『범죄와 비행(Crime and Delinquency)』1972년 1월호에 미국범죄비행회
의(National Council on Crime and Delinquency : NCCD)가 입안한「수형자의 권
리보호의 최저기준을 마련한 모범법」(A Model Act to Provide for Minimum
Standards for the Protection of Rights of Prisoners)이 발표되었다. 이 모범법은 제
1조 목적과 의의에서 '법률에 의한 수용자에 관한 모든 규칙, 세칙, 절차 및 실
무의 기초가 되는 중심원리는 수용자가 법률에 의해 명시적 또는 해석상 당연
한 것으로 박탈된 것을 제외하고 일반시민이 가지는 모든 권리를 가져야 한
다.'고 선언하였으며 위와 같은 경향을 반영한 것이었다.

수용자에 대한 권리보장은 법원의 불개입 원칙이 포기된 이후 1980년까
지 크게 향상되었고, 교정당국은 수용자의 인권과 교정환경 개선에 전향적인
태도를 보였다. 그러나 수용자에 의한 소송이 무분별하게 제기되어 1960년대
에 100건 정도에 머물렀던 수용자의 법적 소송이 1993년 한 해 33,000건으로
급증하였는데 이는 연방법원에 제소된 전체 민사소송의 15%에 해당되었다.
그 중에서 기각률이 97%에 이르렀고, 재판이 진행된 3%의 사건 중에서도 오
직 13%만이 승소하였다.[19]

제3기의 한정불개입 원칙(The 'Restrained Hands' Doctrine)의 시기(1976~현

---

17 해리 앨런·에드워드 라테사·브루스 판더 저/박철현·박성민·곽대훈·장현석 공저, 앞의 책
    (2020년), 138쪽, 556쪽 참조.
18 이백철, 앞의 책(2020년), 456쪽/해리 앨런·에드워드 라테사·브루스 판더 저, 박철현·박성
    민·곽대훈·장현석 공저, 앞의 책(2020년), 556쪽 참조.
19 이백철, 앞의 책(2020년), 457~458쪽.

재)는 1976년 봄에 선고된 네 개의 판결[20]에 의해서 연방최고법원의 '자제'의 원칙이 명확하게 되었다. 이 시기에는 '수형자의 권리와 교도소의 이해가 대립하는 때에는 교도소가 취한 조치와 규칙이 교정시설의 설치목적인 형벌집행, 수형자 개선과 사회복귀 등과 관련하여 합리적이고 필요한 것이라면 그것은 타당하다.'라고 판결하였다. 그리고 1980년 의회는 구금된 사람의 시민권법 (The Civil Rights of Institutionalized Persons Act)을 제정하였으며 이것은 연방법원에서 다루는 시민권 소송을 줄이기 위한 것이었다. 1996년에는 시민권 위반을 주장하는 수형자가 제기하는 소송건수를 줄이는 것을 목표로 하는 교도소 소송 개혁법(Prison Litigatio Reform Act)과 연방법원에 상소를 제기하기 전에 주에서 상소과정을 거치도록 하는 반테러 및 효과적 사형법(Antiterrorism and Effective Death Penalty Act)이 수형자들이 연방법원에 제기하는 소송을 더 어렵게 만들었다.[21]

이와 같이 미국에서 수형자의 권리보장이 확립되기 시작한 것은 1966년 이후로 독일에서 수형자의 법적지위 보장과는 다른 길을 걸었고, 권리보장을 둘러싼 사법부의 판단이 변화한 것은 과잉수용이라고 하는 오늘날 미국의 교정현상과 밀접하게 관련되어 있다.

4. 수형자와 국가와의 관계

대륙법계 국가의 행정법이론에는 특별권력관계이론이 오랫동안 지배해 왔으며, 수형자와 국가와의 관계 역시 특별권력관계로 간주되었다. 행정법관계 중 권력관계를 일반권력관계와 특별권력관계로 나누고, 일반권력관계는 국가 또는 지방자치단체의 일반적 통치권에 복종하는 국민 또는 주민의 지위에서 성립하는 관계로 법치주의가 지배하고 있지만, 특별권력관계는 일정한 행정목적을 위해 필요한 범위내에서 국가 또는 지방자치단체에게 특정한 자에 대한 포괄적 지배권이 인정되며 법치주의가 배제된다는 이론이다.[22] 그러

---

20 Baxter v. Palmigiano/Enomoto v. Clutchette/Meachum v. Fano/Montanye v. Haymes.
21 해리 앨런·에드워드 라테사·브루스 판더 저/박철현·박성민·곽대훈·장현석 공저, 앞의 책 (2020년), 144~145쪽.
22 전통적인 특별권력관계이론의 특징은 첫째 특별권력관계 내부에는 법률의 유보원칙이 적용되지 아니하며, 둘째 행정목적 달성에 필요한 범위내에서는 헌법이 보장하고 있는 기본권까지도 법률의 근거없이 제한할 수 있고, 셋째 특별권력관계에서 발해지는 명령은 법적

나 특별권력관계이론은 제2차 세계대전 후 독일에서 비판을 받았고 1972년 3월 14일 연방헌법재판소의 결정 이래 특별권력관계부인론이 지배적인 이론으로 되었다.[23]

　오늘날에는 수형자 수용관계의 법적성격에 대해서 특별권력관계로 보는가 여부에 대해서는 논쟁이 있으나 영조물 이용의 공법상 특별권력관계라고 하는 종래의 통설은 후퇴하고 수형자 수용관계의 법적성질을 공법상의 특별관계로 이해하는 주장이 대두하여 왔다. 이 주장은 인권이 극단적으로 제한되는 수형자 생활을 고려하고 법치주의 원칙이 엄격하게 적용되는 것을 기반으로 하고 있다. 우리나라에서도 일반권력관계와 특별권력관계의 구별을 부정하고 공법상의 근무관계나 영조물이용관계로 보거나, 특별행정법관계로 보는 이론이 지배적이다.

　수형자와 국가의 관계와 관련하여 행정법이론으로 일반적으로 받아들여지고 있는 견해는 국가 또는 지방공공단체와 그 일반적 통치권에 복종하는 국민 또는 주민의 관계를 ‘일반권력관계’라 하고, 이것과 병립하면서 일반권력관계 이상으로 국민이 특수한 포괄적 지배에 복종하는 관계를 특별행정법관계라 하여 특별통치권을 설명하고 있다. 그리고 전자에서는 법치주의가 타당한 것에 비하여 후자에서는 그 행정목적 달성에 필요한 범위와 한도 내에서 개개의 법률규정에 의하지 아니하고 명령·강제·징계 등을 할 수 있다고 한다.

　그러나 공법상의 특별관계라고 하는 주장은 국가와 수형자의 관계를 영조물이용관계를 중심으로 하는 특별권력관계로부터 해방하였다고 하는 의미에서 높이 평가받을 수 있지만, 반면 수형자의 교도소 수용관계가 가지는 특수공권력 발동성 때문에 헌법이 다른 일반적인 공권력 발동관계와는 구별하고 게다가 특별한 헌법상 보장을 하고 있는 것을 간과하고 있다고 하여 국가와 수형자의 기본적인 관계는 단순하게 특별권력관계가 부정된다고 하는 소극적인 것에 그치지 아니하고 보다 적극적으로 헌법 제12조의 적법절차(due process)로 파악하여야 한다는 견해도 있다. 이 견해에서는 수형자는 형벌로서 자유형

성질이나 효력을 가지지 아니하며, 넷째 특별권력관계의 내부사항은 사법심사의 대상이 되지 않는다는 것이다(김남진, 행정법의 기본문제, 1989년, 88쪽 이하 참조).
23　김남진, 앞의 책(1989년), 92쪽.

에 복종하는 의무를 지고 있지만 그 한도 내에서만 인권이 제약된다고 한다.

이와 같이 현재 국가와 수형자와의 관계에 대하여 몇 가지 견해가 나뉘어져 있지만, 국가와 수형자와의 관계를 특수한 법률관계라고 하는 것을 인정하면서도 중요한 기본적인 인권의 제한은 원칙적으로 법률에 따라 행해지지 않으면 안된다고 하는 주장이 일반적이고 통설이라고 할 수 있다.

> 교도소에서 수형자의 복역관계(재소관계)는 행형목적을 달성하기 위하여 자유형의 선고를 받은 자를 행형법 등의 규정에 따라 수용함으로써 국가와 수형자 간에 성립하는 특수한 법률관계라고 할 수 있다. 이에 따라 수형자는 격리된 시설에서 강제적인 공동생활을 하게 되므로 헌법이 보장하는 신체의 자유 등 기본권에 대한 제한은 불가피하다(헌재 2004.12.16. 2002헌마478).

5. 수형자의 법적지위확립을 위한 기본원리

수형자의 법적지위 확립은 결국 수형자의 인권보장, 나아가서는 권리보호를 의미하는 것이다. 수형자의 인권보장은 헌법적 요청, 자유형의 순화, 행형목적의 달성이라고 하는 세 가지 관점에서 생각할 수 있다.[24] 즉 수형자에 대하여 어떠한 법적지위가 주어져야 하는가에 대해서는 헌법적 요청에 따르고, 자유형의 순화를 도모하고, 나아가 행형목적 달성에 의미있고 효과적인 처우의 관점을 고려할 필요가 있다. 그리고 수용자가 더 이상 범죄를 저지르지 않고 사회적으로 책임있는 생활을 영위할 수 있도록 한다는 행형의 목표설정은 헌법상 인간의 존엄에 대한 존중과 사회국가원리에서 추론된다.[25]

첫 번째로 수형자의 인권보장이 헌법상의 요청이라고 하는 것은 말할 필요가 없다. 왜냐하면 헌법상의 '모든 국민은 인간으로서의 존엄과 가치를 가지며 행복을 추구할 권리를 가진다. 국가는 개인이 가지는 불가침의 기본적 인권을 확인하고 이를 보장할 의무를 진다.'는 규정(제10조)과 '누구든지 법률과 적법한 절차에 의하지 아니하고는 처벌·보안처분 또는 강제노역을 받지 아니한

---

24 수형자는 법치국가원칙으로부터 법적으로 보호받아야 할 지위를, 사회국가원칙으로부터 사회적으로 통합되어야 할 지위를, 그리고 재사회화 목적과 관련하여 자발적 협력자로서의 지위를 각각 얻는다. 법치국가원칙에 의해 법적으로 보호받아야 할 지위는 다시 수형자의 기본권과 관련한 문제가 되며, 사회적으로 통합되어야 할 지위는 다시 재사회화 목적에 대한 자발적 협력자로서의 지위와 관련을 맺는다(배종대·정승환, 앞의 책(2002년), 93쪽).

25 클라우스 라우벤탈 저/신양균·김태명·조기영 역, 앞의 책(2010년), 18쪽.

다.'는 규정(헌법 제12조 제1항) 및 '국민의 자유와 권리는 헌법에 열거되지 아니한 이유로 경시되지 아니한다.'라는 규정(헌법 제37조 제1항)의 국민에는 수형자도 포함되기 때문이다. 그리고 헌법 제10조, 제12조, 제37조 이하의 규정에서 수형자도 국민으로서 존중되고 그 인권은 공공의 복지에 반하지 않는 한 입법 그 밖의 국가운영상에 있어서 최대한 존중될 필요가 있다는 것을 규정하고 있기 때문이다.

다음으로 자유형 순화사상은 프로이덴탈에 의해 주장되었고 그 요지는 자유형의 내용은 수형자 신체의 자유를 제한하는 것이고 이것을 넘어서 생명, 신체, 명예, 재산, 가족에 대해 다른 고통을 주어서는 아니된다고 하는 것이다. 이와 같은 내용은 유엔최저기준규칙 제3조에도 규정되어 있다.[26] 즉 자유형은 어디까지나 자유의 박탈만의 형벌이어야 한다. 집행 자체 또는 이에 따르는 부작용으로서 수형자의 신체 나아가서는 생명에 위해를 가하거나 또는 수형자의 명예, 재산 및 가족에게 침해적 효과를 미쳐서는 아니된다. 자유형과 다른 신체형 또는 생명형과의 차이는 말할 것도 없이 명예형·재산형·가족형과의 차이는 입법 및 행정상 최대한 확보되어야 한다. 따라서 구금에 의한 자유박탈 이상의 침해적 효과는 배제되고 수형자의 인권은 보장되어야 한다고 하는 자유형 순화의 입장은 수형자의 인권보장에 중심을 둔 사고방식이라 할 수 있다.

마지막으로 행형목적의 달성이라고 하는 관점에서 수형자의 권리보장은 무엇보다도 행형목적 달성에 있어 간과할 수 없다고 하는 것이 최근 형사정책적 인식이라고 할 수 있다.[27] 행형이 형의 집행이라고 하여 권력적 강제 아래 수형자를 굴복시키는 시대는 지났으며, 그렇게 할 경우 오히려 수형자의 반발을 초래할 뿐이다. 수형자에 대한 처우에는 엄격함을 요하지만, 권리보장을 전제로 하는 공정한 처우라는 것을 수형자가 스스로 받아들이지 않는다면 효과를 기대하기 어렵다. 수형자 처우는 오히려 수형자가 자발적으로 협력하는 경우에 처우의 효과를 거둘 수 있다. 과거 행형의 경험상 강제적인 처우에 대한 형식적인 적응은 석방 후 사회적응의 곤란을 극복하기 위해서는 결코 도움이

---

26 개인을 외부세상으로부터 차단하는 모든 구금행위는 그들의 자유를 박탈함으로써 자아결정권을 빼앗는 행위로 고통을 수반한다. 따라서 교정제도는 정당하게 수반되거나 질서를 유지하기 위한 경우를 제외하고 수용자의 고통을 가중시켜서는 안 된다.

27 藤本哲也, 앞의 책(2008년), 266쪽.

되지 아니하는 경우가 많았다. 수형자의 협력을 얻기 위해서는 먼저 수형자의 이해와 수긍이 필요하지만 그것은 수형자의 권리가 보장되고 난 후라고 할 수 있다. 이와 같이 수형자의 권리보장은 수형자 처우의 기초이고, 행형목적 달성에 대한 수형자의 자발적인 이해와 협력을 얻는 데 있어서 중요한 의미를 가진다.[28]

형집행법은 수형자의 교정·교화와 건전한 사회복귀를 도모하고 수용자의 처우와 권리 및 교정시설의 운영에 관하여 필요한 사항을 규정함을 목적으로 하고 있고(법 제1조), 동 법을 집행하는 때에 수용자의 인권을 최대한으로 존중되어야 하며(법 제4조), 수용자는 합리적인 이유없이 성별, 종교, 장애, 나이, 사회적 신분, 출신지역, 출신민족, 용모 등 신체조건, 병력(病歷), 혼인여부, 정치적 의견 및 성적(性的)지향 등을 이유로 차별하지 아니한다라고 규정(법 제5조)하고 있는 것은 수용자에 대한 권리보장과 깊이 관련되어 있다.

수형자 법적지위의 문제에 관해서는 적극행형과 소극행형의 다툼의 지양과 조화라고 하는 관점에서 고찰하여야 한다고 하는 방법론이 제시되고 있다.[29] 수형자의 법적지위를 논하는 경우 먼저 일체의 자유형에서 박탈되는 자유란 무엇인가, 어떠한 자유가 형벌이라는 이름 아래 국가에 의해 박탈되고, 어느 정도의 자유가 아직 수형자의 수중에 남아있는가라고 하는 근본문제를 해결할 필요가 있다고 하고, 첫째 이론면에서의 접근, 둘째 역사면에서의 접근, 셋째 정책면에서의 접근 등으로 문제해결을 시도하고 있다. 즉 현대자유형의 내용을 일반 사회생활로부터 분리하여 어느 일정한 시설에서 집단생활을 하도록 하고 거기에서 박탈되는 자유란 사회에서 생활하는 자유, 즉 수형자 스스로의 행위에 의한 직접적인 사회적 자유의 향수이다. 따라서 그 이외의 일반인이 향수할 수 있는 자유는 수형자에게도 여전히 수중에 남아있다고 생각하여야 한다. 또한 수형자의 권리를 어디까지 제한할 수 있는가 하는 점에 관해서도 행형의 양면성이라고 하는 견해를 제시하고 수형자의 권리를 먼저 구금관계에 속하는 것에 관해서는 수형자의 자유가 원칙이 되어야 하다. 그리고 어떠한 합리적인 이유가 있는 경우만 그 자유는 법률에 의하여 제한되어야 하며,

---

28 朝倉京一, 앞의 책(1976년), 159~160쪽.
29 石川才顯, 受刑者の法的地位考察の方法論, 刑法雜誌 21권 1호, 1976年, 1~20쪽 참조.

처우관계에 속하는 것에 관해서는 매우 주관적이고 개별적 성격을 가지는 것이기 때문에 각각의 사례에 따라 생각할 필요가 있다고 한다. 이와 같은 방법론도 결국 수형자의 권리보장을 위한 이론의 하나로 볼 수 있다.

제 3 절 수형자의 권리와 의무

1. 서

법치국가원리에 의해 헌법상 기본권은 법률에 의해 제한되지 않는 한 일반시민과 마찬가지로 수형자에게도 보장되며, 법률에 의해 제한하는 경우에도 헌법상의 가치에 부합하고 행형목적의 달성을 위해 필요한 최소한에 그쳐야 하며 자유와 권리의 본질적 내용과 인간의 존엄성을 침해하지 않아야 한다. 수형자의 기본권을 제한하는 경우에는 형식적 법률에 의하여야 하고, 법률에 의한 기본권의 제한은 명확성의 원칙과 적정성의 원칙이 적용되어야 한다. 이 경우 불가피한 경우에만 허용된다고 하는 보충성의 원칙과 기본권 제한을 통해 달성하려고 하는 공익과 침해되는 기본권 사이에 균형이 이루어져야 한다는 비례의 원칙이 준수되어야 한다.

형집행법이 수형자의 교정·교화와 건전한 사회복귀를 도모하고 수용자의 처우와 권리 및 교정시설의 운영에 관하여 필요한 사항을 규정함을 목적으로 하고 있고(제1조), 동 법을 집행하는 때에 수용자의 인권은 최대한으로 존중되어야 한다(제4조)고 규정하는 것도 같은 취지라고 볼 수 있다.

2. 수형자의 권리의 구체적 내용

교도소 내에서 수용자의 생활조건이 일반인과 같을 수는 없지만 수용자는 기본적으로 인간다운 생활을 할 권리(헌법 제34조 제1항)와 건강하고 쾌적한 환경에서 생활할 권리(헌법 제35조 제1항)를 가지고 있으므로 적어도 수용자가 인간다운 생활을 할 수 있을 정도의 건강하고 문화적인 최저한도의 생활을 보장하여야 하며, 행형의 사회화를 통한 사회복귀 처우가 효과를 거두려면 가능한 한 일반인의 생활상태와 같도록 하는 것이 바람직하다.

헌법상의 인간다운 생활 등과 관련하여 형집행법은 교정시설의 설비, 의류 및 침구, 음식물, 위생과 의료, 운동 및 목욕에 대하여 규정하고 있다. 수용자에게 건강유지에 필요한 의류·침구, 그 밖의 생활용품을 지급하고(법 제22조), 음식물은 건강상태·나이·부과된 작업의 종류·그 밖의 개인적 특성을 고려하여 건강 및 체력을 유지하는 데에 필요한 것을 지급하고(법 제23조), 수용자가 건강한 생활을 하는 데 필요한 위생 및 의료상의 적절한 조치를 하여야 하며(법 제30조), 그 밖에 건강유지에 필요한 운동 및 목욕을 정기적으로 할 수 있도록 하여야 한다(법 제33조)는 것이 그것이다.

또한 교정시설의 거실·작업장·접견실이나 그 밖의 수용생활을 위한 설비는 그 목적과 기능에 맞도록 설치되어야 하며, 특히 거실은 수용자가 건강하게 생활할 수 있도록 적정한 수준의 공간과 채광·통풍·난방을 위한 시설이 갖추어져야 한다(법 제6조 제2항).

자유권과 관련해서는 자유형 집행목적의 달성 또는 구금의 본질상 불가피하게 각종 자유가 제한된다. 특히 자유권 중 문제가 되는 것은 수형자의 외부교통권이다. 유엔최저기준규칙은 '수형자의 처우는 사회로부터의 배제가 아니라 사회와의 계속적인 관계를 유지하는 것이어야 한다(제88조 제1항).'고 규정하고 있다. 인간은 사회적 존재로서 다른 사람과 교류를 하려는 욕구를 가지고 있기 때문에 수형자에게 접견과 편지수수, 전화통화 등 외부교통을 보장하는 것은 수형자의 사회복귀에 불가결한 요소가 된다. 특히 다른 사람과의 자유로운 교류는 행복추구권에 포함되고, 특히 가족과의 교통은 혼인과 가족생활을 보장하는 헌법 제36조에 기초를 둔다고 볼 수 있다. 접견 및 편지수수와 관련하여 형집행법은 종전의 소장허가사항에서 수용자의 권리로 규정하면서 일정한 제한사유를 두고 있으며, 전화통화는 소장의 허가를 받아 할 수 있도록 하고 있다.

수형자를 구금하는 목적은 자유형의 집행이고, 자유형의 내용은 수형자를 일정한 장소에 구금하여 사회로부터 격리시켜 그 자유를 박탈함과 동시에 그의 교화·갱생을 도모함에 있다. 그러므로 자유형의 본질상 수형자에게는 외부와의 자유로운 교통·통신에 대한 제한이 수반되는 것이다. 그런데 수형자의 사회적 위험성이나 사회방위의 관점에서는 사회로부터의 격리가 불가피하나, 때로는 수형자의 교화·갱생을 위하여 일정한 범위내에서 서신수발의 자유를 허용하는 것이 보다 더 유익할 수도 있다. 따라서 수형자에게 통신의 자유를 구체적으로 어느 정도 인정할 것인가의 기준은 기본적으로 입법권자의 입법정책에 맡겨져 있다고 할 것이다 (헌재 1998. 8. 27. 96헌마398).

또한 신문 등의 구독, 라디오 청취와 텔레비전 시청은 사상의 자유, 표현의 자유, 학문의 자유 등 헌법상의 기본권과 관련하여 알권리로서 보장되어야 한다고 이해되기에 이르렀다.[30]

수형자는 헌법상 보장된 종교의 자유와 신앙의 자유를 가진다. 그 가운데 신앙의 자유는 절대적으로 제한할 수 없는 자유이나 종교적 행위의 자유와 종교적 집회·결사의 자유는 구금관계의 본질상 또는 시설의 안전과 질서를 위하여 일정한 제한이 불가피하다.

청구권과 관련하여 헌법상 보장된 재판청구권(제27조 제1항)은 수형자에게도 인정되는 권리이다. 이때 재판을 받을 권리에는 헌법재판, 민사재판, 형사재판, 행정재판 등이 모두 포함된다.[31] 따라서 수형자는 사법상의 권리보호를 위하여 민사소송을 제기할 수 있고, 고소·고발 등을 통하여 국가형벌권행사에 참여할 수 있으며, 형사피고인으로서 지체 없이 공개재판을 받을 권리를 가진다. 또한 수형자가 수형생활 중 권리가 위법·부당하게 침해되었을 때에는 사법심사를 청구할 수 있다.

헌법상 보장되는 재판청구권이라 하더라도 신체의 자유에 대한 제한을 받고 있는 수용자의 지위상 그로부터 파생하는 자유로운 접촉에 대한 일정한 제한은 감수해야 할 영역이 있다. 특히 자유형의 본질상 수형자에게는 외부와의 자유로운 교통·통신에 대한 제한이 수반되고, 이에 따른 재판청구권의 제한도 불가피하다. 그러나 이러한 제한 역시 교정시설의 목적과 특성, 즉 신체적 구속의 확보, 교도소 내의 수용질서 및 규율을 위해 필요한 한도를 벗어날 수 없다(헌재 2013. 8. 29. 2011헌마122).

헌법재판소는 범죄자에 대한 선거권 제한의 한계에 대하여 "범죄자에 대한 선거권 제한은 고대 그리스와 로마시대의 소위 '시민으로서의 지위 박탈(civil death)'의 일종으로서 그 역사적 뿌리가 깊다. 당시에는 참정권이란 능력,

---

30 박재윤, 앞의 책(1996년), 94쪽.
31 헌재 2015.11.26. 2012헌마858.

재산, 사회적 지위, 성별, 인종 등을 기준으로 하여 일부의 시민에게만 주어지는 권리로서, 누구에게 그 자격을 인정할 것인가의 문제는 공동체의 순수성을 보장하기 위한 것으로 인식되었다. 그러나 보통선거원칙이 확립된 이후 더 이상 시민으로서의 지위 박탈은 현대의 시민권 개념과 조화되기 어렵게 되었다. 이 사상의 근저에 전제된 어떤 사람들은 선거를 할 자격이 없다는 개념은 우리 헌법상 인정되는 보통선거원칙과 세계관의 다원주의에서 인정되기 어렵다.''고 판시하였다.[32] 2015년 8월 13일 「공직선거법」(법률 제13497호)을 개정하여 1년 이상의 징역의 형의 선고를 받고 그 집행이 종료되지 아니한 사람의 선거권을 제한하였다. 그 후 '1년 이상 징역형의 선고를 받고 그 집행이 종료되지 아니한 사람'에 대한 헌법소원심판에서 헌법재판소는 '심판대상조항은 공동체 구성원으로서 기본적 의무를 저버린 수형자에 대하여 사회적·형사적 제재를 부과하고, 수형자와 일반국민의 준법의식을 제고하기 위한 것이다. 법원의 양형관행을 고려할 때 1년 이상의 징역형을 선고받은 사람은 공동체에 상당한 위해를 가하였다는 점이 재판과정에서 인정된 자이므로, 이들에 한해서는 사회적·형사적 제재를 가하고 준법의식을 제고할 필요가 있다. 심판대상조항에 따른 선거권 제한 기간은 각 수형자의 형의 집행이 종료될 때까지이므로, 형사책임의 경중과 선거권 제한 기간은 비례하게 된다. 심판대상조항이 과실범, 고의범 등 범죄의 종류를 불문하고, 침해된 법익의 내용을 불문하며, 형 집행 중에 이뤄지는 재량적 행정처분인 가석방 여부를 고려하지 않고 선거권을 제한한다고 하여 불필요한 제한을 부과한다고 할 수 없다. 1년 이상의 징역형을 선고받은 사람의 선거권을 제한함으로써 형사적·사회적 제재를 부과하고 준법의식을 강화한다는 공익이, 형 집행기간 동안 선거권을 행사하지 못하는 수형자 개인의 불이익보다 작다고 할 수 없다. 따라서 심판대상조항은 과잉금지원

---

32 집행유예기간 중인 자와 수형자의 선거권을 제한하고 있는 공직선거법(2005. 8. 4. 법률 제7681호) 제18조 제1항 제2호에 대하여 헌법재판소는 '심판대상조항은 집행유예자와 수형자에 대하여 전면적·획일적으로 선거권을 제한하고 있다. 심판대상조항의 입법목적에 비추어 보더라도, 구체적인 범죄의 종류나 내용 및 불법성의 정도 등과 관계없이 일률적으로 선거권을 제한하여야 할 필요성이 있다고 보기는 어렵다. 범죄자가 저지른 범죄의 경중을 전혀 고려하지 않고 수형자와 집행유예자 모두의 선거권을 제한하는 것은 침해의 최소성원칙에 어긋난다.'라고 판시하였다(헌재 2014. 1. 28. 2012헌마409·510, 2013헌마167(병합)).

칙을 위반하여 청구인의 선거권을 침해하지 아니한다.'라고 판시하였다.[33]

3. 수용자의 의무

수형자는 법률에 따라 구금되어 있기 때문에 구금 및 그것으로부터 파생되는 효과에 대해서 수인해야 할 의무가 있다. 즉 수형자는 교정시설에 수용되는 때부터 국가와 법률상의 강제규율관계에 놓이고, 공법상 영조물 이용관계에 있으므로 구금의 성질상 일정한 의무가 있다. 이는 소장의 의무와는 성격을 달리한다.

형집행법은 건강진단을 받아야 할 의무, 청결의무, 작업의무, 금지물품 소지 금지의무, 일시석방자의 출석의무, 규율 등 준수의무[34] 등에 대하여 규정하고 있다. 즉 신입자는 소장이 실시하는 건강진단을 받아야 하고(법 제16조 제3항), 수용자는 자신의 신체 및 의류를 청결히 하여야 하며, 자신이 사용하는 거실·작업장 그 밖의 수용시설의 청결유지에 협력하여야 하고, 위생을 위하여 머리카락과 수염을 단정하게 유지해야 할 뿐만 아니라(법 제32조), 수형자는 자신에게 부과된 작업과 그 밖의 노역을 수행해야 할 의무가 있다(법 제66조).

또한 형집행법은 교정시설의 안전과 질서를 위하여 금지물품 소지 및 반입금지 의무와 일시석방자의 출석의무에 대하여 규정하고 있다. 즉 수용자는 ① 마약·총기·도검·폭발물·흉기·독극물, 그 밖에 범죄의 도구로 이용될 우려가 있는 물품, ② 무인비행장치, 전자·통신기기, 그 밖에 도주나 다른 사람과의 연락에 이용될 우려가 있는 물품, ③ 주류·담배·화기·현금·수표, 그 밖에 시설의 안전 또는 질서를 해칠 우려가 있는 물품, ④ 음란물, 사행행위에 사용되는 물품, 그 밖에 수형자의 교화 또는 건전한 사회복귀를 해칠 우려가 있는 물품을 소지하여서는 아니된다(법 제92조 제1항). 또한, 교정시설 안에서 천재지변이나 그 밖의 사변에 대한 피난의 방법이 없는 경우 수용자를 다른 장소로 이송할 수 있는데 이러한 이송이 불가능하여 일시석방한 경우 일시 석방된 수용자는 석방 후 24시간 이내에 교정시설 또는 경찰관서에 출석하여야

---

33 헌재 2017. 5. 25. 2016헌마292·568(병합).

34 수용자에게는 흡연하거나 담배를 소지·수수·교환하거나 허가 없이 전화 등의 방법으로 다른 사람과 연락하는 등의 규율위반행위를 하여서는 아니될 금지의무가 부과되어 있다(대법원 2003.11.13. 2001도7045, 위계공무집행방해).

한다(법 제102조).

그 밖에 '수용자는 교정시설의 안전과 질서유지를 위하여 법무부장관이 정하는 규율과 소장이 정하는 일과시간표를 지켜야 하고, 교도관의 직무상 지시에 따라야 한다(법 제105조).'라고 규정하고 있다.

4. 권리제한의 한계

가. 의의

징역·금고 등 자유형을 선고받아 그 형이 확정된 수형자는 형의 집행을 위하여 교도소 등에 구금되어 강제적인 생활을 하게 되므로 헌법이 보장하는 신체활동의 자유 등 기본권에 대한 제한은 불가피하게 된다. 그러나 수형자라고 하여 모든 기본권을 전면적으로 제한받는 것이 아니라 제한되는 기본권은 형의 집행과 도주의 방지라고 하는 구금의 목적과 관련된 신체의 자유, 거주이전의 자유, 통신의 자유 등의 기본권에 한정되어야 하고 그것 또한 형벌의 집행을 위하여 필요한 한도를 벗어나서는 안된다. 특히 수용시설 내의 질서와 안전을 유지하기 위하여 행해지는 기본권의 제한은 수형자에게 구금과는 별도로 부가적으로 가해지는 고통으로서 다른 방법으로는 그 목적을 달성할 수 없는 경우에만 예외적으로 허용되어야 한다.[35] 이와 같은 수형자의 기본권 제한에 대한 구체적인 한계는 헌법 제37조 제2항에 따라 구체적인 자유·권리의 내용과 성질, 그 제한의 태양과 정도 등을 교량하여 설정하게 된다.[36]

> 수형자의 경우 형벌의 집행을 위하여 교정시설에 격리된 채 강제적인 공동생활을 하게 되는 바, 그 과정에서 구금의 목적달성을 위하여 필요최소한의 범위 내에서는 수형자의 기본권에 대한 제한이 불가피하더라도, 국가는 인간의 존엄과 가치에서 비롯되는 국가형벌권의 한계를 준수하여야 하고, 어떠한 경우에도 수형자가 인간으로서 가지는 존엄과 가치를 훼손할 수 없다(헌재 2016. 12. 29. 2013헌마142).

나. 판단기준

수용자의 권리제한은 구체적인 제한근거에 기초하여 개별적으로 판단되어야 하기 때문에 개개의 구체적 제한의 가부 및 한도를 판단하는 경우에 적

---

35 헌재 2005. 2. 24. 2003헌마289 / 헌재 2008. 5. 29. 2005헌마137 / 헌재 2012 3. 29. 2010헌마475.

36 헌재 1999. 5. 27. 97헌마137 / 헌재 2003. 12. 18. 2001헌마163.

용하는 일정한 판단기준이 확립되어야 한다. 그리고 그 판단기준은 수용자에게 보장된 권리의 중요성을 충분히 고려하여야 하는 것은 물론이지만 다른 한편으로 헌법적 질서 아래에서 중요한 의의를 가진 형벌제도의 일환으로서 교정시설 수용 유지의 면에서 적정하게 대응할 수 있는 것이어야 한다.

> 수형자의 기본권 제한에 대한 구체적인 한계는 헌법 제37조 제2항에 따라 법률에 의하여 구체적인 자유·권리의 내용과 성질, 그 제한의 태양과 정도 등을 교량하여 설정하게 되며 수용시설 내의 안전과 질서를 유지하기 위하여 이들 기본권의 일부 제한이 불가피하다 하더라도 그 본질적인 내용을 침해하거나, 목적의 정당성, 방법의 적정성, 피해의 최소성 및 법익의 균형성 등을 의미하는 과잉금지의 원칙에 위배되어서는 아니된다(헌재 2004. 12. 16. 2002헌마478).

독일 행형법은 '수형자는 이 법률에서 정해진 자유의 제한에 복종한다. 이 법률에 특별한 규정이 없는 한 수형자에게는 보안의 유지를 위하거나 또는 시설의 규율에 중대한 장해를 방지하기 위한 불가결한 제한만을 과할 수 있다(제4조 제2항).'고 규정하고 있다. 이 조항에 따라 수형자에게는 구체적인 사안에 대응하기 위한 특별한 침해구성요건이 행형법 중에 전혀 존재하지 아니하고, 시설의 보안유지에 대한 위험 또는 규율에 중대한 장해가 존재하고, 권리제한이 시설의 존립을 위하여 불가결한 경우에 행형법의 구체적 침해조항에 포함되지 아니하는 부가적인 권리제한을 과하는 것이 허용된다.[37] 일본 형사수용시설법은 권리제한요건으로 모든 수용자에 대하여는 '형사시설의 규율 및 질서의 유지, 그 밖에 관리운영상 지장을 발생할 우려' 또는 '형사시설의 규율 및 질서를 해하는 결과를 발행할 우려'를, 수형자에 대해서는 '교정처우의 적절한 실시에 지장을 발생할 우려'를, 미결구금자에 대해서는 '죄증인멸의 결과를 발생할 우려'를 구체적으로 규정하고 있다.

형집행법은 수용자에게 인정되는 각종 권리를 제한하는 데 있어 일반조항을 두고 있지 아니하고 개별조항에서 제한사유를 규정하고 있다.[38] 예를 들면

---

37 클라우스 라우벤탈 저/신양균·김태명·조기영 역, 앞의 책(2010년), 134쪽.
38 일본의 형사수용시설법 제73조에서는 '① 형사시설의 규율 및 질서는 적정하게 유지되어야 한다. ② 전항의 목적을 달성하기 위하여 취하는 조치는 피수용자의 수용을 확보하면서 동시에 그 처우를 위한 적절한 환경 및 그 안정과 평온한 공동생활을 유지하기 위하여 필요한 한도를 넘어서는 아니된다.'라고 규정하고 있다.

접견, 편지수수, 전화통화, 종교행사 참석 등의 규정에서 '수형자의 교화 또는 건전한 사회복귀를 위하여 필요한 때'와 '시설의 안전과 질서유지를 위하여 필요한 때'에는 제한할 수 있다는 것이 그것이다.

다. 수형자의 기본권 제한 방식

수형자의 법적지위의 기초원리에 따라서 수형자의 기본적 권리제한의 방식을 분류하면 첫째 권리의 성격으로부터 절대 제한할 수 없는 권리, 둘째 구금의 특성 그 자체로부터 당연히 제한이 금지되어야 할 성질의 권리, 셋째 양자의 중간에 있는 것으로 나눌 수 있다.

우선 권리의 성격으로부터 절대 제한할 수 없는 권리, 다시 말하면 법률로서 박탈할 수 없는 수형자의 권리는 인간의 존엄과 평등, 사상과 양심의 자유, 신앙의 자유, 연구 창작의 자유 등의 권리 외에 수형자의 생활권적 기본권은 모든 처우의 전제조건이기 때문에 국가에 의해 최대한 보장되지 않으면 안된다고 할 수 있다.

다음은 자유박탈을 내용으로 하는 자유형집행의 목적달성 또는 구금의 본질상 불가피하게 제한되는 권리로서는 신체의 자유, 집회결사의 자유, 주거이전의 자유, 직업선택의 자유 등을 들 수 있다.

양자의 중간에 위치하는 것으로 영조물의 존립목적을 위해 제한되는, 즉 법률상의 근거가 있다면 제한할 수 있는 종류의 권리는 사생활의 비밀과 자유, 표현의 자유, 통신의 자유, 학문의 자유, 재산권, 선거권, 알 권리 등이 있다. 특히 통신의 자유, 서신의 비밀, 알권리, 접견권 등은 구금업무 수행상의 이유에서 어느 정도 제한되는 것은 예상되지만 정신적인 활동을 위한 조건의 법적인 담보도 수형자의 법적지위의 중요한 일면이라는 것을 고려할 때 최대한의 자유가 보장되어야 한다.

또한 소내 질서유지를 위한 수단으로서의 징벌과 직접강제에 대해서는 규율유지의 목적과 구체적인 수단의 내용·요건 등을 명확하게 법정하는 것이 필요하다.

제 2 장 교정기관의 감독 및 공개, 기본계획

제 1 절 서론

교정기관은 행정기관에 속하기 때문에 교정기관에 대한 감독은 국가기관에 대한 포괄적인 감독권에 포함되어 있다. 여기에는 행정부 내부에서의 감독작용은 물론 국회, 감사원, 국가인권위원회 등에 의한 감독작용도 포함한다. 그리고 교정기관은 법무부 산하에 설치된 시설 등 기관이기 때문에 법무부장관에게는 교정시설 운영 전반에 대한 지도감독권이 있으며, 그 전제로서 법무부장관은 자신 또는 소속 공무원으로 하여금 교정시설 운영 전반을 조사하기 위하여 직접 그 상황을 파악하거나 자료의 제출을 요구하거나 보고를 요구하는 등 업무집행에 대해 감사하도록 할 수 있다. 여기서는 형집행법상 규정되어 있는 감독인 순회점검에 대해서 살펴보고자 한다.

또한 교정은 수용자를 구금하고 있는 시설의 특성상 비공개적으로 운영되고 있기 때문에 공개에 대한 많은 요구가 존재하고 있다. 이에 대한 요구를 충족하기 위해 형집행법은 판사 및 검사가 직무상 필요한 경우에는 시찰을 할 수 있도록 하고 법학, 형사정책 등을 전문으로 연구하는 자의 학술목적 등을 위해 참관을 허가할 수 있도록 하고 있다.

형집행법은 관계 행정기관, 법원 등으로 협의체를 구성하여 형의 집행과 수용자 처우에 관한 기본계획을 수립하도록 하고 있다.

제 2 절 순회점검

순회점검이란 상급기관이 법령 상의 지휘감독권에 근거하여 개별 교정기관에 대하여 시설의 운영실태, 직무수행 그리고 수용자 처우 및 인권실태 등에 대하여 감독하는 활동을 말한다.[39] 순회점검은 교정시설 운영과 관련하여 전

---

39 신양균, 앞의 책(2012년), 86쪽 / 허주욱, 앞의 책(2013년), 280쪽.

반적인 사항에 대한 감독을 위하여 필요할 뿐만 아니라 교정관련 법령, 훈령, 예규 등 각종 규정의 해석과 적용에 있어서 각 교정기관 간의 통일성을 기하고 수용자에 대한 처우 등 현장의 실태조사를 하고 문제점을 파악하여 교정행정의 정책수립 등에 반영하기 위한 것이다.

순회점검은 상급기관의 일반적, 포괄적인 감독권 행사의 일종이지만 수용자는 순회점검 공무원에 대한 청원을 통해 불법·부당한 처우에 관한 빠른 구제를 받을 수 있다.

유엔최저기준규칙은 교정시설과 형벌집행에 대한 정기감사는 중앙 교정당국에서 실시하는 내부 또는 행정감사와 독립적인 외부기관(국제 또는 지역 기관 포함)의 감사로 구분되어야 하고, 모든 감사의 목적은 교정시설이 관련 법규와 정책, 절차에 따라 관리되고 형벌집행과 교정업무가 올바로 이루어지며 수용자의 권리가 보호되고 있는지 확인하는 것이라고 규정하고 있다(제83조).

법무부장관은 교정시설의 운영, 교도관의 복무, 수용자의 처우 및 인권실태 등을 파악하기 위하여 매년 1회 이상 교정시설을 순회점검하거나 소속 공무원으로 하여금 순회점검하게 하여야 한다(법 제8조). 그리고 필요한 경우 순회점검 업무의 일부를 지방교정청장에게 위임할 수 있다(순회점검반 운영지침 제9조). 순회점검 공무원은 교정관련 법령의 적법한 집행여부와 수용자에 대한 적정한 처우실태를 확인·감독하고, 수용자로부터 서면 또는 구술로 청원을 받아 처리할 수 있다.

점검대상은 모든 교정기관이며 시설 내에 설치된 거실, 작업장, 사무실, 창고 등 물적설비가 그 대상이다. 그리고 교정시설의 운영과 교도관의 복무 상황, 수용자의 처우와 인권실태, 관계서류·장부 및 물품 등에 대하여 확인하고 관계 직원의 출석 및 답변 등을 통해 사실관계를 점검할 수 있다.

제 3 절 시찰

시찰이라 함은 판사 또는 검사가 직무상 필요할 경우 교정시설을 순시하는 것을 말한다(법 제9조 제1항). 1894년 11월 5일 제정된 감옥운영의 기준이 되는 「감옥규칙」(監獄規則)에는 재판관 및 검사의 재판에 속하는 감옥을 순시하는 규정을 두었으며 이것이 시찰의 기원이라고 할 수 있다.[40]

시찰은 판사나 검사의 교정시설에 대한 감독작용이 아닌 점에서 순회점검과 구별되며, 직무상 인정되는 권한이라는 점에서 참관과 그 성격을 달리한다.

판사는 형을 선고하거나 구속영장을 발부하는 등 직접 구금을 판단하는 직무를 담당하고 있고, 검사는 구속영장 등의 발부를 청구하는 것 외에 기소·불기소를 결정하고 기소한 피고인에 대하여 구형을 하는 외에 형집행을 지휘·감독하는 직무를 담당하고 있다. 따라서 판사와 검사가 미결구금 및 형벌집행의 실태를 관찰하고 그에 관한 충분한 지식과 이해를 얻는 한편 관련 자료를 수집하여 직무에 참고하고 업무의 적정성을 확보하려는 것이 이 제도의 취지라고 할 수 있다.[41]

시찰의 주체는 판사와 검사이다. 판사 또는 검사는 교정시설을 시찰하는 경우에 미리 그 신분을 나타내는 증표를 교정시설의 장에게 제시하여야 하고, 소장은 교도관에게 시찰을 요구받은 장소를 안내하게 하여야 한다(법 시행령 제2조). 시찰은 직무상 행해지는 권한으로서 교정시설 전반에 걸쳐 허용되며, 따라서 미결수용실이나 사형확정자 거실도 포함된다. 그러나 여자수용자가 수용되어 있는 장소에 대해서는 시찰방법 등에 유의하여 불필요한 수치심을 유발하지 않도록 유의할 필요가 있다.

제4절 참관

참관이라 함은 판사 또는 검사 외의 사람이 학술적 연구, 그 밖의 정당한 이유에 의하여 교정시설을 둘러보는 것을 말한다.

교정시설은 그 성질상 일반 사람이 자유롭게 출입할 수 있는 곳이 아니며, 수용자의 사생활에 대한 배려와 규율 및 질서유지 요청 등의 이유에서 일반에 공개하는 것은 바람직하지 않다. 그러나 교정시설의 실정에 대하여 사회

---

40 中橋政吉, 앞의 책(1936년), 278쪽.
41 김화수 등 8인 공저, 한국교정학, 한국교정학회, 2007년 2월 7일, 353쪽/허주욱, 앞의 책(2013년), 282쪽/林眞琴·北村篤·名取俊也 공저, 안성훈·금용명 등 번역, 앞의 책(2016년), 61쪽.

일반의 이해를 얻고 그 협력과 지원을 구하는 것은 교정시설 운영에 있어 중요하고 또한 교정시설이 어떠한 환경 아래에서 어떠한 처우가 실시되고 있는가에 대하여 사회 일반이 이해함으로써 수용자의 출소 후 취업과 주거확보 등 원활한 사회복귀에 도움이 될 것이다. 뿐만 아니라 참관은 형벌집행의 밀행주의를 완화하고 교정에 대한 전문적인 연구자 등에 대하여 범죄의 원인과 대책을 연구하는 데 필요한 관련 자료를 제공함으로써 종합적인 형사정책 수립에 참고가 되고 재범을 방지하며 교정의 발전에도 기여할 수 있는 기회를 제공한다.[42] 참관은 이와 같은 의미에서 중요한 의의가 있다.

직무상 교정시설을 시찰하는 판사나 검사 이외의 사람이 교정시설을 참관하려면 학술연구 등 정당한 이유를 명시하여 소장의 허가를 받아야 한다(법 제9조 제2항). 참관은 학술연구 등 정당한 이유가 있어야 하며 소장의 허가사항이다. 구체적으로는 참관자, 참관 목적, 교정시설의 상황 등을 종합적으로 판단하여 참관의 허부를 결정하게 된다. 소장은 판사 또는 검사 외의 사람이 참관을 신청하는 경우에는 그 성명·직업·주소·나이·성별 및 참관 목적을 확인한 후 허가 여부를 결정하여야 하고, 외국인에게 참관을 허가할 경우 미리 관할 지방교정청장의 승인을 받아야 한다. 그리고 허가한 경우에는 허가를 받은 사람에게 참관할 때의 주의사항을 알려주어야 한다(법 시행령 제3조).

그러나 미결수용자가 수용된 거실과 사형확정자가 수용된 거실은 참관이 금지된다(법 제80조 및 제89조 제2항). 미결수용자는 무죄추정의 원칙을 받고 있기 때문에 그자의 명예와 인권을 존중하기 위한 것이고, 사형확정자는 심리적 안정을 도모하기 위하여 금지하고 있다.[43]

참관을 실시하는 때는 수용자의 사생활이 부당하게 침해되는 것을 피하여야 하고, 참관에 의하여 수용자의 정신적 동요나 고통을 주어서는 아니된다. 허가를 받은 참관자가 주의사항 등을 위반하고 교정시설의 규율 및 질서유지 또는 수용자의 심리적 안정 등에 지장이 있다고 인정되는 때는 소장은 참관의 허가를 취소하고 시설로부터 퇴거 등의 조치를 취할 수 있다.

---

42 허주욱, 앞의 책(2013년), 282~283쪽.
43 허주욱, 앞의 책(2013년), 283쪽/신양균, 앞의 책(2012년), 89쪽.

제 5 절 기본계획의 수립

1. 의의

수형자의 교정교화와 건전한 사회복귀라는 목적을 체계적이고 효율적으로 달성하기 위하여 2019년 4월 23일 형집행법을 개정하여 법무부장관이 형의 집행 및 수용자의 처우에 관한 기본계획(이하 "기본계획"이라 한다.)을 수립하도록 하였다. 기본계획을 추진하기 위하여 관계 행정기관, 사법기관 등으로 협의체를 구성하여 기본계획의 수립과 추진에 국가적인 협력을 통해 기본계획의 수립과 실천에 실효성을 제고하였다.

2. 기본계획의 수립

법무부장관은 형집행법의 목적을 효율적으로 달성하기 위하여 5년마다 형의 집행 및 수용자 처우에 관한 기본계획을 수립하고 추진하여야 한다(법 제5조의2 제1항). 기본계획에는 ① 형의 집행 및 수용자 처우에 관한 기본 방향, ② 인구 · 범죄의 증감 및 수사 또는 형 집행의 동향 등 교정시설의 수요 증감에 관한 사항, ③ 교정시설의 수용 실태 및 적정한 규모의 교정시설 유지 방안, ④ 수용자에 대한 처우 및 교정시설의 유지 · 관리를 위한 적정한 교도관 인력 확충 방안, ⑤ 교도작업과 직업훈련의 현황, 수형자의 건전한 사회복귀를 위한 작업설비 및 프로그램의 확충 방안, ⑥ 수형자의 교육 · 교화 및 사회적응에 필요한 프로그램의 추진방향, ⑦ 수용자 인권보호 실태와 인권 증진 방안, ⑧ 교정사고의 발생 유형 및 방지에 필요한 사항, ⑨ 형의 집행 및 수용자 처우와 관련하여 관계 기관과의 협력에 관한 사항, ⑩ 그 밖에 법무부장관이 필요하다고 인정하는 사항이 포함되어야 한다(동조 제2항).

법무부장관은 기본계획을 수립 또는 변경하려는 때에는 법원, 검찰 및 경찰 등 관계 기관과 협의하여야 하고, 기본계획을 수립하기 위하여 실태조사와 수요예측 조사를 실시할 수 있다(동조 제3항, 제4항). 그리고 법무부장관은 기본계획을 수립하기 위하여 필요하다고 인정하는 경우에는 관계 기관의 장에게 필요한 자료를 요청할 수 있으며, 이 경우 자료를 요청받은 관계 기관의 장은 특별한 사정이 없으면 요청에 따라야 한다(동조 제5항).

3. 협의체의 설치 및 운영

　　법무부장관은 형의 집행 및 수용자 처우에 관한 사항을 협의하기 위하여 법원, 검찰 및 경찰 등 관계 기관과 협의체(이하 "협의체"라 한다.)를 설치하여 운영할 수 있고, 협의체의 설치 및 운영 등에 필요한 사항은 대통령령으로 정한다(법 제5조의3).

　　협의체는 위원장을 포함하여 12명의 위원으로 구성한다. 협의체의 위원장은 법무부차관이 되고, 협의체의 위원은 ① 기획재정부, 교육부, 법무부, 국방부, 행정안전부, 보건복지부, 고용노동부, 경찰청 및 해양경찰청 소속 고위공무원단에 속하는 공무원(국방부의 경우에는 고위공무원단에 속하는 공무원 또는 이에 상당하는 장성급 장교를, 경찰청 및 해양경찰청의 경우에는 경무관 이상의 경찰공무원을 말한다.) 중에서 해당 소속 기관의 장이 지명하는 사람 각 1명, ② 법원행정처 소속 판사 또는 3급 이상의 법원일반직공무원 중에서 법원행정처장이 지명하는 사람 1명, ③ 대검찰청 소속 검사 또는 고위공무원단에 속하는 공무원 중에서 검찰총장이 지명하는 사람 1명이 된다(법시행령 제1조의2 제1항).

　　협의체의 위원장은 협의체 회의를 소집하며, 회의 개최 7일 전까지 회의의 일시·장소 및 안건 등을 각 위원에게 알려야 하고 협의체의 회의 결과를 위원이 소속된 기관의 장에게 통보하여야 한다(동조 제2항, 제3항, 제4항).

제 3 장 수용자의 권리구제제도

제 1 절 서론

교정시설에 수용되어 있는 수용자에게 사회의 일반시민에게 보장되는 권리구제제도를 보장하는 것는 물론 특별한 방법에 의한 법적보호가 필요하다. 왜냐하면 행형단계에서는 국가권력이 강제적인 수단을 가지고 개인의 기본권을 박탈하고 침해할 우려가 클 뿐만 아니라 자유박탈에 부수하는 처분이 수용자의 인격권에 대한 국가의 위법한 침해를 가져올 우려가 있기 때문이다.

수용자의 권리에 대한 일상적이고 다양한 제한에 대한 불복과 구제수단이 존재함으로써 수용자의 법적지위가 보장될 수 있다. 일반적으로 수용자에 대한 권리제한에 관해서는 고충신청의 기회와 법적구제수단이 마련되어 있고, 이러한 방법을 통해 수용자는 자신의 법적지위를 보장받을 수 있다. 따라서 수용자에게 인정되어 있는 권리가 위법 또는 부당하게 침해된 경우에는 이에 대하여 적절하고 신속한 법적구제를 하는 것이 중요하다. 그리고 권리구제수단 이외에도 수형자에게 자신이 필요로 하는 것을 신청하거나 불복을 할 수 있는 제도를 마련하여 두는 것은 행형운영의 특수성과 관련하여 필요성이 인정된다.

수용자의 권리구제수단을 제도화하는 것은 행형목적을 달성하기 위한 전제가 될 뿐만 아니라 수형자의 법적지위를 내용적으로 결정하는 것이기 때문에 매우 중요한 의미가 있다.[44] 그리고 수형자의 권리구제제도와 불복신청제도의 정비는 행형의 투명성을 확보하고 나아가서는 행형개혁의 추진에 기여하는 문제이기도 하다. 그러나 실제 행형에서 수형자의 법적보호 문제는 사법상의 권리보장의 흠결이라고 하기보다 오히려 수형자의 법적지위를 어떻게 구성하는가의 문제이고 그 결과 좁은 범위에서만 사법적 구제가 행해지는 경향이 나타나고 있다.

유엔최저기준규칙은 '모든 수용자에게는 매일 소장 또는 그를 대리할 권한이 있는 직원에게 청원 또는 불복신청을 할 기회가 주어져야 한다. 수용자는

---

44 배종대·정승환, 앞의 책(2002년), 312쪽.

조사관에게 청원 또는 불복신청을 할 수 있어야 하고 소장 또는 다른 직원의 참여없이 담당조사관에게 말할 기회가 주어져야 한다(제56조).'고 규정하여 수용자에게 불복신청의 기회를 제공하는 것은 물론 자유롭게 의견을 말하는 기회를 주도록 권고하고 있다. 형집행법은 신입자 또는 다른 교정시설로부터 이송되어 온 사람에게는 권리구제에 관한 사항을 알려주도록 하고(법 제17조), 수용자가 법령에 따라 지켜야 할 사항과 수용자의 권리구제 절차에 관한 사항을 수용자 거실의 보기 쉬운 장소에 붙이는 등의 방법으로 비치하도록 하는(법 시행령 제12조 제3항) 등 권리구제절차에 관한 사항을 수용자에게 사전에 제공하고 있다. 그리고 '수용자는 청원, 진정, 소장과의 면담, 그 밖의 권리구제를 위한 행위를 하였다는 이유로 불이익한 처우를 받지 아니한다(법 제118조).'고 규정하여 수용자가 적극적으로 권리구제제도를 이용할 수 있도록 하고 있다.

일반적으로 수용자의 권리구제방법은 사법부에 사법심사를 구하는 방법, 감독관청을 포함한 행정기관에 의하는 방법, 각종 위원회나 의회 등 제3자 기관에의 구제신청 등 다양한 방법이 마련되어 있다. 이러한 다양한 방법은 수용자의 권리남용의 폐단을 방지하면서 신속하고 효율적인 권리구제가 실현되도록 함으로써 수용자의 권리보장과 함께 행형목적의 달성이 조화를 이루도록 하는데 중점이 두어져야 할 것이다.

제 2 절 연혁

일제강점기 우리나라에 적용된 일본감옥법에는 소장면담, 순열 등의 제도가 규정되어 있었다. 1950년 행형법 제정 이후부터는 수용자의 권리침해에 대한 교정당국의 내부적 구제수단으로 소장면담, 순회점검, 청원 등이 시행되어 왔다. 그 중 소장면담과 순회점검이 권리구제의 기회가 될 수 있는지에 대해서는 처분청 또는 그 상부기관이 결정하므로 그 실효성이 회의적이었다. 또한 청원제도와 관련하여 구행형법은 실효성 확보를 위한 각종 규정을 정비하였음에도 행형 현실에서는 피동적인 위치에 있는 수용자가 청원권을 효과적으로 행사할 수 있을지 의문이었고, 청원권을 행사하더라도 결국 교정기관의 최고관

리자인 법무부장관이 최종적인 결정기관이라는 점도 청원제도의 실효성에 의
문이 제기되어 온 원인이었다.[45]

또한 외부적 구제수단으로는 행정심판, 행정소송, 민사소송, 국가배상청
구소송, 고소 및 고발, 헌법소원, 국가인권위원회 진정 등이 있다. 우리나라에
서는 1990년대 중반까지는 교정당국의 처분과 관련하여 소송으로 다루어진
사례가 극히 드물었다. 그러나 헌법재판소는 1992년 변호인과의 접견교통의
비밀[46]에 대하여 행형법 규정을 위헌으로 결정한 이래 구체적인 처분 뿐만 아
니라 행형법 등의 규정 자체에 대해서도 적극적인 개입과 판단을 하기 시작하
였다. 그 후 행형과 관련하여 헌법재판소 판례에서 다루어진 수용자의 기본권
은 무죄추정의 원칙, 변호인의 조력을 받을 권리, 통신의 비밀과 자유, 알권리,
인격권, 행복추구권, 공정한 재판을 받을 권리 등 전반에 관해서였다.[47]

한편 2002년 설립되어 활동을 시작한 국가인권위원회의 결정과 권고는
법령, 행형운영, 실무 등에 많은 변화와 개선을 가져왔다. 특히 수용자의 권리
구제를 위한 법적·제도적 장치가 소극적으로 적용되고 있는 상황에서 국가인
권위원회의 역할이 가장 두드러지게 나타난 분야가 바로 구금시설의 수용자
인권분야라고 할 수 있다.

이와 같이 우리나라에서는 수용자 권리에 대한 사법부의 적극적인 판단이
내려진 이후 헌법재판소의 결정과 대법원의 판결은 행형관련 법률과 행형운영
등에 많은 영향을 미쳤다. 또한 국가인권위원회의 활동은 수용자의 무분별한
남용으로 인한 부작용도 많았지만 진정에 의한 개인의 구체적인 권리구제 뿐
만 아니라 징벌제도, 보호장비 등과 같은 강제력 행사 등의 분야에서 많은 제
도적인 개선을 가져왔다.[48]

---

45 배종대·정승환, 앞의 책(2002년), 315쪽.
46 헌재 1992.1.28. 선고 91헌마111.
47 한영수, 헌법과 행형법 －신체구속을 당한 자의 기본권－, 허영박사 정년기념논문집, 2002
　　 년, 183쪽.
48 국가인권위원회의 권고에 따라 2004년 6월 9일 「수용자 규율 및 징벌에 관한 규칙」, 「계구
　　 의 규격과 사용방법 등에 관한 규칙」을 개정하였다.

제 3 절 비사법적 권리구제

1. 서

　　비사법적 권리구제는 사법기관을 제외한 국가기관에 의한 권리구제제도
를 말하며 순회점검, 소장면담, 청원, 행정심판, 감사원 심사청구 및 직무감찰,
국가인권위원회 진정 등이 여기에 해당한다. 시찰, 참관 등이 외부로부터의 감
시기능이 있다는 점에서 비사법적 권리구제수단에 포함된다고 설명하는 견해
도 있으나[49] 시찰은 판사 및 검사가 업무상 참고를 위한 교정시설 실태파악수
단의 일종으로 보아야 한다는 점, 참관은 일반시민들이 교정시설을 둘러보기
위한 수단으로 견학 또는 교정행정의 공개차원으로 보아야 한다는 점 등을 고
려하면 권리구제수단에 포함되지 않는다.

　　헌법재판소는 형집행법에서 규정하고 있는 소장면담과 청원제도는 처리
기관이나 절차 및 효력 면에서 권리구제절차로서 불충분하고 우회적인 제도여
서 헌법소원에 앞서 반드시 거쳐야 하는 사전구제절차라고 보기 어렵다고 판
시하였다.[50] 그리고 수용자가 자신의 처우와 관련하여 사회복귀과장에게 면담
신청을 하였으나 소속 직원에 의한 대리면담을 실시한 것과 관련하여 헌법이
나 관련 법령의 명문 규정 및 해석상, 사회복귀과장에게 수용자의 면담신청에
의하여야 할 작위의무가 부여되어 있다고 보기는 어려우므로 부작위는 헌법소
원의 대상이 되지 아니한다고 판시하였다.[51]

　　수용자의 권리를 실질적으로 보장하기 위해서는 권리침해에 대한 구제를
위한 불복신청제도가 중요한 의미를 가진다. 전술한 바와 같이 현재는 수용관
계에 있어 특별권력관계이론의 적용이 부정되고 있기 때문에 수용자는 각종
처분에 대해서 사법적 구제를 요청할 수 있다. 그러나 사법적 구제에는 시간과
비용이 소요될 뿐만 아니라 수형자가 형사시설에 수용되어 있어 사법적 구제
를 신청하는 것이 용이하지 않다는 상황을 고려하면 사법적 구제에 이르기 전
단계에서 보다 간이신속한 절차에 의해 권리구제를 할 수 있는 행정상의 불복

49　배종대·정승환, 앞의 책(2002년), 313쪽.
50　헌재 2012. 3. 29. 2010헌마475.
51　헌재 2017. 3. 7. 2017헌마132, 면담신청거부행위 등 위헌확인.

구제제도를 마련하는 것이 반드시 필요하다.

비사법적 권리구제수단은 절차가 단순하고 간편하여 불복제기가 용이하고, 구제를 위한 별도의 비용이 소요되지 않아 경제적이며, 적시에 신속한 구제가 가능하여 해당 수용자의 불만을 조기에 해소할 수 있고, 교정기관과 수용자의 합의를 도출할 수 있어 사법부에 의한 강제적인 해결에 비해 후유증이 적다는 장점이 있다. 그러나 구제기관이 내부 행정기관인 경우에는 공정한 결정을 기대하기 어려우며, 전문가의 법률적인 조언을 받기 어려워 효과적인 구제에 한계가 있고, 결정에 대한 구속력이 없어 해당 기관에서 그 결정을 수용하지 않을 경우에는 사법구제절차를 다시 진행하여야 하는 번거로움 등이 단점으로 지적되고 있다.

2. 순회점검

순회점검에 대해서는 제2편 제2장 교정시설의 감독작용과 공개에서 논한 바와 같이 교정시설의 감독작용으로서의 기능 뿐만 아니라 상급기관의 일반적, 포괄적인 감독권 행사의 일종으로 수용자는 순회점검공무원에 대한 청원을 통해 불법·부당한 처우에 관한 빠른 구제를 받을 수 있다. 순회점검 공무원은 교정시설의 수용관리에 대한 포괄적인 조사권과 수용자 처우에 관한 불법 또는 부당한 조치의 시정권을 가지고 있다.

그러나 순회점검 주기가 1년으로 장기이고 점검기간은 1주일 정도의 단기라는 점에 비추어 권리구제를 위한 충분한 검토에 한계가 있고, 순회점검의 목적은 여러 가지로 수용자의 권리구제에만 집중할 수 없으며, 순회점검대상 기관에 수용된 수용자에 한하여 권리구제를 받을 수 있다는 점에서 일반적인 권리구제수단으로 보기 어렵다. 그렇지만 수용자가 소장 등의 결정 또는 처분에 대하여 불복이 있는 경우 순회점검 공무원에게 그 사정을 호소하여 적절한 구제를 요구할 수 있으므로 간접적인 권리구제수단이라 할 수 있다.[52]

3. 소장면담

수용자는 그 처우에 관하여 소장에게 면담을 신청할 수 있다(법 제116조

---

52 배종대·정승환, 앞의 책(2002년), 313쪽/신양균, 앞의 책(2012년), 524쪽.

제1항). 구행형법 시행령에서는 처우 및 일신상의 사정에 관하여 면담을 신청
할 수 있었으나, 형집행법은 수용자의 처우에 관해서만 신청할 수 있도록 하여
처우와 관련한 권리구제수단으로 기능하도록 하였다.

소장면담은 교정시설의 책임자가 수용자의 애로사항을 직접 청취할 수 있
고 스스로 행한 위법·부당한 처분을 신속히 시정하는 한편 침해된 권리를 구
제할 수 있지만, 수용자가 사소한 사항까지도 소장과 직접 상대하려고 하는 경
우에는 그 제도적 취지가 반감될 수도 있다.

> 교도관들은 교도관집무규칙 규정에 따라 면담요청사유를 파악하여 상관에 보고하
> 여야 할 직무상 의무를 부담할 뿐만 아니라, 기본적으로 교도관으로서 수형자에
> 대하여 형벌을 집행하고 그들을 교정교화하는 임무를 띠고 있는 자들이므로, 수용
> 자가 교도소장을 면담하려는 사유가 무엇인지를 구체적으로 파악하여 교도소장
> 면담까지 하지 않더라도 그들 자신이나 그 윗선에서 단계적으로 해결할 수 있는
> 사항인지 혹은 달리 해결을 도모하여야 할 사항인지의 여부를 먼저 확인하는 것
> 이 마땅하고, 또한 전화통화요구와 같이 교도소장을 면담하여도 허락받지 못할 것
> 이 확실시되는 사항에 대하여는 무용한 시도임을 알려 이를 포기토록 하는 것 또
> 한 그들의 직무의 하나라고 할 것이지, 수용자가 교도소장면담을 요청한다고 하여
> 기계적으로 그 절차를 밟아주어야 하고 그렇게 하지 아니하는 경우 막바로 형법상
> 의 직무유기죄가 성립한다고 할 것은 도저히 아니다(헌재 2001. 5. 31. 2001헌마85).

형집행법은 소장면담 거부사유를 규정하여 불필요한 신청으로 인한 행정
력 낭비를 최소화하였다. 그리고 수용자에게 면담거부사유 또는 처리결과에
대하여 통지하도록 함으로써 소장면담제도가 권리구제수단으로 기능하는데
있어서 그 실효성을 담보하고 있다[53]. 즉 소장은 수용자의 면담신청이 있으면
① 정당한 사유없이 면담사유를 밝히지 아니하는 때, ② 면담목적이 법령에
명백히 위배되는 사항을 요구하는 것인 때, ③ 동일한 사유로 면담한 사실이
있음에도 불구하고 정당한 사유 없이 반복하여 면담을 신청하는 때, ④ 교도
관의 직무집행을 방해할 목적이라고 인정되는 상당한 이유가 있는 때를 제외
하고 면담을 하여야 한다(법 제116조 제2항). 면담사유가 위의 면담거부사유에
해당하여 수용자의 면담신청을 받아들이지 아니하는 경우에는 그 사유를 해당
수용자에게 알려주어야 한다(법 시행령 제138조 제3항).

---
[53] 신양균, 앞의 책(2012년), 523쪽.

소장은 특별한 사정이 있으면 소속 교도관으로 하여금 그 면담을 대리하
게 할 수 있고, 이 경우 면담을 대리한 사람은 그 결과를 소장에게 지체 없이
보고하여야 한다(법 제116조 제3항). 소장면담 절차는 소장은 수용자가 면담을
신청한 경우에는 그 인적사항을 면담부에 기록하고, 특별한 사정이 없으면 신
청한 순서에 따라 면담하여야 하며, 수용자를 면담한 경우에는 그 요지를 면담
부에 기록하여야 한다(법 시행령 제138조). 소장은 면담한 결과 처리가 필요한
사항이 있으면 그 처리결과를 수용자에게 알려야 한다(법 제116조 제4항).

4. 청원

가. 서

일반적으로 청원권이란 국가기관에 대해 일정한 사항에 관한 의견이나 희
망을 진술하는 권리를 말하며, 국가기관은 이를 수리하여 성실하게 처리하지
않으면 안되기 때문에 청원권은 국가기관에 대해 일정한 행위를 요구할 수 있
는 헌법상의 청구권적 기본권이다.[54] 형집행법상 청원이란 수용자가 그 처우
에 불복하는 경우 법무부장관이나 순회점검 공무원 또는 관할 지방교정청장에
게 그 사정을 호소하여 적절한 재결을 요구하는 것을 말한다(법 제117조 제1
항). 따라서 불복이 있는 수용자가 처분기관의 감독기관에 신청하여 재결을 요
구하기 때문에 형집행법에 규정된 권리구제수단 가운데 가장 실효성 있는 수
단이라고 볼 수 있다.

그러나 청원은 비사법적 권리구제수단의 하나로 수용자가 청원을 제기하
였다고 하여 당해 결정이나 처분의 효력이 정지되는 것이 아니라는 점에서 한계
가 있다.

나. 청원의 성질

형집행법상 청원은 헌법상 국민의 청구권적 기본권의 하나인 청원권(헌법
제26조)에서 유래한다. 그러나 청원법상 청원과는 다음과 같이 구별된다.

즉 청원법상 청원의 주체는 모든 국민으로 외국인을 포함[55]하고 자연인만
이 아니라 법인에게도 인정되지만, 형집행법상 청원은 수용자만이 할 수 있다.

---

54 권영성, 헌법학원론, 법문사, 2003년, 551쪽.
55 권영성, 앞의 책(2003년), 552쪽.

또한 청원법상 청원은 제출대상기관이 포괄적이고 문서로만 할 수 있는 반면, 형집행법상 청원은 법무부장관·순회점검 공무원·관할 지방교정청장에게 한정되어 있으며 문서뿐만 아니라 순회점검 공무원에 대한 청원은 구술로도 할 수 있다. 그리고 청원법상 청원은 피해의 구제, 공무원의 위법·부당한 행위에 대한 시정이나 징계의 요구, 법률·명령·조례·규칙 등의 제정·개정 또는 폐지, 공공의 제도 또는 시설의 운영, 그 밖에 국가기관 등의 권한에 속하는 사항 등 청원할 수 있는 사항이 포괄적인 반면, 형집행법상 청원은 수용자의 처우에 대해서만 인정된다. 그 밖에 청원법상 청원은 공동청원을 인정하고 처리기간을 명시하고 있으며 타인을 모해할 목적으로 허위사실로 청원하는 경우에는 형사처벌이 가능하지만, 형집행법상 청원은 공동청원을 인정하지 아니하고 처리기간에 대해 명시적인 규정을 두고 있지 않으며 형사처벌에 관한 규정도 두고 있지 아니하다.

한편 청원법은 '청원에 관하여는 다른 법률에 특별한 규정이 있는 경우를 제외하고는 이법에 의한다(제2조).'고 규정하고 있다. 헌법 제26조에서 청원권의 주체를 모든 국민으로 규정하고 있으므로 수용자의 경우에는 청원법상 청원을 배제할 수 없다는 점과 형집행법상 청원은 수용자의 권리구제기능 뿐만 아니라 수용자의 처우에 관한 상급관청의 감독기능도 수행한다는 점 등에 비추어 볼 때 형집행법상 청원은 청원법상 청원과 성격을 달리하는 특별절차적 제도라고 보아야 하므로 수용자는 형집행법상 청원은 물론 청원법상 청원도 할 수 있다고 보아야 한다.[56] 그러나 형집행법이 청원법 제2조의 '다른 법률'에 해당되어 수용자의 청원에는 형집행법이 우선적으로 적용되므로 수용자는 청원법상 청원을 할 수 없다는 견해도 있다.

다. 청원권자

수용자라면 누구든지 청원할 수 있다. 따라서 수형자, 미결수용자 뿐만 아니라 형집행법에서 규정하고 있는 수용자의 범위에 해당하는 자(법 제2조 제4호)이면 내국인·외국인을 불문하고 누구나 청원할 수 있다. 다만 청원권자는 현재 수용자의 신분을 가지고 있어야 하므로 수용생활 중 받은 처우에 불복이 있는 경우라도 이미 석방된 사람은 현재 수용자가 아니므로 청원의 주체가 될

---

56 신양균, 앞의 책(2012년), 524쪽.

수 없다.

형집행법은 청원요건을 '그 처우에 관하여 불복하는 경우(법 제117조)'로 규정하고 있는바, 여기에서 '그 처우'란 본인의 처우만을 의미하므로 공동청원은 할 수 없다고 보아야 한다.[57] 그러나 불복의 대상이 되는 처우의 내용이 동일하다면 처리절차를 간소화하고 처리결과를 공통적으로 적용하기 위해서도 공동으로 청원하는 것을 막을 이유는 없다고 보아야 한다는 견해도 있다.[58]

라. 청원대상

청원대상은 수용자에 대한 처우이며, 이때 처우란 소장의 작위 또는 부작위에 의한 구체적 처분을 의미하므로 행정제도 개선에 관한 의견, 본인의 막연한 희망이나 일신상의 사정, 처우와 무관한 개인적인 불만 등은 청원의 대상이 될 수 없다. 또한 본인에 대한 처우에 한하므로 다른 사람의 처우에 관한 사항은 청원의 대상이 될 수 없다.

수용자에 의한 청원은 이송, 의료처우, 독거수용, 거실지정, 가석방 및 분류, 부당한 처우, 조사 또는 징벌, 작업, 보관금품, 자비구매, 시설개선 등 교정행정 일반과 처우와 관련된 사항에 대하여 광범위하게 제기되고 있다.

마. 청원절차 및 조사

청원하려는 수용자는 청원서를 작성하여 봉한 후 소장에게 제출하여야 하지만 순회점검공무원에 대한 청원은 말로도 할 수 있다. 소장은 제출받은 청원서를 개봉하여서는 아니되며 이를 지체 없이 법무부장관, 순회점검공무원 또는 관할 지방교정청장에게 보내거나 순회점검 공무원에게 전달하여야 한다.[59] 순회점검 공무원이 청원을 청취하는 경우에는 해당 교정시설의 교도관 등이 참여하여서는 아니된다(법 제117조 제2항 내지 제4항). 이는 자유로운 청원을 통해 청원권자의 실질적인 권리구제를 위한 것이다.

수용자가 순회점검 공무원에게 청원하는 경우에는 그 인적사항을 청원부에 기록하여야 한다. 순회점검 공무원은 수용자가 말로 청원하는 경우에는 그 요지

---

57 교정행정의 질서유지상 공동청원은 인정되지 않는다는 견해도 있다(신왕식, 앞의 책(1988년), 83쪽).
58 신양균, 앞의 책(2012년), 525쪽.
59 1999년 행형법 개정 이전에는 청원의 취지를 기재한 서면을 소장에게 제출하도록 하였으나 1999년 개정시 이와 같은 절차를 폐지하였다.

를 청원부에 기록하여야 하고, 청원에 관하여 결정을 하는 경우에는 그 요지를 청원부에 기록하여야 하며, 청원을 스스로 결정하는 것이 부적당하다고 인정하는 경우에는 그 내용을 법무부장관에게 보고하여야 한다(법 시행령 제139조).

수용자 청원처리의 기준·절차에 등에 관하여 필요한 사항은 법무부장관이 정하도록 하고 이에 따라 「수용자 청원처리지침」(2020. 12. 30. 법무부예규 제1292호)이 마련되어 있다. 동 지침의 주요내용은 다음과 같다.

동일 내용의 청원이 법무부장관과 지방교정청장에게 중복으로 제기된 경우에는 법무부장관이 이를 병합처리한다(수용자 청원처리지침 제5조 제2항). 지방교정청장은 접수된 청원이 그 권한에 속하지 아니한다고 판단되면 ① 청원내용의 전부 또는 일부가 법무부장관의 권한에 속한다고 판단되는 경우 청원사안 전부에 대해 조사 후 그 결과를 법무부장관에게 보고하여야 하고, ② 청원내용의 일부가 다른 지방교정청장의 권한에 속한다고 판단하는 경우에는 관할지방교정청장에게 해당 부분에 대한 조사를 의뢰하여야 하며, ③ 청원내용의 전부가 다른 지방교정청장의 권한에 속한다고 판단하는 경우에는 관할 지방교정청장에게 이첩하여야 한다(동조 제3항). 그리고 법무부장관 또는 지방교정청장은 청원내용이 정보공개청구서, 고소장 등 명백히 청원사항에 해당하지 아니하여 이를 접수하지 않는 경우에는 관련 기관에 송부하거나 청원인에게 반송할 수 있다(동조 제4항).

법무부장관 또는 지방교정청장은 청원에 대한 결정을 위하여 필요한 경우에는 관계공무원에게 필요한 사항의 조사를 지시할 수 있고, 지방교정청장은 청원에 대한 결정을 위하여 다른 지방교정청장에게 필요한 사항의 조사를 요청할 수 있다(동지침 제6조 제1항, 제2항). 이송, 가석방 불허, 독거수용 등 거실지정, 그 밖에 사실관계가 명확한 경우의 조치 중 청원서 내용만으로도 사실관계가 명확하여 청원인 진술조서 등이 불필요한 경우에는 서면조사만으로 청원결정을 할 수 있다(동지침 제8조). 청원조사관은 청원조사과정에서 직접 시정이 가능한 사안이라고 판단되는 경우에는 즉시 시정 또는 시정지시하고 그 결과를 법무부장관 또는 관할 지방교정청장에게 보고하여야 한다(동지침 제6조 제3항).

처리기간에 대해서는 별도의 규정이 없으나 청원법에 따라 원칙적으로 90일 이내, 그리고 부득이한 사유가 있는 경우에는 150일 이내에 처리하여야

한다(청원법 제9조).[60] 청원조사요청을 받은 청원조사관은 특별한 사정이 없는
한 50일 이내에 조사를 완료하여 법무부장관에게 보고하여야 한다(수용자 청원
처리지침 제6조 제5항). 법무부장관 또는 지방교정청장은 신속한 권리구제가 필
요한 청원사항이라고 결정한 경우에는 관계 공무원에게 20일의 범위 내에서
필요한 사항의 긴급조사를 지시할 수 있고, 긴급조사사안의 경우 청원서 접수
후 30일 이내에 청원결정을 하여야 한다(동지침 제7조).

청원조사관 또는 업무담당자는 청원인이 청원취하 의사를 표명하는 경우
취하서를 작성하여 제출하게 하여야 한다(동지침 제14조 제1항).

바. 청원의 효과

청원에 관한 결정은 문서로 하여야 하고, 소장은 청원에 관한 결정서를
접수하면 청원인에게 지체 없이 전달하여야 한다(법 제117조 제5항, 제6항). 법
무부장관 또는 지방교정청장은 청원사안에 대한 결정시 결정서를 작성하여 청
원서를 발송한 소장에게 전달한다(동지침 제12조 제1항).

청원은 당해 처분의 정지와 같은 효과가 발생하지 아니하며, 청원이 인용
되더라도 당해 처분이 취소 또는 무효화되는 등의 효과가 있는 것이 아니라
소장의 취소명령이 있어야 효력이 발생한다. 즉 적법한 청원에 대하여 국가기
관이 이를 수리·심사하여 그 결과를 청원인에게 통보하였다면 이로써 당해
국가기관은 헌법 및 청원법상의 의무를 다한 것이고, 그 통보 자체에 의하여
청구인의 권리의무나 법률관계가 직접 영향을 받는 것은 아니다.[61]

청원에 대한 조치 결과로는 각하, 기각, 인용이 있다.

각하는 청원이 부적법한 경우에 내리는 결정형식으로 다음의 각 사유에
해당하는 경우에는 각하한다. ① 청원내용이 처우에 대한 불복에 해당하지 아
니하는 경우, ② 청원내용이 명백히 사실이 아니거나 이유가 없다고 인정되는
경우, ③ 청원의 원인이 된 사실에 관하여 공소시효, 징계시효 및 민사상 시효
등이 모두 완성된 경우, ④ 청원의 원인이 된 사실에 관하여 법원이나 헌법재
판소의 재판, 수사기관의 수사, 국가인권위원회·법무부 인권국 진정, 국가기
관 민원서신 또는 그 밖의 법률에 따른 권리구제절차가 진행 중이거나 종결된

---

60 신양균, 앞의 책(2012년), 527쪽.
61 헌재 1994. 2. 24. 93헌마213 등.

경우, ⑤ 청원이 익명 또는 가명으로 제출되거나 청원내용이 불명확한 경우, ⑥ 청원의 취지가 당해 청원의 원인이 된 사실에 관한 법원의 확정판결이나 헌법재판소의 결정에 반하는 경우, ⑦ 법무부장관 또는 지방교정청장이 기각하거나 각하한 청원 및 청원인이 취하서 또는 고충해소 종결서를 제출하여 종결된 청원과 동일한 내용에 대해 다시 청원한 경우. 다만, 청원인의 청원 취하 또는 고충해소 종결을 이유로 각하 또는 종결된 사건이더라도 중대한 인권침해로 인한 사실관계 확인이 필요하다고 인정되면 각하하지 아니할 수 있다., ⑧ 청원인이 청원을 취하한 경우, ⑨ 청원인이 출소, 이송 등으로 명백히 권리구제 실익이 없다고 인정되는 경우이다(동지침 제9조 제1항).

기각은 청원이 이유없을 경우에 내리는 결정으로 청원을 조사한 결과 ① 청원내용이 사실이 아니거나 사실 유무를 확인하는 것이 불가능한 경우, ② 청원내용이 사실이라고 인정할 만한 객관적인 증거가 없는 경우, ③ 이미 피해회복이 이루어지는 등 따로 구제조치가 필요하지 아니하다고 인정되는 경우, ④ 청원내용이 이유 없다고 인정되는 경우에 기각한다. 청원을 각하하거나 기각하는 경우에는 청원인에게 그 결과와 이유를 통보하여야 한다(동지침 제10조).

청원의 인용결정은 청원을 조사한 결과 청원의 내용이 이유있다고 인정되는 경우에 내리는 결정으로, 청원을 인용한 경우에 소장은 권리구제 등 청원결정내용을 성실히 이행하여야 한다(동지침 제11조 제2항).

행형법 제6조의 청원제도는 그 처리기관이나 절차 및 효력면에서 권리구제절차로서는 불충분하고 우회적인 제도이므로 헌법소원에 앞서 반드시 거쳐야 하는 사전구제절차라고 보기는 어렵고, 미결수용자에 대하여 재소자용 의류를 입게 한 행위는 이미 종료된 권력적 사실행위로서 행정심판이나 행정소송의 대상으로 인정되기 어려울 뿐만 아니라 소의 이익이 부정될 가능성이 많아 헌법소원심판을 청구하는 외에 달리 효과적인 구제방법이 없으므로 보충성의 원칙에 대한 예외에 해당한다(헌재 1999. 5. 27. 97헌마137, 98헌마5(병합)).

5. 행정심판

행정청의 위법 또는 부당한 처분이나 그 밖의 공권력의 행사·불행사 등으로 말미암아 권익을 침해당한 자가 행정기관에 대하여 그 시정을 구하는 행정쟁송절차를 말한다. 행정심판제도의 목적은 행정청의 위법 또는 부당한 처분(處分)이나 부작위(不作爲)로 침해된 국민의 권리 또는 이익을 구제하고, 아울러 행정의 적정한 운영을 기하는 것이다(행정심판법 제1조).

행정심판은 다른 법률에 특별한 규정이 있는 경우 외에는 행정심판법에 따라 행정심판을 청구할 수 있으므로 수용자는 소장의 위법 또는 부당한 처분으로 인하여 자신의 권리 또는 이익이 침해되었다고 판단하는 경우에는 직근 상급관청인 관할 지방교정청에 행정심판을 청구할 수 있다.

행정심판의 대상이 되는 행정처분이란 행정청이 행하는 구체적 사실에 관한 법집행으로서의 공권력의 행사 또는 그 거부와 그 밖에 이에 준하는 처분을 말한다. 행정심판법에 따라 교정기관의 장의 처분 또는 부작위에 대한 행정심판은 그 직근상급기관인 지방교정청에 구성된 행정심판위원회에서 심리 · 재결한다(동법 제6조 제4항).

행정심판에는 행정청의 위법 또는 부당한 처분을 취소하거나 변경하는 취소심판, 행정청의 처분의 효력 유무 또는 존재 여부를 확인하는 무효등확인심판 그리고 당사자의 신청에 대한 행정청의 위법 또는 부당한 거부처분이나 부작위에 대하여 일정한 처분을 하도록 하는 의무이행심판이 있다(행정심판법 제4조).

6. 국가인권위원회 진정

가. 서

2001년 5월 24일 제정된 「국가인권위원회법」(이하 '인권위원회법'이라 한다.)에 근거하여 2001년 11월 25일부로 인권의 보호와 향상을 위한 업무를 독립적으로 수행하기 위한 국가인권위원회가 설립되었다. 국가인권위원회는 국가기관, 지방자치단체, 구금보호시설의 업무수행과 관련된 헌법 제10조 내지 제22조에 규정된 헌법상 평등권 및 자유권적 기본권에 대한 침해와 사인간의 차별행위를 조사하고 구제할 수 있다. 다만 국회의 입법, 법원 및 헌법재판소의 재판은 국가인권위원회의 조사대상에서 제외하고 있다.

국가인권위원회는 인권과 관련된 국가기관, 단체, 사인의 활동을 감시, 보완하는 기능을 하는 국가기구로서 주된 역할은 정부의 인권정책에 대한 권고, 인권교육, 인권침해행위 조사 및 구제이다. 국가인권위원회는 ① 인권에 관한 법령(입법과정 중에 있는 법령안을 포함한다.)·제도·정책·관행의 조사와 연구 및 그 개선이 필요한 사항에 관한 권고 또는 의견의 표명, ② 인권침해행위에 대한 조사와 구제, ③ 차별행위에 대한 조사와 구제, ④ 인권상황에 대한 실태 조사, ⑤ 인권에 관한 교육 및 홍보, ⑥ 인권침해의 유형, 판단 기준 및 그 예 방 조치 등에 관한 지침의 제시 및 권고, ⑦ 국제인권조약 가입 및 그 조약의 이행에 관한 연구와 권고 또는 의견의 표명, ⑧ 인권의 옹호와 신장을 위하여 활동하는 단체 및 개인과의 협력, ⑨ 인권과 관련된 국제기구 및 외국 인권기 구와의 교류·협력, ⑩ 그 밖에 인권의 보장과 향상을 위하여 필요하다고 인정 하는 사항 등의 수행을 기본직무로 한다(인권위원회법 제19조).

　　또한, 국가인권위원회는 그 직무를 수행하기 위하여 필요하다고 인정하는 경우에는 관계기관 등의 대표자, 이해관계인 또는 학식과 경험이 있는 자 등에 대하여 출석을 요구하여 사실 또는 의견의 진술을 들을 수 있으며, 해마다 전 년도의 활동내용과 인권상황 및 인권개선대책에 관한 보고서를 작성하여 대통 령과 국회에 보고하여야 하고, 필요하다고 인정하는 경우에는 대통령과 국회 에 특별보고를 할 수 있다.

나. 국가인권위원회의 권한

　　국가인권위원회는 자료제출 및 사실조회, 청문회, 시설의 방문조사, 정책 과 관행의 개선 또는 시정 권고 등의 권한이 있다.

　　인권위원회는 그 업무를 수행하는 데 필요하다고 인정하는 경우에는 관계 기관 등에 필요한 자료 등의 제출을 요구하거나 사실에 관하여 조회를 할 수 있고, 또한 그 업무를 수행하는 데 필요한 사실을 알고 있거나 전문적 지식 또 는 경험을 가지고 있다고 인정되는 사람에게 출석을 요구하여 그 진술을 들을 수 있으며, 이러한 요구를 받은 기관은 지체 없이 협조하여야 한다(인권위원회 법 제22조). 그리고 그 업무를 수행하기 위하여 필요하다고 인정하면 관계기관 등의 대표자, 이해관계인 또는 학식과 경험이 있는 사람 등에게 출석을 요구하 여 사실 또는 의견의 진술을 들을 수 있다(동법 제23조).

　　또한 국가인권위원회는 필요하다고 인정하면 그 의결로써 구금·보호시 설을 방문하여 조사할 수 있으며, 방문조사를 하는 위원은 필요하다고 인정하 면 소속 직원 및 전문가를 동반할 수 있고, 구체적인 사항을 지정하여 소속 직

원 및 전문가에게 조사를 위임할 수 있다. 이 경우 조사를 위임받은 전문가가
그 사항에 대하여 조사를 할 때에는 소속 직원을 동반하여야 한다. 그리고 방
문조사를 하는 위원, 소속 직원 또는 전문가는 그 권한을 표시하는 증표를 지
니고 이를 관계인에게 내보여야 하며, 방문 및 조사를 받는 구금·보호시설의
장 또는 관리인은 즉시 방문과 조사에 편의를 제공하여야 한다(동법 제24조).

방문조사를 하는 위원 등은 구금·보호시설의 직원 및 구금·보호시설에 수용
되어 있는 사람과 면담할 수 있고 구술 또는 서면으로 사실이나 의견을 진술하게
할 수 있다. 구금·보호시설의 직원은 위원 등이 시설수용자를 면담하는 장소에 참
석할 수 있다. 다만, 대화 내용을 녹음하거나 녹취하지 못한다(동법 제24조).

국가인권위원회는 인권의 보호와 향상을 위하여 필요하다고 인정하면 관
계기관 등에 정책과 관행의 개선 또는 시정을 권고하거나 의견을 표명할 수
있고, 권고를 받은 관계기관 등의 장은 그 권고사항을 존중하고 이행하기 위하
여 노력하여야 한다. 그리고 권고를 받은 관계기관 등의 장은 권고를 받은 날
부터 90일 이내에 그 권고사항의 이행계획을 위원회에 통지하여야 하며, 그리
고 권고를 받은 관계기관 등의 장은 그 권고의 내용을 이행하지 아니할 경우
에는 그 이유를 위원회에 통지하여야 한다. 국가위원회는 필요하다고 인정하
면 위원회의 권고와 의견 표명 및 권고를 받은 관계기관 등의 장이 통지한 내
용을 공표할 수 있다(동법 제25조).

다. 인권침해의 조사와 인권구제

국가인권위원회는 인권침해에 대하여 진정에 따른 조사 또는 직권으로 조
사할 수 있다.

인권침해나 차별행위를 당한 사람 또는 그 사실을 알고 있는 사람이나 단
체는 국가기관, 지방자치단체 또는 구금·보호시설의 업무수행(국회의 입법 및
법원·헌법재판소의 재판을 제외한다.)과 관련하여 헌법 제10조 내지 제22조에 보
장된 인권을 침해당하거나 차별행위를 당한 경우 및 법인, 단체 또는 사인에
의하여 차별행위를 당한 경우에 위원회에 그 내용을 진정할 수 있다(인원위원
회법 제30조 제1항). 위원회는 진정이 없는 경우에도 인권침해나 차별행위가 있
다고 믿을 만한 상당한 근거가 있고 그 내용이 중대하다고 인정할 때에는 이
를 직권으로 조사할 수 있다(동조 제3항).

인권위원회법은 시설수용자 진정권 보장을 위해 다음과 같이 규정하고 있다(동법 제31조). 시설수용자가 위원회에 진정하려고 하면 그 시설에 소속된 공무원 또는 직원은 그 사람에게 즉시 진정서 작성에 필요한 시간과 장소 및 편의를 제공하여야 하고, 시설수용자가 위원 또는 위원회 소속 직원 앞에서 진정하기를 원하는 경우 소속 공무원 등은 즉시 그 뜻을 위원회에 통지하여야 한다. 소속 공무원 등은 시설수용자가 작성한 진정서를 즉시 위원회에 송부하고 위원회로부터 접수증명원을 발급받아 이를 진정인에게 교부하여야 한다. 그리고 통지를 받은 경우 또는 시설수용자가 진정을 원한다고 믿을 만한 상당한 근거가 있는 경우에는 위원회는 위원 또는 소속 직원으로 하여금 구금·보호시설을 방문하게 하여 진정을 원하는 시설수용자로부터 구술 또는 서면으로 진정을 접수하게 하여야 한다. 시설에 수용되어 있는 진정인(진정을 하려는 자를 포함한다.)과 위원 등과의 면담에는 구금·보호시설의 직원이 참여하거나 그 내용을 청취 또는 녹취하지 못한다. 다만, 보이는 거리에서 시설수용자를 감시할 수 있다(동조 제6항). 또한, 소속 공무원 등은 시설수용자가 위원회에 제출할 목적으로 작성한 진정서 또는 서면을 열람할 수 없다.

위원 등이 시설수용자와 면담하는 경우 구금·보호시설의 장 또는 관리인은 자유로운 분위기에서 면담이 이루어질 수 있는 장소를 제공하여야 하고, 시설수용자와 면담하는 위원 등은 구금·보호시설의 장 또는 관리인에게 면담장소에 입회하는 직원의 수를 제한하도록 요구할 수 있으며, 입회하는 직원은 위원 등의 승낙없이는 면담에 참여할 수 없고 자신의 의견을 개진하는 등의 방식으로 시설수용자의 진술을 방해해서는 아니된다(동법 시행령 제4조). 그리고 시설수용자를 면담하는 위원은 면담을 하였다는 이유로 구금·보호시설의 직원 또는 시설수용자가 신체·건강상의 위해 그 밖의 불이익을 받을 우려가 있는 경우 구금·보호시설의 장 또는 관리인에게 이를 방지하기 위한 조치를 취하여 줄 것을 요청할 수 있다(동법 시행령 제5조).

인권위원회법은 진정에 대한 정보제공 및 진정시스템을 갖추도록 규정하고 있다. 즉 구금·보호시설의 장 또는 관리인은 시설수용자를 최초로 보호·수용하는 때에는 시설수용자에게 인권침해사실을 위원회에 진정을 할 수 있다는 뜻과 그 방법을 고지하여야 하고, 인권침해에 관하여 위원회에 진정할 수 있다는 뜻과 그 방법을 기재한 안내서를 시설수용자가 상시로 열람할 수 있는 곳에 비치하여야 한다(동법 시행령 제6조). 그리고 구금·보호시설의 장은 구금·보호시설안의 적절한 장소에 진정함을 설치하고, 용지·필기도구 및 봉함용 봉투를 비치하여야 하며, 진정함을 설치한 때에는 위원회에 진정함이 설치된 장소를 통보하여야 하고, 시설수용자가 직접 진정서를 봉투에 넣고 이를 봉함한 후 진정함에 넣을 수 있도록 하여야 하며, 구금·보호시설에 소속된 공무원 또는 직원은 매일 지정된 시간에 시설수용자가 위원회에 제출할 목적으로 작성한 진정서 또는 서면이 진정함에 들어 있는지 여부를 확인하여야 하고, 진정함에 진정서 또는 서면이 들어 있는 때에는 지체 없이 이를 위원회에 송부하여야 한다(동법 시행령 제7조).

구금·보호시설에 소속된 공무원 또는 직원은 위원회 명의의 서신을 개봉한 결과 당해 서신이 위원회가 진정인인 시설수용자에게 발송한 서신임이 확인된 때에는 당해 서신 중 위원회가 열람금지를 요청한 특정서면은 이를 열람하여서는 아니된다(동법 시행령 제8조).

시설수용자에 대하여 진정서의 자유로운 작성 및 제출을 보장하기 위해 다음과 같이 규정하고 있다(동법 시행령 제9조). 시설수용자가 구금·보호시설의 장 또는 관리인에 대하여 위원회에 보내는 진정서 그 밖의 서면의 작성의사를 표명한 때에는 구금·보호시설의 장 또는 관리인은 이를 금지하거나 방해하여서는 아니된다. 구금·보호시설에 소속된 공무원 또는 직원은 시설수용자가 위원회에 보내기 위하여 작성 중이거나 소지하고 있는 진정서 또는 서면을 열람·압수 또는 폐기하여서는 아니되지만 미리 작성의사를 표명하지 아니하고 작성 중이거나 소지하고 있는 문서의 경우에는 그러하지 아니하며, 시설수용자가 징벌혐의로 조사를 받고 있거나 징벌을 받고 있는 중이라는 이유로 위원회에 보내기 위한 진정서 또는 서면을 작성하거나 제출할 수 있는 기회를 제한하는 조치를 하여서는 아니된다.

라. 진정의 처리

국가인권위원회가 결정하는 종류는 접수한 진정에 대해 각하, 기각, 합의의 권고, 구제조치 등의 권고, 고발 및 징계권고, 긴급구제조치의 권고 등이 있다.

위원회는 접수한 진정이 법에서 규정하는 일정한 사유(인권위원회법 제32

조, 제39조)에 해당하는 경우에 각하 또는 기각한다. 그리고 위원회는 조사 중이거나 조사가 끝난 진정에 대하여 사건의 공정한 해결을 위하여 필요한 구제조치를 당사자에게 제시하고 합의를 권고할 수 있다(동법 제40조).

위원회는 진정을 조사한 결과 인권침해나 차별행위가 일어났다고 판단될 때에는 피진정인, 그 소속기관·단체 또는 감독기관의 장에게 ① 조사대상 인권침해나 차별행위의 중지, 원상회복·손해배상·그 밖에 필요한 구제조치, 동일하거나 유사한 인권침해 또는 차별행위의 재발을 방지하기 위하여 필요한 조치의 이행, ② 법령·제도·정책·관행의 시정 또는 개선을 권고할 수 있다(동법 제44조).

또한 위원회는 진정을 조사한 결과 진정의 내용이 범죄행위에 해당하고 이에 대하여 형사처벌이 필요하다고 인정하면 검찰총장에게 그 내용을 고발할 수 있으며, 진정을 조사한 결과 인권침해 및 차별행위가 있다고 인정하면 피진정인 또는 인권침해에 책임이 있는 사람을 징계할 것을 소속 기관 등의 장에게 권고할 수 있다(동법 제45조).

국가인권위원회는 진정을 접수한 후 조사대상 인권침해나 차별행위가 계속되고 있다는 상당한 개연성이 있고, 이를 방치할 경우 회복하기 어려운 피해가 발생할 우려가 있다고 인정하면 그 진정에 대한 결정 이전에 진정인이나 피해자의 신청에 의하여 또는 직권으로 피진정인, 그 소속기관 등의 장에게 ① 의료, 급식, 의복 등의 제공, ② 장소, 시설, 자료 등에 대한 현장조사 및 감정 또는 다른 기관이 하는 검증 및 감정에 대한 참여, ③ 시설수용자의 구금 또는 수용장소의 변경, ④ 인권침해나 차별행위의 중지, ⑤ 인권침해나 차별행위를 하고 있다고 판단되는 공무원 등을 그 직무에서 배제하는 조치, ⑥ 그 밖에 피해자의 생명, 신체의 안전을 위하여 필요한 사항의 어느 하나의 조치를 하도록 권고할 수 있다. 그리고 필요하다고 인정하면 당사자 또는 관계인 등의 생명과 신체의 안전, 명예의 보호, 증거의 확보 또는 증거 인멸의 방지를 위하여 필요한 조치를 하거나 관계인 및 그 소속기관 등의 장에게 그 조치를 권고할 수 있다(동법 제48조).

7. 감사원 심사청구 및 직무감찰

감사원은 국가의 결산검사권과 회계감사권을 가지고 있으며 행정기관과 공무원의 직무에 관한 감찰을 행할 권한을 가지고 있다. 수용자는 교정기관이나 직원으로부터 받은 조치가 위법 또는 부당하다고 판단될 경우에는 감사원에 해당 조치의 적정성 여부에 대한 심사의 청구를 할 수 있으며(감사원법 제24조 제1항), 교정기관 및 직원에 대한 직무를 감찰하여 수용자 처우의 개선을 기할 수 있다(동법 제20조).[62]

감사원의 감사를 받는 자의 직무에 관한 처분이나 그 밖의 행위에 관하여 이해관계가 있는 자는 감사원에 그 심사의 청구를 할 수 있다(동법 제43조 제1항). 따라서 수용자는 감사원의 감사대상인 교정시설이나 그 직원의 직무상 처분이나 그 밖의 행위에 관해 심사청구를 할 수 있다.

감사원은 심사의 청구가 요건과 절차를 갖추지 못한 경우나 이해관계인이 아닌 자가 제출한 경우에는 이를 각하하고, 심리결과 심사청구의 이유가 있다고 인정하는 경우에는 관계기관의 장에게 시정이나 그 밖에 필요한 조치를 요구하고 심사청구의 이유가 없다고 인정하는 경우에는 이를 기각한다(동법 제46조). 관계기관의 장은 시정이나 그 밖에 필요한 조치(해당 공무원에 대한 징계요구, 개선 등의 요구, 권고, 수사기관에의 고발 등)를 요구하는 결정의 통지를 받으면 그 결정에 따른 조치를 하여야 한다(동법 제47조).

8. 수용자 고충처리

수용자는 자신에 대한 처우나 개인사정 등과 관련한 문제에 대하여 고충처리를 통해 권리구제를 받거나 그 밖에 도움을 받을 수 있다. 각 교정기관에는 수용자의 조사·징벌, 송무 및 고충처리를 위하여 보안과 내에 고충처리팀을 두고(수계지침 제74조 제1항) ① 징벌대상자의 조사 및 징벌, ② 특별사법경찰관리의 업무집행에 관한 사항, ③ 국가인권위원회 진정, 청원, 직원 고소·고발, 행정심판·행정소송, 헌법소원·국가배상소송 등 권리구제관련 업무, ④ 특이수용자, 엄중관리대상자 및 외국인수용자 관련 업무, ⑤ 그 밖에

---

62 허주욱, 앞의 책(2013년), 290쪽/신양균, 앞의 책(2012년), 547쪽.

소장이 고충처리팀의 업무로 지정한 사항에 관한 업무를 담당하고 있다(동지침 제75조 제1항).

소장은 6급 이하의 직원 중에서 성실하고 사명감이 투철하며, 수용자 고충처리를 위해 필요한 전문지식을 갖춘 사람을 우선적으로 배치하여야 한다(동지침 제74조 제4항). 고충처리팀원은 법학, 심리학, 사회학, 사회사업학, 교육학 등 관련 학문을 전공한 직원을 우선적으로 배치하여 실질적인 상담과 고충처리가 이루어지도록 하고 있다.

9. 정보공개청구

가. 의의

수용자는 「공공기관의 정보공개에 관한 법률」(이하 '정보공개법'이라 한다.)에 따라 법무부장관, 지방교정청장, 소장에게 정보의 공개를 청구할 수 있다(법 제117조의2 제1항). 이 제도는 직접적인 권리구제 수단으로 보기 어려우나 권리구제를 위한 자료를 확보할 수 있다는 점에서 권리구제와 관련이 있다고 할 수 있다.[63] 이때 공개의 대상이 되는 정보의 범위에 대해서는 제한이 없으므로 자신의 수용관련 정보뿐만 아니라 공공기관의 정보공개에 관한 법률상 공개대상이라면 그 대상이 된다고 보아야 한다.

정보공개법은 교정관련 비공개대상 정보로 '형의 집행, 교정(矯正), 보안처분에 관한 사항으로서 공개될 경우 그 직무수행을 현저히 곤란하게 하는 정보(정보공개법 제9조 제1항 제4호)'를 규정하고 있다. 여기서 '형의 집행, 교정에 관한 사항으로서 공개될 경우 그 직무수행을 현저히 곤란하게 하는 정보'란 당해 정보가 공개될 경우 수용자의 관리 및 질서유지, 교정시설의 안전, 수용자에 대한 적정한 처우 및 교정·교화에 관한 직무의 공정하고 효율적인 수행에 직접적이고 구체적으로 장애를 줄 고도의 개연성이 있고, 그 정도가 현저한 경우를 의미한다.[64]

나. 수용자 정보공개청구의 제한

수용자가 정보공개법에서 규정하고 있는 비공개대상 정보가 극히 제한적

---

63 간접적인 권리구제수단으로서 의미를 가질 수 있다(신양균, 앞의 책(2012년) 531쪽).
64 대법원 2009. 12. 10. 2009두12785.

인 것(동법 제9조 참조)을 이용하여 불필요한 사항이나 자신과 관련이 없는 사항에 대하여 무분별하고 무차별적으로 정보공개를 청구함으로서 교정기관에서는 이를 처리하기 위해 행정력이 낭비되고 업무부담이 가중되는 등의 문제가 발생하였다. 이를 개선하기 위하여 2010년 5월 4일 형집행법을 개정하여 법무부장관, 지방교정청장 또는 소장에게 정보의 공개를 청구할 수 있는 수용자 정보공개에 대한 규정을 다음과 같이 신설하였다.

현재의 수용기간 동안 법무부장관, 지방교정청장 또는 소장에게 정보공개청구를 한 후 정당한 사유 없이 그 청구를 취하하거나 정보공개법 제17조에 따른 비용을 납부하지 아니한 사실이 2회 이상 있는 수용자가 정보공개청구를 한 경우에 법무부장관, 지방교정청장 또는 소장은 그 수용자에게 정보의 공개 및 우송 등에 들 것으로 예상되는 비용을 미리 납부하게 할 수 있으며, 정보의 공개 및 우송 등에 들 것으로 예상되는 비용을 미리 납부하여야 하는 수용자가 비용을 납부하지 아니한 경우 법무부장관, 지방교정청장 또는 소장은 그 비용을 납부할 때까지 정보공개법 제11조에 따른 정보공개 여부의 결정을 유예할 수 있다(법 제117조의2 제2항, 제3항).

예상비용은 정보공개법 시행령 제17조에 따른 수수료와 우편요금(공개되는 정보의 사본·출력물·복제물 또는 인화물을 우편으로 송부하는 경우로 한정한다.)을 기준으로 공개를 청구한 정보가 모두 공개되었을 경우에 예상되는 비용으로 하고, 형집행법 제117조의2 제2항에 해당하는 수용자가 정보공개의 청구를 한 경우에는 청구를 한 날부터 7일 이내에 예상비용을 산정하여 해당 수용자에게 미리 납부할 것을 통지할 수 있다(법 시행령 제139조의2 제1항, 제2항). 비용납부의 통지를 받은 수용자는 그 통지를 받은 날부터 7일 이내에 현금 또는 수입인지로 법무부장관, 지방교정청장 또는 소장에게 납부하여야 하고, 납부기한까지 납부하지 아니한 경우에는 해당 수용자에게 정보공개 여부 결정의 유예를 통지할 수 있으며(동조 제3항, 제4항), 비용이 납부되면 신속하게 정보공개 여부의 결정을 하여야 한다(동조 제5항).

한편 비공개 결정을 한 경우에는 납부된 비용의 전부를 반환하고 부분공개 결정을 한 경우에는 공개 결정한 부분에 대하여 드는 비용을 제외한 금액을 반환하여야 하다(동조 제6항). 위의 규정에도 불구하고 법무부장관, 지방교정청장 또는 소장은 비용이 납부되기 전에 정보공개 여부의 결정을 할 수 있다(동조 제7항).

다. 정보공개청구의 내용

대법원은 교도소에 수용 중이던 재소자가 담당 교도관들을 상대로 가혹행위를 이유로 형사고소 및 민사소송을 제기하면서 그 증명자료 확보를 위해 근무보고서와 징벌위원회 회의록 등의 정보공개를 요청하였으나 교도소장이 이를 거부한 사안에서, 근무보고서는 공공기관의 정보공개에 관한 법률 제9조 제1항 제4호에 정한 비공개대상정보에 해당한다고 볼 수 없고, 징벌위원회 회의록 중 비공개 심사·의결 부분은 위 법 제9조 제1항 제5호의 비공개사유에 해당하지만 재소자의 진술, 위원장 및 위원들과 재소자 사이의 문답 등 징벌절차 진행 부분은 비공개사유에 해당하지 않는다고 보아 분리 공개가 허용된다고 하였다.[65]

그리고 수용자가 분류심사 항목별 점수표 및 각 항목별 분류심사점수를 공개해 달라는 것에 대하여는 하급심판례는 '분류심사시 각 항목별 점수의 산출근거에는 심사자의 판단이나 평가가 담겨 있어, 그 내용이 공개될 경우 심사자의 공정한 업무수행에 지장을 초래할 뿐 아니라 분류업무나 처우에 혼란이 초래되어 수용자들의 관리 및 질서유지, 교정시설의 안전, 수용자들에 대한 적절한 처우 및 교정·교화에 관한 직무의 공정하고 효율적인 수행에 직접적이고 구체적으로 장애를 줄 고도의 개연성이 있고, 그 정도가 현저하다고 판단되므로, 원고에 대한 신입분류 심사 시 각 항목별 점수의 산출근거는 공공기관의 정보공개에 관한 법률 제9조 제1항 제4호의 비공개대상 정보에 해당한다.'라고 판단하였다.[66] 또한 '소득점수 평가 및 통지서 하단의 소득점수 채점자, 확인자에 해당하는 정보는 정보공개법 제9조 제1항 제4호에서 정한 공개될 경우 교정에 관한 직무수행을 현저하게 곤란하게 한다고 인정할 만한 상당한 이유가 있는 정보라고 보인다.'라고 판단하였다.[67]

수용기록카드의 동정관찰에 대해서는 '교정업무의 집행과정에서 신분처

---

65 대법원 2009. 12. 10. 선고 2009두12785.
66 대전지방법원 2012. 9. 26. 2011구합4765.
67 전주지방법원 2017. 5. 25. 2016구합1476.

리, 특히 수용자의 특이 동정사항에 대한 근무자의 보고 및 감독자의 의견, 최
종 결재권자의 판정 등을 기록한 것이어서 수용자의 관리 등 교정업무를 위한
자료로 사용하는 정보이다. 따라서 위 정보가 공개될 경우 수용자들은 자신에
대한 처분을 예측할 수 있어 수용자들의 관리 및 수용질서, 수용시설의 안전,
수용자들에 대한 적절한 처우 및 교정·교화에 관한 직무의 공정하고 효율적
인 수행을 현저히 곤란하게 할 우려가 있다.'라고 판시하였다.[68]

10. 기타

현재 각국에서 시행되고 있는 비사법적 권리구제수단으로는 옴부즈만, 수
용자 불평처리위원회, 중재, 시민전문위원회제도 등이 있다.

옴부즈만(Ombudsman)제도는 의회에 의하여 임명된 옴부즈만이 의회의
위임을 받아 행정부의 업무수행과 관련된 비리나 인권침해 또는 민원 등을 독
립적으로 조사·보고함으로써 국민의 기본권을 보호하는 제도로 스웨덴에서
유래하였으며 오늘날 세계 각국에서 널리 채택되어 있다.[69] 옴부즈만은 현재
미국에서 교정분야의 분쟁해결에 가장 많이 활용되는 제도로 알려져 있다. 일
반적으로 소송과 내부 분쟁해결의 중간쯤에 위치하는 것으로 간주되고 있으며
독립성, 비당파성, 전문성이 옴부즈만제도의 성공적인 요건으로 지적되고 있
다.[70] 독일의 노르트하인-베스트팔렌주에는 행형사건에 대한 담당자로서 행
형옴부즈만이 있으며 옴부즈만은 결정권한이 없고 과제는 중재, 권고와 보고
이다.[71] 우리나라에서는 1994년 국민고충처리위원회가 활동을 시작하였고 현
재는 국민권익위원회라는 명칭으로 운영 중에 있다. 오늘날 이 제도의 기능은
시민의 보호에서 점차 보다 나은 공공정책의 촉진으로 중점이 옮겨지고 있는
추세이다.

수용자 불평처리위원회(Inmate Grievance Committee)는 수용자, 직원 및 외
부인으로 구성된 분쟁해결을 위한 공식적 행정기구로 수용자가 교정시설의 지
정된 직원에게 제기한 사안의 처리결과에 불복하여 상급기관에 청원한 경우에

---

68 대구지방법원 2014. 12. 12. 2014구단1388/대법원 2014. 8. 26. 2014두6913.
69 권영성, 앞의 책(2003년), 770쪽.
70 이백철, 앞의 책(2020년), 483쪽/이윤호, 앞의 책(2012년), 95쪽.
71 클라우스 라우벤탈 저/신양균·김태명·조기영 역, 앞의 책(2010년), 495쪽.

해당 사항을 심사하여 결정하는 기능을 수행한다. 이 제도는 위원회에서 분쟁을 처리하기 전에 분쟁의 양 당사자들이 비공식적으로 해결할 수 있도록 성실하게 노력할 것을 요구하고 있다는 점이 특색이나 우리나라에서는 시행되고 있지 아니하다.

중재(Mediation)란 일반 형사사법단계에서 많이 활용되고 있는 분쟁해결방법으로 중립적 제3자인 중재자가 양 당사자의 차이점을 해소하도록 도와주는 합의적이고 자발적인 제도이다. 중재는 법률자문을 구하기 힘든 대부분의 수용자에게 유리하고 분쟁의 내용이 행정적인 해결을 요구하는 경우에 효과적이다.

시민전문위원회제도는 평소 수형자의 권리에 관심이 많은 일반인으로 구성되며, 이들은 교정시설의 운영에 대한 경험이나 지식이 없는 것이 일반적이므로 편견없이 공정한 입장에서 처리할 수 있다는 장점이 있으나 개별적인 불만을 해결할 수 있는 권한을 가지지 못하고 단순하게 수용자의 불만을 파악하여 당국에 조언할 가능성이 많다는 점에서 권리구제수단으로서는 한계가 있다. 형집행법 제129조에서 규정하고 있는 교정자문위원회와 일본의 형사수용시설법에서 규정하고 있는 형사시설시찰위원회가[72] 이와 유사하다고 볼 수 있다.

제 4 절 사법상의 권리구제

1. 서

사법상 권리구제제도는 행정소송, 국가배상소송, 민사소송, 형사소송, 헌법소원 등이 있다. 헌법은 '모든 국민은 헌법과 법률이 정한 법관에 의하여 법률에 의한 재판을 받을 권리를 가진다(제27조 제1항).'고 규정하여 재판청구권을 보장하고 있고, 이때 재판을 받을 권리에는 민사재판, 형사재판, 행정재판뿐만 아니라 헌법재판도 포함된다.[73]

---

[72] 형사시설시찰위원회에 대한 자세한 내용은 林眞琴·北村篤·名取俊也 공저 / 안성훈·금용명 등 번역, 앞의 책(2016년), 41~61쪽 참조.
[73] 헌재 2015. 11. 26. 2012헌마858.

사법상 권리구제제도는 법률전문가의 조력을 구할 수 있어 실효성 있는 구제절차를 수행할 수 있고, 기속력이 있는 결정을 얻어낼 수 있다는 점에서 종국적이고 실효성 있는 구제수단이라는 것이 장점이다. 그러나 비사법적 구제방법에 비해 절차가 복잡하고 많은 비용과 기간이 소요되며, 적시에 실효성 있는 구제를 받기 어렵고, 승소하더라도 그 해결에 상당한 시간을 요하는 경우가 많고 손해배상 등 금전적인 보상에 그치기 쉬우며, 법률전문가의 조언을 필요로 하는 경우가 많아 수용자가 자력으로 구제절차를 수행하는 데 한계가 있다. 또한 수용자와 직원 사이에 감정의 골을 깊게 할 수 있으며, 교정당국으로서는 경제적 비용과 수용자와의 갈등 외에도 지도력에 상처를 입기 쉽다는 것이 단점으로 지적되고 있다.

2. 행정소송

행정소송이란 행정청의 위법한 처분 그 밖에 공권력의 행사 또는 불행사 등으로 인하여 권리 · 이익이 침해된 경우에 그 위법상태를 배제하여 권익구제를 받기 위하여 제기하는 사법구제절차를 말한다.

수용자는 교정당국의 조치가 위법 또는 부당한 경우에 행정소송법에 따라 자신의 처우에 관한 행정조치의 취소, 부작위 위법확인 등의 소송을 통하여 권리를 구제받을 수 있다. 그리고 교정시설의 장과 직원의 조치가 위법 · 부당한 경우에 자신의 처우와 관련하여 내려진 행정처분에 대해 항고소송을 통해 권리구제를 받을 수 있다. 실제 수용자에 의한 행정소송은 징벌처분과 정보공개와 관련한 소송이 많으며 금치처분취소, 징벌(금치)무효확인 등이 대부분이고 그 밖에 훈계처분무효확인,[74] 정보공개거부처분취소 등이 있다.

대법원은 '행정처분의 취소를 구하는 소는 그 처분에 의하여 발생한 위법상태를 배제하여 원상으로 회복시키고 그 처분으로 침해되거나 방해받은 권리와 이익을 보호 · 구제하고자 하는 소송이므로 비록 그 처분을 취소한다고 하더라도 원상회복이 불가능한 경우에는 그 처분의 취소를 구할 이익이 없는 것이 원칙이지만, 원상회복이 불가능하다고 보이는 경우라 하더라도 동일한 소송당사자 사이에서 그 행정처분과 동일한 사유로 위법한 처분이 반복될 위험

---

74 대전지방법원 2016. 5. 25. 2015구합402.

성이 있어 행정처분의 위법성 확인 내지 불분명한 법률문제에 대한 해명이 필요하다고 판단되는 경우 등에는 행정의 적법성 확보와 그에 대한 사법통제, 국민의 권리구제의 확대 등의 측면에서 여전히 그 처분의 취소를 구할 이익이 있다고 보아야 한다.'라고 전제하고 수용자가 다른 교도소로 이송되었다 하더라도 원고의 긴팔 티셔츠 2개에 대한 사용신청불허처분에 대해 처분의 취소를 구할 이익이 있다고 판시하였다.[75] 그러나 청원에 대한 심사처리 결과의 통지의무는 행정소송의 대상이 되는 행정처분이라고 할 수 없다고 판시하였다.[76]

> 분류심사는 수형자에 대하여 어떤 처우를 할 것인지 결정하기 위한 자료로 사용하기 위하여 수형자의 인성, 행동특성 및 자질 등을 조사·측정·평가하는 교정시설 내부의 의사결정에 불과하고 수형자의 권리·의무에 직접적인 영향을 미치는 것은 아니다. 따라서 분류심사는 항고소송의 대상이 되는 행정처분에 해당하지 아니한다(광주지방법원 2017. 9. 14. 2017구합10081).

행정소송은 수용자가 비사법적인 권리구제제도와는 별도로 제기할 수 있고, 청원이나 행정심판 등이 기각된 경우에도 제기할 수 있다.

3. 민사소송 등

교정당국의 조치에 의하여 개인에게 손해가 발생하고, 그 개인에게 그 손해를 감수해야 할 책임이 없는 경우에는 그 손해를 전보해 주는 것이 정의·공평의 원칙에 합치된다. 헌법은 '공무원의 불법행위로 손해를 받은 국민은 법률이 정하는 바에 의하여 국가 또는 공공단체에 정당한 배상을 청구할 수 있다(제29조 제1항).'고 규정하여, 국가 또는 공공단체의 불법행위책임을 일반적으로 인정하였으며, 이에 근거하여 제정된 법이 「국가배상법」이다.

국가배상법은 공무원의 위법한 불법행위로 인한 손해와 영조물의 설치·관리하자로 인한 손해에 대해 국가와 지방자치단체의 배상책임에 대하여 규정하고 있다. 따라서 수용자는 민사소송을 제기하여 손해배상청구를 할 수 있고, 또한 국가배상법상 공무원의 위법한 직무행위로 인한 손해배상청구와 영조물의 설치·관리상의 하자로 인한 손해배상청구를 할 수 있다. 즉 직원이

---

75   대법원 2008. 2. 14. 2007두13203.
76   대법원 1990. 5. 25. 90누1458.

그 직무를 집행함에 있어 고의 또는 과실로 법령에 위반하여 수용자에게 손해를 가한 경우에는 그 손해배상을 청구할 수 있으며, 교정시설에 설치된 설비의 하자 등으로 손해를 입은 경우에는 그 배상을 청구할 수 있다.[77] 수용자에 의한 국가배상소송은 주로 의료분야에 집중되고 있으며, 작업중 부상 등의 경우도 있다.

대법원은 공무원의 위법한 직무행위와 관련하여 수용자가 소란행위를 종료하고 독거실에 수용된 이후 별다른 소란행위 없이 단식행위를 하고 있는 수용자에 대하여 수갑과 포승 등 계구를 사용한 것은 위법한 행위라는 이유로 국가배상책임을 인정하였고,[78] 교도관이 소년인 미결수용자에 대하여 27시간 동안 수갑과 포승의 보호장비(계구)를 사용하여 독거실에 격리수용하였는데 그가 포승을 이용하여 자살한 경우 보호장비사용은 위법한 조치에 해당한다는 이유로 국가배상책임을 인정하였다.[79]

하급심 법원은 영조물의 설치 또는 관리의 하자와 관련하여 교도소의 목공작업장에 설치된 원형톱날 작업대에 설치된 기계를 이용하여 목재를 절단하는 작업을 하던 중 기계의 회전하는 톱날에 왼쪽 엄지손가락의 일부가 절단되는 사고에 대하여 그 용도에 따라 통상 갖추어야 할 안전성을 갖추지 못한 설치·관리상의 하자가 있다고 판시하였다.[80] 또한 수용자가 교도소 운동장 내 테니스장에서 테니스공에 왼쪽 눈을 맞아 부상을 입은 사건에 대하여 교도소 운동장 내 테니스장이 그 용도에 따라 통상 갖추어야 할 안전성을 갖추지 못한 설치·관리상의 하자, 그로 인하여 증대된 위험성에 대비하여 수용자들이 안전하게 운동할 수 있도록 더욱 세심하게 감독하지 않은 과실이 함께 작용하여 발생하였다고 판시하였다.[81] 그 밖에 접견대기시에 설치된 긴 의자에 앉다가 의자의 앉는 부분과 다리를 연결하는 철제기능이 빠져 뒤로 넘어지면서 타박상을 입은 경우,[82] 물걸레청소 중이던 수용동 복도를 지나가다가 미끄러져

---

77 신양균, 앞의 책(2012년), 553쪽.
78 대법원 1998. 1. 20. 96다18922.
79 대법원 1998. 11. 27. 98다17374.
80 서울고등법원 2008. 9. 5. 2007나64893.
81 광주고등법원 2005. 8. 12. 2004나6862.
82 서울중앙지방법원 2007. 10. 10. 2007가단99796.

넘어져 상해를 입은 경우,[83] 교도소 내 운동장에 있는 하수구 맨홀 양쪽에 박아놓은 시설물에 발이 걸려 넘어지면서 왼쪽 4번째 손가락을 다친 경우[84] 영조물의 설치 또는 관리상의 하자가 존재한다고 하였다. 그러나 조사실 수용 중 화장실 문과 거실 바닥사이 틈에 왼쪽 발목 뒤꿈치가 끼어 상처를 입은 경우,[85] 실외운동시간에 운동장에서 운동을 하다가 미끄러지면서 전치 6주의 우족관절외과골절상을 입은 경우[86]에는 국가의 책임을 인정하지 아니하였다.

4. 형사소송

수용자는 교정당국의 조치가 형법 등에 규정되어 있는 구성요건에 해당하는 경우 고소·고발 등을 통하여 형사처벌을 요구할 수 있다. 고소·고발은 피해자인 수용자의 직접적인 권리구제수단이라고 하기 어려우나 관련 조치에 대한 사법적 판단이 비슷한 행위의 반복을 방지할 수 있고 이를 근거로 민사상 손해배상을 청구할 수 있으므로 간접적인 권리구제수단이라고 할 수 있다.[87]

5. 헌법소원

가. 의의

헌법소원이란 공권력의 행사 또는 불행사로 인하여 헌법상 보장된 기본권을 직접 그리고 현실적으로 침해당한 자가 헌법재판소에 당해 공권력의 위헌 여부의 심사를 청구하여 기본권을 구제받는 제도를 말한다. 헌법소원제도는 모든 국민에게 인정되는 제도로 수용자도 헌법재판소에 헌법소원을 제기할 수 있다.

헌법소원제도는 개인의 주관적 권리구제뿐만 아니라 객관적 헌법질서도 보장하는 기능도 가지고 있으므로, 헌법소원심판청구가 청구인의 주관적 권리구제에는 도움이 되지 않는다하더라도 그러한 침해행위가 앞으로도 반복될 위험이 있고, 당해 분쟁의 해결이 헌법질서의 수호·유지를 위하여 긴요한 사항

---

83 대구지방법원 2009. 6. 9. 2008가단2293.
84 서울중앙지법 2006. 12. 21. 2006나17699.
85 수원지방법원 2007. 11. 27. 2007가합1091.
86 서울중앙지방법원 2012. 4. 24. 2010가단239280.
87 신양균, 앞의 책(2012년), 555쪽.

이어서 헌법적으로 그 해명이 중대한 의미를 지니고 있는 경우에는 심판청구의 이익을 인정할 수 있다.[88]

헌법소원심판을 제기함에 있어서 수용자에 대한 처분이 직접 헌법상의 기본권을 침해하여야 하지만 법률 또는 법률조항에 의하여 구체적인 집행행위를 기다리지 아니하고 직접, 현재, 자기의 기본권을 침해받는 경우에는 법률 또는 법률조항 자체가 헌법소원의 대상이 될 수 있다.[89] 여기서 말하는 기본권 침해의 직접성이란 집행행위에 의하지 아니하고 법률 그 자체에 의하여 자유의 제한, 의무의 부과, 권리 또는 법적지위의 박탈이 생긴 경우를 뜻한다.[90]

나. 요건

헌법소원심판을 청구하기 위한 요건은 첫째 공권력의 행사 또는 불행사로 인하여 헌법상 보장된 자신의 기본권이 직접적이고 현실적으로 침해되었을 것, 둘째 다른 법률에 구제절차가 있는 경우 그 절차를 모두 마친 후 일 것(보충성), 셋째 권리보호의 필요성이 있을 것 등이다.

첫번째 요건과 관련하여 헌법재판소는 매일 제공하는 식수를 플라스틱 재질로 된 식수용 컵에 담아 제공한 행위의 위헌확인 헌법소원심판에 대하여 '수용자들이 희망하는 경우에 한하여 그의 비용부담으로 외부업체에서 이 사건 플라스틱 컵을 구매하여 당해 수용자에게 지급하였고, 희망하지 않은 경우에는 세라믹 재질로 된 밥그릇에 식수를 담아 제공한 사실을 고려하면 플라스틱 컵 제공행위는 헌법소원의 대상이 되는 권력적 사실행위로 볼 수는 없다.'라고 하였다.[91] 그리고 '점검시 정좌지도행위는 수용자의 건강상태, 동정상황 등을 파악할 수 있는 정도의 행동을 요구하는 것으로서 수용자에게 정좌를 일방적으로 강제하는 것은 아니므로 단순한 비권력적 사실행위에 불과하다.'라고 하였다.[92] 그러나 교도소장이 수용자가 출정하기 이전에 여비를 납부하지 않았

---

88 헌재 1992. 1. 28. 91헌마111/헌재 1997. 3. 27. 92헌마273.
89 헌법재판소는 2014년 6월 25일 개정되기 전의 형집행법시행령 제58조 제4항(2008.10.29. 대통령령 제21095호)에 대하여 접촉차단시설에서 수용자와 변호사가 접견하도록 하는 것은 재판청구권의 한 내용으로서 법률전문가인 변호사의 도움을 받을 권리에 대한 제한이라고 보아 과잉금지원칙을 위반하여 수용자의 재판청구권을 침해하는 것으로 헌법에 위반한다고 하여 헌법불합치결정을 하였다(헌재 2013. 8. 29. 2011헌마122).
90 헌재 1992. 11. 12. 91헌마192.
91 헌재 2012. 11. 6. 2012헌마828, 교도소 내 플라스틱컵 사용 위헌확인.
92 헌재 2014. 1. 14. 2013헌마856, 교도소 내 부당처우행위 위헌확인.

거나 출정비용과 보관금과의 상계에 미리 동의하지 않았다는 이유로 출정제한 행위를 한 것은 수용자에 대한 업무처리지침 내지 사무처리기준인 「민사재판 등 소송 수용자 출정비용 징수에 관한 지침」을 위반하여 청구인이 직접 재판에 출석하여 변론할 권리를 침해함으로써 형벌의 집행을 위하여 필요한 한도를 벗어나서 청구인의 재판청구권을 과도하게 침해하였다고 판시하였다.[93]

두 번째 요건과 관련하여 헌법재판소는 교도소장의 이송처분에 대하여는 그 구제절차로서 행정심판 내지 행정소송으로 다툴 수 있으므로 이러한 구제절차를 거치지 아니한 헌법소원심판청구는 부적법하다고 결정하였으나,[94] 형집행법상의 청원에 대하여 그 처리기관이나 절차 및 효력면에서 권리구제절차로 불충분하고 우회적인 제도로 헌법소원 전 반드시 거쳐야 하는 사전권리구제절차로 보기어렵다고 판단하였다.[95] 즉 적법한 청원에 대하여 국가기관이 이를 수리·심사하여 그 결과를 청원인에게 통보하였다면 이로써 당해 국가기관은 헌법 및 청원법상의 의무이행을 다 한 것이고, 그 통보 자체에 의하여 청구인의 권리의무나 법률관계가 직접 영향을 받는 것도 아니므로 비록 그 통보 내용이 청원인이 기대하는 바에는 미치지 못한다고 하더라도 그러한 통보조치가 헌법소원의 대상이 되는 구체적인 공권력의 행사 내지 불행사라고 볼 수 없다.[96]

다. 효과

헌법재판소는 기본권 침해의 원인이 된 공권력의 행사를 취소하거나 그 불행사가 위헌임을 확인할 수 있다(헌법재판소법 제75조 제3항). 헌법소원의 인용결정은 모든 국가기관을 기속하기 때문에 헌법재판소가 공권력의 불행사에 대한 헌법소원을 인용하는 결정을 한 때에는 피청구인은 결정취지에 따라 새로운 처분을 하여야 한다(동조 제4항).

헌법재판소는 헌법소원 중 '행정작용에 속하는 공권력 작용을 대상으로 하는 권리구제형 헌법소원'의 경우 그 결정의 효력이 원칙적으로 당사자에게만 미치기 때문에 법령에 대한 헌법소원과는 달리 일반법원의 재판과 같이 민

93 헌재 2012. 3. 29. 2010헌마475.
94 헌재 2005. 11. 1. 2005헌마979.
95 헌재 1999. 5. 27. 97헌마137.
96 헌재 2004. 7. 13. 2004헌마513.

사소송법의 재심에 관한 규정을 준용하여 재심을 허용함이 상당하다고 판시하였다.[97]

제 5 절 수용자의 권리구제와 관련된 문제

1. 제3자 기관에 의한 권리구제

수형자의 권리구제와 관련하여 특히 주목받고 있는 것이 제3자 기관에 의한 권리구제이다. 제3자 기관의 형태를 취하는 것으로는 예를들면 우리나라의 국가인권위원회 진정, 스웨덴의 옴부즈만제도, 독일 의회에의 청원 및 시설심의회, 일본의 법무성 또는 변호사회의 인권위원회의 신청 등 다양하다. 제3자 기관은 수형자의 권리구제를 처리하는 것을 포함하여 투명하고 적정한 행형운영을 확보함이 있어 중요한 역할을 담당한다.

독일에서는 일반 시민과 마찬가지로 수형자도 의회에 대하여 청원서를 제출할 권리를 가지고 있다.[98] 1976년 3월 16일에 결의된 독일 행형법 제162조에 규정되어 있는 시설심의회(Anstaltsbeiräte)[99]는 각 형사시설에 시민들로 구성되어 있고, 주요 임무는 행형 및 수형자의 보호에 참가·협력하는 것이다. 심의회의 구성원은 수형자의 희망, 문제제기 및 고충을 처리할 수 있고 수용·작업·직업훈련·식사·의료적 배려 및 처우상황에 관한 청원을 처리하거나 시설 및 그 설비를 시찰할 수 있다.

2. 사전 예방적 제도의 필요성

행형을 둘러싸고 있는 여러 가지 결정과 처분에 대한 심사는 단순히 분쟁

---

97 헌재 2001. 9. 27. 2001헌아3.

98 의회에의 전체 청원자 중 수형자가 차지하는 비율은 약 10%로 비교적 높다고 할 수 있다. 이와 같이 높은 비율을 차지하고 있는 이유는 비용부담이 없다는 점 그리고 청원이 성공하는 비율이 비교적 높다는 점에서 구할 수 있다. フリーダー·デュンケル著（岡山雅美 訳）, ドイツにおける受刑者の法的地位と行刑決定の法的コントロール, 比較法学 31巻 2号, 1998年, 67쪽 참조.

99 자세한 것은 宮澤浩一·外山美砂子, ドイツの施設評議会（Anstaltsbeirat）について（前）·（後）, 刑政 115巻4号, 2004年, 18~29쪽 및 刑政 115巻5号, 2004年, 32~45쪽 참조.

이 발생한 후에 행해지는 사후 심사만이 아니라 사전 예방적인 제도적 심사를 포함한 그 밖의 조정형태도 필요하다. 정책과 실무가 법령에 적합하다는 것을 확보하기 위하여 형사시설의 운영에 대한 사전 예방적 제도는 수형자만이 아니라 직원을 위해서도 중요한 보호조치가 된다.[100]

유엔최저기준규칙은 '교정시설과 형벌집행에 대한 정기감사는 중앙 교정당국에서 실시하는 내부 또는 행정감사와 교정당국으로부터 독립적으로 존속하는 외부기관에 의한 외부감사로 구분되어야 한다. 모든 감사의 목적은 교정시설이 관련 법규와 정책, 절차에 따라 관리되고 법률상 교정업무가 올바로 이루어지며 수용자의 권리가 보호되고 있는지 확인하는 것이다(제83조).'라고 규정하여 내·외부 감사 등의 필요성에 대하여 규정하고 있다.

사전예방적인 역할을 담당할 수 있는 제도는 행형 내부에서 다른 관청 또는 상급관청에 의해 행해지는 감독이 있다. 형집행법상 순회점검, 독일 행형법 제151조의 주사법행정부에 의한 감독, 일본의 형사수용시설법 제5조의 실지감사가 이에 해당한다. 다음은 형무위원회 등의 활동을 들 수 있으며 영국의 교도소순시위원회 또는 스칸디나비아제국의 옴부즈만, 독일의 시설심사회, 일본의 형사시설시찰위원회 등이 이에 해당한다고 할 수 있다. 독립위원회의 역할은 형사시설의 구금환경을 정기적으로 확인하고 그에 따라 행형의 투명성을 증진시키고 인권의 최저한의 기준을 보장하며, 나아가 행형개혁을 지속적으로 추진하여 나아가는데 기여한다.

3. 행형에 대한 사법적 통제

행형에 대한 사법적 통제는 법치국가의 원칙이라고 하는 헌법상의 근거와 형벌선고와 행형의 기능적 연관이라고 하는 형사정책적 근거에서 찾을 수 있다.[101]

법치국가원리는 수형자 처우에 있어서 중요한 기준을 제공하고, 형집행법은 수형자의 권리장전으로서의 기능을 하고 있다. 또한 교육형주의의 요소를

---

100 ピナル·リフォーム·インターナショナル（PRI）著（村井敏邦 監修）, 刑事施設と国際
      人権, 日本評論社, 1996年, 202쪽.
101 자세한 것은 배종대·정승환, 앞의 책(2002년), 317~338쪽 참조.

포함하고 있는 형법과 형집행법은 수형자의 사회복귀를 목적으로 하고 있으므로 형벌선고와 처우과정은 상호연관성을 지녀야 한다. 이 상호연관성은 형의 집행에 있어서 법관의 판결을 최대한 존중하여야 하고, 법관이 행형의 현실을 고려하여 판결을 내리고 형이 집행되는 것을 감시하고 통제하며 사회복귀의 목적에 합당하도록 판결내용을 처우과정에 사후적으로 적용시키는 일에 참여하여야 한다는 것이다.[102]

행형에 대한 법관의 참여유형은 네 가지로 나눌 수 있다. 먼저 법관은 판결만을 선고하고 처우에는 전혀 개입하지 아니하는 유형으로 우리나라와 일본이 이에 속한다. 다음은 프랑스와 이탈리아, 포르투칼, 브라질에서 볼 수 있는 유형으로 행형법관이 행형에 매우 깊숙이 개입하여 행형의 모든 과정, 즉 분류심사에서 귀휴결정에 이르기까지 직접 결정하는 유형이다. 다음은 법관은 단지 형벌의 종류와 형량만을 추상적으로 확정하는 것이 아니라 몇 가지 사후적인 형벌의 수정, 즉 벌금형에 대한 대체형벌의 집행명령, 가석방의 결정과 철회 등을 직접 담당하는 유형으로 1977년 행형개혁 이전의 독일이 이에 속한다. 이 유형에서 교정당국은 처우의 형태를 결정하고 수용하는 교정시설을 결정하며 개별적인 사회복귀조치들을 실시한다. 또 다른 유형은 법관이 판결을 선고할 때 구체적인 처우형태를 결정하는 경우로 오스트리아와 대부분의 과거 사회주의 국가에서 찾아 볼 수 있다. 예를 들면 사회주의 국가에서는 법관이 판결문 가운데 수형자가 어떤 시설에 수용되어 어떤 교육을 받게 될 것을 확정하거나 오스트리아의 경우처럼 행형법관이 수형자가 개방교도소에 수용될지 여부를 결정하는 것이다.

행형에 대한 사법적 통제는 수형자의 처우에 대한 법관에 의한 사후적 통제와 사전적 통제가 있다. 사후적 통제와 관련하여 수형자에 대한 처우과정에서 이루어지는 각종 조치는 기본권을 침해할 수 있는 행정작용으로서 사법심사의 대상이 되어야 하고, 수형자에게도 사법구제를 신청할 수 있는 길이 보장되어야 한다. 즉 수형자에 대한 기본권을 제한하는 경우에는 법률에 의해야 하고 그 법률은 명확성의 원칙을 충족하여야 한다. 또한 처우과정에서 부과되는 제한들은 비례성의 원칙을 준수하여야 하고, 수형자에게는 헌법상의 구제절차

---

102   배종대·정승환, 앞의 책(2002년), 323~324쪽.

가 보장되어야 한다는 것이다.[103] 그러나 법관에 의한 사전적 통제는 처우과정 전체에 대한 법관의 관여가 형식적인 통제에 그칠 가능성이 있기 때문에 수형 자에게 실질적인 도움을 주지 못할 뿐만 아니라 사법부에 과중한 업무부담을 줄 가능성이 있다는 점에서 신중하게 접근하여야 한다.

---

103 배종대·정승환, 앞의 책(2002년), 318쪽.

제 4 장 교정의 민영화

제 1 절   서론

교정의 민영화란 교정시설 운영, 교정프로그램 실시 등의 전부 또는 일부를 민간기업 또는 민간단체에 위탁하여 운영하도록 하고 국가는 그 운영경비를 부담하는 것을 말한다. 교정에의 민간참여라는 형태를 포함하는 교정의 민영화는 형벌의 집행이라는 행형의 기능과 강제력의 행사, 수용자에 대한 의식주의 제공에 필요한 업무를 비롯하여 교육, 작업, 직업훈련, 사회복귀를 위한 다양한 프로그램의 운영 등의 분야에 경영의 효율성을 우선시하면서도 영리를 목적으로 하는 민간분야의 경영기법과 노하우를 도입하여 과밀수용으로 인한 교정수요의 증대에 대처하고, 교정운영의 비효율성 개선과 경비절감, 교정행정에 대한 불신 등을 해결하기 위한 방안으로 여러 국가에서 시행되고 있다.

형벌의 집행과 범죄인의 관리가 민간부문에서 이루어진 것은 역사적으로 볼 때 오래 전부터 시행되어 왔다고 볼 수 있다. 예를 들면 17~18세기 영국에서 정부가 민간기업과의 위임계약을 통해 범죄인들을 호주로 유형을 보낸 것과 미국에서 영국 식민지시대부터 1830년 잭슨대통령 시대에 걸쳐 건설된 오번감옥, 싱싱감옥 등을 정부와 민간기업간의 용역임대계약에 의해 운영하면서 생산품을 외부에 판매하고 수익금의 일부를 감옥의 유지관리에 사용한 것 등이 있다.[104] 산업화가 한창 진행 중이었던 1870년부터 1930년까지 수형자의 노동력은 도로, 철도의 건설에 투입되거나 시장에서 잘 팔리는 제품을 만드는데 투입되었다.

미국에서 교정의 민영화가 본격적으로 확산된 시기는 과밀수용이 본격화되기 시작한 1980년대 초 레이건 대통령 시대부터라고 볼 수 있으며, 교정시설이 과잉수용상태가 되면서 시설 내의 폐해에 대한 조치를 마련하고 생활조건에 대한 최소한의 수준의 배려를 하도록 법원이 각 주에 대해 압력을 가한

---

104   이백철, 앞의 책(2020년), 596쪽.

데에 원인이 있다. 1983년 테네시주 네슈빌에 미국교정회사(Corrections Corporation of America, CCA)가 설립되어 1984년 첫 번째 지역계약을 체결하였고, 1985년 켄터키주는 미국교정법인(U.S. Corrections Corporation, USCC)과 주 단위의 계약을 체결하였으며 2012년말 민영교도소는 137,000명이 넘는 수용자를 수용하였다. 미국교정회사는 호주 교정법인과의 합작투자를 통해 최초로 해외진출을 하였고 이후 영국까지 전파되었다.[105] 미국에서의 민영교도소 운영은 유럽에서 집행의 민영화에 대한 논쟁을 확산시켰으며, 특히 영국과 프랑스에서 그러한 경향을 찾아볼 수 있다.

독일에서는 비용면에서 유리하고 효과적인 집행의 형성이 추구되고 있어 상업적 정책이라는 의미에서 집행의 민영화는 거의 공감을 얻지 못하였으나, 1996년 7월에 발트엑(Waldeck)에서 민간투자가가 설치한 행형시설이 문을 열었다.[106] 현재 미국에서 대표적인 민간기업은 미국교정회사(CCA), GEO그룹(전, Wackenhut 교정) 등이 있으며 투자를 위해 모두 증권거래소에 등록되어 있다.

우리나라에서는 1990년대부터 민영교도소의 필요성과 설립가능성에 대해서 학계 및 종교계에서 연구되기 시작하였고 2000년 「민영교도소의 설치 및 운영에 관한 법률」(이하 '민영교도소법'이라 한다.)이 제정되면서부터 본격적으로 추진되었다. 민영교도소의 설치 및 운영에 관한 법과 제도 등이 정비됨에 따라 2001년 12월 한국기독교총연합회가 주축이 된 재단법인 아가페가 제안서를 제출하였으며, 2002년 3월에 수탁대상자로 최종 결정되어 2003년 2월에 위탁계약을 체결하였다. 2010년 12월 1일 소망교도소로 개소하여 현재에 이르고 있다.

제 2 절 교정의 민영화 배경

미국에서 교정의 민영화를 이끈 사회적 배경에는 범죄발생량의 증가, 약

---

105 해리 앨런·에드워드 라테사·브루스 판더 저/박철현·박성민·곽대훈·장현석 공저, 앞의 책 (2020년), 444~445쪽.
106 클라우스 라우벤탈 저/신양균·김태명·조기영 역, 앞의 책(2010년), 26~27쪽.

물과의 전쟁, 범죄에 대한 강경한 보수적 여론, 형사사법기관의 대안없는 강경
대응 등의 원인에 의해 수용인원이 폭발적으로 증가하여 과밀수용현상이 지속
되었고, 과밀수용은 범죄자에 대한 교화개선을 위한 노력을 어렵게 하여 직업
적인 범죄자를 양산하게 됨에 따라 수용기간의 장기화를 초래하는 등 악순환
이 전개되는 사회현상이 있었다. 이로 인해 수용자 처우와 교정시설 신축 등에
따르는 비용이 증대하였고 각종 신종범죄의 증가와 국가운영 교정에 대한 효
율성에 의문이 제기되었으며, 이에 따라 국가에 의한 형벌집행의 문제를 해결
하기 위해 민영교도소 도입이 논의되었다.[107] 민간교정시설은 지역사회 내 구
금에 대한 대안이자 수형자가 석방된 후 더 나은 삶을 살 수 있도록 준비하는
데 도움을 주는 각종 교정프로그램과 구금으로부터 사회복귀를 위한 힘든 전
환기를 도와주는 연결고리를 제공함으로써 교정의 문제점을 완화시키는 데 도
움을 줄 것으로 받아들여졌다.[108]

　　교정의 민영화 배경에는 여러 가지 요인이 있으나 크게 나누어 교정수요
의 증대와 국가운영 교정의 실패에 있다고 할 수 있다.[109]

　　첫째, 교정시설 내 수용자의 증가로 인해 교정수요가 증대하였고, 과밀수
용은 수용능력의 확대를 필요로 하게 되었으며 이는 민영화의 직접적인 배경
이 되었다. 사회발전에 따른 상대적 박탈감, 빈곤계층과 빈부격차의 증가, 새
로운 범죄발생 등은 범죄성을 조장하거나 유발하는 사회적 환경을 만들었으며
이는 필연적으로 범죄발생량의 증가로 이어졌다. 그리고 재범증가의 원인을
교정정책의 실패로 판단하고 범죄자에 대한 강경정책 등 형사정책의 보수화
경향은 교정시설에 수용되는 범죄자의 수를 증가시켰을 뿐만 아니라 수용기간
의 장기화로 인해 일본, 독일, 네덜란드 등 소수의 국가를 제외하고 각국은 과
밀수용상태의 상시화 상황에 직면하게 되었다. 이러한 과밀수용은 수형자에
대한 기본적인 처우와 교정·교화 프로그램의 실시를 어렵게 하고 그 결과 다
시 범죄를 되풀이하는 자를 양산하였으며 이는 또 다시 과밀수용상태를 심각

107　이백철, 앞의 책(2020년), 598쪽.

108　해리 앨런·에드워드 라테사·브루스 판더 저/박철현·박성민·곽대훈·장현석 공저, 앞의 책
　　　(2020년), 437쪽.

109　민영교도소제도 도입운영의 필요성에 대해 교정업무의 내실화, 국가예산절감 및 효과증대,
　　　수용환경의 개선과 교정의 개혁 등 세 가지로 나누어 설명하는 견해도 있다(이백철, 앞의
　　　책(2020년), 600~601쪽 참조).

하게 만들어갔다. 이에 대한 대응으로 수용능력을 증대시키는 방법을 선택한 국가에서는 현실적으로 막대한 예산 및 교정인력의 확보가 어렵기 때문에 교정의 민영화라는 방법을 선택하게 되었다. 즉 교정시설의 건축, 재정, 그리고 운영 등에 민간기업이나 민간단체에 일정한 역할을 맡김으로써 수용능력 증대를 비용편익 차원에서 효율적으로 달성할 수 있도록 한 것이다.[110]

또한 과밀수용은 교정에 대한 수요를 증대시키지만 이에 소요되는 경비는 한정된 예산의 범위 내에서 운용해야 하기 때문에 교정운영의 효율화를 필요로 하게 되었다. 즉 같은 경비를 가지고 민간기업이 더 생산적이고 효율적으로 교정을 운영할 수 있다는 사실에 입각하여 교정의 민영화가 요구되었다. 이는 교정에 있어서 시장원리에 맡기는 것이 가능한 분야는 민간의 경영기법을 도입하는 것이 경제적이라는 인식을 바탕으로 하고 있다. 즉 역사적 경험을 통하여 관료제는 능률성이라는 면에서 민간기업의 수준에 미치지 못하는 것은 분명하였고, 그 결과 국가기관의 공기업화와 공기업의 민영화를 가져왔다. 같은 경비를 가지고도 교정당국보다는 민간기업이 더 생산적이고 효율적으로 교정을 운영관리할 수 있다는 사실에 입각하여 교정의 민영화가 시험되었다고 할 수 있다.[111]

둘째, 수용인원의 증가, 특히 재범자의 증가는 국가에 의한 교정행정의 실패라는 비판에 직면하게 되었다. 즉 범죄자를 교화개선시켜 건전한 사회의 일원으로 사회에 복귀시키는 것을 목적으로 하는 교정은 거의 모든 국가에서 경험하고 있는 높은 재범률로 인해 근본적인 개선의 필요가 요구되었다. 한편 교정의 이념을 사회재통합이라고 하는 입장에서는 교정당국에 의존하는 교정은 실패할 수밖에 없다고 한다.[112] 이는 범죄자에 대해서 국가의 사법기관이 개입하면 할수록 그만큼 부정적 낙인의 정도와 그 영향이 심화되며, 부정적 낙인이 범죄자의 사회복귀와 재활 및 재통합을 어렵게 하는 가장 큰 장애요인이라는 사실이 잘 입증해 주고 있다고 한다.[113]

---

110 이윤호, 앞의 책(2012년), 432쪽/허주욱, 앞의 책(2013년), 210쪽.
111 이윤호, 앞의 책(2012년), 433쪽.
112 사회 재통합이란 범죄자는 물론이고 범죄를 유발했거나 조장하였던 사회 역시 개선되고 변화되어서 이들이 상호 재통합될 수 있어야만 범죄자의 사회로 완전한 복귀와 재활이 가능해진다는 것이다(이윤호, 앞의 책(2012년), 434쪽).
113 이윤호, 앞의 책(2012년), 434쪽.

제 3 절 민영화의 형태와 논의

1. 민영화의 형태

현재 각국에서 교정의 민영화는 다양한 형태로 운영되고 있다. 민영화의 범위와 정도는 교정운영 전체를 민간기업이나 단체에 위탁하는 형태도 있지만 교도작업, 직업훈련, 교육, 경비, 의식주 제공, 보건 및 의료 등 교정운영의 일정한 부분을 전문성을 가진 민간기업 등에 위탁하는 형태가 있다.[114] 전자는 교정시설의 건축 및 관리 등의 업무를 민간에 위탁하여 운영하게 하고 정부가 일정한 대가를 지급하는 것으로 민영교도소 제도라고 할 수 있다. 이에는 교정시설을 국가가 건설하고 운영을 민간기업에 위탁하는 방식도 있고, 교정시설을 민간기업이 건설하여 그 운영까지 하는 방식도 있다. 이와 같이 현재 운영되고 있는 방식은 다양하고 각 국에서는 민영화의 성립 배경과 법체계, 국민의 인식 등에 따라 가장 적합한 방식을 선택하여 운영하고 있다. 예를 들면 우리나라, 미국, 영국 등은 교도소 운영 업무의 모두를 포괄적으로 민간에 위탁하는 방식으로 운영하고 있는 반면, 일본이나 프랑스는 형벌권은 국가의 고유한 권한이라는 인식 하에 보안업무와 강제력 행사는 종래와 같이 국가가 직접 담당하고 급식, 세탁, 청소, 유지관리, 교육, 직업훈련 등의 서비스 업무에 한해서 민간에 위탁하여 운영하고 있다.[115]

교정시설 운영의 일부를 민영화하는 것과 관련하여 오랜 역사를 가지고 있는 분야는 교도작업이다. 교도작업 운영방식 가운데 위탁방식이 민간기업의 참여를 전제로 하고 있으며 이러한 방식은 오래 전부터 운영되고 있다. 또한 수용자에 대한 의식주의 제공은 국가의 책무라는 사상을 바탕으로, 이러한 분야에 있어서 전통적인 방식은 일상생활에 있어서 필요한 식사, 청소, 세탁, 시설수선, 환자 간호 등에 수용자의 노동력을 이용하였다. 그러나 일반사회의 서비스 제공의 분야에 해당하는 이러한 업무에 대해서는 전문성을 갖춘 민간기업 등이 맡을 경우 적은 경비로 양질의 서비스를 제공할 수 있기 때문에 교정

114　자세한 내용은 허주욱, 앞의 책(2013년), 213~220쪽 참조.
115　川出敏裕·金光旭, 앞의 책(2018년), 234~237쪽 참조. 한편 일본은 4개의 시설을 운영하고 있으며, 국가가 운영하는 교정기관을 형무소라는 명칭을 사용하고 있으나 이들 4개 시설은 사회복귀촉진시설이라는 명칭을 사용하고 있다.

경비를 절감할 수 있는 방법이다. 교정기관 운영 전체를 담당할 수 있는 전문성을 갖춘 민간기업 등이 존재하기 어렵지만, 이러한 각각의 분야에 대해서는 일반사회내에 전문성을 갖춘 기업 등이 많기 때문에 민영화에 더 적합하다. 특히 수용자의 건강권 보장을 위해 더욱 중요해지는 의료서비스 분야는 교정기관이 전문인력과 현대화된 과학적인 장비를 갖추기 어렵기 때문에 수용자에 대한 의료서비스 분야를 민간의 전문의료기관에 위탁하는 방식을 선택하는 것은 교정의료의 문제점을 해결하는 방안으로 미국, 일본에서 시행하고 있다.

2. 민영화에 대한 논의

교정의 민영화를 주장하는 입장에서는 교정시설은 국가보다 민간기업에 의해 운영하는 것이 양질의 서비스를 보다 적은 비용으로 제공할 수 있으며, 교도작업을 통하여 관리운영경비를 충당함으로써 교정도 이윤을 기초로 운영될 수 있고, 민간기업이 국가보다 필요한 재화나 용역을 구매하는 데 유리하다는 점 등을 이유로 하고 있다. 이에 대해 민영화를 반대하는 입장에서는 국가형벌권의 민간위탁에 대한 문제, 수형자의 노동력 착취와 권익 침해, 범죄자 수용의 확대 등 논란의 여지가 많다는 점을 이유로 하고 있다.[116]

상업화라는 의미에서 전체 형사시설을 민영화하거나 형벌집행체계 전부를 민영화한다면 헌법상의 법치국가원리와 사회권적 기본권의 보장과 충돌하게 될 것이다. 따라서 행형의 총체적인 민영화는 헌법에 위반될 소지가 크며, 일정한 범위내에서 시설의 운영관리와 수형자 처우를 민간에 위탁하는 형태는 헌법상 허용되는 것으로 간주할 수 있다.[117]

민영화의 중대한 도전은 민간교도소에 유죄판결을 받은 범죄자를 장기구금하는 것이다.[118]

---

116 이윤호, 앞의 책(2012년), 438~441쪽.
117 클라우스 라우벤탈 저/신양균·김태명·조기영 역, 앞의 책(2010년), 29쪽.
118 해리 앨런·에드워드 라테사·브루스 판더 저/박철현·박성민·곽대훈·장현석 공저, 앞의 책(2020년), 435쪽.

제 4 절 우리나라의 민영교도소

1. 서

형집행법은 '법무부장관은 교정시설의 설치 및 운영에 관한 업무의 일부를 법인 또는 개인에게 위탁할 수 있다(법 제7조 제1항).'고 규정하여 민영교도소 설치근거를 마련하고 있다. 위탁을 받을 수 있는 법인 또는 개인의 자격요건, 교정시설의 시설기준, 수용대상자의 선정기준, 수용자 처우의 기준, 위탁절차, 국가의 감독, 그 밖에 필요한 사항은 따로 법률로 정하도록 하고 있다(동조 제2항). 이에 따라 제정된 것이 「민영교도소의 설치 및 운영에 관한 법률」[119]이다. 민영교도소법의 제정이유를 보면 수용인원의 증가에 따라 늘어나는 국가의 재정지출을 줄이고 공공기관에서 독점해 온 교정사업에 대한 불만을 해소하며, 교정시설을 확충하여 민간의 다양한 교정처우기법을 도입하여 수용자에 대한 교정·교화의 효과를 증대하기 위한 것 등이 제시되었다.

우리나라의 민영교도소는 그 성격과 탄생배경에서 미국의 민영교도소와는 차이가 있다. 우리나라는 종교단체의 주도 하에 추진되었고 과밀수용의 해소, 경비절감 및 수익창출이라는 관리적 목표라기보다는 종교적 접근을 통한 수용자의 교정·교화라는 보다 이상적 목표 하에 설립된 것이다.[120]

2. 민영교도소의 운영

가. 목적 및 교정업무의 위탁

민영교도소법의 목적은 형집행법 제7조에 따라 교도소 등의 설치·운영에 관한 업무의 일부를 민간에 위탁하는 데에 필요한 사항을 정함으로써 교도소 등의 운영의 효율성을 높이고 수용자의 처우 향상과 사회 복귀를 촉진하는 것이다(민영교도소법 제1조).

법무부장관은 필요하다고 인정하면 교정업무를 공공단체 외의 법인·단체 또는 그 기관이나 개인에게 위탁할 수 있으며, 다만 교정업무를 포괄적으로

---

119 2000. 1. 28. 법률 제6206호로 제정되어 2001년 7월 1일부터 시행되었다. 현재는 「민영교도소 등의 설치·운영에 관한 법률」이라고 명칭이 변경되었다.
120 이백철, 앞의 책(2020년), 599쪽.

위탁하여 한 개 또는 여러 개의 교도소 등을 설치·운영하도록 하는 경우에는 법인에만 위탁할 수 있다(동법 제3조 제1항). 법무부장관으로부터 교정업무를 포괄적으로 위탁받아 교도소·소년교도소 또는 구치소 및 그 지소를 설치·운영하는 법인을 교정법인이라 한다(동법 제2조 제3호). 교정업무를 위탁하려면 수탁자와 대통령령으로 정하는 방법으로 계약을 체결하여야 하고, 필요하다고 인정하면 민영교도소 등의 직원이 담당할 업무와 민영교도소 등에 파견된 소속 공무원이 담당할 업무를 구분하여 위탁계약을 체결할 수 있다. 위탁계약의 기간은 ① 수탁자가 교도소 등의 설치비용을 부담하는 경우에는 10년 이상 20년 이하, ② 그 밖의 경우에는 1년 이상 5년 이하로 하되, 그 기간은 갱신할 수 있다(동법 제4조).

위탁계약의 내용에는 ① 위탁업무를 수행할 때 수탁자가 제공하여야 하는 시설과 교정업무의 기준에 관한 사항, ② 수탁자에게 지급하는 위탁의 대가와 그 금액의 조정 및 지급 방법에 관한 사항, ③ 계약기간에 관한 사항과 계약기간의 수정·갱신 및 계약의 해지에 관한 사항, ④ 교도작업에서의 작업장려금·위로금 및 조위금 지급에 관한 사항, ⑤ 위탁업무를 재위탁할 수 있는 범위에 관한 사항, ⑥ 위탁수용 대상자의 범위에 관한 사항, ⑦ 그 밖에 법무부장관이 필요하다고 인정하는 사항이 포함되어야 한다(동법 제5조 제1항).

민영교도소 등의 직원은 법령에 따라 공무에 종사하는 것으로 보고, 교정법인의 임직원 중 교정업무를 수행하는 자와 민영교도소 등의 직원은 형법이나 그 밖의 법률에 따른 벌칙을 적용할 때에는 공무원으로 본다. 그리고 민영교도소 등의 장 및 직원은 형사소송법이나 「사법경찰관리의 직무를 수행할 자와 그 직무범위에 관한 법률」을 적용할 때에는 교도소장·구치소장 또는 교도관리로 본다(동법 제37조). 교정법인의 임직원과 민영교도소 등의 직원이 위탁업무를 수행할 때 고의 또는 과실로 법령을 위반하여 국가에 손해를 입힌 경우 그 교정법인은 손해를 배상하여야 한다(동법 제38조 제1항).

나. 민영교도소 등의 설치·운영

교정법인이 민영교도소 등을 설치·운영할 때에는 대통령령으로 정하는 기준에 따른 시설을 갖추어야 한다(동법 제20조). 민영교도소 등은 형집행법 제2조 제4호에 규정된 교도소 등에 준하는 조직을 갖추어야 하고, 교정법인은 민영교도소 등을 운영할 때 시설 안의 수용자를 수용·관리하고 교정서비스를 제공하기에 적합한 직원을 확보하여야 한다(동법 제21조).

법무부장관은 사전에 기획재정부장관과 협의하여 민영교도소 등을 운영하는 교정법인에 대하여 매년 그 교도소 등의 운영에 필요한 경비를 지급하고, 연간 지급경비의 기준은 ① 투자한 고정자산의 가액, ② 민영교도소 등의 운영 경비, ③ 국가에서 직접 운영할 경우 드는 경비 등을 고려하여 예산의 범위에서 법무부장관이 정한다(동법 제23조).

민영교도소 등에 수용된 수용자에 대하여는 형집행법에 따른 교도소 등에 수용된 것으로 보고(동법 제24조) 각종 처우를 실시한다. 즉 교정법인은 위탁업무를 수행할 때 같은 유형의 수용자를 수용·관리하는 국가운영의 교도소 등과 동등한 수준 이상의 교정서비스를 제공하여야 하고, 민영교도소 등에 수용되는 자에게 특별한 사유가 있다는 이유로 수용을 거절할 수 없다. 다만, 수용·작업·교화, 그 밖의 처우를 위하여 특별히 필요하다고 인정되는 경우에는 법무부장관에게 수용자 이송을 신청할 수 있다. 그리고 교정법인의 임직원과 민영교도소 등의 장 및 직원은 수용자에게 특정 종교나 사상을 강요하여서는 안 된다(동법 제25조).

민영교도소 등에 수용된 수용자가 작업하여 생긴 수입은 국고수입으로 한다(동법 제26조). 민영교도소 등의 장은 형집행법에 따른 외부의료시설 등의 진료, 중간처우를 위한 전담교정시설에 수용, 외부통근작업, 귀휴, 보호장비의 사용, 강제력의 행사, 무기의 사용, 재난시의 조치, 징벌 처분 등을 하려면 법무부장관이 민영교도소 등의 지도·감독을 위하여 파견한 소속 공무원의 승인을 받아야 한다. 다만, 긴급한 상황으로 승인을 받을 만한 시간적 여유가 없을 때에는 그 처분 등을 한 후 즉시 감독관에게 알려서 승인을 받아야 한다(동법 제27조 제1항). 그리고 가석방적격심사를 신청하려면 감독관의 의견서를 첨부하여야 하고, 사면·형기종료 또는 권한이 있는 자의 명령에 따라 석방하려면 감독관의 확인을 받아야 한다(동조 제2항, 제3항).

민영교도소 등의 직원은 형집행법에 따른 교도관의 직무를 수행하고, 복무에 관하여는 국가공무원법의 관련 규정을 준용한다(동법 제30조).

다. 지원 및 감독

법무부장관은 필요하다고 인정하면 직권으로 또는 해당 교정법인이나 민영교도소 등의 장의 신청을 받아 민영교도소 등에 소속 공무원을 파견하여 업무를 지원하게 할 수 있다(동법 제32조). 법무부장관은 민영교도소 등의 업무 및 그와 관련된 교정법인의 업무를 지도·감독하며, 필요한 경우 지시나 명령을 할 수 있다. 다만, 수용자에 대한 교육과 교화프로그램에 관하여는 그 교정법인의 의견을 최대한 존중하여야 한다. 그리고 지도·감독상 필요하다고 인정하면 민영교도소 등에 소속 공무원을 파견하여 그 민영교도소 등의 업무를 지도·감독하게 하여야 한다(동법 제33조).

민영교도소 등의 장은 매월 또는 분기마다 ① 수용현황, ② 교정 사고의 발생 현황 및 징벌 현황, ③ 무기 등 보안장비의 보유·사용 현황, ④ 보건의료서비스와 주식·부식의 제공 현황, ⑤ 교육·직업훈련 등의 실시 현황, ⑥ 외부통학, 외부출장직업훈련, 귀휴, 사회견학, 외부통근작업 및 외부병원이송 등 수용자의 외부 출입 현황, ⑦ 교도작업의 운영 현황, ⑧ 직원의 인사·징계에 관한 사항, ⑨ 그 밖에 법무부장관이 필요하다고 인정하는 사항을 법무부장관에게 보고하여야 한다(동법 제34조).

위탁업무에 대하여는 법무부장관은 그 처리 결과에 대하여 매년 1회 이상 감사를 하여야 하고, 감사 결과 위탁업무의 처리가 위법 또는 부당하다고 인정되면 해당 교정법인이나 민영교도소 등에 대하여 적절한 시정조치를 명할 수 있으며, 관계 임직원에 대한 인사 조치를 요구할 수 있다(동법 제35조).

제3편 수용자 처우

제 1 장 수용과 과밀수용

제 1 절 수용

1. 서

수용은 국가가 수용되는 사람의 신체적 자유를 강제적으로 박탈하는 것이 므로 법률에 정해진 절차와 요건에 따라 집행되어야 한다. 형집행법은 제16조 에서 수용의 절차와 요건 등에 대하여 규정하고 있다. 헌법은 '모든 국민은 신 체의 자유를 가진다(제12조 제1항).'고 하여 신체의 자유를 보장하는 한편, 국가 권력의 남용으로부터 인신의 자유가 침해되지 않도록 하기 위하여 신체의 자 유, 죄형법정주의, 적법절차의 보장, 영장제도, 변호인의 조력을 받을 권리, 국 선변호인제도 등에 관하여 자세한 규정을 두고 있다.

일반적으로 수용이란 법원의 선고로 확정된 형을 국가의 강제력에 의하여 집행하거나, 형사소송법상 피의자나 피고인의 구속집행 등을 위하여 특정인의 신병을 교정시설에 구금하여 수용자로서의 신분을 설정하고, 법정의 절차에 따라 계속 유지하는 것을 말한다. 그러나 다른 교정시설로부터 이송되거나 수 용자의 신분으로 도주 후 체포되어 재수용되는 경우 등은 새롭게 수용자의 신 분을 설정하는 것이 아니므로 여기에서 말하는 수용의 개념에는 포함되지 아 니한다.[1]

특히 수형자에 대해서는 구금이 실행되고 있는 한 확정력이 발생하는 시점 부터 수형자로 취급되고, 수용구분에 따라 적합한 시설로 이송되어 재사회화를 위한 각종 처우를 받는다. 교정시설은 개별처우의 요구와 집행목적, 기능 등에 따라 여러 가지로 나뉘어지고 여기서는 분리와 구분의 원칙이 요구되고 있다.

2. 수용요건 및 수용거절

가. 수용요건

수용요건은 형식적 수용요건과 실질적 수용요건으로 분류할 수 있다.

---

[1] 신양균, 앞의 책(2012년), 94쪽.

소장은 법원·검찰청·경찰관서 등으로부터 처음으로 교정시설에 수용되는 사람에 대하여는 집행지휘서, 재판서, 그 밖에 수용에 필요한 서류를 조사한 후 수용한다(법 제16조). 여기서 필요한 서류의 구비여부는 수용의 형식적 요건이 된다. 즉 형식적 수용요건이란 수용에 필요한 법정된 서류의 구비여부를 말한다.[2]

수용에 필요한 서류란 수용의 근거가 되는 문서, 즉 구금의 근거를 증명하는 문서를 말하며 이를 확인한 후에 비로소 수용이 이루어진다. 따라서 법령에 정해진 서식 이외의 서류, 필요적 기재사항이나 서명날인이 누락된 서류, 유효기간이 경과한 서류 등은 형식적 수용요건을 충족한다고 할 수 없다. 다만 기재사항의 누락이나 오기가 객관적으로 보아 단순한 실수임이 명백한 경우에는 이를 보완하여 적법한 서류로 취급하여야 한다.[3]

각 수용자별로 수용에 필요한 서류는 다음과 같다. 먼저 수형자의 경우에는 판결서 등본이나 재판을 기재한 조서의 등본을 첨부한 형집행지휘서가 필요하고, 잔형집행의 경우 잔형집행지휘서 및 판결문 등본이 필요하다. 미결수용자의 경우에는 수용지휘서가 필요하고 영장에 의해 체포 또는 구속된 경우에는 구속영장과 범죄경력조회서가 필요하다. 구속영장이 발부된 피의자의 경우에는 검사의 수용지휘서, 구속영장 사본 그리고 범죄경력조회서가 필요하고 체포영장이 발부된 경우에는 체포영장이 필요하다. 그리고 긴급체포나 현행범인체포로 체포된 피의자의 경우에는 긴급체포서나 현행범인체포서 사본을 첨부하여야 한다. 구속영장이나 체포영장 또는 긴급체포서가 있더라도 검사의 수용지휘서가 없으면 수용할 수 없다.[4] 노역장유치자의 경우에는 판결서 등본을 첨부한 노역장유치집행지휘서가 필요하고 사형확정자의 경우에는 사형확정통지서, 판결문 등본이 첨부된 수용지휘서가 필요하다.

그리고 실질적 수용요건이란 문서에 표시된 내용이 사실과 일치하고 수용거절사유가 없어야 하며, 수용능력이 구비되어야 하는 것을 말한다. 형식적 수용요건이 구비되더라도 실질적 수용요건이 구비되지 않는 경우에는 수용이 거부된다. 실질적 수용요건은 수용자가 본인인지 여부, 서류에 기재된 시설과 수

---

2 허주욱, 앞의 책(2013년) 315쪽.
3 허주욱, 행형학, 1992년, 232쪽 / 김용준·이순길, 앞의 책(1999년), 287쪽 참조.
4 신양균, 앞의 책(2012년), 95쪽.

용시설이 일치하는지 여부, 수용자가 법정감염병 환자에 해당하는지 여부, 수용시설이 수용능력을 구비하고 있는지 여부 등을 들 수 있다. 형집행법은 '소장은 다른 사람의 건강에 위해를 끼칠 우려가 있는 감염병에 걸린 사람의 수용을 거절할 수 있다(법 제18조 제1항).'라고 하여 실질적 수용요건에 대하여 규정하고 있다.

나. 수용거절

수용을 위해서는 먼저 수용되는 사람에 대하여 수용요건의 충족여부를 심사하여 수용요건이 충족되었을 때는 정해진 절차에 따라 교정시설에 수용하고, 수용요건이 갖추어지지 않았을 때에는 수용을 거절한다. 수용거절이란 교정시설에 입소하는 수용자에게 수용할 수 없는 법정사유가 있을 때, 즉 형식적 수용요건과 실질적 수용요건이 갖추어지지 아니하여 해당 교정시설에서 수용을 거절하는 것을 말한다.

수용거절 사유는 먼저 수용에 필요한 적법서류를 갖추지 아니하였거나, 서류의 기재내용과 수용자나 수용시설 등의 실제내용이 일치하지 않은 경우에는 수용요건의 흠결로 수용이 거절된다.[5] 수용요건이 구비되지 아니하였음에도 수용을 한 경우에는 불법수용이 되어 수용의 주체는 형법상 불법감금죄(형법 제124조)의 책임을 지게 된다.

또한 교정시설에 입소한 신입자가 의무관의 건강진단 결과 다른 사람의 건강에 위해를 끼칠 우려가 있는 감염병에 걸린 것이 확인되었을 때에는 수용을 거절할 수 있으며, 수용을 거절하였으면 그 사유를 지체 없이 수용지휘기관과 관할 보건소장에게 통보하고 법무부장관에게 보고하여야 한다(법 제18조 제2항). 소장은 감염병이나 그 밖에 감염의 우려가 있는 질병의 발생과 확산을 방지하기 위하여 필요한 경우에는 수용자에 대하여 예방접종·격리수용·이송, 그 밖에 필요한 조치를 하여야 한다(법 제35조).

감염병예방법은 '감염병 중 특히 전파 위험이 높은 감염병으로서 제1급감염병 및 질병관리청장이 고시한 감염병에 걸린 감염병환자 등은 감염병관리기관, 감염병전문병원 및 감염병관리시설을 갖춘 의료기관에서 입원치료를 받아야 한다(감염병예방법 제41조).'고 하여 강제적인 입원치료를 규정하고 있다. 따

---

5 배종대·정승환, 앞의 책(2002년), 118쪽.

라서 감염병에 걸린 것이 확인된 사람에 대해서는 수용지휘기관에서 관련 법령에 따라 강제적인 입원 등의 조치를 취하여야 한다. 그러나 감염병에 걸린지 여부가 불명확하여 의심이 되는 사람에 대해서는 통상적으로 검사가 수용을 지휘하기 때문에 감염병에 걸렸다고 의심이 되는 사람에 대해서는 인수한 후 관할 보건소 등에 감염병에 대한 검사를 의뢰할 수 밖에 없는 것이 현실이다. 실무에서는 감염병에 걸렸다고 의심되는 사람에 대해서는 교정기관과 수용지휘기관 간에 해석상의 차이가 발생하기도 하지만 법해석상 교정기관의 장은 수용을 거절할 수 없다고 보아야 한다.

그 밖에 법령에 규정이 없으나 해당 교정시설이 과잉수용상태에 있어 더 이상의 구금여력이 없거나, 수해·화재 등 불가항력적 재해로 인하여 수용자의 인도적 처우가 어렵고 더 이상 수용능력이 없는 경우에는 수용자를 거절할 수 있다고 본다.[6]

3. 수용방법

가. 수용원칙

형집행법은 각종 수용자들을 일정한 기준에 따라 유형화하고 각 유형에 적합한 처우를 실시하도록 하고 있다. 수용방법으로 구분수용과 분리수용에 대하여 규정하고 있으며 독거수용은 수용의 원칙에 대한 규정이라고 할 수 있다. 유엔최저기준규칙은 '상이한 종류의 수용자는 성별, 연령, 범죄경력, 구금의 법률적 사유 및 처우상 필요를 고려하여 분리된 시설이나 또는 시설 내 분리된 구역에 수용되어야 한다.'는 것과 '남자와 여자, 수형자와 미결수용자, 민사범과 형사범, 소년과 성년을 분리하여 구금하여야 한다(제11조).'고 규정하고 있다.

구분수용은 근대적 자유형의 성립과 함께 하였으며, 암스테르담징치장에서 성별에 따라 수용을 달리하였고, 그 후 연령에 의한 구분수용이 있었다. 자세한 내용은 제1편 제2장 제2절 자유형 제도의 역사적 발전을 참조하기 바란다.

나. 구분수용 및 그 예외

구분수용이란 연령, 성별, 법적지위, 즉 형확정 여부 등 일정한 기준에 따

---

6 허주욱, 행형학, 1992년, 234쪽 / 배종대·정승환, 앞의 책(2002년), 119쪽.

라 수용자를 구분하여 수용하는 것을 말한다. 구분수용은 수용자간 범죄의 학습 등 악풍감염을 방지하고 나이, 사회적 지위, 힘 등의 차이로 인해 발생할 수 있는 각종 사고를 예방하고 질서를 유지하는 등에 그 목적이 있다.

형집행법상 구분수용의 기준은 교도소에는 19세 이상의 수형자를, 소년교도소에는 19세 미만의 수형자를, 구치소에는 미결수용자를 수용하고 교도소 및 구치소의 각 지소에는 교도소 또는 구치소에 준하여 수용자를 수용한다(법 제11조).

> 국가 소속 공무원으로서 행형업무를 담당하는 교도관으로서는 미결수들을 수용함에 있어서는 그 죄질을 감안하여 구별 수용하여야 하고, 수용시설의 사정에 의하여 부득이 죄질의 구분 없이 혼거수용하는 경우에는 그에 따라 발생할 수 있는 미결수들 사이의 폭력에 의한 사적 제재 등 제반 사고를 예상하여 감시와 시찰을 더욱 철저히 해야 할 주의의무가 있음에도 불구하고, 소년미결수들을 수용함에 있어 그 죄질이 현저히 다른 강도상해범과 과실범을 같은 방에 수용하고도 철저한 감시 의무를 다하지 못함으로써 수감자 상호 간의 폭행치사사고가 일어나도록 한 과실이 인정된다(대법원 1994. 10. 11. 94다22569).

자유형, 즉 징역형·금고형 또는 구류형이 확정된 19세 이상의 성인 수형자는 일반교도소에 수용한다. 그리고 19세 미만의 수형자는 소년교도소에 수용한다. 소년법은 '징역 또는 금고를 선고받은 소년에 대하여는 특별히 설치된 교도소 또는 일반교도소 안에 특별히 분리된 장소에서 그 형을 집행한다. 다만, 소년이 형의 집행 중에 23세가 되면 일반교도소에서 집행할 수 있다(소년법 제63조).'라고 규정하고 있다. 예외로 수형자가 소년교도소에 수용 중에 19세가 된 경우에도 교육·교화프로그램, 작업, 직업훈련 등을 실시하기 위하여 특히 필요하다고 인정되면 23세가 되기 전까지는 계속하여 수용할 수 있다(법 제12조 제3항).

법적지위에 따른 구분수용으로 미결수용자는 구치소에 수용한다(법 제11조 제1항 제3호). 이와 같은 구분수용에 대한 예외는 첫째 ① 관할 법원 및 검찰청 소재지에 구치소가 없는 때, ② 구치소의 수용인원이 정원을 훨씬 초과하여 정상적인 운영이 곤란한 때, ③ 범죄의 증거인멸을 방지하기 위하여 필요하거나 그 밖에 특별한 사정이 있는 때의 어느 하나에 해당하는 사유가 있으면 교도소에 미결수용자를 수용할 수 있다(법 제12조 제1항). 둘째 취사 등의 작업을 위하여 필요하거나 그 밖에 특별한 사정이 있으면 구치소에 수형자를 수용할 수 있다(법 제12조 제2항).

사형확정자는 교도소 또는 구치소에 수용하며, 구체적인 기준은 법무부령으로 정한다(법 제11조 제1항 제4호). 사형확정자는 사형집행시설이 설치되어 있는 교정시설에 수용하되 ① 교도소에는 교도소 수용 중 사형이 확정된 사람, 교도소에서 교육·교화프로그램 또는 신청에 따른 작업을 실시할 필요가 있다고 인정되는 사람, ② 구치소에는 구치소에 수용 중 사형이 확정된 사람, 교도소에서 교육·교화프로그램 또는 신청에 따른 작업을 실시할 필요가 없다고 인정되는 사람을 구분하여 수용한다(법 시행규칙 제150조 제1항). 사형확정자의 심리적 안정 도모 또는 교정시설의 안전과 질서유지를 위하여 특히 필요하다고 인정하는 경우에는 교도소에 수용할 사형확정자를 구치소에 수용할 수 있고, 구치소에 수용할 사형확정자를 교도소에 수용할 수 있다(동조 제2항). 소장은 사형확정자의 자살·도주 등의 사고를 방지하기 위하여 필요한 경우에는 사형확정자와 미결수용자를 혼거수용할 수 있고, 사형확정자의 교육·교화프로그램, 작업 등의 적절한 처우를 위하여 필요한 경우에는 사형확정자와 수형자를 혼거수용할 수 있다(동조 제3항).

소장은 수형자를 기본수용급별·경비처우급별로 구분하여 수용하여야 하고, 다만 처우상 특히 필요하거나 시설의 여건상 부득이한 경우에는 기본수용급·경비처우급이 다른 수용자를 함께 수용하여 처우할 수 있다(법 시행규칙 제83조 제1항). 기본수용급은 여성수용자, 외국인수형자, 금고형수형자, 19세 미만의 소년수형자, 23세 미만의 청년수형자, 65세 이상의 노인수형자, 형기가 10년 이상인 장기수형자, 정신질환 또는 장애가 있는 수형자, 신체질환 또는 장애가 있는 수용자로 구분한다(법 시행규칙 제73조). 경비처우급은 교정시설을 도주방지 등을 위한 수용설비 및 계호의 정도에 따라 개방시설, 완화경비시설, 일반경비시설, 중(重)경비시설로 구분하고(법 제57조 제2항) 각 시설에 수용하는 수형자를 개방처우급, 완화경비처우급, 일반경비처우급, 중(重)경비처우급으로 구분하고 있다(법 시행규칙 제74조).

소장은 특별한 사정이 있으면 구분수용 기준에 따라 다른 교정시설로 이송하여야 할 수형자를 6개월을 초과하지 아니하는 기간 동안 계속하여 수용할 수 있다(법 제12조 제4항).

다. 분리수용

형집행법은 수용자의 신분 등 특성에 따라 별도의 시설에 수용하는 구분수용 외에 동일한 시설 내에 수용하는 경우에는 분리하여 수용하도록 하고 있다.

남성과 여성은 분리하여 수용한다(법 제13조 제1항). 여성수용자를 위해 여성의 특징을 배려한 별도의 시설을 설치하는 것이 바람직하지만 여성수용자 수가 적어 지역별·특성별 시설을 설치하는 것이 현실적으로 곤란하므로 같은 시설 내에서 분리수용을 하도록 한 것이다. 성별에 의한 분리수용은 엄격하게 할 필요가 있고, 성을 달리하는 수용자끼리 자유롭게 접촉할 수 있는 상태가 되지 않도록 함은 물론 서로의 모습이 보이거나 목소리가 들리는 경우가 없도록 하여야 한다.[7]

수형자와 미결수용자, 19세 이상의 수형자와 19세 미만의 수형자를 같은 교정시설에 수용하는 경우에는 서로 분리하여 수용한다(법 제13조 제2항). 수형자와 미결수용자, 19세 이상의 수형자와 19세 미만의 수형자는 구분수용함이 원칙이지만(법 제11조 제1항), 일정한 경우에 미결수용자를 교도소에 수용하거나 수형자를 구치소에 수용할 수 있도록 하고 있으며(법 제12조) 이와 같은 경우 법적지위나 처우 이념 등을 고려하여 서로 분계된 구역에 수용하는 것이 바람직하다는 점을 고려한 것이다.[8]

4. 수용절차

수용요건이 구비된 수용자를 교정시설에 수용하는 때는 신원확보와 위생 및 건강유지 그리고 수용자에 대한 합리적인 처우를 위해 다음과 같은 절차들이 진행된다.

가. 신원확보를 위한 절차

1) 신입자의 인수

소장은 법원·검찰청·경찰관서 등으로부터 처음으로 교정시설에 수용되는 사람, 즉 신입자에 대하여는 집행지휘서, 재판서, 그 밖에 수용에 필요한 서

---

7 林眞琴·北村篤·名取俊也 공저/안성훈·금용명 등 번역, 앞의 책(2016년), 31쪽.
8 신양균, 앞의 책(2012년), 103쪽.

류를 조사한 후 수용한다(법 제16조 제1항). 신입자를 인수한 경우에는 호송인(護送人)에게 인수서를 써 주어야 하며 이 경우 신입자에게 부상·질병, 그 밖에 건강에 이상이 있을 때에는 호송인으로부터 그 사실에 대한 확인서를 받아야 한다. 신입자를 인수한 교도관은 인수서에 신입자의 성명, 나이 및 인수일시를 적고 서명 또는 날인하여야 한다(법 시행령 제13조 제1항, 제2항). 소장은 확인서를 받는 경우에는 호송인에게 신입자의 성명, 나이, 인계일시 및 부상 등의 사실을 적고 서명 또는 날인하도록 하여야 한다(동조 제3항).

입소시 건강상 문제가 있는 수용자에 대해서는 우선적으로 교정기관에서 치료를 하지만, 부상이나 질병 그 밖에 건강에 이상이 있는 때에 확인서를 받도록 한 것은 입소전에 발생한 건강상의 문제에 대해 책임소재를 명확하게 하여 국가배상책임에 대응하고 입소과정에서 발생할 수 있는 사고 등으로부터 직원을 보호하기 위한 것이다.

2) 신입자의 수용 및 수용사실 알림

소장은 신입자를 인수한 경우에는 교도관에게 신입자의 신체·의류 및 휴대품을 지체 없이 검사하게 하여야 한다(법 시행령 제14조).

신입자가 환자이거나 부득이한 사정이 있는 경우가 아니면 수용된 날부터 3일 동안 신입자 거실에 수용하여야 하고, 신입자 거실에 수용된 사람에게는 작업을 부과해서는 아니된다. 19세 미만의 신입자 그 밖에 특히 필요하다고 인정하는 수용자에 대해서는 신입자 거실 수용기간을 30일까지 연장할 수 있다(법 시행령 제18조). 신입자 거실에 수용하는 것은 신입자가 새로운 환경에 적응할 수 있는 시간을 줌으로써 시설 내 생활에 원활하게 적응하는데 도움을 주고 신원조사, 건강검진, 물품확인 등 신입절차에 필요한 각종 행정처리상의 편의를 위한 것이다.

소장은 신입자 또는 다른 교정시설로부터 이송되어 온 사람이 있으면 그 사실을 수용자의 가족에게 지체 없이 알려야 하고, 다만 수용자가 알리는 것을 원하지 아니하면 그러하지 아니하다(법 제21조). 이는 수용사실과 수용시설을 가족에게 알림으로써 수용자와 가족이 접견을 하거나 편지를 주고받을 수 있도록 하기 위한 것이다. 수용자가 명시적으로 가족에게 수용사실을 알리기를 원하지 않는 경우에는 알리지 아니하며, 이는 개인의 사생활을 보호하고 가족에 대한 배려 등을 고려한 것이다.

3) 수용기록부 작성

소장은 신입자 또는 이입자를 수용한 날부터 3일 이내에 수용기록부, 수용자명부 및 형기종료부를 작성·정비하고 필요한 사항을 기록하여야 한다(법 시행령 제19조). 소장은 신입자의 신원에 관한 사항을 조사하여 수용기록부에 기재하여야 하고, 신입자의 본인 확인 및 수용자의 처우 등을 위하여 불가피한 경우 개인정보보호법 제23조에 따른 정보, 동법 시행령 제18조 제2호에 따른 범죄경력자료에 해당하는 정보, 동법 시행령 제19조에 따른 주민등록번호, 여권번호, 운전면허의 면허번호 또는 외국인등록번호가 포함된 자료를 처리할 수 있다(법 시행령 제20조).

수용자의 범죄횟수는 징역 또는 금고 이상의 형을 선고받아 확정된 횟수로 한다. 다만, 집행유예의 선고를 받은 사람이 유예기간 중 고의로 범한 죄로 금고 이상의 실형이 확정되지 아니하고 그 기간이 지난 경우에는 집행이 유예된 형은 범죄횟수에 포함하지 아니한다. 형의 집행을 종료하거나 그 집행이 면제된 날부터 자격정지 이상의 형을 선고받지 아니하고 ① 3년을 초과하는 징역형 또는 금고형은 10년, ② 3년 이하의 징역형 또는 금고형은 5년의 기간이 지난 경우에는 범죄횟수에 포함하지 아니한다. 수용기록부 등 수용자의 범죄횟수를 기록하는 문서에는 필요한 경우 수용횟수를 함께 기록하여 해당 수용자의 처우에 참고할 수 있도록 한다(법 시행규칙 제3조). 여기서 수용횟수란 징역 또는 금고 이상의 형을 선고받아 그 집행을 위하여 교정시설에 수용된 횟수를 말한다.

4) 수용자의 미성년 자녀 보호에 대한 지원

소장은 신입자에게 「아동복지법」 제15조에 따른 보호조치를 의뢰할 수 있음을 알려주어야 하고, 수용자가 「아동복지법」 제15조에 따른 보호조치를 의뢰하려는 경우 보호조치 의뢰가 원활하게 이루어질 수 있도록 지원하여야 한다(법 제53조의2). 부모의 입소로 인해 자녀를 돌볼 수 없는 상황이 발생하는 경우에 자녀를 보호하기 위한 조치이다.[9]

보호조치의 종류는 ① 전담공무원 또는 아동위원에게 보호대상아동 또는

---

9 형집행법 개정을 통해 2019년 4월 23일 신설하였다.

그 보호자에 대한 상담·지도를 수행하게 하는 것, ② 보호자 또는 대리양육을
원하는 연고자에 대하여 그 가정에서 아동을 보호·양육할 수 있도록 필요한
조치를 하는 것, ③ 아동의 보호를 희망하는 사람에게 가정위탁하는 것, ④ 보
호대상아동을 그 보호조치에 적합한 아동복지시설에 입소시키는 것, ⑤ 약물
및 알콜 중독, 정서·행동·발달 장애, 성폭력·아동학대 피해 등으로 특수한
치료나 요양 등의 보호를 필요로 하는 아동을 전문치료기관 또는 요양소에 입
원 또는 입소시키는 것, ⑥ 「입양특례법」에 따른 입양과 관련하여 필요한 조
치를 하는 것이 있으며, 시·도지사 또는 시장·군수·구청장은 그 관할 구역
에서 보호대상아동을 발견하거나 보호자의 의뢰를 받은 때에는 아동의 최상의
이익을 위하여 대통령령으로 정하는 바에 따라 위의 각 호에 해당하는 보호조
치를 하여야 한다(아동복지법 제15조 제1항).

나. 휴대금품의 보관

신입자가 입소시 휴대한 금품은 보관하며, 다만 휴대하기가 어려운 것은
자신이 지정하는 사람에게 보내게 하거나 그 밖에 적당한 방법으로 처분하게
할 수 있다(법 제25조 제1항). 휴대금품이란 신입자가 교정시설에 수용될 때 지
니고 있는 현금(자기앞수표를 포함한다.)과 휴대품을 말한다(법 시행령 제34조 제1
항). 자세한 내용에 대해서는 본편 제13장 금품관리에서 기술한다.

다. 수용자 식별을 위한 절차

1) 사진촬영, 지문채취 등

교정기관은 사람을 잘못 인식함에 따른 오인석방을 방지하고 수용자가 도
주할 경우 체포를 위한 조치 등을 위하여 수용자의 신체적 특성을 정확하게
식별하는 것이 중요하기 때문에 수용자에 대한 정보를 사전에 확보하는 것이
필요하다.

신입자 및 다른 교정시설로부터 이송되어 온 사람에 대하여 다른 사람과
의 식별을 위하여 필요한 한도에서 사진촬영, 지문채취, 수용자 번호지정, 그
밖에 대통령령으로 정하는 조치를 하여야 하고, 수용목적상 필요하면 수용 중
인 사람에 대하여도 위와 같은 조치를 할 수 있다(법 제19조).

또한 이 규정은 교도관에게 사진촬영 등을 하는 권한을 부여한 것으로 수
용자가 이에 임의로 응하지 아니하는 경우에는 본조에 따라 필요한 한도 내에

서 일정한 조치를 취하는 것이 인정된다는 취지이다. 이러한 조치는 수용자 개인에 대한 식별과 도주자의 발견 및 체포에 사용할 필요가 있을 뿐만 아니라, 범죄경력 등을 조회하여 수용자에 대한 일상적인 처우에 참고하기 위한 것으로,[10] 다른 사람과의 식별을 위한 필요한 한도에서 할 수 있도록 하여 남용을 방지하도록 하였다.

사진은 외모를 통해 수용자를 식별하는 가장 효과적인 방법이고, 지문채취는 개인의 신체적 특징 가운데 동일성 확인을 위하여 가장 널리 활용되는 방식이다. 사형, 무기, 잔형기 7년 이상인 장기수형자 등은 3년 마다 사진을 촬영하여 이를 해당 수용자 수용기록부에 추가로 부착·관리하고, 교정정보시스템에 등록하여야 한다(수용구분 및 이송·기록 등에 관한 지침 제13조 제5항). 사람은 나이를 먹으면 얼굴형태와 인상 등이 바뀌기 때문에 일정기간마다 사진을 촬영하여 현행화를 함으로써 오인석방을 방지하거나 도주시 체포를 위한 조치에 대응하기 위한 것이다.

또한 소장은 신입자의 키·용모·문신·흉터 등 신체 특징과 가족 등 보호자의 연락처를 수용기록부에 기록하여야 하고, 교도관이 업무상 필요한 경우가 아니면 이를 열람하지 못하도록 하여야 한다(법 시행령 제17조 제1항). 신체적 특징의 기록은 수용자를 식별할 수 있는 방법일 뿐만 아니라 수용생활 중에 신체의 변화를 확인할 수 있는 방법이기도 하다. 실무에서는 수용자가 몸에 문신을 하거나 이물질을 삽입하는 등의 사례가 발생하고 있으며, 이때에 사실관계의 확인을 위해서도 필요한 사항이다. 가족 등 보호자의 연락처를 기록하는 것은 수용자에 대한 외부의료시설 진료, 접견가능 여부, 위독 또는 사망 시, 석방시 등 신상관련 각종 사항을 가족에게 통보하거나 가족관계 유지 또는 회복을 위한 처우상 필요한 경우에 활용하기 위한 것이다.

2) 번호표 부착

수용자 번호지정은 나이와 호칭 등을 고려하여 수용자의 인격을 존중하는 동시에 사생활을 보호하기 위한 방법이기도 하다.

신입자 및 다른 교정시설로부터 이송(移送)되어 온 사람에 대하여 수용자 번호를 지정하고, 수용 중 번호표를 상의의 왼쪽 가슴에 붙이게 하여야 한다.

---

10 정갑섭, 矯正學原論, 1993년, 192쪽.

다만, 수용자의 교화 또는 건전한 사회복귀를 위하여 특히 필요하다고 인정하면 번호표를 붙이지 아니할 수 있다(법 시행령 제17조 제2항). 수용자의 번호표는 상의 왼쪽 가슴에, 거실표는 상의 오른쪽 가슴에 부착하도록 하고 있다(수계지침 제57조 제2항).

수용자의 교화 또는 건전한 사회복귀를 위하여 특히 필요한 경우로는 외부통근이나 사회견학 등을 들 수 있다. 교도관이 수용자를 부를 때에는 수용자 번호를 사용하며 다만, 수용자의 심리적 안정이나 교화를 위하여 필요한 경우에는 수용자 번호와 성명을 함께 부르거나 성명만을 부를 수 있다(교도관직무규칙 제12조). 수용자를 한 사람의 인격체로 존중하는 의미를 포함하고 있다.

라. 수용생활에 대한 고지

수용자는 교정시설에 수용되면서부터 일반사회에서 생활할 때와는 다른 권리의무관계에 놓이게 된다. 수용자가 교정시설 내에서 수용생활을 하면서 권리를 보장받고 규율 및 질서를 준수하며 새롭게 발생하는 권리의무의 중요한 사항에 대해서 수용개시시에 고지를 받는 것이 필요하기 때문에 형집행법은 소장에게 고지의무를 부과하고 있다. 즉 소장은 신입자 및 다른 교정시설로부터 이송되어 온 사람에게는 수용생활에 필요한 기본적인 사항을 알려주어야 하고(법 제17조), 수용자가 법령에 따라 지켜야 할 사항과 수용자의 권리구제절차에 관한 사항을 수용자 거실의 보기 쉬운 장소에 붙이는 등의 방법으로 비치하여야 한다(법 시행령 제12조 제3항). 이는 시설 내 생활을 위해 필요한 사항을 사전에 고지함으로써 수용자로서의 의무를 실천하고 시설 내 생활에 빨리 적응하도록 할 뿐만 아니라 부당한 권리침해를 받지 않도록 하기 위한 것이다.[11]

고지는 수용이 개시된 후 합리적인 시간 내에 실시될 것이 요구된다.[12] 실무상으로는 수용개시일에 하고 있다.

고지방법과 고지내용에 대해서는 다음과 같이 규정하고 있다. 신입자 및 다른 교정시설로부터 이송되어 온 사람에게는 말이나 서면으로 ① 형기의 기산일 및 종료일, ② 접견·서신, 그 밖의 수용자의 권리에 관한 사항, ③ 청원,

---

11 신양균, 앞의 책(2012년), 119쪽／배종대·정승환, 앞의 책(2002년), 116쪽.
12 林眞琴·北村篤·名取俊也 공저／안성훈·금용명 등 번역, 앞의 책(2016년), 101쪽.

국가인권위원회에 따른 진정, 그 밖의 권리구제에 관한 사항, ④ 징벌·규율, 그 밖의 수용자의 의무에 관한 사항, ⑤ 일과(日課), 그 밖의 수용생활에 필요한 기본적인 사항을 알려주어야 한다(법 제17조).

마. 그 밖의 수용관련 절차

형집행법은 그 밖의 수용관련 절차로 건강진단, 목욕, 수용거실의 자리지정 및 거실의 작업장으로의 대용금지, 생활용품 지급에 대해 규정하고 있다.

수용시설은 수용자가 공동생활을 하고 있기 때문에 위생을 위해 각종 질병의 조기발견과 치료 및 위생관리가 필요하다. 건강진단과 관련하여 소장은 신입자에 대하여는 지체 없이 건강진단을 하여야 한다(법 제16조 제2항). 신입자의 건강진단은 수용된 날부터 3일 이내에 하여야 하며 다만, 휴무일이 연속되는 등 부득이한 사정이 있는 경우에는 예외로 한다(법 시행령 제15조).

소장은 신입자에게 질병이나 그 밖의 부득이한 사정이 있는 경우가 아니면 지체 없이 목욕을 하게 하여야 한다(법 시행령 제16조). 여성수용자가 목욕을 하는 경우에 계호가 필요하다고 인정하면 여성교도관이 하도록 하여야 한다(법 시행령 제77조 제2항).

또한, 수용자의 생명·신체의 보호, 증거인멸의 방지 및 교정시설의 안전과 질서유지를 위하여 필요하다고 인정하면 혼거실·교육실·강당·작업장, 그 밖에 수용자들이 서로 접촉할 수 있는 장소에서 수용자의 자리를 지정할 수 있다(법 시행령 제10조). 그러나 수용자 거실을 작업장으로 사용해서는 아니되며, 다만 수용자의 심리적 안정, 교정·교화 또는 사회적응능력 함양을 위하여 특히 필요하다고 인정하면 그러하지 아니하다(법 시행령 제11조).

신입수용자에게는 수용되는 날에 칫솔, 치약 및 수건 등 수용생활에 필요한 최소한의 생활용품을 지급하여야 한다(법 시행규칙 제8조 제4항).

5. 수용거실

가. 수용거실 지정

수용자의 거실을 지정하는 경우에는 죄명·형기·죄질·성격·범죄전력·나이·경력 및 수용생활태도, 그 밖에 수용자의 개인적 특성을 고려하여야 한다(법 제15조). 여기서 그 밖에 수용자의 개인적 특성이란 건강상태, 작업의 유무 및 종류, 종교, 경비처우급, 공범관계 등을 들 수 있다.[13] 수용거실의 지정은 교도소장이 죄명·형기·죄질·성격·범죄전력·나이·경력 및 수용생활 태도, 그 밖에 수용자의 개인적 특성을 고려하여 결정하는 것이며 수용자에게 수용거실의 변경을 신청할 권리 내지 특정 수용거실에 대한 신청권이 있다고 볼 수 없다.[14]

수용자 거실지정 업무에 대해서는 「수용관리 및 계호업무 등에 관한 지침」 제6장에서 수용자별로 자세하게 규정하고 있다.

미결수용자 거실지정기준은 기본분류, 재범방지분류, 보완분류 및 추가분류로 구분하여 실시하며(동지침 제44조) 각 분류별 대상에 대하여 규정하고 있다. 기본분류 대상은 남성과 여성, 성년과 소년, 공범자간, 내국인과 외국인, 노인과 그 외의 수용자이다(동지침 제45조). 재범방지분류 대상은 ① 죄명별, ② 순수초범과 누범이며, 그 중 죄명별 분류기준은 공안사범 및 공안관련사범의 공안사범 2개 군과 강력범, 마약류사범, 기타사범의 일반사범 3개군으로 구분한다(동지침 제46조). 보완분류 대상은 재산범과 과실범, 강력범 중 특정강력범과 폭력범, 피의자와 피고인이다(동지침 제47조). 추가분류 대상은 외국인 중 동양계와 서양계, 그 밖에 소장이 재범방지를 위하여 분류수용이 필요하다고 인정하는 수용자이다(동지침 제48조). 소장은 미결수용자의 거실지정기준에 따른 분류대상에 대하여 서로 거실을 분리하여 수용하여야 하고, 거실지정의 우선순위는 기본분류, 재범방지분류, 보완분류, 추가분류의 순으로 한다(동지침 제49조, 제50조).

수형자 거실지정기준은 기본분류, 경비처우분류 및 추가분류로 구분한다(동지침 제54조). 기본분류 대상은 미결수용자의 기본분류 대상과 같이 남성과 여성, 성년과 소년, 공범자간, 내국인과 외국인, 노인과 그 외의 수용자이다(동지침 제55조). 경비처우분류는 미취업수형자는 개방처우급·완화경비처우급과 일반경비처우급·중경비처우급, 특정강력범과 기타사범이며 취업수형자는 작업장별 개방처우급·완화경비처우급과 일반경비처우급·중경비처우급, 직업훈련생·학과교육생·외부통근자 등 별도의 처우가 필요한 수형자와 다른 작업장 수형자이다(동지침 제56조). 추가분류 대상은 ① 개방처우급과 완화경비

---

13 신양균, 앞의 책(2012년), 112쪽.
14 헌재 2013. 8. 29. 2012헌마886 참조/헌재 2015. 9. 22. 2015헌마901.

처우급, ② 직업훈련생은 직종별, 학과교육생은 과정별, 외부통근자는 작업장별, ③ 40세 미만과 40세 이상, ④ 그 밖에 소장이 개별처우를 위하여 분류수용이 필요하다고 인정하는 수용자이다(동지침 제57조). 수형자 거실지정의 우선순위는 기본분류, 경비처우분류, 추가분류 순으로 한다(동지침 제59조).

나. 현황표 등의 부착

소장은 수용거실에 면적, 정원 및 현재 인원을 적은 현황표를 붙여야 한다. 수용자 거실 앞에 이름표를 붙이되, 이름표 윗부분에 수용자의 성명·출생연도·죄명·형명(刑名) 및 형기(刑期)를 적고, 그 아랫부분에는 수용자 번호 및 입소일을 적되 윗부분의 내용이 보이지 않도록 하여야 한다(법 시행령 제12조 제1항, 제2항). 이름표 윗부분의 사항을 보이지 않도록 한 것은 수용자 개인의 인적 사항이 포함되어 있어 개인정보를 보호하기 위한 것이다.

6. 수용자 이송, 일시석방 등

가. 수용자 이송

수용자 이송이란 일정한 사유와 필요가 있는 경우에 수용자를 다른 교정시설로 보내는 것을 말한다. 소장은 수용자의 수용·작업·교화·의료, 그 밖의 처우를 위하여 필요하거나 시설의 안전과 질서유지를 위하여 필요하다고 인정하면 법무부장관의 승인을 받아 수용자를 다른 교정시설로 이송할 수 있다(법 제20조 제1항).

수용자 이송은 분류수용, 수용인원 조절, 처우 등 교정행정 운영과 교정의 목적을 달성하기 위하여 실시하지만 수용자는 개인적으로 새로운 환경에 적응하여야 하고 가족은 접견 등에 있어서 불편을 초래할 수 있는 등 처우에 실질적인 변경을 가져오기 때문에 정당성과 적법성이 요구된다. 그러나 이송은 교도소장의 재량행위이고 따라서 수용자에게 자신이 원하는 교도소에서의 수용생활을 요구할 권리가 있다고 할 수 없다.[15]

사형확정자에 대하여는 교육·교화프로그램, 작업 등을 위하여 필요하거나 교정시설의 안전과 질서유지를 위하여 특히 필요하다고 인정하는 경우에 법무부장관의 승인을 받아 다른 교정시설로 이송할 수 있다(법 시행규칙 제151조).

미결수용자의 경우에는 수용이나 처우상 특히 필요하다고 인정할 때에는

---

15 헌재 2013.7.2. 2013헌마388, 교도소내 부당처우 위헌확인.

법무부장관의 승인을 얻어 미결수용자를 다른 교정시설로 이송할 수 있으나 그 특성상 작업이나 교화 등의 필요를 이유로 다른 수용시설로 이송할 수 없고, 형사소송법 제361조의2 제3항과 같은 명문의 규정에 저촉되어서는 아니된다.[16]

이와 같은 이송은 교정처우상 필요한 경우나 사건의 심리상 필요에 의해 인정되며 법령에 의하거나 직권있는 자의 명령에 의해 실시된다. 법령에 의해 수용자를 이송하는 경우는 소년수형자를 소년교도소에 이송하는 경우, 수용자를 증인으로 법원에 이송하는 경우, 교육 또는 각종 치료프로그램 대상자를 이송하는 경우, 수용자를 외부의료시설에 이송하는 경우, 직업훈련이나 구외작업에 취업하는 자를 이송하는 경우, 비상시 수용자를 피난시키기 위하여 이송하는 경우 등이 있다. 그리고 권한있는 자의 명령에 의한 경우로는 구분수용의 필요상 지정된 교정시설에 이송하는 경우와 교정시설 내에서 행형편의상 이송하는 경우가 있다.

미결수용자 및 재판진행 중인 수형자(기소된 경우에 한정한다.)는 별도의 이송신청 절차 없이 수용구분에 따라 해당 교정시설로 이송한다(수용기록지침 제57조 제1항). 그리고 형이 확정된 수형자 및 그 밖의 이송 사유가 발생한 수형자의 이송은 이송신청서를 첨부하여 법무부장관에게 이송신청한 후 그 승인을 받아 시행한다(동지침 제58조 제1항).

일반적으로 이송의 주체는 소장이지만, 승인권자는 법무부장관이다.[17] 다만 법무부장관은 이송승인에 관한 권한을 대통령이 정하는 바에 따라 지방교정청장에게 위임할 수 있다(법 제20조 제2항). 지방교정청장은 ① 수용시설의 공사 등으로 수용거실이 일시적으로 부족한 때, ② 교정시설 간 수용인원의 뚜렷한 불균형을 조정하기 위하여 특히 필요하다고 인정되는 때, ③ 교정시설의 안전과 질서유지를 위하여 긴급하게 이송할 필요가 있다고 인정되는 때의 어느 하나에 해당하는 경우에는 수용자 이송을 승인할 수 있다. 이 경우 지방

---

16 대법원 1992.8.7. 92두30.
    형사소송법 제361조의2(소송기록접수와 통지) ① 항소법원이 기록의 송부를 받은 때에는 즉시 항소인과 상대방에게 그 사유를 통지하여야 한다.
    ③ 피고인이 교도소 또는 구치소에 있는 경우에는 원심법원에 대응한 검찰청 검사는 제1항의 통지를 받은 날부터 14일 이내에 피고인을 항소법원 소재지의 교도소 또는 구치소에 이송하여야 한다.
17 법무부장관의 수형자 이송지휘처분은 교도소장의 수형자 이송승인 신청에 대하여 법무부장관이 당해 교도소장에 대하여 한 이송승인의 의사표시에 불과하여 이것이 곧 기본권침해의 원인이 된 공권력의 행사에 해당한다고 볼 수 없다(헌재 1994. 10. 19. 94헌마197).

교정청장의 이송승인은 관할 내 이송으로 한정한다(법 시행령 제22조).

소장은 수용자를 다른 교정시설에 이송하는 경우에 의무관으로부터 수용자가 건강상 감당하기 어렵다는 보고를 받으면 이송을 중지하고, 그 사실을 이송받을 소장에게 알려야 한다(법 시행령 제23조).

수용자를 이송이나 출정(出廷), 그 밖의 사유로 호송하는 경우에는 수형자는 미결수용자와, 여성수용자는 남성수용자와, 19세 미만의 수용자는 19세 이상의 수용자와 각각 호송차량의 좌석을 분리하는 등의 방법으로 서로 접촉하지 못하게 하여야 한다(법 시행령 제24조).

나. 긴급이송, 일시석방, 출석의무

긴급이송이란 교정시설 안에서 천재·지변이나 그 밖의 사변에 대한 피난의 방법이 없는 경우에 수용자를 다른 장소로 이송하는 것을 말한다(법 제102조 제2항). 이 경우 다른 장소로 이송이 불가능하면 수용자를 일시석방할 수 있다(동조 제3항). 일시석방하는 경우에는 출석 시한과 장소를 알려주어야 하며(법 시행령 제127조 제2항), 일시석방된 자는 석방 후 24시간 이내에 교정시설 또는 경찰관서에 출석하여야 한다(법 제102조 제4항). 자세한 내용은 본편 제11장 제8절 재난시의 조치에서 기술한다.

제 2 절   과밀수용

1. 서

교정시설에서의 과밀수용의 개념에 대해서는 다양한 관점에서 분류할 수 있으며, 오버하임(Oberheim)은 크게 사회(심리)학적 과밀수용과 행형학(법)적 과밀수용으로 구분한 다음 객관적·주관적, 형식적·실질적인 개념으로 분류하고 있다.[18]

일반적으로 교정시설이 적정수용인원을 초과하여 수용함으로써 합리적인 교정정책을 수행하기에 부적당한 상태에 이른 경우 또는 헌법상의 기본권, 각

---

18 오버하임(Oberheim)의 분류방식에 대한 자세한 내용은 한영수, 앞의 책(2000년), 63~69쪽 참조.

종 국제규칙, 형집행법 및 각종 교정관련 규칙의 목적과 요구를 구현하기에 필요한 최소한의 시설과 인적·물적 자원의 확보를 불가능하게 하거나 매우 곤란하게 하는 경우에 과밀수용이라고 할 수 있다.[19]

미국 대법원은 로즈 대 채프만(Rhodes v. Chapman) 사건에서 오하이오(Ohio)교정시설의 과밀수용이 그 자체만으로 잔인하고 비정상적인 처벌을 하고 있다고 단정할 수는 없다고 판시하였다. 구금조건의 적절성을 판단하는 때는 수용거실 밖에서의 시간, 제공된 프로그램, 직원과 수용자의 공감대 형성, 위생조건, 수용시설의 쾌적함 등 모든 조건을 고려하여야 한다고 판시하였다.[20]

그러나 교정시설은 수용정원의 100%에 이르렀을 때 과밀수용상태가 되는 것이 아니라 징벌실, 신입실 및 출소준비실, 환자거실, 보호실, 장애인거실 등에서는 어느 정도 유동성을 확보하여야 하기 때문에 최소한의 유동성 확보와 계절이나 사회상황에 따른 입소인원의 증감 등을 고려하면 수용정원의 85~95%에 이르렀을 때 수용능력의 한계선에 도달한 것으로 판단하여야 한다.[21] 이를 수용정원(designed capacity)에 대비하여 적정수용인원(optimal capacity)이라고 할 수 있다.

2. 형사정책적 의의

과밀수용의 형사정책적 의의와 관련하여 국가의 형사사법시스템에 미치는 영향은 다음과 같다.

첫째 과밀수용은 국가의 형사사법체계의 왜곡을 초래함으로써 국가의 전반적인 형사정책과 형사사법체계가 총체적인 위기에 봉착했음을 나타낸다. 즉 과밀수용은 행형의 문제이면서도 전체 형사사법의 문제이다.[22]

둘째 과밀수용에 따른 수용자에 대한 비인간적·굴욕적인 처우는 헌법 제10조에서 보장하고 있는 인간으로서의 존엄과 가치 및 행복추구권을 침해한다.[23]

셋째 국가는 사회적·경제적 변화 및 개인의 인권의식 기준 상승에 따라 교정시설 수용자에게도 그에 맞는 환경을 제공해야 할 의무가 있기 때문에 교

---

19 한영수, 앞의 책(2000년), 65쪽.
20 미국교정협회 발간 / 최윤석 번역·백진 감수, 성인교정시설 설계지침, 법무부 교정본부, 2017년, 42쪽.
21 한영수, 앞의 책(2000년), 66쪽.
22 한영수, 앞의 책(2000년), 62쪽.
23 헌재 2016. 12. 29. 2013헌마142, 구치소 내 과밀수용행위 위헌확인.

정시설의 여건은 그 국가의 인권수준의 지표로 작용한다. 그리고 사회변화에 따른 수용생활의 기준도 새롭게 변해야 인권침해 논란에서 자유로울 수 있기 때문에 과밀수용은 인권의 후진성과 관련된 국가 품격의 문제와 직결된다.

넷째 과밀수용은 교정시설의 본래적 기능을 마비시키고, 형집행과 재사회화라는 교정의 목적 달성을 곤란하게 한다. 예를 들면 분류수용 및 개별처우를 어렵게 하여 수용자에 대한 재사회화를 곤란하게 할 뿐만 아니라, 수용자에게 심리적·사회적·신체적 변화를 초래하여 각종 질병에 걸릴 위험을 증가시키며, 각종 교정사고의 발생을 증가시키는 주요원인으로 작용하고, 진정·청원 등 권리구제수단의 남용과 소송의 급증을 초래하며, 직원의 근무여건의 악화를 가져온다.

더욱 심각한 문제는 일반 국민의 정서가 범죄자에 대한 강력한 처벌을 요구하고 수형자 처우의 개선에 대한 부정적인 인식을 가지고 있기 때문에 과밀수용을 해소하기 위한 필요한 예산의 제공에 부정적이라는 사실이다. 이러한 사실은 과밀수용의 해결을 더욱 곤란하게 하는 중요한 원인으로 작용하고 있다.

3. 과밀수용의 원인

과밀수용은 행형 역사에 있어서 대부분의 교정체계 내에서 반복해서 일어나는 심각한 현상이다. 오늘날에도 일본, 독일, 네덜란드 등 소수의 국가를 제외하고 공통적으로 직면하고 있는 문제이기도 하다. 이와 같은 과밀수용은 범죄종류 또는 유형의 증가, 범죄발생 건수의 증가, 국가의 형사사법시스템의 구조, 형사사법정책, 형기의 장기화 등 다양한 원인에 의해 발생한다.

인구의 증가는 필연적으로 범죄의 증가로 이어진다고 단정할 수 없지만, 다양한 요인에 의해 범죄발생 건수의 증가를 가져왔으며, 이는 곧 수용인원의 증가로 이어졌다. 특히 인구의 증가보다 범죄의 증가가 수용인원 증가에 직접적으로 영향을 미친다.

또한 형법 이외의 특별형법을 통한 처벌은 새로운 범죄에 대한 대응으로 형사사법시스템에서 자주 선택되고 있다. 특히 특별형법의 문제는 형법의 불완전한 규정을 보완하고 특수한 범죄에 대한 대응을 용이하게 하려는 본래적 기능을 수행하기 보다는 중형으로 무장된 법률의 제개정을 통해 상징적 기능만을 담당하고 있다. 형법전의 규정으로 대처하여도 충분함에도 형을 가중하

는 특별법을 제정함으로서 범죄억지에 만전을 기하고 있다는 정치적인 선전효과만을 거두고 있다.[24]

뿐만 아니라 특별형법에 의한 법정형의 상향조정은 범죄자에 대해 교정시설 내에 머무르는 기간을 장기화함으로써 수용인원 증가에 직접적인 영향을 미치고 있다. 과밀수용의 또 다른 이유는 형사사법기관, 특히 경찰의 범죄대응능력의 향상으로 살인 등 강력범죄의 검거율이 높아지고 이는 곧 교정시설의 과밀수용의 하나의 원인으로 볼 수 있다.

과밀수용의 원인은 위와 같이 다양하지만 이러한 원인들이 복합적으로 작용하여 나타난 현상으로 보는 것이 바람직할 것이다.[25]

4. 과밀수용이 교정에 미치는 영향

오늘날 교정의 궁극적 목적은 범죄자로 하여금 법을 준수하게 하고 일반시민으로 사회에 복귀하게 하는 재사회화(再社會化)에 있으며, 재사회화는 수형자가 출소 후에 범행하지 않고 정상적인 사회생활을 영위할 수 있도록 한다는 적극적인 의미를 담고 있다.[26] 이는 형집행법 제1조에서도 확인할 수 있다.

미국에서는 과밀수용으로 인해 세 가지 주요 변화가 일어났다. 첫째, 회전문 정책은 더 이상 일반대중을 지켜주지 못한다고 인식되었다. 둘째, 폭력집단 등 보안을 위협하는 집단이 증가하여 그 규모와 힘에서 자리잡았고 이것은 시설의 보안시스템에 추가적인 어려움을 가져왔다. 셋째, 법원은 교도소의 과밀수용이 헌법에 보장된 수형자의 권리를 침해한다는 것을 발견해 왔고, 각종 치료프로그램과 치료서비스를 증가하도록 요구하였다. 이 세 가지 변화는 미래 교정시스템과도 밀접한 관계가 있기 때문에 지역사회교정프로그램을 극대화하고 재진입서비스를 강화하는 것에 대한 중요성이 대두되었다.[27]

과밀수용은 우선 수용자와 직원 및 교정시설 운영에 직접적인 영향을 미칠 뿐만 아니라 국가의 형사사법시스템과 사회 일반에도 부정적인 영향을 미

---

24 한국형사정책연구원, 형법 및 형사특별법상 유사처벌조항 정비방안, 1998년, 24~25쪽.

25 이윤호, 앞의 책(2012년), 103쪽.

26 헌재 2016. 12. 29. 2013헌마142, 구치소 내 과밀수용행위 위헌확인.

27 해리 앨런·에드워드 라테사·브루스 판더 저/박철현·박성민·곽대훈·장현석 공저, 앞의 책(2020년), 400쪽.

친다. 특히 교정시설이 과밀화되면 직원과 수용자간의 공개된 의사소통을 촉진하는데 방해가 되며, 개인적인 필요에 맞춘 프로그램을 제공하기 어렵고, 직원과 수용자의 안전에 위험을 초래하기 쉽다. 그리고 교정기관은 과밀수용으로 인해 합리적인 교정정책의 수행이 현실적으로 곤란해져 자유형의 집행을 통한 범죄예방기능을 약화시키고, 사람의 신체가 동맥경화에 걸린 것과 마찬가지로 수형자의 특성에 따른 개별화된 교정프로그램의 작동을 곤란하게 하며, 수용자의 처우와 재범을 낮추기 위한 교정·교화와 밀접한 관계가 있는 교정공무원들에게 과도한 직무부담을 주고 심리적 부담을 갖게 하여 직무수행능력에 부정적인 영향을 미친다.

　　과밀수용이 수용자에게 미치는 영향은[28] 첫째 수용자의 의식주, 운동, 의료처우, 작업, 교정·교화, 가족과의 유대 등을 위한 외부교통 등 교정의 모든 분야에 막대한 부담을 초래할 뿐만 아니라 필요한 시설 및 공간 확보를 불가능하게 하고 최소한의 자유공간마저 박탈하는 등 수용자의 기본적인 인권을 침해한다. 둘째 수용자의 심리가 불안정해지고 갈등이 증가하면서 교정사고의 원인이 되거나 싸움, 작업거부, 입실거부 등과 같은 규율위반이 증가하는 등 교정시설의 질서유지에도 부정적인 영향을 줄 뿐만 아니라 교정·교화에도 부정적인 효과를 낳는다. 셋째 공용물품이 부족하게 되고 작업장, 교육시설, 편의시설, 여가활동공간 등 공동사용시설의 한계로 개인에게 할당되는 공간이 협소해짐에 따른 수용자의 심리적·사회적·신체적 변화를 가져온다. 넷째 과밀수용으로 인한 스트레스로 인해 직원과 수용자 사이는 물론 수용자 상호간 공격성과 대인공포증, 자기도피, 무관심, 권태감 등을 증가시킴으로써 정신적 장애가 발생하거나 성적 일탈행위가 증가할 가능성이 높아지며, 교정시설 내 강화된 하위문화를 형성하여 직원과 수용자간의 간격이 커지고, 질서유지를 위해 직원과 수용자와의 관계를 매개해 줄 수용자가 필요함으로써 오히려 각종 문제가 발생하기도 하며 수용자 상호간 접촉빈도의 증가로 인해 악풍감염의 가능성이 높아진다. 그리고 과밀수용으로 인한 수면부족은 수용자의 정신건강에 부정적인 영향을 주고 심리적 갈등과 물리적 충돌로 인하여 질병에 걸릴 위험이 높아진다.

　　특히 시설과 공간 부족, 지원인력 부족 등으로 인해 사회복귀를 위한 각

28　한영수, 앞의 책(2000년), 89~95쪽 참조.

종 프로그램의 실시가 형식적으로 진행될 수밖에 없어 교정의 핵심기능이 상실되고, 수형자의 재사회를 위한 프로그램의 수립과 수행 자체를 불가능하게 한다. 또한 과밀수용은 수형자의 교정·교화를 위한 적절한 환경과 조건을 갖추지 못함으로써 질서유지에 부정적인 영향을 주고 교정역량을 저하시켜 결국 교정의 최종목적인 수형자의 재사회화를 어렵게 한다.

갑작스런 자유박탈에서 오는 환경변화에 적응하는 데에 어려움을 겪고 있는 미결수용자에게 과밀수용은 신체적·정신적 동요를 불러오고, 재판상 방어권 행사 등 각종 소송준비를 위해서는 충분한 개인공간 확보가 필수적이나 이를 보장하기 어렵게 하며, 특히 대도시 지역 구치소의 과밀수용은 미결수용자의 방어권 보장을 방해하고 굴욕감을 줄 뿐만 아니라 수형자 보다 더 열악한 처우를 받으면서 생활하게 한다.

과밀수용이 교정직원에게 미치는 영향은 첫째 수용자를 관리, 감독, 보호하는 인력과 교정·교화를 위한 인적 자원의 부족을 초래하고, 둘째 수형자에 대한 상담과 처우 및 행정지원을 해야 할 인력부족을 야기하여 분류가 형식적으로 행해지기 쉽고, 직원이 수용자와 처우에 대한 고충상담을 하지 못하는 등으로 인해 교정의 질이 떨어지는 주요요인으로 작용하며, 셋째 직원이 관리, 감독하여야 하는 수용자의 수가 증가할수록 과중한 업무부담으로 인한 육체적·정신적 스트레스와 탈진감이 증가하고 자살사고 등 교정사고에 대한 부담 등으로 수용자를 좁은 공간에 가두고 이를 감시하는 감시자의 역할에 그치는 등 교정·교화업무에 차질을 가져온다.

뿐만 아니라 과밀수용은 교정환경을 열악하게 만들고, 적극적인 재사회화를 위한 노력보다는 소극적인 구금위주의 교정으로 전락될 가능성을 높게 하며, 국가형벌권 행사방법인 자유형의 집행시 가장 많은 비용을 초래한다. 따라서 과밀수용의 문제는 교정의 문제인 동시에 전체 형사사법의 문제로 사회의 전반적인 문제(경제상황, 국가 예산 등)와 관련되며 사회안전망 구축에 부정적인 영향을 미친다.

5. 과밀수용과 수용자의 기본적 권리 보장

교정시설에의 수용은 권력적 사실행위로, 수용자에게 제한되는 기본권은 헌법에서 보장되는 인간의 존엄과 가치와 관련된다. 헌법은 '모든 국민은 인간으로서 존엄과 가치를 가지며, 행복을 추구할 권리를 가진다. 국가는 개인이 가지는 불가침의 기본적인 인권을 확인하고 이를 보장할 의무를 진다(제10조).'고 규정하고 있다. 인간의 존엄과 가치는 모든 인간을 목적 그 자체로서 존중할 것을 요구하고, 인간을 다른 목적을 위한 수단으로 취급하는 것을 허용하지 아니하는 바, 이는 특히 국가의 형벌권 행사에 있어 매우 중요한 의미를 가진다.

즉 인간의 존엄과 가치는 국가가 형벌권을 행사함에 있어 사람을 국가행위의 단순한 객체로 취급하거나 비인간적이고 잔혹한 형벌을 부과하는 것을 금지하고, 행형(行刑)에 있어 인간생존의 기본조건이 제대로 갖추어지지 아니한 시설에 사람을 수용하는 것을 금지한다. 특히 수형자의 경우 형벌의 집행을 위하여 교정시설에 격리된 채 강제적인 공동생활을 하게 되는 바, 그 과정에서 구금의 목적달성을 위하여 필요최소한의 범위 내에서 수형자의 기본권에 대한 제한이 불가피하다 하더라도 국가는 인간의 존엄과 가치에서 비롯되는 국가형벌권 행사의 한계를 준수하여야 하고, 어떠한 경우에도 수형자가 가지는 인간으로서의 존엄과 가치를 훼손해서는 안 된다.

헌법재판소는 '수형자가 인간생존의 기본조건이 박탈된 교정시설에 수용되어 인간의 존엄과 가치를 침해당하였는지 여부를 판단함에 있어서는 1인당 수용면적뿐만 아니라 수형자 수와 수용거실 현황 등 수용시설 전반의 운영실태와 수형자의 생활여건, 수용기간, 접견 및 운동 기타 편의제공 여부, 수용에 소요되는 비용, 국가예산의 문제 등 제반 사정을 종합하여 고려할 필요가 있다. 그러나 교정시설 내에 수형자가 인간다운 생활을 할 수 있는 최소한의 공간을 확보하는 것은 교정의 최종 목적인 재사회화를 달성하기 위한 가장 기본적인 조건이므로, 교정시설의 1인당 수용면적이 수형자의 인간으로서 기본 욕구에 따른 생활조차 어렵게 할 만큼 지나치게 협소하다면 이는 그 자체로 국가형벌권 행사의 한계를 넘어 수형자의 인간의 존엄과 가치를 침해하는 것이다'라고 판시하였다.[29]

---

29 헌재 2016. 12. 29. 2013헌마142, 구치소 내 과밀수용행위 위헌확인.

제 2 장 생활의 기본조건과 물품지급

제 1 절 서론

교정시설에 수용되어 있는 수용자는 국가의 강제에 의한 수용관계에 있기 때문에 일반국민과 같은 수준의 자유와 권리를 보장받을 수는 없지만 생명, 자유 및 행복추구에 대한 권리에 관해서는 질서유지 또는 공공복리에 반하지 아니하는 한 최대한 존중받아야 한다. 왜냐하면 수용자에 대해서도 헌법 제10조가 보장하는 인간으로서의 존엄과 가치를 보장하여야 하기 때문이다. 그리고 수용자의 의식주 등 생활조건은 구금과 형의 집행에 수반되는 일정한 제한을 받는 것은 부정할 수 없지만, 그것이 일반사회의 기준과 너무 차이가 있으면 인권보장의 관점이나 행형의 사회화 관점에서 바람직하지 아니하다.[30]

특히, 수용자는 수용기간 동안 교정시설 내에서 의식주를 해결하여야 하므로 최소한의 인간다운 생활이 가능하도록 음식, 물품, 의류 등이 지급되어야 한다. 즉 수용자는 계절에 적합한 의류를 착용하고 영양을 고루 갖춘 음식물을 섭취하며 일상생활에서 필요로 하는 다양한 물품을 사용하는 것을 인정받아야 한다.

급여와 관련해서는 국가에서 지급하는 방식인 관급과 자비부담 중 어떤 방식을 원칙으로 하느냐는 정책의 문제이다. 구행형법은 수형자에 대하여는 형벌의 공평성과 단체생활의 규율 및 질서유지, 위생 등의 견지에 관급을 원칙으로 하고 미결수용자에 대하여는 증거인멸과 도주의 방지 및 헌법상 무죄추정의 원칙 등에 의하여 자비부담을 원칙으로 하면서 자비부담이 불가능한 경우에 관급을 하였다.[31] 그러나 형집행법은 물품의 지급에 대하여 '소장은 수용자에게 건강유지에 적합한 의류, 침구, 그 밖의 생활용품을 지급한다(법 제22조).'고 규정하여 관급원칙을 채택하여 수용자의 기본적 생활권을 보장하고 있다. 다만 '수용자는 소장의 허가를 받아 자신의 비용으로 음식물·의류·침구, 그 밖에 수용생활에 필요한 물품을 구매할 수 있다(법 제24조).'고 규정하여 자

---

30 川出敏裕·金光旭, 앞의 책(2018년), 213~214쪽.
31 허주욱, 앞의 책(2013년), 402쪽.

비부담물품을 허가하고 있다.

또한 여성수용자에게 자신이 출산한 유아를 교정시설에서 양육하는 것을 허가한 경우에 필요한 설비와 물품의 제공, 그 밖에 양육에 필요한 조치를 하도록 배려하고 있다(법 제53조 제2항).

제 2 절 급여의 기준

수용자에게 지급되는 급여의 수준은 어느 정도가 적정한가에 대한 객관적인 기준은 없으며, 이는 그 나라의 정치·경제·사회·문화 등과 관련된 문제이기도 하다. 수용자에 대한 급여의 수준은 첫째 행형의 목적달성을 위한 전제조건인 동시에 둘째 헌법상 보장된 기본권과 관련된다.

구금시설에 수용된 사람에 대한 처우수준과 관련하여, 1834년 영국 구빈법(Poor Law Amendment Act, 救貧法)은 '감화원에 있는 빈민의 생활수준이 사회에 있는 가난한 노동자의 생활수준 보다 좋아서는 안 된다.'는 최소자격의 원칙(the priciple of less eligibility)을 도입하였다.[32] 또한 벤담은 '형벌에 처해진 수형자의 생활수준은 생명, 건강, 신체상 필요한 배려를 제외하고 일반국민의 생활수준 보다 높아서는 안 된다.'고 하였다.[33] 독일 나치스의 프러시아 행형법 및 사면법에서는 '수형자는 교도소에서 식량, 피복, 세탁물, 침구를 지급받는다. 그 기준은 자기의 책임하에 직업을 상실한 실업자 이하로 한다.'라고 하여 사회의 실업자 이하의 생활수준으로 하였다.[34] 이러한 원칙들은 수형자의 생활수준이 일반사회의 최저수준 보다 좋아서는 안 된다는 의미로 오랫동안 받아들여져 왔다.

범죄자의 교정·교화와 사회복귀를 목적으로 하는 현대교정의 이념 하에서는 수용기간을 사회 내에서 수용자가 죄를 범하지 아니하고 사회적 책임이 있는 생활을 보내기 위한 준비기간으로 보고 있으며 따라서 교정시설에서의

---

32 http://www.victorianweb.org/history/poorlaw/eligible.htmlent Act/한인섭, 앞의 책(2007년), 26쪽.
33 안성훈, 교도작업은 형벌인가, 처우인가?, 교정, 2011년 7월호, 34쪽.
34 허주욱, 앞의 책(2013년), 402쪽.

생활환경은 자유사회의 생활조건과 다르지 않게 제공되어야 할 것이 요구된다.[35] 즉 행형목적을 달성하기 위해서는 수용자에 대한 처우가 가능한 한 일반사회생활과 유사하여야 한다고 하는 유사성의 원칙은 수용자에게 최소한의 인간다운 생활이 보장되도록 각종 생활조건을 마련할 것을 요구할 뿐만 아니라 가능하면 일반인의 생활조건과 유사하게 배려할 것을 요구한다.[36]

인간의 존엄과 가치 및 행복추구권, 인간다운 생활을 할 권리 등 헌법상 보장된 기본권은 수용자에게도 적용된다.[37] 그리고 헌법상의 사회국가원칙은 수형자에게 생존권적 기본권을 보장하고 최저한도의 문화생활을 위한 배려를 게을리하지 않을 의무를 부여하고 수형자에게는 국가에 대하여 이러한 배려를 요구할 권리를 부여하고 있다.[38] 따라서 인간으로서의 존엄과 가치 등 헌법상 보장되고 있는 기본권으로부터 공동체의 구성원인 수용자에 대한 생활조건이 일반사회의 그것과 유사할 것이 요구된다고 할 수 있다.

모든 수용자에게는 건강 및 체력을 유지하기에 충분한 영양과 양이 확보되고, 잘 조리된 위생적인 식량이 정해진 시간에 지급되어야 한다. 음료수는 요구가 있는 때에는 언제라도 적합한 것이 주어져야 하며 의류·침구·생활용구는 계절에 적합하고 동시에 건강을 유지하고 품위를 가지기에 충분하고 청결한 것을 지급하여야 하며, 일용품은 통상인이 일상생활에 불편을 느끼지 않을 정도의 질과 양의 것을 지급하는 것이 형집행법상 관련 규정의 취지라고 하여야 한다. 그렇지만 급양은 원칙적으로 정해진 예산의 범위 내에서 지급하여야 하기 때문에 예산상의 뒷받침이 충분하지 아니하는 오늘날에는 아직도 만족할 만한 수준은 아니지만 점진적인 개선향상을 도모하여야 한다.

이와 같이 행형 목적과 헌법상 보장된 기본권에 따라 수용자에 대한 주거, 의복 및 침구와 생활용품 지급, 급식은 가능한 한 일반인의 생활조건에 가까운 것이어야 한다. 그리고 수용자에게 대여 또는 지급하는 물품은 첫째 수용

---

35 독일 행형법 제3조 제1항의 사회동화의 원칙은 행형관청에 대하여 '수형자의 생활능력을 잃어버리도록 하는 시설생활의 특수성을 가능한 한 억제하고, 시설생활과 외부생활의 차이는 그것을 피할 수 없는 것 이외에는 확대해서는 안 된다.'라고 의무지우고 있다(클라우스 라우벤탈 저/신양균·김태명·조기영 역, 앞의 책(2010년), 108쪽).
36 배종대·정승환, 앞의 책(2002년), 189쪽.
37 김화수 등 8인 공저, 앞의 책(2007년), 448쪽.
38 허주욱, 앞의 책(2010년), 386쪽.

자의 건강을 유지하는 데 충분하여야 하고, 둘째 생활보호기준을 포함하여 국민생활의 수준, 예산사정, 국민감정 등을 고려하여야 하며, 셋째 수용생활과 일반국민의 생활과의 차이, 수형자와 미결수용자 등 수용자의 법적지위에 따른 차이를 고려하는 등 종합적으로 판단한 가운데 적정하다고 인정되는 것이어야 한다.[39]

제 3 절 생활환경과 물품지급

수용자의 생활과 관련하여 주거설비는 생활공간이자 작업, 교화, 교육, 기술습득 등을 위한 공간이기 때문에 충분한 면적이 확보되어야 하고 물품은 일상생활에서 필요한 것들이 충분히 지급되어야 하며 또한 수용자의 건강유지에 적합한 것이어야 한다. 형집행법은 수용자에게 지급하는 의류와 침구 및 생활용품, 음식물에 대하여는 관급원칙을 규정하고 있다.

1. 주거설비

주거설비는 수용자가 생활하는 거실과 작업장, 접견실, 강당, 그 밖의 공동생활장소, 화장실, 목욕 및 샤워설비, 운동장 등이 있으며 각각 그 목적과 기능에 맞도록 설치되어야 한다. 뿐만 아니라 다수의 수용자가 원활하게 이용을 할 수 있도록 공간과 설비수가 확보되어야 한다. 특히 계절과 기후에 따라 각종 설비와 공기의 용적, 최소면적, 조명, 난방 및 환기에 관하여 적정한 고려를 함으로써 건강유지에 필요한 조건을 충족하여야 하고 항상 적절하게 관리되고 깨끗하게 유지되어야 한다.

거실은 수용자에게 취침장소이자 휴일 및 야간 등 자유시간을 보내는 공간이기 때문에 밝고 쾌적해야 할 뿐만 아니라 적정한 수준의 면적이 확보되어야 한다. 수용자는 일과가 끝난 후의 시간과 휴일 동안 대부분을 거실에서 생활하기 때문에 거실은 가능한 한 일반의 생활상태와 유사하게 휴식과 취침의 공간이어야 한다.

---

39 鴨下守孝, 앞의 책(2006년), 288~289쪽.

작업을 하는 장소는 기계와 작업도구, 재료 등을 구분하여 정리하고, 작업 시 위험을 방지할 수 있는 충분한 공간을 확보하여야 한다. 작업장의 창문은 자연광선으로 작업이 가능하고 신선한 공기가 충분하게 들어올 수 있을 정도로 넓어야 한다. 그렇게 하기 위해서는 거실과 작업장의 창문크기는 바닥면적의 일정한 비율 이상으로 계획하여야 한다.

위생설비는 생리적인 욕구를 해소하기에 적합해야 할 뿐만 아니라 청결하게 유지되도록 필요한 물품이 지급되고 관리되어야 한다. 그리고 위생설비는 다수의 수용자가 필요한 때에 사용을 할 수 있도록 인원에 대한 적정한 비율로 확보하여야 한다.

목욕 및 샤워설비는 일반 위생상 필요하기 때문에 다수의 수용자가 사용하는 데 있어 충분하여야 하고 기후에 알맞은 온도로 목욕하거나 샤워할 수 있게 하며 수용자에게는 개인위생을 위하여 필요한 의무가 부과되어야 한다. 특히 샤워공간과 샤워기 수는 이용하는 수용자의 수에 비례하여 설치되어야 한다.

형집행법은 '교정시설의 거실·작업장·접견실이나 그 밖의 수용생활을 위한 공간과 설비는 그 목적과 기능에 맞도록 설치되어야 하고 특히, 거실은 수용자가 건강하게 생활할 수 있도록 적정한 수준의 공간[40]과 채광·통풍·난방을 위한 시설이 갖추어져야 한다(법 제6조 제2항).'고 규정하고 있다. 이는 교정시설의 설비에 관한 일반적인 지침을 정한 내용에 불과하여 이로써 수용자에게 원하는 수준의 생활환경이 조성된 교도소에서 수용생활을 할 수 있도록 요구할 수 있는 권리가 인정되는 것은 아니다.[41] 그러나 적정한 수준의 공간 등의 개념은 법원에 의해 제한없이 심사가 가능한 불확정개념이다. 특히 여러 명의 수형자를 같은 방에 혼거수용하는 때에 발생할 수 있는 비인간적인 처우의 금지와도 관련된다.

2. 의류, 침구, 기타 생활용품 급여

물품지급이란 수용자가 기본생활을 하는 데 있어서 의식주에 필요한 생활

---

40 건물의 시설기준으로 일반독거실은 수용자 1인당 4.62㎡로 하고 있다(법무시설기준규칙 별표 1, 법무부훈령 제665호).

41 서울행정법원 2012.3.22. 2011구합31888, 독거실 철방충망 설치 처분취소.

필수품을 지급 또는 대여하는 것을 말한다.

　　수형자는 자신이 원하는 의류착용을 요구할 권리가 없으며 보안과 규율유지 상의 이유 때문에 시설에서 지급하는 의복을 착용한다. 그러나 그 밖의 내의 등은 시설 외에서 통상적으로 착용되는 것과 유사하여야 한다. 또한 수용자에게 지급하는 의류와 침구는 수용자의 건강유지에 적합한 것이어야 할 뿐만 아니라, 청결하고 위생에 적합한 상태로 보관·관리되어야 하고 청결을 유지하는 데 있어 필요한 만큼 자주 교환되고 세탁되어야 한다.

　　형집행법은 수용자에게 건강유지에 적합한 의류·침구, 그 밖의 생활용품을 지급하도록 규정하고, 그러한 것들의 지급기준 등에 필요한 사항은 법무부령으로 정하고 있다(법 제22조). 의류에는 상의와 하의 외에 속옷, 양말, 모자 등을 포함하고 침구는 이불과 베개 등이며 생활용품은 수건, 화장지, 비누, 이발용구, 실내화 등이다. 여기서 지급이라 함은 수용자에게 정해진 기준에 따라 물품을 제공하는 것이므로 생활용품은 원칙적으로 자비부담이 아니라 관급(官給)임을 의미한다.[42] 의류 및 침구, 그 밖의 생활용품을 지급하는 경우에는 수용자의 건강, 계절 등을 고려하여야 한다(법 시행령 제25조 제1항). 그리고 수용자가 사용하는 의류 등을 적당한 시기에 세탁·수선 또는 교체하도록 하여야 한다(법 시행령 제33조 제1항).

　　수용자에게 지급되는 의류의 품목에는 평상복, 특수복, 보조복, 의복부속물, 모자 및 신발이 있으며(법 시행규칙 제4조 제1항), 각 품목별 착용시기 및 대상에 대한 규정이 마련되어 있다(법 시행규칙 제5조). 수형자의 경비처우급에 따라 의류를 지급하는 경우 수형자가 개방처우급인 경우에는 색상·디자인 등을 다르게 할 수 있다(법 시행규칙 제84조 제2항).

　　수용자 침구의 품목은 이불 2종(솜이불·겹이불)과 매트리스 2종(일반매트리·환자매트리스), 담요 및 베개로 구분한다(법 시행규칙 제6조). 수용자 침구의 품목별 사용 시기 및 대상은 다음과 같다. 솜이불은 환자·노인·장애인·임산부 등의 수용자 중 소장이 지급할 필요가 있다고 인정하는 자가 겨울철에 사용하고, 겹이불은 수용자가 봄·여름·가을철에 사용한다. 일반매트리스는 수용자가 겨울철에 사용하고, 환자매트리스는 의료거실에 수용된 수용자 중 의

42　신양균, 앞의 책(2012년), 127쪽.

무관이 지급할 필요가 있다고 인정하는 사람이 사용한다. 담요 및 베개는 모든 수용자가 사용한다(법 시행규칙 제7조).

수용자에게 지급하는 의료 및 침구는 1명당 1매로 하되, 작업 여부 또는 난방 여부를 고려하여 2매를 지급할 수 있다(법 시행규칙 제8조 제1항). 그리고 수용자 의류·침구의 품목별 색채 및 규격은 법무부장관이 정한다(법 시행규칙 제9조).

수용자에게는 특히 청결하게 관리할 수 있는 재질의 식기를 지급하여야 하며, 다른 사람이 사용한 의류 등을 지급하는 경우에는 세탁하거나 소독하여 지급하여야 한다(법 시행령 제25조 제2항).

의류·침구 외에 수용자에게 지급되는 생활용품은 치약, 칫솔, 세면비누, 세탁비누, 수건, 화장지, 생리대가 있으며(법 시행규칙 별표 1 참조), 생활용품 지급일 이후에 수용된 수용자에 대하여는 다음 지급일까지 쓸 적절한 양을 지급하여야 한다(법 시행규칙 제8조 제3항).

3. 생활기구 비치

생활기구라 함은 거실이나 작업장, 그 밖의 장소에서 수용자의 생활에 필요한 기구를 말한다. 거실·작업장, 그 밖에 수용자가 생활하는 장소에 수용생활에 필요한 기구를 갖춰둬야 하고, 거실 등에는 갖춰 둔 기구의 품목·수량을 기록한 품목표를 붙여야 한다(법 시행령 제26조).

일반적으로 생활기구는 식기, 잡구, 사용구 등으로 구분된다. 식기는 밥상, 밥통, 밥그릇, 국그릇, 접시, 식수그릇, 수저 등이 있다. 수용자에게 특히 청결하게 관리할 수 있는 재질의 식기를 지급하여야 한다(법 시행령 제25조). 잡구는 수건, 신, 모자류가 있으며 상용구에는 책상, 침대, 빗자루, 총채, 쓰레받기, 걸레, 휴지통, 잡용수 그릇, 세면기, 부채 등이 있다.

4. 음식물 지급

수용자에게 충분한 영양의 공급과 적정한 양의 음식물을 제공하는 것은 헌법상 보장된 생존권적 기본권 보장에 있어 가장 필수적인 전제가 된다.[43] 그

---

43 배종대·정승환, 앞의 책(2002년), 193쪽.

리고 교정시설은 수용자의 영양급식에 대한 책임이 있다.[44] 유엔최저기준규칙
은 '교정당국은 모든 수용자에게 통상의 식사시간에 건강과 체력을 유지하기
에 충분하고 영양가와 위생적인 품질을 갖춘 잘 조리된 음식을 급여하여야 하
고, 음료수는 필요한 때 언제나 제공되어야 한다(제22조).'고 규정하고 있다.

　　형집행법은 수용자에게 건강상태, 나이, 부과된 작업의 종류, 그 밖의 개
인적 특성을 고려하여 건강 및 체력을 유지하는 데에 필요한 음식물을 지급하
도록 하고 있다(법 제23조 제1항).[45] 수용자에게 지급하는 음식물은 주식 · 부
식 · 음료, 그 밖의 영양물로 한다(법 시행령 제27조).

　　수용자에게 지급하는 주식은 쌀로 하고, 소장은 쌀 수급이 곤란하거나 그
밖에 필요하다고 인정하면 주식을 쌀과 보리 등 잡곡의 혼합곡으로 하거나 대
용식을 지급할 수 있다(법 시행령 제28조). 주식은 쌀과 보리 등의 잡곡의 혼합
곡으로 하거나 대용식을 지급하는 경우에는 법무부장관이 정하는 바에 따르도
록 한다(법 시행규칙 제10조).[46] 주식의 급여기준으로 수용자에게 지급하는 주식
은 1명당 1일 390그램을 기준으로 하되 소장은 수용자의 나이, 건강, 작업 여
부 및 작업의 종류 등을 고려하여 필요한 경우에는 지급기준량을 변경할 수
있으며, 수용자의 기호 등을 고려하여 주식으로 빵이나 국수 등을 지급할 수
있다(법 시행규칙 제11조).[47] 외국인수용자에 대하여는 쌀, 빵 또는 그 밖의 식
품을 주식으로 지급하되, 소속 국가의 음식문화를 고려하도록 하고 있다(법 시
행규칙 제58조 제2항). 수용자에 대한 원활한 급식을 위하여 해당 교정시설의 직
전 분기 평균 급식인원을 기준으로 1개월분의 주식을 항상 확보하고 있어야
한다(법 시행규칙 제12조).

　　부식은 주식과 함께 지급하며, 1명당 1일의 영양섭취기준량을 정하고 있

44　클라우스 라우벤탈 저 / 신양균 · 김태명 · 조기영 역, 앞의 책(2010년), 373쪽.
45　1986년 4월 18일 「재소자 주 · 부식 급여규정」을 개정하여 수용자의 주식 혼합비율을 기존
　　쌀 30%, 보리 20%, 콩 20%, 잡곡 30%이던 것을 쌀과 보리쌀 각 50%를 혼합하여 급여하도
　　록 조정하여, 그 동안 수용자에 대한 단백질의 주요 공급원이었던 콩을 제외하였다(법무부
　　교정본부, 앞의 책(2010년), 143쪽).
46　'주식은 쌀 9, 보리 1의 비율로 하되, 양곡 수급사정 또는 그 밖에 부득이한 사유가 있는 경
　　우에는 혼합비율을 변경할 수 있다'라고 하는 규정은 2014. 6. 25. 개정되었다.
47　주식으로 빵이나 국수 등을 주 2회의 범위에서 지급할 수 있도록 하였으나 2014. 11. 17. 개
　　정시 '주 2회의 범위에서'를 삭제하였다.

다.[48] 그리고 작업의 장려나 적절한 처우를 위하여 필요하다고 인정하는 경우 특별한 부식을 지급할 수 있다(법 시행규칙 제13조).

주·부식의 지급횟수는 1일 3회로 하고, 수용자에게 지급하는 음식물의 총열량은 1명당 1일 2,500kcal를 기준으로 한다(법 시행규칙 제14조).[49] 외국인 수용자에게 지급하는 음식물의 총열량은 소속 국가의 음식문화, 체격 등을 고려하여 조정할 수 있고, 부식의 지급기준은 법무부장관이 정한다(법 시행규칙 제58조 제1항, 제3항).

소장은 국경일이나 그 밖에 이에 준하는 날에는 특별한 음식물을 지급할 수 있고(법 시행령 제29조), 특식은 예산의 범위에서 지급한다(법 시행규칙 제15조 제1항). 또한 작업시간을 3시간 이상 연장하는 경우에는 수용자에게 주·부식 또는 대용식 1회분을 간식으로 지급할 수 있다(동조 제2항).

환자에 대하여는 의무관의 의견을 고려하여 환자에게 지급하는 음식물의 종류 및 정도를 달리 정할 수 있다(법 시행령 제30조). 임산부인 수용자 및 유아의 양육을 허가받은 수용자에 대하여 필요하다고 인정하는 경우에는 의무관의 의견을 들어 필요한 양의 죽 등 주식과 별도로 마련된 부식을 지급할 수 있으며, 양육유아에 대하여는 분유 등의 대체식품을 지급할 수 있다(법 시행규칙 제42조).

---

48 수용자 부식의 1일 영양섭취기준량

구 분 성분별	19세 이상인 사람	19세 미만인 사람
총 단백질	45g	48g
동물성단백질	25g	30g
지방	22g	28g
열량	450kcal	500kcal
칼슘	400mg	600mg
비타민 A	700R.E	700R.E
비타민 B1	0.5mg	0.5mg
비타민 B2	1.0mg	1.0mg
비타민 C	55mg	60mg

49 수용자 부식의 1일 영양섭취기준량은 형집행법 시행규칙 별표 2에 19세 이상인 사람과 19세 미만인 사람으로 구분되어 자세히 규정되어 있고, 외국인수용자 부식의 1일 지급기준은 동 규칙 별표 5에 규정되어 있다.

음료에 대한 규정은 없으나 현재 집단위생관리상 끓인 물을 식수로 지급하고 있다.

제 4 절 물품의 자비구매

1. 서

자비구매물품이란 수용자가 교정시설의 장의 허가를 받아 자신의 비용으로 구매할 수 있는 물품을 말한다(법 시행규칙 제2조 제1호). 수형자에게는 자비구매물품을 사용하는 자유가 인정되지 않는다.[50] 따라서 자비구매물품의 사용에 대해서는 이것을 권리로 인정하지 않고, 교정시설의 장의 재량에 의해 허가할 수 있다고 규정하고 있다.

수용자에게 수용생활에 필요한 물품은 시설에서 제공함이 원칙이지만 관급물품은 획일적인 기준에 따라 제공되기 때문에 수용자 개인의 특성이나 사정을 고려하는 데 한계가 있고, 또한 개인이 필요로 하는 물품을 모두 지급하는 것은 현실적으로 곤란하다. 따라서 수용생활에 필요로 하는 물품을 수용자가 자비로 구매할 수 있도록 허용하고 이를 통해 사회와 유사한 조건에서 생활할 수 있도록 하는 것은 재사회화에도 도움이 된다.[51]

자비구매물품의 종류는 음식물, 의약품 및 의료용품, 의류·침구류 및 신발류, 신문·잡지·도서 및 문구류, 수형자 교육 등 교정·교화에 필요한 물품, 그 밖에 수용생활에 필요하다고 인정되는 물품이 있다. 자신의 비용이란 보관금이나 작업상여금 등으로 구매하는 경우를 말하며 구매한 물품이 아니라도 서신·도서, 그 밖에 수용생활에 필요한 물품으로서 법무부장관이 정하는 범위에서 지니게 된 물건이나 수용자 이외의 사람이 수용자에게 교부한 물품은 소지가 가능하다(법 제26조 제1항 및 제27조 제1항).

수용자가 자비로 구매하는 물품은 교정시설의 안전과 질서에 적합하고 그밖에 관리운영상 지장을 초래할 우려가 없어야 하며, 수용자의 보건 및 위생에

---

50 林眞琴·北村篤·名取俊也 공저/안성훈·금용명 등 번역, 앞의 책(2016년), 136쪽.
51 신양균, 앞의 책(2012년), 134쪽.

유해하지 않은 것이어야 한다. 그리고 가능한 한 수용자 및 그 가족 등의 경제적 부담이 없도록 저렴한 가격으로 공급하여야 한다. 이와 같은 취지에서 '수용자가 자비로 구매하는 물품은 교화 또는 건전한 사회복귀에 적합하고 교정시설의 안전과 질서를 해칠 우려가 없는 것이어야 한다(법 시행령 제31조).'고 규정하고 있다. 그러나 징벌로 자비구매물품의 사용제한이 선고된 경우와 금치를 선고받은 경우에는 국가에서 지급하는 관용물품과 의사가 치료를 위하여 처방한 의약품은 제외하고 그 사용이 제한된다.

2. 자비부담물품의 기준과 절차

가. 기준

자비부담물품의 기준은 첫째 수용생활에 필요한 물품이어야 하고, 둘째 교화 또는 건전한 사회복귀에 적합하고 교정시설의 안전과 질서를 해칠 우려가 없는 것이어야 한다.

행형운영에서는 물품의 자비구매를 소장의 허가사항으로 하고 있다. 즉 수용자는 소장의 허가를 받아 자신의 비용으로 음식물·의류·침구, 그 밖에 수용생활에 필요한 물품을 구매할 수 있다(법 제24조 제1항). 법무부장관은 자비구매물품 공급의 교정시설 간 균형 및 교정시설의 안전과 질서유지를 위하여 공급물품의 품목 및 규격 등에 대한 통일된 기준을 제시할 수 있다(법 시행규칙 제16조 제3항).

자비구매물품의 종류에는 ① 음식물, ② 의약품 및 의료용품, ③ 의류·침구류 및 신발류, ④ 신문·잡지·도서 및 문구류, ⑤ 수형자 교육 등 교정·교화에 필요한 물품, ⑥ 그 밖에 수용생활에 필요하다고 인정되는 물품이 있다(법 시행규칙 제16조 제1항).

자비구매물품의 품목·유형 및 규격 등은 교화 또는 건전한 사회복귀에 적합하고, 교정시설의 안전과 질서를 해칠 우려가 없는 범위에서 소장이 정하되, 수용생활에 필요한 정도, 가격과 품질, 다른 교정시설과의 균형, 공급하기 쉬운 정도 및 수용자의 선호도 등을 고려하여야 한다(법 시행규칙 제16조 제2항). 여기에서 사회복귀에 적합한 경우에만 물품의 자비구매가 가능하다는 적극적인 의미보다는 자비구매를 허용하는 것이 교화나 사회복귀에 지장을

초래하지 않는 한 이를 허용하여야 한다는 소극적 의미로 이해하는 것이 타당하다.[52]

나. 절차

소장은 교도작업제품으로서 자비구매물품으로 적합한 것은 지정받은 자비구매물품 공급자를 거쳐 우선하여 공급할 수 있다(법 시행규칙 제18조). 교도작업제품의 안정적인 판매수요를 확보하고 교도작업의 활성화를 위한 것이다.

수용자가 자비구매물품의 구매를 신청하는 경우에는 법무부장관이 교정성적 또는 경비처우급을 고려하여 정하는 보관금의 사용한도, 교정시설의 보관범위 및 수용자가 지닐 수 있는 범위에서 허가한다. 그러나 감염병의 유행 또는 수용자의 징벌집행 등으로 자비구매물품의 사용이 중지된 경우에는 구매신청을 제한할 수 있다(법 시행규칙 제17조).

소장은 물품공급업무 담당공무원을 검수관(檢收官)으로 지정하여, 지정받은 자비구매물품 공급자로부터 납품받은 제품의 수량·상태 및 유통기한을 검사하도록 하여야 하고 검수관은 공급제품의 부패, 파손, 규격미달, 그 밖의 사유로 수용자에게 공급하기에 부적당하다고 인정하는 경우에는 소장에게 이를 보고하고 필요한 조치를 하여야 한다(법 시행규칙 제19조).

소장은 수용자에게 자비구매물품의 품목·가격, 그 밖에 구매에 관한 주요사항을 미리 알려주어야 한다. 제품의 변질, 파손, 그 밖의 정당한 사유로 수용자가 교환 또는 반품을 원하는 경우에는 신속히 적절한 조치를 하여야 한다(법 시행규칙 제20조).

법무부장관은 자비구매물품의 품목·규격·가격 등의 교정시설 간 균형을 유지하고, 공급과정의 효율성·공정성을 높이기 위하여 그 공급업무를 담당하는 법인 또는 개인을 지정할 수 있다. 자비구매물품의 공급업무를 지정받은 법인 또는 개인은 그 업무를 처리하는 경우에 교정시설의 안전과 질서유지를 위하여 선량한 관리자로서의 의무를 다하여야 한다(법 시행규칙 제21조).

수용자가 자비로 구매한 의류 등은 보관한 후 그 수용자가 사용하게 할 수 있도록 하였다(법 시행령 제32조). 이는 자비로 구매한 물품에 대한 검사를 위한 것이다. 그리고 자비로 구매한 의류 등을 세탁·수선 또는 교체한 경우

52 신양균, 앞의 책(2012년), 135쪽.

드는 비용은 수용자가 부담한다(법 시행령 제33조 제2항).

제 5 절 급식관리

수용자에 대한 급식과 관련하여 전문적인 지식과 경험이 풍부한 전문가가 참여한 가운데 건강유지에 충분한 급식을 실시하고 제도개선을 위하여 1962년부터 급식관리위원회 제도를 운용하고 있다.

급식관리위원회는 중앙과 각 교정기관에 설치되어 있다. 법무부에는 중앙급식관리위원회를 두고 교도소 등에 수용된 자의 급식관리에 관하여 법무부장관의 자문에 응하고 있으며, 각 교정기관에는 그 수용기관의 명칭을 붙인 지방급식관리위원회를 두고 소장의 자문에 응하고 있다(수용자 급식관리위원회 운영지침 제1조).

중앙급식관리위원회는 ① 교정기관에 수용된 수용자의 급식 및 식품위생에 관한 사항, ② 급식에 관한 기준 영양량의 결정에 관한 사항 ③ 수용자의 급식제도 개선에 관한 사항을 심의한다. 그리고 지방급식관리위원회는 ① 법무부장관이 결정한 수용자에게 급식할 영양섭취 기준 내에서의 식단선택과 그 수량의 결정에 관한 사항, ② 제1호의 선택된 품종과 수량에 대한 함유 영양량의 검토에 관한 사항, ③ 수용자의 급식에 관한 위생 및 시설관리 그 밖에 운영개선에 관한 사항을 심의한다(동지침 제2조).

제 3 장 금품관리(보관)

제 1 절 서론

교정시설은 수용자를 수용하여 구금을 확보하고 재사회화를 위해 각종 처우를 하는 곳으로 물품과 금전의 보관은 이와 같은 목적 이외의 업무라고 할 수 있다. 그러나 수용자가 입소시 소지하고 있던 금품이나 의복, 신발 등과 가족 등이 보내온 금품은 보관하였다가 수용생활을 하면서 필요한 경우 또는 출소시 지급할 필요가 있다. 즉 보관제도는 수용자의 금품을 시설에서 보관한 다음, 수용자가 석방할 때 반환함으로써 시설의 안전과 질서를 유지하고 수용자의 재산권을 보호하기 위한 제도이다. 형집행법은 수용자가 휴대한 금품은 원칙적으로 시설에 보관하도록 하고 수용생활을 위하여 필요한 경우에 한하여 법무부장관이 허가한 범위 내에서 보관금품을 사용하거나 보관품을 소지할 수 있도록 하고, 석방시 보관금품을 돌려주도록 하고 있다.[53]

보관이란 수용자가 입소시 휴대한 금품과 수용 중 교부되거나 자비로 구입한 물품을 교정시설에서 보관 또는 처분하는 강제적 행정처분으로 수용자의 재산권에 대한 지배권의 일시정지 또는 제한이다.[54] 광의로는 수용자가 현재 소지하고 있는 금품을 포함하여 장래 소지하게 될 금품을 보관 또는 처분하는 행위를 말하며, 협의로는 입소시 휴대한 휴대금품을 보관 또는 처분하는 행위를 말한다.[55]

형집행법은 '소장은 수용자의 휴대금품을 교정시설에 보관한다(법 제25조 제1항).'고 규정하여 신입자가 가지고 들어온 휴대금품을 시설에 맡기거나 처분하는 것을 보관이라고 하고 있다. 그리고 보관할 수 없는 물건을 매각 등 적당한 방법으로 처분하기 위하여 일시 보관하는 것(법 제25조 제1항)과 수용자가 휴대한 물품이 기준을 초과하여 보관품 창고에 보관하거나 수용자 거실에서 보관·사용할 수 없는 경우(법 제26조 제2항)에 필요한 처분을 할 때까지 일시 보관하는 것도 보관이라고 하고 있다.

---

53 2020. 2. 4. 형집행법 개정시[시행 2020. 8. 5] 영치(領置)를 보관으로 용어를 변경하였다.
54 이백철, 앞의 책(2020년), 619쪽.
55 허주욱, 앞의 책(2013년), 552쪽.

수용자에 대한 금품교부는 수용관계를 전제로 하고 있기 때문에 수용목적의 달성, 규율 및 질서의 유지와 운영관리상의 필요에 따라 제한적으로 운영될 수밖에 없다. 따라서 형집행법에서는 수용자의 금품관리에 대하여 보관절차, 교부 등에 대한 규정을 두고 있다.

제 2 절 법적성질

수용자에 대한 구금확보, 시설 내 규율 및 질서의 유지, 집단생활에서의 위생관리, 처우상 평등확보 및 재산권 보호의 관점에서 수용자의 물품에 대하여 점유권을 박탈하고, 수용 중 금품의 사용과 처분권을 제한하는 것이 필요하다. 보관은 수용자의 사유물에 대한 지배권을 일시 정지 또는 제한하는 행위이며, 소유권을 박탈하는 것은 아니다. 따라서 수용자의 보관금품은 석방할 때에 본인에게 돌려주어야 한다(법 제29조).

보관의 법적성질은 보관금과 보관품에 따라 다르다. 보관금의 경우는 민법상 소비대차와 같은 성질을 가지고 있으므로 수용자는 국가에 대하여 보관금과 같은 액의 지불을 청구할 채권을 가진다.[56, 57] 보관품은 금전과 달리 민법상 무이자부 소비대차의 성격을 가지므로 교정시설은 선량한 관리자의 주의의무로 보관하여야 하고, 반환시에는 같은 성질의 물품을 제공하면 된다. 교정시설의 보관행위는 민법상 계약관계가 아니라 공법상의 특수한 법률관계에 따라서 규율되고 있다.[58]

이와 같은 보관행위는 수용자가 소지하고 있는 점유를 법령에 의하여 국가가 보관하여 선량한 관리자의 주의의무로 관리하는 행정처분이므로 교도관

56　이백철, 앞의 책(2020년), 619쪽.

57　수용자 보관금은 법령에 의하여 정부가 보관하는 세입세출외의 현금을 말하는 것으로서, 이는 「국고보관금에 관한 법률」 제2조에 근거하여 그 이자를 지급하지 않음이 원칙이나 「정부보관금취급규칙」 제3조 '다른 법령에 규정 있으면 보관금의 이자를 지급할 수 있다.'에 따라 1997년 12월 31일 「행형법시행령」 제131조 2항을 개정하여 그 이자지급 근거규정을 마련하였다. 현재는 형집행법 시행령 제38조 제3항에서 '보관금의 출납·예탁, 보관금품의 보관 등에 관하여 필요한 사항은 법무부장관이 정한다.'에 따라 「보관금품 관리지침」 제10조에서 보관금의 예탁에 대하여 규정하고 있다.

58　허주욱, 앞의 책(2010년), 517쪽.

의 고의 또는 과실에 의하여 손해가 발생한 경우에는 국가는 그 손해를 배상
하여야 한다(국가배상법 제2조 제2항). 즉 보관금품에 관한 사무에 종사하는 공무
원은 선량한 관리자로서의 주의의무를 다하여야 한다(보관금품관리지침 제4조).

보관으로 인하여 제한되는 수용자의 금품에 대한 권리는 사용권, 수익권,
처분권이다. 그러나 수용자는 허가를 받아 보관금을 가족 또는 배우자의 직계
존속에게 도움을 주거나 그 밖에 정당한 용도로 사용할 수 있다.

보관은 임의적으로 제출하는 금품의 보관 및 처분인 점에서 형사소송법상
강제적인 점유의 이전과 보관인 압수와 구별되고, 소유권이 아닌 점유를 박탈
한다는 점에서 형벌의 일종인 몰수와 구별된다.

제 3 절 보관의 종류

보관은 대상에 따라 보관금과 보관품으로 구분할 수 있다. 보관금은 신입
자가 교정시설에 수용될 때에 지니고 있는 휴대금, 수용자 이외의 사람이 수용
자에게 보내 온 교부금, 그 밖에 법령에 따라 수용자에게 보내 온 금원으로 교
정시설에 보관이 허가된 금원을 말한다. 보관품은 신입자가 교정시설에 수용
될 때에 지니고 있는 휴대품, 가족 등 수용자 이외의 사람이 수용자에게 보내
온 물품, 수용자가 일정한 절차에 따라 자비로 구매한 물품, 검찰청으로부터
송부된 물품과 같이 법령에 따라 수용자에게 보내온 물품 등으로서 교정시설
에 보관이 허가된 물품을 말한다.

보관의 대상은 그 성질상 동산에 한하고, 부동산이나 무체재산권은 인정
되지 아니한다.[59] 다만 동산의 경우라도 음식물은 보관의 대상이 되지 아니한
다(법 시행령 제44조). 음식물은 소비만 가능하고 부패 등의 우려가 있는 점 등
을 고려한 것이다.

또한 대상물의 가치에 따라 보통보관과 특별보관으로 나눌 수 있다. 보통
보관은 수용자가 입소시 휴대한 물품과 수용 중 외부로부터 차입한 물품 중
일반물품에 대한 보관을 말한다. 그리고 특별보관이란 수용자가 입소시 휴대

---

59 허주욱, 앞의 책(2013년), 554쪽.

한 물품과 수용 중 외부로부터 교부받은 물품 중 금·은·보석, 유가증권, 기타 귀중품에 대한 보관을 말한다.

제 4 절 보관절차

1. 휴대금품

가. 보관 및 처분

신입자가 교정시설에 수용될 때에 지니고 있는 현금과 물품을 휴대금품이라고 하며(법 시행령 제34조 제1항), 이러한 휴대금품에 대하여는 수용의 목적 또는 시설의 규율 및 질서의 유지를 위하여 필요한 한도에서 수용자의 권리에 대하여 합리적인 제한을 할 수 있다. 즉 수용자의 휴대금품은 교정시설에 보관하지만, 휴대품은 ① 썩거나 없어질 우려가 있는 것, ② 물품의 종류·크기 등을 고려할 때 보관하기에 적당하지 아니한 것, ③ 사람의 생명 또는 신체에 위험을 초래할 우려가 있는 것, ④ 시설의 안전 또는 질서를 해칠 우려가 있는 것, ⑤ 그 밖에 보관의 가치가 없는 것의 어느 하나에 해당하는 것이면 수용자로 하여금 자신이 지정하는 사람에게 보내게 하거나 그 밖에 적당한 방법으로 처분하게 할 수 있다(법 제25조 제1항). 이에 해당하지 아니한 신입자의 휴대품은 보관한 후 사용하게 할 수 있다(법 시행령 제34조 제2항). 수용자 개인이 소지하기에 적당하지 아니하더라도 시설 내 보관이 가능한 경우에는 수용자 개인의 재산권 보호를 위하여 보관을 하는 것이 바람직하다는 견해도 있다.[60] 그러나 현실적으로 공간확보와 관리주체의 문제 등으로 수용자 개인이 소지하기에 적당하지 아니한 물품은 시설내 보관이 어렵다고 판단된다.

수용자의 현금을 보관하는 경우에는 그 금액을 보관금대장에 기록하고, 수용자의 물품을 보관하는 경우에는 그 품목·수량 및 규격을 보관품대장에 기록하여야 한다(법 시행령 제35조).

소장은 수용자가 처분하여야 할 휴대품을 상당한 기간 내에 처분하지 아니하면 폐기할 수 있다(법 제25조 제2항). 신입자의 휴대금품을 팔 경우에는 그

비용을 제외한 나머지 대금을 보관할 수 있고, 보관할 수 없는 휴대품을 법무부장관이 정한 기간에 처분하지 않은 경우에는 본인에게 그 사실을 고지한 후 폐기한다(법 시행령 제34조 제3항, 제4항). 소장은 수용자의 신청에 따라 보관품을 팔 경우에는 그 비용을 제외한 나머지 대금을 보관할 수 있다(법 시행령 제37조).

나. 특별보관품

보관품 중 귀중품에 대하여는 분실과 도난의 방지를 위하여 특별한 보관절차가 요구된다. 보관품이 금·은·보석·유가증권·인장, 그 밖에 특별히 보관할 필요가 있는 귀중품인 경우에는 잠금장치가 되어 있는 견고한 용기에 넣어 보관하도록 하고 있다(법 시행령 제36조). 특별보관품이란 보관품 중 금·은·보석, 시계, 휴대전화, 인감도장, 유가증권, 주민등록증, 중요문서 등 귀중품으로서 특별히 보관할 가치가 있는 것을 말하고, 다만 전자손목시계, 전화카드, 만년필, 전자계산기 등 일용화된 저가물품은 특별보관품으로 보지 않는다(보관금품 관리지침 제1조의2 제4호).

특별보관품은 특별보관품등록부에 품명·수량 등 물품의 특징을 상세히 기재하고 수용자 본인 앞에서 특별보관품봉투에 넣어 봉인한 후 손도장 또는 서명을 받아 특별보관품보관함(이중 캐비닛 등)에 보관하여야 하며, 특별보관품 중 재질과 상태를 세밀하게 확인할 필요가 있는 것은 디지털카메라로 근접 촬영하여 교정행정정보시스템에 등록하여야 한다(동지침 제28조).

2. 수용자의 물품소지 등

수용자는 편지·도서, 그 밖에 수용생활에 필요한 물품을 법무부장관이 정하는 범위에서 지닐 수 있다(법 제26조 제1항). 수용생활에 필요한 물품에는 의복류, 내의나 양말 등 속옷류, 이불류, 치약·비누·수건·안경 등 생활용품이 있다. 수용자는 의복류, 침구, 생활용품에 관하여는 관급물품의 사용이 원칙이고 예외적으로 구매품이나 소장의 허가를 받아 보관물품을 사용할 수 있지만, 수용자가 당연히 보관물품을 사용하고 소지할 권리가 있는 것은 아니다.[61]

소장은 법무부장관이 정하는 범위를 벗어난 물품으로서 교정시설에 특히

---

61   서울중앙지방법원 2013. 1. 24. 2011가단174878.

보관할 필요가 있다고 인정하지 아니하는 물품은 수용자로 하여금 자신이 지
정하는 사람에게 보내게 하거나 그 밖에 적당한 방법으로 처분하게 할 수 있
다(법 제26조 제2항). 수용자가 처분하여야 하는 물품을 상당한 기간 내에 처분
하지 아니하면 폐기할 수 있다(동조 제3항). 지닐 수 있는 범위를 벗어난 수용
자의 물품을 처분하는 경우, 물품을 팔 경우에는 그 비용을 제외한 대금을 보
관할 수 있고, 물품을 법무부장관이 정한 기간에 처분하지 않은 경우에는 본인
에게 그 사실을 고지한 후 폐기한다(법 시행령 제39조). 수용자의 물품을 폐기하
는 경우에는 그 품목·수량·이유 및 일시를 관계 장부에 기록하여야 한다(법
시행령 제40조).

「수용자 교육교화 운영지침」은 형집행법이 위임한 바(제26조 제1항)에 따
라 수용자의 가족사진반입 허가와 소지 및 비치에 대하여 규정하고 있다. 수용
자에게 ① 배우자, 직계존·비속, 배우자의 직계존속이 나온 사진, ② 수용자
의 처우상 필요하다고 판단되는 사람이 나온 사진, ③ 기타 풍경, 동·식물 등
수용자의 정서순화에 도움이 된다고 판단되는 사진을 허가할 수 있다. 다만 조
사자와 징벌자는 배우자, 직계존·비속, 배우자의 직계존속이 나온 사진에 한
한다(동지침 제67조 제1항).

수용자에게 사진의 소지를 허가할 것인지에 대하여 법무부장관 내지 교정
시설 소장에게 재량의 여지를 남겨두고 있다고 할 것이고, 이러한 경우 사진소
지의 허가를 위하여 필요한 기준을 정하는 것도 역시 행정청의 재량에 속한
다.[62] 사진이 ① 시설의 안전 또는 질서를 해칠 우려가 있는 때, ② 수형자의
교화 또는 건전한 사회복귀를 해칠 우려가 있는 때, ③ 선정적이거나 음란 등
으로 미풍양속에 반할 우려가 있는 때, ④ 그 밖에 수용자의 정서안정에 유해
하다고 판단되는 때에는 사진소지 및 비치를 제한할 수 있다(동지침 제79조).

그리고 수형자가 자신의 얼굴 등을 촬영하여 그의 가족에게 보내도록 허
가할 수 있고, 교화상 특히 필요하다고 인정되는 경우에는 지인 등 수용자 외
의 다른 사람에게 보내도록 할 수 있다(동지침 제80조 제1항, 제2항).

---

[62] 광주지방법원 2013. 4. 18. 2012구합4654, 보관품사용불허처분취소.

3. 수용자에 대한 금품전달

가. 전달금품의 처리

전달금품이란 수용자 외의 사람이 교정시설의 장의 허가를 받아 수용자에게 건넬 수 있는 금품을 말한다(법 시행규칙 제2조 제4호). 수용자 외의 사람이 수용자에게 금품을 건네줄 것을 신청하는 때에는 ① 수형자의 교화 또는 건전한 사회복귀를 해칠 우려가 있는 때, ② 시설의 안전 또는 질서를 해칠 우려가 있는 때의 어느 하나에 해당하지 아니하면 허가하여야 한다(법 제27조 제1항). 그러나 수용자 외의 사람이 수용자에게 주려는 금품은 수형자의 교화 또는 건전한 사회복귀를 해칠 우려가 있는 때 또는 시설의 안전 또는 질서를 해칠 우려가 있는 때에 해당하거나 수용자가 금품을 받지 아니하려는 경우에는 해당 금품을 보낸 사람에게 돌려보내야 한다(동조 제2항). 해당 금품을 돌려보내는 조치를 하였으면 그 사실을 수용자에게 알려주어야 한다(동조 제4항).

수용자가 아닌 사람이 수용자에게 금품을 건네줄 것을 신청하는 경우에는 그의 성명·주소 및 수용자와의 관계를 확인하여야 한다(법 시행령 제41조). 이는 무분별한 금품교부로 인하여 수용자의 수용생활의 안정과 시설의 안전 등에 문제가 발생하는 것을 방지하기 위한 절차이다. 수용자와 수용자 아닌 사람과의 관계가 분명하지 아니하는 경우 불허할 수 있는지 여부가 문제될 수 있다. 이러한 경우에는 당해 금품의 성질, 형상, 내용, 차입인과 수형자와의 인적관계 등 제반사정을 고려하여 차입을 불허할 수 있다고 하여야 한다.

일반적으로 물품은 그 본래의 용도 이외에도 통상적인 예측을 넘은 목적이나 용도에 이용될 가능성이 있고, 또한 특정한 사람으로부터의 차입 자체에 의하여 수형자에게 영향을 줄 수 있다는 점 및 다수의 수형자를 수용하여 집단으로 관리하는 교정시설에서 규율유지의 필요가 있다는 점을 고려하면 법령에서 차입을 불허하여야 하는 경우를 명문으로 규정하는 경우를 제외하고 그 이외의 경우에는 소장이 목적물의 성질, 형상, 내용, 차입인과 수형자와의 인적관계 등 제반사정을 고려하여 그 재량에 의해 차입을 불허하는 것을 예정하고 있다고 해석된다. 그리고 차입인과 수형자의 인적관계가 명확하지 않기 때문에 그 차입이 수형자의 처우상 부정적인 영향이 있는지 여부가 불명확한 경

우에는 소장은 재량에 따라 차입의 허부를 결정할 수 있다고 해야 한다.[63]

수용자에 대한 금품의 전달을 허가한 경우에는 그 금품을 보관한 후 해당 수용자가 사용하게 할 수 있다(법 시행령 제42조 제1항). 그리고 건네 줄 것을 허가한 물품은 검사할 필요가 없다고 인정되는 경우가 아니면 교도관으로 하여금 검사하게 해야 하고, 그 물품이 의약품인 경우에는 의무관으로 하여금 검사하게 해야 한다(법 시행령 제43조).

나. 전달금품 허가의 세부내용

형집행법은 전달금품의 허가와 관련하여 금원(金員), 음식물, 음식물 외의 물품으로 구분하여 규정하고 있다.

소장은 수용자 외의 사람이 수용자에게 금원을 건네줄 것을 신청하는 경우에는 현금·수표 및 우편환의 범위에서 허가하고, 다만 수용자 외의 사람이 온라인으로 수용자의 예금계좌에 입금한 경우에는 금원을 건네줄 것을 허가한 것으로 본다(법 시행규칙 제22조 제1항).

수용자 외의 사람이 수용자에게 음식물을 건네줄 것을 신청하는 경우에는 법무부장관이 정하는 바에 따라 교정시설 안에서 판매되는 음식물 중에서 허가하고, 다만 종교행사 및 교화프로그램의 시행을 위하여 특히 필요하다고 인정하는 경우에는 교정시설 안에서 판매되는 음식물이 아니더라도 건네줄 것을 허가할 수 있다(법 시행규칙 제22조 제2항).

수용자 외의 사람이 수용자에게 음식물 외의 물품을 건네줄 것을 신청하는 경우에는 ① 오감 또는 통상적인 검사장비로는 내부검색이 어려운 물품, ② 음란하거나 현란한 그림·무늬가 포함된 물품, ③ 사행심을 조장하거나 심리적인 안정을 해칠 우려가 있는 물품, ④ 도주·자살·자해 등에 이용될 수 있는 금속류, 끈 또는 가죽 등이 포함된 물품, ⑤ 위화감을 조성할 우려가 있는 가격의 물품, ⑥ 그 밖에 수형자의 교화 또는 건전한 사회복귀를 해칠 우려가 있거나 교정시설의 안전 또는 질서를 해칠 우려가 있는 물품의 어느 하나에 해당하지 아니하면 법무부장관이 정하는 교정시설의 보관범위 및 수용자의 지닐 수 있는 범위에서 허가한다(법 시행규칙 제22조 제3항). 여기에서 교정시설의 보관범위란 수용자 1명이 교정시설 내에서 보관할 수 있는 물품의 수량으

---

63 鴨下守孝, 앞의 책(2006년), 228~229쪽.

로서 법무부장관이 정하는 범위를 말한다(법 시행규칙 제2조 제2호).

　　그러나 수용자 이외의 사람이 마약류수용자에 대하여 물품을 건네주는 것을 신청한 경우에는 마약류의 반입 등을 차단하기 위하여 신청을 허가하지 아니함을 원칙으로 하고, 다만 ① 법무부장관이 정하는 바에 따라 교정시설 안에서 판매되는 물품, ② 그 밖에 마약류 반입을 위한 도구로 이용될 가능성이 없다고 인정되는 물품에 한하여 건네줄 수 있다(법 시행규칙 제207조).

제 5 절 보관금 사용 및 보관금품 처분

1. 보관금 사용

　　수용자가 그 가족 또는 배우자의 직계존속에게 도움을 주거나 그 밖에 정당한 용도로 사용하기 위하여 보관금의 사용을 신청한 경우에는 그 사정을 고려하여 허가할 수 있으며, 이에 따라 보관금을 사용하는 경우 발생하는 비용은 수용자가 부담한다(법 시행령 제38조). 여기서 가족이란 배우자, 직계존비속 또는 형제자매를 말한다.

　　그 밖에 정당한 용도는 교정시설 내에서 판매하는 물품인 음식물 구입이나 의류, 침구, 약품, 일상용품, 도서 등의 구입, 피해자지원 단체에의 지원 등을 들 수 있다.

　　헌법재판소는 '행형법상 교도소 등의 장이 수용자의 영치금품 사용을 허가한 이후에 이를 지출하는 행위 자체는 공법상의 행정처분이 아니라, 사경제의 주체로서 행하는 사법상의 법률행위 또는 사실행위에 불과하므로 헌법소원의 대상이 되는 공권력의 행사로 볼 수 없다. 따라서 피청구인이 청구인의 영치금품 사용신청을 받고, 동 신청에 따라 이를 지출한 이 사건 등기우편발송료 과다지출행위는 헌법재판소법 제68조 제1항에서 헌법소원심판의 청구대상으로서의 공권력에 해당된다고 볼 수 없다.'라고 판시하였다.[64]

64　헌재 2004. 8. 31. 2004헌마674.

2. 유류금품 교부 및 환부

소장은 사망자 또는 도주자가 남겨두고 간 금품이 있으면 사망자의 경우에는 그 상속인에게, 도주자의 경우에는 그 가족에게 그 내용 및 청구절차 등을 알려주어야 하고, 다만 썩거나 없어질 우려가 있는 것은 폐기할 수 있다. 상속인 또는 가족이 위 금품을 청구하면 지체 없이 내어주어야 하고 다만 위의 알림을 받은 날(알려줄 수 없는 경우에는 청구사유가 발생한 날)부터 1년이 지나도 청구하지 아니하면 그 금품은 국고에 귀속된다(법 제28조).

사망자의 유류품을 건네받을 사람이 원거리에 있는 등 특별한 사정이 있는 경우에는 유류품을 받을 사람의 청구에 따라 그 대금을 보낼 수 있다. 사망자의 유류품을 보내거나 유류품을 팔아 대금을 보내는 경우에 드는 비용은 유류금품의 청구인이 부담한다(법 시행령 제45조).

3. 보관품 몰취와 폐기

수용자의 보관금품은 법적절차에 따라 보관 또는 소지된 것이어야 하며, 정해진 법적절차에 따르지 아니하거나 교정시설에 특히 보관할 필요가 있다고 인정되지 아니하는 경우 등에는 해당 보관금품을 몰취 또는 폐기할 수 있다.

몰취란 수용자의 보관금품을 일정한 사유에 의하여 국고에 귀속시키는 소유권 박탈처분을 말한다. 몰취사유는 첫째 수용자에게 보내온 금품으로서 수형자의 교화 또는 건전한 사회복귀를 해칠 우려가 있는 때 또는 시설의 안전 또는 질서를 해칠 우려가 있는 때에 해당하거나 수용자가 금품을 받지 아니하려는 경우에는 해당 금품을 보낸 사람에게 돌려보내야 하지만 이 경우에 금품을 보낸 사람을 알 수 없거나 보낸 사람의 주소가 불분명한 경우에는 금품을 가지고 갈 것을 공고하여야 하며, 공고한 후 6개월이 지나도 금품을 돌려달라고 청구하는 사람이 없는 경우(법 제27조 제2항, 제3항), 둘째 사망자 또는 도주자가 남겨두고 간 금품을 상속인 또는 가족이 알림을 받은 날(알려줄 수가 없는 경우에는 청구사유가 발생한 날)부터 1년이 지나도 청구하지 아니하는 경우(법 제28조 제2항)이다.

폐기란 보관의 가치가 없는 물품의 소유권을 박탈하여 처분하는 것을 말한다. 폐기는 위법한 휴대품 또는 차입물의 점유권이나 소유권을 박탈하는 처분행위로 법령상 정당한 반입과정을 거치지 않았거나 송부인의 인적사항이 불분명한 경우, 소지가 금지된 물건인 경우, 수용자가 수령을 거절하는 경우에 인정된다. 폐기는 주로 무가물을 대상으로 한다는 점에서 유가물을 대상으로 하는 수거와 구별되고, 보관물 자체의 존재를 상실시키는 절차라는 점에서 보관물을 국고에 귀속시키는 몰취와 구별된다. 폐기할 수 있는 사유는 수용자의 휴대금품 중 보관할 수 없는 휴대품(법 제25조 제2항), 지닐 수 있는 범위를 벗어난 물품으로서 교정시설에 특히 보관할 필요가 있다고 인정하지 아니하는 물품 중 상당한 기간 내에 처분하지 아니하는 경우(법 제26조 제3항), 사망자 또는 도주자가 두고 간 금품 중 썩거나 없어질 우려가 있는 것(법 제28조 제1항)이 있다. 여기서 수용자가 지닐 수 있는 범위란 수용자 1명이 교정시설 안에서 소지한 채 사용할 수 있는 물품의 수량으로서 법무부장관이 정하는 범위를 말한다(법 시행규칙 제2조 제3호).

법무부장관이 정하는 지닐 수 있는 범위를 벗어난 수용자의 물품을 처분하는 경우에는 그 비용을 제외한 나머지 대금을 보관할 수 있으며, 폐기하는 경우에는 본인에게 그 사실을 고지한 후 폐기한다(법 시행령 제39조).

4. 보관금품 반환 등

수용자가 석방될 때 보관하고 있던 수용자의 휴대금품을 본인에게 돌려주어야 한다. 다만 보관품을 한꺼번에 가져가기 어려운 경우 등 특별한 사정이 있어 수용자가 석방 시 소장에게 일정기간 동안(1개월 이내의 범위로 한정한다.) 보관품을 보관하여 줄 것을 신청하는 경우에는 그러하지 아니하다(법 제29조 제1항). 그리고 보관기간이 지났음에도 찾아가지 아니한 보관품에 관해서는 유류금품의 교부에 관한 절차를 준용한다(동조 제2항).

제 4 장 위생과 의료

제 1 절 서론

수용자에 대한 위생과 의료라 함은 수용자의 건강을 유지하고 질병의 예방과 치료를 하는 모든 조치를 의미한다. 이는 이발이나 청결 등의 개인위생, 급양 및 운동 등에 의한 건강증진, 건강진단에 의한 건강관리에서 질병의 치료까지를 포함한다.

수용자는 교정시설에 수용됨으로써 행동의 자유가 제한되고 생활 전반에 걸쳐 통제를 받기 때문에 생명을 보호하고 건강을 유지하도록 하는 것은 무엇보다도 중요한 국가의 책무이다.[65] 따라서 교정시설에서의 위생과 의료는 급양과 함께 시설 내의 기능에 있어 기초를 제공하는 가장 중요한 것이라고 할 수 있다.

교정시설에 구금된 수용자는 제한된 공간에서 집단으로 생활하기 때문에 감염병에 감염될 위험이 크고, 자유박탈로 인한 심리적 압박과 제한된 공간에서의 생활 때문에 정신적 · 육체적 고통으로 각종 질병에 걸리기 쉬우므로 보다 엄격한 위생관리는 물론 질병에 대한 치료가 제공되어야 한다. 또한 구금은 다른 집단생활 시설에 비하여 수용자 개인의 정신과 육체에 부정적인 영향을 미치기 쉬우므로 국가는 위생 및 의료에 각별한 주의를 기울이지 않으면 안 된다.[66] 그 뿐만 아니라 수용자가 건강하고 문화적인 생활을 영위하도록 하기 위해서는 생활환경에 대한 위생관리를 충분히 하여야 한다.

헌법은 '모든 국민은 보건에 관하여 국가의 보호를 받는다(제36조 제3항).'고 하여 국민보건에 관한 국가의 보호를 규정하고 있다. 보건권은 국가가 공권력의 행사를 통해 개인의 건강을 침해해서는 아니된다는 소극적 의미뿐만 아니라, 국민보건을 위하여 필요한 정책을 적극적으로 수립하고 추진할 의무를 진다는 의미를 가진다.[67] 유엔최저기준규칙은 '국가가 수용자의 의료를 책임

---

65 林眞琴·北村篤·名取俊也 공저/안성훈·금용명 등 번역, 앞의 책(2016년), 206쪽.
66 수용자들은 그들의 신분 때문에 부가적인 보호를 받는다. 국가가 사람들에게 자유를 박탈할 때는 국가는 그들의 건강을 돌볼 책임도 진다(앤드루 코일, 장은영 역, 교도소관리에 대한 인권적 접근, 주한영국대사관, 2003년, 57쪽).
67 권영성, 앞의 책(2003년), 655쪽.

져야 하고, 수용자는 지역사회에서 제공되는 것과 동일한 수준의 보건의료 혜택을 누릴 권리가 있으며 법적신분으로 인한 차별을 받지 않고 필요한 보건의료서비스를 무상으로 이용할 수 있어야 한다(제24조).'고 하여 국가의 책임과 한계를 선언하고 있다. 형집행법은 위생과 의료(제30조에서부터 제40조까지)에 대하여 규정하면서, 특히 국가에 대하여 수용자가 건강한 생활을 하는 데에 필요한 위생 및 의료상의 적절한 조치를 하도록 의무지우는 한편 수용자에게도 건강관리 및 위생상 필요한 조치에 따르도록 의무지우고 있다.

제 2 절 위생 등

1. 서

형집행법은 '소장은 수용자가 건강한 생활을 하는 데에 필요한 위생 및 의료상의 적절한 조치를 취하여야 한다(법 제30조).'고 규정하여 수용자의 건강 및 형사시설 내의 위생을 유지하기 위하여 적절한 보건위생상 및 의료상의 조치를 강구하는 것이 교정시설의 책무인 것을 명확하게 하고 있다. 여기에서 보건은 수용자의 건강상태를 유지하는 것으로, 질병치료 등의 의료는 포함되지 아니하고 질병의 예방과 적극적인 건강증진을 포함한다.[68]

교정시설 내에서는 수용자의 건강을 유지하고 집단생활에서 발생하기 쉬운 감염성 질병을 예방하기 위해 시설과 환경뿐만 아니라 개인의 위생도 철저하게 관리되어야 한다. 이를 위해 수용자는 청결의무가 있고 머리카락과 수염을 단정하게 유지하여야 하며, 또한 각 교정기관은 운동과 목욕을 통해 건강을 유지하도록 시설과 설비 등을 갖추어야 한다.

2. 위생관리 및 청결의무

가. 위생관리

교정시설은 다수의 수용자가 생활하기 때문에 수용자의 개인위생 뿐만 아니라 공동으로 사용하는 시설과 기구에 대하여 청결한 관리가 요구된다. 유엔

---

[68] 林眞琴·北村篤·名取俊也 공저/안성훈·금용명 등 번역, 앞의 책(2016년), 209쪽.

최저기준규칙은 '수용자가 상시 사용하는 시설의 모든 구역은 항상 적절히 관리되고 깨끗하게 유지되어야 한다(제17조).'고 규정하고 있다.

형집행법은 '수용자가 사용하는 모든 설비와 기구가 항상 청결하게 유지되도록 하여야 한다(법 제31조).'고 규정하고 있다. 이를 위해서 거실·작업장·목욕탕, 그 밖에 수용자가 공동으로 사용하는 시설과 취사장, 주식·부식 저장고, 그 밖에 음식물 공급과 관련된 시설을 수시로 청소·소독하여야 하고, 저수조 등 급수시설을 6개월에 1회 이상 청소·소독하여야 한다(법 시행령 제47조).

또한 소장에게는 수용자의 건강, 계절 및 시설여건 등을 고려하여 보건·위생관리계획을 정기적으로 수립하여 시행하도록 해야 할 의무를 부과하고 있다(법 시행령 제46조). 수용자가 건강한 생활을 하는 데 있어서 개별적이고 구체적인 조치가 필요한 경우뿐만 아니라 시설 내에서 건강한 생활이 유지될 수 있도록 하기 위해 소장에게 보건 및 위생관리를 위한 계획을 정기적으로 수립, 시행하도록 의무를 부과한 것이다.[69]

나. 청결의무

수용자는 위생을 위하여 협력하여야 할 의무가 있으며, 이는 개인은 물론 집단생활에 있어서 동료 수용자의 건강을 위해 요구되는 의무이다.[70] 유엔최저기준규칙은 '수용자에게는 신체를 청결히 유지할 의무를 부과하여야 하고, 이를 위하여 건강 및 청결유지에 필요한 만큼의 물과 세면용품을 지급하여야 한다(제18조).'고 규정하고 있다.

청결의무와 관련하여 형집행법은 '수용자는 자신의 신체 및 의류를 청결히 하여야 하며 자신이 사용하는 거실·작업장, 그 밖의 수용시설의 청결유지에 협력하여야 한다(법 제32조 제1항).'고 규정하고 있다. 수용자는 교도관이 자신이 사용하는 거실, 작업장, 그 밖에 수용시설의 청결을 유지하기 위하여 필요한 지시를 한 경우에는 이에 따라야 한다(법 시행령 제48조). 이러한 지시에 따르지 않은 경우에는 '정당한 사유 없이 교도관의 직무상 지시나 명령을 따르지 아니하는 행위(법 시행규칙 제214조 제17호)'로 징벌의 대상이 될 수 있다.

또한 수용자는 위생을 위하여 머리카락과 수염을 단정하게 유지하여야 한

---

69   신양균, 앞의 책(2012년), 155쪽.
70   배종대·정승환, 앞의 책(2002년), 196쪽.

다(법 제32조 제2항).[71] 이는 교정시설에서 수용자에게 이발 및 면도의 편의를 제공하는 한편 수용자에게 위생을 위하여 이발 및 면도의 의무를 부과할 수 있다는 취지를 나타낸 것이다.[72] 이와 관련하여 하급심 판례는 '수용자의 두발이 단정함을 유지할 수 있도록 직무상 지시나 명령을 할 수 있다고 할 것이지만, 두발의 단정함을 유지한다고 하는 것이 반드시 두발의 장단과 불가피하게 상관관계를 갖고 있다고 단정할 수는 없고 두발이 길더라도 관리 여하에 따라서는 충분히 단정함을 유지할 수 있는 것이므로, 집단위생관리에 별다른 문제가 없고 수용자가 두발을 자르기를 원치않는 상황에서 청결유지에 문제가 없도록 노력하거나 두발을 묶는 등 다른 관리방법에 의해서도 두발의 단정함을 유지할 수 있다면, 교도관은 법령에 근거하여 본인의 의사에 반하면서까지 두발의 단정함을 유지하게 한다는 목적으로 수용자의 의사에 반하여 두발을 자르도록 지시 또는 명령할 수 없다. 다만 청결상태가 불량한 경우 위와 같은 방법으로 청결을 유지할 것을 지시하거나 명령했음에도 수용자가 이에 따르지 않았음을 이유로 징계사유로 삼는 것은 또 다른 문제이다.'라고 판시하였다.[73]

교도관은 형집행법 제32조, 제105조 제2항, 교도관직무규칙 제33조 등에 근거하여 수용자의 머리카락이 단정함을 유지할 수 있도록 직무상 지시나 명령을 할 수는 있지만 수용자 본인의 의사에 반하면서까지 머리카락의 단정함을 유지하게 할 목적으로 머리카락을 짧게 자를 것을 지시할 수는 없다.

미결수용자의 머리카락과 수염은 특히 필요한 경우가 아니면 본인의 의사에 반하여 짧게 깎지 못한다(법 제83조). 이는 무죄추정을 받고 있는 미결수용자의 지위를 보장하기 위한 것이다.

3. 운동 및 목욕

가. 운동

운동은 신체적 행동의 자유를 제한받고 있는 수용자에게 심신의 건강을

---

71 구행형법은 '수형자의 두발은 월 1회 이상, 수염은 10일에 1회 이상 짧게 깎아야 한다'고 규정하여 전근대적인 일제강점기 행형의 잔재로서 위생과 청결의 목적 보다 수형자를 일반인과 차별함으로써 수치심을 갖게 하고 획일화된 집단생활을 규율하기 위한 성격이 더 강하다는 비판이 있었다(배종대·정승환, 앞의 책(2002년), 196쪽).
72 林眞琴·北村篤·名取俊也 공저/안성훈·금용명 등 번역, 앞의 책(2016년), 219쪽.
73 광주고등법원 2015.4.16. 2014누5630.

유지하는 데 있어 중요한 의의를 가진다. 특히 실외운동은 구금되어 있는 수형
자의 신체적·정신적 건강유지를 위한 최소한의 기본적 요청이라고 할 수 있
다. 유엔최저기준규칙은 '실외작업을 하지 아니하는 모든 수용자는 날씨가 허
락하는 한 매일 적어도 1시간의 적당한 실외운동을 하도록 하여야 한다(제23조
제1항).'고 규정하여 실외작업을 하지 아니하는 수용자에게 1시간의 실외운동
을 보장하도록 권고하고 있다.

형집행법은 위생과 의료의 장에서 '수용자가 건강유지에 필요한 운동을
정기적으로 할 수 있도록 하여야 한다(법 제33조).'고 규정하고 있다.[74] 이와 같
이 수용자가 건강유지에 필요한 운동을 정기적으로 할 수 있도록 하여야 한다
고 규정한 것은 수용자는 법률의 규정에 따른 구금에 의하여 신체의 자유를
불가피하게 제한받지만 구금생활 중인 수용자에게 정기적으로 실외운동의 기
회를 제공함으로써 질병 등에 걸리지 않고 건강한 생활을 하도록 하는 데에
그 목적이 있다.

수용자의 실외운동과 관련하여 소장은 수용자가 매일(공휴일 및 법무부장
관이 정하는 날은 제외한다.) 「국가공무원복무규정」 제9조에 따른 근무시간 내에
서 1시간 이내의 실외운동을 할 수 있도록 하여야 하고, 다만 ① 작업의 특성
상 실외운동이 필요 없다고 인정되는 때, ② 질병 등으로 실외운동이 수용자
의 건강에 해롭다고 인정되는 때, ③ 우천, 수사, 재판, 그 밖의 부득이한 사정
으로 실외운동을 하기 어려운 때의 어느 하나에 해당하면 실외운동을 실시하
지 아니할 수 있다(법 시행령 제49조). 그 밖에 부득이한 사정이란 출정, 눈 또
는 비와 같은 사정으로 운동을 하기에 적합한 시간과 시설 등이 마련되지 않
은 경우나 수용자 자신이 운동을 원하지 않은 경우 등을 말한다.[75]

하급심 법원은 온수목욕을 실시한 날에 실외운동을 제한한 행위,[76] 교육
시간을 확보할 목적으로 주 5회 원칙의 실외운동을 주 1회로 제한한 것[77]은 위
법하다고 판시하였다. 그리고 건강유지에 필요한 실외운동의 범위에 관하여

---

74 수용자의 운동은 수용자의 권리인 동시에 의무이고, 건강유지에 필요한 운동은 수용자의
    반해서도 강제할 수 있다고 해석하는 견해도 있다(矯正判例硏究會 編輯, 行刑實務の基本
    問題, 1996년, 266쪽).
75 신양균, 앞의 책(2012년), 159쪽.
76 서울중앙지방법원 2010. 12. 9. 2010나28146.
77 수원지방법원 2012. 1. 31. 2011가단15946.

'정기적으로 시행되는 정규화된 실외운동만이 이에 해당한다고 볼 수 없고 실외운동으로 정규화되지 아니한 활동이라 할지라도 정기적인 실외운동에서 기대되는 수형자의 건강유지 목적을 실질적으로 달성할 수 있는 활동에 해당하는 경우라면 널리 건강유지에 필요한 실외운동에 포함된다.'라고 판시하였다.[78]

헌법재판소는 금치 처분을 받은 수형자에 대하여 금치 기간 중 운동을 금지하는 구행형법시행령 제145조 제2항 중 운동 부분이 수형자의 인간의 존엄과 가치, 신체의 자유를 침해하는지 여부에 대하여 '금치처분을 받은 수형자에 대한 절대적 운동의 금지는 징벌의 목적을 고려하더라도 그 수단과 방법에 있어서 필요한 최소한도의 범위를 벗어난 것으로서, 수형자의 헌법 제10조의 인간의 존엄과 가치 및 신체의 안전성이 훼손당하지 아니할 자유를 포함하는 제12조의 신체의 자유를 침해하는 정도에 이르렀다고 판단된다.'고 하였다.[79]

실외운동은 수용자의 정신적·신체적 건강유지를 위하여 필수적으로 허용되어야 하는 처우이므로 30일 이내의 실외운동 정지의 징벌을 받은 수용자라 하더라도 매주 1회 이상 실외운동의 기회를 보장할 필요가 있다. 따라서 소장은 징벌로써 30일 이내 실외운동 정지를 부과하는 경우 또는 금치처분을 받은 사람에게 실외운동을 제한하는 경우라도 수용자가 매주 1회 이상 실외운동을 할 수 있도록 하여야 한다(법 제112조 제5항).[80]

교정기관은 수용자가 운동을 하는 데 필요한 운동기구, 설비 등의 환경을 갖추어야 한다.

징벌혐의자가 다른 수용자 또는 출입자를 해칠 우려가 있어 (구)수용자규율 및 징벌에 관한 규칙(2008. 12. 19. 형의 집행 및 수용자의 처우에 관한 법률 시행규칙 부칙 제2조 제6호에 의해 폐지되기 전의 것) 제11조 제3항에 따라 그에 대한 운동을 제한할 것인지 여부는 교도소장의 판단에 의하는 재량행위로서 사회통념상 현저하게 타당성을 결하고 이를 남용한 것이라고 인정되지 않는 한 위법하다고 보기는 어렵다. 또한, 수형자가 규율위반을 한 경우 교도소의 안전과 질서를 유지하기 위해서는 조사과정을 거쳐 징벌을 부과하는 등 일반 수형자에 비하여 더 강하게 기본권을 제한하는 것은 불가피하고, 징벌 중에서 가장 중한 징벌인 금치처분을 받은

78 수원지방법원 2012. 10. 18. 2012나13207.
79 헌재 2004. 12. 16. 2002헌마478.
80 2020. 2. 4. 형집행법 개정시 추가하였다.

자를 엄격한 격리에 의하여 외부와의 접촉을 금지시켜 수용 질서를 확립할 필요가 있으므로 금치기간 동안 징벌실에 수용하는 것 이외에 일반 수형자에게 허용된 권리인 운동에 제한을 가하는 것은 위와 같은 목적을 달성하기 위하여 필요 적절한 수단이라 할 것이다. 다만, 그와 같은 제한이 신체의 자유의 본질적인 내용을 침해하여서는 아니되고, 위 목적 달성을 위한 필요·최소한의 제한에 그쳐야 할 것이다(대법원 2009.6.25. 선고 2008다24050).

나. 목욕

목욕은 수용자의 신체의 청결을 통하여 건강을 유지하고 질병을 예방하는 데에 필요하다. 유엔최저기준규칙은 '적당한 목욕 및 샤워설비를 마련하여 모든 수용자가 계절과 지역에 따라 일반 위생상 필요한 만큼 기후에 알맞은 온도로 자주 목욕하거나 샤워할 수 있게 하며 수용자에게 목욕을 할 의무가 부가될 수 있다. 다만, 온대기후의 경우 그 횟수는 적어도 매주 1회 이상이어야 한다(제16조).'고 규정하고 있다.

소장은 수용자가 건강유지에 필요한 목욕을 정기적으로 할 수 있도록 하여야 하고(법 제33조 제1항), 작업의 특성, 계절, 그 밖의 사정을 고려하여 수용자의 목욕횟수를 정하되 부득이한 사정이 없으면 매주 1회 이상이 되도록 하여야 한다(법 시행령 제50조). 특히 여성수용자의 목욕횟수를 정하는 경우에는 그 신체적 특성을 고려하여야 하고, 여성수용자가 목욕하는 경우에 계호가 필요하다고 인정하면 여성교도관이 하도록 하여야 한다(법 시행령 제77조). 그리고 신입자에 대하여는 질병이나 그 밖의 부득이한 사정이 있는 경우가 아니면 지체 없이 목욕을 하게 하여야 한다(법 시행령 제16조).

제 3 절 의료

1. 서

가. 의의

수용자는 경제적인 어려움 또는 입소전 무질서한 생활 등으로 인해 건강상 여러 가지의 문제를 가지고 입소하는 경우가 많다. 즉 많은 수용자가 알콜 의존이나 약물남용, 정신건강의 문제, 만성질환, 각종 감염병 등의 문제를 가지고 있다.

또한 구금으로 인한 심리적 압박과 자유가 제한된 좁은 공간에서 생활하기 때문에 정신적·육체적 스트레스로 각종 질병에 걸릴 가능성이 많으며 따라서 각종 질병에 대한 조기발견과 치료가 요구된다. 또한 구금시설에 수용된 자는 마음대로 시설에서 나갈 수 없고 행동의 자유도 박탈되어 있으며, 질병이 있어도 가족 등으로부터 충분한 보살핌을 받을 수 없고, 외부의료시설을 자유롭게 이용하지 못하는 등의 사정으로 인하여 질병에 대한 치료 등 위급시에 그 생명과 안전을 위하여 필요한 조치가 요구된다.[81] 뿐만 아니라 수용자가 건강을 유지하도록 하는 것은 교정당국의 중요한 책임이며, 수용자가 심신의 건강을 유지할 수 있도록 필요하고 적절한 보건상의 조치를 강구하는 것이 요구된다.

한편 수용자에 대한 의료의 특수성으로 보안(保安)과 의료의 관계를 들 수 있다. 첫째 수용자의 진찰, 치료는 전문적인 의료적 판단에 따라서 실시할 필요가 있으나 외부의료시설에 이송이 필요한 경우에 계호인력 부족 때문에 이송이 되지 아니하는 등 보안상의 이유에 의하여 적절한 의료가 방해받는 경우가 있다. 둘째 수용자의 신체변화에 따라 언제라도 의사의 진찰을 제공할 필요가 있지만 교도관이 의사의 진찰을 희망하는 수용자에 대하여 그 우선순위와 긴급성을 먼저 판단하는 절차가 행해지고, 수용자가 진찰을 희망하더라도 적시에 의사의 진찰을 받을 수 없는 경우가 있다.

또한 수용자의 고령화, 고혈압과 당뇨 등 성인병 증가 등 사회의 변화에 따른 교정시설의 의료도 그에 따라 적절한 대응체제를 갖추도록 요구되고 있다. 뿐만 아니라 여성, 노인, 외국인, 정신질환자 등 수용자의 특성에 따른 적절한 의료처우가 실시되어야 한다.

나. 의료권 보장

수용자에 대한 의료권 보장의 근거는 헌법상의 기본권을 수용자에게도 보장하는 한편, 수형자의 건전한 사회복귀와 교정시설의 운영 등과 관련된 행형

---

81 서울고등법원 2011. 6. 10. 2010나110420.

의 목적으로부터 나온다고 할 수 있다.[82]

사회적 기본권은 단체주의적 사회정의의 실현을 국가목적으로 하는 복지국가에서 국민이 인간다운 생활을 확보하기 위하여 일정한 국가적 급부의 배려를 요구할 수 있는 권리를 말한다.[83] 헌법은 '모든 국민은 인간다운 생활을 할 권리를 가진다(제34조 제1항).'고 하여 인간다운 생활권을 보장하고 있으며, 이 때 국민에는 수용자도 포함된다. 또한 '모든 국민은 보건에 관하여 국가의 보호를 받는다(제36조 제3항).'고 규정하여 국가의 보건상의 보호의무를 부과하고 있으며, 이는 수용자라고 해도 예외는 아니며 더욱이 수용자는 국가의 보호 하에 있으므로 국가는 수용자의 보건을 책임질 의무가 있다고 해야 할 것이다.[84] 즉 수용자는 사회의 일반인과 비슷한 치료를 받아야 한다. 이와 같이 헌법상 보장된 기본권으로부터 교정시설에 수용된 자에 대하여 국가가 적극적으로 의료권을 보장하여야 하는 의무가 나온다고 할 수 있다.[85] 대법원은 '교도소 등의 구금시설에 수용된 피구금자는 스스로 의사에 의하여 시설로부터 나갈 수 없고 행동의 자유도 박탈되어 있으므로 그 시설의 관리자는 수용자의 생명, 신체의 안전을 확보할 의무가 있는 바, 그 안전확보의무의 내용과 정도는 수용자의 신체적·정신적 상황, 시설의 물적·인적 상황, 시간적·장소적 상황 등에 따라 일의적이지는 않고 사안에 따라 구체적으로 확정하여야 한다.'라고 판시하였다.[86]

행형목적이 수형자의 사회복귀에 있다고 하는 현대행형의 이념 하에서는 수형자가 사회에 복귀하기 위한 첫번째 전제조건이 건강한 신체이다. 즉 범죄자가 사회내에서 건전한 사람으로 살아가도록 하기 위한 각종 처우와 교정당국의 노력이 성공을 거두기 위한 최소한의 요건이 건강이라고 할 수 있다. 따라서 교정에서의 의료처우는 행형목적을 달성하기 위한 필수불가결의 전제조

---

82 자유형순화론의 입장에서 근대적 자유형은 형벌해악의 내용은 자유박탈 그 자체, 즉 구금 그 자체에 한정되어야 하고, 의료권 보장을 소홀히 하여 신체적 고통을 부작위 형태로 부과하는 것은 자유형의 본질을 신체형으로 변형시키는 결과를 가져와 자유형의 본질에 반하기 때문에 수형자에 대한 의료권이 보장되어야 한다는 견해도 있다(배종대·정승환, 앞의 책 (2002년), 199쪽).
83 권영성, 앞의 책(2003년), 390쪽.
84 헌재 2005. 4. 19. 2005헌마331.
85 배종대·정승환, 앞의 책(2002년), 198쪽.
86 대법원 2000.2.25. 99다25136／대법원 2010.1.28. 2008다75768.

건이 된다.[87]

2. 구체적인 내용

가. 건강검진

1) 의의

교정당국은 수용자의 심신의 건강을 유지할 책임이 있기 때문에 수용자 개개인의 건강상태를 파악하고 건강관리를 적절하게 하는 것이 중요한 업무 중 하나이다.

건강검진이란 건강상태 확인과 질병의 예방 및 조기발견을 목적으로 진찰 및 상담, 이학적(理學的) 검사, 진단검사, 병리검사, 영상의학검사 등 의학적 검진을 시행하는 것을 말한다(건강검진기본법 제3조 제1호). 질병의 조기발견과 예방을 위한 정기적인 건강진단은 수용자에 대한 의료처우의 출발점이기 때문에 형집행법은 수용자에 대하여 건강검진을 정기적으로 실시하도록 하고, 건강검진의 횟수 등에 관하여 필요한 사항은 대통령령으로 정하도록 하였다(법 제34조).[88] 수용자의 건강검진은 국민건강보험공단에 의해 검진기관으로 지정된 외부전문기관에 의뢰하거나 교정시설에 근무하는 의사가 실시할 수 있다(수용자 의료관리지침 제4조). 소장에게 건강검진을 실시하도록 의무지우는 한편 정기적으로 실시하도록 함으로써 수용자의 건강관리에 대한 실질적인 의료처우가 되도록 하였다.

2) 수용자에 대한 건강검진

수용자에 대한 정기적인 건강검진은 1년에 1회 이상 실시하여야 하고, 다만 19세 미만의 수용자와 계호상 독거수용자에 대하여는 6개월에 1회 이상하도록 하고 있다. 노인수용자에 대한 건강검진도 6개월에 1회 이상하여야 한다(법 시행규칙 제47조 제2항). 건강검진은 「건강검진기본법」 제14조에 따라 지정된 검진기관에 의뢰하여 할 수 있다(법 시행령 제51조). 시설 내에서는 장비와

---

87 배종대·정승환, 앞의 책(2002년), 199~200쪽.
88 2006년 2월 「수용자 건강검진 실시계획」을 수립하여 2006년 4월 10일부터 같은 달 30일까지 전국의 46개 교정시설에서, 수형자를 대상으로 외부 의료기관에 의한 건강검진을 실시하되 건강진단의 내용과 수준을 국민건강보험공단이 공무원을 대상으로 실시하는 건강검진과 동일한 것이 되도록 실시하였고, 2007년부터는 미결수용자를 포함한 전체 수용자를 대상으로 그와 같은 내용의 건강검진을 실시하고 있다.

인력 등의 면에서 건강검진을 일반 사회의 전문기관과 같이 실시하기 어려운
점을 고려한 것이다.

형집행법은 소장의 건강검진 실시의무에 대하여 규정하고 있지만, 수용자
가 건강검진을 받을 의무를 가지는가에 대해서는 시설 내 보건위생과 수용자
개인의 건강에 대한 구체적인 위험을 야기하는 경우가 아니라면 추상적이고
일반적인 위험발생의 우려를 이유로 건강검진을 강제하는 것은 허용되지 아니
한다고 보아야 한다는 견해도 있다.[89] 그러나 건강검진은 수용자 개인의 건강
에 대한 국가의 책임과 관련될 뿐만 아니라 집단시설의 특성상 감염 등의 우
려가 있는 때에는 감염병 방지를 위한 필요한 조치를 취하거나 강제적인 의료
등을 통해 위험을 방지하기 위해 반드시 필요한 수단이다. 형집행법은 '신입자
는 소장이 실시하는 건강진단을 받아야 한다(법 제16조 제3항).'고 규정하여 의
무화하였다.[90]

여성수용자에 대한 건강검진을 실시하는 경우에는 나이 · 건강 등을 고려
하여 부인과 질환에 관한 검사를 포함시켜야 하고(법 제50조 제2항), 수용자가
임신 중이거나 출산(유산 · 사산을 포함한다.)한 경우에는 모성보호 및 건강유지
를 위하여 정기적인 검진 등 적절한 조치를 취하여야 한다(법 제52조 제1항).

3) 신입자에 대한 건강진단

신입자에 대한 건강진단은 신체건강진단과 정신건강진단으로 구분하여
실시하고 있다. 신체검강진단은 신장, 체중, 청력, 혈압측정 및 질병, 팔 · 다리
기타 신체상의 이상유무를 검사하고 정신건강진단은 질문에 대한 응답, 정서
반응의 변화 및 태도관찰 등을 통하여 이상유무를 진단한다(동지침 제3조, 제3
조의2, 제3조의3). 이 때의 신입자란 처음으로 수용되는 사람을 말하고 다른 교
정시설로부터 이송되어 온 사람은 포함되지 아니한다.

신입자에 대하여는 지체 없이 건강진단을 하도록 하고(법 제16조 제2항),
휴무일이 연속되는 등 부득이한 사정이 있는 경우를 제외하고 수용된 날부터
3일 이내에 건강진단을 하도록 하고 있다(법 시행령 제15조). 정밀한 건강검진
또는 진료 실시에 대한 하급심 판례는 '교정시설에서는 수용자의 건강상태에 이

---

89 신양균, 앞의 책(2012년), 166쪽.
90 2015년 3월 27일 형집행법을 개정하여 신입자에게 건강진단을 받을 의무를 부과하였다.

상이 있다는 사실을 알고 있었거나, 수용자의 수용생활에 대하여 상당한 주의를
기울여 관찰한 결과 수용자의 건강상태에 이상이 있다고 의심할 상당한 이유가
있었거나, 수용자 스스로 건강상태에 이상을 호소하여 오는 등 특별한 사정이
있는 경우에 한하여 당해 수용자에 대하여 혈액검사, CT촬영 등을 포함한 정밀
한 건강검진 또는 진료를 실시해야 할 의무를 부담한다.'고 하였다.[91]

나. 감염성 질병에 대한 조치

감염병이란 「감염병의 예방 및 관리에 관한 법률」(이하 '감염병예방법'이라
한다.)에 따른 감염병을 말한다(법 시행령 제52조). 다수의 수용자가 수용되어
있는 교정시설은 감염병이 유행될 경우 교정시설 본래의 기능을 상실할 뿐만
아니라 대응에 한계가 있기 때문에 많은 수용자의 신체와 생명에 심각한 위험
을 초래할 수 있다. 감염증의 발생을 예방하고 발생한 감염병의 확산을 방지하
는 조치를 강구하는 것은 수용자의 건강과 시설 내의 위생을 유지하기 위하여
필요불가결하다. 따라서 형집행법은 감염의 우려가 있는 질병의 발생과 확산
을 방지하기 위하여 필요하다고 인정하면 수용자에 대하여 일반접종·격리수
용·이송, 그 밖에 필요한 조치를 하도록 규정하고 있다(법 제35조).

특히 신입자에 대한 건강검진은 감염병의 교정시설 내 유입을 차단하기
위하여 매우 중요하기 때문에 신입자에 대한 건강검진을 통하여 AIDS·매독
등 감염병 검사를 실시하고 있다. 신입자가 감염병에 걸린 경우에는 수용거절
사유가 되지만(법 제18조), 건강검진을 거부할 경우에는 감염병의 보유 여부를
확인하는데 한계가 있다. 따라서 형집행법은 다른 수용자 및 교도관에 대한 감
염병 전염을 방지하기 위하여 신입자에게 건강진단에 응할 의무를 부과하고
있다(법 제16조 제3항).

한편 감염병예방법은 '교도소장은 수감자로서 감염병에 감염된 자에게 감
염병의 전파를 차단하기 위한 조치와 적절한 의료를 제공하여야 한다(제44
조).'고 규정하여 국가적 차원에서 감염병에 걸린 사람에 대한 조치와 의료제
공 의무를 부과하고 있다.

이와 관련하여 소장은 수용자가 감염병에 걸렸다고 의심되는 경우에는 1
주 이상 격리수용하고, 그 수용자의 휴대품을 소독하여야 하며, 감염병이 유행

91   서울중앙지방법원 2011.6.9. 2009가단373443.

하는 경우에는 수용자가 자비로 구매하는 음식물의 공급을 중지할 수 있다. 수용자가 감염병에 걸린 경우에는 즉시 격리수용하고, 그 수용자가 사용한 물품과 설비를 철저히 소독하여야 하며 그 사실을 지체 없이 법무부장관에게 보고하고, 관할 보건기관의 장에게 알려야 한다(법 시행령 제53조).

그 밖에 사망한 수용자의 시신의 인도와 관련하여 감염병 예방을 위하여 필요하면 즉시 화장하도록 하고 있다(법 제128조 제2항 단서).

다. 환자 치료 등

1) 수용자 치료

수용자가 부상을 당하거나 질병에 걸리면 제1차적으로 교정시설 내 병실에 수용하여 치료를 하고 있다. 의무관은 수용자에 대한 진찰·치료 등의 의료행위를 하는 경우에 수용자의 생명·신체·건강을 관리하는 업무의 성질에 비추어 환자의 구체적인 증상이나 상황에 따라 위험을 방지하기 위하여 요구되는 최선의 조치를 하여야 할 주의의무가 있다고 할 것이다.[92]

교도소 내 수용자들의 진료를 담당하는 의무관 등은 본인이 적절한 치료를 할 수 없는 경우에 수용자를 교도소 밖에 있는 병원에 이송하여 치료를 받게 함으로써 수용자의 생명과 안전을 위하여 필요한 조치를 취해야 할 의무가 있다.[93] 유엔최저기준규칙은 '의사 또는 자격을 갖춘 보건의료 전문가는 질환을 앓고 있거나 육체적 또는 정신적 문제를 호소하거나 각별히 주의를 요하는 모든 수용자를 매일 확인하여야 하고 모든 의료검사에 대하여 철저한 보안을 유지하여야 한다(제31조).'고 규정하고, '의사는 수용자의 신체적 또는 정신적 건강이 계속된 구금으로 인하거나 구금에 수반된 상황에 의해서 손상되었거나 또는 손상되리라고 판단하는 때에는 언제든지 소장에게 보고하여야 한다(제33조).'고 규정하고 있다.

형집행법은 수용자가 부상을 당하거나 질병에 걸리면 적절한 치료를 받도록 하고 있다(법 제36조 제1항). 따라서 소장은 수용자가 부상을 당하거나 질병에 걸리면 적절한 치료를 받을 수 있도록 조치를 취할 의무를 진다.[94] 여기서

92　대법원 2005. 3. 10. 선고 2004다65121.
93　서울고등법원 2011. 6. 10. 선고2010나110420.
94　피해자는 ○○구치소에 수용된 이후 헛소리를 하고 구토를 하며, 하루 종일 식은땀을 흘리고 온몸을 떨면서 입에서 거품을 내는 등 전신발작을 일으키고 일회용 컵 반 분량의 피와

적절한 치료의 범위와 내용은 수용자의 질병 내용과 상태, 치료비용, 수용기
간, 국가예산 등을 종합적으로 고려하여 구체적인 경우에 따라 합리적으로 판
단해야 할 것이다.[95] 따라서 적절한 치료란 투약이나 수술 등 건강회복을 위한
조치뿐만 아니라 부상이나 질병의 상태나 경과를 확인하기 위한 진찰도 포함
하는 개념이라고 보아야 할 것이다.[96]

수용자가 부상을 당하거나 질병에 걸린 경우에는 그 수용자를 의료거실에
수용하거나 다른 수용자에게 그 수용자를 간병하게 할 수 있다(법 시행령 제54
조). 그리고 수용자가 위독한 경우에는 그 사실을 가족에게 지체 없이 알려야
한다(법 시행령 제56조).

의료관련 행위는 '형의 집행 및 수용자의 처우에 관한 법률' 제36조 이하 및 같은
법 시행령 제55조 이하, '수용자 의료관리지침'(법무부예규 제821호) 등에 근거한
것으로서, 교도소의 의무관은 교도소 수용자에 대한 진찰·치료 등의 의료행위를
하는 경우 수용자의 생명·신체·건강을 관리하는 업무의 성질에 비추어 환자의
구체적인 증상이나 상황에 따라 위험을 방지하기 위하여 요구되는 최선의 조치를
행해야 할 주의의무가 있을 뿐(대법원 2005. 3. 10. 선고 2004다65121 판결 참조),
그 구체적인 치료 방법에 있어서는 의학적인 소견과 형의 집행 및 수용자의 처우
와 관련된 판단에 따르는 것이므로, 반드시 환자가 요구하는 특정한 치료방법에
따른 치료를 행하여야 하는 것은 아니다. 따라서 청구인이 피청구인으로부터 전반
적으로 주의의무에 현저히 반하지 않는 정도의 의료행위를 받고 있는 이상, 헌법
제36조의 국민의 보건에 관한 국가의 보호의무, 헌법 제34조 제1항의 인간다운
생활을 할 권리 및 헌법 제10조의 인간으로서의 존엄과 가치 및 행복추구권의 보
장 취지에 비추어 보더라도 청구인에게 '온수처방'이라는 '특정의 치료방법'에 따
른 의료행위를 요구할 권리가 있다고 보기는 어려우며, 교도소장인 피청구인에게
수용자가 원하는 특정한 치료방법에 따른 치료를 행할 작위의무가 헌법에서 도출
된다고 볼 수도 없다(헌재 2009. 10. 20. 2009헌마534).

이물질을 토하며 바지에 대변을 보고 피오줌을 누며 수회에 걸쳐 화장실을 들락거리면서
넘어지고 혼자 중얼거리는 등 심각한 이상 징후가 계속 관찰되는 상태에 있었으므로, 이러
한 상태에 대한 보고를 받은 당직간부들로서는 피해자의 상태에 대하여 상급자 또는 의무
과장에게 보고하여 적절한 지시를 받아 조치를 취하고, 그것이 불가능할 경우에는 피해자
를 신속히 외부 병원으로 후송하여 전문가인 의사의 진료를 받게 하는 등 적절한 조치를 취
할 의무가 있음에도(이하 생략)…(대법원 2007. 5. 31. 2006도3493).
95 서울중앙지방법원 2010. 12. 10. 2010나14772/광주지방법원 2011. 7. 27. 2010가단35829.
96 신양균, 앞의 책(2012년), 175쪽.

2) 경미한 의료행위

치료는 원칙적으로 의무관이 하여야 하고, 소장은 의무관의 판단에 따라 필요한 조치를 취하여야 한다. 그러나 야간 또는 공휴일 등 의사가 즉시 응할 수 없는 경우에 경미한 치료에 대하여 최소한의 의료조치를 할 수 있는 근거 규정을 두고 있다. 즉 치료를 위하여 교정시설에 근무하는 간호사는 야간 또는 공휴일에 「의료법」 제27조(무면허 의료행위 금지)에도 불구하고 대통령으로 정하는 경미한 의료행위를 할 수 있다(법 제36조 제2항).

여기에서 경미한 의료행위란 ① 외상 등 흔히 볼 수 있는 상처의 치료, ② 응급을 요하는 수용자에 대한 응급처치, ③ 부상과 질병의 악화방지를 위한 처치, ④ 환자의 요양지도 및 관리, ⑤ 위의 의료행위에 따르는 의약품의 투여 등의 의료행위를 말한다(법 시행령 제54조의2).

라. 외부의사 및 외부의료시설 진료

수용자에 대한 의료상의 조치는 수용자의 특성에 대해서 충분한 이해를 가지고 있는 의사에 의해 실시되는 것이 바람직하지만, 시설 내에서 치료하는 것이 적절하지 아니하거나 불가능하다고 판단될 때에는 외부의료시설의 의사를 초빙하거나 시설 밖의 장소에서 치료를 받을 수 있도록 하여야 한다. 유엔 최저기준규칙은 '모든 수용자는 응급상황 발생시 즉시 의료지원을 받을 권리가 있다. 특수한 치료 또는 수술을 요하는 수용자의 경우에는 해당 의료시설이나 민간병원으로 이송되어야 한다. 의료시설을 갖춘 구금시설의 경우에 해당 의료시설은 원활한 치료와 업무를 진행할 수 있도록 적정한 인력과 장비를 갖추어야 한다(제27조 제1항).'고 규정하고 있다.

교정시설 내에서 발생하는 다양한 질병과 부상에 대응할 수 있는 의료인력과 의료기구 및 설비를 갖추는 것이 바람직하지만 교정기관은 의료와 관련된 인적·물적인 한계를 가지고 있고, 수용자의 모든 질병과 부상에 대해 교정시설의 직원인 의사가 대응하는 것은 사실상 불가능하다. 따라서 현행 법령은 수용자에 대한 적절한 치료를 위하여 필요하다고 인정하면 교정시설 밖에 있는 의료시설에서 진료를 받게 할 수 있도록 하고(법 제37조 제1항), 특히 필요하다고 인정하면 외부의료시설에서 근무하는 의사에게 수용자를 치료하게 할 수

있도록 하고 있다(법 시행령 제55조).[97] 수용자에 대한 적절한 치료를 위하여 필
요하다고 인정하는 경우라 함은 부상이나 질병의 종류 또는 정도 등에 비추어
볼 때 시설 내 의무관에 의한 치료가 적당하지 않은 경우를 말한다. 외부의료
시설에서의 진료는 통원 또는 입원의 방식으로 하며 부상이나 질병의 종류 및
정도, 환자의 상태 등 의학적 측면에서 판단할 문제이다.[98]

소장은 정신질환이 있다고 의심되는 수용자가 있으면 정신과 의사의 진료
를 받을 수 있도록 하여야 한다(법 제39조 제2항). 소장은 수용자의 정신질환치
료를 위하여 필요하다고 인정하면 법무부장관의 승인을 받아 치료감호시설로
이송할 수 있고, 치료감호시설에 이송된 사람은 수용자에 준하여 처우한다(법
제37조 제2항, 제3항). 정신질환을 가진 수용자에 대하여 정신치료 전문교도소
에 이송 또는 외부의 전문병원에 입원시키는 것이 어렵거나 형 또는 구속집행
정지의 요건을 갖추지 못한 경우에는 치료가 가능한 치료감호시설로 보낼 수
있도록 한 규정이다.

수용자가 외부의료시설에서 진료를 받거나 치료감호시설로 이송되면 수
용자가 알리는 것을 원하지 아니하는 경우를 제외하고 그 사실을 그 가족(가족
이 없는 경우에는 수용자가 지정하는 사람)에게 지체 없이 알려야 한다(법 제37조
제4항). 또한 수용자가 위독한 경우에는 그 사실을 가족에게 지체 없이 알려야
한다(법 시행령 제56조).[99] 그리고 수용자를 외부의료시설에 입원시키거나 입

---

97 교도소는 수용자들을 교화하여 건전한 사회인으로 복귀하도록 수용생활 전반에 걸쳐 수용
    자들을 통제하고 보호·감독하여야 하고, 수용자들은 자신들의 건강상태에 대하여 외부 병
    원에서 진료를 받는 것이 자유롭지 않아 교도소 안에 있는 의무시설에 전적으로 의존할 수
    밖에 없으므로 수용자들의 건강상태에 관하여 보다 세심한 주의를 기울여야 할 의무가 있
    고, 교도소 내에서 치료를 계속하더라도 상태가 호전되지 아니하는 경우에는 외부의료시설
    에서 근무하는 의사에게 수용자를 치료하게 하거나 외부의료시설에서 진료를 받게 해야 할
    의무가 있다(광주지방법원 2013. 3. 20. 2012나51833)./보건의료과장은 수용자에 대한 진
    찰·치료 등의 의료행위를 하는 경우 수용자의 생명·신체·건강을 관리하는 업무의 성질에
    비추어 환자의 구체적인 증상이나 상황에 따라 위험을 방지하기 위하여 요구되는 최선의
    조치를 행하여야 하며, 질병의 발견 및 치료에 최선의 노력을 기울이고 본인이 적절한 치료
    를 할 수 없는 경우에는 구치소 밖에 있는 병원에 이송하여 치료를 받게 함으로써 구치소
    내 수용자의 생명과 신체의 안전을 위하여 필요한 조치를 취해야 할 의무가 있다(부산지방
    법원 2007. 6. 25. 2006가단132519).
98 신양균, 앞의 책(2012년), 181쪽.
99 ○○구치소 직원들은 소외인이 질병이 위독한 상태에 이르자 그의 가족들인 원고들에게 그
    사유를 통지하기 위하여 노력하였으나 소외인이 ○○구치소 입소 당시에 작성한 수용자신
    분카드와 소외인의 진술을 토대로 작성한 재소자건강진단부, 소외인의 딸인 원고 2가 면회

원 중인 수용자를 교정시설로 데려 온 경우에는 그 사실을 법무부장관에게 지체 없이 보고하여야 한다(법 시행령 제57조).

그 밖에 수용자가 자신의 고의 또는 중대한 과실로 부상 등이 발생하여 외부의료시설에서 진료를 받은 경우에는 그 진료비의 전부 또는 일부를 그 수용자에게 부담하게 할 수 있다(법 제37조 제5항). 즉 수용자가 수용 중 발생한 사고나 질병에 대하여 치료가 필요한 경우에 그 치료비는 원칙적으로 국가가 부담하여야 하지만, 수용자의 일방적인 폭행과 같이 제3자의 범죄행위에 기인한 경우에는 원칙적으로 가해자가 부담하여야 하고, 수용자가 스스로 자해하거나 난동을 부려 부상을 입은 경우에는 상해를 야기시킨 것은 수용자 본인이므로 스스로 치료비를 부담하여야 하고 국가가 그 치료비까지 지급할 의무는 없다.[100]

마. 자비치료

자비치료는 외부의사가 교정시설 안으로 들어와서 수용자를 치료하는 경우와 수용자가 외부의료시설에 나가서 치료를 받는 경우를 모두 포함한다. 수용자가 자신의 비용으로 외부의료시설에서 근무하는 의사에게 치료받기를 원하면 교정시설에 근무하는 의사의 의견을 고려하여 이를 허가할 수 있고(법 제38조), 외부의사는 수용자를 진료하는 경우에 법무부장관이 정하는 사항을 준수하여야 한다(법 제39조 제3항). 수용자의 부상이나 질병에 대한 치료비용은 국가가 부담하는 것이 원칙이지만, 시설 내에서 의무관이 적절한 치료를 할 수 있음에도 불구하고 수용자가 자신의 비용으로 외부의사의 치료를 받기를 원한다면 수용자의 의사를 존중해서 이를 허용할 필요가 있는바 이를 고려하여 마련한 규정이다.

자비치료의 허가여부는 교정시설의 장의 재량사항이다. 헌법재판소는 '자비치료를 허용할지 여부는 행정청의 재량사항이고 더욱이 자비치료의 방법으로

시에 보관금을 넣으면서 작성한 보관금영수증상 주소나 전화번호가 모두 사실과 다르게 기재되어 있었고, ○○구치소의 직원이 주소지 관할 동사무소에 문의하였으나 위 소외인의 주민등록상의 주소는 이미 직권말소된 상태였던 사실을 인정할 수 있는 바, 사실관계가 그러하다면 ○○구치소장이 위 소외인의 가족인 원고들에게 소외인의 질병상태를 통보하지 못하였다고 하더라도 그것이 통보의무위반이라고 보기는 어렵다 할 것이다(서울고등법원 2001. 10. 11. 2000나57469).
100 부산지방법원 2007. 1. 18. 2006나12388.

자비부담의약품을 일괄 구입하여 균일한 가격으로 공급하여야 할 작위의무가 교도소장에게 있다고 할 수는 없고 그와 같은 작위의무가 헌법 제36조 제3항의 보건에 관한 국가의 보호의무에서 도출되는 것도 아니다.'라고 판시하였다.[101]

바. 진료환경

교정시설에서는 감기 등 경미한 질병과 부상에 대한 통상적인 진료가 실시되지만 위험한 질병의 치료나 수술 등은 외부의료시설에서 실시하고 있다. 외부의료시설에서의 진료 등은 계호상 부담, 예산 등의 문제로 인하여 제한적인 범위에서 단기간에 이루어지고 있다. 이러한 문제와 관련하여 교정시설의 의료시스템을 전문화·체계화하고, 의료교도소 설치 등을 필요로 하고 있다.

의료인력과 관련하여 형집행법은 '교정시설에는 수용자의 진료를 위하여 필요한 의료 인력을 갖추어야 한다(법 제39조 제1항).'고 규정하고 있으며, 「교도관 직무규칙」에서 수용자의 보건 및 위생 업무를 담당하는 보건위생직 교도관을 의무직 교도관, 약무직 교도관, 간호직 교도관, 의료기술직 교도관, 식품위생직 교도관으로 구분하고(동규칙 제3조 제4호), 각각의 직무에 대하여 자세하게 규정하고 있다.

의무직 교도관은 수용자의 건강진단, 질병치료 등 의료와 교정시설의 위생을 담당하고 약무직 교도관은 약의 조제와 의약품의 보관 및 수급, 교정시설의 위생보조를 담당한다. 간호직 교도관은 환자간호와 의무관의 진료보조, 교정시설의 위생보조, 대통령령으로 정하는 경미한 의료행위(법 시행령 제54조의2)를 담당하고 의료기술직 교도관은 의화학적 검사 및 검사장비 관리업무와 의무관의 진료보조, 교정시설의 위생보조를 담당하고, 식품위생직 교도관은 식품위생 및 영양관리, 교정시설의 위생 보조업무를 담당한다(동규칙 제75조 제1항).

한편 형집행법은 '교정시설에는 수용자의 진료를 위하여 필요한 설비를 갖추어야 한다(법 제39조 제1항).'고 하여 시설수준과 의료장비기준에 대하여 규정하고 있다. 교정시설에는 「의료법」 제3조에 따른 의료기관 중 의원(醫院)이 갖추어야 하는 시설 수준 이상의 의료시설을 갖추어야 한다(법 시행규칙 제23조 제1항).

교정시설에 갖추어야 하는 의료장비의 기준은 ① 청진기, 체온계, 혈압계, 체중계, 신장계, 고압증기멸균기 등 일반장비와 ② 진단용 엑스선촬영장치, 심전계, 혈당측정기 등 진단장비, ③ 심장자동제세동기, 산소공급기, 드레싱카

101 헌재 2005. 4. 19, 2005헌마331.

등 처치장비, ④ 휠체어, 환자운반기, 약품포장기, 의료용 필름현상기 등의 그 밖의 장비로 구분하고 있다(법 시행규칙 제23조 제2항). 그리고 교정시설에는 수용정원과 시설여건 등을 고려하여 적정한 양의 비상의료용품을 갖추어 두도록 하고 있다(법 시행규칙 제24조 제1항).[102]

사. 수용자의 의사에 반하는 의료조치

수용자가 자신의 처우에 대한 불만 또는 개인적인 목적 달성 등을 위한 수단으로 진료 또는 음식물의 섭취를 거부하여 생명이 위태롭거나 위독한 경우에 긴급한 의료상의 조치를 할 필요가 있다.

형집행법은 '소장은 수용자가 진료 또는 음식물의 섭취를 거부하면 의무관으로 하여금 관찰·조언 또는 설득을 하여야 하고, 위의 조치에도 불구하고 수용자가 진료 또는 음식물의 섭취를 계속 거부하여 그 생명에 위험을 가져올 급박한 우려가 있으면 의무관으로 하여금 적당한 진료 또는 영양보급 등의 조치를 하게 할 수 있다(법 제40조).'고 규정하고 있다. 이는 음식물의 섭취를 거부하여 영양상태가 악화되고 생명에 위험을 가져올 급박한 우려가 있는 경우를 의미하며 단순한 음식물의 섭취 거부만으로는 이에 해당하지 아니한다. 수용자의 의사에 반하는 의료조치는 수용자의 자기결정권을 존중하는 의미에서 최후의 수단으로서 불가피한 경우에만 실시하도록 한 것이다.

아. 변호인 등에 의한 피의자·피고인에 대한 진료

변호인 또는 변호인이 되려고 하는 자는 의사로 하여금 신체구속된 피의자 또는 피고인을 진료하게 할 수 있다(형소법 제34조). 의사의 진료는 피의자·피고인에 대한 인도적 배려에서 요청될 뿐만 아니라, 신체구속된 피의자·피고인의 신체적·정신적 건강상태를 조사하여 인권침해를 방지함은 물론

---

102 비상의료용품 기준(형집행법 시행규칙 별표 4).

구 분	기 준
외과용기구	의료용 핀셋, 의료용 가위, 의료용 칼, 봉합사, 지혈대, 의료용 장갑, 위장용 튜브카테터, 비뇨기과용 튜브카테터, 수액세트, 수액거치대, 마스크, 수술포, 청진기, 체온계, 타진기, 혈당측정기, 혈압계, 설압자
구급용품	붕대, 탄력붕대, 부목, 반창고, 거즈, 화상거즈, 탈지면, 1회용 주사기
구급의약품	바세린, 포타딘, 리도카인, 수액제, 항생제, 지혈제, 강심제, 진정제, 진경제, 해열진통제, 혈압강하제, 비타민제

소송주체로서의 기본적 요건을 확인하려는 점에서도 의미가 크다.[103] 대법원
은 행형법 시행령 제176조의 규정을 변호인의 수진권(受診權)에 대한 법령상
의 제한으로 보아 수사기관의 의무관 참여요구를 적법한 조치로 보았다.[104]

3. 그 밖에 의료처우 관련 사항

가. 국민건강보험 보장

수용자에 대한 의료처우가 충분하지 못한 가장 큰 이유는 국가경제상의
예산부족에 있다고 할 수 있다. 이와 관련하여 수용자가 외부의료시설에서 진
료나 치료를 받는 경우에 국민건강보험법을 적용받도록 하여야 한다는 주장이
있다. 즉 국가는 국민의 최소한의 생활권을 보장해 주어야 하는 사회국가적 의
무에서 수용자가 국민건강보험의 혜택을 받을 수 있도록 하면서, 보험료는 작
업장려금 중 일부로 충당하거나 자비로 지불하도록 하고 이것이 불가능한 수
용자의 경우에는 제한적으로 국가가 지불해 줄 수 있도록 하여야 한다는 견해
이다.[105]

프랑스의 1994년 법은 '통상적인 민간기업 취업자를 대상으로 하는 사회
보험의 일반제도(사회보험법전 L381-30조)에 모든 수용자를 자동적으로 가입하
도록 한다.'고 규정하여 수용자에 대하여 국민건강보험이 적용되도록 하였
다.[106] 일본에서는 수용자의 건강유지와 질병의 치료는 구금을 한 국가의 책무

---

103 신동윤, 신형사소송법, 법문사, 2014년 3월 1일, 143쪽.
104 경찰서 유치장은 미결수용실에 준하는 것이어서(행형법 제68조) 그 곳에 수용된 피의자에
     대하여는 행형법 및 그 시행령이 적용되고, 행형법시행령 제176조는 '형사소송법 제34조,
     제89조, 제209조의 규정에 의하여 피고인 또는 피의자가 의사의 진찰을 받는 경우에는 교
     도관 또는 의무관이 참여하고 그 경과를 신분장부에 기재하여야 한다'고 규정하고 있는 바,
     이는 피고인 또는 피의자의 신병을 보호, 관리하여야 하는 수용기관의 입장에서 수진과정
     에서 발생할지도 모르는 돌발상황이나 피고인 또는 피의자의 신체에 대한 위급상황을 예방
     하거나 대처하기 위한 것으로서 합리성이 있으므로, 행형법 제176조의 규정은 변호인의 수
     진권 행사에 대한 법령상의 제한에 해당한다고 보아야 할 것이고, 그렇다면 국가정보원 사
     법경찰관이 경찰서 유치장에 구금되어 있는 피의자에 대하여 의사의 진료를 받게 할 것을
     신청한 변호인에게 국가정보원이 추천하는 의사의 참여를 요구한 것은 행형법시행령 제
     176조의 규정에 의한 것으로서 적법하고, 이를 가리켜 변호인의 수진권을 침해하는 위법한
     처분이라고 할 수는 없다(대법원 2002. 5. 6. 2000모112).
105 배종대·정승환, 앞의 책(2002년), 204쪽.
106 수용자가 시설에서 생산작업에 종사하는 경우에는 그가 받는 보수액의 일할 정도를 사회보
     험부담금으로 징수하지만, 그 이외에는 국가의 부담으로 한다. 수용자는 구금된 후 자기 자
     신과 자신의 부양자를 대상으로 건강보험 및 임신보험에 의한 급부를 받는다. 이러한 권리

이고 수용자의 의료 관련 비용은 원칙적으로 국가부담으로 하여야 한다는 이
유로 건강보험 적용은 타당하지 아니할 뿐만 아니라 수용자의 의료비 자기부
담에 대해서는 의사 등에 대한 자기선택권과 밀접하게 관련되고, 작업의 대가
로서 임금을 지불하여야 한다는 임금제의 논의와도 관련이 있는 문제라고 하
고 있다.[107]

수용자에 대한 의료처우는 일반국민과의 형평성 문제, 범죄자에 대한 국
민의 비판적인 인식 등의 이유, 국가의 보호·감독을 받는 수용자의 질병치료
를 국가가 부담하는 것을 전제로 수용자에 대한 의료보장제도를 합리적으로
운영하기 위하여 국민건강보험 급여를 정지한 것 등 이데올로기적인 성격을
가지고 있다. 우리나라는 2005년 7월 13일 「국민건강보험법」(법률 제7590호)을
개정하여 교도소 등에 수용되어 있는 사람에 대하여 요양급여비용을 국가가
부담하여 요양급여를 실시하고 있다. 이에 따라 건강보험료 납입 대신 공단부
담금을 예산으로 국민건강보험공단에 미리 예탁하여 지급하고 있다.[108]

교도소에 수용된 때에는 국민건강보험 급여를 정지하도록 한 국민건강보험법 제
49조 제4호는 수용자에게 불이익을 주기 위한 것이 아니라 국가의 보호, 감독을
받는 수용자의 질병치료를 국가가 부담하는 것을 전제로 수용자에 대한 의료보장
제도를 합리적으로 운영하기 위한 것이므로 입법목적의 정당성을 갖고 있다. 가사
국가의 예산상의 이유로 수용자들이 적절한 의료보장을 받지 못하는 것이 현실이
라고 하더라도 이는 수용자에 대한 국가의 보건의무불이행에 기인하는 것이지 위
조항에 기인하는 것으로 볼 수 없다. 위 조항은 수용자의 의료보장수급권을 직접
제약하는 규정이 아니며, 입법재량을 벗어나 수용자의 건강권을 침해하거나 국가
의 보건의무를 저버린 것으로 볼 수 없으므로 수용자의 건강권, 인간의 존엄성,
행복추구권, 인간다운 생활을 할 권리를 침해하는 것이라 할 수 없다(헌재 2005.
2. 24., 2003헌마31).

는 출소 후 3년 동안 유지된다(赤池一將, フランス刑事施設における医療のあり方とわが
国での議論, 高岡法學 15권 1=2합병호(통권22호), 2004년, 137쪽).

107　林眞琴·北村篤·名取俊也 공저／안성훈·금용명 등 번역, 앞의 책(2016년), 208쪽.

108　2006년 1월 1일부터 교정시설 수용자의 경우에는 자비진료의 경우 본인부담금만 부담하고
공단부담금은 예탁금으로 지급하고, 관비진료의 경우 본인부담금을 예산으로 지급하고 공
단부담금도 예탁금으로 지급하였다. 그러나 2010년 3월부터 자비진료의 경우 본인부담금
과 공단부담금을 수용자가 모두 부담하도록 변경하였다.

나. 교정시설 내 의료의 독립성

교정시설 내의 의료는 보안과의 관계에서 일정한 제약을 받는 특수성을 가지고 있다. 이는 환자의 진료와 치료에 중점을 두어야 하는 의료윤리와 사회의 안전과 질서를 확보하여야 하는 행형의 임무가 충돌하는 분야이기도 하다.

교정시설 내 의료의 독립성 확보는 최근 유럽을 중심으로 논의가 진행되고 있으며, 일본의 행형개혁회의에서도 의사의 적절한 의료적 판단에 근거하여 외부의료시설에 이송 등의 조치가 이루어지도록 하는 한편 보안에 근무하는 직원에 대해서도 최소한의 보안상 요청에 의하여 적절한 의료적 판단이 왜곡되는 일이 없도록 교육을 하는 것이 필요하다고 하였다.[109] 예를 들면 프랑스에서는「공중보건위생 및 사회보호에 관한 1994년 1월 18일 법률 1994-43호」에 의하여 수용자에 대한 의료책임을 법무부로부터 보건복지부의 감독 아래로 이관하였다.[110] 이관의 목표는 수용자들에게 일반 국민에게 제공되는 것과 동일한 수준의 건강관리를 제공할 필요성을 충족시키는 데 있다.[111] 또한 유럽고문방지위원회(CPT)는 교정시설 내 의사는 교도소를 관리하는 법무부장관으로부터 보수를 받아야 하는 것이 아니라, 보건복지부의 소관으로 하여야 한다고 권고하고 있다.[112]

교정시설 내의 의사와 의료직원은 전문직의 지위와 능력을 갖추고 시설 내의 의료 또는 건강에 관한 정보, 예방, 교육, 계몽에 대하여 책임을 가져야 할 뿐만 아니라 교정시설에 특유한 질병과 병리상태를 이해하여야 한다. 그리고 시설환경의 특수한 질병, 감염성 질환, 약물중독, 알콜중독, 계속적인 구금이 적합하지 아니하는 수형자 예를 들면 정신병이나 자살위험이 높은 자 등을 구별하여 대응하지 않으면 안 된다. 그리고 치료에 임하는 교정시설 내 의사는 전문직으로서 독립성을 가지도록 하여야 한다.

---

109 林眞琴·北村篤·名取俊也 공저/안성훈·금용명 등 번역, 앞의 책(2016년), 207쪽.
110 赤池一將, 앞의 논문(2004년), 7쪽.
111 앤드루 코일, 장은영 역, 앞의 책(2003년), 60쪽.
112 Loe Vedel Rasmussen UN고문금지위원회 위원, 拘禁施設における國際査察機關の役割, 刑務所醫療の改革, 自由と定義, Vol. 55 No. 4, 62쪽.

다. HIV감염자에 대한 의료적 조치

최근 수년 동안 수용자 중 후천성면역결핍증(AIDS)[113] 환자의 증가로 각 국에서는 관리, 치료, 처우 등에 있어서 대응이 행형실무상 특별한 문제로 대두되고 있다. HIV감염에 대한 예방적 조치의 필요성과 함께 이미 감염되어 있는 수용자에 대한 의학적 및 사회심리학적인 간호가 필요하다. 그뿐만 아니라 다른 수용자와 직원이 감염의 위험에 노출되지 않도록 보호되어야 한다.

HIV감염자가 HIV에 감염되어 있는 것에 관한 편견과 오해로부터 일상의 수용생활 등에서 부당한 취급을 받지 않도록 HIV감염자의 인권에 충분한 배려를 하여야 한다. 특히 HIV에 감염되었더라도 건강상태가 양호한 사람은 건강한 일반수용자와 같은 처우를 하면서 일상생활을 보낼 수 있도록 하여야 하고, 감염자는 HIV에 감염되어 있다는 정보를 다른 사람에게 알리고 싶지 않기 때문에 다른 사람이 쉽게 접근할 수 있게 해서는 안 된다. 그리고 직원에 대해서는 HIV와 에이즈에 관한 일반적 지식, 병상, 치료, 감염예방 등에 대한 교육을 실시하여 필요하고 정확한 지식을 습득하도록 하는 한편 인권의식을 향상시켜 오해나 편견에 따른 부당한 차별을 방지하여야 한다.

형집행법은 HIV감염자에 대한 규정을 두고 있지 않기 때문에 이러한 자의 수용장소를 구분하는 것은 법률의 일반규정에 따라서 고려되고 있다. 그러나 신입자를 제외하고 다른 수용자에 대한 강제적인 검사를 실시하는 것은 형집행법상 그 근거가 없기 때문에 HIV감염 여부의 확인에 어려움이 있다.[114]

라. 교정의학

교정의학(Correctional Medicine)이란 범죄자나 비행소년의 심신상의 장해를 제거하여 건강한 사회인으로 복귀하도록 하기 위하여 그들의 이상행동에 대한 원인을 연구하여 적절한 치료처우를 하는 의학을 말한다.[115] 교정의학은 민간의료시설에서 의료 및 치과치료, 간호, 정신건강, 약국 및 전자의료기록 등을 통합하는 교정의료 서비스 제공과 관련된 문제로 주목받고 있다. 미국은

---

113 AIDS는 HIV감염의 마직막 단계를 의미하는 의학적 용어이다.
114 독일의 감염병 예방을 위한 법률(IfSG) 제36조 제4항 제7절은 행형시설에 수용된 사람에 대하여 감염성 질병에 대한 의사의 진찰을 수인할 것을 명문으로 의무지우고 있다(클라우스 라우벤탈 저/신양균·김태명·조기영 역, 앞의 책(2010년), 423쪽).
115 허주욱, 앞의 책(2010년), 407쪽.

국가가 민간의료제공업자와 계약을 체결하여 교정시설 의료서비스를 시행하고 있으며, 의료예산은 전체 교정예산의 15%를 차지하고 있다.[116]

교정의학은 박애주의자이자 감옥개량가인 존 하워드와 그의 동료인 퀘이커교도 의사 존 포더길(John Fothergill)에 의해 영국 빅토리아 시대에 가장 초보적인 형태로 시작되었다.[117] 1970년 이후 미국 연방법원에 의해 채택된 교정행정에 대한 광범위한 개입이론은 의료서비스와 위생조건을 포함한 구금환경을 개선하고 의료직원, 장비, 그리고 교도소와 교도소 의료서비스의 조직을 개선하기 위해 필요한 시설투자를 자극하였다. 이에 따라 미국에서는 의료와 전용 약국 등 수용자에 대한 포괄적인 의료서비스를 전문적으로 제공하는 교정의료서비스기업이 활동하고 있다. 1980년 이후 미국에서의 수용인원의 증가[118]는 교정의료산업의 확대로 이어졌고, 또 교정의료서비스의 민영화를 가져왔다. 미국 교정시설 의료서비스의 약 42%는 민간의료시설과 계약을 하고 있다.[119]

우리나라는 현재 수용자에 대한 교정의료서비스 제공에 있어 물리적, 제도적, 환경적 제약요인이 많아 의료인력의 확보, 의료교도소 도입, 의료장비의 확충과 현대화 등에 있어서 제자리걸음을 하고 있다. 이와 같은 한계를 극복하기 위해 미국의 교정의학에 대한 접근방법을 참고하는 것도 하나의 해결방안이 될 수 있다.

---

116 허주욱, 앞의 책(2010년), 415쪽.
117 http://en.wikipedia.org/wiki/Correctional_medicine(2011년 8월 17일 10:00 접속).
118 자세한 내용은 藤本哲也/금용명 역, 美國에서의 矯導所 人口의 增加와 그 原因 － 미국 범죄학회의 전미범죄백서를 중심으로 － 교정, 2004년 4월호, 80~122쪽 참조.
119 http://www.cmsstl.com/Evolution_of_Correctional_Health_Care.aspx(2011년 8월 17일 14:00 접속).

제 5 장 외부교통

제 1 절 서론

1. 의의

수용자는 구금으로 인하여 외부와의 상호작용 및 의사소통에 제한을 받게 된다. 즉 자유형을 집행 중인 자는 형의 개시와 함께 그때까지 유지하고 있었던 사회적 관계로부터 단절된 상태에서 구금시설에서 다른 수용자와 함께 생활하면서 사회화 과정을 보내야 한다. 그러나 자유사회에서 범죄행동을 하지 아니하고 책임있는 생활을 할 수 있는 능력을 습득하는 것은 외부와 격리된 상태에서는 성공할 가능성은 크지 않다. 결국은 수용자는 사회와의 교류 속에서 사회생활에 필요한 행동양식을 습득하는 것에 성공할 가능성이 높다. 따라서 수용기간 동안 이에 상응하는 상호교류분야를 만들어 낼 필요가 있다.

오늘날 교정의 목표는 수형자의 교화개선과 사회복귀라고 하는 사고가 일반적으로 받아들여지고 있으며, 각국에서는 수형자가 외부와 교류하는 제도를 만들고 이를 사회적응수단으로 활용하고 있다.[120] 이러한 외부교통은 좁은 의미로는 수형자가 접견, 편지 및 전화통화 등을 통해 가족 등과 교통하는 것을 말하고 넓은 의미로는 신문, 잡지 및 방송매체 등을 통하여 외부정보를 알 수있는 각종 방법을 포함하여 귀휴, 외부통근, 교정위원과의 상담 등 외부와 접촉할 수 있는 모든 수단을 포함한다.[121]

수용자는 외부교통을 통해 사회적 인간로서의 본성을 유지하고, 가족관계의 유지를 통해 안정된 수용생활을 할 수 있으며, 사회와의 일정한 관계를 유지함으로써 출소후 사회생활에 잘 적응할 수 있으므로 결국 외부교통은 재범방지의 효과를 거둘 수 있는 방법이다. 그러나 수형자를 구금하는 목적은 자유

---

120 일본의 형사수용시설법은 '사회로부터의 격리'에서 '사회와의 관계유지'에로 발상을 전환하여 외부교통을 사회복귀에 도움이 되는 것으로 적극적으로 파악하고 그 의의를 명문화하는 한편 '외부교통의 제한을 제약하는 기능을 담당하는' 해석원리가 되었다(小池振一郎, 刑事施設·受刑者處遇法成立の意義, 法律のひろば, 2005년 8월호, 48쪽 및 51쪽).

121 배종대·정승환, 앞의 책(2002년), 205쪽/이백철, 앞의 책(2020년), 626쪽.

형의 집행이며 자유형은 형벌의 본질상 수형자의 외부교통을 불가피하게 제한하지만, 외부교통을 폭넓게 인정할수록 시설의 질서와 보안의 문제가 발생할 개연성이 높아진다. 또한 외부교통을 일정한 범위 내에서 제한하는 필요성은 헌법이 보장하는 알권리·표현의 자유·통신의 자유 등과 같은 국민의 기본권과 충돌하기 때문이다. 따라서 수형자에게 통신의 자유를 구체적으로 어느 정도 인정할 것인가의 기준은 기본적으로 국가의 입법정책에 맡겨져 있다.[122]

외부교통의 허용기준과 관련하여 헌법에 따른 제한원리 가운데 '명백하고 현존하는 위험의 원리'를 원용하여 시설의 유지·관리에 위험을 초래하는 경우에만 제한이 가능하다고 보는 견해와 명백하고 현존하는 위험의 정도에 이르지 않더라도 교도소장의 판단·재량에 따라 제한이 가능하다는 견해가 있다.[123] 그러나 외부교통은 시설의 안전이나 질서유지를 위해 반드시 제한할 필요가 있는 경우가 아니면 폭넓게 인정하는 것이 바람직하며, 그 제한은 법률에 의해서만 가능하다는 것이 일반적인 견해이다. 유엔최저기준규칙은 외부교통에 대하여 '수용자에게는 필요한 감독 하에 일정 기간마다 가족 또는 친지와의 의사소통이 첫째 편지 또는 통신, 전자, 디지털 등의 수단을 통한 의사소통, 둘째 접견의 방법으로 이루어져야 한다(제58조 제1항).'고 규정하고 있다.

이 장에서는 외부교통 가운데 접견, 편지, 전화통화에 대하여 논하고 도서비치, 신문·잡지·도서의 구독, 라디오 청취 및 텔레비전 시청, 집필에 대해서는 종교와 문화에서 장에서 기술한다.

2. 외부교통이 수용자에게 미치는 효과

외부교통은 행형의 인도적, 인간적 관계형성을 위한 기본원칙에서 필연적

---

122 수형자의 교화·갱생을 위하여 서신수발의 자유를 허용하는 것이 필요하다고 하더라도, 구금시설은 다수의 수형자를 집단으로 관리하는 시설로서 규율과 질서유지가 필요하므로 수형자의 서신수발의 자유에는 내재적 한계가 있고, 구금의 목적을 달성하기 위하여 수형자의 서신에 대한 검열은 불가피하다. 현행 법령과 제도하에서 수형자가 수발하는 서신에 대한 검열로 인하여 수형자의 통신의 비밀이 일부 제한되는 것은 국가안전보장·질서유지 또는 공공복리라는 정당한 목적을 위하여 부득이할 뿐만 아니라 유효적절한 방법에 의한 최소한의 제한이며 통신의 자유의 본질적 내용을 침해하는 것이 아니다(헌재 1998. 8. 27. 96헌마398).
123 배종대·정승환, 앞의 책(2002년), 206쪽.

으로 발생한다.[124] 특히 접견과 편지수수의 자유는 인간존재의 생물학적·정신적 발달을 위한 기본적인 전제이고, 그 보장이 시설 내 긴장완화에 도움이 될 뿐만 아니라 수형자의 원활한 사회복귀에 있어 불가결한 요소이며 더구나 교정시설 내부와 외부를 연결하는 통로로 행형밀행주의 극복에도 도움이 되는 유효한 수단이다.

외부교통은 수용자에게 다음과 같이 여러 가지 긍정적인 영향을 주어 결국 사회복귀에 많은 도움이 된다.

첫째, 수용자가 외부사회와 교류하는 것은 최소한 시설 내 생활을 일반사회의 생활과 부분적으로 동일화하는 데 도움이 된다. 또한 다른 사람과의 대화를 희망하고 이에 의존하는 인간은 사회 내에서 자신이 가지고 있었던 관계를 유지할 수 있는 가능성을 가지고 있다.

둘째, 외부교통은 자유박탈로 인해 초래된 나쁜 영향을 방지할 수 있다. 자유박탈은 단순히 수형자를 그와 관계하는 사람이나 가족 등으로부터 멀어지게 하는 것만은 아니다. 시설 내에 있다는 사실은 형기에 비례하여 사회 그 자체로부터 점점 더 멀어지게 된다. 그리고 시설 내에서의 사회적 관계는 감각영역에서의 장애를 초래하고 수형자의 지각능력을 제약하는 한편, 그와 같은 일상생활은 자기동일성을 침해하고 정신기능에도 영향을 미친다. 그러나 수형자는 사람들과의 접촉을 통하여 사회적인 사건에 관여하고 이는 곧 수형자의 전달능력의 퇴화를 방지하는 데 도움이 된다.[125] 뿐만 아니라 외부와의 사회적 접촉의 길을 여는 것은, 수형자 상호간 접촉하는 기회가 전적으로 시설 내만으로 제한된 결과로서 발생하고 사회화에 유해한 교도소화에의 영향을 방지하는 방향으로도 작용한다. 즉 사회와의 관계를 계속적으로 유지하고 사회에서 생활하고 있는 사람과 동등한 정보를 얻는 것은 수형자의 사회복귀에 있어 커다란 의미를 가진다.

셋째, 인간관계를 유지하거나 또는 이것을 새롭게 형성하는 기회가 있다는 것은 결국 행형목적이 의미하는 사회에의 재편입의 기회를 높인다. 격리를 완화하는 것은 수형자에 대하여 자유사회에서의 문제상황을 극복하기 위한 적

---

124 클라우스 라우벤탈 저/신양균·김태명·조기영 역, 앞의 책(2010년), 280쪽.
125 클라우스 라우벤탈 저/신양균·김태명·조기영 역, 앞의 책(2010년), 281쪽.

절한 전략을 서서히 습득하는 것을 가능하게 한다. 또한 행형의 완화는 장기형 수형자에 대하여 사회에 나갈 경우에 사전에 시간적인 차이를 극복하는 처우 프로그램을 제공할 수 있지만 그것은 외부와의 인간적 접촉을 개선할 뿐만 아니라 끝이 없다고 생각되는 시간의 경고에 구분을 주고 그것에 의해서 시간적 부인(否認)을 극복하는 데에도 기여한다.[126]

넷째, 수용자는 사회로부터 격리되어 있기 때문에 고독감을 가지고 정신적으로 불안정하기 쉽지만 외부교통은 일반사회의 사람과 인간관계를 가지고 사회의 모습을 아는 것을 가능하게 하여 수용자에게 정신적인 안정감을 줄 수 있다.

특히 수형자가 석방 후의 자유로운 생활을 준비하는 데 있어서 접견, 편지수수, 전화통화, 귀휴제도 등의 방법을 통해 가족 등과의 유대를 강화하는 것 이상의 더 좋은 방법은 없다.

제 2 절 접견

1. 서

접견이란 수용자가 가족, 친지, 지인 등 사회 내에 있는 일반인과 면접교담하는 것을 말한다.[127] 여기에는 변호인과의 접견을 포함하는 개념이다. 신체의 자유가 박탈된 수용자에게 있어 접견은 편지의 수발과 함께 외부교통의 중요한 수단이자 방법이다.

접견은 수용자에게 구금생활로 인한 폐쇄적인 정서를 완화하고, 심리적 안정을 도모하며 나아가 사회적응력을 향상시키기 위한 제도이다. 즉 가족과 친구 등이 정기적으로 수용자를 방문하는 것은 가족관계와 공동체를 유지하는 데 도움을 주고 구금에 의한 부정적인 심리적인 부담을 줄여주며 석방 후에 성공적인 사회복귀를 위한 중요한 행동양식을 심어준다. 또한 접견은 수용자에게 삶에 대한 희망을 주고 수용관리 문제를 해소하는데 도움을 준다. 뿐만 아니라 변호인과의 접견은 미결수용자의 방어권보장을 위해 보장되는 헌법상

---

126 클라우스 라우벤탈 저/신양균·김태명·조기영 역, 앞의 책(2010년), 281쪽.
127 허주욱, 앞의 책(2013년), 376쪽/신양균, 앞의 책(2012년), 188쪽.

의 기본권이다.

수용자와 접견하는 사람의 범위에 대해서는 형집행법에서 특별히 제한하고 있지 아니하므로 친족이 아닌 일반인과 원칙적으로 접견이 허용된다. 사람이 만나서 이야기를 할 기회나 사람과의 사이에서 통신할 기회를 아무런 이유도 없이 박탈당하지 아니할 권리는 기본적 인권의 하나라고 생각되기 때문에 접견과 편지의 수발은 단순히 은혜적인 조치로 이해하는 것은 타당하지 아니하고 헌법에서 보장된 수용자의 권리라고 보아야 한다.[128]

특히 형사피고인이나 형사피의자와 변호인과의 접견제한은 인정되지 아니한다(형소법 제34조 및 제91조). 헌법재판소는 변호인의 조력을 받을 권리가 수형자의 경우에도 그대로 보장되는지에 대하여, 변호인의 조력을 받을 권리에 대한 헌법과 법률의 규정 및 취지에 비추어보면 형사절차가 종료되어 교정시설에 수용 중인 수형자는 원칙적으로 변호인의 조력을 받을 권리의 주체가 될 수 없다고 판시하였다.[129]

특히 수형자에게 접견은 사회와의 단절을 막고 출소 후 원활한 사회복귀를 도모함에 있어서도 중요한 역할을 한다. 수형자의 접견교통권의 성질과 관련하여 헌법재판소는 '수형자가 갖는 접견교통권은 가족 등 외부와 연결될 수 있는 통로를 적절히 개방하고 유지함으로써 가족 등 타인과 교류하는 인간으로서의 기본적인 생활관계가 인신의 구속으로 완전히 단절되어 정신적으로 황폐하게 되는 것을 방지하기 위하여 반드시 보장되지 않으면 안 되는 인간으로서의 권리에 해당되므로 성질상 헌법상의 기본권에 속한다. 이러한 수형자의 접견교통권은 비록 헌법에 열거되지 아니하였지만 헌법 제10조의 행복추구권에 포함되는 기본권의 하나로서의 일반적 행동자유권으로부터 나온다고 할 것이다.'라고 하여 헌법상의 기본권에 속한다고 판시하였다.[130]

2. 접견권 제한

수형자의 접견교통권은 구금관계의 목적과 성질 및 기능에 따라 제한이

---

128 川出敏裕·金光旭, 앞의 책(2018년), 208쪽.
129 헌재 1998. 8. 27. 96헌마398/헌재 2004. 12. 16. 2002헌마478.
130 헌재 2009. 9. 24. 2007헌마738.

가능하고, 제한하는 경우에는 최소한 법률에 그 근거가 있어야 한다. 접견제한에 대한 구체적인 한계는 헌법 제37조 제2항에 따라 법률에 의하여 자유·권리의 내용과 성질, 그 제한의 태양과 정도 등을 교량하여 설정하게 되며, 수용시설 내의 안전과 질서를 유지하기 위하여 이들 기본권의 일부 제한이 불가피하다 하더라도 그 본질적인 내용을 침해하거나 목적의 정당성, 방법의 적정성, 피해의 최소성 및 법익의 균형성 등을 의미하는 과잉금지의 원칙에 위배되어서는 안 된다.

형집행법은 '수용자는 교정시설의 외부에 있는 사람과 접견할 수 있으나 ① 형사법령에 저촉되는 행위를 할 우려가 있는 때, ② 「형사소송법」이나 그 밖의 법률에 따른 접견금지의 결정이 있는 때, ③ 수형자의 교화 또는 건전한 사회복귀를 해칠 우려가 있는 때, ④ 시설의 안전 또는 질서를 해칠 우려가 있는 때의 어느 하나에 해당하는 때에는 제한할 수 있다(법 제41조 제1항).'고 하여 제한사유를 법률로 규정하고 있다.

형사법령에 저촉되는 행위란 형벌법규에 규정한 범죄에 해당하는 경우로서 개인적 법익에 관한 범죄는 물론 국가적 또는 사회적 법익에 관한 범죄도 포함되며, 그와 같은 행위가 접견시에 이루어질 가능성이 있는 경우뿐만 아니라 접견 이후에 행해질 가능성이 있는 경우도 포함하는 것으로 보아야 할 것이다.[131]

한편, 구속된 피고인 또는 피의자의 다른 사람과의 접견권이 헌법상의 기본권이라고 하더라도 국가안전보장, 질서유지 또는 공공복리를 위하여 필요한 경우에는 법률로 제한할 수 있음은 헌법 제37조 제2항의 규정에 의하여 명백하며 구체적으로는 접견을 허용함으로써 도주나 증거인멸의 우려 방지라는 구속의 목적에 위배되거나 또는 구금시설의 질서유지를 해칠 현저한 위험성이 있는 때와 같은 경우에는 구속된 피고인 또는 피의자의 접견권을 제한할 수 있다.[132] 그리고 변호인과의 면회라 하더라도 형사시설의 인적·물적 설비능력의 제약 아래에 실시되는 것이기 때문에 면회시간대 등과 같은 일정한 관리

---

131 신양균, 앞의 책(2012년), 189쪽.
132 대법원 1992. 5. 8. 1991누7552.

운영상의 제한은 당연하다.[133]

구속피고인의 변호인 면접·교섭권의 위와 같은 중요성은 독자적으로 존재하는 것이 아니라 국가형벌권의 적정한 행사와 피고인의 인권보호라는 형사소송절차의 전체적인 체계 안에서 의미를 갖고 있는 것이다. 따라서 구속피고인의 변호인 면접·교섭권은 최대한 보장되어야 하지만, 형사소송절차의 위와 같은 목적을 구현하기 위하여 제한될 수 있다. 다만 이 경우에도 그 제한은 엄격한 비례의 원칙에 따라야 하고, 시간·장소·방법 등 일반적 기준에 따라 중립적이어야 한다(헌재 2009. 10. 29. 2007헌마992).

헌법재판소는 '집사(執事)변호사 등을 이용한 변호사 접견의 악용 가능성은 수형자의 교화 또는 건전한 사회복귀를 해칠 우려가 있는 때, 시설의 안전 또는 질서를 해칠 우려가 있는 때 등의 사유가 있는 경우에는 수형자의 접견을 제한하거나 중지할 수 있도록 하고 있는 형집행법 제41조 제1항, 제42조 등의 현행 규정에 의해서도 얼마든지 예방가능하다.'라고 판시하였다.[134]

금치 징벌의 목적 자체가 징벌실에 수용하고 엄격한 격리에 의하여 개전을 촉구하고자 하는 것이므로 접견·서신수발의 제한은 불가피하며, 행형법시행령 제145조 제2항은 금치기간 중의 접견·서신수발을 금지하면서도, 그 단서에서 소장으로 하여금 "교화 또는 처우상 특히 필요하다고 인정되는 때"에는 금치기간 중이라도 접견·서신수발을 허가할 수 있도록 예외를 둠으로써 과도한 규제가 되지 않도록 조치하고 있으므로, 금치 수형자에 대한 접견·서신수발의 제한은 수용시설 내의 안전과 질서 유지라는 정당한 목적을 위하여 필요·최소한의 제한이다(헌재 2004. 12. 16. 2002헌마478).

3. 접견 상대방

형집행법은 '수용자는 교정시설의 외부에 있는 사람과 접견할 수 있다(법 제41조 제1항).'고 규정하여 원칙적으로 상대방에 대한 제한을 하지 않고 있다. 교정시설의 외부에 있는 사람이라도 예컨대 교정위원이 수용자의 신앙지도, 전문교육, 의료처우, 취업 및 창업 등을 위한 상담, 강의, 처우 등을 하는 경우와 외부의사가 시설 내에 들어와서 진료를 하는 경우 또는 보호관찰관이나 갱생보호위원 등이 가석방대상자 등에 대한 교육을 위해 수용자와 만나는 경우

---

133 鴨下守孝, 앞의 책(2006년), 107~108쪽.
134 헌재 2015. 11. 26. 2012헌마858, 변호인접견불허 위헌확인.

등은 접견에 해당되지 아니한다.[135] 또한, 순회점검을 하고 있는 순회점검공무
원, 시찰 또는 참관을 위해 방문한 판사와 검사 및 참관인 등도 마찬가지이다.
그리고 교정시설 내에 있는 수용자 간에는 접견이 허용되지 아니한다. 여기서
교정시설이라 함은 동일 교정시설은 물론이고 다른 시설도 포함한다고 보아야
한다.

한편 수용자와 변호인과의 접견은 헌법상 보장된 체포 또는 구속된 자에
대한 변호인의 조력을 받을 권리(헌법 제12조 제4항) 및 피고인 또는 피의자의
변호인 선임권(형소법 제30조 제1항)과 관련이 있다. 형집행법은 변호인과의 자
유로운 접견을 보장하기 위해 미결수용자와 변호인(변호인이 되려고 하는 사람을
포함한다.)과의 접견에 대해서는 교도관의 참여를 금지하고, 접견의 시간과 횟
수를 제한하지 못하도록 규정하고 있다(법 제84조 제1항, 제2항). 그리고 형사사
건으로 수사 또는 재판을 받고 있는 수형자와 사형확정자에 대하여는 미결수
용자와 변호인과의 접견, 편지수수에 관한 규정을 준용하여(법 제88조) 수형자
와 사형확정자가 별개의 형사사건으로 수사나 재판을 받고 있는 경우에 그 사
건과 관련하여 미결수용자의 지위를 가지게 되므로 당해 형사사건에 방어권
보장을 위해 변호인과의 자유로운 접견을 보장하고 있다.

4. 접견실시

가. 접견실시

형집행법은 일정한 사유가 있는 경우에 수용자의 접견에 교도관을 참여시
키고 접견의 횟수 · 시간 · 장소 · 방법 및 접견내용의 청취 · 기록 · 녹음 · 녹화
등에 대해서 필요한 사항을 대통령령으로 정하도록 하고 있다(법 제41조 제4항,
제6항). 그리고 접견을 실시하는 경우에는 수용자와 그 상대방에게 접견 시 유
의사항을 방송이나 게시물 부착 등 적절한 방법으로 알려주도록 하고 있다(법
시행령 제61조).

수용자와 교정시설 외부의 사람이 접견하는 경우에 접견내용이 청취 · 녹
음 또는 녹화될 때에는 외국어를 사용해서는 아니되며, 다만 국어로 의사소통
하기 곤란한 사정이 있는 경우에는 외국어를 사용할 수 있고, 이 경우 소장은

---

135 신양균, 앞의 책(2012년), 190쪽.

필요하다고 인정되면 교도관 또는 통역인으로 하여금 통역하게 할 수 있다(법 시행령 제60조).

교도관은 수용자의 접견, 편지수수, 전화통화 등의 과정에서 수용자의 처우에 특히 참고할 사항을 알게 된 경우에는 그 요지를 수용기록부에 기록하도록 하여(법 시행령 제71조) 처우에 참고하도록 하고 있다.

수용자가 접견할 수 있는 민원인은 회당 3인 이내로 하고, 다만 소장이 필요하다고 인정하면 해당 교정시설의 접견실 규모 등을 고려하여 그 인원을 5명까지 증가시킬 수 있다(수용관리업무지침 제99조).

나. 접견내용의 청취 · 기록 · 녹음 · 녹화 · 제공

1) 접견시 교도관 무입회 원칙

구행형법상에는 접견시 교도관이 참여하여 접견내용 등을 기록하게 할 수 있도록 하고, 예외적인 경우에 한하여 면담요지의 기록 및 교도관의 참여없이 접견할 수 있도록 하였다(구 행형법 제18조 제3항).

형집행법은 접견시 교도관이 입회하지 않는 것을 원칙으로 하고 다만 ① 범죄의 증거를 인멸하거나 형사법령에 저촉되는 행위를 할 우려가 있는 때, ② 수형자의 교화 및 건전한 사회복귀를 위하여 필요한 때, ③ 시설의 안전과 질서유지를 위하여 필요한 때의 어느 하나에 해당하는 때에는 교도관으로 하여금 접견내용을 청취 · 기록 · 녹음 또는 녹화하게 할 수 있도록 하였다(법 제41조 제4항). 헌법재판소는 이와 같은 사유가 있는 경우에 접견내용을 청취, 기록, 녹음 또는 녹화하게 할 수 있도록 한 것은 구금시설의 기본적인 역할인 수용자의 신체적 구속 확보 및 수형자의 교화와 교도소 내의 수용질서 및 규율 유지를 위한 것으로서, 그 목적의 정당성 및 수단의 적절성이 인정된다고 하면서 수형자와 변호사와의 접견내용에 대한 녹음, 녹화에 대해서는 접견의 목적이나 접견의 상대방 등을 고려할 때 녹음, 기록이 허용되어서는 아니될 것임에도 이를 녹음, 기록한 행위는 청구인의 재판을 받을 권리를 침해한다고 판시하였다.[136]

형집행법 및 동법 시행령 어느 곳에도 소장이 특정 수용자를 장기간에 걸쳐 일반적이고 포괄적인 접견제한조치 대상자로 지정함으로써 그 수용자의 접견시에는 언제든지 교도관으로 하여금 접견참여 및 접견내용을 청취·기록·녹음·녹화할 수

---

136 헌재 2013. 10. 2. 2011헌마398, 접견교통권방해 등 위헌확인.

있도록 허용하는 근거규정은 없다. 그럼에도 수용자를 그 수용기간 동안 상시적·일반적으로 교도관의 접견참여 및 그 접견내용을 청취·기록·녹음·녹화 대상자로 지정함으로써 그 접견 상대방을 불문하고 어떠한 상황에서도 원고의 접견에는 교도관이 참여하고 접견내용을 청취·기록·녹음·녹화하도록 하는 것은 법률에서 예정하고 있는 범위를 넘어서 수용자에 대하여 접견의 자유를 과도하게 제약하는 조치이다(대전고등법원 2013. 9. 5. 2013누527 / 대법원 2014. 2. 13. 2013두20889 상고기각).

접견상황을 파악하는 등 필요가 있는 경우에 접견내용을 청취, 기록하기 위해서는 직원이 접견에 입회하여야 하지만 직원이 있다는 그 자체만으로 심리적인 압박이 되고, 수형자 처우의 적절한 실시 등의 관점에서 접견상황을 모두 파악할 필요는 없는 점 등의 이유로 녹음·녹화로 충분한 경우에는 직원의 입회가 아닌 녹음·녹화에 의하는 것이 바람직하다.[137]

2) 녹음·녹화 사실의 사전고지

녹음·녹화하는 경우에는 사전에 수용자 및 그 상대방에게 그 사실을 알려주어야 한다(법 제41조 제5항). 녹음·녹화하는 경우에 대화의 내용에 대한 비밀이 보장되지 않음을 알도록 함으로써 프라이버시를 보호하고 불필요한 대화 등을 방지하기 위한 것이다. 소장은 접견내용의 청취·기록을 위하여 교도관에게 ① 변호인과 접견하는 미결수용자와 ② 소송사건의 대리인인 변호사와 접견하는 수용자를 제외한 수용자의 접견에 참여하게 할 수 있으며, 특별한 사정이 없으면 교도관으로 하여금 수용자와 그 상대방에게 접견내용의 녹음·녹화 사실을 수용자와 그 상대방이 접견실에 들어가기 전에 미리 말이나 서면 등 적절한 방법으로 알려주게 하여야 한다(법 시행령 제62조 제1항, 제2항). 헌법재판소는 '수형자에 대하여도 헌법소원이나 행정소송 등의 쟁송을 위해 변호사의 도움을 구하는 경우 그 변호사와의 접견에 있어서도 접견내용을 녹음, 녹화하여서는 아니된다.'라고 판시하였다.[138]

형집행법은 '미결수용자와 변호인(변호인이 되려고 하는 사람을 포함한다.)과의 접견에는 교도관이 참여하지 못하며 그 내용을 청취 또는 녹취하지 못한다.

---

137 林眞琴·北村篤·名取俊也 공저/안성훈·금용명 등 번역, 앞의 책(2016년), 546쪽.
138 수용생활 중 물의를 일으켜 엄중관리대상자로 지정되었다는 이유만으로 변호사와의 접견 내용을 녹음, 기록한 녹취행위는 수용자와 수용자가 제기한 헌법소원사건의 국선대리인인 변호사와의 접견권을 지나치게 제한한 것으로서, 수용자의 재판을 받을 권리를 침해하였다(헌재 2013. 10. 2. 2011헌마398, 접견교통권방해 등 위헌확인).

다만 보이는 거리에서 미결수용자를 관찰할 수 있다(법 제84조 제1항).'고 규정하고 있다.

> 헌법 제12조 제4항이 보장하고 있는 신체구속을 당한 사람의 변호인의 조력을 받을 권리는 무죄추정을 받고 있는 피의자·피고인에 대하여 신체구속의 상황에서 생기는 여러 가지 폐해를 제거하고 구속이 그 목적의 한도를 초과하여 이용되거나 작용하지 않게끔 보장하기 위한 것으로 여기의 "변호인의 조력"은 "변호인의 충분한 조력"을 의미한다. 변호인의 조력을 받을 권리의 필수적 내용은 신체구속을 당한 사람과 변호인과의 접견교통권이며 이러한 접견교통권의 충분한 보장은 구속된 자와 변호인의 대화내용에 대하여 비밀이 완전히 보장되고 어떠한 제한·영향·압력 또는 부당한 간섭없이 자유롭게 대화할 수 있는 접견을 통하여서만 가능하고 이러한 자유로운 접견은 구속된 자와 변호인의 접견에 교도관이나 수사관 등 관계공무원의 참여가 없어야 가능하다. 변호인과의 자유로운 접견은 신체구속을 당한 사람에게 보장된 변호인의 조력을 받을 권리의 가장 중요한 내용이어서 국가안전보장, 질서유지, 공공복리 등 어떠한 명분으로도 제한될 수 있는 성질의 것이 아니다(헌재 1992. 01. 28. 91헌마111).

3) 접견기록물 관리

접견시 작성된 접견녹취록은 접견자의 성명, 녹음일시 등을 기록함으로써 특정 개인을 식별할 수 있고 접견시 이루어지는 대화의 방식과 내용은 개인의 신분, 사회적 지위 등 인격주체성을 특정 짓는 사항으로서 그 개인의 동일성을 식별할 수 있게 하는 정보로서 개인정보라고 할 수 있다. 따라서 접견기록물을 철저히 관리하도록 하기 위하여 다음과 같이 규정하고 있다.

소장은 청취·녹음·녹화한 경우의 접견기록물에 대한 보호·관리를 위하여 접견정보취급자를 지정하여야 하고, 접견정보취급자는 직무상 알게 된 접견정보를 누설하거나 권한 없이 처리하거나 다른 사람이 이용하도록 제공하는 등 부당한 목적을 위하여 사용해서는 아니된다. 그러나 ① 법원의 재판업무 수행을 위하여 필요한 때 또는 ② 범죄의 수사와 공소의 제기 및 유지에 필요한 때의 사유로 접견기록물의 제출을 요청받은 경우에는 기록물을 제공할 수 있다(법 시행령 제62조 제3항, 제4항). 이때 소장은 녹음·녹화 기록물을 제공할 경우에는 접견정보취급자로 하여금 녹음·녹화기록물을 요청한 기관의 명칭, 제공받은 목적, 제공 근거, 제공을 요청한 범위, 그 밖에 필요한 사항을 녹음·녹화기록물

관리프로그램에 입력하게 하고, 따로 이동식 저장매체에 옮겨담아 제공한다
(법 시행령 제62조 제5항). 기록물 제공은 소장의 재량사항이므로, 위와 같은 필
요가 인정되는 경우라도 수용자나 접견상대방의 개인정보 및 프라이버시 보호
가 우선해야 할 경우에는 제출을 거부할 수 있다고 보아야 한다.[139]

다. 접견중지

교도관은 접견중인 수용자 또는 그 상대방이 ① 범죄의 증거를 인멸하거
나 인멸하려고 하는 때, ② 형집행법 제92조의 금지물품을 주고받거나 주고받
으려고 하는 때, ③ 형사법령에 저촉되는 행위를 하거나 하려고 하는 때, ④
수용자의 처우 또는 교정시설의 운영에 관하여 거짓사실을 유포하는 때, ⑤
수형자의 교화 또는 건전한 사회복귀를 해칠 우려가 있는 행위를 하거나 하려
고 하는 때, ⑥ 시설의 안전 또는 질서를 해하는 행위를 하거나 하려고 하는
때의 어느 하나에 해당하는 때에는 접견을 중지할 수 있다(법 제42조). 접견을
중지하는 경우에는 그 사유를 즉시 알려주어야 한다(법 시행령 제63조).

접견중지의 조치를 취하는 경우에는 물리적 강제력의 행사에 이르지 않는
범위에서 접견장소로부터 퇴거를 명거나 그 밖에 중지를 위한 조치를 취하
게 된다. 그러나 수용자 또는 접견상대방이 직원의 요구에 응하지 아니하는 경
우에는 법 제100조에 따른 조치로서 물리적인 강제력을 행사할 수 있다.[140]

교도관의 참여가 접견으로 인하여 예상될 수 있는 사태에 대처하기 위한
예방적 제한조치라면, 접견중지는 접견 과정에서 구체적인 문제가 발생했거나
발생할 개연성이 큰 경우에 이에 대처하기 위한 제한조치라고 할 수 있다.[141]

5. 접견시간, 횟수, 접견장소

가. 접견시간

접견은 매일(공휴일 및 법무부장관이 정한 날은 제외한다.)「국가공무원복무
규정」제9조에 따른 근무시간 내에서 실시하고, 변호인(변호인이 되려고 하는 사
람을 포함한다.)과 접견하는 미결수용자를 제외한 수용자의 접견시간은 회당

---

139 신양균, 앞의 책(2012년), 197쪽.
140 林眞琴·北村篤·名取俊也 공저/안성훈·금용명 등 번역, 앞의 책(2016년), 555쪽.
141 신양균, 앞의 책(2012년), 198쪽.

30분 이내로 한다(법 시행령 제58조 제1항, 제2항).[142] 그러나 수형자의 교화 또는 건전한 사회복귀를 위하여 특히 필요하다고 인정하면 접견시간대 외에도 접견을 하게 할 수 있고, 접견시간을 연장할 수 있다(법 시행령 제59조 제1항).

미결수용자의 방어권 보장을 위하여 미결수용자와 변호인 간의 접견은 시간과 횟수를 제한하지 아니한다(법 제84조 제2항).

> 형집행법은 제41조 제4항에서 '접견의 시간 등'에 관하여 필요한 사항을 대통령령으로 규정하도록 위임하면서도, 제84조 제2항에서는 "미결수용자와 변호인 간의 접견은 시간과 횟수를 제한하지 아니한다"고 하고 있어, 미결수용자와 변호인간의 접견에 있어 제한이 금지되는 '시간'의 의미가 무엇인지 문제된다. ① 형집행법은 수용자의 처우와 권리 이외에도 교정시설의 운영에 관하여 필요한 사항을 규정하는 것을 목적으로 하고 있고, ② 이에 따라 시설의 안전 또는 질서를 해칠 우려가 있는 등 일정한 경우에는 수용자의 접견 자체를 불허하고 진행 중인 접견도 금지할 수 있도록 규정하고 있으며, ③ 미결수용자와 변호인의 접견이라면 1년 365일 그리고 하루 중 어느 시각이라 하더라도(예컨대 심야 또는 이른 새벽) 접견이 이루어져야 한다거나 그 접견이 24시간을 넘어 몇일 동안 계속되어도 중단할 수 없다고 보는 것은 현실적으로 불가능하다는 점 등을 고려할 때, 형집행법 제84조 제2항에 의해 금지되는 접견시간제한의 의미는 접견에 관한 일체의 시간적 제한이 금지된다는 의미로 볼 수는 없고, 수용자와 변호인의 접견이 현실적으로 실시되는 경우, 그 접견이 미결수용자와 변호인의 접견인 때에는 미결수용자의 방어권 행사로서의 중요성을 감안하여 자유롭고 충분한 변호인의 조력을 보장하기 위해 접견시간을 양적으로 제한하지 못한다는 의미로 이해하는 것이 타당하다(헌재 2011. 5. 26. 2009헌마341).

나. 접견횟수

1) 일반접견횟수

수형자의 접견횟수는 매월 4회로 한다(법 시행령 제58조 제3항).[143] 그러나

---

142 형이 확정되어 자유형의 집행을 위하여 수용되어 있는 수형자는 미결수용자의 지위와는 구별되므로, "수용자의 접견시간은 30분 내로 한다"라는 구행형법시행령 제54조의 규정은 수형자에 대하여는 교정당국이 재량의 범위 내에서 수형자와 그 가족 등의 접견권을 나름대로 보장하면 족한 임의규정이라 할 것이어서 수형자에 대한 접견시간 부여 정도는 일반적 접견교통권의 본질을 침해하지 아니하는 범위 내에서 교도소장 등 관계 행정청의 재량에 속한다고 볼 것이다(헌재 2009. 9. 24. 2007헌마738, 화상접견시간단축위헌확인).

143 수형자는 형사소송절차 중에 있는 미결수용자와는 신분이 다르며, 수형자에게도 민사 행정 등의 소송계속 여부와는 관계없이, 접견횟수제한과 무관하게 접견이 허용된다고 하면 소송을 빙자하여 변호사접견을 하려는 수용자를 제지할 수 없게 되어 수형자의 접견횟수를 제

① 19세 미만인 때, ② 교정성적이 우수한 때, ③ 교화 또는 건전한 사회복귀를 위하여 특히 필요하다고 인정되는 때의 어느 하나에 해당하면 접견횟수를 늘릴 수 있다(법 시행령 제59조 제2항). 수형자의 접견시간 및 횟수를 제한하는 것은 교정시설 내의 수용질서 및 규율을 유지하고 수형자의 신체구속을 확보하기 위한 것으로 목적의 정당성이 인정된다. 수형자의 경우에는 경비처우급별로 접견허용횟수를 달리하여 개방처우급은 1일 1회, 완화경비처우급은 월 6회, 일반경비처우급은 월 5회, 중(重)경비처우급은 월 4회로 하고 있다(법 시행규칙 87조). 접견실의 설비나 동행에 종사하는 직원이 필요하며, 이와 같은 교정시설의 인적·물적 능력에는 한계가 있는 점에 근거한 관리운영상의 이유에서의 제한이지만 한편으로 수용자의 자발적인 노력을 통해 처우등급별 처우의 향상을 위한 것이기도 하다.

미결수용자의 접견횟수는 매일 1회로 하되, 변호인과의 접견은 그 횟수에 포함시키지 않는다(법 시행령 제101조).

수형자의 접견시간 및 횟수를 제한하는 것은 교정시설 내의 수용질서 및 규율을 유지하고 수형자의 신체적 구속을 확보하기 위한 것으로서 목적의 정당성이 인정되고, 소송대리인인 변호사와의 접견을 일반접견에 포함시켜 그 시간 및 횟수를 제한하는 것은 이러한 입법목적의 달성에 기여하므로 수단의 적절성 또한 인정된다(헌재 2015. 11. 26. 2012헌마858).

2) 수형자와 소송대리인인 변호사 사이의 접견

수형자와 소송대리인인 변호사 사이의 접견과 관련하여 구형집행법 시행령은 접견시간을 일반 접견과 동일하게 30분 이내로 제한하고, 접견횟수는 일반접견과 합하여 월 4회로 제한하였다. 헌법재판소는 '이는 목적이 서로 다른 소송대

한하는 규정의 취지를 몰각함은 물론 수용질서의 혼란을 야기할 수 있다. 따라서 이미 징역형이 확정되어 수형자로서 교도소에 수용된 자에게는 교정시설의 안녕이나 질서유지를 위하여 변호사와의 접견도 일반접견과 같이 보아 제한함은 불가피하다. ─중략─ 형이 확정되어 자유형의 집행을 위하여 수용되어 있는 수형자는 미결수용자의 지위와 구별되므로 접견의 빈도 등이 상당 정도 제한될 수밖에 없고, 수형자와 변호사와의 접견을 일반접견에 포함시켜 제한하더라도 접견횟수에 대한 탄력적 운용, 서신 및 집필문서 발송, 전화통화에 의하여 소송준비 또는 소송수행을 할 수 있으므로 피청구인의 접견불허처분이 헌법 제27조의 재판청구권 등 청구인의 헌법상 보장된 권리를 침해하는 것이라고 보기는 어렵다고 한 종전의 결정(헌재 2004. 12. 16. 2002헌마478)에 대하여 과잉금지원칙을 위반하여 수형자인 청구인의 재판청구권을 침해한다라고 변경하였다(헌재 2015. 11. 26. 2012헌마858).

리인인 변호사와의 접견 횟수와 가족, 친구 등과의 일반접견 횟수를 합산하다
보니, 수형자 스스로 소송상담이나 준비의 필요성을 예상할 수 없거나, 동시에
복수의 소송이 진행 중이어서 여러 건의 소송준비가 필요하거나 또는 사건이 복
잡하여 일정 시간 내에 여러 차례의 소송상담이나 준비가 필요한 경우에는 적시
에 변호사로부터 조력을 받지 못할 가능성이 있다. 수형자와 소송대리인인 변호
사 사이의 접견과 관련하여 접견시간을 일반 접견과 동일하게 30분 이내로 제한
하고 있고, 접견횟수는 일반접견과 합하여 월 4회로 제한하고 있는 규정은 과잉
금지원칙을 위반하여 수형자의 재판청구권을 침해한다.'[144]라고 판시하였다.

2016년 6월 28일 형집행법 시행령을 개정하여 수용자의 일반접견 외에 소송사
건의 대리인인 변호사와의 접견을 회당 60분으로, 월 4회 할 수 있도록 하면서 교
정시설의 장이 특히 필요하다고 인정하는 경우에는 접견 횟수와 시간을 늘릴 수 있
도록 하여(법 시행령 제59조의2), 수용자와 소송사건의 대리인인 변호사의 접견을 보
장하였다. 그 후 2019년 10월 22일 형집행법 시행령을 개정하여 종전에는 소송사건
의 대리인인 변호사와 접견하는 경우에만 별도의 접견 횟수와 시간을 규정하고 있
던 것을 앞으로는 「형사소송법」에 따른 상소권회복 또는 재심 청구사건의 대리인
이 되려는 변호사와 접견하는 경우에도 별도의 접견 횟수(사건 당 2회)와 시간(회당
60분)을 부여하여 수용자의 재판청구권을 보다 충실하게 보장하였다.

수용자가 ① 소송사건의 대리인인 변호사, ②「형사소송법」에 따른 상소
권회복 또는 재심 청구사건의 대리인이 되려는 변호사의 어느 하나에 해당하
는 변호사와 접견하는 시간은 회당 60분으로 한다(법 시행령 제59조의2 제1항).
그리고 수용자가 제1항 각 호의 변호사와 접견하는 횟수는 ① 소송사건의 대
리인인 변호사는 월 4회, ②「형사소송법」에 따른 상소권회복 또는 재심 청구
사건의 대리인이 되려는 변호사는 사건 당 2회에 따르되, 이를 제58조 제3항,
제101조 및 제109조의 접견 횟수에 포함시키지 아니한다(동조 제2항). 그리고
수용자가 「형사소송법」에 따른 상소권회복 또는 재심 청구사건의 대리인이 되
려는 변호사와 접견하는 경우에는 교정시설의 안전 또는 질서를 해칠 우려가
없는 한 접촉차단시설이 설치되지 않은 장소에서 접견하게 한다(동조 제3항).

소장은 소송사건의 수 또는 소송내용의 복잡성 등을 고려하여 소송의 준

144　헌재 2015. 11. 26. 2012헌마858, 변호인접견불허 위헌확인.

비를 위하여 특히 필요하다고 인정하면 접견시간대 외에도 접견을 하게 할 수 있고, 접견시간 및 횟수를 늘릴 수 있으며, 접견수요 또는 접견실 사정 등을 고려하여 원활한 접견사무 진행에 현저한 장애가 발생한다고 판단하면 접견시간 및 횟수를 줄일 수 있다. 이 경우 줄어든 시간과 횟수는 다음 접견 시에 추가하도록 노력하여야 한다(동조 제3항, 제4항).

다. 접견장소

접견은 원칙적으로 접촉차단시설이 설치된 장소에서 하도록 하고, 예외적으로 ① 미결수용자(형사사건으로 수사 또는 재판을 받고있는 수형자와 사형확정자를 포함한다.)가 변호인과 접견하는 경우와 ② 수용자가 소송사건의 대리인인 변호사와 접견하는 경우로서 교정시설의 안전 또는 질서를 해칠 우려가 없는 경우에는 접촉차단 시설이 설치되지 아니한 장소에서 접견하도록 하되, 수용자가 ① 미성년자인 자녀와 접견하는 등의 경우와 ② 그 밖에 대통령령으로 정하는 경우에는 접촉차단시설이 설치되지 아니한 장소에서 접견할 수 있다(법 제41조 제2항 및 제3항). 2019년 4월 23일 형집행법 개정을 통해 수용자가 미성년인 자녀와 접견하는 경우에 차단시설이 없는 장소에서 접견할 수 있도록 하여 미성년 자녀와의 접견에 대해 배려하였다.

여기서 '그 밖에 대통령령으로 정하는 경우'란 ① 수형자가 교정성적이 우수하거나 또는 교화 또는 건전한 사회복귀를 위하여 특히 필요하다고 인정되는 때에 해당하는 경우, ② 미결수용자의 처우를 위하여 소장이 특별히 필요하다고 인정하는 경우, ③ 사형확정자의 교화나 심리적 안정을 위하여 소장이 특별히 필요하다고 인정하는 경우의 어느 하나에 해당하는 경우를 말한다(법 시행령 제59조 제3항).

그 밖에 개방처우급 수형자에 대하여는 법무부장관이 정하는 바에 따라 접촉차단시설이 설치된 장소 외의 적당한 곳에서 접견을 실시할 수 있으며, 처우상 특히 필요하다고 인정하는 경우에는 그 밖의 수형자에 대하여도 이를 허용할 수 있다(법 시행규칙 제88조).

6. 화상접견 등

현재 실시되고 있는 접견방식 중에는 화상접견과 스마트접견이 있으며 이는 접견의 한 방식으로 가족 등의 편의를 위해 마련한 제도이다. 화상접견과 스마트접견[145]은 형집행법령에서 규정한 접견으로 본다(수계지침 제123조, 제131조).

화상접견이란 수용자의 가족 등이 거주지 인근 교정시설에서 원거리 교정시설에 수용되어 있는 수용자와 화상을 통해 서로 대화하는 접견방식을 말하며, 형사사법 관련 기관의 정보화사업의 일환으로 2000년부터 실시된 우리나라의 독창적인 제도이다.[146]

스마트접견이란 민원인의 스마트폰(태블릿PC 등 모바일 기기 포함) 또는 PC를 이용하여 화상으로 수용자와 민원인이 접견하는 것을 말한다(수계지침 제124조).[147] 이 방식의 접견은 스마트폰의 보급과 스마트폰의 화상통화기능을 이용함으로써 편리성과 활용성을 높이기 위해서 시행되었다. 스마트접견은 수형자에 한하여 실시하고 있으며, 접견상대방은 원칙적으로 수형자의 가족 중 ① 배우자, 직계혈족 및 형제자매, ② 직계혈족의 배우자, 배우자의 직계혈족 및 배우자의 형제자매에 해당하는 경우이다. 그러나 ① 수형자와 결연을 맺은 사람이나 위와 같은 가족이 없는 경우 그 밖에 가족에 준하는 사람, ③ 다른 교정기관의 교정위원, ④ 수형자의 월평균 접견횟수, 접견인의 주거지 및 수형자와의 관계 등을 고려하여 수형자의 교화 및 사회복귀를 위해 특히 필요한 경우에도 스마트접견을 하게 할 수 있다(동지침 제126조).

헌법재판소는 조직폭력수형자 및 마약류수형자에 대하여 인터넷접견 및 스마트접견 허가대상에서 제외한 근거인 「수용관리 업무지침」 및 스마트접견 세부시행계획(안)에 대한 헌법소원심판청구에서 '인터넷접견과 스마트접견은 직접 교정기관을 방문하여야 하는 일반접견이나 화상접견에 비해 보다 용이하게 접견할 수 있는 방법으로서 각 교정기관별로 스마트 영상전화기 등의 설비를 구비하여야 시행할 수 있는 시혜적인 조치로, 스마트접견 등의 신청권이 법률상 권리로서 수형자들에게 일반적으로 인정되는 것은 아니다. 조직폭력수형

---

145 스마트접견 실시 이전에는 인터넷 화상접견을 시행하였다. 인터넷 화상접견이란 수용자의 가족 등의 가정에 있는 인터넷 컴퓨터와 웹카메라 등을 이용하여 교정시설 내 수용자와 원격화상접견을 하는 제도로 2014년 시범실시를 거쳐 2015년부터 시행하였다.

146 2000년 수원교도소와 김천소년교도소 사이에 최초로 원격화상접견이 시범운영된 이래 2001년 각 교정기관으로 확대되었으며 그 후 2003년 3월부터 전국 교정기관에서 실시하고 있다.

147 스마트접견은 2015년 8월 31일 17개 교정기관에 1차적으로 시행한 후, 2015년 9월 21일 전국 교정기관에 확대 실시하였으며, 시스템 안정 및 제도정착을 위해 스마트접견을 일반접견의 횟수에 포함하지 않았다.

자에게 스마트접견을 불한하다고 하여 기존에 허용되던 일반접견 및 화상접견이 허용되는 횟수가 감소하거나 접견시간이 단축되는 등의 제한이 가해지는 것도 아니다.'라고 하였다.[148]

제 3 절 편지수수

1. 서

편지는 특정인이 특정인에게 의사나 사실을 전달하기 위한 문서로 특정의 여러 사람이 발신하는 문서나 특정의 여러 사람에게 발신하는 문서도 역시 편지이지만, 불특정인에게 의사나 사실 등을 전달하기 위한 문서는 편지가 아니다.[149]

편지수수(便紙授受)는 수용자가 편지를 통해 외부의 사람과 교통하는 것을 말하며 접견과 함께 수용자가 외부와 교통하는 중요한 수단이다. 구행형법은 편지수수를 소장의 허가사항으로 규정하고 있었으나,[150] 형집행법은 권리로 규정하고 대상이나 횟수 등에 대해 제한없이 인정하고 있다.[151] 그러나 형집행법령은 수용목적의 달성, 규율 및 질서의 유지, 관리운영상의 필요에 비추어 방치할 수 없는 위험이 발생할 상당한 개연성이 있다고 인정되는 경우에는 필요하고 합리적인 한도 내에서 편지수수를 제한할 수 있다는 취지 아래 편지수수 및 내용물 확인, 내용검열 및 금지 등에 대하여 구체적으로 규정하고 있다.

수용자 편지수수의 제한과 관련하여 헌법 제21조는 표현의 자유를 보장하고 검열을 금지하고 있으며, 통신의 비밀을 불가침의 권리로 규정하고 있는 헌법 제18조의 통신의 자유도 모든 사람에게 보장된 기본적 인권이기 때문에 개인의 통신의 비밀과 통신의 자유는 이에 우월하는 공공의 이익이 인정되는 경우가 아니면 제한되지 아니하고 동시에 그 경우에도 그 제한의 정도는 필요하고 합리적인 범위에 머물러야 한다. 헌법재판소는 접견과 서신의 수발(구행

---

148 헌재 2016. 4. 5. 2016헌마199.
149 林眞琴·北村篤·名取俊也 공저/안성훈·금용명 등 번역, 앞의 책(2016년), 613쪽.
150 수용자는 소장의 허가를 받아 다른 사람과 서신을 주고받을 수 있다(구행형법 제18조의2 제1항).
151 편지는 국민의 기본적 권리로서 각국의 헌법은 이를 명확히 규정하고 있는 경우로, 우리나라 헌법도 "모든 국민은 통신의 비밀을 침해받지 아니한다(헌법 제18조)"고 규정하였다(허주욱, 앞의 책(2010년), 372쪽 / 신양균, 앞의 책(2012년), 207쪽).

형법 제18조)에 대하여 '수형자가 수발하는 서신에 대한 검열로 인하여 수형자의 통신의 비밀이 일부 제한되는 것은 국가안전보장·질서유지 또는 공공복리라는 정당한 목적을 위하여 부득이 할 뿐만 아니라 유효적절한 방법에 의한 최소한의 제한이며, 통신의 자유의 본질적 내용을 침해하는 것이 아니어서 헌법에 위반된다고 할 수 없다.'고 판시하였다.[152]

2. 편지수수의 제한

수용자는 다른 사람과 자유롭게 편지를 주고받을 수 있으나 일정한 사유가 있을 때에는 편지수수를 제한할 수 있다. 즉 수용자는 ①「형사소송법」이나 그 밖의 법률에 따른 편지의 수수금지 및 압수의 결정이 있는 때, ② 수형자의 교화 또는 건전한 사회복귀를 해칠 우려가 있는 때, ③ 시설의 안전 또는 질서를 해칠 우려가 있는 때의 어느 하나에 해당하는 사유가 있으면 다른 사람과 편지를 주고받을 수 없다(법 제43조 제1항). 즉 편지의 수수가 금지되는 경우가 아니면 수용자는 다른 사람과 자유롭게 편지를 주고받을 수 있으며, 소장은 편지를 발송하거나 교부하는 경우에는 신속히 하도록 하고 있다.

그러나 위와 같은 규정에도 불구하고 같은 교정시설의 수용자 간에 편지를 주고받으려면 소장의 허가를 받아야 한다(법 제43조 제2항). 접견과는 달리 다른 시설 내에 수용자 사이에도 편지수수는 허용된다.

수용자가 보내거나 받는 편지는 법령에 어긋나지 않으면 횟수를 제한하지 않는다(법 시행령 제64조).

3. 편지내용물 확인

소장은 수용자가 주고받는 편지에 법령에 따라 금지된 물품이 들어있는지 확인할 수 있으며(법 제43조 제3항), 수용자의 편지에 법령으로 금지된 물품이 들어있으면 편지의 발신 또는 수신을 금지할 수 있다(동조 제5항). 법령으로 금지된 물품은 수형자의 개선을 위한 각종 처우에 방해되거나 또는 처우상 불필요하거나 시설의 안전과 질서를 해칠 우려가 있는 것으로서 법령에 규정된 것은 주류, 담배, 현금, 수표 등이 있다(법 제132조). 편지의 검사는 편지의 내용

---

152 헌재 1998. 8. 27. 96헌마398.

을 확인하는 검열과는 달리 편지에 금지된 물품이 들어있는지 여부를 확인하는 조치이므로 금지물품 확인을 위해 필요한 범위 내에서만 편지를 검사할 수 있다.[153]

편지 내용물의 확인 등을 위하여 수용자는 보내려는 편지를 봉함하지 않은 상태로 교정시설에 제출하도록 규정한 구형집행법시행령 제65조에 대하여 헌법재판소는 기본권 제한 규범이 지켜야 할 침해의 최소성 요건을 위반하고 있다고 판시하였다.[154]

교정시설의 안전과 질서유지, 수용자의 교화 및 사회복귀를 원활하게 하기 위한 보안검색이 필요하여 수용자로 하여금 보내려는 서신을 봉함하지 않은 상태로 제출하도록 하는 것이 필요하다고 하더라도 이와 같은 사실상의 검열로 인한 서신 교환의 위축 효과를 차단하기 위한 보다 덜 기본권 침해적인 수단들이 있다면 입법자는 이러한 수단들을 강구하여야 한다. 그런데 이 사건 시행령조항에 따른 방법이 아니라 보다 덜 기본권 침해적인 방법으로도 이 사건 시행령조항이 달성하고자 하는 목적은 충분히 달성될 수 있다. 예컨대, 교도관이 수용자의 면전에서 서신에 금지물품이 들어 있는지를 확인하고 수용자로 하여금 서신을 봉함하게 할 수도 있으며, 봉함된 상태로 제출된 서신을 X-ray 검색기 등으로 확인한 후 의심이 있는 경우에만 개봉하여 확인할 수도 있고, 조직폭력수용자·마약류수용자·관심대상수용자 등과 같이 교정시설의 안전과 질서유지를 위하여 다른 수용자와의 접촉을 차단하거나 계호를 엄중히 하여야 하는 수용자에 한정하여 무봉함 서신 제출 대상자를 정할 수도 있으며, 서신의 내용에 대한 검열이 허용되는 경우 등 일정한 경우에만 무봉함 상태로 서신을 제출하도록 할 수도 있을 것이다. 한편, 이 사건 시행령조항은, 법 제84조 제3항이 미결수용자와 변호인 간의 서신 검열을 원칙적으로 금지하고 있음에도 불구하고 미결수용자가 변호인에게 보내려는 서신조차도 봉함하지 않은 상태로 제출하도록 하는 여지를 줌으로써 수용자가 보내려는 모든 서신을 사실상 검열 가능한 상태에 놓이도록 하고 있다(헌재 2012. 2. 23. 2009헌마333).

위 헌법재판소의 결정에 따라 편지를 봉함하지 않은 상태로 교정시설에 제출하도록 하는 규정 내용을 다음과 같이 개정하였다. 수용자는 편지를 보내려는 경우 해당 편지를 봉함하여 교정시설에 제출하고, 다만 ① (ⅰ) 마약류사범·조직폭력사범 등 법무부령으로 정하는 수용자와 (ⅱ) 처우등급이 중(重)경

---

153 신양균, 앞의 책(2012년), 208쪽.
154 헌재 2012. 2. 23. 2009헌마333.

비시설 수용대상인 수형자가 변호인 외의 자에게 편지를 보내려는 경우, ②
수용자가 같은 교정시설에 수용 중인 다른 수용자에게 편지를 보내려는 경우,
③ 규율위반으로 조사 중이거나 징벌집행 중인 수용자가 다른 수용자에게 편
지를 보내려는 경우로서 법 제43조 제3항에 따른 금지물품의 확인을 위하여
필요한 경우에는 편지를 봉함하지 않은 상태로 제출하게 할 수 있다(법 시행령
제65조 제1항). 또한, 소장은 수용자에게 온 편지에 금지물품이 들어있는지 개
봉하여 확인할 수 있다(동조 제2항).

4. 편지내용 검열 및 수발신 금지

가. 편지내용 검열

수용자가 주고받는 편지에 대하여 검열을 하는 이유는 수용자가 편지를
이용하여 마약이나 범죄에 이용될 물건을 반입할 수 있고, 외부 범죄세력과 연
결하여 도주계획을 논의하거나 수용자끼리 연락하여 범죄행위를 준비하거나
시설 내의 상황에 대한 왜곡이나 허위사실유포 등 보안에 위협이 되는 사건을
논의할지도 모른다는 점 등이었다. 그러나 현재는 이러한 보안상의 이유만으
로 모든 우편물을 검열하는 것이 교도소 운영에 있어 정당화될 수 없다고 보
는 것이 일반적이다.[155] 그렇지만 보안상 위험도가 높게 평가된 수용자에 대하
여는 편지의 검열이나 수발신 금지를 하는 것이 필요한 경우가 있다.

형집행법은 수용자가 주고받는 편지는 검열을 받지 않는 것을 원칙적으로
하고, 다만 예외적으로 검열할 수 있는 사유를 열거하고 있다. 즉 수용자가 주
고받는 편지의 내용은 검열받지 아니하지만 ① 편지의 상대방이 누구인지 확
인할 수 없을 때, ② 「형사소송법」이나 그 밖의 법률에 따른 편지검열의 결정
이 있는 때, ③ 수형자의 교화 또는 건전한 사회복귀를 해칠 우려가 있는 내용
이나 시설의 안전 또는 질서를 해칠 우려가 있는 내용 또는 형사법령에 저촉
되는 내용 등이 기재되어 있다고 의심할 만한 상당한 이유가 있는 때,[156] ④ 대통

---

155 앤드루 코일 저, 장은명 역, 앞의 책(2003년), 117쪽.
156 통상 수용자들이 언론사에 서신을 보내면서 허위의 사실을 기재하는 등으로 기사 재료를
    제공하여 언론에 보도되게 함으로써 재판작용 및 교정행정에 부당한 압력을 행사하여 수용
    생활의 편의를 도모하거나 교도소 직원 등의 명예를 훼손하는 일이 발생할 수 있는데, 이는
    교도소 시설의 안전 또는 질서를 해칠 우려가 있는 경우 내지 형사 법령에 저촉되는 내용이
    기재된 경우에 해당한다고 할 것인바 이 사건 서신의 수신처가 언론사인 이상 교도소로서

령령으로 정하는 수용자간의 편지인 때의 어느 하나에 해당하는 사유가 있으면 검열할 수 있다(법 제43조 제4항). 소장은 수용자가 주고받는 편지가 위 각 호의 어느 하나에 해당하면 이를 개봉한 후 검열할 수 있다(법 시행령 제66조 제3항).

> 교도소 수용자로 하여금 제한 없이 서신을 발송할 수 있게 한다면, 서신교환의 방법으로 마약이나 범죄에 이용될 물건을 반입할 수 있고, 외부 범죄세력과 연결하여 탈주를 기도하거나 수용자끼리 연락하여 범죄행위를 준비하는 등 수용질서를 어지럽힐 우려가 많으므로 이들의 도주를 예방하고 교도소내의 규율과 질서를 유지하여 구금의 목적을 달성하기 위해서는 서신에 대한 검열이 불가피하며, 만약 국가기관과 사인에 대한 서신을 따로 분리하여 사인에 대한 서신의 경우에만 검열을 실시하고, 국가기관에 대한 서신의 경우에는 검열을 하지 않는다면 사인에게 보낼 서신을 국가기관의 명의를 빌려 검열 없이 보낼 수 있게 됨으로써 검열을 거치지 않고 사인에게 서신을 발송하는 탈법수단으로 이용될 수 있게 되므로 수용자의 서신에 대한 검열은 국가안전보장·질서유지 또는 공공복리라는 정당한 목적을 위하여 부득이 할 뿐만 아니라 유효적절한 방법에 의한 최소한의 제한이며, 통신비밀의 자유의 본질적 내용을 침해하는 것이 아니어서 헌법에 위반된다고 할 수 없다(헌재 2001. 11. 29, 99헌마713).

제4호의 대통령령으로 정하는 수용자 간의 편지는 ① 마약류사범·조직폭력사범 등 법무부령으로 정하는 수용자인 때, ② 편지를 주고받으려는 수용자와 같은 교정시설에 수용 중인 때, ③ 규율위반으로 조사 중이거나 징벌집행 중인 때, ④ 범죄의 증거를 인멸할 우려가 있는 때의 어느 하나에 해당하는 수용자가 다른 수용자와 편지를 주고받는 때에는 그 내용을 검열할 수 있다(법 시행령 제66조 제1항). 수용자 간에 오가는 편지에 대한 검열은 편지를 보내는 교정시설에서 하며, 다만 특히 필요하다고 인정되는 경우에는 편지를 받는 교정시설에서도 할 수 있다(동조 제2항). 소장은 편지의 내용을 검열했을 때에는 그 사실을 해당 수용자에게 지체 없이 알려주어야 한다(동조 제5항).

편지검열과 관련하여 헌법재판소는 '수형자의 교화·갱생을 위하여 서신수발의 자유를 허용하는 것이 필요하다고 하더라도, 구금시설은 다수의 수형자를 집단으로 관리하는 시설로서 규율과 질서유지가 필요하므로 수형자의 서

는 서신에 대하여 형집행법 제43조 제1항 제2호 또는 제3호에 해당하는 내용이나 형사법령에 저촉되는 내용이 기재되어 있다고 의심할 만한 상당한 이유가 있는 때에 해당한다고 할 것이다(대전지방법원 2012. 8. 23. 2012나100010).

신수발의 자유에는 내재적 한계가 있고, 구금의 목적을 달성하기 위하여 수형자의 서신에 대한 검열은 불가피하다. 현행 법령과 제도 하에서 수형자가 수발하는 서신에 대한 검열로 인하여 수형자의 통신의 비밀이 일부 제한되는 것은 국가안전보장·질서유지 또는 공공복리라는 정당한 목적을 위하여 부득이할 뿐만 아니라, 유효적절한 방법에 의한 최소한의 제한이며, 통신의 자유의 본질적 내용을 침해하는 것이 아니다.'[157]라고 하여 현행 법령과 제도 하에서 수형자에 대한 편지검열이 통신의 자유 등 기본권을 침해하지 않는다고 하였다.

나. 수신 및 발신 금지

소장은 법 제43조 제3항 또는 제4항의 단서에 따라 확인 또는 검열한 결과 수용자의 편지에 법령으로 금지된 물품이 들어있거나, 편지의 내용이 ① 암호·기호 등 이해할 수 없는 특수문자로 작성되어 있는 때, ② 범죄의 증거를 인멸할 우려가 있는 때, ③ 형사법령에 저촉되는 내용이 기재되어 있는 때, ④ 수용자의 처우 또는 교정시설의 운영에 관하여 명백한 거짓사실을 포함하고 있는 때, ⑤ 사생활의 비밀 또는 자유를 침해할 우려가 있는 때, ⑥ 수형자의 교화 또는 건전한 사회복귀를 해칠 우려가 있는 때, ⑦ 시설의 안전 또는 질서를 해칠 우려가 있는 때의 어느 하나에 해당하면 발신 또는 수신을 금지할 수 있다(법 제43조 제5항). 제4호의 수용자의 처우 또는 교정시설의 운영에 관하여 명백한 거짓 사실인지는 주관적 기준으로 판단하는 것이 아니라 여러 객관적인 사정에 비추어 일반인의 관점에서 판단하여야 할 것이다.[158]

> 서신에 '형사법령에 저촉되는 내용이 기재되어 있다고 의심할 만한 상당한 이유'가 있는지는 그 서신에 담긴 내용을 바탕으로 하여 판단하는 것이 아니라(서신은 검열을 하여야 그 내용을 알 수 있는데 위 '상당한 이유'에 대한 판단은 그러한 검열을 하기 전 단계에서 이루어지므로 애초에 서신의 내용을 바탕으로 이를 판단하는 것은 불가능하다.) 그 서신을 수신·발신하려고 하는 수용자의 평소 언행이나 이전의 서신 수신·발신 내역 및 형사법령에 저촉되는 내용의 기재 등 서신 수신·발신 금지사유에 해당하는 서신을 수신·발신한 전력이 있는 지 등 서신의 수신·발신을 둘러싼 여러 가지 주변사정을 종합적으로 고려하여 판단하는 것이다(서울행정법원 2017. 1. 10. 2016구합2588 / 대법원 2018. 3. 29. 2017두75231).

---

157 헌재 1998. 8. 27. 96헌마398.
158 서울중앙지방법원 2015. 8. 12. 2015나3203(대법원 2015. 12. 10. 2015다233067 확정).

하급심 판례는 '형사재판 계속 중인 자신의 범죄사실을 논픽션 형태로 하여 신문사에 연재할 목적으로 그 연재가능성을 타진하기 위한 것으로 만약 수용자의 의도대로 진행되어 형사재판 계속 중인 자신의 범죄사실이 논픽션 형태로 하여 신문사에 연재된다면, 비록 그것이 논픽션의 형태를 취하고 있더라도 그 연재물을 공범 내지 피고인의 가족 등이 알고, 재판계속 중인 형사사건과 관련하여 증거인멸을 시도할 수 있는 점, 수형자 자신이 겪은 과거의 인물들과 사건들의 묘사, 서술하는 과정에서 특정 개인의 사생활을 침해할 우려가 있는 점 등을 고려하면, 이 사건 편지에는 범죄의 증거를 인멸할 우려가 있는 때(법 제43조 제5항 제2호) 또는 사생활의 비밀 또는 자유를 침해할 우려가 있는 때(동항 제5호)의 서신발송 금지사유가 있다고 할 것이다.'라고 판시하였다.[159]

5. 편지의 처리와 비용부담

소장이 편지를 발송하거나 내어주는 경우에는 신속히 하여야 한다(법 제43조 제6항). 발신 또는 수신이 금지된 편지는 그 구체적인 사유를 서면으로 작성하여 관리하고, 수용자에게 그 사유를 알린 후 교정시설에 보관한다. 다만 수용자가 동의하면 폐기할 수 있다(동조 제7항).

또한 법원·경찰관서, 그 밖의 관계기관에서 수용자에게 보내온 문서는 다른 법령에 특별한 규정이 없으면 열람한 후 본인에게 전달하여야 한다(법 시행령 제67조). 관계기관에서 보내온 문서는 이혼, 사망 등 수용자의 처우와 관련이 있거나 이송 등의 준비를 할 필요가 있는 경우, 소송관계서류 등 소장이 그 내용을 미리 알고 대처할 필요가 있는 점을 고려한 것이다.[160]

소장은 수용자가 편지, 소송서류, 그 밖의 문서를 스스로 작성할 수 없어 대신 써 달라고 요청하는 경우에는 교도관이 대신 쓰게 할 수 있다(법 시행령 제68조).

비용부담과 관련하여 '수용자의 편지·소송서류, 그 밖의 문서를 보내는 경우에 드는 비용은 수용자가 부담하고, 다만 수용자가 그 비용을 부담할 수 없는 경우에는 예산의 범위에서 해당 비용을 지급할 수 있다(법 시행령 제69조).'고 규정하여 수용자의 자비부담을 원칙으로 하고 있다.

---

159 대전지방법원 2012. 8. 23. 2012나100010.
160 신양균, 앞의 책(2012년), 215쪽.

형집행법상 수용자가 주고받는 편지의 내용은 검열받지 아니한다는 원칙(법 제43조 제4항)과 관련하여 수용자의 소송관련 서류의 처리에 대하여 「수용구분 및 이송기록 등에 관한 지침」에서 자세히 규정하고 있다. 동 지침에 따르면 '수용자 소송관련 서류는 신속·정확하게 처리하여야 하고(동지침 제22조) 소장은 수용자로부터 상소장, 상소이유서, 상소포기서, 상소취하서 등 각종 소송서류를 제출받은 경우에는 소송서류 접수 및 전달부에 이를 등재하고, 법원 등 관계기관에 접수 또는 발송하여야 하며(동지침 제28조 제1항), 수용자가 제출하는 소송관계 서류를 관할법원 등 해당기관에 발송한 경우에는 그 복사본을 해당 수용자의 수용기록부에 편철하여야 한다. 다만, 반성문 또는 탄원서, 항소 및 상고이유서에 대하여는 소송서류 접수 및 전달부에 발송사실을 등재하고 그 복사본은 수용기록부에 편철하지 아니한다(동조 제2항).'고 규정하고 있다.

하급심 판례는 '수용자의 서류를 건네받은 교도관이 수용자가 제출한 서류가 소송서류임을 확인할 의무가 있다고 보기 어려우며, 서류를 건네받은 교도관이 그 내용물을 확인하지 않고 일반편지라고 생각하여 우편의 방법으로 법원에 발송하였다고 하더라도 형집행법 제43조가 규정하는 수용자의 서신에 대한 검열을 받지 아니할 권리의 보장이라는 취지에 비추어 보면 어떠한 위법이 있다고 보기 어렵다.'고 판시하였다.[161]

제 4 절 전화통화

1. 서

전화통화란 수용자가 소장의 허가를 받아 교정시설 구내에 설치된 공중전화로 외부의 사람과 직접 통화하는 것을 말한다. 접견이나 편지수수는 수용자의 외부교통을 위한 권리로서 인정받는 것과는 달리 형집행법은 수용자의 전화통화를 소장의 허가사항으로 규정하고 있다(법 제44조 제1항).

수용자의 전화통화는 1998년 4월부터 법무부훈령에 근거하여 시범적으로

---

161 대전지방법원 2012. 12. 11. 2012가단31983.

운영하다가 1999년 행형법 개정시 추가하였다. 전화통화는 수형자뿐만 아니라 미결수용자 등을 대상으로 허가할 수 있다. 전화통화는 수용자의 외부교통 수단 다양화에 기여하면서 외부교통의 효과를 높이고 있다고 평가되고 있다.

2. 전화통화의 실시

수용자는 소장의 허가를 받아 교정시설의 외부에 있는 사람과 전화통화를 할 수 있으며, 허가에는 통화내용의 청취 또는 녹음을 조건으로 붙일 수 있다(법 제44조 제1항, 제2항). 통화내용을 청취 또는 녹음하려면 사전에 수용자 및 상대방에게 그 사실을 알려주어야 한다(동조 제4항). 청취 또는 녹음을 조건으로 하고 있는 것은 수용자와 그 상대방의 프라이버시 보호와 보안의 정당한 필요성 사이에 균형을 유지할 필요가 있기 때문이다.

전화통화를 신청한 수용자에 대하여 ① 범죄의 증거를 인멸할 우려가 있을 때, ② 형사법령에 저촉되는 행위를 할 우려가 있을 때, ③ 「형사소송법」 제91조 및 같은 법 제209조에 따라 접견·편지수수 금지결정을 하였을 때, ④ 교정시설의 안전 또는 질서를 해칠 우려가 있을 때, ⑤ 수형자의 교화 또는 건전한 사회복귀를 해칠 우려가 있는 때의 어느 하나에 해당하는 사유가 없으면 전화통화를 허가할 수 있다. 그리고 전화통화를 허가하기 전에 전화번호와 수신자(수용자와 통화할 상대방을 말한다.)를 확인하여야 하며, 다만 수신자에게 위 각 호에 해당하는 사유가 있으면 전화통화를 허가하지 아니할 수 있다(법 시행규칙 제25조 제1항, 제2항).

3. 전화통화 횟수 및 이용시간

형집행법은 전화통화를 수용자에 대하여 실시한다고 규정하고 있으나, 전화통화 횟수에 대하여는 수형자에 대하여만 규정하고 있다. 즉 수형자의 전화통화를 처우등급별 처우의 하나로 규정하여 수형자의 자발적인 노력에 의한 개선을 촉구하고 있다. 따라서 수용자에 대하여는 전화통화의 신청이 있는 경우 전화통화를 허가할 수 없는 사유에 해당되지 아니하면 허가할 수 있다.

수형자의 전화통화 횟수는 경비처우급별로 개방처우급은 월 5회 이내, 완화경비급은 월 3회 이내, 일반경비급 및 중(重)경비급은 처우상 필요한 경우

월 2회 이내로 한다. 그러나 처우상 특히 필요한 경우에는 개방처우급이나 완화
경비처우급 수형자의 전화통화 허용 횟수를 늘릴 수 있다(법 시행규칙 제90조).

수용자의 전화통화는 매일(공휴일 및 법무부장관이 정한 날은 제외한다.)「국
가공무원 복무규정」제9조에 따른 근무시간 내에서 실시하는 것이 원칙이지
만, 소장은 평일에 전화를 이용하기 곤란한 특별한 사유가 있는 수용자에 대해
서는 전화이용 시간을 따로 정할 수 있다(법 시행규칙 제26조). 수형자가 외부통
근이나 전일근로로 인하여 평일에 전화통화를 할 수 없는 경우가 여기에 해당
한다.

전화통화는 1일 1회만 허용하고, 다만 처우상 특히 필요한 경우에는 그러
하지 아니하다(법 시행규칙 제90조 제3항). 통화시간은 특별한 사정이 없으면 3
분 이내로 한다(법 시행규칙 제25조 제3항). 전화통화요금은 수용자가 부담하는
것을 원칙으로 하지만, 교정성적이 양호한 수용자 또는 보관금이 없는 수용자
등에 대하여는 예산의 범위 내에서 요금을 부담할 수 있다(법 시행규칙 제29조).

4. 전화통화의 허가취소 및 중지

소장이 전화통화를 허가한 경우라도 ① 수용자 또는 수신자가 전화통화
내용의 청취·녹음에 동의하지 아니할 때, ② 수신자가 수용자와의 관계 등에 대한
확인요청에 따르지 아니하거나 거짓으로 대답할 때, ③ 전화통화 허가 후 시행규칙
제25조 제1항의 불허가 사유에 해당하는 사유가 발견되거나 발생하였을 때의 어느
하나에 해당할 때에는 전화통화의 허가를 취소할 수 있다(법 시행규칙 제27조).

수용자나 그 상대방이 범죄행위를 저지르거나 시설의 관리운영이나 수용
자 처우 등에 현저한 위험을 초래할 가능성이 있는 경우 전화를 중지할 수 있
도록 하고 있다. 즉 교도관은 전화통화 중인 수용자 또는 그 상대방이 ① 범죄
의 증거를 인멸하거나 인멸하려고 하는 때, ② 형집행법 제92조의 금지물품을
주고받거나 주고받으려고 하는 때, ③ 형사법령에 저촉되는 행위를 하거나 하
려고 하는 때, ④ 수용자의 처우 또는 교정시설의 운영에 관하여 거짓사실을
유포하는 때, ⑤ 수형자의 교화 또는 건전한 사회복귀를 해칠 우려가 있는 행
위를 하거나 하려고 하는 때, ⑥ 시설의 안전 또는 질서를 해하는 행위를 하거
나 하려고 하는 때의 어느 하나에 해당하면 전화통화를 중지할 수 있다(법 제

44조 제3항). 전화통화를 중지한 경우에는 그 사유를 즉시 알려주어야 한다(법 시행령 제70조).

5. 통화내용의 청취 · 녹음

소장은 전화통화 불허가 사유(형집행법 시행규칙 제25조 제1항 각호)에 해당하지 아니한다고 명백히 인정되는 경우가 아니면 통화내용을 청취하거나 녹음하고, 녹음기록물은「공공기록물 관리에 관한 법률」에 따라 관리하고 특히 녹음기록물이 손상되지 아니하도록 유의해서 보존하여야 한다.

교도관은 수용자의 전화통화를 청취하거나 녹음하면서 알게 된 내용을 누설 또는 권한 없이 처리하거나 타인이 이용하도록 제공하는 등 부당한 목적으로 사용해서는 아니되고, 소장은 ① 법원의 재판업무 수행을 위하여 필요한 때, ② 범죄의 수사와 공소의 제기 및 유지에 필요한 때의 어느 하나에 해당하는 경우에는 전화통화 녹음기록물을 관계기관에 제공할 수 있다(법 시행규칙 제28조).

제 6 장 종교와 문화

제 1 절 서론

형집행법은 '종교와 문화'에서 수용자의 종교행사 참석, 종교상담, 종교서적 소지 등 종교에 관한 기본적 처우에 대하여 규정하여 수용자에게 문화적인 접촉의 기회를 보장하고 있다. 그 내용은 수용자의 종교행사 참석, 도서비치 및 이용, 신문 등의 구독, 라디오 청취와 텔레비전 시청, 집필 등이다.

종교의 자유는 헌법상 보장된 기본권이자 인간의 권리이므로 모든 국민에게 보장된다. 행형에서의 종교가 가지는 의의는 헌법상 종교의 자유를 보장하는 것뿐만 아니라 종교가 가지고 있는 특성이 수용자의 교화는 물론 수용질서를 유지하는 데에도 긍정적인 효과를 미치는 것에 있다. 즉 수형자의 종교활동은 심성을 순화하고 도덕성을 함양함은 물론 자신의 과오를 반성하고 안정된 수용생활을 할 수 있도록 하는 한편, 건전한 삶을 지향하도록 하여 재범방지에도 기여할 수 있다. 또한 미결수용자의 종교활동은 갑자기 사회와 격리되어 심리적으로 불안정한 상태인 미결수용자에게 정신적인 안정을 주고, 자살 등과 같은 교정사고를 미연에 방지하여 교정시설의 안전과 질서유지에 기여하는 바가 크다.[162]

그러나 종교는 수용자에 대한 처우방법이기 이전에 종교의 자유라는 기본권 보장의 측면에서 접근하여야 한다.[163] 교정시설은 모든 수용자들이 자신의 종교적 신념을 지속할 수 있도록 다양한 종교프로그램을 제공하여야 한다. 형집행법은 헌법상 보장된 종교의 자유와 관련하여 수용자에게 각종 종교활동을 최대한 보장하고 있으나 시설의 안전과 질서유지 등의 이유로 일정한 제한을 하고 있다.

한편 수용자에게 문화에 대한 접근 기회를 보장하고 정기적으로 외부정보를 획득하는 기회를 주는 것은 수용생활뿐만 아니라 사회복귀에도 도움이 된

---

162 헌재 2011. 12. 29. 2009헌마527.
163 신양균, 앞의 책(2012년), 223쪽.

다. 또한 수용자에게 외부세계에 대한 다양한 정보를 획득할 수 있도록 하는 것은 그들이 언젠가 돌아갈 사회가 있다는 사실을 인식하도록 하는 점에서도 필요하다. 형집행법은 소장에게 도서비치 의무를 부과하고, 신문 등의 구독·라디오 청취·텔레비전 시청을 통해 정보에 접할 기회와 알권리를 보장하는 한편 표현의 자유를 보장하기 위해 수용자의 집필권에 대하여 규정하고 있다. 유엔최저기준규칙은 '수용자는 신문, 정기간행물, 특정한 기관의 간행물 등을 읽거나 라디오를 듣거나 강의나 그 밖에 교정시설이 공인하거나 관리하는 유사한 방법으로 중요한 뉴스에 대한 정보를 정기적으로 얻을 수 있어야 한다(제63조).'고 규정하고 있다.

이러한 종교와 문화활동은 수용자의 정서적인 안정과 정신면에서 사회복귀에 많은 영향을 주고 있으며, 그 방법은 다양화되고 폭이 넓어지고 있다.

제 2 절 종교

1. 서

역사적으로 종교는 교정시설에서 매우 중요한 역할을 수행해 왔다. 근대 감옥을 Penitentiary라 불렀고 이 말은 응보가 아니라 반성 또는 반성에 의한 개선을 만들어내는 시설이라는 의미를 가지고 있다.[164] 특히 18세기 후반부터 19세기 중반에 걸쳐 일어난 영국과 미국에서의 감옥개혁운동은 종교의 영향력과 분리하고는 설명할 수 없다. 영국의 비국교도 특히 퀘이커교도들은 감옥개혁을 위한 투쟁에 주도적 역할을 수행하였다.[165] 또한 미국의 공공감옥의 참상을 완화하기 위한 필라델피아협회의 구성원 다수도 퀘이커교도였다. 종교적·박애적인 감옥개혁운동은 세속적 공리주의와 결합함으로써 감시와 규율을 통해 수형자, 그리고 나아가서는 빈민 일반을 개선하려는 의도를 가지고 있었다.[166]

---

164 平野龍一 監譯, アメリカの刑事司法 ─犯罪學Ⅱ─, 有信堂高文社, 1984년, 207쪽.
165 한인섭, 앞의 책(2007년), 126쪽.
166 한인섭, 앞의 책(2007년), 136쪽.

우리나라에서는 감옥을 경무청에서 관할하던 때에 종로감옥에서 촉탁 교회사를 두고 일본인 승려 오또바네(音羽玄哲)에게 맡도록 하였으며 이것이 종교교회의 시초였다. 그 후 통감부 시대(1906~1910)부터 각 감옥에 전임의 교회사를 두었다.[167] 1906년 10월 17일자 만세보에는 천주교 공주교구에서 공주감옥에 가서 설교하였다는 기사가 보도되었다.[168]

종교프로그램은 교화의 수단으로서 그 효과에 대한 연구는 거의 존재하지 않지만, 역사적으로는 물론 오늘날에도 실무에서 여전히 매우 중요한 역할을 담당하고 있다.[169]

2. 종교의 자유

종교의 자유의 구체적인 내용에는 신앙의 자유, 종교행사의 자유, 종교집회·결사의 자유, 선교의 자유 등이 있다. 그 중 신앙의 자유를 제외한 종교행사의 자유와 종교집회·결사의 자유 및 선교의 자유는 제한이 가능하다.

신앙의 자유를 누릴 권리와 종교가 요구하는 것을 스스로 준수할 권리는 보편적으로 받아들여진 기본권으로 수용자에게도 인정된다. 수용자는 교정시설에 수용되어 정서적으로 불안정한 상태에서 생활하기 때문에 일반사회인보다 종교에 의지하려는 마음이 강한 경우가 있다. 그러나 한편으로 시설 내의 규율 및 질서유지 그 밖의 관리운영 상의 이유에서 일정한 제한이 불가피하므로 일반사회의 종교행위의 자유를 그대로 적용시키기 어려운 면이 있다.

그리고 국가가 특정종교를 특별히 보호하거나 억압하기 위하여 재정적·경제적 특혜를 부여하거나 부당한 대우를 하는 것은 금지된다. 수형자의 교화를 위하여 교도소 내에 특정종교만을 위한 시설을 설치하거나 배려한다면 헌법에 위반될 수 있다.[170] 「민영교도소의 설치 및 운영에 관한 법률」은 수용자의 처우와 관련하여 '교정법인의 임직원과 민영교도소장 및 직원은 수용자에게 특정종교나 사상을 강요해서는 안된다(제25조 제3항).'고 규정하여 수용자

---

167 中橋政吉, 앞의 책(1936년), 311쪽.
168 공주교구에서 1906년 10월 17일 강사 裵基申, 朴東勳이 공주부 감옥에 가서 각 죄수에 대하여 天一化生之理와 至公無私之理와 自作之얼음不可환기라는 취지를 설명한 바, 죄수 등이 절절 감복하고 공주부 총순(總巡) 全基完도 감탄하였다.
169 이백철, 앞의 책(2020년), 502~503쪽.
170 권영성, 앞의 책(2003년), 463쪽.

종교의 자유를 보장하고 있다.

교정시설에서의 종교는 단순히 종교에 의한 차별금지와 같은 소극적인 입장 뿐 아니라 종교의 긍정적인 효과를 이용하여 수형자의 재사회화라고 하는 행형목적을 달성하기 위해 각종 종교적 방법을 도입하는 등 적극적인 노력을 포함한다.

3. 종교행사

가. 종교행사 참석

1) 의의

신앙의 자유, 양심의 자유 및 종교적 · 세계관적 종파의 자유에 대한 헌법적 보호는 방해받지 않는 종교행사에 의해 보완되며, 종교행사는 수용자가 제한없이 주장할 수 있는 기본권 보장에 해당한다.[171] 수용자는 종교행사에 참석할 수 있는 권리를 가진다. 유엔최저기준규칙은 '모든 수용자는 실제적으로 가능한 한 교도소 내에서 거행되는 종교행사에 참석하고, 또한 자기 종파의 계율서 및 교훈서를 소지함으로써 그의 종교생활의 욕구를 충족할 수 있도록 허용되어야 한다(제66조).'고 규정하고 있다. 형집행법은 '수용자는 교정시설의 안에서 실시하는 종교의식 또는 행사에 참석할 수 있으며, 개별적인 종교상담을 받을 수 있다(제45조 제1항).'고 규정하고 있다.

여기에서 말하는 종교행사의 개념은 각 종교의 고유한 전통과 의식에 기초하여 판단되어야 한다. 독일 코브렌츠(Koblenz)고등법원은 종교심의 향상에 도움이 되고, 신도에게는 그 종파의 전통적 · 문화적인 양식 아래에서 그 신상에 기초한 활동을 가능하게 하며, 신에 대한 정신적 · 감정적인 결합을 토로하거나 또는 신앙의 강화라고 하는 의무에서 신앙전수에 도움이 되는 것과 같은 행사만이 이에 해당한다고 하였다.[172]

종교의식 또는 행사는 인간에게 특정종교의 교의를 바탕으로 한 감화의 동기를 부여하는 것을 의미하며, 종교인을 통해 자신의 전인격적인 감화에 의한 정신적인 구제를 받는 것을 말한다. 소장은 개방처우급 · 완화경비처우급 수형자 또는 처우상 특히 필요한 경우가 있는 일반경비처우급 수형자에 대하

171 클라우스 라우벤탈 저 / 신양균 · 김태명 · 조기영 역, 앞의 책(2010년), 365쪽.
172 클라우스 라우벤탈 저 / 신양균 · 김태명 · 조기영 역, 앞의 책(2010년), 367쪽.

여 교정시설 밖에서 이루어지는 종교행사 참석을 허가할 수 있다(법 시행규칙 제92조).

2) 종교행사 참석 불허

수용자에 대하여 시설 안에서 실시하는 종교행사에 참석을 허가하지 아니할 수 있는 경우는 수형자에게 보안 및 규율유지상 중대한 영향을 미치는 원인이 있고 또한 참석시키지 아니하는 것이 필요한 경우에 한한다. 즉 수용자는 자신이 신봉하는 종교행사에 참석할 수 있으나 ① 종교행사용 시설의 부족 등 여건이 충분하지 아니한 때, ② 수용자가 종교행사 장소를 허가 없이 벗어나거나 다른 사람과 연락할 때, ③ 수용자가 계속 큰 소리를 내거나 시끄럽게 하여 종교행사를 방해할 때, ④ 수용자가 전도를 핑계삼아 다른 수용자의 평온한 신앙생활을 방해할 때, ⑤ 그 밖에 다른 법령에 따라 공동행사의 참석이 제한될 때에는 수용자의 종교행사 참석이 제한될 수 있다(법 시행규칙 제32조).

종교집회행사 참여금지 처분과 관련하여 헌법재판소는 '수형자가 원한다고 하여 종교집회 참석을 무제한 허용한다면 효율적인 수용관리와 계호상의 어려움이 발생하고 진정으로 그 종파를 신봉하는 다른 수형자가 종교집회에 참석하지 못하게 되는 결과를 초래하므로 교정당국의 종교집회행사 참여금지 처분은 청구인의 기본권을 본질적으로 침해하는 것은 아니다.'라고 판시하여 일정한 조건 아래 제한을 인정하였다.[173]

> 헌법은 제20조 제1항에서 종교의 자유를 규정하고 제27조 제4항에서 형사피고인에 대한 무죄추정의 원칙을 규정하고 있으나 미결수용자의 종교행사와 관련한 구체적인 규정은 두고 있지 않으며 미결수용자의 종교활동과 관련한 규정으로 볼 수 있는 행형법 제67조도 "미결수용자에 대하여는 신청이 있는 경우에 한하여 작업을 과하거나 교회를 행할 수 있다."고 규정하고 있을 뿐 달리 미결수용자의 종교행사에 대해 교도소장 등 수용시설의 장에게 청구인이 주장하는 것과 같은 내용의 구체적인 작위의무를 규정하고 있지는 않다(헌재 2006. 4. 11. 2006헌마295).

헌법재판소는 미결수용자에 대하여 구치소 내에서 실시하는 종교의식 또는 행사에 참석을 금지한 행위에 대하여 종교의 자유를 침해하여 위헌이라고 결정하였다. 즉 '형집행법은 종교행사 등에의 참석대상을 수용자로 규정하고

---

[173] 헌재 2005. 2. 15. 2004헌마911.

있어(법 제45조) 수형자와 미결수용자를 구분하고 있지도 아니하고, 무죄추정의 원칙이 적용되는 미결수용자들에 대한 기본권 제한은 수형자의 경우보다는 더 완화되어야 할 것임에도, 소장이 미결수용자에 대하여만 일률적으로 종교행사 등에의 참석을 불허한 것은 미결수용자의 종교의 자유를 다른 수용자의 종교의 자유보다 거꾸로 더욱 엄격하게 제한한 것 등은 침해의 최소성 요건을 충족하였다고 보기 어렵다. 나아가 종교행사의 순기능이 미결수용자에게 미치는 영향이 상당한 점, 무죄추정의 원칙상 미결수용자의 종교의 자유에 대한 제한은 수형자보다 완화되어야 한다는 점 등에 비추어 보면, 종교행사 등 참석불허 처우로 얻어질 공익의 정도가 무죄추정의 원칙이 적용되는 미결수용자들이 종교행사 등에 참석을 하지 못함으로써 입게 되는 종교의 자유의 제한이라는 불이익에 비하여 결코 크다고 단정하기 어려우므로 참석불허 처우는 법익의 균형성 요건을 충족하였다고 할 수 없다.'고 결정하였다.[174] 이에 미결수용자에 대해서도 일정한 범위 내에서 종교행사에의 참석을 허용하고 있다.

나. 종류

종교행사의 종류는 예배·법회·미사 등 종교집회와 세례·수계·영세 등 종교의식, 교리교육 및 상담, 그 밖에 법무부장관이 정하는 종교행사가 있다(법 시행규칙 제30조). 소장은 교정시설의 안전과 질서를 해치지 아니하는 범위에서 종교단체 또는 종교인이 주재하는 종교행사를 실시하고, 종교행사를 위하여 각 종교별 성상·성물·성화·성구가 구비된 종교상담실·교리교육실 등을 설치할 수 있으며, 특정종교를 위하여 임시행사장을 설치하는 경우에는 성상 등을 임시로 둘 수 있다(법 시행규칙 제31조).

다. 종교상담 등

소장은 수용자가 종교상담을 신청하거나 수용자에게 종교상담이 필요한 경우에는 해당 종교를 신봉하는 교도관 또는 교정참여인사로 하여금 상담하게 할 수 있다(법 시행규칙 제33조). 여기에서 교정참여인사란 교정위원 그 밖에 교정행정에 참여하는 사회 각 분야의 사람 중 학식과 경험이 풍부한 사람을 말한다.

종교상담은 수용자의 신청에 의하는 경우뿐만 아니라 소장이 필요하다고 인정하는 경우에도 실시할 수 있다. 이와 같은 종교상담도 수형자의 교화 또는

174 헌재 2011. 12. 29. 2009헌마527.

건전한 사회복귀를 위하여 필요하거나 시설의 안전과 질서유지를 위하여 필요한 때에는 제한될 수 있다(법 제45조 제3항).

라. 종교서적 등의 소지

수용자는 자신의 신앙생활에 필요한 책이나 물품을 소지할 수 있으나 ① 수형자의 교화 또는 건전한 사회복귀를 위하여 필요한 때, ② 시설의 안전과 질서유지를 위하여 필요한 때의 어느 하나에 해당하는 사유가 있으면 신앙생활에 필요한 책이나 물품의 소지를 제한할 수 있다(법 제45조 제2항 및 제3항). 종교물품이 지닐 수 있는 범위와 관련하여 수용자의 신앙생활에 필요하다고 인정하는 경우에는 외부에서 제작된 휴대용 종교도서 및 성물을 수용자에게 지니게 할 수 있고, 이를 허가하는 경우에는 그 재질·수량·규격·형태 등을 고려하여야 하며, 다른 수용자의 수용생활을 방해하지 않도록 해야 한다(법 시행규칙 제34조).

소장은 수용자의 신앙생활을 돈독히 하기 위하여 필요하다고 인정할 경우에는 종교별 거실을 지정하여 운영할 수 있고, 종교거실에는 신앙생활에 필요하다고 인정되는 해당 종교의 성상, 성물, 성화 및 성구를 비치할 수 있으나 보안상 유해하거나 다른 수용자의 수용생활에 방해가 되어서는 안 된다(수용자 교육교화 운영지침 제29조). 독일에서도 수형자가 기본적인 종교서적과 상당한 범위내에서 십자가, 묵주 등 종교적 물건을 소지하는 것을 허용하고 있다(독일 행형법 제53조).[175]

제 3 절 문화

1. 서

일반적으로 수용자는 문화를 누릴 수 있는 기회에 있어 상대적으로 소외되어 있고, 교정시설 내에서는 문화와 접할 수 있는 기회를 충분하게 제공하고 있지 않다고 인식되고 있다.

문화는 수용자의 심성에 긍정적인 영향을 미치고 수용생활 뿐만 아니라

---

175 클라우스 라우벤탈 저/신양균·김태명·조기영 역, 앞의 책(2010년), 366쪽.

사회복귀에도 도움이 된다. 따라서 교정당국은 수용자에게 문화와 관련된 접촉의 기회를 제공하기 위한 각종 노력을 기울이고 있다. 특히 각종 문화관련 교육과 인문학 강의, 아카펠라 등 음악지도, 미술지도, 독서를 통한 교육, 그 밖에 각종 예술공연 등을 활발하게 실시하고 있다. 이와 같은 활동은 수용자의 에너지를 긍정적으로 변화시키고 구금생활에 내재되어 있는 긴장을 완화시키는 등 교정시설의 안전과 운영에 긍정적인 역할을 한다. 또한 수용자의 건전한 교양의 습득과 정서함양에 유익하고 사회상황을 아는 데 있어 중요한 수단이 되며 수형자의 교화와 원활한 사회복귀에 도움이 된다.

역사적으로는 1894년 감옥규칙을 제정하면서 서적간독(書籍看讀) 허가제를 규정하였다.[176]

형집행법은 수형자에게 제공하는 문화적인 배려로 도서비치, 신문 · 잡지 · 도서의 구독, 라디오 청취 및 텔레비전 시청, 집필에 대하여 규정하고 있다. 실무에서는 수용자의 서적, 잡지, 신문 등의 열람이 헌법이 보장하는 양심의 자유 및 언론 · 출판의 자유에 포함되거나 또는 이러한 기본권과 불가분의 관련이 있는 '알 권리' 내지 '읽을 자유'로서 모든 수용자에게 보장되어야 하는 것으로 받아들여지고 있다. 그리고 도서 등의 열람은 헌법상 사상의 자유 또는 표현의 자유와 관련되기 때문에 합리적인 제한의 이유가 없는 한 이를 보장할 필요가 있다. 그러나 이러한 것들이 권리로서 보장된다 하더라도 무제한적인 것은 아니며, 형의 집행과 미결구금도 헌법으로 규정하고 있기 때문에 헌법상의 일정한 합리적인 제한이 따르는 것도 당연하다.[177]

2. 도서비치

독서는 수용자가 건전하게 여가시간을 활용하고 안정된 수용생활을 하도록 하는 한편, 독서를 통한 심성순화와 자아발견은 수형자의 건전한 사회복귀에 도움

---

176 中橋政吉, 앞의 책(1936년), 310쪽.
177 일본의 판례는 수용자의 서적 등의 열람권 제한이 허용되는 한계에 대하여, 열람을 허용하는 것에 의하여 수용목적 또는 규율 및 질서가 방해가 되는 일반적·추상적인 위험 있다는 것만으로는 족하지 아니하고 수용자의 성향·행상, 형사시설의 관리·보안의 상황, 신문·서적의 내용 그 밖에 구체적 사정에 기초하여 그 열람을 허용하는 것에 의하여 수용목적 내지 규율 및 질서 유지상 방치할 수 없는 정도의 장애가 발생할 상당한 개연성이 있다고 인정될 필요가 있다고 하고 있다(鴨下守孝, 앞의 책(2006년), 194쪽).

이 된다. 수용자가 구입하는 도서는 비용, 시간상 제약 등이 있기 때문에 교정시설 내에 다양한 서적을 비치하여 필요시 수용자에게 제공하는 것이 바람직하다.

형집행법은 '수용자의 지식함양 및 교양습득에 필요한 도서를 비치하고, 수용자가 이를 이용할 수 있도록 하여야 한다(법 제46조).'고 규정하고 있다. 교정시설은 수용자가 쉽게 이용할 수 있도록 비치도서의 목록을 정기적으로 공개하여야 한다(법 시행령 제72조 제1항). 그러나 소장은 교도소 내에 수용자의 지식함양 및 교양습득에 필요한 도서를 비치하고 수용자가 이용할 수 있도록 관리할 의무가 있을 뿐, 반드시 수용자가 원하는 특정도서를 비치하여야 한다거나 수용자의 열람신청이 있은 때로부터 일정기간 내 도서를 대여해야 할 의무 등이 법령에 구체화되어 있다고 볼 수는 없다.[178]

유엔최저기준규칙은 '모든 교도소는 모든 범주의 수용자가 이용할 수 있는 오락적 · 교육적인 도서를 충분히 비치한 도서실을 갖추어야 하고 수용자가 이를 충분히 이용하도록 권장하여야 한다(제64조).'고 규정하여 수용자가 이용할 수 있는 도서실을 갖추도록 권장하고 있다. 한편 미국에서는 교정시설 내에 도서관을 설치하여 수용자들이 자유롭게 이용하도록 하고 도서관 내에서 인터넷을 사용하도록 하여 자신의 소송준비, 외부정보 획득 등의 기회를 제공하고 있다. 인터넷을 허용하는 문제는 수용자의 무분별한 정보접근이 수용생활과 사회복귀에 부정적인 영향을 줄 우려가 크고 수용관리에 어려움을 가져올 수 있기 때문에 신중하게 검토하여야 한다.

3. 신문 · 잡지 · 도서의 구독

신문 · 잡지 또는 도서의 구독은 헌법상 권리와 밀접하게 관련된다. 신문 등의 열람의 자유는 헌법상의 사상 및 양심의 자유와 언론출판의 자유에 포함되거나 또는 이러한 기본권으로부터 파생되는 알권리로서 보장되어야 한다는 것에 근거하고 있다.

잡지 등을 구독할 권리는 헌법상의 언론 · 출판의 자유 등에 의하여 보장되는 알권리에 해당하고, 언론 · 출판의 자유는 단순한 소극적 방어권에 그치지 않고 민주주의를 실현하는 객관적 가치질서로서의 성격을 가지는 것이기

---

178 헌재 2013. 8. 29. 2012헌마886.

때문에 최대한 보장되어야 하는 권리로서 행복추구권과 같은 포괄적 권리와는 그 제한의 범위 등에 차이가 있다.[179] 형집행법은 '수용자는 자신의 비용으로 신문·잡지 또는 도서의 구독을 신청할 수 있고, 소장은 수용자가 구독을 신청한 신문 등이「출판문화산업 진흥법」에 따른 유해간행물인 경우를 제외하고는 구독을 허가하여야 한다(법 제47조).'고 규정하여,[180] 서적의 구입 및 열람을 수용자의 권리로 보장하고 있다.

그러나「출판문화산업 진흥법」에 따른 유해간행물인 경우에는 그 자체가 이미 불법간행물로 지정되어 유통되지 아니하기 때문에 구독이 불가능하여 당연히 구독대상에서 제외된다. 따라서 유해간행물을 구독대상에서 제외한다는 형집행법 제47조 제2항의 문구는 형식적인 의미밖에 없고, 사실상 수용자는 모든 도서에 대하여 구독을 할 수 있다고 해석된다. 입법상으로는 일정한 도서에 대해서는 구독을 불허하는 요건, 즉 성범죄를 조장하거나 폭력을 미화하는 것과 같은 내용을 정하고 개개의 도서에 대해서는 소장의 판단에 따라 허가여부를 결정한 후, 소장의 판단에 대한 평가는 개별소송을 통해 사법부의 판단에 따라 처리하는 것이 바람직하다.

한편 수형자가 사회의 다양한 분야의 시사와 정보를 아는 것은 사회복귀에 도움이 되기 때문에 신문, 방송 등을 통해 사회상황을 알 수 있는 기회를 주는 것이 바람직하다. 그리고 헌법상 보장되는 국민의 알 권리는 정보에의 접근·수집·처리의 자유를 의미하며, 자유권적 성질의 측면에서는 일반적으로 정보에 접근하고 수집·처리함에 있어서 국가권력으로부터 방해를 받지 아니한다고 할 것이므로 수용자는 일반적으로 접근가능한 정보원, 특히 신문, 방송 등 매스미디어로부터 방해받음이 없이 알 권리를 보장받아야 한다. 즉 모든 국민은 일반적으로 접근가능한 정보원 특히 신문 방송 등 매스미디어로부터 방해받지 않고 정보를 수집하거나 이에 접근할 권리를 가지고 있고 위와 같은 알 권리의 한 내용으로서 수용자의 신문열람권 역시 오로지 법률과 법률의 적

---

179 광주지방법원 2013. 4. 18. 2012구합4654.
180 구행형법에서는 도서의 내용이 교도소 등의 안전과 질서를 해하거나 교화상 특히 부적당하다고 인정되는 등의 사유가 없는 한 열람을 허가하도록 규정하여 일정한 제한을 하였다(제33조 제2항).

법한 위임을 받은 명령에 의해서만 제한될 수 있다.[181]

그러나 이와 같은 권리에 대해서 시설의 관리운영이나 질서유지상 일정한 제약이 불가피하다. 즉 수용자가 구독을 신청할 수 있는 신문·잡지 또는 도서는 교정시설의 보관범위 및 수용자가 지닐 수 있는 범위를 벗어나지 않는 범위에서 신문은 월 3종 이내로, 도서(잡지를 포함한다.)는 월 10권 이내로 한다. 다만 수용자의 지식함양 및 교양습득에 필요하다고 인정하는 경우에는 신문 등의 신청수량을 늘릴 수 있다(법 시행규칙 제35조). 소장은 수용자가 거실에서 소지·보관할 수 있는 신문 등의 수량한도를 수용거실의 여건을 감안하여 도서·잡지는 30권, 신문은 열람 후 폐기의 범위 내에서 정하도록 하고 있다. 그러나 개인학습 등에 필요한 도서, 잡지의 경우에는 지닐 수 있는 범위를 달리 정할 수 있다(수용자 교육교화 운영지침 제44조).

신문 등을 구독하는 수용자가 ① 허가없이 다른 거실 수용자와 신문 등을 주고받을 때, ② 그 밖에 법무부장관이 정하는 신문 등과 관련된 지켜야 할 사항을 위반하였을 때에는 구독의 허가를 취소할 수 있고, 소유자가 분명하지 아니한 도서는 회수하여 비치도서로 전환하거나 폐기할 수 있다(법 시행규칙 제36조).

신문 등의 구독과 관련하여 신문기사 중 일부삭제 후 구독하게 한 행위가 알 권리를 침해하는 지에 대하여 헌법재판소는 '교정시설에서의 신문구독이 알 권리의 보호영역에 포함되지만 교화상 또는 구금목적에 특히 부적당하다고 인정되는 기사, 조직범죄 등 수용자 관련 범죄기사에 대해 신문을 삭제한 후 수용자에게 구독케 한 행위가 알 권리의 과잉침해에 해당하지 않는다.'고 결정하였다.

교화상 또는 구금목적에 특히 부적당하다고 인정되는 기사, 조직범죄 등 수용자 관련 범죄기사에 대한 신문기사 삭제행위는 구치소 내 질서유지와 보안을 위한 것으로, 신문기사 중 탈주에 관한 사항이나 집단단식, 선동 등 구치소 내 단체생활의 질서를 교란하는 내용이 미결수용자에게 전달될 때 과거의 예와 같이 동조단식이나 선동 등 수용의 내부질서와 규율을 해하는 상황이 전개될 수 있고, 이는 수용자가 과밀하게 수용되어 있는 현 구치소의 실정과 과소한 교도인력을 볼 때 구치소 내의 질서유지와 보안을 어렵게 할 우려가 있다. 이 사건 신문기사의 삭제 내용은 그러한 범위 내에 그치고 있을 뿐 신문기사 중 주요기사 대부분이 삭제된 바 없음이 인정되므로 이는 수용질서를 위한 청구인의 알 권리에 대한 최소한의 제한이라고 볼 수 있으며, 이로서 침해되는 청구인에 대한 수용질서와 관련되는 위 기사들에 대한 정보획득의 방해와 그러한 기사 삭제를 통해 얻을 수 있는 구치소의 질서유지와 보안에 대한 공익을 비교할 때 청구인의 알 권리를 과도하게 침해한 것은 아니다(헌재 1998. 10. 29. 98헌마4).

4. 라디오 청취와 텔레비전 시청

가. 의의

1995년 행형법 개정시 라디오 청취와 텔레비전 시청에 대한 규정을 신설하여 수형자가 교정시설 등에 설치된 방송설비를 이용하여 사회복귀에 도움이 되는 정보를 접하고, 필요한 지식을 얻을 수 있도록 하였다.

형집행법은 '수용자는 정서안정 및 교양습득을 위하여 라디오 청취와 텔레비전 시청을 할 수 있다. 그러나 ① 수형자의 교화 또는 사회복귀를 해칠 우려가 있는 때, ② 시설의 안전과 질서유지를 위하여 필요한 때의 어느 하나에 해당하는 사유가 있으면 수용자에 대한 라디오 및 텔레비전의 방송을 일시 중단하거나 개별 수용자에 대하여 라디오 및 텔레비전의 청취 또는 시청을 금지할 수 있다(제48조 제1항, 제2항).'고 규정하고 있다.

헌법재판소는 텔레비전 시청에 관한 구행형법 제33조의2 및 동법 시행령 제114조에 대하여 '교도소 내의 텔레비전 시청시설의 설치 여부는 교도소장의 재량적 판단에 맡겨져 있는 사항으로서 교도소장은 텔레비전이 수용자의 사회복귀에 필요한 지식 습득이나 교화 등에 유용하다고 판단한 경우 이를 설치하여 수용자들로 하여금 시청하게 할 수 있고, 이런 경우에 한해 수용자들은 텔레비전을 이용할 수 있는 것이다.'라고 판시하였다[182]. 그리고 '다른 수용자와 싸움의 우려가 있고, 성격·습관 등이 공동생활에 적합하지 못하다고 인정되어 피청구인이 혼거수용에 적합하지 않다고 판단하여 독거수용된 청구인의 경우, 교도행정의 효율성 및 교정·교화교육의 적절한 실현을 위하여 청구인에게 TV시청을 규제한 조치는 납득할 수 있고 더구나 청구인은 혼거실 수용을 스스로 기피하고 시설이 설치되지 아니한 독거실의 수용을 자청하였다. 이러한 이유로 독거수용중인 청구인이 TV시청을 제한받게 되어 혼거실 수용자 등

---

182 헌재 2005. 11. 1. 2005헌마979.

다른 수용자들과 차별적 처우가 이루어지는 결과가 되었다고 하더라도 이러한 행위가 곧 합리적인 이유가 없는 자의적 차별이라고는 할 수 없어 헌법상의 평등원칙에 위배된다고 볼 수 없다.'라고 판시하였다.[183]

나. 방송설비, 방송프로그램 등

수용자의 라디오 청취와 텔레비전 시청은 교정시설에 설치된 방송설비를 통하여 할 수 있다(법 시행령 제73조). 수용자 개인의 라디오 주파수 선택이나 텔레비전 채널선택권을 인정되지 아니하였으나 2020년 9월부터 KBS, MBC, SBS 3개 채널에 대해서는 선택권을 인정하였다.

수용자를 대상으로 하는 방송은 무상을 원칙으로 하고, 법무부장관은 방송의 전문성을 강화하기 위하여 외부전문가의 협력을 구할 수 있으며, 모든 교정시설의 수용자를 대상으로 통합방송[184]을 할 수 있다(법 시행규칙 제37조). 소장은 방송을 위하여 텔레비전, 라디오, 스피커 등의 장비와 방송선로 등의 시설을 갖추어야 한다(법 시행규칙 제38조 제1항). 그리고 수용자의 건강과 일과시간 등을 고려하여 1일 6시간 이내에서 방송편성시간을 정하고, 다만 토요일·공휴일, 작업·교육실태 및 특성을 고려하여 방송편성시간을 조정할 수 있다(법 시행규칙 제39조).

방송프로그램에 대해서는 「방송법」 제2조의 텔레비전 방송 또는 라디오 방송을 녹음·녹화하여 방송하거나 생방송할 수 있으며, 비디오테이프에 의한 영상물 또는 자체 제작한 영상물을 방송할 수 있다. 그리고 방송프로그램은 그 내용에 따라 교육콘텐츠, 교화콘텐츠, 교양콘텐츠, 오락콘텐츠, 그 밖에 수용자의 정서안정에 필요한 콘텐츠로 구분한다(법 시행규칙 제40조).[185] 방송프로

---

183 헌재 2005. 5. 26. 2004헌마571, 독거수용자 텔레비전시청제한 취소.

184 2008년 6월 11일 법무부에 수용자 교화방송국을 개국하였다. 수용자의 특성에 맞게 일반, 여성, 교육, 라디오 등 4개 채널로 운영하고 있으며 교육, 교양, 드라마, 스포츠, 오락, 영화 등 수용자의 교육과 정서함양을 위한 최적의 내용을 선정하고 있다. 그리고 가족관계 회복을 위한 영상편지, 출소자 사회정착 성공 다큐멘터리, 법질서 지키기 영상 프로그램, 독서지도 등 다양한 프로그램을 제작하여 평일에는 6시간, 주말과 공휴일에는 11시간 인터넷망을 통해 전국 교정기관에 송출하고 있다.

185 형집행법 시행규칙 제40조(방송프로그램) ② 방송프로그램은 그 내용에 따라 다음 각 호와 같이 구분한다.
   1. 교육콘텐츠: 한글·한자·외국어 교육, 보건위생 향상, 성(性)의식 개선, 약물남용 예방 등
   2. 교화콘텐츠: 인간성 회복, 근로의식 함양, 가족관계 회복, 질서의식 제고, 국가관 고취 등
   3. 교양콘텐츠: 다큐멘터리, 생활정보, 뉴스, 직업정보, 일반상식 등

그램을 자체 편성하는 경우에는 ① 폭력조장, 음란 등 미풍양속에 반하는 내용, ② 특정 종교의 행사나 교리를 찬양하거나 비방하는 내용, ③ 그 밖에 수용자의 정서안정 및 수용질서 확립에 유해하다고 판단되는 내용이 포함되지 않도록 유의하여야 한다(법 시행규칙 40조 제3항).

수용자는 소장이 지정한 장소에서 지정된 채널을 통하여 텔레비전을 시청하거나 라디오를 청취하여야 하고, 다만 자치생활 수형자는 법무부장관이 정하는 방법에 따라 텔레비전을 시청할 수 있다. 수용자는 방송설비 또는 채널을 임의 조작·변경하거나 임의수신 장비를 지녀서는 안되며, 방송시설과 장비를 손상하거나 그 밖의 방법으로 그 효용을 해친 경우에는 배상을 하여야 한다(법 시행규칙 제41조).

5. 집필

가. 의의

집필이라 함은 수용자가 필기용구를 이용하여 문서 또는 도화를 작성하는 것을 말한다. 형집행법은 사상의 표현형식으로서의 문서를 편지와 구별하여 양자의 취급을 달리하고 있다.

수용자가 여가시간을 활용하여 자신의 사상 또는 감정을 표현하기 위하여 일기를 쓰거나, 창작 또는 번역을 하는 것은 집필에 해당하며 저작 및 저작물의 발표와 관련된다. 집필은 일정한 동기나 목적에 기여하는 수단 내지 도구로서 가치중립적인 개념이기 때문에 그러한 집필에 대한 제한은 집필행위의 구체적 내용이나 목적에 따라 매우 다양한 기본권과 관련될 수 있다. 예컨대 학술활동을 위한 글을 쓰는 경우에는 학문의 자유, 문학작품의 창작을 위한 경우에는 예술의 자유, 직업으로서의 글쓰기를 위한 경우에는 직업의 자유, 편지를 쓰는 경우와 같이 외부와의 연락을 위한 경우에는 통신의 자유, 소송서류를 작성하기 위한 경우에는 재판청구권, 일기나 비망록 등의 작성을 위한 경우에는 인격권이나 행복추구권과 연관될 수 있다.[186]

---

4. 오락콘텐츠: 음악, 연예, 드라마, 스포츠 중계 등
5. 그 밖에 수용자의 정서안정에 필요한 콘텐츠
186 헌재 2005. 2. 24. 2003헌마289.

모든 국민에게는 헌법상 언론 · 출판의 자유가 보장되고, 또한 저작권법상 권리가 보호되고 있다. 따라서 집필에 관한 권리는 신체의 자유, 표현의 자유의 한 내용으로서 특별히 법률에 의하여 제한되지 않는 한 일반적으로 인정되는 기본권이므로 수용자에게도 인정된다. 헌법재판소는 구행형법상 징벌의 일종인 금치처분을 받은 자에 대하여 금치기간 중 집필을 전면 금지한 구행형법 시행령 제145조 제2항 본문 중 '집필'부분이 법률유보의 원칙과 과잉금지의 원칙에 위반된다고 결정하였다.

> 행형법 제33조의3 제1항은 수용자에 대하여 원칙적으로 집필을 금지하고 있다고 볼 수 있으나, 이 사건 시행령 조항은 같은 조항에서 규정하고 있는 접견이나 서신수발 등과 달리 교도소장이 예외적으로라도 이를 허용할 가능성마저 봉쇄하고 있고, 행형법 제33조의3 제1항보다 가중된 제한을, 그것도 모법과 상이한 사유를 원인으로 집필의 자유를 박탈하고 있으므로 이 역시 이 사건 시행령 조항의 법률적 근거가 된다고 할 수 없어 이 사건 시행령 조항은 금치처분을 받은 수형자의 집필에 관한 권리를 법률의 근거나 위임 없이 제한하는 것으로서 법률유보의 원칙에 위반된다. 이 사건 시행령조항은 규율 위반자에 대해 불이익을 가한다는 면만을 강조하여 금치처분을 받은 자에 대하여 집필의 목적과 내용 등을 묻지 않고, 또 대상자에 대한 교화 또는 처우상 필요한 경우까지도 예외 없이 일체의 집필행위를 금지하고 있음은 입법목적 달성을 위한 필요최소한의 제한이라는 한계를 벗어난 것으로서 과잉금지의 원칙에 위반된다(헌재 2005. 2. 24. 2003헌마289).

나. 집필권 보장

구행형법상 수형자는 소장의 허가를 받아 문서 또는 도화를 작성하거나 문학 · 학술 기타 사항에 관한 집필을 할 수 있었으나, 형집행법은 수용자에 대하여 집필에 관한 권리를 보장하고 있다.

집필에 관한 권리는 신체의 자유, 표현의 자유의 한 내용으로서 법률에 의하여 제한되지 않는 한 일반적으로 인정되는 기본권이므로, 교도소장은 수용자가 집필할 문서의 내용이 교도소 등의 안전과 질서를 해할 우려가 있는 경우, 기타 교화상 부적당한 경우에 해당할 때를 제외하고는 수용자의 집필신청을 허가하여야 한다.[187]

형집행법은 수용자는 문서 또는 도화(圖畵)를 작성하거나 문예 · 학술, 그

---

187   대구지방법원 2008. 4. 16. 2007나8783.

밖의 사항에 관하여 집필할 수 있으며, 다만 소장이 시설의 안전 또는 질서를
해칠 명백한 위험이 있다고 인정하는 경우에는 예외로 하고 있다(법 제49조
제1항). 따라서 집필에 대해서는 '시설의 안전 또는 질서를 해칠 명백한 위험
이 있다고 인정하는 경우'에만 제한할 수 있다. 교화상 부적당하다는 이유로
집필을 금지하는 것은 허용되지 않으며, 수용자가 부당하게 청원이나 권리
구제를 반복한다거나 교도소를 소재로 한 집필이라는 이유만으로 집필을 금
지해서는 아니된다.[188] 하급심 판례는 수용자가 '어느 사형수의 독백'이라는
제목의 집필문을 작성한 뒤 출판사 사장과 편집장에게 발송을 의뢰하자 소
장이 집필문의 내용이 형집행법 제43조 제5항 제4호 내지 제7호에 해당한다
고 하여 발송을 불허한 데 대하여 '사생활의 비밀 또는 자유를 침해할 우려
가 있는 때(제5호)'에 해당되는 이상 나머지 발송금지사유에 해당하는지 여
부에 관하여 살펴볼 필요없이, 집필문 발송을 금지하고 보관한 처분이 적법
하다고 판시하였다.[189]

> 집필문 1부와 2부의 내용이 주인공인 수형자의 성장과정을 그대로 서술하거나 자
> 신이 저지른 살인에 관하여 회상하는 내용을 담고 있는 한, 살인사건의 피해자 및
> 그 유족들, 주인공의 주변 인물에 관하여 묘사된 분량 및 그 묘사에 진실성이 있
> 는지 여부에 관계없이 집필문의 내용은 '사생활의 비밀 또는 자유를 침해할 우려
> 가 있는 때'에 해당된다(부산지방법원 2014. 8. 14. 2013구합4072).

---

188 신양균, 앞의 책(2012년), 243쪽/수형자가 작성한 집필문의 내용이 형사법령에 저촉되는
 내용이 기재되어 있는 때와 수형자의 교정·교화 또는 건전한 사회복귀를 해칠 우려가 있는
 때에 해당한다는 이유로 형집행법 제43조 제7항에 따라 발송을 불허하고 교도소 내에 보관
 한 처분에 대하여 교도소가 재량권의 범위를 일탈·남용하여 위법하다고 판단하였다(전주
 지방법원 2013. 10. 23. 2013구합21/대법원 2014. 5. 29. 2014두4443 확정).
189 창작적 표현물로서 인물의 실명을 기재하지 않고, 사실을 간접적이고 우회적으로 표현하였
 다고 하더라도, 자전적 소설을 표방하고 있고 소설 속에 시간이나 장소가 특정되어 있고 관
 계가 서술되어 있으므로 타인이 특정될 수 있고, 이야기 전개에 따라 타인의 사생활이 노출
 되어 사생활의 비밀 또는 자유가 침해될 우려가 있는 경우라면 표현의 자유가 제한될 수 있
 으며, 이러한 제한은 헌법 제21조 제4항이 예정하고 있는 바이다. (중략) 집필문이 출판됨
 으로써 피해자들의 사생활이 공개되고 남들의 입에 오르내림으로써 사생활의 비밀 또는 자
 유가 침해될 우려가 있고, 이 사건 집필문이 자전적 소설을 표방하고 있어 두 건의 살인사
 건이 소설의 모티브를 이루고 있어 살인사건의 피해자 및 유족들에 관하여 묘사된 분량이
 많고 적고를 떠나 그들이 사생활의 비밀 또는 자유를 보호할 필요가 있다(부산지방법원
 2012. 8. 29. 2012누1082).

다. 집필한 문서 등의 처리

수용자가 작성 또는 집필한 문서나 도화의 소지 및 처리에 관해서는 물품소지는 법무부장관이 정하는 범위에 한하고, 지닐 수 있는 범위를 초과하는 물품은 보관, 본인이 처분 또는 폐기한다(법 제49조 제2항). 그리고 작성 또는 집필한 문서나 도화의 내용이 형집행법 제43조 제5항의 편지의 수발신 금지사유에 해당하면 그 구체적인 사유를 서면으로 작성하여 관리하고, 수용자에게 그 사유를 알린 후 보관하며 다만 수용자가 동의하면 폐기할 수 있다(동조 제3항). 이는 집필 자체를 사전에 제한할 수 없지만 집필내용을 외부에 알리는 것에 대하여는 사후적으로 제한이 필요하기 때문에 수용자의 편지수수와 마찬가지로 보관 또는 폐기할 수 있도록 한 것이다.[190] 문제는 집필행위 중 그 내용을 검사하여 내용에 수발신 금지사유에 해당하는 부분이 있는 경우에 삭제하거나 또는 말소할 수 있는가 여부이다. 집필은 헌법과 형집행법이 보장하고 있는 수용자의 권리이므로 강제적으로 삭제·말소할 수 없다고 하여야 한다.

라. 집필용구의 관리와 문서 등의 외부발송

집필용구의 관리, 집필의 시간·장소, 집필한 문서 또는 도화의 외부반출 등에 관하여 필요한 사항은 대통령령으로 정한다(법 제49조 제4항). 집필용구의 구입비용은 수용자가 부담하는 것이 원칙이지만, 소장은 수용자가 그 비용을 부담할 수 없는 경우에 필요한 집필용구를 지급할 수 있다(법 시행령 제74조). 수용자는 부득이한 사정이 있는 경우를 제외하고 휴업일 및 휴게시간 내에 시간의 제한 없이 거실·작업장, 그 밖에 지정된 장소에서 집필할 수 있다(법 시행령 제75조).

문서 또는 도화의 외부발송과 관련하여 소장은 수용자 본인이 작성 또는 집필한 문서나 도화(圖畫)를 외부에 보내거나 내가려고 할 때에는 그 내용을 확인하여 ① 암호·기호 등 이해할 수 없는 특수문자로 되어 있을 때, ② 범죄의 증거를 인멸할 우려가 있는 때, ③ 형사법령에 저촉되는 내용이 기재되어 있는 때, ④ 수용자의 처우 또는 교정시설의 운영에 관하여 명백한 거짓사실을 포함하고 있는 때, ⑤ 사생활의 비밀 또는 자유를 침해할 우려가 있는 때, ⑥ 수형자의 교화 또는 건전한 사회복귀를 해칠 우려가 있는 때, ⑦ 시설의 안전 또는 질서를 해칠 우려가 있는 때의 어느 하나에 해당하지 않으면 허가해

---

190 신양균, 앞의 책(2012년), 247쪽.

야 한다(법 시행령 제76조 제1항).[191]

　　문서나 도화를 외부에 보내거나 내갈 때 드는 비용은 수용자가 부담하고
(법 시행령 제76조 제2항), 그 비용을 예산의 범위에서 지급할 수 없다.

191　일본의 판례 중 구치소 수용 중인 미결수용자가 라디오방송국에 투고문을 방송하려고 신청
　　한 것에 대하여 그 내용이 규율 및 질서 유지상 방치할 수 없는 정도의 장해가 발생할 상당
　　한 개연성이 있다고 하여 불허가한 조치에 대하여 오사카(大阪)고등재판소 1995년 12월
　　21일 판결은 '일방적으로 구치소 직원의 복무태도와 수용자의 처우를 비난하고, 자신의 불
　　만을 작성한 것이 라디오방송에서 소개되고 이것이 구치소 수용자들에게 청취된다면, 구치
　　소가 일반사회로부터 격리된 장소이고 더구나 사회의 모든 계층의 사람을 집단적으로 장기
　　간에 걸쳐 구금관리하는 바, 다수의 수용자 중에는 방송내용에 의해 유발되거나 고소인에
　　대하여 연대감을 가진 사람이 나오는 등 구치소에 대하여 불신감, 불만이 양성되고, 첨예화
　　되고, 나아가서는 구치소의 규율 및 질서유지에 현저한 장해가 발생하게 될지 모를 것이라
　　는 것은 알기쉬운 도리이다. 구치소장이 본건 발신을 허가함으로써 구치소의 규율 및 질서
　　의 유지상 방치할 수 없는 정도의 장해가 발생할 상당한 정도의 개연성이 인정된다고 판단
　　한 것은 합리적인 근거가 있다고 하여야 한다'고 판시하였다(鴨下守孝, 앞의 책(2006년),
　　265~266쪽).

제 7 장 특별한 보호를 필요로 하는 수용자

제 1 절 서론

형집행법은 특별한 보호를 필요로 하는 수용자, 즉 여성수용자, 노인수용자, 장애인수용자, 외국인수용자, 소년수용자에 대하여 각각의 특성에 따라 적정한 배려 및 처우를 하도록 하고 있다.[192] 수용자는 신체적, 심리적, 국적, 나이 등의 차이로 인하여 처우상 배려를 하여야 하는 대상으로 형집행법에서 각각의 특성에 따른 처우를 달리하도록 한 것이다.

여성수용자의 수용 및 처우와 관련하여 교정시설이 직면하고 있는 문제는 임신, 가족관계의 유지, 고령화, 마약 등 약물범죄자의 증가 등이 있다. 형집행법은 여성수용자에 대하여 유아의 양육신청과 소장의 양육허가시 조치사항에 대하여 규정하고 있다. 또한 가족접견, 가족만남의 집 등의 제도를 통해 출소할 엄마와의 유대를 강화하는 정책을 수립하여 시행하고 있다.

교도소 인구의 고령화는 교정이 직면하고 있는 문제의 하나이다. 노인수형자의 처우와 관련하여 교정시설의 디자인을 바꾸어야 하고, 육체적·정신적인 문제로 의료비용의 급격한 증가에 대응하여야 하며, 직원은 사회복지사의 역할을 하도록 요구받는 등 다양한 방안을 마련할 필요가 있다.

형집행법은 '외국인·여성·장애인·노인·소년(19세 미만의 자를 말한다.) 수형자는 전담교정시설의 부족이나 그 밖의 부득이한 사정이 있는 경우를 제외하고 법무부장관이 특히 그 처우를 전담하도록 정하는 시설에 수용되며 그 특성에 알맞은 처우를 받는다(법 제57조 제6항).'고 규정하고 있다.

---

192 2015년 6월 28일부터 시행된 개정 형집행법(법률 제13235호)에서는 특별한 처우 대상자에 소년수용자를 추가하였다.

제 2 절 여성수용자 및 유아 양육

1. 여성수용자

가. 처우상 배려사항

여성은 신체적 또는 심리적으로 남성과 다른 특성을 가지고 있으며, 모성 본능 등으로 수용생활 중에 정신적인 갈등을 겪을 우려가 크다. 따라서 형집행법은 여성수용자에 대하여 여성의 신체적·심리적 특성을 고려하여 처우하도록 하고 있다(법 제50조 제1항). 그러나 여성수용자는 남성수용자에 비해 그 수가 적고, 여성수용자 처우를 위한 교정시설이 부족한 상황에서 여성수용자는 남성수용자를 위해 계획된 교정시설의 일부구역에 수용될 수 밖에 없어 직업훈련, 교육 등 재사회화를 위한 처우가 제대로 이루어지기 어렵다.

처우시 유의사항은 여성수용자에 대하여 상담·교육·작업 등을 실시할 때에는 여성교도관이 부족하거나 그 밖의 부득이한 사정이 있는 경우를 제외하고 여성교도관이 담당하도록 하고, 남성교도관이 1인의 여성수용자에 대하여 실내에서 상담 등을 하려면 투명한 창문이 설치된 장소에서 다른 여성을 입회시킨 후 실시하도록 하고 있다(법 제51조). 또한 소장은 특히 필요하다고 인정하는 경우가 아니면 남성교도관이 야간에 수용거실에 있는 여성수용자를 시찰하게 하여서는 아니 되며(법 시행령 제7조), 여성수용자의 목욕횟수를 정하는 경우에는 그 신체적 특성을 고려하여야 하고, 여성수용자가 목욕하는 경우에 계호가 필요하다고 인정하면 여성교도관이 하도록 하고 있다(법 시행령 제77조).

여성수용자에 대하여 건강검진을 실시하는 경우에는 나이·건강 등을 고려하여 부인과 질환에 관한 검사를 포함시키도록 의무화하고, 생리 중인 수용자에 대하여는 위생에 필요한 물품을 지급하도록 하여(법 제50조 제2항, 제3항)[193] 여성수용자에 대한 처우에 배려하고 있다.

나. 임산부 등에 대한 처우

유엔최저기준규칙은 '여자교도소에는 산전 및 산후 모든 간호 및 처치를

---

[193] 2014. 12. 30. 형집행법 개정으로 부인과 질환에 관한 검사와 위생에 필요한 물품의 지급을 의무화하였다.

위하여 필요한 특별한 설비를 갖추도록 하고, 가능한 경우에는 시설 밖의 병원에서 분만할 수 있도록 조치를 강구하여야 한다(제28조).'고 하고 있다.

형집행법은 임신 중이거나 출산(유산·사산을 포함한다.)한 경우에는 모성보호 및 건강유지를 위하여 정기적인 검진 등 적절한 조치를 취하도록 하고, 수용자가 출산하려고 하는 경우에는 외부의료시설에서 진료를 받게 하는 등 적절한 조치를 취하도록 하고 있다(법 제52조). 이때 출산(유산·사산을 포함한다.)한 경우란 출산(유산·사산한 경우를 포함한다.) 후 60일이 지나지 아니한 경우를 말한다(법 시행령 제78조). 소장은 지급할 필요가 있다고 인정하는 경우 임산부에게 겨울철에 솜이불을 지급할 수 있다(법 시행규칙 제7조 제1호). 소장은 임산부인 수용자 및 유아의 양육을 허가받은 수용자에 대하여 필요하다고 인정하는 경우에는 교정시설에 근무하는 의사의 의견을 들어 필요한 양의 죽 등의 주식과 별도로 마련된 부식을 지급할 수 있으며 양육유아에 대하여는 분유 등의 대체식품을 지급할 수 있다(법 시행규칙 제42조).

2. 유아 양육

가. 의의

형집행법은 '여성수용자는 자신이 출산한 유아를 교정시설에서 양육할 것을 신청할 수 있다(법 제53조 제1항).'고 하여, 여자수용자가 일정한 연령에 도달하기까지의 자녀에 대하여 교정시설 내에서 양육을 원한다는 신청을 한 경우에 일정한 요건 하에서 허가하고 있으며, 허가하는 경우에 필요한 조치에 대하여 규정하고 있다.

본 제도의 취지는 교정시설은 수용요건을 갖춘 사람만을 수용하여야 하고 그 환경은 유아의 양육에 바람직하지 아니하지만, 입소시 유아가 있거나 수용 중에 출산한 경우 자녀의 양육을 맡길 적당한 사람이 없거나 여성수용자가 직접 양육하는 것이 정서적·신체적으로 필요한 경우에 교정시설에서 양육할 수 있도록 한 것이다. 유아를 모로부터 강제적으로 분리하면 유아의 발육을 저해할 수도 있고, 모에게도 정신적 또는 육체적으로 충격을 줄 수 있다.

출산은 반드시 시설 내에서 수용 중에 이루어진 경우에 한하지 않으며 여

성수용자가 출산한 후 구금된 경우도 포함한다.[194]

독일 행형법은 교정시설에는 모가 유아와 함께 수용될 수 있는 설비를 갖출 것을 규정하고 있다(행형법 제142조). 모와 자녀를 위한 설비는 일반행형의 건축설비에 포함되어 시설 내 또는 시설 밖의 독립한 건물의 형태로 존재하거나 교정의료시설에 인접해 있다.[195]

나. 유아의 양육허가 신청 등

구행형법은 '여성수용자가 유아를 교도소 등의 안에서 양육할 것을 신청한 때에는 상당한 이유가 있는 경우에 한하여 생후 18개월에 이르기까지 허가할 수 있다(동법 제8조 제3항).'고 규정하여 소장의 재량사항에 속하였다. 상당한 이유가 있는 때란 객관적인 사정으로 자녀를 양육할 수 있는 가족의 유무, 경제적 이유, 자녀의 발육상황, 아동복지시설 등에의 입소상황 외에 당해 여성수용자의 심신의 상태 등 주관적인 사정도 고려하여 상당하다고 인정되는 경우를 의미한다.

형집행법은 세 가지 예외사유를 제외하고 원칙적으로 허가하도록 하였다. 즉 여성수용자는 자신이 출산한 유아를 교정시설에서 양육할 것을 신청할 수 있고 ① 유아가 질병, 부상 그 밖의 사유로 교정시설에서 생활하는 것이 특히 부적당하다고 인정되는 때, ② 수용자가 질병·부상, 그 밖의 사유로 유아를 양육할 능력이 없다고 인정되는 때, ③ 교정시설에 감염병이 유행하거나 그 밖의 사정으로 유아양육이 특히 부적당한 때가 아니면 생후 18개월에 이르기까지 허가하여야 한다(법 제53조 제1항). 유엔최저기준규칙은 수용자의 자녀를 교정시설 내에서 수용자와 함께 생활하는 것에 대하여 결정하는 때에는 해당 자녀의 이익을 최우선적으로 고려하도록 하고, 첫째 수용자가 자녀를 돌보지 못하는 때에 적정 인력을 갖춘 내부 또는 외부의 보육시설에 자녀를 위탁할 수 있는 경우, 둘째 전문가가 입소에 대한 건강검진 및 자녀의 발육에 대한 지속적인 모니터링을 포함한 유아의 특별한 보건의료서비스를 제공할 수 있는 경우에 한하여 교정시설 내에서 생활하는 것을 허용하도록 하고 있다(제29조 제1항).

---

194 신양균, 앞의 책(2012년), 256쪽 / 허주욱, 앞의 책(2013년), 319쪽.
195 클라우스 라우벤탈 저 / 신양균·김태명·조기영 역, 앞의 책(2010년), 396쪽.

다. 양육허가시 조치

교정시설 내에서 자녀의 양육을 허가한 경우에는 모성의 보호에 충분한 배려를 하고 자녀의 양육을 위해 적절한 환경을 정비할 필요가 있다. 형집행법은 유아의 양육을 허가한 경우에는 필요한 설비와 물품의 제공, 그 밖의 양육을 위하여 필요한 조치를 하여야 하고(법 제53조 제2항), 필요한 설비로는 교정시설에 육아거실을 지정·운영하도록 하고 있다(법 시행령 제79조). 그리고 양육유아에 대하여는 분유 등의 대체식품을 지급할 수 있으며(법 시행규칙 제42조), 그 밖에 자녀의 양육에 필요한 물품으로는 우유, 이유식, 우유병, 유아복, 유아용 침구, 장난감, 모유 수유에 좋은 음식 등을 들 수 있다.

교정시설 내에서 양육되고 있는 자녀에 대하여 건강진단, 예방접종, 진료 그 밖의 조치를 취하는 것뿐만 아니라 그 밖에 목욕, 감염병 예방상의 조치 등도 필요하지만 이에 대한 별도의 규정은 마련되어 있지 아니하다.[196]

라. 유아의 인도

소장은 유아의 양육을 허가하지 아니하는 경우에는 수용자의 의사를 고려하여 유아보호에 적당하다고 인정하는 법인 또는 개인에게 그 유아를 보낼 수 있다. 즉 유아의 양육을 허가하지 아니한 경우 또는 양육이 허가된 유아가 출생 후 18개월이 지나거나, 유아양육의 허가를 받은 수용자가 허가의 취소를 요청하는 때 또는 유아의 양육 불허사유(법 제53조 제1항)에 해당하는 경우에는 수용자의 의사를 고려하여 유아보호에 적당하다고 인정하는 법인 또는 개인에게 그 유아를 보낼 수 있다. 다만 적당한 법인 또는 개인이 없는 경우에는 그 유아를 해당 교정시설의 소재지를 관할하는 시장·군수 또는 구청장에게 보내서 보호하게 하여야 한다(법 시행령 제80조).

생후 18개월까지로 규정한 것은 유아의 정서발달이 이루어지는 시기로 모에 의한 수유와 정서안정 등이 필요한 기간이고, 18개월 이후에는 시설 내 생활이 지적발달에 따른 유아의 성장과 발달에 부정적인 영향을 미칠 수 있는 점 등을 고려한 것이다.[197]

---

196 일본의 형집행법에서는 양육하고 있는 자녀에 대해서 여성수용자의 예에 의하여 건강진단, 진료, 그 밖에 필요한 조치를 취하도록 하고 있다(법무부 교정본부, 외국교정관계법령집, 2012년, 742~743쪽).

197 신양균, 앞의 책(2012년), 257쪽.

제 3 절 노인수용자

교정시설에 수용되어 있는 사람 중에는 고령으로 인하여 신체허약, 만성질환, 거동불편 뿐만 아니라 가족관계에 있어서도 문제를 가진 수용자가 있으며 이들에 대한 인도적인 관점에서 적정한 배려를 할 필요가 있다. 이와 같은 관점에서 형집행법은 노인수용자를 특별한 보호의 대상으로 규정하고 있다.

노인수용자란 65세 이상인 수용자를 말하고(법 시행령 제81조), 소장은 노인수용자에 대하여 나이·건강상태 등을 고려하여 그 처우에 있어 적정한 배려를 하도록 하고 있다(법 제54조 제1항). 즉 노인수용자를 위하여 편의시설과 공동휴게실 등 마련, 수용거실, 주·부식 등 지급, 운동·목욕, 전문의료진, 교육·교화프로그램 및 작업 등에 있어서 특별한 배려를 하도록 하고 있다.

법무부장관이 노인수형자의 처우를 전담하도록 정하는 시설에는 「장애인·노인·임산부 등의 편의증진보장에 관한 법률 시행령」[198] 별표 2의 교도소·구치소 편의시설의 종류 및 설치기준에 따른 편의시설을 갖추도록 하고, 전담교정시설에는 별도의 공동휴게실을 마련하고 노인이 선호하는 오락용품 등을 갖추도록 하고 있다(법 시행규칙 제43조). 노인수형자 전담교정시설이 아닌 교정시설에서는 노인수용자를 수용하기 위하여 별도의 거실을 지정하여 운영할 수 있으며, 노인수용자의 거실은 시설부족 또는 그 밖의 부득이한 사정이 없으면 건물의 1층에 설치하고, 특히 겨울철 난방을 위하여 필요한 시설을 갖추도록 하고 있다(법 시행규칙 제44조).

노인수용자는 나이와 건강상태 등을 충분히 고려하여 체력과 건강을 유지하는 데 필요한 영양공급과 함께 균형잡힌 충분한 식사를 제공하고, 의류와 침구의 지급도 위생적인 면을 고려하여야 한다. 형집행법은 노인수용자의 나이·건강상태 등을 고려하여 필요하다고 인정하면 의류의 품목, 의류의 품목별 착용시기 및 대상, 침구의 품목, 침구의 품목별 사용 시기 및 대상, 의류·침구 등 생활용품의 지급기준, 주식의 지급, 부식, 주·부식의 지급횟수 등

---

198 「장애인·노인·임산부 등의 편의증진 보장에 관한 법률 시행령」 별표 1의 편의시설 설치 대상 시설에 교정시설을 포함하고 있으며 교정시설의 경우 설치하여야 하는 편의시설의 종류로 매개시설(주출입구접근로, 장애인전용주차구역, 주출입구 높이 차이 제거), 내부시설(출입구, 복도, 계단 또는 승강기), 위생시설(화장실, 욕실, 샤워실 및 탈의실) 등을 규정하고 있다.

에 따른 수용자의 지급기준을 초과하여 주·부식, 의류·침구, 그 밖의 생활용품을 지급할 수 있도록 하고 있다(법 시행규칙 제45조). 그리고 노인수용자는 나이와 건강상태 등을 고려하여 필요하다고 인정하면 운동시간을 연장하거나 목욕횟수를 늘릴 수 있도록 하고 거동이 불편하여 혼자서 목욕하기 어려운 경우에는 교도관, 자원봉사자 또는 다른 수용자로 하여금 목욕을 보조하게 할 수 있다(법 시행규칙 제46조).

의료처우와 관련하여 노인수형자의 전담교정시설의 장은 노인성 질환에 관한 전문적인 지식을 가진 의료진과 장비를 갖추고, 외부의료시설과 협력체계를 강화하여 노인수형자가 신속하고 적절한 치료를 받을 수 있도록 노력하여야 하며, 노인수용자에 대하여 6개월에 1회 이상 건강검진을 하여야 한다(법 시행규칙 제47조). 일반수용자에 대하여 1년에 1회 이상 건강검진을 하도록 하지만 노인수용자에 대하여는 6개월에 1회 이상 건강검진을 하도록 하였다.

교육·교화프로그램 및 작업과 관련하여 노인수형자 전담교정시설의 장은 노인문제에 관한 지식과 경험이 풍부한 외부전문가를 초빙하여 교육하게 하는 등 노인수형자의 교육 받을 기회를 확대하고 노인전문오락, 그 밖에 노인의 특성에 알맞은 교화프로그램을 개발·시행하여야 한다. 또한 노인수용자가 작업을 원하는 경우에는 의무관의 의견을 들어 나이·건강상태 등을 고려하여 해당 수용자가 감당할 수 있는 정도의 작업을 부과한다(법 시행규칙 제48조).

제 4 절 장애인수용자

장애인수용자란 시각·청각·언어·지체(肢體) 등의 장애로 통상적인 수용생활이 특히 곤란하다고 인정되는 사람으로서 법무부령으로 정하는 수용자를 말하고(법 시행령 제81조 제2항), 이에 따라 「장애인복지법시행령」 별표 1의 제1호부터 제15호까지의 규정에 해당하는 사람[199]으로서 시각·청각·언어·지체(肢體) 등의 장애로 통상적인 수용생활이 특히 곤란하다고 인정되는 수용자를

---

199 장애인의 종류 및 기준으로 지체장애인, 뇌병변장애인, 시각장애인, 청각장애인, 언어장애인, 지적장애인, 자폐성장애인, 정신장애인, 신장장애인, 심장장애인, 호흡기장애인, 간장장애인, 안면장애인, 장루·요류장애인, 뇌전증장애인을 규정하고 있다.

말한다(법 시행규칙 제49조). 형집행법령은 장애인수용자에 대하여 재활프로그램, 주·부식 등의 지급, 운동·목욕, 의료, 교육·교화프로그램, 작업 및 직업훈련 등의 처우와 관련하여 특별한 규정을 두고 있다.

소장은 장애인수용자에 대하여 장애의 정도를 고려하여 그 처우에 있어 적정한 배려를 하여야 한다(법 제54조 제2항). 법무부장관이 장애인 수형자의 처우를 전담하도록 정하는 시설의 장은 장애종류별 특성에 알맞은 재활프로그램을 개발하여 시행하여야 하고, 장애인수형자의 처우를 전담하도록 하는 시설에는 「장애인·노인·임산부 등의 편의증진보장에 관한 법률 시행령」 별표 2의 교도소·구치소 편의시설의 종류 및 설치기준에 따른 편의시설을 갖추도록 하고 있다(법 시행규칙 제50조).[200] 장애인수형자 전담교정시설이 아닌 교정시설에서는 장애인수용자를 수용하기 위하여 별도의 거실을 지정하여 운용할 수 있으며, 장애인수용자의 거실은 시설부족 또는 그 밖의 부득이한 사정이 없으면 건물의 1층에 설치하고 특히 장애인이 이용할 수 있는 변기 등의 시설을 갖추도록 하고 있다(법 시행규칙 제51조).

장애인 편의시설은 장애인수용자에게 자유형을 집행하는 데에 있어서 또 다른 처벌이 되지 않도록 하는 데 있어서 반드시 필요하다. 특히 장애의 유형은 다양하며 각 장애에 따라 필요로 하는 시설과 설비는 필수적으로 제공되어야 한다.

장애인수형자 전담교정시설의 장은 장애인의 재활에 관한 전문적인 지식을 가진 의료진과 장비를 갖추도록 노력하여야 하고(법 시행규칙 제52조), 직업훈련과 관련하여 장애인수형자의 직업훈련이 석방 후의 취업과 연계될 수 있도록 그 프로그램 편성 및 운영에 특히 유의하도록 하고 있다(법 시행규칙 제53조). 그리고 장애인수용자의 장애정도, 건강 등을 고려하여 필요하다고 인정하는 경우에 주·부식 등의 지급, 운동·목욕 및 교육·교화 프로그램·작업에 관하여는 노인수용자에 대한 특칙을 준용하고 있다(법 시행규칙 제54조).

---

200 장애인수용자 전담교정시설은 장애인별로 지정운영하고 있으며 광주, 안양, 청주, 순천, 여주, 포항, 군산, 청주, 충주, 통영을 지정하여 운영하고 있다.

제 5 절   외국인수용자

외국인수용자에 대한 처우의 문제는 국가 간의 활발한 교류의 증가에 따라 대두된 새로운 과제이기도 하다. 유엔은 1985년 밀라노에서 개최된 제7차 범죄예방 및 범죄자 처우에 관한 유엔회의에서 「외국인수용자의 처우에 관한 권고」를 채택하여 각국의 입법 및 실무운영에 있어서 지도이념으로서 존중하고 가능한 한 참작하도록 권고하고 있다.[201] 동 권고의 주요내용은 외국인수용자에 대해서는 내국인수용자와 동등한 수준의 교육·작업·직업훈련을 실시할 것, 종교상의 계율과 관습을 존중할 것, 자국의 영사부와 연락할 수 있도록 할 것, 외부교통에 필요한 기회를 제공할 것 등이다.

형집행법령은 외국인수형자 전담교정시설, 전담요원, 거실지정, 주·부식 지급, 위독 또는 사망시의 조치 등에 대하여 규정하고 있다. 유엔최저기준규칙은 '수용자의 인종, 피부색, 성별, 언어, 종교, 정치적 또는 그 밖의 견해, 국적, 사회적 신분, 재산, 출생 또는 그 밖의 지위에 의하여 차별이 있어서는 아니된다(제2조).'고 규정하고 있다.

형집행법은 수용자에 대하여 합리적 이유없이 출신국가, 출신민족 등을 이유로 차별을 금지하고 있다(법 제5조). 소장은 외국인수용자에 대하여 언어·생활문화 등을 고려하여 적정한 처우를 하여야 한다(법 제54조 제3항). 외국인수용자는 언어의 소통에 문제가 있는 경우가 많으며, 문화적인 차이로 인하여 수용생활에 어려움을 겪는 경우가 많은 점 등을 고려하여 적정한 처우를 하도록 한 것이다.

법무부장관이 외국인수형자의 처우를 전담하도록 정하는 시설[202]의 장은 외국인의 특성에 알맞은 교화프로그램을 개발하여 시행하여야 한다(법 시행규칙 제55조). 외국인수용자의 수용거실을 지정하는 경우에는 종교 또는 생활습관이 다르거나 민족감정 등으로 인하여 분쟁의 소지가 있는 외국인수용자는 거실을 분리하여 수용하여야 하고, 외국인수용자에 대하여는 그 생활양식을

---

201 법무부 교정본부, 교정관계 국제규약집, 2015년 5월, 389쪽 참조.
202 외국인수용자 전담 교정시설은 2009년 1월 23일부터 천안을 지정하고, 공범분리, 작업기회 확대, 처우전문성 강화 등을 위해 대전을 중국인과 동남아 국가 출신 수용자를 전담하는 시설로 지정하여 운영하고 있다. 2020년부터는 여주교도소에도 수용하고 있다. 여자 외국인 수형자는 청주여자교도소에 수용하고 있다.

고려하여 필요한 수용설비를 제공하도록 노력하여야 한다(법 시행규칙 제57조).

소장은 외국어에 능통한 소속 교도관을 전담요원으로 지정하여 일상적인 개별면담, 고충해소, 통역·번역 및 외교공관 또는 영사관 등 관계 기관과의 연락 등의 업무를 수행하게 하여야 하고 전담요원은 외국인 미결수용자에게 소송 진행에 필요한 법률지식을 제공하는 등의 조력을 하여야 한다(법 시행규칙 제56조). 유엔최저기준규칙은 외국국적을 가진 수용자에게 소속 국가의 외교대표 또는 영사와 소통하기 위한 상당한 편의를 제공하도록 규정하고 있다(동규칙 제62조 제1항).

외국인수용자에게 지급하는 음식물의 총열량은 일반수용자에 대한 칼로리 기준인 1인당 2,500칼로리에도 불구하고 소속 국가의 음식문화, 체격 등을 고려하여 조정할 수 있도록 하고, 쌀과 혼합곡·빵 또는 그 밖의 식품을 주식으로 지급하되 소속국가의 음식문화를 고려하도록 하고 있다(법 시행규칙 제58조 제1항, 제2항). 외국인수용자에게 지급하는 부식의 기준은 법무부장관이 정한다(동조 제3항).

외국인수용자가 질병 등으로 위독하거나 사망한 경우에는 그의 국적이나 시민권이 속하는 나라의 외교공관 또는 영사관의 장이나 그 관원 가족에게 이를 즉시 알리도록 하고 있다(법 시행규칙 제59조).

제 6 절   소년수용자

소년은 신체적·심리적·사회적으로 미성숙한 상태에 있고 출소 후 사회에서 적응하며 살아가야 하는 기간이 장기라는 사실 등을 고려하여 특별한 처우가 필요하다. 소년사법행정을 위한 유엔최저기준규칙은 소년사법제도의 목적을 소년복지의 보장과 비례의 원칙을 명시하고 있으며(제5조 제1항), 그 가운데 시설에 수용된 소년의 교육과 처우의 목적은 그들이 사회에서 건설적이고 생산적인 역할을 수행하는데 필요한 보호조치와 교육 및 직업훈련 등을 제공하도록 하고 있다(제26조 제1항). 특히 비례의 원칙은 소년범에 대한 처벌은 범죄의 중대성뿐만 아니라 사회적 신분, 가족상황, 범죄로 인한 피해, 그 밖의 개인에게 주는 영향을 주는 요인 등 소년의 개인사정과 피해자에 대한 배상을 위한 노력과 건전한 삶을 살고자 하는 의지 등을 고려하여야 한다.[203]

소장은 소년수용자에 대하여 나이·적성 등을 고려하여 적정한 처우를 하여야 한다(법 제54조 제4항). 소년수용자란 ① 19세 미만의 수형자, ② 법 제12조 제3항에 따라 소년교도소에 수용 중 19세가 된 경우 교육·교화프로그램, 작업, 직업훈련 등을 실시하기 위하여 특히 필요하다고 인정되어 23세가 되기 전까지 계속하여 수용된 수형자, ③ 19세 미만의 미결수용자를 말한다(법 시행령 제81조 제4항).

소년수용자에 대한 특별한 규정은 소년수용자에 대하여는 성년수용자와 구분하여 수용하여야 하고(법 제11조 제1항), 건강검진 횟수를 6개월에 1회 이상하도록 하며(법 시행령 제51조 제1항), 19세 미만인 수형자에 대해서는 접견 횟수를 늘릴 수 있고(법 시행령 제59조 제2항 제1호), 19세 미만의 수형자에게 작업을 부과하는 경우에 정신적·신체적 성숙 정도, 교육적 효과를 고려하도록 하고(법 시행령 제90조), 경기 또는 오락회의 횟수를 늘릴 수 있도록 하는 내용(법 시행규칙 제91조 제1항) 등이 있다. 수용자 부식의 1일 영양섭취기준량에 대하여 19세 미만인 사람에 대하여 특별한 배려를 하고 있다(법 시행규칙 별표 2 참조).

법무부장관이 19세 미만의 수형자의 처우를 전담하도록 정하는 시설의 장은 소년의 나이·적성 등 특성에 알맞은 교육·교화프로그램을 개발하여 시행하여야 하고, 소년수형자 전담교정시설에는 별도의 공동학습공간을 마련하고 학용품 및 소년의 정서 함양에 필요한 도서와 잡지 등을 갖추어야 한다(법 시행규칙 제59조의2).

소년수형자 전담교정시설이 아닌 교정시설에 소년수용자를 수용하는 경우에는 별도의 거실을 지정하여 운용할 수 있고, 그러한 경우 교육·교화프로그램을 개발하여 시행하여야 한다(법 시행규칙 제59조의3). 소장은 소년수형자 등의 나이·적성 등을 고려하여 필요하다고 인정하면 접견 및 전화통화 횟수를 늘릴 수 있다(법 시행규칙 제59조의4).

소년수형자에 대한 사회적 처우에 대해서는 소년수형자의 나이·적성 등

---

[203] 법무부 교정본부, 교정관계 국제규약집, 2015년 5월, 489~490쪽.

을 고려하여 필요하다고 인정하면 소년수형자 등에게 사회견학, 사회봉사, 자신이 신봉하는 종교행사 참석, 연극·영화·그 밖의 문화공연 관람을 허가할 수 있으며 이 경우 소장이 허가할 수 있는 활동에는 발표회 및 공연 등 참가활동을 포함한다(법 시행규칙 제59조의5). 그리고 소년수용자의 나이·건강상태 등을 고려하여 필요하다고 인정하는 경우 주·부식 등의 지급, 운동·목욕, 전문의료진 등 및 작업에 관하여 노인수용자에 대한 특칙을 준용한다(법 시행규칙 제59조의6).

제 8 장 수형자 처우

제 1 절 서론

형집행법은 제2편 '수용자의 처우'에서 수용자에게 일반적으로 적용되는 수용, 물품지급, 금품관리, 위생과 의료, 접견·편지수수 및 전화통화, 종교와 문화, 특별한 보호, 수형자의 처우, 미결수용자의 처우, 사형확정자, 안전과 질서, 규율과 상벌, 권리구제에 대하여 규정하고 있다. 그리고 제8장의 '수형자의 처우'에서는 분류심사, 교육과 교화프로그램, 작업과 직업훈련, 귀휴에 대하여 규정하고 있다. 즉 제2편 수용자의 처우에서는 수용자에게 공통적으로 적용되는 각종 처우를 규정하면서 제8장에서는 수형자를 정해진 형기 중에 성공적으로 사회에 복귀시키기 위하여 실시되는 각종 처우에 대한 사항을 규정하고 있다.

수형자에 대해서 각종 처우를 실시하기 위해 선행되어야 하는 것은 과학적인 분류이다. 분류의 결과를 토대로 각 수형자에게 적합한 각종 처우가 실시되고 수형자는 사회복귀를 위한 준비를 하게 된다. 수형자 처우의 목적은 전통적으로 교정처우를 통해 범죄자를 사회에 복귀시키는데 있다고 인식되어 왔다. 그리고 '사회생활에 적응하는 능력의 함양'은 수형자가 통상의 사회생활을 함에 있어 필요한 지식, 기능 및 생활태도를 몸에 익히도록 하는 것을 말한다. 그러나 개선갱생과 사회복귀를 도모하는 것이 반드시 수형자를 도의적으로 훌륭한 인간으로 교정하는 것을 의미하는 것은 아니다. 처우의 목표를 그와 같이 설정하는 것은 내용이 불명확할 뿐만 아니라, 특정의 가치관을 수형자에게 강제하여 과잉교정에 빠질 우려가 있기 때문이다. 따라서 어디까지나 석방 후 범죄에 이르지 않고 자주적인 생활을 할 수 있는 의사와 능력을 수형자에게 가지도록 하는 것이 개선갱생과 사회복귀를 도모한다고 하는 것의 의미라고 이해해야 할 것이다.[204]

---

204 川出敏裕·金光旭, 앞의 책(2018년), 173쪽.

제 2 절 수형자 처우의 원칙과 개별처우계획

1. 수형자 처우의 원칙

가. 목적과 원칙

수형자 처우의 원칙은 형집행법의 목적에 포섭되는 개념이다. 형집행법의 목적은 수형자의 교정·교화와 건전한 사회복귀를 도모하고, 수용자의 처우와 권리 및 교정시설의 운영에 관하여 필요한 사항을 규정함에 있다(법 제1조). 따라서 수형자 처우의 원칙은 교육·교화프로그램, 작업 직업훈련 등을 통하여 교정·교화를 도모하고 사회생활에 적응하는 능력을 함양하도록 처우하여야 한다(법 제55조)는 것이다. 사회생활에 적응하는 능력의 함양은 수형자가 사회의 한 구성원으로 받아들여지고 건전한 사회인이 되는 데 필요한 지식, 기능 및 생활태도 등을 몸에 익히도록 하는 것을 말한다.

수형자 처우의 목적은 범죄에 대하여 제재를 가하는 한편 수형자의 개선 갱생 및 사회복귀를 도모하기 때문에 처우는 항상 이것을 목표로 하여야 한다. 수형자가 재범에 이르지 않고 건전한 사회인이 되기 위해서는 교정시설에 수용되어 있는 동안 수형자가 스스로 개선갱생의 의욕을 가지고 사회생활에 적응하는 능력을 배양하는 것이 중요하고 필요하다. 이에 형집행법은 '교정·교화를 도모하고 사회생활에 적응하는 능력을 함양하여 사회복귀를 도모하는 것'을 수형자 처우의 직접적·구체적 목적으로 열거하고 있다. 이는 수형자 처우가 교정·교화 및 사회생활적응 능력의 함양에 중점을 두어야 하고, 이를 위해 교육·교화프로그램의 실시, 작업, 직업훈련 등의 처우를 실시한다는 것을 명시한 것으로서 종래 작업위주의 처우에서 벗어나 다양한 방법을 통해 수형자의 사회복귀를 추진해야 함을 선언한 점에서 중요한 진전을 보인 것이라고 평가할 수 있다.[205] 따라서 교육·교화프로그램, 작업 직업훈련 등은 수형자의 교정·교화와 사회생활에 적응하는 능력을 함양하는 데 매우 중요한 역할을 하는 것으로 수형자에게 실시하는 처우 중에서도 핵심적인 위치를 차지한다.[206]

---

205 신양균, 앞의 책(2012년), 268쪽.
206 林眞琴·北村篤·名取俊也 공저/안성훈·금용명 등 번역, 앞의 책(2016년), 378쪽.

402 제3편 수용자 처우

나. 수형자 처우의 이념

교정(correction)이란 시설에서 수형자의 잘못된 품성이나 행동을 바로잡는 것을 말하고 교화(reformation)란 시설측에서 수용자의 잘못된 것을 바로잡아 좋은 방향으로 나아가게 한다는 것을 말한다.[207] 따라서 두 개념 모두 기본적으로 치료모델을 바탕으로 한 개념으로서 수형자를 치료나 개선의 대상으로 보고 적극적인 처우의 필요성을 강조하는 이념을 바탕에 두고 있다. 한편 사회생활에 적응하는 능력이란 수형자가 장차 사회에 복귀하여 구성원으로 생활을 하면서 더 이상 범죄를 저지르지 아니하고 생활을 영위할 수 있도록 하기 위해 행형과정에서 이루어지는 모든 노력을 의미한다.[208]

수형자의 교정·교화와 사회생활에 적응하는 능력을 함양하는 것은 시설의 안전과 질서의 유지라고 하는 보안상의 한계와 서로 충돌하고 갈등을 일으키면서 법, 판례 등을 통해 수형자 처우의 방향을 변화시키기도 한다. 예를 들면 수형자에 대한 가석방은 자발적인 의욕을 가지고 사회로 복귀하는 데 중요한 기능을 하지만, 가석방된 자가 출소 이후 범죄를 저지를 위험으로부터 사회보호라고 하는 관점에서 가석방의 엄격한 적용이 요구되기 때문에 서로 상반된 이해관계를 가지고 있다. 즉 형집행의 완화는 사회의 안전에 대한 직접적·현실적인 위협이 될 수 있지만, 범죄자의 재사회화는 헌법상의 요청이다. 형집행법이 수형자 처우의 원칙을 교정·교화, 사회적응능력 함양이라고 명시한 것도 단순히 선언적 의미를 가지는 데 그치는 것이 아니라 재사회화를 위한 처우가 격리를 통한 고통부과나 시설의 안전을 위해 양보해서는 안된다는 점을 지적한 것이다. 따라서 사회복귀는 자유박탈을 통해 국가가 적극적으로 수형자를 변화시키기 위한 것이라기 보다 자유박탈로 인한 부작용을 최소화한다는 소극적 의미에서 출발할 필요가 있으며, 수형자의 자발적인 노력을 지원하는 데 중점을 두면서 사회와 유사한 생활조건 아래에서 사회적응능력을 함양시키는 방향으로 처우가 이루어져야 할 것이다.[209]

---

207 신양균, 앞의 책(2012년), 268쪽.
208 신양균, 앞의 책(2012년), 269쪽.
209 신양균, 앞의 책(2012년), 270~271쪽.

2. 개별처우계획

　　수형자가 개개인이 가지고 있는 문제는 인격적 특성이나 사회적·환경적 인 조건에 따라 천차만별이며 그 차이에 따라 처우하지 않으면 수형자가 가지 고 있는 범죄원인을 제거하고 개선갱생 의욕의 환기와 사회생활에 적응하는 능력의 육성에 성공할 수 없기 때문에 개별처우의 원칙을 수형자 처우의 원칙 에 포함하고 있는 것이다.[210] 유엔최저기준규칙은 '지도원리들을 집행하는 데 있어서는 처우의 개별화와 이 목적을 위하여 수형자를 그룹으로 분류하는 신 축성 있는 제도가 필요하다(제89조 제1항).'고 규정하고 있다.

　　수형자 개개인은 그 인격적 특성이나 사회적 환경이 각각 다르기 때문에 그런 특성을 고려해서 처우하지 않으면 재사회화의 목적을 달성하기 어렵다. 따라서 수형자의 개별적 특성을 과학적으로 파악하여 각 수형자에게 필요한 처우계획을 수립하고 이에 따른 처우를 할 필요가 있다. 이와 같이 수형자 개 인의 특성과 환경을 과학적으로 조사, 분류하여 이에 따라 처우를 개별화하는 것을 개별처우의 원칙이라고 한다.[211]

　　형집행법은 '소장은 분류처우위원회의 의결에 따라 수형자의 개별적 특성 에 알맞은 교육·교화프로그램, 작업, 직업훈련 등의 처우에 관한 계획을 수립하 여 시행한다(법 제56조 제1항).'고 규정하고 '수형자는 분류심사의 결과에 따라 그 에 적합한 교정시설에 수용되며, 개별처우계획에 따라 그 특성에 알맞은 처우를 받는다(법 제57조 제1항).'고 규정하여 개별처우의 원칙을 선언하고 있다.

　　즉 개별처우의 원칙을 실현하기 위하여 수형자는 적합한 교정시설에 수용 되고 개별처우계획에 따라 그 특성에 알맞은 처우를 받으며, 교화 또는 건전한 사회복귀를 위하여 교정성적에 따라 처우가 상향조정될 수 있고, 특히 그 성적 이 우수한 수형자는 개방시설에 수용되어 사회생활에 필요한 적정한 처우를 받을 수 있다(법 제57조 제3항). 그리고 개별처우의 실시에 있어서 가장 중요한 것은 수형자 스스로 개선갱생과 사회복귀를 위한 노력을 하고자 하는 의지를

210　林眞琴·北村篤·名取俊也 공저/안성훈·금용명 등 번역, 앞의 책(2016년), 87쪽.

211　행형의 개별화는 행형을 범죄자 인격의 개별적 특성에 맞도록 처우형태를 결정하고 처우를 하는 것을 말하는 데, 개별 수형자에게 가장 효과적으로 영향을 주는 것이 가능하도록 개개 의 수형자에게 가장 좋은 것을 주는 것을 말한다(클라우스 라우벤탈 저/신양균·김태명·조 기영 역, 앞의 책(2010년), 173쪽).

가지고 자주적으로 처우를 받도록 하는 것이다.

가석방 또는 형기종료를 앞둔 수형자 중에서 법무부령으로 정하는 일정한 요건을 갖춘 사람에 대해서는 가석방 또는 형기종료 전 일정 기간 동안 지역 사회 또는 교정시설에 설치된 개방시설에 수용하여 사회적응에 필요한 교육, 취업지원 등의 적정한 처우를 할 수 있고, 수형자는 교화 또는 건전한 사회복귀를 위하여 교정시설 밖의 적당한 장소에서 봉사활동·견학, 그 밖에 사회적응에 필요한 처우를 받을 수 있다(동조 제4항, 5항). 학과교육생·직업훈련생·외국인·여성·장애인·노인·환자·소년, 중간처우의 대상자, 그 밖에 별도의 처우가 필요한 수형자는 법무부장관이 특히 그 처우를 전담하도록 정하는 시설에 수용되며, 그 특성에 알맞은 처우를 받고, 다만 전담교정시설의 부족이나 그 밖의 부득이한 사정이 있는 경우에는 예외로 할 수 있다(동조 제6항).

그러나 개별처우의 원칙이란 수형자 개개인의 자질 및 환경에 따라서 최적의 처우를 실시한다는 처우 내용에 관한 원칙이기 때문에 처우방법으로서 수형자 처우를 모두 개별적으로 실시하는 것은 아니다. 또한 수형자의 교화 또는 건전한 사회복귀를 위하여 필요하면 교육학·교정학·범죄학·사회학·심리학·의학 등에 관한 학식 또는 교정에 관한 경험이 풍부한 외부전문가로 하여금 수형자에 대한 상담·심리치료 또는 생활지도 등을 하게 할 수 있다(법 제58조). 외부전문가의 협력은 수형자의 개별처우를 위한 불가결한 전제이다.[212]

제 3 절 수형자 분류와 처우

1. 서

분류란 일반적으로 수형자의 개인적 특성을 고려하여 능력 등과 같은 일정한 기준에 따라 동질적인 집단으로 구분하는 것을 말한다. 그리고 분류처우는 수형자를 집단으로 나누는 그 자체만이 아니라 수형자의 교화개선과 사회복귀라고 하는 목적에 따라 수형자를 합리적으로 분류하기 위하여 개개 수형자의 특성을 과학적으로 검토하여 그에 따라 적절한 처우방침을 수립하여 실

---

212 신양균, 앞의 책(2012년), 273쪽.

시하고, 또한 처우결과에 따라 필요한 진단과 심사를 통하여 처우의 조정을 실시하는 일련의 연속된 행위를 의미하며, 행형의 전 과정에 걸쳐 처우의 개별화와 밀접한 관련이 있다.[213]

　수형자의 분류는 수형자를 대상으로 수용시설, 처우내용, 계호 정도 등을 차별화하여 개별 수형자에 대한 구체적 처우내용을 결정하고, 궁극적으로는 수형자의 교화개선과 사회복귀를 목적으로 한다는 점에서 범죄의 원인·유형 등을 연구하여 범죄현상 및 범죄환경을 분석하고 그것을 토대로 범죄를 예방하는 데에 목적이 있는 범죄인 분류와 구별된다.[214] 그러나 범죄인 분류의 성과가 20세기에 들어와서 점차적으로 수형자 분류에 채용된 사실을 고려하지 않으면 안 된다.[215] 즉 범죄원인의 연구가 진행됨에 따라 연령, 성별, 범죄의 경중 등과 같은 것 이외에 체질적인 차이나 심리적·감정적 차이, 건강상 차이, 직업숙련의 유무 등이 수형자 분류의 새로운 표준으로 채용되었다. 또한 교도소 사회에 대한 연구, 교도소와 수형자와의 관계 및 수형자 상호간의 관계에 대한 연구를 기반으로 교도소에로의 분류에 그치지 않고 교도소에서의 분류에 이르기까지 과학적 분류처우의 개념이 생겨났다.[216]

　수형자 분류는 목적에 따라 수용관리에 중점을 둔 수용분류와 재사회화에 중점을 둔 처우분류로 나눌 수 있다.[217] 수용분류는 성별, 연령, 형명(刑名), 형기, 죄질 등을 기초로 수형자의 보호나 관리에 중점을 둔 분류를 말하며 수형자를 위험성의 정도에 따라 보안등급과 수준에 맞게 수용하기 위해 분류한다. 한편 각종 교정처우를 위한 처우분류는 수형자의 개별 적성, 능력 등을 고려하여 교육·작업·직업능력개발훈련 등 구체적인 처우에 중점을 둔 분류를 말한다. 처우의 효과를 높이기 위해서는 개별처우가 필요하며, 이를 위해서는 분류처우가 전제되어야 한다. 엄격한 의미에서 수형자 분류는 교정처우를 위한 것이어야 하는데, 이는 처우를 통한 교화개선을 목적으로 하는 것을 이념으로 하는 현대교정의 흐름과도 일치하기 때문이다.

213　宮澤浩一·西原春夫·中山硏一·藤木英雄 編著, 앞의 책(1972년), 130쪽.
214　배종대·정승환, 앞의 책(2002년), 162쪽 / 김화수, 앞의 책(1991년), 373~374쪽.
215　강영철, 현행 수형자분류처우제도의 문제점과 개선방안, 교정연구, 제8호, 한국교정학회, 1998년, 61쪽.
216　김화수, 앞의 책(1991년), 382쪽 / 강영철, 앞의 논문(1998년), 61쪽.
217　허주욱, 앞의 책(2010년), 540~541쪽 / 신양균, 앞의 책(2012년), 275쪽.

그러나 범죄자의 교정·교화와 재사회화를 목표로 하는 교정이념 하에서 수형자 분류는 처우를 위한 분류가 주요 목적이 되지만, 교정처우에 대한 비판과 불신 그리고 국민정서와 정치의 보수화 등의 경향은 교정처우의 효과에 대하여 의문을 가지게 하였다. 그 결과 수형자 분류도 분류의 주요기준과 목표가 개별처우를 위한 진단이 아니라 보안을 중요 관심사항으로 다루게 되었고 수형자는 위험성에 따라 각각의 보안수준에 맞는 시설에 분리수용되거나 또는 같은 시설에서도 수용동이나 거실을 달리하게 되었다. 이러한 수형자 분류제도는 수형자를 위험의 정도나 보안등급 등에 따라 분류함으로써 교정관리의 효율화에 기여하였을 뿐만 아니라 처우의 추세가 점차 개별화와 전문화를 요구하여 수형자에게 필요한 처우의 내용에 따라 분류함으로써 수형자처우를 보다 쉽고 효율적으로 할 수 있게 하는 등 교정에 공헌한 바가 적지 않다.[218]

2. 수형자 분류의 목적

수형자 분류의 목적은 수형자의 특성에 따라 수용되는 시설의 조건에 적합하고 실현가능한 효과적인 처우를 준비하는 데 있다. 유엔최저기준규칙은 '분류의 목적을 첫째 범죄경력이나 나쁜 성격으로 인하여 악영향을 줄 가능성이 있는 수형자를 다른 수형자로부터 격리하고, 둘째 수형자의 사회복귀를 위한 처우를 용이하게 하기 위하여 수형자를 그룹으로 분류하는 것에 있다(제93조).'고 규정하고 있다.

수용자 분류의 목적은 다양하고, 시대와 행형의 목적에 따라 그 중점을 달리하기 때문에 요약하면 다음과 같다.

첫째, 초기 수형자 분류의 목적은 분리수용에 중점을 두어 악풍감염을 방지하고 그 상승작용을 제거하기 위한 것이다.[219] 즉 성인으로부터 소년에 대한 범죄적 악풍감염을 방지하기 위하여 연령에 따라 성인범과 소년범을 분류하고, 누범자로부터 경미범죄자나 초범자의 악풍감염을 방지하기 위하여 중범자와 초범자를 분류한 것이 그 예이다.

둘째, 시설의 효율적인 운영과 안전을 도모하기 위한 것으로 상습적인 규

---

218 이윤호, 앞의 책(2012년), 163쪽.
219 강영철, 앞의 논문(1998년) 62쪽 / 허주욱, 앞의 책(1991년), 388쪽.

율위반자나 도주의 위험성이 높은 수형자인 경우에는 보다 강화된 보안설비와 도주방지설비가 갖추어진 시설에 수용함으로써 교정사고를 예방하고 시설의 안전을 도모하는 한편, 위험성이 낮은 일반수형자의 경우에는 적정한 한도를 넘어서는 불필요한 구금을 하지 않도록 하였다. 이는 보안에 따라 분류하는 것으로 도주 등 교정사고를 최소화하고, 시설 내 폭력의 위험성을 감소시키는 등 교도소의 운영과 관련된 것으로 수형자 분류의 가장 오래된 목적이다.[220]

셋째, 효율적인 수형자 관리를 위한 것으로 분류는 교도관의 계호수준을 결정하는 데 도움을 주고, 교도작업 운영에 있어서도 수형자의 위험성에 따라 작업의 종류나 작업장을 지정할 수 있도록 하여 작업생산성을 높일 수 있고, 외부통근·사회견학·귀휴 등의 자격심사에 필요한 자료를 제공해 준다.

넷째, 비용 대 편익상 수형자 분류는 교정당국이 미래 수용자 인구의 보안수준과 필요성을 평가할 수 있게 하여 불필요한 시설의 건축을 지양하고 교정시설 건축계획을 보다 효율적으로 조정할 수 있게 한다.

다섯째, 교정처우를 목적으로 하는 분류는 수형자에 대한 개별처우와 교화개선 및 사회복귀 촉진을 위한 것으로 개인적 특성에 부합하고 교화개선에 효과가 높은 개별처우를 가능하게 하여 교화개선과 원만한 사회복귀에 도움을 준다.[221] 엄격한 의미에서 수형자 분류는 교정처우, 즉 개별처우를 위한 것이어야 하고, 현대의 교정이 수형자의 처우를 통한 교화개선을 목적으로 한다는 점에서 더욱 그 필요성이 절실한 것이다.[222]

여섯째, 수형자에 대한 분류자료는 시설내 처우에서 뿐만 아니라 사회내 처우에 있어 각종 정보를 제공하여 처우의 연속성을 가능하게 하고, 가석방심사시 유용한 판단자료가 되는 등 재범감소와 사회를 보호하는 데 도움이 된다.

그러나 대부분의 수형자는 분류의 기준상 중복되거나 모호한 특성을 가지고 있기 때문에 개별처우에 어려움이 있다. 이러한 경우에는 수형자에게 가장 이익이 되는 분류기준에 따른 처우를 실시하여야 한다. 또한 범죄유형에 따라 수형자를 분류하는 것은 범죄자의 특성을 파악하는 데는 도움이 될 수 있어도

---

220 이윤호, 앞의 책(2007년), 147쪽.
221 강영철, 앞의 논문(1998년), 62쪽.
222 이윤호, 앞의 책(2012년), 158쪽.

교도소나 사회에 대한 안전과 보안의 잠재적 위험성을 파악하여 필요한 교정 처우프로그램을 실시하는 데에는 큰 도움이 되지 아니한다. 따라서 일반적인 범죄유형에 따른 분류보다 세밀한 분류가 필요하다.[223]

위와 같은 목적을 달성하기 위해서는 수형자에 대한 체계적인 분류를 위한 분류센터 등 전문기구를 설치하여 분류업무를 표준화 · 과학화 · 전문화하여야 하고, 분류조사업무를 전담할 직원을 충분히 확보하여야 한다. 그리고 수용 분류급 및 처우분류급의 분류기준의 적정화와 처우기법의 표준화 · 적정화를 도모하여야 한다. 또한 판결전 조사제도의 효율적인 활용을 통하여 수형자 처우에 참고자료를 사전에 확보할 수 있도록 하고, 심리학 · 사회학 · 교육학 · 정신의학 등 다양하고 광범위한 보조과학을 적극적으로 활용하여야 한다.

뿐만 아니라 수형자 분류는 일회성이 아니라 전 수용기간을 통해서 이루어져야 한다. 이와 관련하여 형집행법은 수형자가 스스로 개선하여 사회에 복귀하려는 의욕이 고취되도록 개별처우계획을 정기적으로 또는 수시로 점검하도록 하고(법 제56조 제2항) 신입심사, 정기재심사, 부정기재심사를 실시하고 있다.

3. 현행법상 수형자 분류의 원칙과 개별처우계획의 수립

가. 수형자 분류의 원칙

수형자 처우의 원칙에 관해 형집행법은 '수형자에 대하여 교육 · 교화프로그램, 작업, 직업훈련 등을 통하여 교정 · 교화를 도모하고 사회생활에 적응하는 능력을 함양하도록 처우하여야 한다(제55조).'고 규정하고 있다. 그리고 개별처우계획의 수립에 대하여 규정하고 있다.

처우의 개별화는 수형자가 가지고 있는 특성에 따라 그 수형자에게 가장 적합한 처우를 실시하는 것이다. 수형자가 가지는 문제는 그의 인격적 특성과 사회적 환경에 따라 천차만별이기 때문에 그 차이에 따른 처우를 실시하지 않으면 처우의 효과를 기대할 수 없다. 따라서 수형자에 대한 처우의 효과를 높이기 위해서는 개별 수형자의 특성에 맞는 처우계획을 수립하여야 하며, 이를 위해서는 분류가 선행되어야 한다.

---

[223] 이윤호, 앞의 책(2012년), 164쪽.

나. 개별처우계획의 수립

소장은 분류처우위원회의 의결에 따라 수형자의 개별적 특성에 알맞은 교육·교화프로그램, 작업, 직업훈련 등의 처우에 관한 계획을 수립하여 시행하여야 하고 수형자가 스스로 개선하여 사회에 복귀하려는 의욕이 고취되도록 개별처우계획을 정기적으로 또는 수시로 점검하여야 한다(법 제56조). 수형자에 대한 처우는 교화 또는 건전한 사회복귀를 위하여 교정성적에 따라 상향조정될 수 있으며, 특히 그 성적이 우수한 수형자는 개방시설에 수용되어 사회생활에 필요한 적정한 처우를 받을 수 있다(법 제57조 제3항). 여기에서 '교정성적'이란 수형자의 수용생활태도, 상벌 유무, 교육 및 작업의 성과 등을 종합적으로 평가한 결과를 말하며, 소장은 수형자의 처우수준을 개별처우계획의 시행에 적합하게 정하거나 조정하기 위하여 교정성적에 따라 처우등급을 부여할 수 있다(법 시행령 제84조).

수형자에 대한 처우의 개시는 미결수용자로서 자유형이 확정된 사람에 대하여는 검사의 집행지휘서가 도달된 때부터 수형자로 처우할 수 있으며, 검사는 집행지휘를 한 날부터 10일 이내에 재판서나 그 밖에 적법한 서류를 소장에게 보내야 한다(법 시행령 제82조).

이송·재이송 수형자의 개별처우계획에 대해서는 소장은 해당 교정시설의 특성 등을 고려하여 필요한 경우에는 다른 교정시설로부터 이송되어 온 수형자의 개별처우계획을 변경할 수 있고, 형집행정지 중에 있는 사람이 기간만료 또는 그 밖의 정지사유가 없어져 재수용된 경우에는 석방 당시와 동일한 처우등급을 부여할 수 있다. 그러나 가석방의 취소로 재수용되어 잔형(殘刑)이 집행되는 경우에는 석방 당시보다 한 단계 낮은 처우등급(경비처우급에만 해당한다.)을 부여하여야 하고, 다만 「가석방자 관리규정」제5조 단서[224]를 위반하여 가석방이 취소되는 등 가석방취소사유에 특히 고려할 만한 사정이 있는 때에는 석방 당시와 동일한 처우등급을 부여할 수 있다(법 시행규칙 제60조).

수형자에 대하여 개별처우계획을 새로 수립하여야 하는 경우는 다음과 같

---

[224] 가석방자 관리규정 제5조(가석방자의 출석의무) 가석방자는 제4조 제2항에 따른 가석방증에 적힌 기한 내에 관할경찰서에 출석하여 가석방증에 출석확인을 받아야 한다. 다만, 천재지변, 질병, 그 밖의 부득이한 사유로 기한 내에 출석할 수 없거나 출석하지 아니하였을 때에는 지체 없이 그 사유를 가장 가까운 경찰서의 장에게 신고하고 별지 제1호 서식의 확인서를 받아 관할경찰서의 장에게 제출하여야 한다.

다. 첫번째는 형집행정지 중이거나 가석방기간 중에 있는 사람이 형사사건으로 재수용되어 형이 확정된 경우이다(법 시행규칙 제60조 제4항). 두번째는 「국제수형자이송법」에 따라 외국으로부터 이송되어 온 수형자에 대한 경우로, 이 경우에는 해당 국가의 교정기관으로부터 접수된 그 수형자의 수형생활 또는 처우 등에 관한 내용을 고려할 수 있다. 세번째는 군사법원에서 징역형 또는 금고형이 확정되거나 그 형의 집행 중에 있는 사람이 이송되어 온 경우로, 이 경우에는 해당 군 교도소로부터 접수된 그 수형자의 수형생활 또는 처우 등에 관한 내용을 고려할 수 있다(법 시행규칙 제61조).

4. 분류전담시설

법무부장관은 수형자를 과학적으로 분류하기 위하여 분류심사를 전담하는 교정시설을 지정·운영할 수 있다(법 제61조). 법무부장관이 분류심사를 전담하는 교정시설을 지정·운영하는 경우에는 지방교정청별로 1개소 이상이 되도록 하여야 한다(법 시행령 제86조).[225] 이에 따라 고위험군 수형자의 정밀분류심사 등을 전담하는 분류센터를 운영하고 있다(분류센터 운영지침 제1조). 분류센터의 업무는 분류센터에 수용된 수형자의 위험관리수준, 재범위험성을 평가한다.

분류센터는 지방교정청별로 1개소 이상을 설치하여 운용하고(동지침 제11조), 분류센터에 수용되는 수용자의 선정은 분류센터장이 죄질, 형기, 분류센터 운영상황 등을 고려하여 분류센터 심사대상자를 선정한다(동지침 제14조).

5. 수형자의 분류처우

가. 분류심사

1) 의의 및 대상자

분류심사란 수형자 개인에 대한 다양한 정보를 기초로 하여 개별처우계획을 합리적으로 수립하고 조정하기 위하여 수형자의 인성, 행동특성 및 자질 등을 과학적으로 조사·측정·평가하는 것을 말한다(법 제59조 제1항). 분류심사

---

225 2021년 현재 서울지방교정청 분류센터는 서울남부교도소에, 대전지방교정청 분류센터는 대전교도소에, 광주지방교정청 분류센터는 정읍교도소에 설치되어 있다.

의 목적은 합리적 분류기법으로 수형자 개인의 특성에 맞는 수용 및 처우기준
을 정하여 시행함으로써 스스로 개선하고, 보다 빨리 사회에 복귀할 수 있도록
하는 데 있다.

분류심사는 모든 수형자를 대상으로 실시되지만 집행할 형기가 짧거나 그
밖에 특별한 사정이 있는 경우에는 예외로 할 수 있다(법 제59조 제1항 후단).
즉 분류심사는 모든 수형자를 대상으로 하지만 예외 사유로는 분류심사 제외
또는 유예가 있다(법 시행규칙 제62조).

분류심사대상에서 제외하는 대상자는 ① 징역형·금고형이 확정된 사람
으로서 집행할 형기가 형집행지휘서 접수일부터 3개월 미만인 사람, ② 구류
형이 확정된 사람이다.[226] 그리고 수형자가 ① 질병 등으로 분류심사가 곤란한
때, ② 징벌대상행위의 혐의가 있어 조사 중이거나 징벌집행 중인 때, ③ 그
밖의 사유로 분류심사가 특히 곤란하다고 인정하는 때의 어느 하나에 해당하
는 사유가 있으면 분류심사를 유예한다. 여기서 '그 밖의 사유로 분류심사가
특히 곤란하다고 인정하는 때'란 수형자가 분류심사를 거부하는 경우를 말하
며, 분류심사과정에서 중요한 절차인 분류검사나 분류상담을 거부하는 경우에
도 분류심사 거부자로 간주하여 분류심사를 유예한다.[227] 그러나 분류심사 유
예의 사유가 소멸한 경우에는 지체 없이 분류심사를 하여야 하며, 다만 집행할
형기가 사유 소멸일부터 3개월 미만인 경우에는 분류심사를 하지 아니한다(동
조 제3항).

이러한 분류심사에는 시기에 따라 신입심사와 재심사로 구분되고, 조사의
내용과 방법에 따라 분류조사와 분류검사로 구분된다.

2) 분류심사사항

분류심사사항은 ① 처우등급에 관한 사항, ② 작업, 직업훈련, 교육 및 교
화프로그램 등 처우방침에 관한 사항으로 수형자 개인의 교육력이나 직업력
등을 조사하고, ③ 보안상의 위험도 측정 및 거실지정 등에 관한 사항으로 개
인 특성이나 성장과정, 범죄경력 및 인성 등을 조사하여 위험도를 특정하고 거

---

226 2017. 8. 22. 형집행법 시행규칙을 개정하여 '노역장 유치명령을 받은 사람'을 분류심사 대
　　상자에 포함하였다.
227 신양균, 앞의 책(2012년), 278쪽.

실을 지정하며, ④ 보건 및 위생관리에 관한 사항으로 수형자 개인의 병력, 생활상태 등을 조사하고, ⑤ 이송에 관한 사항으로 이송을 위해 처우등급별 판정에 필요한 조사를 하며, ⑥ 가석방 및 귀휴심사에 관한 사항으로 보호관계나 교정성적 및 개선정도, 석방 후 생활계획 등을 조사하며, ⑦ 석방 후의 생활계획에 관한 사항으로 보호자, 가족사항, 석방 후 생활대책 등에 관한 사항을 명백히 하고, ⑧ 그 밖에 수형자의 처우 및 관리에 관한 사항을 조사할 수 있다(법 시행규칙 제63조).

3) 분류심사의 종류

수형자의 분류심사는 형이 확정된 경우에 개별처우계획을 수립하기 위한 신입심사와 일정한 형기가 지나거나 상벌 또는 그 밖의 사유가 발생한 경우에 개별처우계획을 조정하기 위한 재심사가 있으며, 재심사는 정기재심사와 부정기재심사로 구분된다.

가) 신입심사

신입심사는 형이 확정된 경우에 신입수형자에 대하여 개별처우계획을 수립하기 위하여 실시하는 심사를 말한다(법 제59조 제2항 전단). 신입심사는 미결수용자로서 형이 확정되어 처음으로 실시하는 경우가 대부분이지만 분류심사 제외 또는 유예사유의 소멸로 실시하거나, 형집행정지 또는 가석방 기간 중 형사사건으로 재수용되어 형이 확정된 수형자(법 시행규칙 제60조 제4항) 또는 국제수형자이송법에 따라 국내로 이송된 수형자 또는 군교도소에서 이송된 군수형자(법 시행규칙 제61조)에 대하여 개별처우계획을 수립하기 위하여 실시하는 경우도 있다.

신입심사 대상 수형자에 대하여는 원칙적으로 신입심사 완료 이전에는 개별처우계획이 수립되지 아니한 상태이므로 작업 등을 부과할 수 없으나, 신청작업이나 교육 등 처우상 특히 필요한 경우에는 작업 등을 부과할 수 있다.

신입심사는 매월 초일부터 말일까지 형집행지휘서가 접수된 수형자를 대상으로 하여 그 다음 달까지 완료하여야 하고, 다만 특별한 사유가 있는 경우에는 그 기간을 연장할 수 있다(법 시행규칙 제64조).

나) 재심사

재심사는 일정한 형기가 지나거나 상벌 또는 그 밖의 사유가 발생한 경우

제 8 장 수형자 처우 413

에 개별처우계획을 조정하기 위하여 실시하는 심사를 말한다(법 제59조 제2항 후단). 재심사는 일정한 형기가 도달하여 개별처우계획을 검토하는 정기재심사와 상벌 또는 그 밖의 사유가 발생하여 수용시설을 변경하거나 처우의 조정이 필요한 경우에 실시하는 부정기재심사로 구분된다(법 시행규칙 제65조).

정기재심사는 형기를 기준으로 하여 ① 형기의 3분의 1에 도달한 때, ② 형기의 2분의 1에 도달한 때, ③ 형기의 3분의 2에 도달한 때, ④ 형기의 6분의 5에 도달한 때의 어느 하나에 해당하는 경우에 실시한다. 다만 정기재심사의 해당 시기가 형집행지휘서가 접수된 날부터 6개월이 지나지 아니한 경우에는 정기재심사를 실시하지 아니한다. 정기재심사시 형기를 정하는 기준은 부정기형의 재심사시기는 단기형을 기준으로 하고, 무기형과 20년을 초과하는 징역형·금고형의 재심사시기를 산정하는 경우에는 그 형기를 20년으로 본다. 2개 이상의 징역형 또는 금고형을 집행하는 수형자의 재심사시기를 산정하는 경우에는 선고받은 형을 모두 합산한 형기를 기준으로 하고, 다만 합산한 형기가 20년을 초과하는 경우에는 그 형기를 20년으로 본다(법 시행규칙 제66조).

부정기재심사는 ① 분류심사에 오류가 있음이 발견된 때, ② 수형자가 교정사고(교정시설에서 발생하는 화재, 수용자의 자살·도주·폭행·소란, 그 밖에 사람의 생명·신체를 해하거나 교정시설의 안전과 질서를 위태롭게 하는 사고를 말한다.)의 예방에 뚜렷한 공로가 있는 때, ③ 수형자를 징벌하기로 의결한 때, ④ 수형자가 집행유예의 실효 또는 추가사건(현재 수용의 근거가 된 사건 외의 형사사건을 말한다.)으로 금고 이상의 형이 확정된 때, ⑤ 수형자가 전국기능경기대회 입상, 기사 이상의 자격취득, 학사 이상의 학위를 취득한 때, ⑦ 그 밖에 수형자의 수용 또는 처우의 조정이 필요한 때의 어느 하나에 해당하는 경우에 할 수 있다(법 시행규칙 제67조).[228]

정기재심사 도래일과 부정기재심사 도래일이 같은 달에 중복되는 경우에는 정기재심사를 실시하고 이 경우 부정기재심사 사유를 특히 고려한다. 정기재심사 기간 중에 부정기재심사가 이루어진 경우에는 부정기재심사 이후 시점

---

228 부정기재심사 사유의 하나였던 '가석방심사와 관련하여 필요한 때'는 2014. 11. 17. 개정시 삭제하였다.

부터 남은 정기재심사까지의 기간을 정기재심사 기간으로 본다(분류처우 업무
지침 제33조).

재심사를 할 때에는 그 사유가 발생한 달의 다음 달까지 완료하여야 하
고, 재심사에 따라 경비처우급을 조정할 필요가 있는 경우에는 한 단계의 범위
에서 조정함을 원칙으로 한다. 다만 수용 및 처우를 위하여 특히 필요한 경우
에는 두 단계의 범위에서 조정할 수 있다(법 시행규칙 제68조). 이때 조정은 분
류처우위원회에서 최종적으로 심의·의결하여야 한다.

4) 분류조사와 분류검사

가) 분류조사

분류조사란 분류심사를 위하여 수형자의 관련서류·기록을 열람하거나
관계기관에 조회 또는 수형자와의 상담을 통하여 출생·양육·교육·직업
력·생활력·성장과정·범죄경력 등 신상에 관한 개별사안에 대하여 필요한 사
항을 조사하는 것을 말하며(법 제59조 제3항 전단), 수형자의 인성·지능·적성
에 관한 특성을 측정하고 진단하는 분류검사와 구분된다.

신입심사시 조사사항은 ① 성장과정, ② 학력 및 직업경력, ③ 생활환경,
④ 건강상태 및 병력사항, ⑤ 심리적 특성, ⑥ 마약·알콜 등 약물중독 경력,
⑦ 가족관계 및 보호자관계, ⑧ 범죄경력 및 범행내용, ⑨ 폭력조직 가담여부
및 정도, ⑩ 교정시설 총 수용기간, ⑪ 교정시설 수용(과거에 수용된 경우를 포함
한다.) 중에 받은 징벌관련 사항, ⑫ 도주(음모, 예비 또는 미수에 그친 경우를 포
함한다.) 또는 자살기도(企圖) 유무와 횟수, ⑬ 상담관찰 사항, ⑭ 수용생활태
도, ⑮ 범죄피해의 회복 노력 및 정도, ⑯ 석방 후의 생활계획, ⑰ 재범의 위험
성, ⑱ 처우계획 수립에 관한 사항, ⑲ 그 밖에 수형자의 처우 및 관리에 필요
한 사항이다(법 시행규칙 제69조 제1항).

재심사는 신입심사와는 달리 처우경과에 대하여 검토하는 것이므로 개별
처우계획 전반을 검토한다. 재심사를 할 때에는 신입심사를 할 때의 조사사항
중 변동된 사항과 ① 교정사고 유발 및 징벌 관련 사항, ② 소득점수를 포함한
교정처우의 성과, ③ 교정사고 예방 등 공적사항, ④ 추가사건 유무, ⑤ 재범
의 위험성, ⑥ 처우계획 변경에 관한 사항, ⑦ 그 밖에 재심사를 위하여 필요
한 사항을 조사한다(법 시행규칙 제69조 제2항).

분류조사는 ① 수용기록 확인 및 수형자와의 상담, ② 수형자 가족 등과의 면담, ③ 검찰청, 경찰서, 그 밖의 관계기관에 대한 사실조회, ④ 외부전문가에 대한 의견조회, ⑤ 그 밖에 효율적인 분류심사를 위하여 필요하다고 인정되는 방법으로 한다(법 시행규칙 제70조). 이때 면담 또는 조회한 내용을 분류처우심사표 해당란에 기록하고, 관련서류는 수용기록부에 첨부하여 보관한다. 소장은 분류심사를 위하여 외부전문가로부터 필요한 의견을 듣거나 외부전문가에게 조사를 의뢰할 수 있다(법 제59조 제4항). 분류심사와 그 밖에 수용목적의 달성을 위하여 필요하면 수용자의 가족 등을 면담하거나 법원·경찰관서, 그 밖의 관계 기관 또는 단체에 대하여 필요한 사실을 조회할 수 있다. 이 경우 사실조회를 요청받은 관계기관 등의 장은 특별한 사정이 없으면 지체 없이 그에 관하여 답하여야 한다(법 제60조).

나) 분류검사

분류검사란 개별처우계획을 수립하기 위하여 필요한 수형자의 인성·지능·적성에 관한 특성을 측정하고 진단하기 위한 검사를 말한다(법 제59조 제3항 후단). 형집행법은 '소장은 분류심사를 위하여 수형자를 대상으로 심리·지능·적성 검사, 그 밖에 필요한 검사를 할 수 있다(법 시행규칙 제71조 제1항).'고 규정하고 있다. 검사대상과 방법 등에서 분류조사와는 구분된다.

인성이란 각 개인이 가지고 있는 사고(思考)와 태도 및 특성을 말하며, 이와 같은 인성에 대한 검사는 신입심사 대상자 및 그 밖에 처우상 필요한 수형자를 대상으로 하고 다만 수형자가 ① 분류심사가 유예된 때, ② 그 밖에 인성검사가 곤란하거나 불필요하다고 인정되는 사유가 있는 때에 해당하면 인성검사를 하지 아니할 수 있다. 이해력의 현저한 부족 등으로 인하여 인성검사를 하지 아니한 경우에는 상담내용과 관련 서류를 토대로 인성을 판정하여 경비처우급 분류지표를 결정할 수 있다(법 시행규칙 제71조 제2항, 제3항). 인성검사에는 교정심리검사,[229] MMPI검사 등이 이용된다.

지능 및 적성검사는 신입심사대상자로서 집행할 형기가 형집행지휘서 접

---

[229] 교정심리검사(CST)는 '문제행동 및 재범가능성' 예측을 목적으로 제작되어 '수형자의 위험성 예측 및 진단'을 하는 용도로 사용되고 있는 검사도구로서, 2002년 8월부터 수형자의 심리검사도구로 활용하고 있다.

수일부터 1년 이상이고, 나이가 35세 이하인 경우에 한다. 다만 직업훈련 또는 그 밖의 처우를 위하여 특히 필요한 경우에는 예외로 할 수 있다(법 시행규칙 제71조 제4항). 즉 직업훈련 대상자를 선정하거나 수용관리 또는 처우를 위하여 필요한 경우에는 기관의 실정에 맞는 범위내에서 집행할 형기와 나이에 관계없이 지능검사를 실시할 수 있다.[230]

나. 분류기준(처우등급)

1) 서

수형자는 형이 확정되면 신입심사를 거쳐 각자의 처우등급이 결정되며, 그 결과에 따라 개별처우에 적합한 교정시설에 수용된다. 그리고 수용된 교정시설에는 수용거실 및 작업의 지정 등 구체적 처우에 관하여 다시 분류가 이루어진다. 여기서 말하는 처우등급이란 수형자의 처우 및 관리와 관련하여 수형자를 수용할 시설, 수형자에 대한 계호의 정도, 처우의 수준 및 처우의 내용을 구별하는 기준을 말한다(법 시행규칙 제2조 제5호).

형집행법은 연령, 형의 확정, 성별, 경비등급, 전담기능에 따른 분류에 대한 근거규정을 두고 있다. 수형자는 연령에 따라 19세 이상인 경우에는 일반교도소에, 19세 미만인 경우에는 소년교도소에 수용되고, 형의 확정에 따라 수형자는 교도소에 미결수용자는 구치소에 수용한다(법 제11조). 연령에 따른 분류는 악풍감염 방지와 교육 가능성에 있으며 연령과 관련하여 기본수용급에서는 19세 미만의 소년수형자, 23세 미만의 청년수형자, 65세 이상의 노인수형자로 구분하고 있다(법 시행규칙 제73조). 이러한 연령에 따른 구분은 그 의미가 점차 약해지고 있으며, 연령보다 오히려 인격적 성숙도가 더욱 현저한 특징을 나타내는 기준이 되어야 한다[231]. 성별에 따라서는 남성과 여성을 분리하여 수용한다(법 제13조 제1항).

수형자는 분류심사의 결과에 따라 그에 적합한 경비등급에 해당되는 교정시설에 수용되며, 그 특성에 알맞은 처우를 받는다(법 제57조 제1항). 전담기능에 따라 학과교육생·직업훈련생·외국인·여성·장애인·노인·환자·소년(19세 미만인 자를 말한다.), 중간처우의 대상자, 그 밖에 별도의 처우가 필요한 수

---

230 신양균, 앞의 책(2012년), 281쪽.
231 김화수, 앞의 책(1991년), 302쪽.

형자는 법무부장관이 특히 그 처우를 전담하도록 정하는 시설에 수용되며, 그 특성에 알맞은 처우를 받는다. 다만 전담 교정시설의 부족이나 그 밖의 부득이한 사정이 있는 경우에는 예외로 할 수 있다(동조 제6항).

수형자의 처우등급은 기본수용급, 경비처우급, 개별처우급으로 구분한다(법 시행규칙 제72조). 모든 신입심사 완료자는 처우등급 중 기본수용급은 지정되지 아니할 수 있으나 경비처우급과 개별처우급은 반드시 있어야 한다.

2) 기본수용급

기본수용급이란 성별·국적·나이·형기 등에 따라 수용할 시설 및 구획 등을 구별하는 기준으로 9가지로 분류하고 있다. 즉 기본수용급은 W급(여성수형자, Woman prisoner), F급(외국인수형자, Foreign prisoner), I급(금고형수형자, Imprisonment sentenced prisoner), J급(19세 미만의 소년수형자, Juvenile prisoner), Y급(23세 미만의 청년수형자, Young prisoner), A급(65세 이상의 노인수형자, Aged prisoner), L급(형기가 10년 이상인 장기수형자, Long−term prisoner), M급(정신질환 또는 장애가 있는 수형자, Mentally handicapped prisoner), P급(신체질환 또는 장애가 있는 수형자, Physically handicapped prisoner)으로 구분한다(법 시행규칙 제73조).

형의 종류에 따라 구분되는 금고형수형자에 대해서는 징역형수형자와의 자유형의 단일화 논의가 활발하게 주장되고 있으며 처우상으로는 작업부과시 신청여부에 차이만 있을 뿐이다.[232] 형기는 수형자의 책임과 위험성을 나타내는 것으로, 형기에 따른 분류는 이미 오래 전부터 행해져 왔으며 현재 10년 이상을 기준으로 수형자를 분류하고 있다. 이는 장기수형자에 대하여 수용에 따른 불안을 제거하고 절망감의 해소를 통해 수용생활에의 적응과 장기간의 수용기간을 계획적으로 보내도록 하여 사회복귀에 도움이 되도록 하기 위한 개별처우계획 수립을 위한 것이다. 그리고 형집행법은 여성수형자, 노인수형자, 외국인수형자, 소년수형자에 대하여는 특별한 처우를 규정하고 있다.

M급은 M_1급(정신박약자), M_2급(이상성격자나 인격장애자 등의 정신병질자), M_3급(정신분열자나 조울증과 같은 정신병자)로 세분한다. P급은 P_1급(신체상의 질환 또는 임신 중에 있거나 출산을 위하여 상당 기간의 의료 또는 양호를 필요로 하는

---

232 자유형 단일화에 대한 자세한 내용은 배종대, 형사정책, 홍문사, 440~441쪽/2014년 8월 30일, 박상기·손동권·이순래, 형사정책, 한국형사정책연구원, 2016년 7월 29일, 311쪽 참조.

자), P2급(신체장애로 인하여 양호처우가 필요하다고 인정되는 자나 시각·청각·언어장애인)으로 세분한다.

3) 경비처우급

경비처우급이란 도주 등의 위험성에 따라 수용시설과 계호의 정도를 구별하고 범죄성향의 진전과 개선정도, 교정성적에 따라 처우수준을 구별하는 기준으로 개방처우급, 완화경비처우급, 일반경비처우급, 중(重)경비처우급의 4종류로 구분하고 있다. 경비처우급에 있어 중요한 기준이 되는 요소는 수형자의 위험성으로 시설의 관리운영과 작업 등을 위한 분류이다.[233]

수형자 분류는 교정·교화를 목적으로 하는 정책에서는 처우분류가 목표이지만 사회복귀처우의 효과에 대한 부정적인 인식과 비판 그리고 형사사법의 보수화 경향으로 분류의 주요 기준과 목표가 개별처우를 위한 진단이 아니라 보안의 관점이 중요한 요소로 고려되었다. 따라서 수형자를 각자의 위험성에 따른 보안수준으로 분리수용하고, 같은 시설에서도 수용동 및 거실을 구분하여 수용하고 있다.[234] 교정시설은 수형자를 위험성 정도나 보안 등급에 따라 분류함으로써 편리하고 효율적으로 수용자를 관리할 수 있다.

경비처우급은 개방시설에 수용되어 가장 높은 수준의 처우가 필요한 수형자를 수용하는 개방처우급(S1급), 완화경비시설에 수용되어 통상적인 수준보다 높은 수준의 처우가 필요한 수형자를 수용하는 완화경비처우급(S2급), 일반경비시설에 수용되어 통상적인 수준의 처우가 필요한 수형자를 수용하는 일반경비처우급(S3급), 중(重)경비시설에 수용되어 기본적인 처우가 필요한 수형자를 수용하는 중(重)경비처우급(S4급)으로 구분한다(법 시행규칙 제74조 제1항).

경비처우급에 따른 작업기준은 아래와 같으며(법 시행규칙 제74조 제2항), 「교정시설 경비등급별 수형자의 처우 등에 관한 지침」에서는 경비등급별 수용 및 처우의 원칙을 정하고 있다(동지침 제5조 제3항).

개방처우급은 외부통근작업 및 개방지역작업이 가능한 자로 개방시설에 수용하며, 자율을 부여하고 그에 따라 책임이 수반되는 사회적 훈련이나 자치

---

233 수형자에 대하여 경비처우급을 정하는 행위는 수용시설, 계호, 중간처우 등이 결정되어 수형자의 법률상 지위에 직접적인 영향을 미치게 되므로 항고소송의 대상이 되는 행정처분에 해당한다(대구지방법원 2017. 6. 9. 2016구합1402).
234 이윤호, 앞의 책(2012년), 160쪽.

활동을 실시한다. 개방시설은 사회적응을 위한 수용생활이 필요한 자를 수용하며, 사회복귀를 위한 자기계발을 확대하고 사회와 유사한 수용생활 처우를 중점으로 실시한다.

완화경비처우급은 개방지역작업 및 필요시 외부통근작업이 가능한 자로 완화경비시설에 수용처우하며, 적성에 따른 직업훈련을 실시한다. 완화경비시설은 사회복귀를 위한 수용생활이 필요한 자 등을 수용하며, 자율과 책임의식 함양을 위한 처우를 중점으로 실시한다.

일반경비처우급은 구내작업과 필요시 개방지역작업이 가능한 자로 일반경비시설에 수용하여 처우한다. 준법정신을 함양하는 교육을 실시하고, 수형자간의 인간관계 유지에 노력하며, 노동의욕 및 노동습관을 함양하도록 한다. 또한 직업에 관한 자격과 면허 취득에 노력하고, 적성에 따라 장기적으로 기능을 습득할 수 있도록 기능훈련을 실시한다. 일반경비시설은 시설 내 생활적응을 위한 수용생활이 필요한 자 등을 수용하며, 근로의욕·근로습관 고취 및 올바른 가치관을 함양할 수 있는 처우를 중점으로 실시한다.

중(重)경비처우급은 필요시 구내작업이 가능한 자로, 중(重)경비시설에 수용처우한다. 엄정한 규율유지와 보안 및 경비강화 등 관리에 특별한 주의를 요하며 상담을 통한 성격적 결함치료를 실시하고, 정신장애를 제거 또는 경감하기 위한 치료처우를 실시하며, 준법의식 고취, 도덕교육 등을 한다. 중경비시설은 상습징벌자 등 수용관리에 특별한 주의를 요하는 자 등을 수용하며, 상담 등을 통한 성격적 결함을 제거하고 준법의식을 고취하는 처우를 중점으로 실시한다.

입소시에 신입수형자, 분류심사 유예자, 분류심사 제외자에 대한 처우기준은 분류처우위원회의 의결시까지 중경비처우급(S4급)으로 처우하며, 노역장 유치명령만 받은 순수 노역수형자는 일반경비처우급(S3급)에 준하여 처우한다. 신입수형자와 분류심사 유예자에 해당하는 수형자가 분류처우위원회의 의결을 거친 경우에는 결정된 경비처우급에 따른 처우를 실시하고, 분류심사 제외자에 해당하는 수형자는 일반경비처우급에 준하는 처우를 실시한다. 수형자가 그 형의 집행이 정지되거나 종료되어 노역장 유치를 집행하는 경우에는 그 유치기간 중 처우등급별 처우를 계속한다(분류처우업무지침 제6조 제1항, 제4항).

4) 개별처우급

개별처우급이란 수형자의 개별적 특성에 따라 중점처우의 내용을 구별하는 기준으로 9가지로 구분하며(법 시행규칙 제76조), 수형자에게 가장 적합한 개별처우급은 2개까지 부여할 수 있다. ① V급(Vocational Training. 연령, 직업지향, 장래의 생활설계, 직업적성, 훈련기관과 형기와의 관계 등을 참작하여 직업훈련이 적합하다고 인정되는 사람은 직업훈련), ② E급(Education Curriculum. 각 과정의 교과습득에 필요한 지식, 학력 및 학습의욕이 있고 자력 개선의지가 있으며 학과교육이 적합하다고 인정되는 사람은 학과교육), ③ G급(Guidance. 생활태도 및 개선의지에 문제가 있어 특히 철저한 생활지도를 필요로 하는 사람은 생활지도), ④ R급(Regular Work. 사회복귀를 위하여 작업중점처우가 적당하다고 인정되는 사람은 작업지도), ⑤ N급(National Employment Work. 특정의 관리업무에 경험 또는 적성이 있거나 수용생활태도가 양호하여 관용작업에 적합한 사람은 운영지원작업), ⑥ T급(Medical Treatment. 정신질환 또는 장애가 있는 수형자나 신체질환 또는 장애가 있는 사람은 의료처우), ⑦ H급(Halfway Treatment. 완화경비처우급이나 개방처우급 수형자 또는 개방시설 수형자, 형기의 2분의 1 이상을 복역하여 현재의 행동 및 심리상태가 안정된 자, 사회적응능력 및 공동생활에 따른 책임의식 함양을 위하여 석방전 중간적 처우가 적당하다고 인정되는 사람은 자치처우), ⑧ O급(Open Treatment. 형기의 2분의 1 이상을 집행하고 개방처우급인 자, 개방처우가 적합하다고 인정되는 자, 사회적응훈련대상자와 중간처우 대상자는 개방처우), ⑨ C급(Concentrated Treatment. 중경비처우급에 해당되는 자, 상습규율위반자, 조직폭력사범·마약사범 등 엄중관리대상자, 그 밖에 성폭력사범 등 집중적인 처우가 필요하다고 인정되는 자는 집중처우)으로 구분한다.

다. 분류수용

수용관리 및 처우의 효율성을 높이기 위해 수형자는 기본수용급별 및 경비처우급별로 구분하여 수용하여야 하고, 다만 처우상 특히 필요하거나 시설의 여건상 부득이한 경우에는 기본수용급 및 경비처우급이 다른 수형자를 함께 수용하여 처우할 수 있다. 이 경우 개별처우의 효과를 증진하기 위하여 경비처우급 및 개별처우급이 같은 수형자를 집단으로 수용하여 처우할 수 있다(법 시행규칙 제83조). 예를 들면 중경비시설의 운영지원작업에 필요한 해당 수형자가 없을 경우에는 다른 경비시설에서 운영지원작업에 적합한 수형자를 선정하여 취업시킬 수 있다.

이 때 수형자의 수용시설 결정, 거실지정, 작업지정, 교육대상자 및 직업
훈련대상자 선발 등의 경우에는 분류심사의 결과를 반영하여야 한다.

라. 소득점수

1) 의의

소득점수란 수형자에 대한 개별처우를 위해 수형생활태도, 작업 또는 교
육성적을 고려하여 점수화한 것이다(법 시행규칙 제77조). 구행형법에서는 형
기, 전과(前科), 개선가능성 등을 고려하여 수형자 개인별로 급수마다 책임점
수를 부여하고 각자가 매월 취득한 소득점수로 이를 소각한 경우 상위급수로
진급시키면서 처우를 완화하는 누진처우제도를 채택하였으나, 형집행법은 책
임점수제도를 폐지하고 수형기간이나 개선의지를 반영하여 교정기관에서 평
정하고 일정 점수 이상인 자에 대해 처우를 조정할 수 있도록 하는 고사제로
변경하였다.[235]

2) 소득점수 평가기간 및 방법

소장은 분류심사에서 제외되거나 유예되는 사람을 제외한 수형자의 소득
점수를 소득점수 평가 및 통지서에 따라 매월 평가하여야 하고, 이 경우 대상
기간은 매월 초일부터 말일까지로 한다(법 시행규칙 제78조 제1항).

소득점수 평가방법은 ① 수형생활 태도를 품행·책임감 및 협동심의 정도
에 따라 매우양호(수, 5점), 양호(우, 4점), 보통(미, 3점), 개선요망(양, 2점), 불
량(가, 1점)으로 구분하여 채점하고, ② 작업 및 교육성적은 부과된 작업·교육
의 실적 정도와 근면성 등에 따라 매우우수(수, 5점), 우수(우, 4점), 보통(미, 3
점), 노력요망(양, 2점), 불량(가, 1점)으로 구분하여 채점한다. 수형자의 작업
또는 교육성적을 평가하는 경우에는 작업 숙련도, 기술력, 작업기간, 교육태
도, 시험성적 등을 고려할 수 있다(동조 제2항, 제3항).

보안·작업담당교도관 및 관구[236]의 책임교도관은 서로 협의하여 소득점
수 평가 및 통지서에 해당 수형자에 대하여 매월 초일부터 말일까지의 소득점

---

235 신양균, 앞의 책(2012년), 286~287쪽.
236 교정시설의 효율적 운영과 수용자의 적정한 관리 및 처우를 위하여 수용동별 또는 작업장
      별로 나누어진 교정시설 안의 일정한 구역을 말한다(법 시행규칙 제78조 제4항).

수를 채점한다(동조 제4항).

재심사를 하는 경우에는 그 때마다 수형자의 소득점수를 평정하여 경비처우급을 조정할 것인지를 고려하여야 하고, 다만 부정기재심사의 소득점수 평정대상기간은 사유가 발생한 달까지로 한다. 이때 소득점수를 평정하는 경우에는 평정대상기간 동안 매월 평가된 소득점수를 합산하여 평정대상기간의 개월수를 나누어 얻은 평정소득점수로 한다(법 시행규칙 제80조). 소득점수의 평정은 매월 평가된 소득점수를 합산하여 평정기간의 개월 수로 나누어 평균을 구하는 것으로 매월 소득점수를 산정하는 소득점수의 평가와는 구분된다.

3) 소득점수 평가기준

교정성적이란 수용자의 수용생활태도, 상벌유무, 교육 및 작업의 성과 등을 종합적으로 평가한 결과를 말한다(법 시행령 제84조 제1항). 이 중에서 소득점수는 수형생활태도점수와 작업교육점수로 구성하고 상벌유무는 교정처우 성과로 재심사 사유에 포함된다. 소득점수는 ① 수형생활태도 5점 이내, ② 작업 또는 교육성적 5점 이내로 하여 총 10점 이내로 산정한다(법 시행규칙 제77조).[237]

소득점수의 평가기준은 수형생활태도와 작업 또는 교육성적 점수에 대하여 '수'는 소속 작업장 또는 교육장 전체 인원의 10퍼센트를 초과할 수 없고, '우'는 30퍼센트를 초과할 수 없으나 다만 작업장 또는 교육장 전체 인원이 4명 이하인 경우에는 '수'·'우'를 각각 한명으로 채점할 수 있다. 소장은 작업장 중 작업의 특성이나 난이도 등을 고려하여 필수작업장으로 지정하는 경우 소득점수는 '수'는 5퍼센트 이내, '우'는 10퍼센트 이내의 범위에서 각각 확대할 수 있다.[238] 필수작업장이란 취사장과 같이 공휴일 등에 관계없이 조기출역, 잔업 등으로 수용자가 출역을 기피하거나 작업이 힘든 취업장을 말한다. 또한 수형자가 부상이나 질병, 그 밖의 부득이한 사유로 작업 또는 교육을 받지 못한 경우에는 3점 이내의 범위에서 작업 또는 교육성적을 부여할 수 있다(법 시행규칙 제79조).

---

237 교도관의 소득점수 채점행위는 그 자체로는 직접적으로 청구인의 권리의무에 영향을 미치지 아니하고 추후 수형자의 경비처우급 조정의 판단자료가 되는 것일 뿐이므로, 이는 공권력 작용의 준비행위 또는 부수적 행위로서 비권력적 사실행위에 불과하다(헌재 2012. 7. 24. 2012헌마601).
238 즉 필수작업장은 수 15퍼센트, 우 40퍼센트의 범위까지 가능하다.

마. 경비처우급의 조정

수형자에 대한 처우는 교정성적에 따라 상향 조정될 수 있으며, 특히 그 성적이 우수한 수형자는 개방시설에 수용되어 사회생활에 필요한 적정한 처우를 받을 수 있다(법 제57조 제3항). 여기에서 조정이란 경비처우급의 조정을 의미한다.[239]

경비처우급을 상향 또는 하향 조정하기 위하여 고려할 수 있는 평정소득 점수의 기준은 상향조정은 8점 이상, 하향조정은 5점 이하이다(법 시행규칙 제81조 본문). 즉 상향조정은 재심사 기간 동안 취득한 평가점수의 평정결과 8점 이상이면 현행 경비처우급을 상향조정할 수 있으며, 5점 이하이면 하향조정할 수 있다. 이때 기준점수와 그 밖의 처우성과 등을 고려하여 조정하여야 한다. 또한 조정기준 점수에 해당되더라도 처우성과를 검토하여 현재의 경비처우급을 유지할 수 있다. 다만 수용 및 처우를 위하여 특히 필요한 경우 법무부장관이 달리 정할 수 있다(동조 단서). 경비처우급의 상향조정, 하향조정, 현처우유지는 최종적으로 분류처우위원회의 의결에 따라 결정된다.

재심사에 따라 경비처우급을 조정할 필요가 있는 경우에는 한 단계의 범위에서 조정하고, 다만 수용 및 처우를 위하여 특히 필요한 경우에는 두 단계의 범위에서 조정할 수 있다(법 시행규칙 제68조 제2항).

조정된 처우등급에 따른 처우는 그 조정이 확정된 다음 날부터 하고, 이 경우 조정된 처우등급은 그 달 초일부터 적용된 것으로 본다. 소장은 수형자의 경비처우급을 조정한 경우에는 지체 없이 해당 수형자에게 그 사항을 알려야 한다(법 시행규칙 제82조). 다른 시설에서 이송된 수형자는 이송된 날부터 이송한 교정시설에서와 동일한 처우를 실시한다. 형집행정지의 취소로 재입소한 수형자는 재입소한 날부터 석방 당시와 동일한 처우를 하지만 재범으로 형집행정지가 취소된 수형자와 가석방의 취소 또는 실효로 재입소한 수형자는 재입소한 날부터 분류처우위원회의 의결 전까지는 신입수형자와 동일한 처우를 실시하고, 분류처우위원회에서 처우등급이 조정된 경우에는 결정된 다음 날부터 조정된 처우를 실시한다.

---

[239] 신양균, 앞의 책(2012년), 289쪽.

바. 처우등급별 처우의 내용

처우등급별 처우는 누진처우제도가 폐지되고 수형자를 기본수용급별, 경비처우급별로 구분하여 수용함에 따라 수형자에 대한 처우를 정한 것이다.[240] 소장은 수형자를 기본수용급별·경비처우급별로 구분하여 수용하여야 하고, 다만 처우상 특히 필요하거나 시설의 여건상 부득이한 경우에는 기본수용급·경비처우급이 다른 수형자를 함께 수용하여 처우할 수 있다. 구분수용을 하는 경우에 개별처우의 효과를 증진시키기 위하여 경비처우등급이 동일하다 하더라도 경비처우급·개별처우급이 같은 수형자집단으로 수용하여 처우할 수 있다(법 시행규칙 제83조).

물품지급과 관련하여 소장은 주·부식, 음료, 그 밖에 건강유지에 필요한 물품을 제외하고 수형자의 경비처우급에 따라 물품에 차이를 두어 지급할 수 있다. 의류를 지급하는 경우 수형자가 개방처우급인 경우에는 색상, 디자인 등을 다르게 할 수 있다(법 시행규칙 제84조).

개방처우급·완화경비처우급·일반경비처우급 수형자로서 교정성적, 나이, 인성 등을 고려하여 다른 수형자의 모범이 된다고 인정되는 경우에는 봉사원으로 선정하여 담당교도관의 사무처리와 그 밖의 업무를 보조하게 할 수 있다. 봉사원의 활동기간은 1년으로 하되 필요한 경우 그 기간을 연장할 수 있으며, 봉사원의 활동과 역할수행이 부적당하다고 인정하는 경우에는 그 선정을 취소할 수 있다. 봉사원 선정, 기간연장 및 선정취소에 관한 사항을 결정할 때에는 법무부장관이 정하는 바에 따라 분류처우위원회의 심의·의결을 거쳐야 한다(법 시행규칙 제85조).

자치생활은 개방처우급 및 완화경비처우급 수형자에게 허가할 수 있으며, 수형자 자치생활의 범위는 인원점검·취미활동·일정한 구역 안에서의 생활 등으로 한다. 소장은 자치생활수형자들이 교육실, 강당 등 적당한 장소에서 월 1회 이상 토론회를 할 수 있도록 하여야 하고, 자치생활 수형자가 법무부장관 또는 소장이 정하는 자치생활 중 지켜야 할 사항을 위반한 경우에는 자치생활 허가를 취소할 수 있다(법 시행규칙 제86조).

경비처우급별 접견의 허용횟수는 개방처우급은 1일 1회, 완화경비처우급

---

240 구행형법상 누진처우의 단계별 처우에 해당하는 내용으로 현행법상 누진처우제도가 폐지됨에 따라 처우등급별 처우를 정한 것이다.

은 월 6회, 일반경비처우급은 월 5회, 중(重)경비처우급은 월 4회로 한다(법 시행규칙 제87조). 개방처우급 수형자에 대하여는 법무부장관이 정하는 바에 따라 접촉차단시설이 설치된 장소 외의 적당한 곳에서 접견을 실시할 수 있으며, 다만 처우상 특히 필요하다고 인정하는 경우에는 그 밖의 수형자에 대하여도 접견실 외에서 접견을 허용할 수 있다(법 시행규칙 제88조).

경비처우급별 전화통화의 허용횟수는 개방처우급 월 5회 이내, 완화경비처우급 월 3회 이내, 일반경비처우급·중(重)경비처우급은 처우상 특히 필요한 경우 월 2회 이내로 한다. 그러나 처우상 특히 필요한 경우에는 개방처우급·완화경비처우급 수형자의 전화통화 허용횟수를 늘릴 수 있다. 이 경우 전화통화는 처우상 특히 필요한 경우를 제외하고 1일 1회만 허용한다(법 시행규칙 제90조). 1회 통화는 3분 이내로 하고, 수형자가 사용하는 공중전화기는 카드만을 사용하는 전화기로 하며 전화카드 구입은 수형자가 부담하는 것을 원칙으로 한다.

개방처우급과 완화경비처우급 수형자에 대하여 가족만남의 날 행사에 참여하게 하거나 가족만남의 집을 이용하게 할 수 있으며, 이는 형집행법 시행규칙 제87조의 접견허용횟수에 포함되지 아니한다. 그러나 교화를 위하여 특히 필요한 경우에는 일반경비처우급 수형자에 대하여도 가족만남의 날 행사 또는 가족만남의 집 이용을 허가할 수 있다. 가족이 없는 수형자에 대하여는 결연을 맺었거나 그 밖에 가족에 준하는 사람으로 하여금 그 가족을 대신하게 할 수 있다. 여기서 가족만남의 날 행사란 수형자와 그 가족 등이 교정시설의 일정한 장소에서 다과와 음식을 함께 나누면서 대화의 시간을 갖는 행사를 말하여, 가족만남의 집이란 수형자와 그 가족이 숙식을 함께 할 수 있도록 교정시설에 수용동과 별도로 설치된 일반주택 형태의 건축물을 말한다(법 시행규칙 제89조).[241]

경기 또는 오락회는 개방처우급 및 완화경비처우급 수형자 또는 자치생활 수형자에 대하여 월 2회 이내에서 개최하게 할 수 있으며, 다만 소년수형자에

---

241 가족만남의 집 이용제도는 수용자의 교화나 사회복귀지원 등을 위해 교정당국이 일정한 요건을 갖춘 수용자에 대한 포상으로 행하는 시혜적 제도로 봄이 타당하므로, 수용자에게 가족만남의 집 이용에 관한 법규상 또는 조리상 신청권이 있다고 할 수 없다(대구고등법원 2015. 4. 3. 2014누6570).

대하여는 그 횟수를 늘릴 수 있다. 경기 또는 오락회가 개최되는 경우에는 소장은 해당 시설의 사정을 고려하여 참석인원, 방법 등을 정할 수 있고, 관련 분야의 전문지식과 자격을 가지고 있는 외부강사를 초빙할 수 있다(법 시행규칙 제91조).

사회적 처우와 관련하여 개방처우급 및 완화경비처우급 수형자에 대하여 교정시설 밖에서 이루어지는 ① 사회견학, ② 사회봉사, ③ 자신이 신봉하는 종교행사 참석, ④ 연극·영화·그 밖의 문화공연 관람을 허가할 수 있으며, 다만 처우상 특히 필요한 경우에는 일반경비처우급 수형자에게도 이를 허가할 수 있다. 이와 같은 활동을 허가하는 경우에는 별도의 수형자 의류를 지정하여 입게 하고, 다만 처우상 필요한 경우에는 자비구매의류를 입게 할 수 있다. 그리고 위와 같은 활동에 필요한 비용은 수형자가 부담하지만 처우상 필요한 경우에는 예산의 범위에서 그 비용을 지원할 수 있다(법 시행규칙 제92조).

중간처우와 관련하여 소장은 개방처우급 혹은 완화경비처우급 수형자가 ① 형기가 3년 이상인 사람, ② 범죄 횟수가 2회 이하인 사람, ③ 중간처우를 받는 날부터 가석방 또는 형기종료 예정일까지 기간이 3개월 이상 1년 6개월 이하인 사람의 사유에 모두 해당하는 경우에는 교정시설에 설치된 개방시설에 수용하여 사회적응에 필요한 교육, 취업지원 등 적정한 처우를 할 수 있다(법 시행규칙 제93조 제1항). 소장은 위의 처우의 대상자 중 중간처우를 받는 날부터 가석방 또는 형기종료 예정일까지의 기간이 9개월 미만인 수형자에 대해서는 지역사회에 설치된 개방시설에 수용하여 제1항에 따른 처우를 할 수 있다(동조 제2항).

수형자가 개방처우급 또는 완화경비처우급으로서 작업·교육 등의 성적이 우수하고 관련 기술이 있는 경우에는 교도관의 작업지도를 보조하게 할 수 있다(법 시행규칙 제94조). 또한 수형자가 개방처우급 또는 완화경비처우급으로서 작업기술이 탁월하고 작업성적이 우수한 경우에는 수형자 자신을 위한 개인작업을 하게 할 수 있다(법 시행규칙 제95조 제1항). 개인작업에 대해서는 교도작업에서 논한다.

그리고 수형자가 개방처우급 또는 완화경비처우급으로서 직업능력 향상을 위하여 특히 필요한 경우에는 교정시설 외부의 공공기관 또는 기업체 등에서 운영하는 직업훈련을 받게 할 수 있으며 이에 따른 직업훈련의 비용은 수형자가 부담한다. 다만 처우상 특히 필요한 경우에는 예산의 범위에서 그 비용을 지원할 수 있다(법 시행규칙 제96조).

경비처우급별 처우내용

처우구분	경비처우급	개방처우급	완화경비 처우급	일반경비 처우급	중경비 처우급
봉사원 선정		가능	가능	가능	불가능
자치생활		가능	가능	불가능	불가능
접견	횟수	1일 1회	월 6회	월 5회	월 4회
	접촉차단외의 장소	가능	특히 필요시 가능	특히 필요시 가능	특히 필요시 가능
전화통화 횟수		1일 1회 이내	월 6회 이내	특히 필요시 월 2회 이내 가능	특히 필요시 월 2회 이내 가능
사회적 처우	경기·오락회	월 2회 이내	월 2회 이내	불가능	불가능
	사회견학·사회 봉사	가능	가능	특히 필요시 가능	불가능
	외부종교행사 참석	가능	가능	특히 필요시 가능	불가능
	외부 문화공연 관람	가능	가능	특히 필요시 가능	불가능
	가족만남의 날 참여	가능	가능	특히 필요시 가능	불가능
	가족만남의 집 이용	가능	가능	특히 필요시 가능	불가능
	귀휴	가능	가능	특히 필요시 가능	불가능
작업 및 직업훈련	작업·교육 등 보조	가능	가능	불가능	불가능
	개인작업	1일 2시간 이내 가능	1일 2시간 이내 가능	불가능	불가능
	외부직업훈련	가능	가능	불가능	불가능

6. 심의 · 의결기구

분류처우에 관한 중요사항을 심의·의결하는 기구로는 분류처우위원회와 분류처우회의가 있다. 분류처우회의는 분류처우 업무지침에서 규정하고 있으며, 분류처우위원회는 형집행법에서 규정하고 있다.

가. 분류처우회의

분류처우회의는 수형자의 처우등급 등 형집행법 시행규칙 제97조에서 규정하는 사항을 심의·결정하여 분류처우위원회에 회부하기 위하여 각 교정시설에 설치되어 운영되고 있다. 분류처우회의는 교육·작업·보안·분류심사·교정성적 담당자 및 관구책임자 등 관계 교도관 중에서 의장이 지명한 10인 이상 15인 이내의 위원으로 구성한다. 분류처우회의의 의장은 분류심사과장이 되며, 의장이 부득이한 사유로 그 직무를 수행할 수 없을 경우에는 의장이 미리 지정한 위원이 그 직무를 대행할 수 있다. 의장은 분류처우회의의 사무를 통할하고, 회의 내용을 기록하는 등 사무처리를 위하여 7급 이상의 소속 위원 중에서 1명을 간사로 지정할 수 있다.

분류처우회의의 정기회의는 매월 7일 개최하며, 분류심사과장(보안과장)은 분류처우회의 개최 1일 전까지 개최일시, 장소 및 회의자료를 분류처우회의의 위원에게 배부하여야 하고 회의개최일이 토요일, 공휴일, 그 밖에 법무부장관이 정한 휴무일인 경우에는 해당 휴일이 끝난 다음 날에 회의를 개최한다. 분류처우회의의 대표자는 분류처우위원회의 위원장이 회의개최를 요구하거나 수형자 처우와 관련하여 긴급히 처리하여야 하는 사항이 있는 경우에는 임시회의를 개최할 수 있다.

분류처우회의는 ① 처우등급별 사정 등 분류심사에 관한 사항, ② 소득점수 등의 평가 및 평정에 관한 사항, ③ 수형자처우와 관련하여 분류처우위원회 위원장이 자문한 사항의 심의, ④ 그 밖에 수형자의 수용 및 처우에 관한 사항을 심의·결정한다.

의장은 분류처우회의 심의·결정사항을 정리하여 회의에 상정하여야 하며, 회의는 재적의원 3분의 2 이상 출석으로 개의하고, 출석위원 과반수의 찬성으로 결정한다. 분류처우회의에서 심의·사정한 사항 및 그 결정사항을 분류처우위원회에 상정하여야 한다.

나. 분류처우위원회

분류처우위원회는 수형자의 개별처우계획, 가석방심사신청대상자 선정, 그 밖에 수형자의 분류처우에 관한 중요사항을 심의·의결하기 위하여 교정시설에 설치한 기구를 말한다(법 제62조 제1항).

분류처우위원회는 위원장을 포함한 5명 이상 7명 이하의 위원으로 구성되고, 위원장은 소장이 되며 위원은 위원장이 소속 기관의 부소장 및 과장(지소의 경우에는 7급 이상의 교도관) 중에서 임명한다(동조 제2항). 위원장은 위원회를 소집하고 위원회의 사무를 총괄한다(법 시행규칙 제98조 제1항). 그리고 분류처우위원회는 그 심의·의결을 위하여 외부전문가로부터 의견을 들을 수 있다(법 제62조 제3항).

분류처우위원회의 심의·의결 대상은 ① 처우등급 판단 등 분류심사에 관한 사항, ② 소득점수 등의 평가 및 평정에 관한 사항, ③ 수형자 처우와 관련하여 소장이 심의를 요구한 사항, ④ 가석방적격심사 신청대상자 선정 등에 관한 사항, ⑤ 그 밖에 수형자의 수용 및 처우에 관한 사항이다(법 시행규칙 제97조).[242] 위원장은 위원회를 소집하고 위원회의 사무를 총괄하며, 위원장이 부득이한 사유로 그 직무를 수행할 수 없을 때에는 위원장이 미리 지정한 위원이 그 직무를 대행할 수 있다(법 시행규칙 제98조).

위원회의 회의는 매월 10일에 개최한다. 다만, 위원회의 회의를 개최하는 날이 토요일, 공휴일, 그 밖에 법무부장관이 정한 휴무일인 때에는 그 다음 날에 개최한다. 그러나 위원장은 수형자의 처우와 관련하여 긴급히 처리하야 하는 사항이 있는 경우에는 임시회의를 개최할 수 있다. 위원회의 회의는 재적위원 3분의 2 이상의 출석으로 개의하고, 출석위원 과반수의 찬성으로 의결한다(법 시행규칙 제99조).

위원회의 사무를 처리하기 위하여 분류심사업무를 담당하는 교도관 중에서 간사 1명을 두며, 간사는 위원회의 회의록을 작성하여 유지하여야 한다(법 시행규칙 제100조). 간사는 분류처우심사표 해당란 정리, 교정정보시스템에 따

---

242 그 밖에 자치생활 대상자 선정 및 취소, 조직폭력수용자와 관심대상수용자 지정 및 해제, 봉사원 선정과 기간연장 및 선정취소, 징벌실효 등에 대하여 심사한다.

른 전산입력 등을 통해 분류처우위원회의 결과를 정리하며 위원회 회의 개최 후 의사진행, 심의의결 내역서를 작성하여야 한다.

제4절 교육 및 교화프로그램

1. 서

교육이란 피교육자에게 장차 헌신할 가치있는 것을 전수해 주는 일인 동시에 인간행동의 긍정적인 변화이자 최대한의 자기실현을 돕는 일이라고 할 수 있다.[243] 이와 같은 일반교육은 교정교육의 목적과 같다고 하여야 한다.[244] 그러나 교정교육은 교육대상자가 수형자라는 특수성과 함께 교육내용과 방법 등에서 일반교육과는 다른 특성을 가지고 있다.

각종 교육프로그램은 교정시설 운영과 수용자 처우에 있어서 매우 중요하다. 구체적으로 말하면 교정교육은 일반교육의 목적을 포함하여 수형자에게 개선의 기회를 제공하고 그들이 사회에 복귀하여 건전한 한 사람으로 살아갈 수 있도록 하는 데 목적이 있다. 또한 교육프로그램은 수용자에게 시간을 건전하고 효과적으로 보낼 수 있는 방법을 제공하고, 그들의 기술을 향상시킬 뿐만 아니라 석방 이후에 보다 더 나은 직장을 구할 수 있는 기회를 제공해 준다. 또한 수용자들의 태도와 자존감을 향상시키고 석방 이후에 지역사회에서 성공적으로 적응할 가능성을 높게 한다.

오늘날에는 수형자 처우의 중심을 사회복귀에 두면서 교정교육에 대한 중요성이 강조되고 있을 뿐만 아니라 수형자에게 교육과 훈련을 통해서 지식과 기술을 습득케 함으로써 합법적 기회와 수단을 제공하고 범행동기를 줄일 수 있다는 형사정책적 배려에 기초하고 있다.[245]

교정에서의 교육은 헌법 제31조에서 보장된 교육을 받을 권리의 구체화라는 의미를 가지고 있다. 왜냐하면 교육을 받을 권리를 보장하는 것은 헌법이

---

243 김종서·이영덕·정원식 공저, 최신 교육학개론, 교육과학사, 2000년, 18~19쪽.
244 副島和穗 編, 矯正敎育學槪論, 有斐閣双書, 1971년, 2쪽.
245 이윤호, 앞의 책(2012년), 246쪽.

지향하는 민주국가 · 문화국가 · 사회복지국가의 이념을 실현하고, 모든 국민이 인간으로서의 존엄과 가치를 가지며 인간다운 생활을 영위할 수 있도록 하기 위한 것이기 때문이다.[246]

교정시설에 수용되어 있는 수용자에 대하여 사회적응성 능력을 부여하기 위하여 실시되고 있는 제활동을 넓은 의미에서 교정교육이라고 할 수 있다. 따라서 교정교육에는 교과교육을 포함하여 직업훈련, 교정프로그램, 종교교회, 수용생활에 대한 교육 등을 포함된다.[247] 구행형법은 수형자에 대한 종교적인 방법에 의한 활동을 교회라 하여 교육과 함께 규정하였으나 형집행법은 교육과 교화프로그램을 규정하는 한편 종교에 관한 기본적 처우는 별도로 규정하고 있다. 형집행법은 수형자에 대한 교육 · 교화프로그램, 작업, 직업훈련 등을 통하여 수형자의 교정 · 교화를 도모하고 사회생활에 적응하는 능력을 함양하도록 처우하여야 한다는 규정을 마련하고 있다.

형집행법이 '소장은 수형자가 건전한 사회복귀에 필요한 지식과 소양을 습득하도록 교육할 수 있다(법 제63조 제1항).'고 규정하고 '소장은 수형자의 교정 · 교화를 위하여 상담 · 심리치료, 그 밖의 교화프로그램을 실시하여야 한다(법 제64조 제1항).'고 규정하고 있는 것은 교육과 교화프로그램 실시에 대한 법적근거를 둔 것으로 중요한 의미를 가진다.[248]

2. 교정에서의 교육

가. 의의 및 연혁

교정교육이란 대상자의 범죄경향을 개선하는 한편 사회부적응의 원인을 제거하고 장점을 발전시킴으로써 사회생활에 적응할 수 있는 능력을 부여하는 교육을 말한다. 교정에서의 교육은 수형자의 재범방지와 성공적인 사회복귀를 도모하기 위하여 계획된 학습경험과 학습환경을 제공하여 범죄인을 개선시키고자 하는 교정프로그램의 일부이다. 또한 수형자의 가치, 태도, 기술, 지식 등을 개선 발전시키기 위하여 기본적 지식과 기술에 대한 교육훈련을 제공할 뿐

---

246 헌재 1994. 2. 24. 93헌마192.
247 김화수, 앞의 책(1991년), 268쪽/김화수 등 8인 공저, 앞의 책(2007년), 469쪽.
248 신양균, 앞의 책(2012년), 298쪽.

만 아니라 보다 긍정적인 자아상의 창조를 동시에 추구하는 교정처우 과정의
하나이다. 따라서 교정교육은 지식습득을 위한 학과교육, 기술습득을 위한 기
술교육 및 직업훈련 그리고 긍정적 자아상 등의 계발을 위한 정신교육 등을
포괄적으로 내포하는 것으로 볼 수 있다.[249] 반면에 교정교육은 범죄자의 수용
을 전제로 이루어지고 사회로부터 격리되어 오히려 사회인으로서의 성장을 저
해하고 수용으로 인한 자아존중과 자율을 잃게 되며 범죄학습의 우려가 있다
는 부정적인 면도 있다.[250]

교정교육은 범죄인에 대하여 고통을 부과하는 것이 형벌의 목적이었던 응
보형주의 시대에는 주목을 받지 못하였다. 교정교육은 범죄인에 대한 재범방
지를 목적으로 하는 특별예방주의 하에서 시작되었다고 볼 수 있으며, 교육형
주의 아래에서 본격적으로 실시되었다. 형집행법은 '소장은 수형자가 건전한
사회복귀에 필요한 지식과 소양을 습득하도록 교육할 수 있다(제63조 제1항).'
고 규정하여 교육의 목적을 건전한 사회복귀에 필요한 지식과 교양의 습득에
두고 있다는 것을 명확하게 하고 있다.

우리나라에서는 1954년부터 교육과정을 문맹자반, 성인교육반, 초등공민
반, 고등공민반으로 세분화하여 수형자에 대한 교육을 실시하였다. 성인교육
반은 초등학교 3년 정도의 교육과정을, 초등교육반은 소년수형자 중 초등학교
미수료자에게 대하여 초등학교 해당 학년과정을, 고등공민반은 소년수형자 중
초등학교 수료자에 대하여 중고등학교 교과과정을 교육하여 검정고시를 통해
학력을 취득할 수 있는 기회를 부여하였다. 그 후 성인수형자에 대하여 공민
과, 소년수형자에 대하여는 초등과·중등과·고등과로 학과교육을 체계화하였
고, 소년수형자를 위하여 시설 내에서 통신강의를 이수할 수 있도록 하였다.
1982년에는 「수형자 등 교육규칙」을 개정하여 연령구분을 없애고, 교육과정
도 초·중·고등과의 3개 과정으로 일원화하였다. 1995년에는 동 규칙을 개정
하여 학과교육을 일반학과교육과 방송통신고등학교 및 방송통신대학교 교육
으로 구분하고, 학과교육과정과 검정고시반을 일반학과교육으로 통합하였다.

---

249 이윤호, 앞의 책(2012년), 246쪽.
250 이윤호, 앞의 책(2012년), 247쪽.

나. 교정교육의 특수성과 기본원리

교정교육은 대상자가 비행자 또는 범죄자라는 점과 장소가 교도소 등이라는 점에서 일반교육과는 다른 특성이 있다.[251] 이와 같은 특성으로 인해 일반사회에서의 교육과는 다른 인적·물적 한계를 가지고 있다. 그러나 교육의 효과를 거두기 위해서는 교정에의 민간참여와 사회내 자원의 활용이 확대되는 경향에 맞추고 지역사회교정의 확대에 따라 교정교육은 일반교육과 같거나 유사하게 실시되어야 한다.

교정교육은 첫째 교육자는 수형자를 독립된 인격체로 인정하고 그들이 갱생의욕을 가지고 있으며 갱생할 능력이 있다는 신뢰감을 가져야 하고, 둘째 교육자는 수형자에 대한 편견이나 선입관을 배제하는 자기인식을 가져야 하며, 셋째 교정교육은 수형자가 스스로 자신의 문제를 해결해 나갈 수 있는 자조능력을 배양할 수 있도록 하여야 하고, 넷째 교정교육은 교육자와 수형자 상호간에 신뢰하는 인간관계가 형성될 때 그 효과를 거둘 수 있으며, 다섯째 교정교육은 수형자 개인의 능력 차이를 인정하고, 그에 적합한 교육을 실시하여야 하고, 여섯째 교정교육은 수형자를 교정·교화하여 사회에 복귀시킴에 그 목적이 있으므로 사회적 처우를 확대하는 차원의 교정교육이 필요하며, 일곱째 교정교육은 수형자에게 직접 느끼며 체험하는 실습적 방법이나 체험 교육을 하는 것이 가장 효과적이다.[252]

한편 교정교육의 강제성과 관련하여 교육은 수형자의 건전한 사회복귀를 위한 작용이므로 본인의 의사에 반하더라도 강제적으로 시행하여야 한다는 것이 일반적 견해이나 문제는 본인의 자발적인 동의나 의욕이 없는 경우에는 그 효과를 거두기 어렵다는 데에 문제가 있다.[253] 따라서 분류심사과정에서 수형자에 대한 학력, 경력, 직업, 성장환경, 개성, 특성 등에 대한 사전조사를 통해 적절하고 자발적인 교육이 실시되도록 하는 것이 필요하다. 소장은 수용자가 정당한 사유 없이 작업·교육·교화프로그램 등을 거부하거나 태만히 하는 행위를 하면 징벌위원회의 의결에 따라 징벌을 부과할 수 있다(법 제107조 제3호).

---

251 이백철, 교정교육학, 1995년 6월 10일, 시사법률, 27쪽.
252 정갑섭, 교정학, 을지서적, 1990년 10월 29일, 325~327쪽 참조.
253 김화수등 8인 공저, 앞의 책(2007년), 470쪽.

교정교육도 교육의 일종으로 사회와의 연계가 필요하고, 사회내 자원을 활용하는 등 기회를 공유하는 한편 교정교육 컨텐츠의 발전을 위한 연구개발이 요구된다.

다. 교육의 기본방법

수형자에 대한 교육은 두 가지 유형으로 나눌 수 있다. 하나는 사회복귀에 필요한 지식과 소양을 습득하는 교육이고, 다른 하나는 의무교육을 받지 못한 수형자에 대한 교육이다.[254]

모든 국민은 교육기본법과 초·중등교육법에 따라 6년의 초등교육과 3년의 중등교육을 받을 권리를 보장받고 있다.[255] 따라서 「교육기본법」 제8조의 의무교육을 받지 못한 수형자에 대해서는 본인의 의사·나이·지식정도, 그 밖의 사정을 고려하여 그에 알맞게 교육하도록 하고 있다(법 제63조 제2항). 수형자의 교육을 효과적으로 시행하기 위하여 교육실을 설치하는 등 교육에 적합한 환경을 조성할 의무를 부과하고 교육대상자, 시설여건 등을 고려하여 교육계획을 수립하여 시행하도록 하고 있다(법 시행령 제87조). 그리고 수형자의 교육을 위하여 필요하면 수형자를 중간처우를 담당하는 전담교정시설에 수용하여 ① 외부의 교육기관에의 통학, ② 외부교육기관에서의 위탁교육을 받게 할 수 있다(법 제63조 제3항).[256]

뿐만 아니라 오늘날에는 모든 국민이 빠르게 변하는 시대의 흐름에 대처해야 할 뿐만 아니라, 국민의 건전한 국가관 정립이라고 하는 시대적 요청에 부응하고 나아가 개인의 능력계발과 국가발전에 기여하도록 하기 위하여 평생교육을 강조하고 있다. 이와 관련하여 정서교육의 일환으로 수형자의 정서함양을 위하여 필요하다고 인정하면 연극·영화관람, 체육행사, 그 밖의 문화예술활동을 하게 할 수 있도록 하고 있다(법 시행령 제88조).

라. 교육관리 및 교육대상자 관리

1) 교육관리

교육대상자는 소속기관 수형자 중에서 선발함을 원칙으로 하고, 다만 소

---

254 신양균, 앞의 책(2012년), 299쪽.
255 권영성, 앞의 책(2003년), 615쪽.
256 1999년 행형법 개정시 도입하였다.

속기관에서 교육대상자를 선발하기 어려운 경우에는 다른 기관에서 추천한 사람을 모집하여 교육할 수 있다. 교육대상자의 성적불량, 학업태만 등으로 인하여 교육의 목적을 달성하기 어려운 경우에는 그 선발을 취소할 수 있으며, 교육대상자 및 시험응시 희망자의 학습능력을 평가하기 위하여 자체 평가시험을 실시할 수 있다. 그리고 교육의 효과를 거두지 못하였다고 인정하는 교육대상자에 대하여 다시 교육을 실시할 수 있다. 소장은 기관의 교육전문인력, 교육시설, 교육대상인원 등의 사정을 고려하여 단계별 교육과 자격취득 목표를 설정할 수 있으며, 자격취득·대회입상 등을 하면 처우에 반영할 수 있다(법 시행규칙 제101조).

교육대상자는 교육의 시행에 관한 관계법령, 학칙 및 교육관리지침을 성실히 지켜야 한다. 독학에 의한 학위취득과정, 방송통신대학과정, 전문대학 위탁교육과정, 정보화 및 외국어 교육과정에 따른 교육을 실시하는 경우 소요되는 비용은 특별한 사정이 없으면 교육대상자의 부담으로 한다(법 시행규칙 제102조 제1항, 제2항).

교육대상자로 선발된 수형자는 소장에게 "나는 교육대상자로서 긍지를 가지고 제반 규정을 지키며, 교정시설 내 교육을 성실히 이수할 것을 선서합니다."라는 선서를 하고, 서약서를 제출하여야 한다(동조 제3항).

2) 교육대상자 선발 및 관리

소장은 각 교육과정의 선정요건과 수형자의 나이, 학력, 교정성적, 자체평가시험성적, 정신자세, 성실성, 교육계획과 시설의 규모, 교육대상 인원 등을 고려하여 교육대상자를 선발하거나 추천하여야 하며 정당한 이유없이 교육을 기피한 사실이 있거나 자퇴(제적을 포함한다.)한 사실이 있는 수형자는 교육대상자로 선발하거나 추천하지 아니할 수 있다(법 시행규칙 제103조). 교육과정의 변경은 교육대상자의 선발로 보아 형집행법 시행규칙 제103조(교육대상자 선발 등)를 적용한다(법 시행규칙 제105조 제2항).

교육대상자의 관리와 관련하여 학과교육대상자의 과정수료 단위는 학년으로 하되, 학기의 구분은 국공립학교의 학기에 준한다. 다만 독학에 의한 교육은 수업일수의 제한을 받지 아니한다. 또한 교육을 위하여 필요한 경우에는 외부강사를 초빙할 수 있으며 카세트 또는 재생전용기기의 사용을 허용할 수 있다. 교육의 실효성을 확보하기 위하여 교육실을 설치·관리하여야 하고, 교육목적을 위하여 필요한 경우 신체장애를 보완하는 교육용 물품의 사용을 허가하거나 예산의 범위에서 학용품과 응시료를 지원할 수 있다(법 시행규칙 제104조).

3) 교육대상자의 교육취소와 처우

교육대상자가 ① 각 교육과정의 관계법령, 학칙, 교육관리지침 등을 위반한 때, ② 학습의욕이 부족하여 구두경고를 하였는 데도 개선될 여지가 없거나 수학능력이 현저히 부족하다고 판단되는 때, ③ 징벌을 받고 교육부적격자로 판단되는 때, ④ 중대한 질병, 부상, 그 밖의 부득이한 사정으로 교육을 받을 수 없다고 판단되는 때의 어느 하나에 해당하는 경우에는 교육대상자 선발을 취소할 수 있고 교육대상자에게 질병, 부상, 그 밖의 부득이한 사정이 있는 경우에는 교육과정을 일시중지할 수 있다(법 시행규칙 제105조 제1항, 제3항).

교육대상자는 특별한 사유가 없으면 교육기간 동안에 다른 기관으로 이송할 수 없다. 그러나 교육대상자의 선발이 취소되거나 교육대상자가 교육을 수료하였을 때에는 선발당시 소속기관으로 이송하는 것을 원칙으로 하고, 다만 ① 집행할 형기가 이송사유가 발생한 날부터 3개월 이내인 때, ② 징벌을 받고 교육부적격자로 판단되어 교육대상자 선발이 취소된 때, ③ 소속기관으로의 이송이 부적당하다고 인정되는 특별한 사유가 있는 때에는 소속기관으로 이송하지 아니하거나 다른 기관으로 이송할 수 있다(법 시행규칙 제106조).

교육대상자에게는 작업·직업훈련 등을 면제한다. 작업·직업훈련 수형자 등도 독학으로 검정고시·학사고시 등에 응시하게 할 수 있고, 이 경우 자체 평가시험 성적을 고려하여야 한다(법 시행규칙 제107조).[257]

마. 교육의 종류

교육의 종류는 검정고시반, 방송통신고등학교과정, 독학에 의한 학위취득과정, 방송통신대학교과정, 전문대학 위탁교육과정, 정보화 및 외국어교육과정이 있다. 특히 독학에 의한 학위취득과정, 방송통신대학교과정은 수형생활과 학업을 병행하여 학위를 취득할 수 있기 때문에 출소 후 사회에서 필요한 자격을 갖출 뿐만 아니라 성취를 통한 자아발전의 기회도 될 수 있다.

---

[257] 2019. 10. 22. 개정시 고려사항에서 '수형생활태도'를 삭제하였다.

소장은 위와 같은 교육과정 외에도 법무부장관이 수형자로 하여금 건전한 사회복귀에 필요한 지식과 소양을 습득하게 하기 위하여 정하는 교육과정을 설치·운영할 수 있다(법 시행규칙 제113조 제4항).

1) 검정고시반

검정고시반은 일부 교정시설에서 소년수형자를 대상으로 학과교육반을 별도로 편성·운영하고 있었던 것을 1976년부터 전국 교정시설로 확대하였고 학과교육 이수자에 대하여는 매년 2회 검정고시에 응시기회를 주고 있다.

검정고시반은 매년 초 ① 초등학교 졸업학력 검정고시, ② 중학교 졸업학력 검정고시, ③ 고등학교 졸업학력 검정고시 시험을 준비하는 수형자를 대상으로 설치·운영할 수 있고, 교육기간 중에 검정고시에 합격한 교육대상자에 대하여는 해당 교육과정을 조기 수료시키거나 상위 교육과정에 임시편입할 수 있다. 또한 고등학교 졸업 또는 이와 동등한 수준 이상의 학력이 인정되는 수형자를 대상으로 대학입학시험준비반을 편성할 수 있다(법 시행규칙 제108조).

2) 방송통신고등학교 과정

방송통신고등학교 과정은 구금으로 인한 학업중단을 방지하고 건전한 사회복귀를 위하여 마련된 것이다. 1981년 「방송통신고등학교 교육과정 설치 및 운영요강」을 제정하고, 당시 문교부(현 교육부)의 인가를 받아 같은 해 9월 1일 인천소년교도소에 제물포고등학교 부설 방송통신고등학교를 개설하였고, 1982년 3월 14일에는 김천소년교도소에 김천중앙고등학교 부설 방송통신고등학교를 개설하였다. 교육에 소요되는 비용은 예산에서 충당하였으며, 교육생은 평일 4시간 이상의 교실수업과 2시간 이내의 거실학습을 하였다.

소장은 수형자에게 고등학교 과정의 교육기회를 부여하기 위하여 「초·중등교육법」 제51조에 따른 방송통신고등학교 교육과정을 설치·운영할 수 있고, 중학교 졸업 또는 이와 동등한 수준 이상의 학력이 인정되는 수형자가 방송통신고등학교 교육과정을 지원하여 합격한 경우에는 교육대상자로 선발할 수 있다. 그리고 방송통신고등학교 교육과정의 입학금, 수업료, 교과용도서구입비 등 교육에 필요한 비용을 예산의 범위에서 지원할 수 있다(법 시행규칙 제109조).

3) 독학에 의한 학위취득 과정

독학에 의한 학위취득 과정은 1995년 대전교도소, 청주교도소, 춘천교도소에서 처음으로 실시하였으며 그 후 점차 확대하여 청주여자교도소 등에 이 과정을 설치하여 운영하고 있다. 수형자가 독학을 통해 국어국문학·영어영문학·법학 등 11개 전공과정의 학사자격을 취득할 수 있으며, 수형자에게 대학교육의 기회를 부여하기 위한 과정이다.

소장은 수형자에게 학위취득 기회를 부여하기 위하여 독학에 의한 학사학위 취득과정을 설치·운영할 수 있도록 하고 있다(법 시행규칙 제110조 제1항). ① 고등학교 졸업 또는 이와 동등한 수준 이상의 학력이 인정될 것, ② 교육개시일을 기준으로 형기의 3분의 1(21년 이상의 유기형과 무기형의 경우에는 7년)이 지났을 것, ③ 집행할 형기가 1년 이상일 것의 요건을 갖춘 수형자가 독학에 의한 학사고시반 교육을 신청하는 경우에는 교육대상자로 선발할 수 있다(동조 제2항).

4) 방송통신대학 과정

1986년 수형자에게 대학교육의 기회를 부여함으로써 사회적응능력을 배양하고 건전한 사회인으로서의 인격을 갖추도록 하기 위하여 「재소자 방송통신대학 운영요강」을 제정하여 1987년 1월부터 각 교정시설에 설치·운영하였다. 그러나 1995년부터 학사고시반이 설치되면서 사실상 중단상태에 이르렀다가 그 후 2004년 3월에 여주교도소에 법학과 등 10개 학과의 방송통신대학 과정을 개설하였고 이어서 전주교도소, 청주여자교도소, 포항교도소에 이 과정을 개설하였다. 방송통신대학 교육은 CD, 테이프 등 교육매체를 통한 자율학습을 원칙으로 하고, 필요에 따라서는 인터넷을 통한 강의수업으로 진행하고 있다.

소장은 대학과정의 교육기회를 부여하기 위하여 「고등교육법」 제2조에 따른 방송통신대학 교육과정을 설치·운영할 수 있다(법 시행규칙 제111조 제1항). 선발요건은 독학에 의한 학위취득과정과 같이 ① 고등학교 졸업 또는 이와 동등한 수준 이상의 학력이 인정될 것, ② 교육개시일을 기준으로 형기의 3분의 1(21년 이상의 유기형과 무기형의 경우에는 7년)이 지났을 것, ③ 집행할 형기가 1년 이상일 것으로, 이러한 요건을 갖춘 개방처우급·완화경비처우급·일반경비처우급 수형자가 방송통신대학 교육과정에 지원하여 합격한 경우에는 교육대상자로 선발할 수 있다(동조 제2항).

5) 전문대학 위탁교육 과정

수형자에 대한 고등교육의 기회를 확대하고 고급기능인력을 양성하여 출
소후 사회복귀능력을 도모하기 위하여 2001년 2월 청주교도소가 주성대학과
전문학사과정 위탁교육협약을 체결하고 교정시설 내에 전산정보시스템과를 개
설하였다. 그 후 2003년에는 순천교도소와 청암대학이 협약을 맺어 관광호텔조
리과가, 2005년에는 천안소년교도소에 백석대학 사회복지과가 개설되었다.

소장은 수형자에게 전문대학과정의 교육기회를 부여하기 위하여 「고등교
육법」 제2조에 따른 전문대학 위탁교육 과정을 설치·운영할 수 있다. 교육대
상자로 선발될 수 있는 요건은 독학에 의한 학위취득 과정과 같이 ① 고등학
교 졸업 또는 이와 동등한 수준 이상의 학력이 인정될 것, ② 교육개시일을 기
준으로 형기의 3분의 1(21년 이상의 유기형과 무기형의 경우에는 7년)이 지났을
것, ③ 집행할 형기가 1년 이상일 것으로, 이러한 요건을 갖춘 개방처우급·완
화경비처우급·일반경비처우급 수형자가 전문대학 위탁과정에 지원하여 합격
한 경우에는 교육대상자로 선발할 수 있다(법 시행규칙 제112조 제1항, 제2항).

전문대학 위탁교육과정의 교과과정, 시험응시 및 학위취득에 관한 세부사
항은 위탁자와 수탁자 간의 협약에 따르고, 교육을 위하여 필요한 경우 수형자
를 중간처우를 위한 전담교정시설에 수용할 수 있다(동조 제4항).

6) 정보화 및 외국어교육 과정

정보화교육은 수형자에게 정보기술자격 취득기회를 제공하고 컴퓨터관련
산업 등에 필요한 기능인 양성을 위한 것으로, 1999년 10월 1일 의정부교도소
에서 컴퓨터교육을 실시한 것이 시초이다. 그 후 2000년 8월 28일 「수형자 정보
화교육 기본계획」을 수립하여 교정시설 내에서 체계적인 교육을 실시하였다. 현
재는 수형자에게 지식정보사회에 적응할 수 있는 교육기회를 부여하기 위하여
정보화교육을 설치·운영할 수 있도록 하고 있다(법 시행규칙 제113조 제1항).

외국어교육은 1999년 10월 1일 의정부교도소에서 수형자를 대상으로 영
어와 일본어에 대한 교육을 시작하였으며 그 후 5개 교정시설에서 영어, 일본
어, 중국어 등 외국어교육 과정을 설치하고 전문교육을 실시하였다. 현재는 개
방처우급·완화경비처우급·일반경비처우급 수형자에게 다문화시대에 대처할

수 있는 교육기회를 부여하기 위하여 외국어교육 과정을 설치·운영할 수 있도록 하고, 외국어 교육대상자가 교육실 외에서의 어학학습장비를 이용한 외국어학습을 원하는 경우에는 계호수준, 독거여부, 교육정도 등에 대한 교도관회의의 심의를 거쳐 허가할 수 있다(동조 제2항 및 제3항).

바. 집중인성교육

집중인성교육이란 인간으로서의 기본적인 자질과 태도, 품성을 배양하기 위한 교육을 말한다(교육교화운영지침 제2조 제1호). 소장은 모든 수형자를 대상으로 집중인성교육을 시행하여야 하며(동지침 제12조 제1항), 집중인성교육의 기본과정은 각 교정시설에서, 심화과정은 전담교정시설에서 시행하고 있다(동조 제5항).

집중인성교육은 형기 등에 따라 기본과정과 심화과정의 2개 과정으로 구분하고 첫째 기본과정은 잔여형기 3개월 이상 형기 5년 미만인 수형자, 형기 5년 이상 중 교정재범예측지표(REPI) 1·2등급 수형자를 대상으로 70시간을, 둘째 심화과정은 형기 5년 이상 중 교정재범예측지표(REPI) 3·4·5등급 수형자 또는 분류심사결과에 따라 심화과정이 필요하다고 인정되는 수형자를 대상으로 200시간을 교육하고 있다(동지침 제12조 제2항). 그러나 현재 실무상으로는 기본과정과 심화과정을 통합하여 잔여형기 3개월 이상의 수형자를 대상으로 실시하고 있다.[258]

교육을 면제할 수 있는 수형자는 ① 65세 이상인 자, ② 노역장 유치자, ③ 외국인, ④ 성폭력심리치료프로그램 대상자, ⑤ 아동학대심리치료프로그램 대상자, ⑥ 정신적·신체적 장애, 질병 등으로 교육이 부적합하다고 인정되는 자, ⑦ 기타 교육 분위기를 저해할 우려가 있는 자이다(동지침 제14조). 그리고 ① 교육면제 사유에 해당하지는 않으나, 질병 등으로 교육을 감내할 수 없는 환자, ② 징벌집행 중에 있거나 규율위반혐의로 조사중일 때, ③ 임부 또는 해산 후 6월 이내인 산부, ④ 기타 교육을 이수하지 못할 특별한 사유가 있는 때의 어느 하나에 해당하는 수형자에 대하여는 그 사유가 해소될 때까지 교육을 유예할 수 있다(동지침 제15조).

인성교육은 현재는 각 교정기관에서 시행되고 있는 일반화된 교육과정으

---

258 집중인성교육 효과성 분석 및 개편방안, 사회복귀과 지시공문, 2019년 11월 26일.

로 감수성 훈련 인간관계 회복, 심리치료, 집단상담, 도덕성 회복 등으로 구성되어 있으며 수용자의 심성순화를 돕기 위한 교화프로그램이다.

소장은 ① 권리의무사항, 분류처우, 직업훈련, 의료처우, 교육교화업무 등 수용생활 오리엔테이션, ② 헌법가치교육, 인문학교육, 동기부여, 분노조절, 가족관계회복, 의사소통기술, 긍정심리, 문화예술교육, 효행교육 등, ③ 기타 수형자의 교화 또는 건전한 사회복귀에 필요한 교육의 내용을 중심으로 교육과정을 편성하여야 한다(동조 제4항). 그리고 소장은 소속 간부직원 또는 내부강사를 활용하여 집중인성교육을 시행할 수 있으며, 필요한 강사 양성을 위하여 소속 직원을 외부기관에 위탁하여 교육할 수 있다(동지침 제17조 제1항, 제3항).

사. 특별활동반

형집행법시행령 제88조에 따라 수형자의 정서함양 등에 필요한 특별활동반으로 ① 문예창작 및 예능반(독서, 서예, 서양화, 연극, 악대 등), ② 체육반(배구, 농구, 족구)을 운영할 수 있다(교육교화운영지침 제58조). 소장은 해당 예·체능 분야에 자격 또는 소질이 있는 직원을 선발하여 특별활동반을 지도하게 할 수 있고, 필요하다고 인정될 경우에는 외부전문가를 강사로 위촉하여 지도하게 할 수 있다(동지침 제60조).

수형자가 특별활동반에 편성될 수 있는 기간은 최대 5년으로 하고, 다만 교정작품전시회 출품 등을 위하여 필요한 경우에는 임시로 특별활동반에 편성할 수 있으며, 그 기간은 6개월을 넘지 않아야 한다(동지침 제59조 제3항).

소장은 교정시설 내에 외부인사를 초청하여 예·체능발표회를 개최할 수 있고, 교정·교화의 목적에 부합하고 계호상의 문제가 없다고 판단될 경우에는 외부기관 또는 단체가 주최하는 예·체능 행사에 수용자를 참여시키거나 작품을 출품하게 할 수 있으며, 이 경우에는 행사의 성격 등을 사전에 면밀히 검토하여야 한다. 그리고 소장은 수용자가 참여하는 체육행사를 개최할 수 있고 기관의 사정에 따라 문화행사로 대체할 수 있으며, 이 행사에는 수용자 가족과 외부인사를 초청할 수 있다(동지침 제61조).

아. 교정교육의 한계

앞에서 살펴본 바와 같이 교정에서 교육의 종류는 대상자별 및 교육단계별로 다양한 스펙트럼을 갖게 되었다. 그러나 교육운영상 필요한 지원, 보안과

의 관계, 전문인력과 예산 부족, 교육대상자 선정의 한계와 형식적인 동기, 장
소와 설비의 한계 등 고려해야 할 문제들이 많다. 교육과정 중 일부는 교정시
설 밖에서 제공하는 학습기술이나 최신 기자재와 비교하면 상대적으로 오래된
것이다. 교정교육에 배당된 예산은 일반사회에서 요구되는 수준의 교육을 실
시하기에는 충분하지 아니하고, 방송통신고등학과 교육에 참여하는 교사들은
소년수형자들의 인성과 자세 등에서 한계를 경험하면서 좌절하거나 형식적으
로 수업을 진행하기도 한다. 교정당국은 교정교육의 목표에 대하여 학습효과
를 통한 변화보다 교육인원 또는 성과와 실적위주로 운영하고 있다.

교육은 자유형의 역사와 함께 시작된 기본적인 프로그램으로 수형자에게
제공하는 교육이 범죄자의 사회복귀에 실질적으로 도움이 된다는 사실에 주목
할 필요가 있으며 향후 교정교육은 이와같은 사실에 대한 명확한 인식하에 운
영되어야 한다.

3. 교화프로그램

가. 의의

교화프로그램이란 수형자가 출소 후 건전한 사회인으로 살아갈 수 있도록
하기 위하여 종교, 기타 방법으로 수형자의 도덕성을 함양하고 사회성을 배양
하며 인격을 도야하는 각종 프로그램을 말한다. 최초의 종교교화프로그램은
1787년 로저스(W. Rogers)가 월넛스트리트 구치시설에서 실시한 것으로 알려
져 있다.[259]

2004년 2월부터 법무부와 문화관광부는 공동으로 '문화적인 교정시설 조
성'을 위하여 상호 협력하기로 합의하고, 관련 전문가들로 T/F를 구성하여 교
정기관을 방문하였으며, '문화적인 교정시설 조성'을 위한 바람직한 방향 등에
관한 연구보고서를 발간하는 등 활발한 연구를 진행하였다. 2005년 5월부터
문화적인 교정시설 조성의 후속 사업으로 문화관광부 산하 한국문화예술진흥
원에서 소외계층지원을 위한 로또복권기금 중 교정시설의 문화프로그램 시행
을 위하여 4억7천만의 예산을 배정하고 사업시행자 공모 및 관계자 교육 등을
거쳐 각 기관별로 문화프로그램을 시행하였으며 현재도 시행되고 있다. 그 동

---

259 신양균, 앞의 책(2012년), 306쪽.

안 시행된 문화프로그램은 음악치료, 드라마치료, 웃음치료, 교정상담치료, 아버지학교 등이 있다.

형집행법은 '소장은 수형자의 교정·교화를 위하여 상담·심리치료, 그 밖의 교화프로그램을 실시하여야 한다(법 제64조 제1항).'고 규정하고, 구체적인 교화프로그램의 종류·내용 등에 관하여 필요한 사항은 법무부령으로 정하도록 하고 있다. 또한 소장은 교화프로그램의 효과를 높이기 위하여 범죄원인별로 적절한 교화프로그램의 내용, 교육장소 및 전문인력의 확보 등 적합한 환경을 갖추도록 노력하여야 한다(동조 제2항).

나. 종류

교화프로그램의 종류는 문화프로그램, 문제행동예방프로그램, 가족관계회복프로그램, 교화상담, 그 밖에 법무부장관이 정하는 프로그램이 있다(법 시행규칙 제114조).

문화프로그램이란 음악, 미술, 독서 등 문화예술과 관련된 프로그램으로 소장은 수형자의 인격함양, 자아존중감 회복을 위하여 이러한 프로그램을 도입하거나 개발하여 운영할 수 있다(법 시행규칙 제115조). 소장은 수형자의 죄명, 죄질 등을 구분하여 그에 따른 심리측정·평가·진단·치료 등의 문제행동예방프로그램을 도입하거나 개발하여 실시할 수 있다(법 시행규칙 제116조).

가족관계회복프로그램은 수형자와 그 가족관계를 유지·회복하기 위한 각종 프로그램으로 소장은 수형자의 가족이 참여하는 각종 프로그램을 운영할 수 있으며, 다만 가족이 없는 수형자의 경우 교화를 위하여 필요하면 결연을 맺었거나 그 밖에 가족에 준하는 사람의 참여를 허가할 수 있다. 이때 대상 수형자는 교도관회의의 심의를 거쳐 선발하고, 참여인원은 5명 이내의 가족으로 한다. 다만 필요하다고 인정하는 경우에는 참여인원을 늘릴 수 있다(법 시행규칙 제117조).

교화상담은 수형자의 건전한 가치관 형성, 정서안정, 고충해소 등을 위하여 실시하는 상담으로, 소장은 교화상담을 위하여 교도관이나 교정참여인사를 교화상담자로 지정할 수 있으며, 수형자의 안정을 위하여 결연을 주선할 수 있다(법 시행규칙 제118조).

현재 교정시설에서 실시되고 있는 가족만남의 날 행사, 귀휴, 가족만남의 집 이용, 도서비치, 신문 등 구독, 집필 및 특별활동반, 가족사진비치, 텔레비전시청 및 신문열람도 교화프로그램의 일종이라고 할 수 있다.[260]

다. 교화프로그램 운영방법

소장은 교화프로그램을 운영하는 경우에는 약물중독·정신질환·신체장애·건강·성별·나이 등 수형자의 개별특성을 고려하여야 하고, 프로그램의 성격 및 시설 규모와 인원을 고려하여 이송 등의 적절한 조치를 취할 수 있다. 그리고 교화프로그램을 운영하기 위하여 수형자의 정서적인 안정이 보장될 수 있는 장소를 따로 정하거나 방송설비 및 방송기기를 이용할 수 있다. 소장은 교정정보시스템에 교화프로그램의 주요 진행내용을 기록하여 수형자의 처우에 활용하여야 하고, 상담내용 등 개인정보가 유출되지 않도록 하여야 한다(법 시행규칙 제119조 제1항~제3항).

교화프로그램 운영에 관하여는 형집행법 시행규칙에서 규정하고 있는 교육관리기본원칙, 교육대상자 준수 기본원칙, 교육대상자 선발, 교육대상자 관리, 교육취소, 이송, 작업 등의 규정이 준용된다(동조 제4항).

4. 교정위원

교정위원제도는 사회내의 민간자원을 활용하여 수용자에 대한 상담, 수용생활에 대한 지도와 조언, 출소 후 생활지도, 취업알선 등을 하는 것으로 교정에 대한 민간참여방법의 하나이다.

민간교화활동은 1962년 종교단체를 중심으로 결성된 '재소자 교화대책위원회'가 일부 종교인이나 사회사업가를 중심으로 이어져 오다가 1970년 독지방문위원제도로 발전하였다.[261] 독지방문위원은 지역내의 종교인, 교육자, 사회사업가, 법조인, 의사 중에서 위촉되어 수형자나 사형확정자와 면접을 통해 고충처리, 장래생활지도, 신상 등에 대한 조언과 지도를 실시하였다. 이 제도는 교정시설과 지역사회와의 가교역할을 통해 행형의 사회화에 기여하였

---

260 신양균, 앞의 책(2012년), 307쪽.

261 1975년 10월 31일 시행된 「독지방문위원제도 강화방안」의 주요내용은 독지방문위원 위촉 대상자를 정신의학자·심리학자·사회사업가·교육자·법조인·종교인 그리고 갱생보호사업에 종사하는 자와 기타 학식과 경험이 풍부한 자 등으로 하고, 위원수는 각 기관별로 3명 이상 10명 이내로 하였다.

다.[262] 그 후 1983년에 이르러 효율적인 교화활동을 위하여 교화위원과 종교위
원으로 분리되었다. 즉 독지방문위원 중 종교인을 종교위원으로 하여 종교에
의한 교화활동을 체계화하였고, 종교인이 아닌 위원을 교화위원이라고 하여
전문적인 지식과 경험 등을 활용하여 교화활동을 하도록 하였다. 1998년에는
법무부 교정위원 중앙협의회가 창설되어 전국 규모의 민간교정참여기구가 발
족되었다.

　　형집행법은 '수용자의 교육·교화·의료, 그 밖에 수용자의 처우를 후원하
기 위하여 교정시설에 교정위원을 둘 수 있으며, 교정위원은 명예직으로 하고
소장의 추천을 받아 법무부장관이 위촉한다(법 제130조).'고 규정하여 교정위
원제도에 대한 법적근거를 마련하였다. 교정위원의 임기, 위촉 및 해촉, 지켜
야 할 사항 등에 관하여 필요한 사항을 법무부장관이 정하도록 하고, 「교정위
원 운영지침」(구 교정위원 관리지침)을 제정하여 운영하고 있다. 동 지침에 따라
각 교정기관에는 교정위원 전체를 회원으로 하는 교정협의회를 설치·운영하
고 있으며, 각 지방교정청에는 산하 교정기관 소속 교정위원 대표로 구성되는
교정연합회를 설치·운영하고 있다. 그리고 자치조직으로 전국 각 교정기관 교
정협의회 회장 등 대의원으로 구성된 교정위원 중앙협의회가 운영되고 있다.

　　교정위원은 교화위원, 종교위원, 교육위원, 의료위원, 취업·창업위원으로
구성되어 있다. 교화위원은 기업가나 사회사업가 위주로 구성되어 있으며, 수
용자의 개인상담·자매결연·교화공연 등의 활동을 하고 있다. 종교위원은 목
사·승려·신부 등 종교인으로 구성되어 있으며, 시설 내 종교집회를 주관하고
수용자의 심성순화를 위한 교리지도·신앙상담 등의 활동을 하고 있다. 교육
위원은 교수·교사·학원강사 등 교육관계 종사자로 구성되어 있으며, 정보화
교육·학과교육 등 수형자에 대한 교육을 하고 있다. 의료위원은 의사·한의
사·약사 등 의료관련 종사자로 구성되어 있으며, 수용자에 대한 의료지원 활
동을 하고 있다. 취업·창업위원은 기업가·대학교수로 구성되어 있으며, 수용
자에 대한 취업 및 창업지원 활동을 하고 있다.

　　소장은 교정위원을 두는 경우 수용자의 개선을 촉구하고 안정된 수용생활을
하게 하기 위하여 교정위원에게 수용자를 교화상담하게 할 수 있고, 교정위원은 수

262　김화수, 앞의 책(1991년), 290쪽.

용자의 고충해소 및 교정·교화를 위하여 필요한 의견을 소장에게 건의할 수 있다
(법 시행령 제151조 제1항, 제2항). 교정위원, 교정자문위원, 그 밖에 교정시설에서 활
동하는 외부인사는 활동 중에 알게 된 교정시설의 안녕과 질서 및 수용자의 신상에
관한 사항을 외부에 누설하거나 공개해서는 안 된다(법 시행령 제152조).

5. 교정자문위원회

교정자문위원회란 수용자의 관리·교정·교화 등 사무에 관한 지방교정청
장의 자문에 응하기 위하여 지방교정청에 설치된 위원회를 말하며(법 제129조
제1항), 교정협의회와는 별도로 구성되어 있다.[263] 교정시설 운영의 특성상 외
부에 공개되지 아니하는 사항이 많기 때문에 교정에 대한 시민의 참여를 보다
확대할 필요가 있다는 인식 아래 순수한 외부인사로 구성되는 위원회를 설치
하여 수용자에 대한 처우 및 교정시설 운영에 관해 자문할 수 있도록 함으로
써 교정행정 운영의 투명성과 공정성을 확보하여 국민으로부터 신뢰를 얻는
데 그 취지가 있다.[264]

교정자문위원회는 ① 교정시설의 운영에 관한 자문에 대한 응답 및 조언,
② 수용자의 급양(給養)·의료·교육 등 처우에 관한 자문에 대한 응답 및 조
언, ③ 노인·장애인수용자 등의 보호, 성차별 및 성폭력 예방정책에 관한 자
문에 대한 응답 및 조언, ④ 그 밖에 지방교정청장이 자문하는 사항에 대한 응
답 및 조언 등을 하고 있다(법 시행규칙 제264조).

동 위원회는 10명 이상 15명 이하의 위원으로 성별을 고려하여 구성하고,
위원장은 위원 중에서 호선하며, 위원은 교정에 관한 학식과 경험이 풍부한 외
부인사 중에서 지방교정청장의 추천을 받아 법무부장관이 위촉한다(법 제129
조 제2항). 위원회에는 부위원장을 두며 위원 중에서 호선하고, 위원 중 4명 이
상은 여성으로 하고 있다(법 시행규칙 제265조 제1항, 제2항). 위원의 임기는 2년
으로 하고 연임할 수 있으며, 결원이 생긴 경우에는 지방교정청장은 결원이 생
긴 날부터 30일 이내에 후임자를 법무부장관에게 추천하여야 한다. 결원이 된

---

263 형집행법상 교정자문위원회는 교정관련 각종위원회를 통폐합하여 신설한 것으로 각 교정
    시설에 두고 있었으나 2019. 10. 22. 형집행법을 개정하여 각 지방교정청에 두도록 하였다.
264 신양균, 앞의 책(2012년), 601쪽.

위원 후임으로 위촉된 위원의 임기는 전임자 임기의 남은 기간으로 한다(법 시행규칙 제266조).

위원장은 위원회를 소집하고 위원회의 업무를 총괄한다. 위원장이 부득이한 사유로 직무를 수행할 수 없을 때에는 부위원장이 그 직무를 대행하고, 부위원장도 부득이한 사유로 직무를 수행할 수 없을 때에는 위원장이 미리 지명한 위원이 그 직무를 대행한다(법 시행규칙 제267조). 위원회의 회의는 위원 과반수의 요청이 있거나 지방교정청장이 필요하다고 인정하는 경우에 개최하며, 위원회는 재적위원 과반수의 출석으로 개의하고 출석위원 과반수의 찬성으로 의결한다. 위원회의 회의는 공개하지 아니하지만 위원회의 의결을 거친 경우에는 공개할 수 있다(법 시행규칙 제268조).

위원은 ① 직위를 이용하여 영리행위를 하거나 업무와 관련하여 금품·접대를 주고받지 아니할 것, ② 자신의 권한을 특정인이나 특정단체의 이익을 위하여 행사하지 아니할 것, ③ 업무수행 중 알게 된 사실이나 개인신상에 관한 정보를 누설하거나 개인의 이익을 위하여 이용하지 아니할 것 등의 사항을 지켜야 한다(법 시행규칙 제269조 제1항).

법무부장관은 외부위원이 ① 심신장애로 직무수행이 불가능하거나 현저히 곤란하다고 인정되는 경우, ② 직무와 관련된 비위사실이 있는 경우, ③ 법 시행규칙 제269조에 따라 지켜야 할 사항을 위반하였을 경우, ④ 직무태만, 품위 손상, 그 밖의 사유로 인하여 위원으로서 직무를 수행하기 적합하지 아니하다고 인정되는 경우, ⑤ 위원 스스로 직무를 수행하는 것이 곤란하다고 의사를 밝히는 경우에는 지방교정청장의 건의를 받아 해당 위원을 해촉할 수 있다(법 시행규칙 제270조).

위원회의 사무를 처리하기 위하여 위원회에 간사 1명을 두며, 간사는 해당 지방교정청의 총무과장 또는 6급 이상의 교도관으로 한다. 간사는 회의에 참석하여 위원회의 심의사항에 대한 설명을 하거나 필요한 발언을 할 수 있으며, 교정자문위원회 회의록을 작성하여 유지하여야 한다(법 시행규칙 제271조).

6. 기부금품

기부금품이란 환영금품, 축하금품, 찬조금품 등 명칭이 어떠하든 반대급부 없이 취득하는 금전이나 물품을 말한다(기부금품의 모집 및 사용에 관한 법률 제2조). 교정시설의 기부금품이란 외부기관이나 단체 또는 개인이 교정시설에 일정한 금품을 기부하는 것을 말하고, 이러한 금품은 수용자의 교정·교화를 위해 사용되고 있다.

소장은 기관·단체 또는 개인이 수용자의 교화 등을 위하여 교정시설에 자발적으로 기탁하는 금품을 받을 수 있다(법 제131조). 기부금품의 처리에 대해서는「수용자 교정·교화운영지침」에서 세부적인 사항을 규정하고 있다.

기부금품의 종류는 ① 소모품 또는 비소모품인 물품과 ② 현금이나 수표 등 금전이 있으며, 소장은 수용자의 교화를 위해 수증한 모든 기부금품을 기부자의 취지에 맞게 처리하여야 한다(동지침 제62조 제1항, 제2항). 소장은 기부금품을 접수하는 경우에는 익명으로 기부하거나 기부자를 알 수 없는 경우를 제외하고 기부한 기관·단체 또는 개인에게 영수증을 발급하여야 한다. 그리고 기부자가 용도를 지정하여 금품을 기부한 경우에는 기부금품을 그 용도에 사용하여야 하고, 다만 지정한 용도로 사용하기 어려운 특별한 사유가 있는 경우에는 기부자의 동의를 받아 다른 용도로 사용할 수 있다(법 시행령 제153조).

제 5 절 작업

1. 서

가. 의의

수형자의 노동은 근대 행형역사에 있어 중요한 역할을 담당하여 왔다. 근대 초기의 구금시설에서는 노동예비군으로 활용되었지만, 그것은 규칙적인 노동을 통한 교육이라고 하는 이데올로기에 그 근거를 두고 있었다.[265] 그 후 수세기 동안 국가와 일반사회의 경제적인 이익을 위하여 수형자의 노동이 교정시설 내의 작업에 이용되었다. 우리나라에서도 1895년 징역형이 도입된 이래 감옥에서의 작업은 행형운영에 중요한 역할을 하였고, 1950년 행형법 제정 이후 교도작업은 범죄자의 재사회화를 위한 중요한 요소라고 보는 전통적인 과

---

265 클라우스 라우벤탈 저/신양균·김태명·조기영 역, 앞의 책(2010년), 222쪽.

대평가가 행형을 지배하였다.

　여기에서 작업은 교정시설에서 수형자에게 시키는 노무를 말한다. 수형자에게는 작업의무가 있고, 작업은 행형목적을 추구하는 처우과정의 많은 요소 중 하나로서 범죄자의 직업적 및 사회적 통합에도 도움이 된다. 또한, 수형자의 노동은 헌법상 요청되는 처우행형의 중심적 요소로서 기능을 하고 있다.

　교도작업에는 광의와 협의의 두 가지 의의가 있다.[266] 즉 광의의 교도작업은 수용자의 취업에 의하여 경영하는 일체의 작업을 의미한다. 따라서 광의의 작업에는 법률에 의하여 의무로 되어 있는 징역형 수형자 및 노역장유치자의 작업과 본인의 취업의사를 전제로 하여 신청에 의하여 행하는 금고형수형자, 구류형수형자 등의 작업을 포함한다. 한편 협의의 교도작업은 형법 제67조에 의한 징역형 수형자의 '정역'만을 의미한다. 한편 형집행법은 '수형자는 자신에게 부과된 작업과 그 밖의 노역을 수행하여야 할 의무가 있다(법 제66조).'고 하여 작업의 의무에 대하여 규정하고 있다.[267]

　징역형 수형자를 형법을 근거로 교도소에 구치하여 사회로부터 격리하고 정역으로서 작업의무를 부과하는 이상 그 작업을 통해 어떤 목적을 실현하여야 하는지와 어떻게 작업을 시켜야 하는가는 형집행법의 영역에 속하는 사항이다.[268] 형집행법은 '수형자에게 부과하는 작업은 건전한 사회복귀를 위하여 기술을 습득하고 근로의욕을 고취하는 데에 적합한 것이어야 한다(법 제65조 제1항).'고 규정하고 있다.

　한편 형법 및 형집행법상 수형자에게는 작업의무가 존재하기 때문에 수형자는 지정된 작업 또는 신체능력 및 건강상태에 적합한 작업을 하여야 한다. 이러한 의미에서 헌법상 규정하고 있는 직업의 자유 및 직업선택의 자유의 예외가 된다.[269] 이와 같이 교도작업은 강제 또는 신청에 따라 수용자를 취업시키는 것으로 일반사회에서의 자유계약에 의한 것이 아니라는 점에 특색이 있다.

266　藤本哲也, 앞의 책(2008년), 249쪽.
267　형법은 실체법적 성격을 가지는 반면, 형집행법은 절차법적 성격을 가지고 있으므로 형집행법상 수형자란 '징역형수형자와 노역장유치자'를 의미한다고 보아야 한다.
268　신양균, 앞의 책(2012년) 309쪽 / 林眞琴·北村篤·名取俊也 공저, 안성훈·금용명 등 번역, 앞의 책(2016년), 435쪽.
269　클라우스 라우벤탈 저 / 신양균·김태명·조기영 역, 앞의 책(2010년), 224쪽.

나. 교도작업의 연혁

교도작업은 시대상황과 형벌에 대한 사상의 변천에 따라 그 특징을 달리하였다. 즉 교도작업도 하나의 사회현상이기 때문에 형벌노동에 대한 인식이 여러 가지 사회적, 경제적 및 정치적인 제조건의 변화에 따라 변천하였다.

고대 이집트에서는 국가의 이익과 파라오를 위해 범죄자를 광산노역 등에 종사하도록 하였고, 아테네와 로마에서는 범죄자를 스페인의 광산이나 선박일에 종사하도록 하였다. 당시 수형자의 노동은 착취가 그 목적이었고, 고통과 해악을 부과하기 위한 수단으로 사용되었다. 따라서 고대의 노역형은 근대 자유형에서의 정역(定役)과는 다른 것이었다.

중세에는 참회와 반성을 통한 개선이라는 도적적, 종교적 이념 아래 노동의 의미가 새롭게 해석되기도 하였지만 작업을 통한 고통의 부과라고 하는 그 본질은 고대와 같았다. 중세 형벌의 중심은 사형, 육체형 및 추방형이었지만 그 외에 노역형으로서 소위 갈레(Galley)선의 노역이 있었으며 이는 수형자는 노동을 착취하는 수단에 지나지 아니하였다.[270] 그러나 도시에서 부랑자와 거지를 없애고 노동을 싫어하는 사람들의 노동력을 사회적으로 이용하려고 하는 시도는 런던, 암스테르담, 벨기에를 비롯하여 유럽국가에 널리 존재하였다. 1555년에 영국에는 브라이드웰징치장이, 1595~1596년에 설립된 네덜란드 암스테르담에는 부랑자, 거지 등을 수용하는 남자징치장이, 1596~1597년에 여자를 위한 방직장이, 1613년에는 뤼벡(Lübeck) 및 브레멘에, 1620년에는 함부르크에 징치장이 각각 설립되었다. 징치장을 설립한 가장 큰 이유는 부랑자 등의 도시 유입으로 인한 무질서와 혼란, 청교도 사상인 윤리사상의 보급, 중상주의 정책 및 노동수요의 증대, 인구의 감소에 따르는 노동인구의 감소 등을 들 수 있다.[271] 징치장 설립의 목적은 노동을 기피하는 사람들의 노동력을 사회적으로 이용하기 위한 것이었다. 범죄자들에게 노동을 강제함으로서 근면한 습관을 형성하는 동시에 직업훈련을 실시하는 것이었다.

---

270 한 척의 배에 필요로 하는 인원은 통상 대형범선(Galéasse)이라고 불리우는 대형 선박에는 350명, 보다 작은 선박에도 180명이었다. 이러한 노동은 스페인의 찰스 5세 및 필립 2세의 칙령에 따라 대다수의 범죄인 및 거지와 부랑자에게도 적용되었다(日本法務研修所, 刑務作業の本質についての研究, 1958년, 73쪽).

271 日本法務研修所, 앞의 책(1958년), 77쪽.

　　고대부터 수형자의 노동은 착취와 고통을 과하는 것을 목적으로 하였으나, 암스테르담징치장에서 처음으로 작업의 목적이 개선교육이라고 하는 것을 분명히 하였다. 암스테르담징치장은 교도작업의 역사에 있어서 신기원을 열었고, 수용자에게 과하는 작업의 목적은 노동력의 이용과 근로습관의 습득이었다. 그러나 얼마 지나지 않아 징치장의 작업은 수차(Stepping-mill)돌리기 등 잔학한 형벌노동으로 전락하였다. 중상주의 수공업 시대에 들어와서 산업혁명이 가져온 기계식 생산방식의 보급과 그에 따른 상대적인 노동인구의 과잉으로 실업문제가 심각해져 수형자의 노동력에 대한 수요가 감소되기에 이르렀다.

　　한편 인구과잉, 산업혁명에 따른 노동수요의 감소는 2중의 과잉노동력을 만들어냈을 뿐만 아니라 징치장과 같은 수공업적 생산방식에 의해서는 기계적 생산방식과 경쟁이 어렵게 되었고 결국 수형자 노동을 통해 이윤을 획득할 수 없게 되었다.

　　한편 자유형의 역사에서 논한 바와 같이 미국에서의 구금제도는 하나의 형벌제도로 시행되었고, 수형자의 작업은 단순히 규율 및 징벌제도 일반인 동시에 근면, 복종, 인내 및 협동의 습관을 기르고 개선 내지 갱생의 효과를 올린다고 하는 이유에서 정당화되었다. 작업은 구금제 그 자체와 같은 목표인 응보, 위하, 해악제거 및 개선을 달성할 수 있는 것으로 기대되었다.[272] 또한 미국에서 19세기 후반의 행형은 수익성의 추구가 최대의 관심사였다. 교도소장은 경제적으로 효율적이고 수익성이 높은 교도소의 관리자로서 명성을 가진 사람들이었으며, 오번제와 펜실베니아제 간의 제도에 대한 논쟁에서 오번제로 기울었던 가장 핵심적인 이유도 경제적인 성과가 결정적이었다.[273] 대부분 교도소가 시대의 추세에 따라 대규모 공장이나 교도소 산업을 고려하여 설립되고 운영되었으며, 값싼 노동력에 의해 생산된 상품은 일반노동자와 산업에 큰 위협이 되었다. 1888년에는 모든 교도소산업을 중지하는 예츠법(The Yats Law)이 통과되었고 이를 기점으로 수익성을 추구하던 교도소산업은 점차 관용제도로 대체되었다.

272　E.H. Sutherland·D.R. Cressey, Principles of Criminology Part Two, 1960, J.B. Lippincott Company, 平野龍一·所一彦 역, 犯罪の対策, 有信堂, 1996年, 234쪽.

273　이백철, 앞의 책(2020년), 100쪽.

우리나라는 갑오개혁 이전에 도형수(徒刑囚)에게 옥(獄) 내에서 정해진 노동을 과했다는 구체적인 기록이 없다. 다만 문헌상 공도(公徒)라는 것이 있어 관아에서 사역을 시켰다는 근거는 있으나 현대적 의미의 교도작업이라고 보기는 어렵다.[274] 갑오개혁 이후 1895년에 「징역처단례」(懲役處斷例)가 제정되고, 「재감인의 작업에 관한 건」이라는 규정이 마련되어 작업실시가 구체화되었고[275] 1898년에 감옥규칙이 제정되어 정역을 과하도록 하였으나 실제 작업을 과하였다는 기록은 없다. 1905년 제정된 형법대전에서는 역형을 역형(役刑)과 금옥형(禁獄刑)의 두 종류로 나누고 금옥형에는 정역을 부과하지 않은 것으로 규정한 것으로 보아 역형에 대해서는 작업을 부과한 것으로 보인다. 다만 당시 감옥에는 공장 등 작업에 필요한 설비가 갖추어지지 아니하여 작업을 실시하기가 어려웠으나 취사, 청소 등과 같이 감옥의 잡일에 사역하는 것을 작업이라고 하였다. 한편 수원의 경기감옥에서는 약 40여명의 수형자가 수원시내 도로청소는 물론 역인의 집에 물을 배달하는 작업을 하였다.[276] 따라서 우리나라 교도작업의 역사는 갑오개혁 이후 시작되었다고 보아야 할 것이다. 1908년 감옥관제의 실시에 따라 점차 근대적인 교정시설이 건축되면서 공장이 만들어졌고 종로감옥에서 민간인의 고공(藁工, 짚으로 만드는 수공)을 도급작업으로 최초로 실시한 적이 있으며, 1909년에는 전국적으로 수형자에게 작업을 과하였다.[277]

정부수립 후 1950년 제정 행형법에서 작업에 대한 근거규정을 두었으나 교도작업은 시설부족과 기술의 후진성 등으로 원활한 작업이 이루어지지 않다가 1961년 「교도작업특별회계법」과 「교도작업관용법」이 제정됨에 따라 1962년부터 본격적인 교도작업이 운영되었으며 2008년 이 두 법률을 통합하여 「교도작업 운영 및 특별회계에 관한 법률」이 시행되면서 교정운영과 수형자의 교정교화에 중요한 역할을 담당하고 있다.

---

274 신양균, 앞의 책(2012년), 311쪽/中橋政吉, 앞의 책(1936년), 301쪽.
275 中橋政吉, 앞의 책(1936년), 301쪽.
276 당시 감옥사무는 경무청에서 주관하였으며 순검(巡檢) 계호 하에 수형자 28명을 위생인부로 매일 출역시키면서 따로 공전(公錢)을 지급하지 아니하였으나 감방 내에서 초혜(짚신)을 만들어 쌓아두었다가 인부로 나갈 때 이것을 가지고 나가서 시중의 상점에서 돈으로는 바꾸는 것을 허락하였다(中橋政吉, 앞의 책(1936년), 305쪽).
277 이백철, 앞의 책(2020년), 674쪽/中橋政吉, 앞의 책(1936년), 305~306쪽.

다. 교도작업의 대상

교도작업(prison labor)이란 교도소에서 수형자에게 실시하는 노무를 의미하며, 징역형의 집행내용으로 되어 있고 수형자에게는 의무이다. 작업에는 징역수형자가 실시하는 작업과 금고수형자 및 구류수형자가 실시하는 작업의 2종류가 있고, 그 법적성격도 다르다.[278] 형법은 징역은 교도소 내에 구치하여 정역에 복무하게 한다고 규정하여 징역형에 대해서는 작업을 강제하고 있으나, 금고와 구류에 대해서는 규정하고 있지 아니하다. 그러나 형집행법은 '소장은 금고형과 구류형의 집행 중에 있는 사람에 대해서도 신청에 따라 작업을 부과할 수 있다(법 제67조).'고 규정하여 작업의 대상을 확대하고 있다.

교도작업은 이와같이 의무적 성격을 가지므로 사회에서의 자유계약에 기초해서 이루어지는 노동이나 수형자가 자신을 위하여 자유기간 등에 행하는 개인작업(법 시행규칙 제95조 제1항)과는 구별된다. 따라서 교도작업에 대해서는 일반적인 노동관계에 대해 적용되는 민법, 근로기준법, 산업안전보건법, 노동조합 및 노동관계조정법, 노동위원회법, 산업재해보상보험법 등의 적용을 받지 아니한다.[279]

2. 교도작업의 목적과 기능

가. 서

교도작업의 목적과 기능은 서로 명확하게 구분하기 어렵기 때문에 혼용해서 기술하기도 한다.[280] 그러나 교도작업의 목적은 형벌에 대한 이데올로기적 가치관에 근거하여 강제하였을 뿐만 아니라 역사발전과 밀접하게 관련되기 때문에 교도작업의 실시에 따른 기능과는 나누어 기술하고자 한다. 유엔최저기준규칙은 '수형자에게 제공되는 작업은 가능한 한 석방 후 정직한 삶을 살 수 있는 능력을 유지하게 하는 것이거나 증진시키는 것이어야 한다(제98조).'고 규정하고 있다.

---

278 川出敏裕·金光旭, 앞의 책(2018년), 189쪽.
279 신양균, 앞의 책(2012년), 제310조/林眞琴·北村篤·名取俊也 공저, 안성훈·금용명 등 번역, 앞의 책(2016년), 451쪽.
280 교도작업의 목적을 윤리적 목적, 경제적 목적, 행정적 목적으로 구분하여 논하고 있는 견해도 있다(허주욱, 앞의 책(2013년), 490~492쪽 참조).

현재는 교도작업이 노동을 통한 해악의 부과라고 하는 응보적 성격에서 벗어나 수형자의 사회복귀를 위한 처우의 하나로서, 다양한 기능을 수행하고 있다. 특히 징역수형자에게 있어서 작업은 형벌의 내용이라고 하는 측면과 교정처우의 내용이라고 하는 측면을 동시에 가지고 있다. 즉 교도작업은 규칙적인 근로생활을 하도록 함으로써 규율이 있는 생활태도를 습득하도록 하고, 공동작업을 통해 바람직한 사회공동생활에의 적응역량을 함양하며, 근로의욕을 양성하고, 직업적인 기술 및 지식을 부여하며, 주어진 작업목표의 달성을 통하여 인내력 내지 집중력을 양성한다고 하는 기능이 있기 때문에 개선갱생 의욕을 환기하고 사회생활에의 적응능력을 양성하는 교정처우의 목적에 기여하는 것으로 인식되어 왔다.[281]

나. 교도작업의 목적

교도작업의 본질 또는 목적이 무엇인가에 대해서는 종래부터 자유형의 본질 또는 목적과 관련하여 논의되었다. 교육형론에서는 교도작업의 목적을 수형자의 개선갱생 및 사회복귀에 있다고 한다. 또한 분배론에서는 형사재판 단계에서는 응보적 성질을 인정하더라도 행형단계에서는 형벌 본래의 응보적 성격은 후퇴하고 수형자의 개선목적이 전면에 나오기 때문에 교도작업의 본질 내지 목적이 수형자의 개선갱생 및 사회복귀에 있다는 것을 전제로 한다고 해석할 수 있다. 다만 문제가 되는 것은 응보형론에서는 교도작업의 목적을 어떻게 해석할 수 있을까 하는 점이다. 응보형론에서는 형벌의 본질은 응보이고 제재라고 하지만, 그 목적은 교육에 있다고 해석하는 견해도 있기 때문에 형벌의 집행내용인 교도작업은 그 목적이 수형자의 개선갱생 및 사회복귀에 있다고 해석하는 것은 가능하다. 이와 같이 해석한다면 어느 견해에 따르더라도 교도작업의 본질 내지 목적은 수형자의 개선과 사회복귀에 있다고 할 수 있다. 현재 실무운영의 준거가 되는 형집행법에서도 '수형자에 대하여는 작업, 교육훈련 등을 통하여 교정·교화를 도모하고 사회생활에 적응하는 능력을 함양하도록 처우하여야 한다(법 제55조).'고 규정하고 있다.

역사적으로는 16세기말 징치장 설립 이래 현재에 이르기까지 시행되어

---

281 川出敏裕·金光旭, 앞의 책(2018년), 189~190쪽/林眞琴·北村篤·名取俊也 공저, 안성훈·금용명 등 번역, 앞의 책(2016년), 434쪽.

온 교도작업의 목적에 대해서 여러 가지 견해가 있다.

첫째, 교도작업을 수형자의 노동력을 국가가 이용하기 위한 것이라고 하는 견해가 있다. 이것은 로마시대 광산노동에의 사역과 16세기에서 17세기에 걸친 갈레선에의 노역 등에서 보는 바와 같이 국가적 또는 사회적 목적을 위하여 수형자의 노동력을 이용하는 경우이다. 특히 교정시설 운영을 위한 취사, 세탁 등과 같은 운영지원작업에 수형자의 노동력이 통상적인 대가의 지급없이 이용되는 등 수형자 노동력의 국가적 이용은 오늘날에도 의미를 가지고 있다는 견해도 있으나 수형자의 노동력을 이용하는 것을 교도작업의 목적으로 하는 것은 어디까지나 개선갱생을 목적으로 하는 작업에 부수하는 간접적인 효과이고 자급자족을 자기목적화하는 것은 타당하지 않다.

둘째, 교도작업은 형벌적 고통을 과하기 위한 것이라고 하는 견해이다. 이것은 19세기 영국에서 고안된 트레드밀(treadmill)이나 조선시대의 죄석(罪石) 등에서 볼 수 있는 것으로 노동의 과실을 얻는 것을 목적으로 하지 아니하고 형벌의 응보적 효과에 중점을 두는 것이다. 징역형은 작업이 형벌의 내용으로 되어 있기 때문에 그것이 범죄행위에 대한 제재라고 하는 측면을 가진다는 점은 분명하지만 이것은 반드시 작업을 징벌적인 목적으로 실시하여야 한다는 것을 의미하는 것은 아니다. 작업은 형벌의 내용인 동시에 개선갱생을 위한 수단으로 평가되기 때문에 그것은 어디까지나 개선갱생에 기여하는 형태로 운용되어야 한다. 작업이 사실상 고통을 수반한다고 하는 점과 그 목적을 어떻게 생각할 것인지라고 하는 점은 별개의 문제이다.[282] 그리고 현행법이 작업 이외의 다양한 개별처우를 규정하고 이를 통해 수형자의 재사회화를 지향하고 있는 점을 고려하면 더 이상 교도작업은 형벌적 고통을 과하기 위한 것은 아니다. 유엔최저기준규칙 등 각종 국제규칙은 교도작업의 고통부가적 요소를 반대하고 있고,[283] 우리나라의 실무에서도 마찬가지로 운용되고 있다.

셋째, 교도작업은 행형에 필요한 국가의 비용부담을 보상하기 위한 것이라고 하는 견해이다. 소위 자급자족의 원칙을 강조하는 견해로 사회에 피해를 준 범죄자가 무위도식함으로써 오히려 사회에 피해를 주는 것은 모순이기 때

282　川出敏裕·金光旭, 앞의 책(2018년), 190쪽.
283　교도작업은 성질상 고통을 주는 것이어서는 안된다(동규칙 제97조 제1항).

문에 교정시설을 유지하는 경비는 수형자가 노동에 종사함으로써 부담하여야
한다고 하는 견해이다. 그러나 이와 같은 견해에 대해서 '범죄자는 자신이 저
지른 범죄에 대해서는 자유의 박탈에 의해 대가를 치르는 것이고 그 비용까지
자신이 부담하도록 하는 것에 대해서는 의문이다. 또한 수형자의 개선이라는
관점에서 생각하면 재범방지에 의한 비용절약이 작업수입을 국가가 소유하는
것에 의한 비용절약을 상회할 것이다.'라고 하는 비판이 있다.[284]

넷째, 교도작업을 교정시설 내 질서유지를 위한 수단으로서 의미를 부여
하는 견해이다. 교도작업이 교정시설의 질서유지에 기여하고 있는 역할은 아
무리 강조하더라도 지나치지 아니하다. 왜냐하면 교도작업이 수형자의 일상생
활에 중요한 부분을 차지함으로써 소수의 직원에 의해 다수의 수형자의 통솔
을 가능하게 하는 것은 분명하기 때문이다. 또한 일상의 생산적 활동속에서 충
실감·만족감을 얻을 수 있는 작업이 존재한다는 것은 교정당국이나 수형자
모두에 있어 바람직하다. 미국에서는 1934년 호즈쿠퍼법(Hawes-Cooper Act)
과 1935년의 어서스트섬머법(Ashurst-Summers Act), 그리고 1936년의 왈시힐
리법(Walsh-Healey Act)의 제정에 의하여 교도소 제품을 일반시장에 판매하는
것이 금지되었고 이에 의하여 교도작업이 대폭 제한되었다. 그 결과 미국에서
는 과학적 처우라고 불리는 작업요법, 그룹카운셀링, 학과교육, 사회교육, 직
업훈련 등 다수의 프로그램이 개발되어 발전되었지만 이것은 교도작업에 대신
하여 시설 내 질서유지를 위한 방책을 교정당국이 모색한 결과로서의 부산물
이었다고 하여도 과언이 아니다.[285] 인간은 아무것도 하지 않고 하루하루를 보
내는 상태에서는 스트레스나 불만이 쌓여 규율을 유지하기 어렵게 되기 때문
에 교도작업이 사실상 시설의 질서유지를 용이하게 하는 기능을 가지고 있는
것은 분명하지만 그것을 작업의 목적으로까지 생각하는 것은 타당하지 않다고
생각한다.[286]

다섯째, 교도작업을 수형자의 사회복귀수단으로 보는 견해이다. 이것은
교도작업을 교정처우의 일환으로 보고 교도작업을 통해 단조로운 수용생활에

---

284 平野龍一·平場安治·高田卓爾 저, 矯正保護法·少年法·刑事補償法, 有斐閣, 1963年, 72쪽.
285 藤本哲也, 앞의 책(2008년), 252쪽.
286 川出敏裕·金光旭, 앞의 책(2018년), 190쪽.

서 발생하는 심신의 쇄약을 방지하고 노동의 가치에 대한 올바른 생각과 규칙적 노동습관을 함양시키고 직업상의 훈련을 실시하여 필요한 기능을 몸에 익히도록 함으로써 수형자의 사회복귀에 도움이 된다는 생각을 바탕으로 한다. 유엔최저기준규칙 제96조의 규정[287]과 형집행법의 체제 등에서 가장 폭넓게 받아들여진 견해이다. 그러나 이 입장에 대해서도 작업을 형벌의 내용으로 강제하는 것과 교육개선을 위한 수단으로 이용하는 것은 모순이 아닌가, 사회복귀 후 생활에 도움이 되는 작업의 종류와 인적·물적설비가 현재의 교정시설에 완비되어 있는가, 작업을 교정처우의 일환으로서 생각하면 수형자의 경제생활의 향상과 법적지위의 향상에 이어지는 임금제의 실현을 이론적으로 곤란하게 하는 것은 아닌가 등의 문제가 지적되고 있다.

여섯째, 교도작업을 자유노동과 동질의 것으로 보는 견해이다. 이 견해는 자유형은 교정시설에 몸을 구금하는 것에 그치고 수형자 노동을 자유형의 집행으로부터 분리하여 생각하는 것이다. 수형자도 형벌내용 이외는 일반국민과 같이 박탈되지 아니한 자유를 향유한다고 하는 견해는 일반국민생활의 기초를 이루는 근로생활과 같은 것으로 교도작업을 생각하는 입장이다.

징역형에 있어 작업은 형벌의 본질적 요소이고 작업을 규칙적으로 하는 것을 강제한다는 점에서 제재이기도 하지만, 수형자에게 부과하는 작업의 내용이 육체적·정신적인 고통을 주는 것이어서는 안 되고 가능한 한 일반사회와 같은 생산적인 근로의 성질을 가지면서 그 생산이 사회경제상 의미있는 것이어야 하며, 수형자의 근로에 대한 의욕을 높이는 동시에 직업상 유용한 지식 및 기능을 습득하도록 배려할 필요가 있다.[288] 그리고 미래지향적으로 석방 후에 생활에 유용한 작업이어야 한다. 결국 교도작업은 처우의 일환으로서 이해하여야 하고 작업조건, 작업보수 등을 가능한 한 일반근로의 그것에 가깝게 하도록 노력을 하면서도 동시에 이것을 수형자의 개선과 사회복귀 목적을 실현하기 위한 유력한 수단으로 최대한 기능하도록 하는 것이 교도작업의 목적으로서 가장 바람직한 방법이라고 생각한다.

---

287 유엔최저기준규칙은 '수형자는 작업활동이나 사회복귀를 위한 활동에 적극적으로 참여할 수 있는 기회를 얻어야 하고 이는 의사 또는 그 밖의 자격을 가진 보건의료 전문가가 수형자의 육체적·정신적 건강상태를 고려하여 결정하여야 한다(제96조 제1항).'고 규정하고 있다.

288 林眞琴·北村篤·名取俊也 공저 / 안성훈·금용명 등 번역, 앞의 책(2016년), 436쪽.

다. 교도작업의 기능

교도작업의 기능에 대해서는 첫째 교도작업의 적절하고 활발한 운영에 의하여 교정시설의 질서를 유지하고 나아가서는 국가의 치안에 공헌한다고 하는 관리면에서의 기능, 둘째 교도작업의 근대적, 합리적 운영에 의하여 국가의 이익을 꾀하는 국가경제면에서의 기능, 셋째 교도작업 실시과정에서 직업훈련 등을 통하여 수형자의 개선과 사회복귀의 원활화를 도모하고 재범을 방지한다고 하는 교정교육적인 면에서의 기능이 있다.

교도작업의 본질 내지 목적이 처우의 일환으로서 수형자의 개선 및 사회복귀를 지향하는 것이라고 한다면 교정처우상 교도작업의 본질 내지 목적을 위하여 어떻게 기능하여야 하는 가를 검토할 필요가 있다.

교도작업은 수형자에 대한 유효한 처우방법의 하나로 기능하도록 실시하는 것이 필요하다. 그러기 위해서는 당연히 교도작업의 종류, 내용, 실시방법 등은 수형자의 특성 및 필요성에 따라 가능한 한 다양하게 편성하는 것이 바람직하다. 물론 국가재정상의 제약과 그 밖에 교도작업의 성격상 일정한 한계가 있으며, 특히 작업을 교정시설의 구내에만 한정하는 경우에는 물적 및 인적 조건, 구금시설 본래의 폐쇄성에 따른 여러 가지 제약 때문에 한정될 수밖에 없는 것은 명백하다. 더구나 구금에 따른 엄격한 행동제약이 수형자의 개선 및 사회복귀에 있어 반드시 적합한 것은 아니라는 사실을 고려한다면 일부 수형자에 대해서는 가능한 한 교정시설 밖에서 일반사회와 가까운 환경에서 작업을 실시하는 것이 바람직할 것이다. 행형실무에 있어서 소위 구외작업은 이와 같은 고려에 기초하여 실시되고 있고 구외작업과 외부통근작업이 근대행형사에 있어서 중요시된 이유도 여기에 있다.

3. 교도작업의 경영방식과 종류

가. 교도작업의 경영방식

교도작업은 경영방식에 따라 직영작업, 위탁작업, 노무작업, 도급작업으로 구분된다. 현재 우리나라는 직영작업을 원칙으로 하고 있으며, 위탁작업 · 노무작업 · 도급작업을 하는 경우에는 법무부장관의 승인을 얻도록 하고 있다. 그 중 도급작업은 현재는 실시되고 있지 아니하다.

1) 직영작업

직영작업(Public Account System)[289]이란 국가가 민간기업의 참여없이 제품 종목의 선정, 시설 및 장비, 재료, 노무 및 경비를 부담하여 제품을 생산하고 생산된 물건을 직접 판매하는 작업방식으로 교도작업 관용주의에 적합하다. 직영작업은 소장의 명령에 의하여 시행하고(교도작업 운영지침 제25조 제1항) 물품의 주문을 받았을 때에는 채산도 등을 검토한 후 원가계산을 하여야 하며 원가는 ① 재료비(직접재료비, 간접재료비), ② 노무비(작업장려금), ③ 공공료·운송료·여비 등 제경비, ④ 이윤(익금)을 종합 계산하도록 하고 있다(동지침 제22조).

직영작업은 형벌집행의 통일과 작업통제가 용이하고, 작업자의 적성에 맞는 작업을 부과할 수 있으며, 민간인의 관여를 차단하여 규율유지에 용이하고, 경제변동에 따른 불시의 손해를 입지 않고 이윤을 독점할 수 있으며, 작업종목의 선택이 자유롭고 직업훈련에 용이하고, 국가세입의 증가와 자급자족이 가능하다는 장점이 있다. 그러나 제품생산에 많은 예산이 소요되고 생산에서 판매까지 사무가 번잡하며, 시장개척이나 판로의 어려움으로 일반기업과의 경쟁에서 불리하고, 직원의 기업관련 전문지식의 부족으로 최적의 경영성과를 거두기 어려우며, 관련 법규나 각종 복무규정 등의 제약으로 적시에 재료수급 및 제품판매를 하기 어려운 점 등이 단점으로 지적되고 있다.

2) 위탁작업

위탁작업(Unit-Price System)[290]이란 개인 또는 기업체 등 외부의 위탁자로부터 작업에 사용할 각종 설비 및 재료의 전부 또는 일부를 제공받아 물건을 생산·가공 또는 수선하여 위탁자에게 교부하고 그 대가를 받는 작업방식을 말한다. 위탁작업은 전문적인 작업보다 봉제, 종이봉투 만들기, 전자부품 조립, 제품조립 등과 같이 비교적 단순하고 반복적인 작업으로 교정기관에서 시행하기에 적합하다. 위탁작업의 기간은 6개월 또는 1년으로 하여 법무부장관의 승인을 받아 시행하고, 재계약의 경우에는 지방교정청장의 승인을 받아 시행할 수 있다(교도작업운영지침 제43조 제1항).

---

[289] 관사(官司)작업, 공기업작업, 관업작업이라고도 한다.
[290] 단가(單價)작업이라고도 한다.

위탁작업은 기계와 기구의 설비자금과 원자재의 구입자금 등이 필요하지 않고 재료구입이나 제품판매와 관계없이 생산하여 납품하면 되므로 경기에 좌우되지 않으며, 직영작업이나 노무작업에 비하여 민간에 대한 압박이 덜하고, 적은 비용으로 다수의 인원을 취업시킬 수 있어 불취업 해소에 도움이 되며, 제품판로에 대한 부담이 없고 작업의 통일성을 유지할 수 있는 장점이 있다. 반면에 일시적 작업이 보통이므로 작업의 목적에 적합하지 않는 경우가 많으며 수형자의 기술습득에 적합한 작업을 선정하기 어렵고, 위탁자의 사정에 따라 작업종류가 좌우될 수 있고 업종이 다양하지 못하여 직업훈련에 부적합할 뿐만 아니라 경제적 이윤이 적고, 위탁업자의 빈번한 시설출입으로 금지물품의 반입이나 작업수용자와의 부정한 거래 등 보안상 문제가 발생할 수 있는 등이 단점으로 지적되고 있다.

3) 노무작업

노무작업(Lease System)[291]은 국가가 개인 또는 기업체와의 계약을 통해 노무를 제공하고 그 대가로 임금을 징수하는 작업방식을 말한다. 노무작업은 작업에 필요한 모든 재료, 기술, 경비 등을 개인 또는 기업체 등이 부담하는 대신에 수형자에 대한 통제권을 행사할 수 있어 작업과정에 외부의 관여가 가장 많다는 점이 특징이다. 노무작업은 소장이 1일 취업인원을 작업종류, 작업장, 위치, 계호인력 등 작업조건을 참작하여 정한다(동지침 제56조). 그 밖에 노무작업의 기간, 승인, 재계약, 해지, 해제, 중지에 관한 사항은 위탁작업과 동일하다.

노무작업은 재료나 설비 등에 대한 부담이 없어 초기투자비용을 투자하지 아니하고도 일정한 수익을 거둘 수 있고, 경기변동에 영향을 받지 않으므로 손실에 대한 부담이 없으며, 자본이 없이도 가능하고, 제품판로에 대한 부담이 없다는 점이 장점이다. 그러나 작업의 통일성을 기하기 어렵고, 단순노동인 경우 기술습득 및 직업훈련에 적합하지 않으며, 작업운영에 민간인의 관여가 심하여 교도작업 본래의 취지가 퇴색될 수 있는 점이 단점으로 지적되고 있다.

4) 도급작업

도급작업(Contract System)은 외부기업체 또는 민간인과의 계약을 통해 교

---

291 임대작업 또는 수부(受付)방식이라고도 한다.

정시설이 노동력의 제공은 물론 재료, 비용, 감독 등을 일괄 책임지고 공사를 완공한 후 그 공사의 결과에 따라 약정금액을 지급받는 작업방식을 말하며 전문기술자를 확보하기 어렵고 위험부담이 크므로 현재는 거의 시행되지 않고 있다.[292] 도급작업을 시행하고자 할 때에는 소장은 도급작업 계약서안을 첨부하여 법무부장관의 승인을 얻어야 하며(동지침 제58조), 도급작업의 기간·승인·재계약·해지·해제·중지에 관한 사항은 위탁작업과 같다.

도급작업은 작업규모가 대형인 경우가 많으므로 높은 수익이 보장되고 불취업자 해소에 유리하며, 수형자의 전문기술 습득에 용이하며 경영기법의 전문화를 이룰 수 있고, 수형자와 직원간의 인간적인 신뢰로 인한 반사회성 교정 및 갱생의욕을 고취할 수 있다는 점이 장점으로 지적되고 있다. 그러나 대부분 구외작업인 경우가 많아 계호상 부담이 크고, 사업이 대규모인 관계로 실패할 경우 손실이 막대하며, 작업의 전 공정에 적합한 전문기술자를 확보하기 어려운 점이 있으며 사기업을 압박할 가능성이 크다는 점 등이 단점으로 지적되고 있다.

나. 교도작업의 종류

1) 성질에 따른 분류

작업의 성질에 따라 일반작업과 신청에 의한 작업으로 분류할 수 있다.

일반작업은 징역형 수형자에게 부과하는 작업을 말하며 이것은 응보형론에 따라 노동을 중심으로 자유형의 종류를 구별한 데에서 유래한 것이다. 징역과 금고의 구별을 폐지하고, 예를 들면 구금형이라는 형태로 일체화하여야 한다는 자유형의 단일화 문제는 징역수형자에 대해서는 작업을 의무로 하고 정치범에게는 명예구금을 과한다는 발상과 과실범은 비난의 정도가 가벼운 사안에서 선고되고 있다는 사실에서 비롯되었다. 형벌은 사회윤리에 반하는 행위를 한 것에 대한 비난으로서 과해진다고 하는 도의적 책임론에 의하면 정치범은 정치적 사상의 차이로 처벌되는 것으로 존경할 만한 동기를 안고 있는 경우도 있고, 과실범은 범죄를 적극적으로 저지른 것이 아니라는 점에서 고의범

---

[292] 1939년 공주 제민천 제방축제공사에 공주형무소가 입찰하여 5,800원에 수주하였으며, 같은 해 8월 10일부터 다음 해 1월 중순까지 6개월 동안 하루 평균 100여명의 수형자가 출역하여 제방길이 372m를 완공하였다(공주교도소, 공주교도소사, 2020년 7월, 99쪽).

과는 도의적인 질이 다르기 때문에 취급도 달리하여야 한다고 하는 것이다. 파렴치범과 비파렴치범을 구별하여 정치범에게는 명예구금을 과한다는 발상이 그 기원이다. 그러나 금고형수형자의 대부분이 작업에 종사하고 있으며 따라서 교정실무상 작업의 유무로 징역형과 금고형을 구별할 의미는 없다고 할 수 있다.

형법 제72조와 형집행법 제66조에서는 수형자의 작업의무에 대하여 규정하고 있다. 신청에 의한 작업은 금고형 수형자, 구류수형자, 미결수용자 등의 신청에 따라 소장이 이를 허가한 경우에 하는 작업을 말한다. 신청에 의한 작업에 관하여는 금고형 또는 구류형의 집행 중에 있는 사람이나 미결수용자 또는 사형확정자에 대하여 신청에 따라 작업을 부과할 수 있으며(법 제67조, 제86조 제1항, 제90조), 신청에 따라 작업이 부과된 수용자가 작업의 취소를 요청하는 경우에는 그 사람의 의사(意思), 건강 및 교도관의 의견 등을 고려하여 작업을 취소할 수 있다(법 시행령 제93조).

2) 내용에 따른 분류

작업의 내용은 각 국가의 경제적 여건, 사회적 배경 등에 따라 다르고 각 교정시설의 입지조건과 수용자의 구성, 설비 등 다양한 요소에 따라 정해진다. 일반적으로 작업내용에 따라 목공·인쇄·철공·기계·자동차 등 특수한 기능이 필요한 기능작업과 축산·영농·토목 등 육체적 노동의 정도가 심한 중노동작업 및 내의·단추·가발 등 육체적 노동의 정도가 가벼운 경노동작업으로 나눌 수 있다. 오늘날에는 수형자가 석방 후 스스로 생계를 유지하는 데 도움에 되는 것이어야 하므로 작업기술이나 기능을 습득시키는 직업교육, 자격증 취득 등을 목적으로 하는 직업능력개발훈련이 중시되고 있다.[293]

3) 목적에 따른 분류

작업의 목적에 따라 생산작업, 운영지원작업, 직업훈련으로 구분할 수 있다.

먼저 생산작업이란 시설운영에 소요되는 경제적 비용을 마련하고 수형자에게 직업을 보도하는 것을 목적으로 시장성이 있는 상품을 생산하거나 서비스에 종사하도록 하는 것을 말한다. 교도작업의 경영방식에 의한 분류 또는 내용에 따른 분류는 주로 생산작업과 관련된다.

---

293 신양균, 앞의 책(2012년), 322쪽.

운영지원작업이란 교정시설의 유지관리와 수용관리 등 교정시설 자체의
기능을 유지하기 위하여 실시하는 작업으로 취사, 청소, 운반, 세탁, 시설보수,
원예, 간병, 이발 등이 여기에 해당한다. 형집행법 시행규칙에서는 운영지원작
업을 개별처우급의 하나로 구분하고 있다(제76조).

직업훈련은 수형자의 사회복귀를 위한 기능인력양성을 목적으로 수형자
에게 각종 기술을 가르치는 것을 말한다.

4) 장소에 따른 분류

작업이 이루어지는 장소에 따라 구내작업과 구외작업으로 구분할 수 있다.

구내작업이란 교정시설 안에서 실시되는 작업을 말한다. 구외작업이란 교
정시설 밖에서 행해지는 작업을 말하며, 외역(外役) 또는 소외(所外)의 작업이
라고도 한다. 교도작업운영지침에 구외작업장에 대한 근거규정을 두고 있다.
이것은 교정시설 부근에 작업장을 설치하고 계약을 통해 입주한 외부기업체가
수형자의 작업을 통해 제품을 생산하는 것을 의미하며, 넓은 의미의 외부통근
작업에 포함된다. 이 작업은 도주의 위험이 없는 수형자를 대상으로 실시되며
종전에는 건축, 영농, 축산, 토목 등이 주류였으나 최근에는 외부기업체의 통
근작업이 실시되고 있다.

5) 작업요법적 작업

작업요법적 작업이란 지적장애수용자 등을 대상으로 작업을 통한 기술습
득, 사회적응능력 향상 등을 목적으로 실시하는 작업으로 도자기 만들기, 전기
제품 조립, 종이봉투 만들기 등 단순작업이 주류이다. 이러한 작업요법적 작업
은 직접적으로 수형자의 작업능력을 회복시키는 데 기여한다.

그러나 우리나라에서는 일반사회의 지적장애자 종합센터 등에서 실시하
고 있으나 교정시설에서는 실시하고 있지 아니하다. 일본의 의료교도소에서는
지적장애의 정도에 따라 작업의 종류를 달리하여 지적장애자의 치료방법의 하
나로 교도작업을 실시하고 있다. 독일에서는 경제적으로 수익이 많은 작업에
취업할 능력이 없는 수형자를 대상으로 하는 작업요법적 작업을 규정하고 있
다(독일행형법 제37조 제5항). 이 작업은 규칙적인 일과에 대한 적응, 수작업능
력의 습득, 성공체험의 경험, 재능의 발견, 사회적응능력의 향상을 목적으로
하고 있다. 독일에서는 작업을 할 수 있는 능력이 없는 수형자에 대해서는 작

업요법적 작업을 실시하고 있다.[294]

4. 교도작업 운영

가. 서

형집행법령은 작업부과, 작업의 종류, 휴일작업, 작업의 고지 등, 작업실적의 확인, 작업면제 등 교도작업 운영에 대하여 규정하고 있으며, 구체적인 내용은 「교도작업운영지침」(2019. 9. 2. 시행, 법무부예규 제1235호)에서 자세하게 규정하고 있다.

한편, 교도작업관련 업무는 법무부 교정본부의 직업훈련과에서 계획, 관리, 통계 등의 업무를 담당하고 있으며 일선 교정시설에서는 직업훈련과에서 교도작업특별회계의 재산 및 물품수급과 작업에 대한 계획, 경영, 관리에 관한 업무를 수행하고 있다. 법무부장관은 매년 1회 이상 직업훈련과 소속 공무원 또는 지방교정청장으로 하여금 교정시설의 작업사무 및 운영현황을 지도·확인하도록 하고 있다(교도작업운영지침 제16조).

나. 교도작업 운영의 세부 내용

1) 부과기준

수형자에게 부과하는 작업은 건전한 사회복귀를 위하여 기술을 습득하고 근로의욕을 고취하는 데에 적합한 것이어야 한다(법 제65조 제1항). 교도작업의 목적이 수형자의 재사회화에 있고, 기술습득과 근로의욕 고취에 중점을 둔다는 것을 규정한 것이다. 즉 수형자가 석방 후에 안정적인 직업을 가지는 것이 성공적인 사회복귀에 매우 중요하기 때문에 수형자가 기술을 습득하고 근로의욕을 고취하는 데 적합한 작업을 부과하도록 요구하는 것이다.

수형자에게는 처우의 원칙에 따라 사회생활에 적응하는 능력을 함양할 수 있는 작업의 종류와 업종을 부과하여야 하고, 이 때 수형자의 적성과 사회복귀 후 종사하고자 하는 직종, 건강상태 등을 고려할 필요가 있다. 교정시설에서는 다수의 수형자를 작업에 종사하도록 하여야 하기 때문에 확보할 수 있는 작업의 내용과 작업량, 수형자 상호간의 관계, 규율 및 질서유지 그 밖의 관리운영 상의 관점을 고려하여야 하는 한계가 있지만 개별 수형자의 적성 등도 충분히

294 클라우스 라우벤탈 저/신양균·김태명·조기영 역, 앞의 책(2010년), 231~232쪽.

배려하여 작업을 지정할 필요가 있다.[295]

수형자에게는 나이, 형기, 건강상태, 기술, 성격, 취미, 경력, 장래생계 그 밖의 수형자의 사정을 고려하여야 하고(법 제65조 제2항) 경제적으로 수익이 있는 작업을 부과하여야 한다. 19세 미만의 수형자에게 작업을 부과하는 경우에는 정신적·신체적 성숙정도, 교육적 효과 등을 고려하여야 한다(법 시행령 제90조).

수형자가 정당한 이유없이 부과된 작업을 거부하는 것은 의무위반으로 징벌의 대상이 된다(법 제66조, 제107조). 그러나 범죄자의 재사회화라고 하는 행형목적의 관점에서 징벌처분을 하는 것에는 신중하여야 한다. 수형자는 자신에게 적합하고, 능력 및 사회화의 필요에 따른 작업을 할 수 있다고 하는 의미에서 특정 작업, 그 밖의 노역을 수행하는 것을 요구할 권리를 가지지 아니하고, 소장은 작업지정에 있어서 넓은 재량권을 가지고 있다.[296] 개인의 능력을 고려하여야 하는 국가의 의무는 수형자에게 이를 요구할 법적청구권을 주는 것은 아니며, 관리자는 작업지정시 폭넓은 재량권을 가지고 있다. 특히 작업장과 공장건물은 장소적인 여건 때문에 확장이 곤란하고, 경기변동은 교도작업에 직접 타격을 주기 때문에 개인의 능력에 따른 개별화의 요청을 충분히 실현하는 것은 사실상 불가능하다. 그러나 작업은 형집행법 제65조에서 규정하고 있는 목적에 따라서 미래지향적으로 실시되어야 한다.

그 밖에 작업지정시 고려해야 할 사항은 각자의 필요성 및 능력을 배려하는 개별화의 요청과 수용자 및 그 가족의 부양과 생계유지에 도움이 되는 것이어야 한다.

2) 작업종류의 선정 등

수형자에게 부과하는 작업종류의 선정은 소장이 법무부장관의 승인을 받아 정하고(법 시행령 제89조), 작업종류를 신설하고자 할 때에도 법무부장관의 승인을 받아야 한다(교도작업운영지침 제7조). 소장은 작업의 시행 승인신청 전에 시험작업을 하고자 하는 때에는 2개월 이내의 범위를 정하여 지방교정청장에게 지체없이 보고하여야 하고, 다만 작업공정이 복잡하거나 생산량 측정이 어려운 경우 시험작업기간을 1개월 범위 내에서 연장할 수 있다(동지침 제9조 제1항).

---

295 林眞琴·北村篤·名取俊也 공저/안성훈·금용명 등 번역, 앞의 책(2016년), 437쪽.
296 클라우스 라우벤탈 저/신양균·김태명·조기영 역, 앞의 책(2010년), 226쪽.

소장이 작업을 폐지하고자 할 때에도 법무부장관에게 보고하여야 하고, 다만 직영작업을 폐지하고자 할 때에는 법무부장관의 승인을 받아야 한다. 2개월 이상 작업을 중지하고자 할 때에는 지방교정청장의 승인을 받아야 한다(동지침 제8조).

3) 작업과정

수형자에게 작업을 부과하는 경우에는 작업의 종류 및 작업과정을 정하여 고지하여야 한다(법 시행령 제91조 제1항). 작업과정은 수량과정과 시간과정으로 구분한다. 수량과정이란 1인의 1일 능률고와 작업시간을 표준으로 하여 균일하게 정한 것을 말하고, 시간과정은 취사·간병·청소 등 능률고를 표준으로 할 수 없는 작업에 대하여 작업시간을 표준으로 한 과정을 말한다. 현행법에서는 원칙적으로 수량과정을 적용하고 있으며, 예외적으로 시간과정을 작업과정으로 인정하고 있다.

작업과정에 대하여는 작업과정을 인정하면 작업기술의 우열에 따른 각자의 능력이 무시되는 등 불공평하다는 것을 이유로 반대하는 견해와 작업과정을 부인하면 취업자가 나태·방종·태만해지기 쉽고 책임감이 부족하여 교도작업의 능률이 저하된다는 이유로 찬성하는 견해가 대립하고 있다.[297] 현행법은 작업과정을 규정하고 있다. 즉 작업과정은 작업성적, 작업시간, 작업의 난이도 및 숙련도를 고려하여 정하고 작업과정을 정하기 어려운 경우에는 작업시간을 작업과정으로 본다(법 시행령 제91조 제2항). 소장은 교도관에게 매일 수형자의 작업실적을 확인하게 하여야 한다(법 시행령 제92조).

4) 작업시간

현행 근로기준법상 근로시간은 휴게시간을 제외하고 1주일에 40시간을 초과할 수 없도록 하고(근로기준법 제50조), 당사자간의 합의에 의하여 1주일에 12시간을 한도로 연장근로를 할 수 있다(동법 제53조).

현행 실무에서는 수용자의 작업일과는 수용자 일과시간표에 의하고, 다만 집중근로작업장의 작업종료시간은 15:00로 한다. 그리고 19세 미만의 수용자는 주 5시간 범위내에서, 19세 이상의 수용자는 주 10시간 이내의 범위 내에서 연장작업을 시킬 수 있도록 하고 있다(교도작업운영지침 제10조 제1항, 제2항).

---

297 허주욱, 앞의 책(2013년), 502~503쪽 참조.

수용자의 동작시간은 계절에 따라 신축적으로 운영되고 있으며 작업시간은 원칙적으로 오전 8시에서 오후 5시까지이다. 휴식은 오전과 오후에 각각 15분, 점심시간 1시간이 주어지고 있으나 작업시간에는 통산되고 있지 않고, 다만 교육과 교회 및 운동·목욕은 작업시간에 통산하고 있다.

한편 공휴일·토요일과 그 밖의 휴일에는 작업을 부과하지 아니하지만, 취사·청소·간호 그 밖에 특히 필요한 작업은 예외로 한다(법 제71조). 여기에서 '그 밖의 휴일'이란 「각종 기념일에 관한 규정」에 따른 교정의 날 및 소장이 특히 지정하는 날을 말한다(법 시행령 제96조).

소장은 수형자의 신청에 따라 외부통근작업, 직업훈련, 그 밖에 집중적인 근로가 필요한 작업을 부과하는 경우에는 접견·전화통화·교육·공동행사 참가 등의 처우를 제한할 수 있으며, 다만 접견 또는 전화통화를 제한한 때에는 휴일이나 그 밖에 해당 수용자의 작업이 없는 날에 접견 또는 전화통화를 할 수 있게 하여야 한다(법 제70조 제1항). 여기서 말하는 '집중적인 근로가 필요한 작업'이란 수형자의 신청에 따라 1일 작업시간 중 접견·전화통화·교육 및 공동행사 참가 등을 하지 아니하고, 휴게시간을 제외한 작업시간 내내 하는 작업을 말한다(법 시행령 제95조). 즉 집중근로제는 취업수용자로 하여금 작업시간 중 접견, 운동, 전화사용, 교육, 교화활동 등을 시행하지 않고 휴게시간 외에는 작업에만 전념하도록 하여 생산성을 향상하고 근로정신을 함양함으로써 출소 후 재사회화를 촉진시키는 작업제도를 말한다(교도작업운영지침 제3조 제6호). 이러한 작업을 부과하거나 훈련을 받게하기 전에 수형자에게 제한되는 처우의 내용을 충분히 설명하도록 하여(법 제70조 제2항), 자발적인 참여를 통해 생산성을 향상하고 작업장려금에 대한 동기부여를 통해 사회복귀에 실질적인 도움이 되도록 하고 있다.

그 밖에 실무에서는 처우등급별 처우로서 수형자의 개인작업을 인정하고 있다. 수형자가 완화경비처우급 또는 개방처우급으로서 작업기술이 탁월하고 작업성적이 우수한 경우에는 수형자 자신을 위한 개인작업을 하게 할 수 있으며, 이 경우 개인작업 시간은 교도작업에 지장을 주지 아니하는 범위에서 1일 2시간 이내로 한다(법 시행규칙 제95조 제1항).

5) 신청에 의한 작업

근로는 일반적으로 사회생활을 하는 데 있어서 필수적이기 때문에 금고수형자 등에게 작업의무가 없다는 이유로 작업의 기회를 완전히 막는 것은 타당하지 아니하다. 형집행법은 일정한 경우 작업의 의무가 없는 수용자 가운데 신청에 의한 작업을 허가하고 있다. 즉 금고형 또는 구류형의 집행 중에 있는 사람에 대하여는 신청에 따라 작업을 부과할 수 있고(법 제67조), 미결수용자나 사형확정자의 경우에도 신청에 따라 작업이 가능하다(법 제86조, 제90조).

금고형수형자 등이 작업을 신청하는 경우에는 시설 내에서 실시되고 있는 작업에 한하며, 신청자의 의사를 고려하여 작업을 부과하여야 한다. 다만, 시설의 사정 등에 따라 작업의 종류 또는 작업조건 등에 한계가 있으므로 소장은 신청이 있는 경우라도 반드시 작업을 하게 하여야 하는 의무가 있는 것이 아니라 재량사항이라고 보아야 한다.[298] 이는 본조의 규정형식의 취지에서도 이와 같이 이해할 수 있다.

금고형 또는 구류형의 집행에 있는 사람의 신청에 따라 작업이 부과된 수형자가 작업의 취소를 요청하는 경우에는 그 수형자의 의사(意思), 건강 및 교도관의 의견 등을 고려하여 작업을 취소할 수 있다(법 시행령 제93조). 신청에 의한 작업이 수용자의 의사에 따라 실시되고, 따라서 작업을 하고 있는 금고형수형자 등은 자신의 의사를 철회할 수 있다. 이 때 소장은 수형자의 의사 뿐만 아니라 건강상태, 작업을 지도하는 교도관의 의견을 고려하여야 한다.

형집행법은 수형자가 정당한 사유없이 작업을 거부하거나 태만히 하는 행위를 징벌사유로 규정(법 제107조 제3호)하고 있는 바, 여기서의 작업 신청에 의한 작업이 포함되는지가 문제된다. 작업거부는 작업의무의 위반이라는 것이 전제가 되어 있으므로, 신청에 의한 작업을 거부하는 경우 징벌사유에 해당한다고 보기는 어렵다.[299]

---

[298] 신양균, 앞의 책(2012년) 314쪽 / 林眞琴·北村篤·名取俊也 공저, 안성훈·금용명 등 번역, 앞의 책(2016년), 440쪽.

[299] 신양균, 앞의 책(2012년), 315쪽. 이와 관련하여 일본 형사시설수용법은 작업을 허가 받은 금고수형자 등이 작업을 하지 않을 것을 희망하는 경우 2주 전까지 이러한 취지의 신청을 하여야 하고, 이에 따르지 않고 작업을 하지 않았을 경우에는 작업을 게을리 한 것이 되어 징벌을 부과하는 것이 가능한 것으로 해석하고 있다(林眞琴·北村篤·名取俊也 공저 / 안성훈·금용명 등 번역, 앞의 책(2016년), 441쪽 참조).

5. 외부통근작업

가. 서

외부통근작업(Work Release)이란 교정성적이 우수하고 도주의 우려가 없는 수형자를 주간에는 교도관의 계호없이 교정시설 밖의 외부기업체에서 일반 근로자들과 같은 조건에서 작업하도록 하고, 야간과 휴일에는 시설 내에서 다른 수형자와 같은 생활을 하게 하는 제도를 말하며, 구외작업 또는 주간 가석방(Day Parole)이라고 부르기도 한다.[300] 외부통근작업은 주간에는 시설 밖에서 일을 하고 야간과 휴일에는 시설 내에서 구금된다는 점에서 반(半)구금제도 내지 반(半)자유제도의 일종으로서 시설 내의 폐쇄적 처우에 따른 문제점을 해결하기 위해서 다양한 형태로 실시되고 있는 개방처우 또는 사회적 처우의 한 유형이라고 할 수 있다. 그리고 외부통근자란 건전한 사회복귀와 기술습득을 촉진하기 위하여 외부기업체 또는 교정시설 안에 설치된 외부기업체의 작업장에 통근하며 작업하는 수형자를 말한다(법 시행규칙 제2조 제6호).

교도관이 계호를 하지 않는 외부통근작업은 수형자의 자주적인 행동규제를 신뢰하여 실시하는 것으로 자율심과 책임감의 함양을 기대할 수 있다. 또한 시설 내에서 취득하기 어려운 최신 기술과 기능을 습득할 수 있는 기회를 제공하고, 일반사회의 기업체에 취업을 통하여 근로생활의 의의와 가치를 느끼게 하며, 사회인으로서 직업집단 내에서 자신의 위치와 역할에 대한 인식을 알게 하는 등 일반사회 속에서 올바른 인간관계를 구축하는 방법을 배우게 하는 효과가 있다.[301]

나. 연혁

지역사회 작업프로그램에 범죄자를 이용한 것은 수형자들이 대규모 공공사업건설에 동원되었던 고대 로마에서 비롯되었다.[302] 그리고 구외작업은 영국에서 호주식민지를 개척하면서 노동력 부족을 해결하기 위하여 수형자를 유배하여 각종 공공작업에 종사시킨 것에서 비롯되었으며, 1854년 아일랜드의

---

300 신양균, 앞의 책(2012년), 324쪽.
301 林眞琴·北村篤·名取俊也 공저/안성훈·금용명 등 번역, 앞의 책(2016년), 454쪽.
302 해리 앨런·에드워드 라테사·브루스 판더 저/박철현·박성민·곽대훈·장현석 공저, 앞의 책(2020년), 524쪽.

크로프턴은 가석방 전에 반자유구금과 병행하여 실시하였다. 당시 구외작업은 과잉수용을 해소하고 부족한 노동력을 보충하기 위한 것이 목적이었으나, 그 후 장래 사회복귀 준비를 위한 처우로 시행되었다.

　　20세기에 들어와서는 1913년 미국 위스콘신주에서 후버법(Huber Law)을 제정하여 수형자를 민간공장에 출퇴근하게 한 것을 그 기원으로 볼 수 있다.[303] 즉 주정부가 제정한 후버법에 따라 법원은 판결로 경범죄자 또는 단기수형자에 한하여 외부통근을 명할 수 있게 하였으며 이를 사법형 외부통근제라고 한다. 로스캐롤라이나주는 1957년 제한된 조건에서 위스콘신주 법령의 원칙을 중범죄자들에게 적용하였다. 1965년 의회는 연방교정시설에 구금되어 있는 수형자들을 위한 외부통근, 귀휴제도를 신설하는 연방수형자 교정교화법(The Federal Prisoner Rehabilitation Act)을 통과시켰다.[304] 한편 1929년 독일 프로이센에서는 누진처우제의 최상급자에 대한 석방전 교육으로 외부통근을 허가하였으며, 이것이 행정형 외부통근제의 기원이다.[305] 그 외에도 1932년 벨기에, 1937년 스웨덴, 1947년 영국, 1948년 프랑스, 1957년 스위스, 1958년 노르웨이에서 외부통근제도를 채택하였다. 영국은 1948년 소년수형자를 시작으로 1953년 예방구금대상자에 대하여 시험적으로 실시한 후 성인수형자에 대해서도 실시하고 있으며, 특히 호스텔이라는 개방시설을 설치하여 사회적응훈련을 실시하고 있다.[306]

　　우리나라는 1984년 수원교도소에서 이발기술을 가진 수형자를 공공기관의 이용소에 취업하게 하였고, 교도소 주변 공단에 직업훈련을 받기 위해 취업을 하면서 시작되었다.[307] 1989년에는 「외부통근작업 운영규칙」을 제정하여 사실상 제도화하였다. 또한 수원교도소 남양제염장, 마포교도소 의정부 외박

---

[303]　신양균, 앞의 책(2012년), 325쪽／외부통근제도의 기원을 1880년 미국 메사추세츠주의 플래밍햄교정시설에서 여자수형자에 대해 연말봉사의 형식으로 사회에 내보낸 것으로부터 기원을 찾는 견해도 있다(이백철, 앞의 책(2016년), 238쪽).

[304]　해리 앨런·에드워드 라테사·브루스 판더 저, 박철현·박성민·곽대훈·장현석 공저, 앞의 책(2020년), 525쪽.

[305]　이백철, 앞의 책(2020년), 252쪽.

[306]　자세한 내용은 허주욱, 앞의 책(2010년), 475쪽 참조／이백철, 앞의 책(2020년), 252쪽.

[307]　구외작업을 실시한 것에 대한 역사는 1895년 갑오개혁 이후 근대적인 형벌을 도입하면서 각 감옥에서는 수감자를 구외에 있는 농장 등에서 경운작업에 종사하도록 하였으며, 1920년대 이후부터는 그 규모가 확대되어 채석, 목축, 도급작업 등에 수감자를 출역시켰다(조선총독부 법무국 행형과, 朝鮮の行刑制度, 치형협회, 1938년).

농장, 부산교도소 김해농장, 안동교도소 농장 등에서 구외작업을 실시한 바 있으며, 1995년 행형법 개정시 외부통근작업과 개방시설 처우의 근거규정을 신설하였다.

1950년 네덜란드 헤이그에서 개최된 국제형법 및 형무회의에서는 개방시설이 여러 국가에서 좋은 성과를 올리고 있다는 것을 인정하고 개방시설로 중경비 교정시설을 완전히 대체할 수는 없으나 가능한 한 다수의 수형자에게 널리 적용하는 것이 범죄방지에 기여할 수 있다고 결의하였으며, 1957년 일본 도쿄(東京)에서 개최된 제2회 유엔 아시아지역 범죄예방 및 범죄인 처우에 관한 회의에서는 개방적인 경구금시설은 적은 경비와 정상적인 분위기에서 최대한 구외작업을 활용하도록 결의하는 등 각종 국제회의에서 그 성과를 인정하였다.

다. 외부통근제도의 유형

외부통근제도는 사법형과 행정형, 그리고 혼합형으로 나눌 수 있다.[308]

먼저 사법형은 법원이 유죄판결의 내용으로서 외부통근을 명하는 것으로 형벌의 한 종류이다. 미국 위스콘신주에서 경범죄자를 대상으로 단기자유형의 폐해를 최소하기 위한 제도로 출발한 것으로 법원의 결정으로 실시되었다. 특히 직업을 가지고 있는 단기수형자가 형벌로 인하여 직업을 그만둘 수밖에 없는 문제점을 방지할 수 있다는 장점이 있다. 그러나 이 제도는 중범죄자를 대상으로 제한적으로 적용하면서 일부 수형자에게만 필요 이상으로 장기간 외부통근을 명하는 경우에는 형집행의 형평성이 훼손될 수 있고, 사회적응을 위해 필요한 기간 이상으로 외부통근제도가 활용될 수 있다는 문제점이 있다. 이와 같은 이유에서 사법형 외부통근제도는 단기수형자를 대상으로 하는 것을 원칙으로 하고 장기수형자의 경우에는 형기의 일부만을 외부통근을 하도록 하는 것이 바람직하다는 지적도 있다.[309]

행정형 외부통근제도는 자유형의 집행을 전제로 하여 교도소 등이 실시하는 것으로 형집행 중에 일정기간을 외부에 통근시키는 제도이다. 유럽 대부분의 국가와 미국의 일부 주, 우리나라와 일본에서 실시하고 있는 형태이다. 이 제도는 장기수형자 등이 구금시설에 장기간 수용됨으로 인하여 약해진 사회적

---

308 외부통근제도의 유형에 대한 자세한 내용은 이백철, 앞의 책(2020년), 253~254쪽 참조.
309 신양균, 앞의 책(2012년), 326쪽.

응력을 향상시키고 출소 후 사회생활을 하는 데 있어 어려움을 해소하기 위한 것이다. 그러나 중범죄를 범한 장기수형자에게 외부통근작업을 실시하는 것에 대한 일반 국민의 감정이 부정적이고, 계호상의 어려움 등의 문제가 있다.

사법형과 행정형 외부통근제도를 혼합한 형태가 있다. 법원은 장기수형자 또는 누범자에 대하여 외부통근작업을 명하는 한편, 교도소 등이 모범수형자에 대하여 외부통근작업을 실시할 수 있도록 하는 형태이다. 미국의 노스캐롤라이나주에서는 혼합형 외부통근제를 채택하여 모든 수형자에게 광범위하게 외부통근제도를 실시하고 있다.[310]

라. 외부통근작업의 내용

1) 형태

현재 구외작업은 외부통근작업형태로 운영되고 있다. 외부통근작업은 개방처우자 또는 모범수형자를 대상으로 교정시설 밖의 외부기업체 또는 교정시설안에 설치된 외부기업체의 작업장에 취업하여 통근하는 제도로 수형자에게 자율성과 책임감을 함양시켜 사회적응능력을 배양하고 석방 후 취업을 용이하게 하여 자립기반을 마련하므로써 재범방지의 효과도 거둘 수 있다. 형집행법은 '수형자의 건전한 사회복귀와 기술습득을 촉진하기 위하여 필요하면 외부기업체 등에 통근작업하게 하거나 교정시설의 안에 설치된 외부기업체의 작업장에서 작업하게 할 수 있다(법 제68조 제1항).'고 규정하고 있다. 그러나 미결수용자에 대한 작업은 교정시설 밖에서 행하는 것은 포함하지 아니한다(법 시행령 제103조 제1항).

2) 대상자 선정 등

외부기업체에 통근하며 작업하는 대상자는 ① 18세 이상 65세 미만일 것, ② 해당 작업수행에 건강상 장애가 없을 것, ③ 개방처우급·완화경비처우급에 해당할 것, ④ 가족·친지 또는 교정위원 등과 접견·편지수수·전화통화 등으로 연락하고 있을 것, ⑤ 집행할 형기가 7년 미만이고 가석방이 제한되지 아니할 것의 요건을 갖춘 수형자 중에서 선정한다(법 시행규칙 제120조 제1항).

교정시설 안에 설치된 외부기업체의 작업장에 통근하며 작업하는 수형자는 ① 18세 이상 65세 미만일 것, ② 해당 작업수행에 건강상 장애가 없을 것, ③ 개방처우급·완화경비처우급·일반경비처우급에 해당할 것, ④ 가족·친지

---

310 신양균, 앞의 책(2012년), 327쪽.

또는 교정위원 등과 접견·편지수수·전화통화 등으로 연락하고 있을 것의 요건을 갖춘 수형자로서 집행할 형기가 10년 미만이거나 형기기산일로부터 10년 이상이 지난 수형자 중에서 선정한다. 소장은 이러한 요건을 갖추지 못한 수형자라도 작업부과 또는 교화를 위하여 특히 필요하다고 인정하는 경우에는 외부통근자로 선정할 수 있다(동조 제2항, 제3항).

소장은 외부통근자로 선정된 수형자에 대하여는 자치활동, 행동수칙, 안전수칙, 작업기술 및 현장적응훈련에 대한 교육을 실시하여야 하며(법 시행규칙 제122조), 지도보호직원에게도 작업현장 경계 및 외부기업통근자의 지도, 보호업무 등 필요사항에 대한 교육을 실시하여야 한다(교도작업운영지침 제62조).

외부통근자가 법령에 위반되는 행위를 하거나 법무부장관 또는 소장이 정하는 지켜야 할 사항을 위반한 경우에는 외부통근자 선정을 취소할 수 있다(법 시행규칙 제121조).

3) 평가

외부통근작업의 장점은 취업자의 교정·교화와 사회복귀 등에 유리하며 교육적 차원에서 효과적이고, 단기수형자에게는 원활한 사회복귀를 촉진시키고 장기수형자에게는 장기간의 수형생활에서 오는 정신적·신체적 장애를 제거할 수 있으며, 구내작업에 비해 보다 높은 작업장려금을 받을 수 있어 경제적인 면에서 수형자에게 유리하고, 개방시설이나 완화된 경비시설의 수형자에게 중간처우의 방법으로 활용될 수 있으며 행형 비용면에서 구내작업보다 경제적인 점 등을 들 수 있다. 특히 높은 작업장려금은 가족부조는 물론 피해자들에게 보상할 수 있고 석방 후 주거비와 생활비에 사용할 수 있어 사회복귀에 실질적인 도움이 될 수 있다.

한편 외부통근 작업장에서 공동으로 하는 작업이 대부분이므로 혼거제의 폐해가 초래될 수 있고, 도주 등 교정사고의 위험으로 계호상 부담이 가중되어 경비인력의 낭비를 초래하며, 작업수형자와 계호직원 사이에 정실이 개입되면 개선의 효과를 거두기 어렵다는 점 등이 단점으로 지적되고 있다.

따라서 외부통근작업이 실효성을 거두기 위해서는 대상자의 선별, 작업종류, 작업장소, 계호 등이 중요하다.

마. 외부통근자의 처우

외부통근자는 형집행법에 따라 일반수형자와 같은 처우를 받는다. 다만, 외부통근작업시간 동안 교정시설을 떠나 외부에 있기 때문에 접견, 전화통화, 공동행사 참가 등 시설 내에서 제공되는 처우를 받는 데는 제약이 있다. 따라서 형집행법은 외부통근작업을 부과하는 경우에는 접견, 전화통화, 교육, 공동행사 등의 처우를 제한할 수 있다고 규정하고, 소장은 외부통근작업을 부과하기 전에 수형자에게 제한되는 처우의 내용을 충분히 설명하도록 하고 있다(법 제70조).

소장은 외부통근자의 사회적응능력을 기르고 원활한 사회복귀를 촉진하기 위하여 필요하다고 인정하는 경우에는 수형자 자치에 의한 활동을 허가할 수 있다(법 시행규칙 제123조).

외부기업통근자의 복장은 「수용자 피복관리 및 제작·운용에 관한 지침」이 정하는 바에 의한다. 다만, 소장은 작업장의 환경 등을 고려하여 의류와 신발의 종류를 따로 정할 수 있다(교도작업운영지침 제72조).

외부기업통근자의 식사는 기업체의 장이 제공하는 경우가 아니면 관급을 원칙으로 하고 일반근로자와 분리된 일정한 장소에서 질서 있게 식사, 휴식, 세면 등을 하여야 한다(교도작업운영지침 제73조). 외부기업통근자의 접견, 교육·교화활동 등은 휴무일 등 작업이 없는 날에 실시하고, 다만 휴게시간을 이용하는 등 작업에 지장이 없는 범위 내에서는 작업일에 실시할 수 있다(교도작업운영지침 제74조).

소장은 지도보호요원이 계호업무지침에 따라 성실히 근무하도록 지휘·감독하여야 하고(교도작업운영지침 제77조 제1항), 기업체의 장과 협의하여 위험한 기계·장비를 사용하거나 작업내용이 안전사고의 발생위험이 있는 경우에는 사전에 적절한 예방조치를 하여야 한다(교도작업운영지침 제79조).

6. 작업에 대한 보수

가. 서

형집행법은 작업수입은 국고수입으로 하고, 작업을 하는 수형자에게 작업장려금을 지급할 수 있다라고 규정하고 있다(법 제73조 제1항, 제2항). 수형자에

게 부과하는 작업은 근로의욕을 고취하고 건전한 사회복귀를 목적으로 하는
교정처우의 하나이고, 또한 징역형 수형자에게는 작업이 형의 내용인 점 등에
서 일반사회의 자유로운 근로와는 본질적으로 다르기 때문에 작업장려금은 근
로의 대가로서 임금과는 명확히 다른 성격을 가지며 작업에 대한 순수한 대가
는 아니다.[311] 그리고 교정시설에서의 작업은 자유경제시장에서의 상황과는
달리 생산능력을 저하시키는 갖가지 요인들이 상존하고 있다. 즉 노후화된 생
산설비, 행형상 제약에 따른 빈번한 수형자 노동력의 교체, 작업환경으로서 부
적합한 곳에의 노동력의 투입, 교정운영상 피할 수 없는 다른 처우는 생산성을
저하시키는 원인이 된다.[312]

한편 수형자의 취업에 대한 급부방식과 관련하여 수형자에게 취업의 대가
로서 임금을 지불하여야 한다는 주장이 있다. 즉 작업이윤을 수형자에게 지급
하면 교도작업의 합리적, 기업적 성격은 더욱더 발휘될 것이라는 이유로 작업
수형자에게 임금을 지급하여야 한다는 것이다. 그러나 형집행법은 작업에 대
한 보수적 성격의 임금제는 채택하지 않고 작업에 대한 장려금으로서의 성격
과 석방 후 갱생자금으로서의 성격을 포함하는 작업장려금을 지급한다고 규정
하고 있다.

나. 작업장려금
1) 의의 및 성질

작업장려금이란 수형자의 근로의욕을 고취하고 건전한 사회복귀를 지원
하기 위하여 법무부장관이 정하는 바에 따라 작업의 종류, 작업성적, 교정성
적, 그 밖의 사정을 고려하여 수형자에게 지급하는 금전을 말한다.

작업장려금의 성질에 대하여 견해가 나뉘어져 있으나 문제의 초점은 작업
이윤을 국가와 수형자의 어느 쪽에 귀속시킬 것인가라고 하는 데 있다. 현행법
의 규정취지 등에서 볼 때 작업장려금은 작업수형자에 대하여 지급하는 것으
로 작업에 대한 일종의 보상이지만 노동계약에 기초한 노동의 대가가 아니라
작업장려라고 하는 정책적 배려에서 국가에 귀속한 작업수입과 관계없이 국가

311 林眞琴·北村篤·名取俊也 공저/안성훈·금용명 등 번역, 앞의 책(2016년), 462쪽.
312 클라우스 라우벤탈 저/신양균·김태명·조기영 역, 앞의 책(2010년), 250쪽.

예산상의 지출로서 일정한 기준에 따라 결정되어 지급되는 공법적 배분[313]으로 임금이 아니라 은혜적 급부라고 해야 할 것이다.[314] 그 이유는 첫째 징역형 수형자는 형법상 정역복무의무를 가지며 형집행법상 작업의무가 있으므로 청구권이 인정되지 않고, 둘째 작업장려금은 작업에 대한 사법적 대가가 아니라 작업장려를 위한 공법적·정책적 급부이며, 셋째 현행법상 작업수입은 국고수입으로 한다(법 제73조 제1항)고 규정하고 있기 때문이다.

2) 작업장려금의 종류

작업장려금은 작업의 종류·성적·등급을 참작하여 취업수용자에게 지급하는 일반작업장려금과 교도작업 등을 성실히 수행하고 기능이 우수하거나 장기간 취업한 수용자의 사회복귀를 촉진하기 위하여 지급하는 특별작업장려금으로 구분된다(교도작업특별회계 운영지침 제3조 제2호, 제3호).

특별작업장려금 지급 신청대상자는 8년 이상 취업한 수용자로서 신제품 개발, 품질 및 생산성 향상, 원가절감 등 교도작업 발전에 공로가 있는 자 가운데, ① 전국기능경기대회에서 장려상 이상 수장자, ② 지방기능경기대회에서 금상 이상 수상자, ③ 교도작업 제안에서 장려상 이상 수상자, ④ 교정작품전시회 공예부문 금상 이상 수상자 가운데 어느 하나에 해당하는 자에게 지급할 수 있다(동지침 제88조). 또한 3년 이상 취업하고 일반작업장려금 계산고의 누계액이 500만원 이상인 자에 대해서는 출소시 사회복귀지원을 위하여 특별작업장려금을 지원할 수 있으며, 다만 외부·개방지역작업장 통근작업 및 집중근로작업, 일반생산작업(집중근로 및 직영개방지역작업 각 '하'등급 편입자) 취업기간 중 계산된 작업장려금은 누계액 계산에 포함되지 아니한다(동지침 제89조).

3) 작업장려금 지급

작업장려금은 석방할 때에 본인에게 지급하는 것이 원칙이지만 본인의 가족생활 부조, 교화 또는 건전한 사회복귀를 위하여 특히 필요하면 석방 전이라도 그 전부 또는 일부를 지급할 수 있다(법 제73조 제3항). 수형자가 일상생활에

---

313 小野清一郎·朝倉京一, 監獄法, 有斐閣, 2001년 8월 10일, 225쪽.
314 작업장려금은 국가가 재사회화를 목표로 수형자의 작업을 장려하고 자급자족을 실현하기 위해 지급하는 은혜적·정책적 급부의 성격을 가진다고 보는 것이 지배적인 견해이다(신양균, 앞의 책(2012년), 332쪽).

필요한 물품을 구입하는 것은 경제생활에 대한 훈련으로서의 의미가 있고, 친족의 생활비나 피해자에 대한 손해배상 등에 충당하도록 하는 것은 교정·교화와 사회복귀의 촉진이라고 하는 관점에서 석방 전 지급은 바람직하다.[315] 독일에서는 수형자가 개인물품 구입을 위하여 또는 임의의 손해배상, 피해변상 또는 가족 부양을 위한 지출에 매월 수입의 7분의 3을 사용하는 것을 인정하고 있다.[316]

지급방법은 수용자가 교정시설에서 석방할 때 작업장려금 계산액은 현금으로 본인에게 지급하고, 다만 금융기관에 예탁한 경우에는 예금통장으로 지급한다(동지침 제93조 제1항). 소장은 ① 본인의 가족생활 부조를 위하여 필요한 때, ② 자기작업용구를 구입하고자 할 때, ③ 벌금납부 또는 범죄피해배상을 원할 때, ④ 본인의 치료비 및 약품 구입을 원할 때, ⑤ 범죄피해자보호법 제16조에 등록된 법인에 기부를 원할 때, ⑥ 그 밖에 교화 또는 건전한 사회복귀를 위하여 특히 필요하다고 인정할 때 등의 사유가 있는 경우에는 석방 전이라도 본인의 신청에 의하여 작업장려금을 지급할 수 있다(동조 제3항). 또한 귀휴비용으로 귀휴자가 신청할 경우 작업장려금의 전부 또는 일부를 사용하게 할 수 있다(법 시행규칙 제142조 제2항).

특별작업장려금은 그 지급대상자를 심사하기 위하여 교정시설에 특별작업장려금 심사위원회를 두고 있다. 동 위원회는 소장을 위원장으로 하고 부소장 및 각 과장을 위원으로 하는 5인 이상 7인 이하의 위원으로 구성하고(동지침 제84조), 재적의원 과반수의 출석과 출석위원 3분의 2 이상의 찬성으로 신청대상자를 선정한다(동지침 제86조).

소장은 사망자 또는 도주자가 남겨두고 간 작업장려금이 있으면 사망자의 경우에는 그 상속인에게, 도주자의 경우에는 그 가족에게 그 내용 및 청구절차 등을 알려주어야 한다. 그리고 상속인 또는 가족이 유류작업장려금을 청구하면 지체 없이 교부하여야 하며, 다만 고지를 받은 날(알려줄 수가 없는 경우에는 청구사유가 발생한 날)로부터 1년이 지나도 청구가 없으면 그 금품은 국고에 귀속된다(동지침 제95조).

---

315 林眞琴·北村篤·名取俊也 공저/안성훈·금용명 등 번역, 앞의 책(2016년), 467쪽.
316 클라우스 라우벤탈 저/신양균·김태명·조기영 역, 앞의 책(2010년), 270쪽.

다. 작업임금제

1) 의의 및 연혁

작업임금제란 수형자가 교도작업에 제공한 노동에 대하여 그 대가를 국가에 청구할 수 있는 제도를 말한다.

수형자에 대한 임금지급은 상당히 오래 전부터 존재하였다. 1700년 메사추세츠주가 징치장 수용자에게는 부모가 도구와 재료를 제공하는 방식으로 제품 1실링(shilling)에 대하여 8펜스를 지급한다고 정하였다. 1790년에는 펜실베니아주감옥, 1796년에는 뉴욕주감옥, 1798년에는 뉴저지주감옥, 1800년에는 메사츄세츠주감옥, 1811년에는 메릴란드주감옥에서 소장이 주법률에 따라 수형자를 중노동에 취업하게 하고 작업에 대한 동기부여로서 임금을 주도록 하였으나 아무런 수익도 올리지 못하여 임금이 지급되지 아니였으며, 교정시설이 과밀수용이 되는 등 여러 가지 이유로 실패하였다. 그러나 1853년에는 펜실베니아의 동부감옥에서 수형자에게 임금을 지급하였다.[317] 한편 유럽에서 작업임금제는 1884년 독일의 발베르그(Wahlberg)가 주장한 이래 1895년 파리에서 개최된 제5차 국제형법 및 형무회의에서 지지된 바 있으며, 유엔최저기준규칙은 '수형자의 작업에 대해서는 공정한 보수제도가 있어야 한다(제103조 제1항).'고 규정하여 작업임금제를 지지하고 있다. 현재 미국의 일부 주와 영국, 이탈리아, 스웨덴, 프랑스, 아르헨티나, 핀란드, 노르웨이, 네덜란드 등이 이 제도를 채택하고 있다.[318]

형집행법은 교도작업에 의한 수입을 국고수입으로 하고 있기 때문에(제73조 제1항) 수형자는 자신의 노동에 대한 대가를 국가에 대하여 청구할 수 없다. 다만, 수형자의 근로의욕을 고취하고 사회복귀를 지원하기 위하여 작업장려금을 지급할 수 있도록 규정하고 있다.

2) 평가

작업임금제에 대하여는 찬성과 반대의 입장이 있다.[319]

---

317 E.H. Sutherland·D.R. Cressey 저, 平野龍一·所一彦 역, 앞의 책(1996年), 241쪽 참조.

318 신양균, 앞의 책(2012년), 335쪽/허주욱, 앞의 책(2008), 506쪽/정갑섭 앞의 책(1993), 439쪽 참조.

319 배종대·정승환, 앞의 책(2002년). 235~236쪽 참조/신양균, 앞의 책(2012년), 335~336쪽/허주욱, 앞의 책(2013년), 546~547쪽.

먼저 수형자는 경제적으로 이익이 되는 작업에 종사하고 그에 대한 정당한 대가를 받아야 한다고 주장하는 찬성론의 논거는 다음과 같다. 수용자에게 근로의욕을 고취하여 제품의 질을 향상시키므로 작업수입증대에 유리하고, 노동에 대한 정당한 대가는 근로를 국민의 권리이자 의무로 규정하고 있는 헌법의 가치와 일치하며, 석방 후 경제적 자립기반을 제공하여 범죄자의 재사회화에 실질적으로 기여할 수 있고, 피해자에 대한 손해배상의 기회를 제공할 수 있다는 점 등을 들 수 있다. 그리고 교도작업에 대해 임금을 지급하지 않는 것은 작업을 일종의 형벌로 보기 때문이며 비자발적인 봉사와 속죄를 강요하는 것과 다를 바 없다는 비판이 있고, 또한 작업에 대한 적절한 임금의 지급은 수형자의 사회복귀를 원활하게 할 뿐만 아니라 생활수단의 자급을 통해 수형자의 자긍심을 높이는 결과를 가져올 수 있다는 점 등을 그 논거로 한다.

이에 대해 반대론은 수형자의 작업은 근로계약에 의한 것이 아니므로 국가는 임금을 지급할 의무가 없고, 자급자족원칙에 따라 작업수익 가운데 행형비용을 제외하면 임금제를 채택하더라도 현재의 작업장려금 보다 많아진다고 보기 어려우며, 운영지원작업이나 직업훈련에 종사하는 수형자에 대해서는 임금을 지급하기 어렵고, 수형자의 작업은 형집행의 과정이므로 이들에게 임금을 지급하는 것은 국민의 법감정에도 부합하지 않고 범죄인이 사회의 실업자에 비해 우대받는 것은 형평성의 원리에도 어긋난다는 것을 이유로 들고 있다.

수형자의 취업에 대한 급부를 임금으로 본다면, 임금지급의 일반원칙상 취업에 의해 교도작업의 수익에 기여한 정도에 따라서 보수를 받게 되기 때문에 수익성, 본인의 기능 정도, 완성도 등에 따라 각자의 보수액에 현저한 차이가 발생한다. 또한 형사시설의 입지조건, 근로의 질, 그 밖에 교도작업을 둘러싼 특수한 조건과 일반사회에서 경제여건의 변화 등에 따라 수익성을 가지는 작업을 확보하기 어렵다. 그리고 임금제를 채용하면 직업훈련이나 교육과 같이 본래 수익을 목적으로 하지 않는 처우를 받고 있는 수형자나 생산성이 낮은 노동밖에 할 수 없는 수형자에게는 보수를 지급할 수 없게 된다. 작업을 교정처우의 하나로 평가하는 이상 기업 원리에 근거한 임금제를 채용하는 것은 곤란하다.[320]

---

320 林眞琴·北村篤·名取俊也 공저/안성훈·금용명 등 번역, 앞의 책(2016년), 463쪽 참조.

작업에 대한 적절한 임금의 지급은 수형자의 사회복귀를 원활하게 할 뿐만 아니라 피해배상, 생활에 필요한 물품구입, 가족의 생계보장을 위한 송금 등을 가능하게 하며, 작업의 능률도 향상시킬 수 있다는 점에서 미래지향적으로 도입하는 것이 바람직하다는 것이 학설의 일반적인 견해이다.[321] 결국 교도작업은 생산성을 기초로 하는 경제성이라는 공리적 목표와 기술의 습득과 근로정신의 함양을 통한 재사회화라는 교정목표를 균형있게 발전시켜 나가야 할 것이다.[322]

형집행법상 개인작업에 의한 수입은 본인에게 지급되므로 부분적으로 임금제의 효과가 있다고 볼 수 있으나 개인작업시간이 1일 2시간 이내에 불과하고 개인작업에 필요한 재료구입경비를 수형자 자신에게 부담하게 하는 등 여러 가지 제약으로 실효를 거두지 못하고 있는 것이 현실이다.

7. 장해보상금

가. 의의

장해보상금이란 작업 또는 직업훈련 중인 수용자가 사고 등으로 사망하거나 또는 신체에 장해가 발생한 때에 지급하는 위로금 또는 조위금을 말한다. 위로금이란 수형자가 작업 또는 직업훈련으로 인한 부상 또는 질병으로 신체에 장해가 발생한 때에 지급하는 보상금을 말하며, 조위금이란 수형자가 작업 또는 직업훈련 중에 사망하거나 그로 인하여 사망한 때에 지급하는 보상금을 말한다(법 제74조 제1항). 다만 천재지변이나 응급용무인 소방훈련 중 장해를 입었을 때에도 처우상 이에 준하여 보상금을 지급하는 것이 바람직하다.[323]

위로금과 조위금의 성질에 대하여 은혜적 성격의 위로금이라고 보는 은혜적 급부설과 작업의 관리자인 교정당국이 당연히 손해와 재해를 배상하여야 한다고 보는 청구권적 급부설이 대립하고 있다.[324] 현재는 위로금 및 조위금은 석방 후에 지급이 인정되지 아니하고 그 금액이 일방적으로 결정된다는 점에

---

321 배종대·정승환, 앞의 책(2002년), 236쪽 참조.
322 이윤호, 앞의 책(2012년), 254쪽.
323 허주욱, 앞의 책(2013년), 512쪽. 일본 형사수용시설법 제81조 제2항에서 재해시 응급용무에 임하여 사망, 부상 또는 질병에 걸린 경우 준용한다고 규정하고 있다.
324 신양균, 앞의 책(2012년), 334쪽 / 허주욱, 앞의 책(2013년), 512쪽 참조.

서 국가의 은혜적 급부로 보는 것이 일반적이다. 작업중 재해에 대하여 수형자
는 사법상의 계약관계를 맺고 작업하는 것이 아니라 형집행의 일부로서 정역
에 복무하는 것이므로 각종 산재보험 등에 상당한 보험료를 지불하는 대가로
받는 사회일반인의 재해보상과 동일한 보상을 할 수 없다고 할 것이다.

나. 장해보상금과 국가배상

오늘날 교도작업은 수형자의 개선 및 사회복귀를 도모하기 위한 중요한
처우방법의 하나로 위험한 작업이 아니어야 하지만, 사회경제적으로 유용한
작업을 도입하여 일반사회와 같은 생산활동을 하는 이상, 필연적으로 위험을
동반하게 된다. 그러나 교도작업은 일반사회에서와 같은 계약에 의한 것이 아
니기 때문에 근로기준법 등 일반노동관계법령이 적용되지 아니한다.[325] 따라
서 실무상으로는 교도작업의 안전 및 위생에 대한 일반 노동관계법령의 취지
를 존중하여 「교도작업운영지침」[326]에서 안전관리대책을 강구하고 있다. 그리
고 현실에는 수용자가 부상하거나 사망하는 경우 형집행법상 위로금 및 조위
금이 지급된다. 그러나 이것은 손해배상금이 아니라 보상조치로서 충분하지
아니하고 국가배상청구가 행해지게 된다.

교도작업 중 사고를 둘러싼 국가배상소송과 관련하여 국가 배상책임의 존
부를 판단하는데 있어 국가배상법 제2조의 경우는 교도관의 과실 유무, 제5조
의 경우는 영조물의 설치 또는 관리의 하자 유무가 문제되지만 교도작업실시
상 안전관리체제, 구체적으로는 교도소 내지 교도관이 취해야 할 사고방지를
위한 조치 내지 주의의무는 어떠한가가 중요한 쟁점이 된다.

다. 장해보상금 지급

위로금은 석방시 본인에게 지급하고, 조위금은 그 상속인에게 지급한다
(법 제74조 제2항). 형집행법은 이중지급 금지규정을 마련하여 위로금 또는 조
위금을 지급받을 사람이 국가로부터 동일한 사유로 「민법」이나 그 밖의 법령
에 따라 위로금 또는 조위금에 상당하는 금액을 지급받은 경우에는 그 금액을

---

325 허주욱, 교정보호학, 2010년, 458쪽/玉岡尙志, 형무작업중 사망사고를 둘러싼 국가배상소
    송 판결, 법률의 광장, 47권6호, 1994년 6월. 68쪽.
326 「구 교도작업특별회계 운영지침」(시행 2014. 1. 1., 법무부예규 제1038호)의 제7장에서 작
    업중 안전관리 규정을 삭제하고 이를 「교도작업 운영지침」으로 이동하였다. 「교도작업운
    영지침」(법무부예규 제1235호, 2019. 9. 2. 일부개정) 제14장 작업중 안전관리에서 안전관
    리대책을 규정하고 있음.

위로금 또는 조위금으로 지급하지 아니하도록 하였다(법 제75조). 동일한 사유
는 장해보상금의 지급원인인 작업상의 재해와 국가배상법 등에 근거한 손해배
상의 원인이 동일하고 그 결과도 동일함을 말한다.

지급받을 권리를 보호하기 위하여 위로금 또는 조위금을 지급받을 권리는
다른 사람 또는 법인에게 양도하거나 담보로 제공할 수 없으며, 다른 사람 또
는 법인은 이를 압류할 수 없고, 지급받은 위로금 또는 조위금의 금전을 표준
으로 하여 조세와 그 밖의 공과금(公課金)을 부과하여서는 아니되도록 하였다
(법 제76조). 이는 장해보상금의 성질에 비추어 보상금을 지급받을 권리를 양도
하거나 담보에 제공하거나 또는 압류를 금지하고 수형자 또는 유족 등에게 직
접 수령하게 하여 보호하려고 하는 것이다. 이에 위반하여 행해진 양도, 담보
제공, 압류는 무효이다. 그리고 공과금 부과를 금지하는 것은 수형자가 입은
손실의 실질적인 보전이라는 점을 고려한 것이다.

지급절차는 소장은 위로금 또는 조위금을 지급할 사실이 발생하였을 때에
는 20일 이내에 지급신청서를 법무부장관에게 제출하여야 한다(교도작업특별회
계 운영지침 제114조 제1항). 위로금 또는 조위금을 지급할 때에는 법무부장관의
승인을 받아야 한다(동지침 제115조).

8. 그 밖의 교도작업 관련 문제

가. 자급자족

교도작업은 작업수익으로 시설의 운영경비를 충당함으로써 국민의 부담
을 경감시킨다는 경제적 의미를 가지고 있으며, 교도작업을 통해 발생한 수익
으로 교정시설의 운영경비를 충당하는 것을 자급자족의 원칙이라 한다.

이러한 자급자족의 원칙을 실현하기 위해서는 필연적으로 경영을 합리화
하고 수입의 증대에 노력하여야 하므로 품질향상과 가격경쟁력을 강화하고 시
장확대 등을 도모해야 한다. 그러나 이 원칙을 지나치게 강조하면 교정시설이
기업화되거나 수형자의 노동력을 착취하는 결과를 야기하여 교도작업의 목적
인 교화방법으로서의 형사정책적 의미가 퇴색될 수 있으므로 교도작업을 통한
경제적 이익은 수형자의 기술습득과 출소 후의 자립생계유지 등에 대한 고려
가 있어야 한다.

유엔최저기준규칙은 '수형자의 이익과 직업훈련은 교정시설 내 작업에서 나오는 재정적 이익의 목적에 종속되어서는 아니된다(제99조 제2항).'고 하여 이와 같은 취지를 규정하고 있다.

나. 관용주의와 민간기업과의 관계

1) 의의

관용주의(state use system)라 함은 교도작업으로 생산된 제품을 국가 또는 지방공공단체, 국영기업체 등에 우선 공급하는 것을 말한다. 목적은 교도작업 생산제품의 판로를 확보함으로써 교도작업의 능률을 향상시키고 교도작업의 원활한 운영을 도모하는 데 있고, 교도작업제품이 일반시장에 진출함으로써 사기업이 압박을 받는 것을 가능한 한 억제하려는 소극적인 의미를 가진다.[327]

수형자의 노동력에 대한 보수가 일반 자유노동자에 비하여 저렴하고 교도작업에서 생산된 제품이 상품시장에 진출하였을 경우에 민간기업과의 경쟁에서 불공정한 문제가 발생할 수 있다. 교도작업과 민간기업과의 사이에 발생하는 불공정한 문제를 해결하는 방법의 하나로 교도작업 관용주의가 있다.

2) 제도의 취지

관용주의의 취지는 교도작업을 통해 생산되는 제품 또는 노동력이 일반상품시장이나 노동시장에 진출하면 가격경쟁력 측면에서 우위를 차지함으로써 민간기업을 압박하는 결과를 가져올 수 있으므로 교도작업에서 생산되는 상품 또는 노동력의 일반시장유입에 대해서는 일정한 제한이 필요하기 때문에 마련한 제도이다. 그러나 관용주의의 구체적 방안으로 교도작업에 의해 생산된 제품가격을 결정할 때는 시장가격을 고려한다든가 아니면 일반기업과의 경쟁을 방지하는 방법들이 제시되고 있지만 교도작업 제품의 품질이 일반기업에 비해 하위에 있으므로 민간부문 압박의 현실성이 크지 않는 것으로 보고되고 있다.

관용주의 방식에 대하여는 1934년에 제정된 미국의 호즈쿠퍼법(Hawes-Cooper Act)이 각 주에 대하여 다른 주의 교도소에서 생산된 제품이 자기 주에서 판매되는 것을 규제하는 권한을 주었고, 1940년까지 모든 주가 각각 형무소 제품을 일반시장에서 판매하는 것을 금지하거나 또는 제한하는 법률을 제

---

327   신양균, 앞의 책(2012년), 337쪽.

정하였다. 미연방의회는 1935년 어서스트섬머법(Ashurst—Summers Act)을 제
정하여 주법(州法)을 보강하였고, 이 법률은 교도소에서 생산된 제품을 일반시
장에서 판매하는 것을 금지하고 있었던 주에 대하여 교도소 제품을 수출하는
것을 금지하는 동시에 교도소 제품이라는 표시를 할 것을 요구하였다.[328]

우리나라는 1962년부터 교도작업의 목적인 수용자의 개선 및 사회복귀와
국가수입의 증가 및 민간기업업에 대한 압박을 회피하기 위하여 교도작업 관
용주의를 위한 입법조치로 「교도작업관용법」(법률 제960호)과 재정적 기초를
위한 「교도작업특별회계법」(법률 제859호)을 시행하였다.[329]

3) 관용주의의 평가

교도작업 관용주의의 장점은 안정된 소비처가 구축되어 있어 판로개척에
부담이 없고, 고정적인 수요처의 확보로 경기에 좌우되지 않으므로 경영에 안
정을 기할 수 있으며, 국가기관 등이 저렴한 비용으로 제품을 공급받을 수 있
어 예산절감의 효과를 거둘 수 있고, 민간기업 압박의 문제가 발생될 여지가
적다는 점 등이 있다.

그러나 독점공급으로 인한 경쟁력 저하로 제품의 질이 떨어질 수 있고,
안정적인 판로에 따른 제품개발 소홀로 생산효율성을 기하기 어려우며, 다양
한 기술습득의 기회가 줄어들어 직업훈련에 적합하지 않을 수 있고, 소극적인
작업경영으로 제품생산 및 공급이 적시에 이루어지지 않을 수 있다는 점 등이
단점으로 지적되고 있다.

4) 우리나라의 현행 관용주의

교도작업 관용주의와 관련하여 현행 「교도작업의 운영 및 특별회계에 관
한 법률」(20013. 4. 5.시행, 법률 제11727호)상 운영을 살펴보면 다음과 같다.

법무부장관은 교도작업으로 생산되는 제품의 종류와 수량을 회계연도 개
시 1개월 전까지 공고하여야 하고(동법 제4조) 국가, 지방자치단체 또는 공공기
관은 필요로 하는 물품이 공고된 것인 경우에는 공고된 제품 중에서 우선적으
로 구매하도록 하고 있다(동법 제5조). 그리고 법무부장관은 형집행법 제68조

---

328 E.H. Sutherland·D.R. Cressey 저, 平野龍一·所一彦 역, 앞의 책(1996年), 236~237쪽 참조.
329 「교도작업관용법」과 「교도작업특별회계법」은 「교도작업의 운영 및 특별회계에 관한 법률」
     (법률 제9137호)로 통합되어 2010. 1. 1.부터 시행되고 있다.

에 따라 수형자가 외부기업체 등에 통근작업하거나 교정시설 안에 설치된 외부기업체의 작업장에서 작업할 수 있도록 민간기업을 참여하게 하여 교도작업을 운영할 수 있고, 교정시설의 장은 민간기업이 참여할 교도작업의 내용을 해당 기업체와의 계약으로 정하고 단기계약의 경우를 제외하고 법무부장관의 승인을 받도록 하고 있다(동법 제6조). 한편 교도작업으로 생산된 제품은 민간기업 등에 직접 판매하거나 위탁하여 판매할 수 있다(동법 제7조).

교도작업의 효율적인 운영을 위하여 교도작업특별회계를 설치하여 법무부장관이 운용·관리한다(동법 제8조). 특별회계의 세입은 ① 교도작업으로 생산된 제품 및 서비스의 판매, 그 밖에 교도작업에 부수되는 수입금, ② 일반회계로부터의 전입금, ③ 차입금으로 하고, 세출은 ① 교도작업의 관리, 교도작업관련 시설의 마련 및 유지·보수, 그 밖에 교도작업의 운영을 위하여 필요한 경비, ② 작업장려금, ③ 위로금 및 조위금, ④ 수용자의 교도작업 관련 직업훈련을 위한 경비로 한다(동법 제9조).

교도작업특별회계는 세입총액이 세출총액에 미달된 경우 또는 시설개량이나 확장에 필요한 경우에는 예산의 범위에서 일반회계로부터 전입을 받을 수 있고(동법 제10조), 지출할 자금이 부족한 경우에는 특별회계의 부담으로 국회의 의결을 받은 금액의 범위에서 일시적으로 차입하거나 세출예산의 범위에서 수입금출납공무원 등이 수납한 현금을 우선 사용할 수 있으며, 이때 일시적으로 차입하거나 우선 사용한 자금은 해당 회계연도 내에 상환하거나 지출금으로 대체 납입하여야 한다(동법 제11조). 그리고 예측할 수 없는 예산 외의 지출 또는 예산을 초과하는 지출에 충당하기 위하여 세출예산에 예비비를 계상(計上)할 수 있다(동법 제12조).

다. 개인작업

개인작업이란 수형자가 교정시설 외부의 사람이나 기업체와의 계약에 의해 실시하는 물품제작 또는 그 밖의 작업을 말한다.

개인작업은 자신의 수입과 지출계산에 따라 재산적 이익을 얻을 목적으로 하는 작업으로 교정처우로서의 작업과는 그 성질을 달리한다. 개인작업은 근로의 기쁨을 얻게 하는 한편 일정한 수입을 얻을 수 있게 함으로써 사회복귀 후의 생활준비금을 마련하는 데 도움을 준다. 그러나 계약의 상대방이나 작업

내용에 따라서는 위험물이나 도주에 이용될 수 있는 물건 등 부정물품의 거래
가 행해질 우려가 있고 작업원재료가 위험한 물품이거나 보관이 어려운 물품
일 수 있는 등 교정시설의 규율 및 질서유지, 그 밖에 관리운영상 지장을 초래
할 경우가 있다.

행형법령상으로는 수형자가 개방처우급 또는 완화경비처우급으로서 작업
기술이 탁월하고 작업성적이 우수한 경우에는 수형자 자신을 위한 개인작업을
하게 할 수 있다. 이 경우 개인작업 시간은 교도작업에 지장을 주지 아니하는
범위에서 여가시간을 이용하여 1일 2시간 이내로 한다. 개인작업을 하는 수형
자에게 개인작업용구를 사용하게 할 수 있으며, 이 경우 작업용구는 특정한 용
기에 보관하도록 하여야 한다. 개인작업에 필요한 작업재료 등의 구입비용은
수형자가 부담하나 처우상 필요한 경우에는 예산의 범위에서 그 비용을 지급
할 수 있다(법 시행규칙 제95조).

개인작업으로 제작한 물품을 판매하여 얻은 수익금은 당해 수형자의 수입
금으로 한다. 이러한 개인작업은 교정성적이 우수한 수형자를 대상으로 실시
하는 은혜적 처우의 일종이므로 교도작업의 일종으로 보기는 어렵다.

라. 작업면제

작업면제와 관련하여 형집행법과 실무에서는 수형자의 가족 또는 배우자
의 직계존속이 사망하거나 부모 또는 배우자의 기일, 그리고 부상이나 질병 등
의 경우에 인정하고 있다. 즉 소장은 수형자의 가족 또는 배우자의 직계존속이
사망하면 2일간, 부모 또는 배우자의 제삿날에는 1일간 해당 수형자의 작업을
면제한다. 다만 수형자가 작업을 계속하기를 원하는 경우에는 예외로 한다. 그
리고 수형자에게 부상·질병, 그 밖에 작업을 계속하기 어려운 특별한 사정이
있으면 그 사유가 해소될 때까지 작업을 면제할 수 있다(법 제72조).

독일행형법은 유급휴가로서 작업의무의 면제제도를 두고 있다. '수형자가
1년 동안 독일행형법 제37조에서 말하는 지정된 활동 또는 독일행형법 제41조
제2절에서 말하는 보조활동을 한 경우에는 독일행형법 제42조 제1항 제1절에
따라 18일간의 작업면제를 요구할 수 있다'라고 규정하고 있다. 이 기간 중 그
사람에게는 마지막으로 지급된 수입이 계속하여 지급된다(행형법 제42조 제3
항). 작업의무면제 제도는 사회동화의 원칙을 구체화한 것이다. 이것은 자유사

회에서 노동자의 유급휴가에 대응하는 것으로 수형자에 대해서도 장기에 걸친 일을 한 후에 휴양의 기회가 주어져야 한다는 사고가 밑바탕에 있다. 동시에 이것은 석방 후를 생각한 1노동년의 통상리듬에 익숙하도록 한다고 하는 처우로서도 유용하다. 이러한 작업의무면제는 독일행형법 제13조의 구금으로부터의 휴가와 중복되는 것은 아니다. 수용자는 면제기간을 시설 내에서 보낼 수 있으며, 시설에서 벗어나는 것을 희망할 경우에는 독일행형법 제11조에 따라 행형완화의 허가 또는 구금으로부터의 휴가를 주기 위한 특별한 조건을 충족해야 허가된다. 독일행형법 제42조의 요건을 충족할 경우 수용자는 그 규정에 따라 유급의 작업면제기간을 요구할 권리를 가진다.[330]

제 6 절 직업훈련

1. 서

직업훈련은 자유형의 선고를 받고 교정시설에 수용되어 있는 사람을 대상으로 석방 후 취업에 필요한 직무수행능력을 습득·향상시키기 위하여 실시하는 훈련을 말한다(직업능력개발훈련 운영지침 제3조 제1호).

직업훈련의 목적은 수형자에게 경쟁력 있는 기술을 습득하게 하여 석방 후 사회에서 자신과 그 가족을 위해 생계를 유지할 수 있는 기술을 가지고 취업을 확보하게 하는 데 있다. 형집행법은 수형자의 건전한 사회복귀를 위하여 기술 습득 및 향상을 위한 직업능력 개발훈련을 실시할 수 있고, 직업훈련을 위하여 필요하면 외부의 기관 또는 단체에서 훈련을 받게 할 수 있다(법 제69조)고 규정하여 수형자의 직업훈련의 중요성을 강조하고 있다.[331]

수형자를 대상으로 하는 직업훈련은 다음과 같은 특징을 가지고 있다. 먼저 직업훈련의 대상이 수형자라는 점에서 수형자 직업훈련은 형벌의 집행과 함께 형사정책적 목적의 구현을 위하여 교육 및 훈련을 시켜야 한다는 점을

---

330 클라우스 라우벤탈 저/신양균·김태명·조기영 역, 앞의 책(2010년), 234쪽.
331 수형자의 직업훈련에 대해서는 「수형자직업능력개발훈련운영지침」(법무부예규)에서 자세하게 규정하고 있다.

조화시켜야 한다.[332] 둘째, 사회와 격리된 교정시설에서 실시하는 훈련으로 장소적 제한이 있다. 셋째, 수형자 직업훈련은 그 성질상 수형자의 형기, 연령, 취미, 적성 또는 입소 전 직업 등이 직업훈련에 적절하지 않은 경우도 있고 각자에게 맞는 직종을 구하는데 한계가 있기 때문에 직업훈련을 강제하여야 하는 어려움이 있다. 넷째, 수형자 자신의 형기 동안에 직업훈련을 받아야 하는 기간상의 제약이 있다. 다섯째, 훈련생의 개인별 특성이 다양하여 교육이나 실습지도에 어려움이 있다. 그 밖에 사회에서 가장 시장성 있는 기술을 위한 직업훈련프로그램을 선정하는 문제와 국가적인 직업시장에서 일어나는 급격한 변화에도 대응하여야 하는 어려움이 있다.

2. 수형자 직업훈련의 목적

수형자가 사회에 복귀소한 뒤 다시 범죄를 저지르지 않게 하기 위해서는 출소 후 안정된 직업을 가지고 생활하도록 하는 것이 필요하기 때문에 수형자에게 직업훈련을 통하여 일정한 기술을 습득시키는 것은 행형목적 달성에 있어 매우 중요하다.[333]

수형자에게 직업훈련을 실시하는 목적은 다양하다. 첫째 근로의식을 고취시키기 위해서이다. 수형자 중에는 근로의욕을 상실하였거나 노동을 기피하는 자들이 많기 때문에 노동의 신성함과 인간은 누구나 노동의 권리와 의무가 있다는 것을 인식시킬 필요가 있다. 둘째 형사정책적 목적으로 기술습득을 통하여 출소 후 생계를 유지하게 하여 정상적인 사회생활을 영위함으로써 재범을 방지하기 위한 것이다. 셋째 경제적 목적으로 수형자를 기능인력으로 양성하여 국가의 경제성장과 사회안정에 필요한 인력수급에 기여하기 위한 것이다. 넷째 수형자의 관리목적으로 교정시설은 사회에서 소외된 자들로 구성되어 각종 사고의 요인이 상존하고 있는 곳으로 수형자에게 직업훈련을 통하여 시설 내 질서를 지키게 함으로써 교정사고의 요인을 감소시킬 수 있다. 다섯째 수형자의 건강관리를 유지하기 위한 것으로 직업훈련을 받는 동안 규칙적인 생활을 통하여 수형자의 건강유지에 도움이 될 수 있다.

---

332 한국산업경제연구원, 교도작업 경영진단, 1985년, 187쪽.
333 이순길·김용준, 앞의 책(1999년), 527쪽.

3. 연혁

미국의 교도소내서 직업훈련은 1800년도 초반에 설립된 산업교도소 때부터 수형자를 대상으로 실시되었다. 그러나 초기의 직업훈련은 사회복귀를 위한 것이 아니라 시설의 경제적인 이익을 위한 것이었다.[334]

우리나라에서 수형자를 대상으로 직업훈련을 실시한 기록은 일제강점기인 1939년 3월 29일 공주형무소장이 법무국장 앞으로 보낸 문서에 3명의 수형자를 조적(組積)직업훈련생으로 선발한 내용이 있으며,[335] 1920년대부터 전국 형무소에서 직업훈련이 실시된 것으로 보인다.

직업훈련은 1950년대 말까지는 교도작업과 동일하게 운영되다가 국가산업발전에 필요한 기능인력의 수급을 위하여 1967년에 「직업훈련법」(법률 제1880호)이 제정된 때부터 체계화되었다. 국가의 경제·사회적 필요에 의하여 도입한 직업훈련제도는 수형자를 대상으로 근로정신함양과 기술교육을 실시하기 위하여 교정분야에 도입하였다. 수형자 직업훈련제도는 직업훈련법이 공포된 후 2년 뒤인 1969년 당시 노동청과 협의하여 전국 21개 교도소에 공공직업훈련소를 병설하고, 교도작업과 병행 실시함으로써 수형자에 대한 기술교육의 발판을 마련하였다.[336] 그 당시에는 입소전에 기술을 갖춘 숙련공을 대상으로 보다 향상된 기술력을 배양하고 해당 전문지식을 지도하기 위하여 훈련시켰으며 자격시험 응시에 대한 교육 및 일반사회의 최신기술을 도입하여 훈련을 실시하여 출소 후 사회에 적응할 수 있도록 교육계획을 체계화한 양성훈련을 실시하였다. 양성훈련은 건축분야, 기계분야, 조제분야, 금속분야 등 21개 종목에 걸쳐 이론교육과 실기교육을 하였다.

1971년에는 「재소자직업훈련규정」(예규 제160호)을 제정하여 공공직업훈련과정과 별도로 일반직업훈련과정을 신설하였다. 일반직업훈련은 법무부에서 자체적으로 수형자의 사회복귀 후 직업안정을 도모할 목적으로 공공직업훈련과 구분하여 실시하였다. 1981년에 종전의 직업훈련법이 「직업훈련기본법」

---

334 해리 앨런·에드워드 라테사·브루스 판더 저/박철현·박성민·곽대훈·장현석 공저, 앞의 책
     (2020년), 325쪽.
335 조선총독부, 수형자 직업훈련에 관한 철, 1939년 3월 29일, 국가기록원 소장(공주교도소,
     앞의 책(2020년), 100쪽).
336 자세한 내용은 법무부 교정본부, 수형자 직업훈련 반세기, 2019년 10월, 36~37쪽 참조.

으로 전면 개정됨에 따라 「수형자직업훈련규정」(예규 제835호)을 이에 맞추어 개정하였으며, 1995년부터는 기능장 및 산업기사 전문과정을 설치하여 고급 기술교육을 실시하고 사회내 기업체의 훈련원에 출장훈련을 실시하였다. 32개 교정시설이 공공직업훈련시설로 지정되어 수형자에게 전문직업훈련을 실시하고 있다. 특히 2004년에는 청송제1보호감호소를 청송직업훈련교도소(현, 경북 북부직업훈련교도소)로 기능전환을 하였고, 2009년에 화성직업훈련교도소를 신설하여 새로운 산업사회에 필요한 전문적인 직업훈련을 실시하고 있다.

4. 직업훈련의 종류

직업훈련의 종류는 「근로자직업능력개발법」의 적용 여부에 따라 공공직업훈련과 일반직업훈련으로 구분하고, 훈련목적과 시행방법에 따라 구분된다. 직업능력개발훈련은 훈련을 실시하기 위하여 설치된 훈련전용시설이나 그 밖에 훈련을 실시하기에 적합한 시설에서 실시하는 집체훈련, 산업체의 생산시설 또는 근무장소에서 실시하는 현장훈련, 정보통신매체 등을 이용하는 원격훈련, 위의 2개 이상 병행하여 실시하는 혼합훈련의 방법으로 실시한다(동법 시행령 제3조 제2항).

가. 근로자직업능력개발법 적용 여부에 따른 구분

직업훈련은 근로자직업능력개발법 등 관계 규정에 따라 실시하는 공공직업훈련과 소장이 교화상 필요한 경우 실시하는 일반직업훈련으로 구분할 수 있다.

공공직업훈련이란 근로자직업능력개발법 등 관계 규정에 따라 고용노동부장관이 정하는 훈련기준 및 권고사항 등을 참고하여 실시하는 훈련을 말한다. 일반직업훈련이란 소장이 교화상 필요한 경우 예산 및 기타 사정을 고려하여 근로자직업능력개발법 기준 외의 방법으로 실시하는 훈련을 말한다(수형자 직업능력개발훈련 운영지침 제3조 제4호). 소장은 일반직업훈련의 경우에도 근로자직업능력개발법 등이 정한 훈련기준에 상응한 훈련이 되도록 노력하여야 하고(동지침 제8조), 한국산업인력공단 등 공공단체 그 밖에 공인된 민간단체에서 부여하는 기술자격 취득을 위해 필요한 과정을 개발하여 훈련할 수 있다(동지침 제17조 제1항).

나. 훈련의 목적에 따른 구분

직업훈련의 기술습득 과정에 따라 양성직업훈련, 향상직업훈련, 숙련직업훈련, 고급직업훈련, 단기실무직업훈련, 교도작업적응직업훈련으로 구분한다(동지침 제4조 제3호).

양성직업훈련이란 수형자에게 직업에 필요한 기초적 직무수행능력을 습득시키기 위하여 실시하는 직업훈련을 말한다(동지침 제3조 제11호). 향상직업훈련이란 양성훈련을 받은 수형자 또는 직업에 필요한 기초적 직무수행능력을 가지고 있는 수형자에게 더 높은 직무수행능력을 습득시키거나 기술발전에 대응할 수 있는 지식과 기능을 보충하기 위하여 실시하는 직업훈련을 말한다(동지침 제3조 제12호). 숙련직업훈련이란 양성훈련이나 향상훈련과정을 수료한 후, 현장적응 중심의 기술습득을 위하여 실시하는 훈련을 말한다(동지침 제3조 제13호). 고급직업훈련이란 해당 직종의 최고 숙련기술(기사 이상) 습득을 위하여 실시하는 훈련을 말한다(동지침 제3조 제15호). 단기실무직업훈련이란 수형자의 취업능력 제고를 위하여 기술자격 취득 보다 현장실습위주로 운영되는 6개월 미만의 직업훈련을 말한다(동지침 제3조 제10호). 교도작업적응직업훈련이란 형확정 후 이송 전까지 수형생활 및 교도작업 적응력을 제고하기 위해 실시하는 직업훈련이다(동지침 제3조 제14호).

다. 시행방법에 따른 구분

직업훈련의 시행방법에 따라 집체직업훈련, 지원직업훈련, 외부출장직업훈련, 작업병행직업훈련, 현장직업훈련으로 구분한다(동지침 제4조 제2호).

집체직업훈련이란 직업훈련 전담교정시설이나 그 밖에 훈련을 실시하기에 적합한 교정시설에 집금하여 실시하는 직업훈련을 말한다(동지침 제3조 제5호). 집체직업훈련 대상자는 ① 훈련시작일 기준으로 19세 이상의 수형자이며 다만, 소년집체직업훈련수형자의 경우에는 15세 이상 23세 미만의 수형자, ② 기능사과정은 소장이 소정의 직업훈련과정을 감당할 수 있다고 인정하는 수형자, 산업기사 이상의 과정은 고등학교 졸업 이상 또는 이와 동등한 학력이 인정되는 수형자 및 기능사 이상의 자격 보유 수형자 중 소장이 소정의 직업훈련 과정을 감당할 수 있다고 인정하는 수형자 중에서 선발하되, 출소 후 취업을 위한 직업훈련의 필요성을 중점적으로 평가하여 우선 선발할 수 있다(동지침 제9조 제2항).

　　지원직업훈련이란 외부산업체 등으로부터 훈련에 필요한 직업훈련교사, 장비, 재료, 비용의 전부 또는 일부를 지원받아 실시하는 훈련으로, 소장은 지원직업훈련 수료자 중 지원산업체 등에 취업이 보장된 경우에는 가석방 신청 시 이를 반영하여야 한다(동지침 제10조).

　　외부출장직업훈련이란 수형자를 교정시설 외부의 기관 또는 단체에 위탁하여 실시하는 현장훈련으로, 수형자가 개방처우급 또는 완화경비처우급으로서 직업능력향상을 위하여 특히 필요한 경우에는 교정시설 외부의 공공기관 또는 기업체 등에서 운영하는 직업훈련을 받게 할 수 있다(법 시행규칙 제96조). 소장은 교정성적이 우수하고 도주의 우려가 없는 모범수용자를 대상으로 하여 외부산업체나 직업훈련 전문기관 등에 출장시켜 현장훈련을 할 필요가 있다고 인정하는 경우에 법무부장관의 승인을 받아 외부출장직업훈련을 실시할 수 있고, 동 훈련 수료자 중 지원산업체 등에 취업이 보장된 경우에는 가석방 신청 시 이를 반영하여야 한다(동지침 제11조).

　　작업병행직업훈련이란 해당 훈련과 같은 직종의 교도작업에 취업 중인 수형자를 대상으로 교도작업 생산시설을 이용하여 실시하는 현장훈련을 말한다(동지침 제3조 제8호). 소장은 교도작업에 취업 중인 수형자의 기술향상과 교도작업의 활성화를 위해 필요한 경우에는 교도작업 수형자를 직업훈련수형자로 선정하여 이를 병행할 수 있으며, 직업훈련수형자로 선정된 수형자 중에서 해당 교도작업에 관한 기능이 우수한 수형자로 하여금 작업지도를 보조하게 할 수 있다(동지침 제12조).

　　현장직업훈련이란 직업훈련 수형자의 기능향상을 위하여 일반산업체의 생산시설을 이용하거나 취업 중인 작업장 등에서 실시하는 직업훈련을 말한다(동지침 제3조 제9호).

5. 직업훈련 직종 및 대상자 선정 등

　　직업훈련 직종 선정 및 훈련과정별 인원은 법무부장관의 승인을 받아 소장이 정한다. 여기서 직종이란 각 기술분야에 따라 나누어지는 직업훈련의 종류를 의미하며 건축, 이용, 선반 뿐만 아니라 현대 사회가 필요로 하는 다양한 분야로 이행하는 과정에 있다.

직업훈련 대상자는 소속기관의 수형자 중에서 소장이 선정하며, 다만 집체직업훈련 대상자는 집체직업훈련을 실시하는 교정시설의 관할 지방교정청장이 선정한다(법 시행규칙 제124조 제2항).

직업훈련 대상자의 선정기준은 ① 집행할 형기 중에 해당 훈련과정을 이수할 수 있을 것(기술숙련과정 집체직업훈련 대상자는 제외한다.), ② 직업훈련에 필요한 기본소양을 갖추었다고 인정될 것, ③ 해당 과정의 기술이 없거나 재훈련을 희망할 것, ④ 석방 후 관련 직종에 취업할 의사가 있을 것이다. 수형자가 이러한 요건을 갖춘 경우에는 수형자의 의사, 적성, 나이, 학력 등을 고려하여 직업훈련 대상자로 선정할 수 있다(법 시행규칙 제125조 제1항). 소장은 소년수형자의 선도(善導)를 위하여 필요한 경우에는 위의 요건을 갖추지 못한 경우에도 직업훈련 대상자로 선정하여 교육할 수 있다(동조 제2항).

그러나 선정기준에도 불구하고 수형자가 ① 15세 미만인 경우, ② 교육과정을 수행할 문자해독능력 및 강의 이해능력이 부족한 경우, ③ 징벌대상행위의 혐의가 있어 조사 중이거나 징벌집행 중인 경우, ④ 작업, 교육·교화프로그램 시행으로 인하여 직업훈련의 실시가 곤란하다고 인정되는 경우, ⑤ 질병·신체조건 등으로 인하여 직업훈련을 감당할 수 없다고 인정되는 경우의 어느 하나에 해당하는 경우 직업훈련 대상자로 선정하여서는 아니된다(법 시행규칙 제126조).

한편, 법무부장관은 직업훈련을 위하여 필요한 경우에는 수형자를 다른 교정시설로 이송할 수 있고, 소장은 훈련취소 등 특별한 사유가 있는 경우를 제외하고 이송된 수형자나 직업훈련 중인 수형자를 다른 교정시설로 이송해서는 안 된다(법 시행규칙 제127조).

소장은 직업훈련 대상자가 ① 징벌대상행위의 혐의가 있어 조사를 받게 된 경우, ② 심신이 허약하거나 질병 등으로 훈련을 감당할 수 없는 경우, ③ 소질·적성·훈련성적 등을 종합적으로 고려한 결과 직업훈련을 계속할 수 없다고 인정되는 경우, ④ 그 밖에 직업훈련을 계속할 수 없다고 인정되는 경우 등의 어느 하나에 해당하는 경우 직업훈련을 보류할 수 있다. 직업훈련이 보류된 수형자가 그 사유가 소멸되면 본래의 과정에 복귀시켜 훈련하여야 하지만 본래 과정으로 복귀하는 것이 부적당하다고 인정하는 경우에는 해당훈련을 취소할 수 있다(법 시행규칙 제128조).

6. 수형자 취업지원협의회

수형자가 출소 후 사회에서 안정된 직업을 가지는 것은 재범을 방지하고 건전한 사회인으로서 살아가는 데 있어서 매우 중요하다. 수형자 취업지원협의회는 수형자의 건전한 사회복귀를 지원하기 위하여 교정시설에 설치된 취업알선 및 창업지원에 관한 협의기구로 2008년 형집행법 시행령에 처음으로 규정(제85조)되었다.[337] 수형자의 건전한 사회복귀를 지원하기 위하여 교정시설에 취업알선 및 창업지원에 관한 협의기구를 둘 수 있다(법 시행령 제85조 제1항).

협의회의 기능은 ① 수형자 사회복귀 지원업무에 관한 자문에 대한 조언, ② 수형자 취업·창업 교육, ③ 수형자 사회복귀 지원을 위한 지역사회 네트워크 추진, ④ 취업 및 창업지원을 위한 자료제공 및 기술지원, ⑤ 직업적성 및 성격검사 등 각종 검사 및 상담, ⑥ 불우수형자 및 그 가족에 대한 지원 활동, ⑦ 그 밖에 수형자 취업알선 및 창업지원을 위하여 필요한 활동 등이다(법 시행규칙 제144조).

협의회는 회장 1명을 포함하여 3명 이상 5명 이하의 내부위원과 10명 이상의 외부위원으로 구성한다. 협의회의 회장은 소장이 되고 부회장 2명을 두되 그 중 1명은 소장이 내부위원 중에서 지명하고 나머지 1명은 외부위원 중에서 호선(互選)한다(법 시행규칙 제145조 제1항, 제2항). 내부위원은 소장이 지명하는 소속 기관의 부소장·과장(지소의 경우 7급 이상의 교도관)으로 구성하고, 회장·부회장 외에 협의회 운영을 위하여 기관실정에 적합한 수의 임원을 둘 수 있다(동조 제3항, 제4항). 회장은 협의회를 소집하고 협의회의 업무를 총괄하며, 회장이 부득이한 사유로 직무를 수행할 수 없을 때에는 소장이 지정한 부회장이 그 직무를 대행한다(법 시행규칙 제147조).

협의회의 외부위원은 ① 고용노동부 고용지원센터 등 지역 취업·창업 유관 공공기관의 장 또는 기관 추천자, ② 취업컨설턴트, 창업컨설턴트, 기업체 대표, 시민단체 및 기업연합체의 임직원, ③ 변호사, 「고등교육법」에 따른 대

---

337 자세한 내용은 「수형자 취업 및 창업지원업무지침」(2017. 4. 22. 법무부 예규 제1149호) 참조.

학에서 법률학을 가르치는 강사 이상의 직에 있는 사람, ④ 그 밖에 교정에 관한 학식과 경험이 풍부하고, 수형자 사회복귀 지원에 관심이 있는 외부인사 중에서 소장의 추천을 받아 법무부장관이 위촉한다(법 시행규칙 제146조 제1항). 외부위원의 임기는 3년으로 하며 연임할 수 있다(동조 제2항).

협의회의 회의는 반기마다 개최한다. 다만, ① 수형자의 사회복귀 지원을 위하여 협의가 필요할 때, ② 회장이 필요하다고 인정하는 때, ③ 위원 3분의 1 이상의 요구가 있는 때의 어느 하나에 해당하는 경우에는 임시회의를 개최할 수 있다. 협의회의 회의는 회장이 소집하고 그 의장이 되며, 재적위원 과반수의 출석으로 개의하고, 출석위원 과반수의 찬성으로 의결한다(법 시행규칙 제148조).

협의회의 사무를 처리하기 위하여 수형자 취업알선 및 창업지원 업무를 전담하는 직원 중에서 간사 1명을 두고, 간사는 협의회의 회의록을 작성하여 유지하여야 한다(법 시행규칙 제149조).

제 7 절 귀 휴

1. 서

귀휴(furlough)란 일정기간 수용생활을 하고 수형성적이 양호하며 도주 등의 위험이 없는 수형자에 대하여 일정한 사유와 조건 아래 정해진 기간 동안 행선지를 정하여 외출 내지 외박을 허용하는 처우제도로 형벌휴가, 외출·외박제라고도 불리고 있다.[338] 형집행정지와는 달리 귀휴기간은 형집행기간에 산입된다는 특징이 있다.

귀휴는 수형자의 사회적응을 촉진하는 방법으로 접견, 편지 등과 함께 외부와의 교통에 중요한 역할을 하고 있다.[339] 귀휴는 수형자가 직접 관계자와 만나 사회생활을 체험하거나 또는 사회복귀상 필요한 조건을 갖출 기회를 주

---

338 이윤호, 앞의 책(2012년), 301쪽/배종대·정승환, 앞의 책(2002년), 214~215쪽/신양균, 앞의 책(2012년), 353쪽/이백철, 앞의 책(2020년), 249쪽.
339 허주욱, 앞의 책(2010년), 759쪽.

는 것으로 원활한 사회복귀를 위한 가장 좋은 방법이라고 할 수 있다. 대부분
의 국가에서 이 제도를 채용하고 있고 현대 행형에서는 필수적인 제도로 인식
되고 있다.

　귀휴제도는 수형자가 직접 사회생활을 경험하면서 가족과의 관계를 유지
하거나 또는 회복하고, 고용주 그 밖에 석방 후 생활설계에 중요한 관계를 가
진 사람과 접촉하여 출소 후에 필요한 준비를 하도록 하는 등 사회복귀를 위
한 자주적인 노력을 할 기회를 주고 그 기회를 통하여 자율심과 책임감에 기
초하여 스스로 행동규제를 하도록 함으로써 원활한 사회복귀를 기대하는 제도
이다. 또한 교정당국은 귀휴를 통하여 가석방 대상자를 선별하고 석방시기를
판단하는 자료를 수집할 수 있다.[340]

　귀휴제도는 석방 후의 귀주(歸住)나 취업 등의 준비를 원활하게 하기 위한
가석방 전의 중간처우로 하거나, 사회적 연대의 유지 또는 재사회화를 촉진하
기 위해서 실시하거나, 특정 작업에의 취업자 및 모범적 규율준수자에 대한 상
우의 하나로 하거나, 부부간의 면회 등 가족관계를 유지하기 위하여 실시하거
나, 근친자의 중병 등의 경우 방문을 위하거나, 그 외 일신상·직업상 또는 법
률상의 긴급한 이유가 있는 경우에 중대한 불이익을 피하기 위한 용무처리 등
을 위한 것 등을 목적으로 한다.[341]

　귀휴제도가 본래의 취지로 하는 것은 장기수용에 따른 부작용을 최소화하
고 수형자의 교도소화(prisonization)[342]를 방지하는 등 형벌의 인도화에 기여하
는 면도 있지만 그 외에도 가족과의 유대관계를 강화하고 신뢰감을 형성함으
로써 자기 존중심을 심어주며, 가족과의 만남을 통하여 수용자 자녀 등 가족에
게 도움이 될 수 있고, 입소전 직업 또는 사업의 지속적인 관리 등을 통해 출
소 후 생활계획의 수립에 기여할 수 있다.[343] 뿐만 아니라 지역사회와의 상호
작용을 통하여 사회적응능력을 촉진할 수 있다.

340　신양균, 앞의 책(2012년), 353쪽.

341　藤本哲也, 앞의 책(2008년), 278쪽／신양균, 앞의 책(2012년), 353쪽／이백철, 앞의 책(2020
　　년), 250쪽.

342　클래머(Donald Clemmer)가 주창한 용어로 새롭게 수용된 수용자들이 구금된 사회의 문화
　　에 노출되고 수용자 문화에서 살아가는 방법을 배우는 과정을 말한다(해리 앨런·에드워드
　　라테사·브루스 판더 저／박철현·박성민·곽대훈·장현석 공역, 앞의 책(2020년), 601쪽).

343　이윤호, 앞의 책(2012년), 301쪽.

2. 연혁

귀휴제도는 1913년 미국 위스콘신주에서 후버법(Huber Law)을 제정하고 외부통근프로그램을 만든 데에서 출발하였으며, 1918년 미시시피주의 입법을 통하여 소개되었다. 1929년 뉴욕주에서 교정법을 제정하여 근친자가 위독하거나 사망했을 때 외출을 허용하였고 1965년 수형자사회복귀법(Prisoner Rehabilitation Act)이 통과된 이후 대부분의 주에서 이 제도를 도입하였다.[344] 미국에서는 수형자의 권리가 아니라 특혜로서 운영되고 있으며, 외출(day furlough) 또는 외박(overnight furlough)의 두 가지 방식으로 운영되고 있다.

한편 독일에서는 집행을 완화하는 제도로 1922년 프로이센 사법성의 「교도소 직무 및 집행규칙」에서 채택하였으며, 현재는 집행의 완화(Vollzugslockerung)와 구금휴가(Hafturhalb)로 구분하여 실시하고 있다. 벨기에는 소년수형자에게 외부통근과 함께 일요일 귀휴를 실시하였고 덴마크, 스웨덴 등은 근친자가 중병에 걸렸을 때 교회사와 동행 방문하는 것을 허가하였으며, 프랑스는 부부간의 면회 등 가족관계의 유지를 위해 귀휴제도를 허용하기도 하였다.[345] 일본은 2005년 감옥법을 개정하면서 형사시설수용법에서 외출 및 외박을 도입하였다.[346]

우리나라에서는 고려시대에 죄수가 친상을 당했을 때 상을 치를 수 있도록 하는 귀휴제도와 유사한 제도가 시행되었다. 이 제도는 조선시대에도 계승되어 수인(囚人)이 중병으로 구금을 참아내기 어려운 경우 또는 사형수를 제외하고 친상을 당한 경우 기간을 정하여 일시 석방하는 보방(保放)제도가 시행되었으며,[347] 1905년 제정된 「형법대전」에는 보방(제185조~제189조)에 대해 규정하였다.[348]

현대에는 1961년 12월 23일 행형법을 개정하면서 현재와 같은 귀휴제도를 시행하였다. 개전의 정, 즉 뉘우치는 빛이 특히 현저하고 행형성적이 우수

---

344 신양균, 앞의 책(2012년), 354쪽.
345 권인호, 앞의 책(1973년), 470쪽/허주욱, 앞의 책(2010년), 759~762쪽 참조.
346 자세한 내용은 林眞琴·北村篤·名取俊也 공저/안성훈·금용명 등 번역, 앞의 책(2016년), 498~511쪽 참조.
347 임재표, 조선시대 행형제도에 관한 연구 - 휼형(恤刑)을 중심으로 - 한국형사정책연구원, 2000년, 246쪽.
348 보방제도에 관한 자세한 내용은 中橋政吉, 앞의 책(1936년), 290~291쪽/김화수 등 8인 공저, 앞의 책(2007년), 594~596쪽 참조.

한 모범수형자에 대하여 출소 후 사회적응을 보다 용이하게 하는 것을 목적으로 수형자의 직계존비속의 사망·위독시 또는 직계존속의 회갑일에 귀휴를 허가할 수 있도록 하였다(구행형법 제44조 제3항). 1962년 4월 26일 「귀휴심사위원회규정(법무부령 제37호)」를 제정하여 시행하였다. 그 후 귀휴제도는 우리나라 행형운영에서 오랜기간 동안 수형자가 자신의 가족관계를 유지하는 데 실질적인 도움을 주는 등 사회복귀에 실효적인 역할을 하였다.

1970년 일본 교토(京都)에서 개최된 제4회 유엔 범죄방지회의에서 우리나라 대표는 1961년 12월부터 귀휴제도를 실시하고 있으며 이 제도는 교정행정에 획기적인 새로운 발전을 가져오고 있다는 내용을 발표하였다.[349]

3. 귀휴의 종류 및 요건

귀휴는 일반귀휴와 특별귀휴로 구분할 수 있으며 요건은 각각 다르다(법 제77조).

일반귀휴는 6개월 이상 형을 집행받은 수형자로서 그 형기의 3분의 1(21년 이상의 유기형 또는 무기형의 경우에는 7년)이 지나고 교정성적이 우수한 사람이 ① 가족 또는 배우자의 직계존속이 위독한 때, ② 질병이나 사고로 외부의료시설에의 입원이 필요한 때, ③ 천재지변이나 그 밖의 재해로 가족, 배우자의 직계존속 또는 수형자 본인에게 회복할 수 없는 중대한 재산상의 손해가 발생하였거나 발생할 우려가 있는 때, ④ 그 밖에 교화 또는 건전한 사회복귀를 위하여 법무부령으로 정하는 사유가 있는 때의 어느 하나에 해당하면 1년 중 20일 이내의 귀휴를 허가할 수 있다(법 제77조 제1항).[350] 여기서 '1년 중 20일 이내의 귀휴'란 매년 1월 1일부터 12월 31일까지를 말한다(법 시행규칙 제130조 제2항). 이 경우 형기를 계산할 때 부정기형은 단기를 기준으로 하고, 2개 이상의 징역 또는 금고의 형의 선고를 받은 수형자의 경우에는 그 형기를 합산한다(법 시행규칙 제130조 제1항).

법무부령으로 정하는 귀휴사유는 ① 직계존속, 배우자, 배우자의 직계존

349 권인호, 앞의 책(1973년), 200쪽.
350 구행형법에서는 10일로 규정하였던 것을 형집행법에서는 귀휴를 통해 사회적응능력을 강화하기 위해 20일로 확대하였다.

속 또는 본인의 회갑일이나 고희일인 때, ② 본인 또는 형제자매의 혼례가 있는 때, ③ 직계비속이 입대하거나 해외유학을 위하여 출국하게 된 때, ④ 직업훈련을 위하여 필요한 때, ⑤ 「숙련기술장려법」 제20조 제2항에 따른 국내 기능경기대회의 준비 및 참가를 위하여 필요한 때, ⑥ 출소 전 취업 또는 창업 등 사회복귀 준비를 위하여 필요한 때, ⑦ 입학식·졸업식 또는 시상식에 참석하기 위하여 필요한 때, ⑧ 출석수업을 위하여 필요한 때, ⑨ 각종 시험에 응시하기 위하여 필요한 때, ⑩ 그 밖에 가족과의 유대강화 또는 사회적응능력 향상을 위하여 특히 필요한 때이다(법 시행규칙 제129조 제3항).

특별귀휴란 ① 가족 또는 배우자의 직계존속이 사망한 때, ② 직계비속의 혼례가 있는 때의 어느 하나에 해당하는 사유가 있는 수형자에 대하여 5일 이내의 특별귀휴를 허가하는 것을 말한다(법 제77조 제2항). 특별귀휴는 일반귀휴와는 달리 그 횟수나 일자의 제한이 없으며, 사유가 발생한 경우 언제든지 허가할 수 있다.[351]

귀휴는 수형자 이외의 수용자에 대해서는 허용되지 아니하며, 귀휴를 허가 한 경우 귀휴기간은 형집행기간에 포함한다(법 제77조 제4항). 귀휴기간 중에 수형자는 교정시설에 귀소하는 조건이 부과되어 법률적·심리적으로 일종의 구속상태에 있는 점, 귀휴기간 중 준수해야 하는 사항이 정해져 있고 수형자가 이를 위반한 경우에는 귀휴를 중지하고 징벌을 부과할 수 있는 점 때문에 법적으로 자유가 아니고 수형자로서의 지위를 상실하지 않으며 귀휴기간 동안 형기가 진행된다.[352]

4. 귀휴심사

가. 귀휴심사위원회

수형자의 귀휴허가에 관한 심사를 하기 위하여 각 교정기관은 귀휴심사위원회를 두고 있다. 위원회는 위원장을 포함한 6명 이상 8명 이하의 위원으로 구성하며, 위원장은 소장이 되고 위원은 소장이 소속기관의 부소장·과장(지소의 경우에는 7급 이상의 교도관) 및 교정에 관한 학식과 경험이 풍부한 외부인사 중에서 임명

---

351 신양균, 앞의 책(2012년), 357쪽.
352 林眞琴·北村篤·名取俊也 공저/안성훈·금용명 등 번역, 앞의 책(2016년), 506쪽.

또는 위촉한다. 이 경우 외부위원은 2명 이상으로 한다(법 시행규칙 제131조).

외부위원의 임기는 2년으로 하며, 연임할 수 있다. 그러나 외부위원이 ① 심신장애로 직무수행이 불가능하거나 현저히 곤란하다고 인정되는 경우, ② 직무와 관련된 비위사실이 있는 경우, ③ 직무태만, 품위손상, 그 밖의 사유로 인하여 위원으로 적합하지 아니하다고 인정되는 경우, ④ 위원 스스로 직무를 수행하는 것이 곤란하다고 의사를 밝히는 경우의 어느 하나에 해당하는 경우에는 해당 위원을 해촉할 수 있다. 외부위원에게는 예산의 범위에서 수당과 여비를 지급할 수 있다(법 시행규칙 제136조).

위원장은 위원회를 소집하고 위원회의 업무를 총괄하며, 위원장이 부득이한 사유로 직무를 수행할 수 없을 때에는 부소장인 위원이 그 직무를 대행하고, 부소장이 없거나 부소장인 위원이 사고가 있는 경우에는 위원장이 미리 지정한 위원이 그 직무를 대행한다(법 시행규칙 제132조).

위원회의 회의는 위원장이 수형자에게 귀휴사유가 발생하여 귀휴심사가 필요하다고 인정하는 때에 개최하며, 재적위원 과반수의 출석으로 개의하고 출석위원 과반수의 찬성으로 의결한다(법 시행규칙 제133조). 그러나 토요일, 공휴일, 그 밖에 위원회의 소집이 매우 곤란한 때에 특별귀휴 사유 중 수형자의 가족 또는 배우자의 직계존속이 사망한 경우(법 제77조 제2항 제1호)에는 위원회의 심사를 거치지 아니하고 귀휴를 허가할 수 있다. 다만 이 경우 수용관리를 담당하고 있는 부서의 장인 보안과장과 귀휴업무를 담당하고 있는 부서의 장인 사회복귀과장의 의견을 들어야 한다. 이때 수용관리 및 귀휴업무를 담당하고 있는 부서의 장은 관련 서류를 검토하여 그 의견을 지체 없이 소장에게 보고하여야 한다(법 시행규칙 제134조).

나. 귀휴심사

위원회는 귀휴심사대상자에 대하여 수용관계, 범죄관계, 환경관계 사항을 심사하여야 한다(법 시행규칙 제135조).

수용관계는 건강상태, 징벌 유무 등 수용생활태도, 작업·교육의 근면·성실 정도, 작업장려금 및 보관금, 사회적 처우의 시행현황, 공범·동종범죄자 또는 심사대상자가 속한 범죄단체의 구성원과의 교류 정도에 대한 사항이다(동조 제1호).

범죄관계는 범행시의 나이, 범죄의 성질 및 동기, 공범관계, 피해의 회복

여부 및 피해자의 감정, 피해자에 대한 보복범죄의 가능성, 범죄에 대한 사회
의 감정에 관한 사항이다(동조 제2호).

환경관계는 가족 또는 보호자, 가족과의 결속 정도, 보호자의 생활상태,
접견·편지·전화통화의 내용 및 횟수, 귀휴예정지 및 교통·통신관계, 공
범·동종범죄자 또는 심사대상자가 속한 범죄단체의 활동상태 및 이와 연계한
재범가능성 등이다(동조 제3호).

소장은 수형자의 귀휴심사에 필요한 경우에는 법원·경찰관서, 그 밖에
관계 기관 또는 단체에 대하여 필요한 사실을 조회할 수 있으며, 심사대상자의
보호관계 등을 알아보기 위하여 필요하다고 인정하는 경우에는 그의 가족 또
는 보호관계에 있는 사람에게 위원회 회의의 참석을 요청할 수 있다(법 시행규
칙 제138조).

5. 귀휴허가

소장은 귀휴를 허가하는 경우에는 귀휴심사위원회의 심사를 거쳐야 하고,
개방처우급 또는 완화경비처우급 수형자에게 귀휴를 허가할 수 있다. 다만 교
화 또는 사회복귀 준비 등을 위하여 특히 필요한 경우에는 일반경비처우급 수
형자에게도 귀휴를 허가할 수 있다(법 시행규칙 제129조).

소장은 귀휴를 허가하는 경우에 거소의 제한이나 그 밖에 필요한 조건을
붙일 수 있다(법 제77조 제3항). 귀휴 중인 수형자가 ① 귀휴의 허가사유가 존재
하지 아니함이 밝혀진 때, ② 거소의 제한이나 그 밖에 귀휴허가에 붙인 조건
을 위반한 때의 어느 하나에 해당하면 그 귀휴를 취소할 수 있다(법 제78조).

귀휴를 허가하는 경우 붙일 수 있는 조건은 ① 귀휴지 외의 지역 여행금
지, ② 유흥업소, 도박장, 성매매업소 등 건전한 풍속을 해치거나 재범우려가
있는 장소 출입금지, ③ 피해자 또는 공범·동종범죄자 등과의 접촉금지, ④
교도관이 동행하는 경우를 제외하고 귀휴지에서 매일 1회 이상 소장에게 전화
보고, ⑤ 그 밖에 귀휴 중 탈선방지 또는 귀휴목적 달성을 위하여 필요한 사항
등이다(법 시행규칙 제140조).

소장은 귀휴자가 귀휴조건을 위반한 경우에는 귀휴를 취소하거나 이의 시
정을 위하여 필요한 조치를 하여야 한다(법 시행규칙 제143조).

6. 귀휴자에 대한 조치

소장은 귀휴를 허가한 때에는 귀휴허가부에 기재하고, 귀휴허가를 받은 수형자에게 귀휴허가증을 발급하여야 한다(법 시행규칙 제139조). 귀휴를 허가한 경우 필요하다고 인정하면 교도관을 동행시킬 수 있으며, 귀휴자의 가족 또는 보호관계에 있는 사람으로부터 보호서약서를 제출받아야 한다(법 시행규칙 제141조 제1항, 제2항).

소장은 2일 이상의 귀휴를 허가한 경우에는 귀휴를 허가받은 사람의 귀휴지를 관할하는 경찰관서의 장에게 그 사실을 통보하여야 한다. 귀휴자는 귀휴 중 천재지변이나 그 밖의 사유로 자신의 신상에 중대한 사고가 발생한 경우에는 가까운 교정시설이나 경찰관서에 신고하여야 하고 필요한 보호를 요청할 수 있으며, 보호 요청을 받은 교정시설이나 경찰관서의 장은 귀휴를 허가한 소장에게 그 사실을 지체 없이 통보하고 적절한 보호조치를 하여야 한다(법 시행령 제97조).

귀휴자의 여비와 귀휴 중 착용할 복장은 본인이 부담하고, 귀휴자가 신청할 경우 작업장려금의 전부 또는 일부를 귀휴비용으로 사용하게 할 수 있다(법 시행규칙 제142조). 귀휴에 필요한 비용과 관련하여 보관금이 없거나 작업장려금이 부족하는 등 당해 수형자가 비용을 부담할 수 없는 경우에 대해서 국고부담에 대한 규정이 없다.[353]

7. 기한 내에 돌아오지 아니한 수형자에 대한 처리

귀휴로 소장의 허가를 받아 교도관의 계호없이 교정시설 밖으로 나간 후에 정당한 사유없이 기한 내에 돌아오지 아니하는 행위를 한 수형자는 1년 이하의 징역에 처한다(법 제134조 제2호). 일본 형사수용시설법에서는 미귀소가 수형자의 책임일 경우에는 외박기간 전체를 형기에 산입하지 않고 있다.[354]

---

353 일본 형사수용시설법 제108조는 '외출 또는 외박에 필요한 비용에 관해서는 수형자가 부담할 수 없는 경우 또는 형사시설의 장이 상당하다고 인정하는 경우에는 그 전부 또는 일부를 국고부담으로 한다.'라고 규정하고 있다.

354 일본 형사수용시설법 제107조는 '외박을 한 자가 형사시설의 장이 지정한 일시까지 형사시설에 도착하지 아니한 경우에는 그 외박기간은 형기에 산입하지 아니한다. 다만, 불가항력의 사유에 의하여 도착할 수 없었던 경우에는 그러하지 아니하다.'라고 규정하고 있다.

　귀휴자가 지정된 기한 내에 교정시설에 도착하지 않은 경우 지정된 일시 이후의 구금되지 않은 일(日)은 형기에 산입되지 아니하는 것이 귀휴제도의 취지와 법의 집행상 적합하다. 즉 징역, 금고, 구류와 유치에 있어서는 구속되지 아니한 일수는 형기에 산입하지 아니한다(형법 제84조 제2항)라는 규정에 따라 지정된 일시 이후 구금으로부터 이탈한 것이 된다. 입법적으로 명확하게 규정할 필요가 있다.

제 9 장 미결수용자

제 1 절 서론

미결구금이란 형사피의자 또는 형사피고인으로서 구속영장의 집행을 받은 자에 대하여 수사 및 공판절차의 원활한 진행을 도모하고 도주 및 증거인멸을 방지하며, 형이 확정된 후 그 형의 집행을 확보할 목적으로 그들의 신병을 일정한 국가기관에 수용하는 형사절차상의 강제처분을 말한다.[355] 형집행법은 미결수용자에 대하여 '형사피의자 또는 형사피고인으로서 체포되거나 구속영장의 집행을 받은 사람을 말한다(법 제2조 제3호).'고 규정하고 있다.

형사소송법은 미결구금의 사유로 '피고인이 죄를 범하였다고 의심할 만한 상당한 이유가 있고, 피고인이 일정한 주거가 없거나, 죄증을 인멸할 염려가 있거나 도망하거나 도망할 염려가 있는 때의 어느 하나에 해당하는 때에 구속할 수 있다(형소법 제70조 제1항).'고 규정하고 있다.

미결수용자의 처우와 관련하여 기본적인 전제는 첫째 도주 및 증거인멸방지, 둘째 방어권 보장이라고 하는 두 가지이다. 도주 및 증거인멸의 방지는 형사사법의 적법한 실현을 위한 것이고, 헌법 및 형사소송법에 보장되어 있는 방어권의 보장은 교정시설에서의 처우에 있어서도 이를 존중하고 충분한 배려를 하는 것이 요구된다.

제 2 절 미결수용의 기본원리

미결수용자는 형사절차의 원활한 진행과 재판집행의 확보를 위하여 형벌확정 이전에 신병이 구속된 자이다. 따라서 미결수용자는 유죄가 확정된 수형자와는 본질적으로 다른 법적지위를 가지고 있다. 즉 미결수용자는 헌법이 보장하는 무죄추정의 원칙(헌법 제27조 제4항)에 따라 구속에 따른 일정한 제한

---

355 배종대·정승환, 앞의 책(2002년), 363쪽.

이외에 일반인과 동등한 법적지위를 가진다. 형집행법은 '미결수용자는 무죄의 추정을 받으며 그에 합당한 처우를 받는다(법 제79조).'고 규정하여 헌법 원칙을 실천하고 있다. 헌법재판소는 미결수용자 등 종교집회 참석불허사건에서 미결수용자와 미지정수형자에 대하여 출역수형자와 마찬가지로 종교집회에 참석할 기회를 부여받아야 하고 이를 정당한 이유없이 제한하는 경우에는 종교의 자유를 침해한다고 판시하였다.[356]

무죄추정의 원칙은 미결구금의 집행에서 가장 중요한 기본원리이고, 기본권을 제한하는 경우에 헌법 제37조 제2항에 따른 비례의 원칙이 적용되기 때문에 구금의 목적을 달성하거나 시설의 안전과 질서유지를 위해 필요최소한의 범위 내에서만 허용된다. 무죄가 추정되는 미결수용자의 자유와 권리에 대한 제한은 징역형 등의 선고를 받고 그 형이 확정된 수형자에 비해 가능한 한 완화할 필요가 있고, 구금의 목적인 도주·증거인멸의 방지와 시설 내의 규율 및 안전 유지를 위한 필요최소한의 합리적인 범위를 벗어나서는 아니된다.[357]

나아가 미결수용자는 무죄추정을 받는 동시에 소송의 주체로서 형사절차에서 자신의 정당한 권리를 방어할 수 있어야 하고, 이러한 방어권의 보장은 구금의 목적이나 시설 내 질서유지를 위한 권리제한을 통제하는 소극적 원리일 뿐만 아니라, 교정당국이 미결수용자가 형사절차에서 적정하게 방어권을 행사할 수 있도록 충분히 배려하여야 하는 적극적 원리로 인식되어야 한다.[358] 즉 교정시설에서의 처우에 있어서도 방어권을 존중하고 이에 대한 충분한 배려를 할 것이 요구된다. 그리고 미결구금의 목적에 상응하는 필요최소한의 불이익에 그쳐야 하고 비례성의 원칙이 준수되어야 한다. 미결수용자가 빈곤하거나 무지하여 수사 및 재판과정에서 권리를 충분히 행사하지 못한다고 인정하는 경우에는 법률구조에 필요한 지원을 할 수 있다(법 시행령 제99조)라는 규정은 미결수용자의 방어권 보장을 위한 것이다.

그러나 미결수용자가 무죄추정을 받는다 하더라도 구금되어 있는 자로서 사회의 일반인과 동일한 자유와 권리를 향유할 수는 없다. 구금의 목적이나 시

---

356 헌재 2014. 6. 26. 2012헌마782, 미결수용자 등 종교집해 참석 불허 위헌확인.
357 헌재 2014. 8. 28. 2012헌마623/헌재 2001. 7. 19. 2000헌마546.
358 헌재 2005. 5. 26. 2001헌마728, 미결수용자에 대한 수갑 및 포승사용 위헌확인.

설의 안전과 질서에 현저한 위험이 있는 경우에는 기본권의 제한은 불가피하다. 미결수용자의 기본권 제한에 있어 적용되는 비례의 원칙에 따라 미결수용자의 권리와 자유는 구금의 목적을 달성하거나 수용시설 내 질서와 안전의 확보를 위하여 필요한 최소한의 범위 내에서만 이를 제한할 수 있다.[359]

　　미결수용자에 대한 처우는 적극적인 측면에서 수형자와 마찬가지로 구금상태에서 벗어난 후 사회생활을 할 수 있도록 배려하는 데 중점을 두어야 한다. 미결구금의 집행 및 미결수용자에 대한 처우는 가능한 한 일반국민의 생활수준과 동등하여야 하고, 구금으로 인한 폐해를 억지하기 위해 필요한 조치를 취하여야 한다.[360] 또한 교정당국이 제공하는 적극적인 처우는 그 대상자의 동의를 전제로 해서 실시되어야 하고, 이와 같은 처우들이 소송절차에 불이익을 주는 것이어서는 아니된다.

제 3 절 미결수용자의 처우

1. 서

　　형집행법상 미결수용자도 수용자에 포함되기 때문에 법률에 특별한 규정이 없는 한 형집행법 제2편 수용자의 처우 중 수용, 물품지급, 금품관리, 위생과 의료, 접견·편지수수 및 전화통화, 종교와 문화, 특별한 보호, 안전과 질서, 규율과 상벌, 권리구제에 관한 규정이 적용된다. 그러나 전술한 바와 같이 미결수용자는 헌법상 무죄추정을 받고 그 방어권을 보장받아야 하는 특수성이 있기 때문에 이와 관련된 처우에 있어서 수형자와는 다른 취급을 받고 있다. 예를 들면 사복착용, 변호인과의 접견 및 편지수수, 조사 등에서의 특칙, 작업과 교화 등이 있다.

　　금치기간 중 서신수수를 금지하는 것은 가사 그 대상자가 미결수용자라하더라도 수용자의 안전한 구금을 확보하고 수용시설의 안전과 질서를 유지하기 위한 입법목적의 정당성과 수단의 적절성을 그대로 인정할 수 있다. 또한 미결수용자도 이

---

359 헌재 2005. 5. 26. 2001헌마728.
360 신양균, 앞의 책(2012년), 2012년 358쪽.

미 신체의 자유 등 기본권이 제한되고 있어 징벌을 통하여 법질서 준수를 촉구하기 위해서는 인정되는 권리를 더 제한하는 것이 불가피한 점, 서신수수 제한의 경우 외부와의 접촉을 금지시키고 구속감과 외로움 속에 반성에 전념토록 하는 징벌의 목적에 상응하는 점, 형집행법 제112조 제3항 단서에서 소장은 '수용자의 권리구제, 수형자의 교정·교화 또는 건전한 사회복귀를 위하여 특히 필요하다고 인정'하면 서신수수를 허가할 수 있도록 예외를 둠으로써 과도한 규제가 발생하지 않도록 한 점 등을 감안하면 미결수용자에 대해 특별히 달리할 이유가 없다할 것이다(헌재 2014.8.28. 2012헌마623).

2. 수용

미결수용자는 구치소에 구분수용한다(법 제11조 제1항 제3호). 그러나 ① 관할법원 검찰청 소재지에 구치소가 없는 때, ② 구치소의 수용인원이 정원을 훨씬 초과하여 정상적인 운영이 곤란한 때, ③ 범죄의 증거인멸을 방지하기 위하여 필요하거나 그 밖에 특별한 사정이 있는 때의 어느 하나에 해당하는 사유가 있으면 교도소에 미결수용자를 수용할 수 있다(법 제12조 제1항). 수형자와 미결수용자를 같은 교정시설에 수용하는 경우에는 서로 분리하여 수용한다(법 제13조 제2항).

미결구금은 미결수용자의 도주 및 죄증인멸의 방지를 목적으로 하고, 이는 형사사법의 적정한 실현을 위해서 필요한 전제이다. 미결수용자의 처우에 있어서 이와 같은 행위를 방지할 필요가 있고 이러한 취지를 규정하고 있다. 현행법은 미결수용자에 대해서 공범에 대한 분리수용을 통해 증거인멸의 방지를 하도록 하고 있다. 즉 미결수용자로서 사건에 서로 관련이 있는 사람은 분리수용하고 서로간의 접촉을 금지하여야 한다(법 제81조). 그리고 이송이나 출정, 그 밖의 사유로 미결수용자를 교정시설 밖으로 호송하는 경우에는 해당 사건에 관련된 사람과 호송차량의 좌석을 분리하는 등의 방법으로 접촉하지 못하게 하여야 한다(법 시행령 제100조).

미결수용자를 수용하는 시설의 설비 및 계호의 정도는 일반경비시설에 준한다(법 시행령 제98조). 일반경비시설이란 도주방지를 위한 통상적인 설비를 갖추고 수형자에 대하여 통상적인 관리·감시를 하는 교정시설을 말한다(법 제57조 제2항 제3호).

미결수용자가 수용된 거실은 참관할 수 없다(법 제80조). 이는 무죄추정을 받고 있는 미결수용자에 대한 일반인의 참관을 금지한 규정이다. 그러나 판사나 검사가 직무상 필요에 따라 실시하는 시찰은 미결수용자가 수용된 거실에 대하여도 할 수 있다.[361]

3. 복장과 머리카락

통상적으로 미결수용자는 교정시설 내에서 수용자복을 입고 생활하고 있으며, 수형자의 옷과는 색상으로 구분하고 있다.[362] 그러나 미결수용자는 수사·재판·국정감사 또는 법률로 정하는 조사에 참석할 때에는 사복을 착용할 수 있다. 다만 도주우려가 크거나 특히 부적당한 사유가 있다고 인정하면 교정시설에서 지급하는 의류를 입게 할 수 있다(법 제82조). 이는 미결수용자가 외부로 나갈 때 교정시설에서 지급하는 의류를 입게 하면 수용되어 있는 사실이 알려질 수 있을 뿐만 아니라 일반인들에게 부정적인 인상을 줄 수 있고, 미결수용자 자신도 모욕감이나 수치심을 느끼고 심리적으로 위축되어 방어권을 제대로 행사할 수 없는 등 결과적으로 실체적 진실발견을 저해할 우려가 있으므로 무죄추정에 반한다는 점을 고려하여 입법화한 것이다. 헌법재판소는 미결수용자에게 시설안에서 재소자용 의류를 입게 하는 것은 구금목적의 달성, 시설의 규율과 안전유지를 위한 필요최소한의 제한으로서 정당성·합리성을 갖춘 재량의 범위 내의 조치라고 판단하였다.

> 미결수용자가 수사 또는 재판을 받기 위하여 시설 밖으로 나오면 일반인의 눈에 띄게 되어 수용자용 의류 때문에 모욕감이나 수치심을 느끼게 되고 미결수용자는 수사단계부터 고지·변해·방어의 권리가 보장되어야 하고 재판단계에서는 당사자로서의 지위를 가지므로 유죄가 확정되지 아니한 미결수용자에게 수용자용 의류를 입게 하는 것은 심리적인 위축으로 위와 같은 권리를 제대로 행사할 수 없게 하여 실체적 진실의 발견을 저해(沮害)할 우려가 있다. 그러므로 미결수용자에게 수용자용 의류를 입게 하는 것은 무죄추정의 원칙에 반하고 인간으로서의 존엄과

---

361 신양균, 앞의 책(2013년), 89쪽 / 林眞琴·北村篤·名取俊也 공저, 안성훈·금용명 등 번역, 앞의 책(2016년), 61쪽.

362 남자의 경우 겨울옷과 봄·가을옷의 상의는 수형자는 암청회색, 미결수용자는 카키색이고 여름옷은 수형자는 밝은 하늘색, 미결수용자는 갈대색이다(수용자 피복관리 및 제작·운용에 관한 지침 별표 1).

가치에서 유래하는 인격권과 행복추구권, 공정한 재판을 받을 권리를 침해한다(헌재 1999. 5. 27. 97헌마137, 98헌마5(병합)).

헌법재판소는 형사재판에 피고인으로 출석하는 수형자에 대하여 사복착용을 불허하는 것의 기본권 침해 여부에 대하여 형사재판의 피고인으로 출석하는 수형자에 대하여 형집행법 제82조를 준용하지 아니한 것은 과잉금지원칙에 위반되어 청구인의 공정한 재판을 받을 권리, 인격권, 행복추구권을 침해한다고 판시하였다. 그러나 민사재판에 당사자로 출석하는 수형자에 대하여 사복착용을 불허하는 것의 기본권 침해 여부에 대해 인격권과 행복추구권을 침해한다고 볼 수 없다고 판시하였다.[363] 2016년 12월 2일 형집행법을 개정하여 형사재판의 피고인으로 출석하는 수형자와 사형확정자에 대하여 사복착용에 관한 형집행법 제82조를 준용하도록 하였다.

> 민사재판에서 법관이 당사자의 복장, 즉 사복이 아니라 재소자용 의류를 입었다는 이유로 불리한 심증을 갖거나 불공정한 재판진행을 하게 될 우려가 있다고 볼 수는 없으므로, 심판대상조항이 민사재판의 당사자로 출석하는 수형자에 대하여 사복착용을 불허하는 것으로 인하여 공정한 재판을 받을 권리가 침해되는 것은 아니다. (중략) 민사재판 출석 시 사복착용 불허는 시설 바깥으로의 외출이라는 기회를 이용한 도주를 예방하기 위한 것으로서 그 목적이 정당하고, 사복착용의 불허는 위와 같은 목적을 달성하기 위한 적합한 수단이 된다(헌재 2015. 12. 23. 2013헌마712).

미결수용자의 머리카락과 수염은 특히 필요한 경우가 아니면 본인의 의사에 반하여 짧게 깎지 못한다(법 제83조).

4. 접견 및 편지수수

가. 일반인과의 접견 및 편지수수

미결수용자도 일반인과의 접견 및 편지수수에 대해서는 수용자에 관한 규정(법 제41조에서 제44조)이 적용된다. 미결수용자의 접견횟수는 매일 1회로 하되, 변호인과의 접견은 그 횟수에 포함시키지 아니한다(법 시행령 제101조). 미결수용자의 처우를 위하여 특히 필요하다고 인정하면 접견시간대 외에도 접견

---

363 헌재 2015. 12. 23. 2013헌마712.

하게 할 수 있고, 변호인이 아닌 사람과 접견하는 경우에도 접견시간(회당 30분 이내)을 연장하거나 접견횟수를 늘릴 수 있다(법 시행령 제102조).

또한 접견제한사유 중 '수형자의 교화 또는 건전한 사회복귀를 해칠 우려가 있는 때(법 제41조 제1항 제3호)'와 접견내용에 대한 청취·기록·녹음 또는 녹화 사유 중 '수형자의 교화 또는 건전한 사회복귀를 위하여 필요한 때(법 제41조 제4항 제2호)'는 수형자에게 적용되는 사항으로 미결수용자에게는 적용되지 아니한다.

수형자의 접견과는 달리 미결수용자가 접견하는 경우에는 변호인과 접견하는 경우를 제외하고 녹음·녹화를 실시하여야 한다(수계지침 제132조 제1항).

미결수용자의 편지수수에 대해서도 편지수수에 관한 일반규정(법 제43조)이 적용된다. 따라서 미결수용자는 다른 사람과 편지를 주고받을 수 있고, 편지의 내용은 검열받지 아니함이 원칙이다.

나. 변호인과의 접견

헌법은 '누구든지 체포 또는 구속을 당한 때에는 즉시 변호인의 조력을 받을 권리를 가진다(제12조 제4항).'고 규정하여 미결수용자에 대하여 변호인의 조력을 받을 권리를 헌법상의 기본권으로 보장하고 있다.

미결수용자와 변호인(변호인이 되려고 하는 사람을 포함한다. 이하 같다.)과의 접견에는 교도관이 참여하지 못하며, 그 내용을 청취 또는 녹취하지 못한다. 다만 보이는 거리에서 미결수용자를 관찰할 수 있다(법 제84조 제1항). 그리고 미결수용자와 변호인과의 접견은 시간과 횟수를 제한하지 아니한다(동조 제2항). 미결수용자와 변호인의 대화내용은 비밀이 완전히 보장되어야 하고 이것은 어떠한 제한, 영향, 압력 또는 부당한 간섭 없이 자유롭게 대화할 수 있는 접견을 의미하며 이러한 자유로운 접견은 미결수용자와 변호인의 접견에 교도관이나 수사관 등 관계공무원의 참여가 없어야 가능하기 때문에 법으로 규정한 것이다.

자유롭게 대화할 수 있는 접견이란 대화내용에 대하여 비밀이 보장되고 어떠한 제한, 영향, 압력 또는 부당한 간섭없이 자유롭게 대화할 수 있는 접견을 의미하는 것으로 접견시간과 접견횟수도 이러한 자유로운 접견을 보장하기 위해 수단으로서 의미를 가지는 것이다.[364]

---

364 신양균, 앞의 책(2012년), 375쪽.

구속피고인의 변호인 면접·교접권의 중요성은 독자적으로 존재하는 것이 아니라 국가형벌권의 적정한 행사와 피고인의 인권보호라는 형사소송절차의 전체적인 체계 안에서 의미를 갖고 있는 것이다. 따라서 구속피고인의 변호인 면접·교섭권은 최대한 보장되어야 하지만 형사소송절차의 위와 같은 목적을 구현하기 위하여 제한될 수 있다. 다만 이 경우에도 그 제한은 엄격한 비례의 원칙에 따라야 하고, 시간·장소·방법 등 일반적 기준에 따라 중립적이어야 한다. 이에 따라 행형법은 제18조에서 수용자의 접견에 관한 일반적 규정을 두는 것과는 별도로 제66조 제1항에서 미결수용자와 변호인 간의 접견에 관한 특별규정을 두어, 미결수용자와 변호인과의 접견에는 교도관이 참여하거나 그 내용을 청취 또는 녹취하지 못하고, 단지 보이는 거리에서 미결수용자를 감시할 수 있도록만 하였다. 또한 행형법시행령도 미결수용자와 변호인 간의 접견에 대하여는 특별규정을 두어, 접견시간 및 접견횟수의 제한이 없도록 하고, 접견시에도 일반접견과는 달리 변호인의 성명과 주소만을 기록할 뿐 면담요지 등을 기록하지 않도록 하였다. 나아가 계호근무준칙 제275조는 출정수용자의 일반적 접견은 허가하지 아니하면서도 변호인과의 접견은 허용하되, 다만 계호의 효율성과 접견의 특성을 고려하여 변호인접견의 절차, 장소 및 방식 등을 규율하고 있다. 결국 출정피고인에게도 변호인과의 면접·교섭권을 최대한 보장하여야 하지만, 계호의 필요성과 접견의 비밀성을 위하여 비례의 원칙에 따라 일반적 기준 아래에서 그 절차, 시간, 장소, 방식 등이 제한될 수 있다고 할 것이다(헌재 2009. 10. 29. 2007헌마992).

토요일 또는 공휴일에 미결수용자와 변호인의 접견을 원칙적으로 불허하고 있는 교정기관의 실무에 대하여 헌법재판소는 '변호인의 조력을 받을 권리를 보장하는 목적은 피의자 또는 피고인의 방어권행사를 보장하기 위한 것이므로, 미결수용자 또는 변호인이 원하는 특정한 시점에 접견이 이루어지지 못하였다 하더라도 그것만으로 곧바로 변호인의 조력을 받을 권리가 침해되었다고 단정할 수 없는 것이고, 변호인의 조력을 받을 권리가 침해되었다고 하기 위해서는 접견이 불허된 특정한 시점을 전후한 수사 또는 재판의 진행 결과에 비추어 보아, 그 시점에 접견이 불허됨으로써 피의자 또는 피고인의 방어권행사에 어느 정도는 불이익이 초래되었다고 인정할 수 있어야만 하며, 그 시점을 전후한 변호인 접견의 상황이나 수사 또는 재판의 진행과정에 비추어 미결수용자가 방어권을 행사하기 위해 변호인의 조력을 받을 기회가 충분히 보장되었다고 인정될 수 있는 경우에는, 비록 미결수용자 또는 그 상대방인 변호인이 원하는 특정 시점에는 접견이 이루어지지 못하였다 하더라도 변호인의 조력을 받을 권리가 침해되었다고 할 수 없다.'라고 판시하였다.[365]

> 변호인이 피의자신문에 자유롭게 참여할 수 있는 권리는 피의자가 가지는 변호인의 조력을 받을 권리를 실현하는 수단이므로 헌법상 기본권인 변호인의 변호권으로서 보호되어야 한다. 피의자신문에 참여한 변호인이 피의자 옆에 앉는다고 하여 피의자 뒤에 앉는 경우보다 수사를 방해할 가능성이 높아진다거나 수사기밀을 유출할 가능성이 높아진다고 볼 수 없으므로, 이 사건 후방 착석요구행위의 목적의 정당성과 수단의 적절성을 인정할 수 없다. 이 사건 후방 착석요구행위로 인하여 위축된 피의자가 변호인에게 적극적으로 조언과 상담을 요청할 것을 기대하기 어렵고, 변호인이 피의자의 뒤에 앉게 되면 피의자의 상태를 즉각적으로 파악하거나 수사기관이 피의자에게 제시한 서류 등의 내용을 정확하게 파악하기 어려우므로, 이 사건 후방 착석요구행위는 변호인인 청구인의 피의자 신문참여권을 과도하게 제한한다(헌재 2017. 11. 30. 2016헌마503, 변호인 참여신청서 요구행위 등 위헌확인).

다. 변호인과의 편지수수

미결수용자와 변호인 간의 편지는 교정시설에서 상대방이 변호인임을 확인할 수 없는 경우를 제외하고는 검열할 수 없다(법 제84조 제3항). 즉 수용자가 주고받는 편지의 내용은 검열받지 아니하지만 예외적으로 형집행법 제43조 제4항에 따라 검열이 가능하다. 그러나 미결수용자와 변호인 간의 편지는 교정시설에서 상대방이 변호인임을 확인할 수 없는 경우가 아니면 검열이 허용되지 아니한다.

미결수용자와 변호인 간의 주고받는 편지에 대하여 헌법재판소는 '헌법 제12조 제4항 본문은 신체구속을 당한 사람에 대하여 변호인의 조력을 받을 권리를 규정하고 있는바, 이를 위하여서는 신체구속을 당한 사람에게 변호인과 사이의 충분한 접견교통을 허용함은 물론 교통내용에 대하여 비밀이 보장되고 부당한 간섭이 없어야 하는 것이며, 이러한 취지는 접견의 경우뿐만 아니라 변호인과 미결수용자 사이의 서신(書信)에도 적용되어 그 비밀(秘密)이 보장되어야 할 것이다.'고 판시하였다.[366] 다만, 변호인과의 편지비밀의 자유가

---

365 헌재 2011. 5. 26. 2009헌마341.
366 구속된 피의자·피고인의 변호인과의 자유로운 접견교통권은 변호인의 조력을 받을 권리의 가장 중요한 내용으로서 어떠한 명분으로도 제한될 수 없으며(헌재 1992. 1. 28. 91헌마111), 변호인의 조력을 받을 권리의 기본적인 취지는 접견의 경우뿐만 아니라 변호인이 되려는 자와 피의자 또는 피고인 사이 서신의 경우에도 적용되어 비밀이 보장되어야 한다(헌재 1995. 7. 21. 92헌마144).

무제한적인 것은 아니고 그 편지에 마약 등 소지금지품이 포함되어 있거나 그
내용에 도주·증거인멸·수용시설의 규율과 질서의 파괴 기타 형벌법령에 저
촉되는 내용이 기재되어 있다고 의심할 만한 합리적인 이유가 있는 경우에는
변호인과의 서신비밀의 자유가 제한될 수 있다.

5. 미결수용자로서의 지위를 가지는 수형자·사형확정자에 대한 준용

　　수형자와는 달리 미결수용자로서 특별한 처우를 받는 대상자에는 미결수
용자 외에도 형사사건으로 수사 또는 재판을 받고 있는 수형자와 사형확정자
가 있다. 이들에 대하여는 사복착용(제82조),[367] 변호인과의 접견, 편지수수(제
84조), 조사 등에서의 특칙(제85조)[368]을 준용한다(법 제88조). 수형자와 사형확
정자가 별개의 형사사건으로 수사 또는 재판을 받고 있는 경우에는 그 사건과
관련하여 미결수용자로서의 지위를 가지게 되므로 당해 형사사건에서 방어권
보장을 위하여 변호인과의 자유로운 접견 및 서신무검열원칙을 적용한 것이다.

　　수형자 등이 형사사건 이외에 자신의 법률적 사무를 처리하기 위해서 또
는 시설내 처우와 관련하여 불복하기 위해 변호사를 선임한 경우에도 형집행
법 제88조를 적용할 수 있는지에 대해 헌법재판소는 '원래 변호인의 조력을
받을 권리는 형사절차에서 피의자 또는 피고인이 검사 등 수사·공소기관과
대립되는 당사자의 지위에서 변호인 또는 변호인이 되려고 하는 자와의 사이
에 충분한 접견교통에 의하여 피의사실이나 공소사실에 대하여 충분하게 방어
할 수 있도록 함으로써 피고인이나 피의자의 인권을 보장하려는 데 그 제도의
취지가 있는 점에 비추어보면, 형사절차가 종료되어 교정시설에 수용중인 수
형자는 원칙적으로 변호인의 조력을 받을 권리의 주체가 될 수 없다.'라고 판
시하였다.[369]

6. 방어권 보장

　　미결수용자가 징벌대상자로서 조사받고 있거나 징벌집행 중인 경우에도

367　헌재 2015. 12. 23. 2013헌마712.
368　2015. 12. 23. 헌법재판소의 헌법불합치 결정에 따라 2016. 12. 2. 법률 제14281호로 추가함
369　헌재 1998. 8. 27. 96헌마398.

소송서류의 작성, 변호인과의 접견·편지수수, 그 밖의 수사 및 재판과정에서의 권리행사를 보장하여야 한다(법 제85조). 형사사건으로 수사 또는 재판을 받고있는 수형자와 사형확정자에 대하여도 이 규정을 준용하고 있다(법 제88조).

소장은 징벌사유에 해당하는 행위를 하였다고 의심할 만한 상당한 이유가 있는 수용자가 ① 증거를 인멸할 우려가 있는 때, ② 다른 사람에게 위해를 끼칠 우려가 있거나 다른 수용자의 위해로부터 보호할 필요가 있는 때의 어느 하나에 해당하면 접견·편지수수·전화통화·실외운동·작업·교육훈련, 공동행사 참가, 중간처우 등 다른 사람과의 접촉이 가능한 처우의 일부 또는 전부를 제한할 수 있다(법 제110조 제2항). 금치의 처분을 받은 수용자에게는 그 기간 중 처우제한이 함께 부과되고, 다만 수용자의 권리구제, 수형자의 교화 또는 건전한 사회복귀를 위하여 특히 필요하다고 인정하면 집필·편지수수 또는 접견을 허가할 수 있다(법 제112조 제3항). 그러나 미결수용자의 방어권 보장을 위하여 접견이나 편지수수는 물론 소송서류의 작성을 비롯한 형사절차에서 권리행사를 위한 활동을 보장하고 있다.

7. 처우

미결수용자에 대해서는 신청을 전제로 교육과 교화프로그램의 실시 및 작업을 하도록 하고, 이 경우에 수형자에 대해 적용되는 규정을 준용하고 있다. 즉 미결수용자에 대하여는 신청에 따라 교육 또는 교화프로그램을 실시하거나 작업을 부과할 수 있으며 미결수용자에게 교육 또는 교화프로그램을 실시하거나 작업을 부과하는 경우에는 교육, 교화프로그램, 작업부과 및 집중근로에 따른 처우, 휴일의 작업, 작업의 면제, 작업수입 등, 위로금·조위금, 다른 보상·배상과의 관계, 위로금·조위금을 지급받을 권리의 보호에 관한 규정을 준용한다(법 제86조). 이는 무죄추정을 받는 미결수용자에 대해 본인의 의사에 반하지 않은 범위 안에서 인정한 것이다.

수형자를 대상으로 한 종교행사를 매주 1회 실시한 것과 비교하여 미결수용자를 대상으로 한 종교행사를 4주에 1회 실시한 것이 미결수용자의 종교의 자유를 지나치게 제한하였는지에 대하여 종교행사를 실시할 공간이 1개뿐이고 종교행사를 종교, 수형자와 미결수용자, 성별, 수용동 별로 구분하여 진행하고 있으며 구치소에는 미결수용자의 비율이 높은데 미결수용자의 경우 공범이나 동일사건 관련자가 있는 경우 이들을 분리하고 서로 간의 접촉을 금지해야 할 필요가 있는 사정을 고려하면 미결수용자에 대한 개신교 종교행사를 매주 하지 않고 4주에 1회 실시한 것이 침해의 최소성에 반한다고 보기어렵다(헌재 2015. 4. 30. 2013헌마190).

미결수용자에 대한 교육·교화프로그램 또는 작업은 교정시설 밖에서 행하는 것은 포함하지 아니한다(법 시행령 제103조 제1항). 이는 도주 등을 방지하고 구금을 확보하기 위한 것이다. 신청에 따라 작업이 부과된 미결수용자가 작업의 취소를 요청하는 경우에는 그 미결수용자의 의사(意思), 건강 및 교도관의 의견 등을 고려하여 작업을 취소할 수 있다(동조 제2항). 미결수용자의 작업은 본인의 신청을 전제로 하고 있으므로 부분별한 작업의 취소요청을 막고, 자의적이고 일방적인 작업취소가 행해지는 것을 방지하기 위한 것이다.

입법론으로 미결수용자에게 신청에 의한 작업을 할 수 있도록 한 것은 과거 작업위주의 수용생활에서 미결수용자에게 노동의 기회를 제공한다는 취지에서 둔 규정이나 이론적으로나 실제적으로 문제가 있다고 하는 견해가 있다.[370] 즉 교도작업 전체로 보면 비교적 단기간 구금되어 있는 미결수용자의 작업은 큰 의미를 가지지 못하고, 실제로 구치소에는 작업을 위한 시설 및 설비와 직원을 충분히 확보할 수 없어 교도소의 경우와 균형이 맞지 않으며, 무죄추정을 받으면서 자유형의 처벌인 작업을 하게 한다는 것은 자체가 모순이라고 한다. 그러나 미결수용자 가운데 신청에 의한 작업하기를 원하는 자에 대해서 허가하여 건강을 유지하고 근로습관을 익히는 등의 기회를 주는 것은 처우상 문제가 있는 것은 아니다.

8. 도주 등의 경우 조치

미결수용자는 형사사건으로 수사 또는 재판을 받고 있는 신분이라는 점을 고려하여 미결수용자가 도주하거나 도주한 미결수용자를 체포한 경우에는 검사에게 통보하고, 기소된 상태인 경우에는 법원에도 지체 없이 통보하도록 하고 있다(법 시행령 제104조). 또한 미결수용자가 위독하거나 사망한 경우에는 그 사실을 검사에게 통보하고, 기소된 상태인 경우에는 법원에도 지체 없이 통

---

370 신양균, 앞의 책(2012년), 381쪽.

보하여야 한다(법 시행령 제105조).

　미결수용자가 형사소송법의 규정(제34조, 제89조, 제209조)에 따라 외부의
사의 진료를 받는 경우에는 교도관이 참여하고 그 경과를 수용기록부에 기록
하여야 한다(법 시행령 제106조).

제 4 절 경찰관서에 설치된 유치장

　경찰관서에 설치된 유치장은 수사기관에 의해 체포 또는 구속된 피의자를
일시적으로 수용하는 시설을 말한다. 「경찰관 직무집행법」은 '법률에서 정한
절차에 따라 체포 · 구속된 사람 또는 신체의 자유를 제한하는 판결이나 처분
을 받은 사람을 수용하기 위하여 경찰서와 해양경찰서에 유치장을 둔다(동법
제9조).'고 규정하여 유치장 설치근거를 명시하면서 유치장을 미결수용자 뿐만
아니라 일정한 판결이나 처분을 받은 자도 수용하는 시설이라고 규정하고 있
다.[371] 즉 경찰서유치장에는 사법경찰관에 의해 체포 · 구속된 피의자를 10일간
유치할 수 있고, 「즉결심판에 관한 절차법」에 따라 구류의 선고를 받은 자를
유치할 수 있으며(동법 제17조 제1항), 「법원조직법」에 따라 감치처분을 받은
자,[372] 그리고 법원은 인치받은 피고인을 유치할 필요가 있는 때에는 교도
소 · 구치소 또는 경찰서 유치장에 유치할 수 있다(형소법 제71조의2).

　경찰서에 설치된 유치장은 교정시설의 미결수용실로 보아 형집행법을 준
용한다(법 제87조). 경찰관서에 설치된 유치장에는 수형자를 30일 이상 수용할
수 없다(법 시행령 제107조). 이 규정에 의해 경찰서 유치장은 미결수용실에 준
하는 것이어서 그곳에 수용된 피의자에 대하여는 형집행법 및 그 시행령이 적
용된다.[373] 이는 경찰관서에 설치된 유치장에 수용된 미결수용자도 교정시설
에 수용된 미결수용자와 같은 처우를 하여야 한다는 의미로 해석할 수 있고,
유치장의 기능이 다양한 점을 고려하면 유치장에 수용된 수용자에 대해 적용

371　유치인에 대한 구체적인 처우내용에 관해서는 경찰청훈령인 「피의자 유치 및 호송 규칙」에
　　서 규정하고 있다.
372　감치는 경찰서유치장, 교도소 또는 구치소에 유치(留置)함으로써 집행한다(법원조직법 제
　　61조 제3항).
373　대법원 2002. 5. 6. 2000모112 결정.

할 근거법규로서 형집행법이 적용된다는 것을 간접적으로 명시한 것으로 보는
견해도 있다.[374]

> 유치장은 경찰관직무집행법 제9조에 의하여 법률이 정한 절차에 따라 체포·구속
> 되거나 신체의 자유를 제한하는 판결 또는 처분을 받은 자를 수용하기 위하여 각
> 경찰서에 설치할 수 있도록 되어 있는 시설이고 행형법 제68조에 의하여 미결수
> 용실에 준하도록 되어 있으며 유치장에 수용되어 있는 유치인들의 도망과 증거인
> 멸을 방지하는 기능을 한다(헌재 2001. 7. 19. 2000헌마546).

미결수용자의 경우 교정시설이나 유치장 등 어디에 수용되어 있든지 동일
한 처우를 받아야 한다. 따라서 미결수용자의 경우 경찰서 유치장을 미결수용
실로 본다는 것은 인적·물적 여건이 허락하는 범위 내에서 가능한 한 처우의
내용을 같게 하여야 한다는 뜻으로 해석해야 할 것이다.[375]

미결수용자는 격리된 시설에서 강제적 공동생활을 하므로 구금 목적의 달
성 즉 도주·증거 인멸의 방지와 규율 및 안전유지를 위한 통제의 결과 헌법이
보장하는 신체의 자유 등 기본권에 대한 제한을 받는 것이 불가피하다. 그러나
이러한 기본권의 제한은 헌법 제37조 제2항에서 규정한 국가안전보장·질서유
지 또는 공공복리를 위하여 필요한 경우에 한하여 법률로서 할 수 있으며, 제
한하는 경우에도 자유와 권리의 본질적인 내용을 침해할 수 없다. 무죄가 추정
되는 미결수용자의 자유와 권리에 대한 제한은 구금의 목적인 도망·증거인멸
의 방지와 시설 내의 규율 및 안전유지를 위한 필요최소한의 합리적인 범위를
벗어나서는 아니된다.[376]

---

374 신양균, 앞의 책(2012년), 382쪽.
375 신양균, 앞의 책(2012년), 384쪽.
376 헌재 1995. 5. 27. 97헌마137 등.

제 10 장 사형확정자

제 1 절 서론

형벌의 역사는 사형의 역사라고 해도 지나친 말이 아니다. 이것은 사형이 인류의 역사와 함께 존재하였다는 것과 형벌 중에서 가장 중한 것이라는 것을 의미한다. 사형은 범죄인의 생명을 박탈함으로써 사회적 존재를 영구히 말살하는 것을 내용으로 하는 형벌이다. 또한 사형은 가장 오랜 역사를 가진 형벌로 범죄에 대한 간단하고 근원적인 응보방법이며, 또한 효과적인 일반예방 방법으로 인식되어 왔다. 그러나 사형에 관하여 사형의 극형성·최후성·원상회복 불가능성으로 인하여 인간에 대한 존엄과 가치, 인도주의 정신과 더불어 형사정책적 차원에서 사형제도의 존폐 문제, 위헌성 여부, 사형대체형벌 등에 관하여 끊임없이 논쟁이 제기되어 왔다.

1989년 12월「사형폐지를 향한 시민적·정치적 권리에 관한 국제규약 제2의정서」가 채택되어 1991년 7월에 발효하였다. 우리나라는 1997년 12월 30일 사형을 집행한 이래 사형을 집행하지 않고 있어, 국제사면위원회(Amnesty International) 등 국제인권단체로부터 사실상의 사형폐지국으로 분류되고 있다. 통상 등 국제적인 역학관계로 인하여 앞으로도 사형을 집행하기에는 어려울 것으로 전망된다.

1997년 12월 30일 이후 사형집행이 이루어진 적이 없으나 사형선고는 계속되고 있으며, 헌법재판소는 사형을 형의 종류의 하나로서 규정한 사형제도(형법 제41조 제1호) 및 사형을 법정형의 하나로 규정한 살인죄(형법 제250조 제1항)에 대하여 합헌결정을 한 바 있다.[377] 그 후에도 헌법재판소는 2010년 2월 25일 관여 재판관 5:4(합헌 5, 위헌 4)의 의견으로 사형제도가 헌법에 위반되지 아니한다고 결정하였다. 즉 사형제도는 현행 헌법이 예정하고 있는 형벌의 한 종류이고, 생명권 제한에 있어서의 헌법 제37조 제2항에 의한 한계를 일탈하였다고 할 수 없으며, 인간의 존엄과 가치를 규정한 헌법 제10조에 위배된다

---

377 헌재 1996. 11. 28. 95헌바1.

고 볼 수 없으므로 헌법에 위반되지 않는다고 판단하였다.[378]

　　교정당국은 사형확정자를 장기간 동안 교정시설에 수용할 수밖에 없는 상황 아래에서 사형확정자에 대한 처우 문제가 부각됨에 따라 2008년 형집행법을 개정하여 사형확정자에 대한 처우를 규정하였다. 사형의 집행은 수용의 종료에서 논한다.

제 2 절 법적 지위

　　사형확정자란 사형을 선고받아 그 형이 확정되어 교정시설에 수용된 사람을 말한다(법 제2조 제4호). 사형확정자는 유죄판결이 확정되어 있다는 점과 구금은 사형의 집행행위에 필연적으로 부수하는 조치인 점에서 미결수용자와 다르다. 그리고 구금 그 자체는 형의 집행이 아니며 사형확정자는 교정·교화와 건전한 사회복귀를 위한 적극적인 처우의 대상이 되지 아니한다는 점에서 수형자와 다른 특수한 법적지위를 가진다.[379]

　　사형확정자는 사형이 집행될 때까지 신병을 확보할 필요가 있지만 다가올 죽음을 기다리고 있다는 특수한 상황에 놓여있고, 매우 큰 정신적 고뇌와 동요 속에 있는 점 때문에 그 처우에 있어서 인도적인 관점에서 심정의 안정에 충분히 배려하는 것이 요구된다.[380]

　　형집행법은 사형확정자를 수형자 또는 미결수용자와 구별되는 별도의 지위를 부여하고 있으며, 수용자의 범위에 사형확정자를 포함하고 있다. 그리고 제2편 제10장에서 사형확정자의 수용과 개인상담 등에 대한 규정을 두고 있다. 또한 사형확정자의 심리적 안정 및 원만한 수용생활을 위하여 교육 또는 교화프로그램을 실시하거나 신청에 의한 작업을 부과할 수 있도록 하여 장기

378　헌재 2010. 2. 25, 2008헌가23.
379　鴨下守孝, 앞의 책(2006년), 403쪽／신양균, 앞의 책(2012년), 390쪽.
380　일본의 피수용자처우법 제32조 '사형확정자의 처우에 있어서는 그 사람이 심적 안정을 얻을 수 있도록 함에 유의한다'라고 규정하고 있는 것은 심적 안정이 사형확정자 자신의 주관적인 문제이기 때문에 형사시설측이 심적안정을 고려하여 적극적인 관여를 하거나 또는 권리를 제한하지 아니하고, 그 주체성을 존중하면서 처우상 배려를 하는 것이 요구된다(鴨下守孝, 앞의 책(2006년), 405쪽).

간의 수용생활에서 오는 신체적·정신적 건강을 도모하는 한편 수용관리에 있어 선택의 폭을 넓혔다. 그러나 이와 같은 사형확정자에 대한 처우는 인간의 본성에 대한 배려를 위해 형집행법의 목적이 무의미해지는 결과를 초래하였으며 앞으로 행형이 해결해야 할 과제 중 하나이다.

제3절 사형확정자의 처우

1. 서

형집행법은 수용자의 범위에 사형확정자를 포함하여 규정함으로써 형집행법 제2편 수용자의 처우에 관한 규정은 사형확정자에게도 적용된다.[381] 그리고 제2편 제10장에서 사형확정자에 대하여 원칙적인 독거수용과 예외적인 경우 혼거수용, 상담 및 교화프로그램 실시, 작업, 접견 및 전화통화 등 사형확정자의 심리적 안정과 원만한 수용생활에 중점을 둔 처우를 규정하고 있다.

형집행법은 '사형확정자의 심리적 안정 및 원만한 수용생활을 위하여 교육 또는 교화프로그램을 실시하거나 신청에 따라 작업을 부과할 수 있다(법 제90조 제1항).'고 규정하고 있다. 따라서 사형확정자에 대한 처우에 있어서 심리적 안정과 원만한 수용생활은 구체적인 경우에 그 기준이 된다고 할 수 있다.

수용자에 대한 일반적인 처우에 관한 규정인 물품지급 및 금품관리, 위생과 의료, 종교와 문화, 안전과 질서, 규율 및 상벌, 권리구제 등은 사형확정자에도 적용된다. 그리고 형집행법은 사형확정자의 특수한 상황을 고려하여 수용, 상담 및 교화프로그램의 실시, 작업, 접견·편지수수 및 전화통화 등 그 밖의 처우에 관하여 규정하고 있다.

2. 수용

사형확정자의 수용에 대하여는 구분수용 및 독거수용을 원칙으로 하고 있다.

---

381 사형확정자의 처우 일반에 대해서는 오히려 수용자 처우에 관한 일반규정이 실질적인 의미를 가진다(신양균, 앞의 책(2012년), 391쪽).

형집행법은 사형확정자에 대한 구분수용을 규정하여, 사형확정자를 수형자나 미결수용자와 구분하여 교도소 또는 구치소에 수용하도록 하는 한편, 구체적인 기준은 법무부령으로 정하고 있다(법 제11조 제1항, 제4호).

사형확정자는 사형집행시설이 설치되어 있는 교정시설에 수용하되, ① 교도소에는 교도소 수용 중 사형이 확정된 사람과 교도소에서 교육·교화프로그램 또는 신청에 따른 작업을 실시할 필요가 있다고 인정되는 사람을 수용하고, ② 구치소에는 구치소에 수용 중 사형이 확정된 사람이나 교도소에서 교육·교화프로그램 또는 신청에 따른 작업을 실시할 필요가 없다고 인정되는 사람을 구분하여 수용한다(법 시행규칙 제150조 제1항). 그러나 사형확정자의 심리적 안정을 도모하고 교정시설의 안전과 질서유지를 위하여 특히 필요하다고 인정하는 경우에는 위 규정에도 불구하고 교도소에 수용할 사형확정자를 구치소에 수용할 수 있고, 구치소에 수용할 사형확정자를 교도소에 수용할 수 있다(동조 제2항).

사형확정자를 수용하는 시설의 설비 및 계호의 정도는 일반경비시설 또는 중(重)경비시설에 준한다(법 시행령 제108조). 사형확정자에 대하여 형의 집행을 확보해야 할 필요성이 있기 때문에 도주방지를 위한 통상적인 설비나 사형확정자에 대한 관리·감시가 필요하여 일반경비시설 또는 중경비시설에 수용하도록 한 것이다.

사형확정자는 독거수용하고 다만 자살방지, 교육·교화프로그램, 작업, 그 밖의 적절한 처우를 위하여 필요한 경우에는 법무부령으로 정하는 바에 따라 혼거수용할 수 있다(법 제89조 제1항). 사형확정자의 독거수용원칙은 사형확정자는 구금만을 목적으로 하는 것이 아니라 다가올 자신의 죽음을 기다리고 있다는 특수한 상황에 있고, 큰 정신적 고뇌와 동요에 빠지기 쉬우므로 심정의 안정을 얻을 수 있도록 유의해서 처우하여야 하기 때문이다.

그러나 사형확정자의 자살·도주 등의 사고를 방지하기 위하여 필요한 경우에는 사형확정자와 미결수용자를 혼거수용할 수 있고 사형확정자의 교육·교화프로그램, 작업 등의 적절한 처우를 위하여 필요한 경우에는 사형확정자와 수형자를 혼거수용할 수 있다(법 시행규칙 제150조 제3항). 사형확정자의 자살이나 도주 등의 사고를 방지하기 위하여 필요한 경우 미결수용자와

혼거수용할 수 있도록 한 것은 교정시설의 안전만을 고려한 조치라는 견해
가 있다.[382]

사형확정자가 수용된 거실은 참관할 수 없다(법 제89조 제2항). 일반의 호
기심 등으로부터 보호를 통해 사형확정자의 심신의 안정을 기하고 사생활을
보호하기 위한 것이다.

3. 일반 처우

수용자에 대한 의식주, 외부교통, 보건 및 의료, 종교와 문화, 강제력 행
사, 징벌 등 일반적인 처우는 사형확정자에게도 적용된다.

먼저 사형확정자에 대해 시설 내에서의 생활을 보장하기 위해 관급원칙의
기준에 따라 건강유지에 적합한 의류 및 침구, 그리고 건강상태, 나이, 부과된
작업의 종류, 그 밖의 개인적 특성을 고려하여 건강 및 체력을 유지하는 데에
필요한 음식물을 지급한다(법 제22조, 제23조). 그리고 사형확정자는 소장의 허
가를 받아 자신의 비용으로 음식물, 의류, 침구, 그 밖에 수용생활에 필요한 물
품을 구매할 수 있다(법 제24조 제1항). 휴대금품은 원칙적으로 보관하여야 하
고, 편지 · 도서 그 밖에 수용생활에 필요한 물품은 법무부장관이 정하는 범위
내에서 소지할 수 있다.

소장은 사형확정자가 건강한 생활을 하는 데에 필요한 위생 및 의료상의
적절한 조치를 하여야 하며, 사형확정자가 사용하는 모든 설비와 기구가 항상
청결하게 유지되도록 하여야 한다(법 제30조, 제31조). 운동 및 목욕, 건강검진,
잠염성 질병에 관한 조치, 부상자 등 치료, 외부의료시설 진료 등, 자비치료,
수용자의 의사에 반하는 의료조치 등은 사형확정자에게도 적용된다.

사형확정자에 대해서도 교정시설 안에서 실시하는 종교의식 또는 행사에
참석하게 하고, 개별적인 종교상담을 받을 수 있다(법 제45조 제1항). 비치도서
의 이용, 신문 · 잡지 또는 도서의 자비구독 등도 사형확정자에 대해서 허용된
다. 사형확정자도 정서안정 및 교양습득을 위하여 라디오 청취와 텔레비전 시
청을 할 수 있고, 시설의 안전 또는 질서를 해칠 명백한 위험이 있다고 인정하
는 경우가 아니면 문서 또는 도화를 작성하거나 문예 · 학술 그 밖의 사항에 관

---

382 신양균, 앞의 책(2012년), 395쪽.

하여 집필할 수 있다.

교정시설의 안전과 질서와 관련하여 금지물품, 신체검사 등, 전자장비를 이용한 계호, 보호실 및 진정실 수용, 보호장비의 사용·종류 및 사용요건·남용금지, 강제력 행사, 무기의 사용, 재난시의 조치, 수용을 위한 체포에 관한 각종 규정은 사형확정자에게도 일반적으로 적용된다. 또한 포상이나 징벌에 관한 규정도 사형확정자에 대해 적용된다.

뿐만 아니라 사형확정자에게도 수용생활 중에 자신의 권리가 침해된 경우에는 모든 권리구제수단이 인정된다. 형집행법에서 규정하고 있는 소장면담이나 청원은 물론 정보공개청구, 국가인권위원회 진정 등을 이용할 수 있고 행정소송, 민사소송, 형사소송, 헌법소원 등 사법적인 권리구제수단을 이용할 수 있다.

4. 특별한 처우

가. 상담 및 교화프로그램 실시

소장은 사형확정자의 심리적 안정 및 원만한 수용생활을 위하여 교육 또는 교화프로그램을 실시할 수 있다(법 제90조 제1항). 그리고 사형확정자의 심리적 안정 및 원만한 수용생활을 위하여 소속 교도관으로 하여금 지속적인 상담을 하게 하고 사형확정자에 대한 상담시기, 상담책임자 지정, 상담결과 처리절차 등에 대해 엄중관리자 상담에 관한 규정을 준용한다(법 시행규칙 제152조).

사형확정자에 대한 교육과 교화프로그램은 본인이 원하거나 동의가 있는 경우에 한해 원칙적으로는 개별적으로 실시하여야 하고, 혼거수용은 사형확정자의 특수한 지위에 비추어 교육과 교화프로그램의 실시가 필요한 경우에 한하여야 한다. 여기서 필요한 경우란 사형확정자 본인의 동의가 있고 프로그램의 개별적인 실시가 곤란하며 혼거수용이 사형확정자의 심리적 안정을 해하거나 시설의 안전 또는 질서유지에 지장이 없는 경우를 의미한다. 교육·교화프로그램, 작업 등을 위하여 필요하거나 교정시설의 안전과 질서유지를 위하여 특히 필요하다고 인정하는 경우에는 법무부장관의 승인을 받아 사형확정자를 다른 교정시설로 이송할 수 있다(법 시행규칙 제151조). 또한 사형확정자에 대한 교육·교화프로그램, 작업 등의 처우를 위하여 법무부장관이 정하는 전담 교정시설에 수용할 수 있다(법 시행규칙 제155조). 그리고 수용관리, 의료처우,

그 밖의 사유에 의한 이송도 가능하다.[383]

사형확정자에 대하여 심리상담, 종교상담, 심리치료 등의 교화프로그램을 실시하는 경우에는 전문가에 의하여 집중적이고 지속적으로 이루어질 수 있도록 계획을 수립·시행하여야 한다(법 시행규칙 제154조).

나. 작업 및 번호표 등

사형확정자에 대한 작업부과는 강제가 아니라 신청에 의하여 할 수 있다. 즉 사형확정자의 심리적 안정 및 원만한 수용생활을 위하여 신청에 따라 작업을 부과할 수 있다(법 제90조 제1항). 사형확정자가 작업을 신청하면 교도관회의의 심의를 거쳐 교정시설 안에서 실시하는 작업을 부과할 수 있고 이 경우 부과하는 작업은 심리적 안정과 원만한 수용생활을 도모하는 데 적합한 것이어야 한다(법 시행규칙 제153조 제1항). 사형확정자는 독거수용을 원칙으로 하고 있지만 작업을 위해 필요한 경우에는 수형자와 혼거수용할 수 있다(법 시행규칙 제150조 제3항). 작업이 부과된 사형확정자가 작업의 취소를 요청하면 사형확정자의 의사(意思), 건강, 담당교도관의 의견 등을 고려하여 작업을 취소할 수 있다(제153조 제3항).

사형확정자의 번호표 및 거실표의 색상은 붉은색으로 한다(법 시행규칙 제150조 제4항). 그러나 작업이 부과된 사형확정자에 대하여 교도관회의의 심의를 거쳐 번호표 및 거실표의 색상을 붉은색으로 하지 않을 수 있다(법 시행규칙 제153조 제2항). 이는 동료수형자와의 관계, 단체생활에서의 형평성 등 처우상 필요한 경우에 예외를 인정하여 사형확정자 처우에 신중을 기하기 위한 것이다.

다. 외부교통

형집행법은 사형확정자에게 접견과 전화통화 등 외부와의 교통권을 보장하여 심리적 안정을 기하고 있다. 사형확정자는 원칙적으로 교정시설의 외부에 있는 사람과 접견할 수 있으며(법 제41조 제1항), 사형확정자의 접견횟수는 매월 4회로 한다(법 시행령 제109조). 사형확정자의 교화나 심리적 안정을 도모하기 위하여 특히 필요하다고 인정하면 접견시간대 외에도 접견을 하게 할 수 있고, 접견시간을 연장하거나 접견횟수를 늘릴 수 있다(법 시행령 제110조).

---

383 신양균, 앞의 책(2012년), 394쪽.

사형확정자의 편지수수는 수형자와 같으며, 전화통화는 사형확정자의 심리적 안정과 원만한 수용생활을 위하여 필요하다고 인정하는 경우에는 월 3회 이내의 범위에서 허가할 수 있다(법 시행규칙 제156조).

제 11 장 안전과 질서

제 1 절 총론

1. 서

안전이란 수용자가 시설 내에서 안전하게 수용생활하도록 하는 것은 물론 시설과 설비 자체의 안전뿐만 아니라 위험을 야기하거나 야기할 개연성이 있는 사람이나 물건을 감시하고 억제하는 것을 포함하는 포괄적인 개념이다. 그리고 질서란 다수의 사람을 수용하여 관리하는 시설 내에서 정해진 일정한 규칙에 따라 생활하는 것을 의미한다. 교정시설은 형벌의 집행이나 피고인 등의 신병확보를 위하여 수용자를 강제로 구금하는 시설로서 시설과 인력의 안전 및 수용자의 안전을 위해서는 일상생활에 있어 규율과 질서유지가 중요하다.[384] 따라서 교정시설에서는 규율 및 질서가 침해되지 아니하도록 예방하거나 또는 수용자가 규율 및 질서를 해하는 행위를 하려고 하는 경우에는 이를 제지하고, 침해행위가 일어난 때에는 이것을 진압하여 규율 및 질서를 회복하여야 한다.

전통적으로 안전과 질서유지는 시설 내에서 수용자의 행동이나 생활을 규제하는 도구개념으로 이해되어 왔으나, 사회복귀를 위한 처우를 충실히 하는 것이 바로 시설의 안전과 질서를 유지하는 데에 기여할 뿐만 아니라 안전에 대한 사회의 요구를 충족시키는 데에도 중요한 역할을 한다는 점을 인식하여야 한다.[385]

특히 수형자를 교정·교화하여 사회에 복귀하도록 하는 목적을 달성하기 위해서는 무엇보다 수형자의 안전한 구금이 확보되어야 하고, 이를 위해서 교정시설은 안전과 질서를 유지해야 할 과제를 안게 된다. 즉 교정시설에서 안전과 질서를 확보하는 것은 수용의 목적을 달성하고 수형자의 교화개선 및 사회복귀를 위한 각종 처우의 전제조건이기도 하다. 규율과 질서의 문란으로 수형

---

384 헌재 2010. 10. 28. 2009헌마428/헌재 2011. 12. 29. 2009헌마527.
385 클라우스 라우벤탈 저/신양균·김태명·조기영 역, 앞의 책(2010년), 401쪽.

자의 생명 또는 신체에 위험이 야기되면 행형의 목표인 수형자의 교정·교화를 통한 재사회화는 말할 것도 없고, 처우의 기본적 전제조건인 구금확보가 불가능하게 되며 나아가 수형자의 생명과 신체의 안전에도 직접적으로 영향을 미칠 수 있기 때문이다.[386]

형집행법은 일정한 사유가 있는 경우에 교정당국에 안전과 질서를 유지하기 위한 필요한 조치를 취하거나 이를 실행할 권한을 부여하고 있다. 이와 같은 수단 또는 방법으로 신체검사, 전자장비를 이용한 계호, 보호실과 진정실 수용, 보호장비 사용, 강제력 행사, 무기사용, 재난시 조치, 수용을 위한 체포, 엄중관리대상자의 관리에 대하여 규정하고 있다. 뿐만 아니라 각종 규율 및 지켜야 할 사항, 징벌도 안전과 질서를 위한 방안에 속한다.

그 가운데 강제력의 행사는 수용자의 권리를 침해하는 행정처분 중에서 가장 효과가 강하다. 따라서 직접강제력을 행사하는 것은 교도관에 한한다. 교도관은 수용자는 물론 필요한 경우 수용자 이외의 사람에 대하여도 직접강제의 권한을 가진다.

교도관은 자신의 직무상의 판단으로 안전과 질서를 위한 각종 조치를 취하거나 또는 권한을 가진 상사의 명령에 따라 행동한다. 특히 상사의 명령에 따라 행동하는 경우에 복종의무의 범위 및 한계와 관련하여, 공무원은 위법한 지시명령에 따라 행동했을 경우 정당한 공무집행으로 볼 수 없기 때문에 책임을 피할 수 없다.

안전과 질서를 위한 수단을 사용하는 경우에도 교정당국은 수용자의 생명, 신체의 안전을 확보할 의무가 있다. 수용자가 의무관의 치료 또는 그 경과 관찰을 받고 있는 경우 또는 그자의 정신상태가 보안상 조치의 원인인 경우에는 소장은 의무관의 의견을 들을 의무가 있으며, 특히 보호실이나 진정실에 수용하는 경우와 보호장비를 사용하는 경우에는 그 조치에 대한 의무관의 지속적인 감독이 필요한 것 등이 그 예이다.

---

386 헌재 2015. 11. 26. 2012헌마858, 변호인접견불허 위헌확인.

2. 강제력의 성질과 한계

가. 강제력의 성질

교정시설의 안전과 질서를 유지하기 위하여 긴급한 장애를 제거하거나 또는 사전에 의무를 명하는 강제력은 행정법상 즉시강제와 유사한 성격을 가지고 있다. 즉 안전과 질서유지를 위한 수단 가운데 수용자의 자살, 도주 또는 폭행행위에 대하여 실력을 행사하여 제지하거나 또는 그 신체를 구속하고, 수갑 · 포승 등의 보호장비를 사용하며, 보호실에 수용하거나 또는 무기를 사용하는 등의 제지행위를 하는 작용은 직접 수용자의 신체나 재산에 실력을 행사하여 규율 및 질서유지라고 하는 행정목적을 달성하기 때문에 행정법상 '즉시강제'의 일종으로 볼 수 있다[387]. 또한 수용자에게 감염성의 질병이 발생하였을 때, 다른 수용자에 대한 감염을 방지하기 위해 강제적으로 격리수용하는 것도 행정법상의 즉시강제의 성질을 가진다.

나. 한계

이와 같은 즉시강제작용은 그 성질상 경우에 따라서는 수용자의 생명, 신체 또는 재산에 중대한 침해를 미칠 우려가 있기 때문에 '법률에 의한 행정'의 원리에 기초하여 그 발동은 법률에 근거하여야 한다. 수용자에 대한 강제력 행사의 근거법률은 형집행법이며, 강제력 행사는 헌법상의 기본권 제한의 한계에 따라야 한다. 그리고 수단과 목적 사이에 합리적인 비례관계가 있어야 한다.

강제력을 행사하는 경우 그 성질이나 목적 등과 관련한 한계는 강제력의 행사에 의해 달성하고자 목적에 적합한 수단이어야 하고(적합성의 원칙), 목적달성을 위해 필요 최소한도의 침해적인 수단을 선택하여야 하며(필요성의 원칙), 침해되는 정도와 달성하고자 하는 목적 사이에 합리적인 비례관계가 있어야 한다(상당성의 원칙).

수용시설 내의 안전과 질서를 유지하기 위하여 이들 기본권의 일부 제한이 불가피하다 하더라도 그 본질적인 내용을 침해하거나, 목적의 정당성, 방법의 적정성, 피해의 최소성 및 법익의 균형성 등을 의미하는 과잉금지의 원칙에 위배되어서는 아니된다 (헌재 1997. 3. 27. 95헌가17, 헌재 1998. 5. 28. 95헌바18, 헌재 2002. 7. 18. 2000헌마327).

---

387 鴨下孝守, 앞의 책(2006년), 27쪽.

보충성의 원칙은 시설 내의 질서 및 안전 유지를 위하여 선택되는 수단이 다른 방법으로는 그 목적을 달성할 수 없는 경우에만 예외적으로 허용되어야 한다는 것을 말한다.[388] 예를 들면 진정실 수용요건인 '강제력을 행사하거나 보호장비를 사용하여도 그 목적을 달성할 수 없는 경우(법 제96조 제1항)'는 보충성의 원칙에 해당된다. 헌법재판소는 '수형자는 형벌의 집행을 위하여 격리된 구금시설에서 강제적인 공동생활을 하게 되므로 헌법이 보장하는 신체활동의 자유 등 기본권이 제한되기 마련이나, 제한되는 기본권은 형의 집행과 도망의 방지라는 구금의 목적과 관련된 기본권에 한정되어야 하고, 특히 수용시설 내의 질서 및 안전을 유지하기 위하여 행해지는 기본권의 제한은 다른 방법으로는 그 목적을 달성할 수 없는 경우에만 예외적으로 허용되어야 한다.'라고 판시하였다.[389]

협의의 비례의 원칙은 사용가능하고 또한 적당하다고 인정되는 강제적 조치 중에서 개인과 일반에 대하여 가장 폐해가 적은 것을 선택하여야 한다는 것을 말한다. 보호장비의 사용은 단순한 유형력으로 충분하지 아니하는 경우에만 사용할 수 있다고 하는 것은 이 원칙에 해당한다.

비례의 원칙은 강제력을 이용하여 자유를 제한하는 경우에도 그 목적을 달성하기 위하여 필요최소한도에 그쳐야 하며, 그 한도를 넘는 경우에는 위법하게 된다는 원칙이다. 즉 강제력의 행사는 규율 및 질서가 침해되거나 침해되려고 하는 직접의 구체적인 위험이 있는 경우에 한하여 발동될 수 있고, 강제력에 의해 수용자의 자유를 제한하는 정도가 그것에 의하여 제거되는 규율 및 질서에 대한 침해의 정도와 비례하여야 한다. 형집행법은 보호장비의 사용(제99조 제1항)과 강제력의 행사(제100조 제6항), 무기의 사용(제101조 제5항)에서 필요한 최소한 사용을 규정하고 있으나 비례의 원칙은 안전과 질서를 위한 조치 일반에 대해서 요구되는 원리라고 할 수 있다.[390]

청구인들은 상습적으로 교정질서를 문란케 하는 등 교정사고의 위험성이 높은 엄중격리대상자들인 바 이들에 대한 계구사용행위, 동행계호행위 및 1인 운동장을

---

388 신양균, 앞의 책(2012년), 406쪽.
389 헌재 2008. 5. 29, 2005헌마137.
390 신양균, 앞의 책(2012년), 406쪽.

사용하게 하는 처우는 그 목적의 정당성 및 수단의 적정성이 인정되며, 필요한 경우에 한하여 부득이한 범위 내에서 실시되고 있다고 할 것이고, 이로 인하여 수형자가 입게 되는 자유 제한에 비하여 교정사고를 예방하고 교도소 내의 안전과 질서를 확보하는 공익이 더 크다고 할 것이다(헌재 2008. 5. 29, 2005헌마137).

교정시설의 장은 시설의 안전과 질서를 확보하고 유지할 의무가 있다. 즉 교도소 등의 구금시설에 수용된 수용자는 스스로의 의사에 의하여 시설로부터 나갈 수 없고 행동의 자유도 박탈되어 있으므로, 그 시설의 관리자는 수용자의 생명, 신체의 안전을 확보할 의무가 있다.[391] 안전확보 의무의 내용과 정도는 수용자의 신체적·정신적 상황, 시설의 물적·인적 상황, 시간적·장소적 상황 등에 따라 일의적이지는 않고 사안에 따라 구체적으로 확정하여야 한다.

교도소 내에서 수용자가 자살한 사안에서, 담당 교도관은 급성정신착란증의 증세 가 있는 망인의 자살사고의 발생위험에 대비하여 계구의 사용을 그대로 유지하거 나 또는 계구의 사용을 일시 해제하는 경우에는 CCTV 상으로 보다 면밀히 관찰 하여야 하는 등의 직무상 주의의무가 있음에도 이를 위반하여 망인이 사망에 이 르렀다(대법원 2010. 1. 28. 선고 2008다75768).

수형자를 교도소에 수용함에 있어서 신체의 자유를 제한하는 외에 교화목 적의 달성과 질서유지를 위하여 수용자의 신체활동과 관련된 그 밖의 자유에 대하여 제한을 가하는 것도 수용조치에 부수되는 제한으로서 허용된다고 할 것이나 그 제한은 위 목적 달성을 위하여 꼭 필요한 경우에 합리적인 범위 내 에서만 허용되는 것이고, 그 제한이 필요하고 합리적인가의 여부는 제한의 필 요성의 정도와 제한되는 권리 내지 자유의 내용, 이에 가해진 구체적 제한의 형태와의 비교교량에 의하여 결정된다고 할 것이며, 법률의 구체적 위임에 의 하지 아니한 행형법시행령이나 계호업무지침 등의 규정은 위와 같은 위법성 판단을 함에 있어서 참고자료가 될 수는 있으나 그 자체로서 수형자의 권리 내지 자유를 제한하는 근거가 되거나 그 제한조치의 위법 여부를 판단하는 법 적 기준이 될 수 없다.[392]

---

391   대법원 2010. 1. 28. 2008다75768.
392   대법원 2003. 7. 25. 2001다60392.

제 2 절 계호(戒護)

1. 서

계호는 교정시설의 안전과 질서를 유지하기 위하여 행사되는 일체의 강제력을 의미하며,[393] 수용자에 대한 격리작용과 교화개선작용을 위하여 행하는 경계와 보호라는 두 가지 측면을 포함하고 있다. 여기에서 경계란 구금확보에 장애가 되는 요소를 예방하고 배제하는 작용을 말하며, 보호란 수용자나 제3자의 생명·신체와 재산에 대한 위험을 예방하거나 배제하고 구제하는 작용을 말한다.

종래에는 계호가 수용자에 대한 감독 및 통제, 효과적인 경비, 질서확립, 구금확보, 규율유지 등이라는 소극적인 경계를 의미하는 것으로 보았으나 교정·교화를 교정의 이념으로 하는 오늘날에는 적극적인 보호기능 내지 복지증진작용도 계호의 목적에 포함된다고 할 수 있다.[394]

과학문명의 발달은 사람의 신체나 기초장비에 의존하던 계호의 한계를 극복하게 하였고, 심리학·사회학·물리학·정신의학·화학·공학 등 여러 가지 인접과학의 응용은 계호활동을 보다 능률적이고 과학적으로 수행할 수 있게 하였다.[395] 특히 심리학, 정신의학, 사회학 등의 응용을 통하여 수용자의 특성을 자세하게 파악하고 이것을 기초로 개별적·과학적인 계호가 가능하게 되었다. 사회심리학의 응용은 수용자의 네트워크에 대한 연구를 촉진하였으며 수용자 상호간의 결합관계를 파악하고 비행성 활동억제를 가능하게 하였다. 화공학의 발달은 다양한 물질의 개발과 검사방법의 과학화를 가져와 담배나 마약 등 금지약품 사용여부의 측정을 가능하게 하였고, 물리학의 응용은 금지물품의 검색을 가능하게 하였다. 이와 같은 현대과학의 발달은 종래의 인적 방법에 의한 계호를 정밀한 과학기기에 의한 물적계호로 전환시키고 있으며 이러한 추세는 더욱 가속화될 것으로 보인다. 특히 과학기술정보통신, 디지털기기, 인공지능 등의 발달은 계호분야에 있어서 획기적인 변화를 가져올 것으로 예상된다.

---

393 배종대·정승환, 앞의 책(2002년), 241쪽／허주욱, 앞의 책(2010년), 324쪽／신양균, 앞의 책(2012년), 405쪽／이백철, 앞의 책(2020년), 638쪽.
394 허주욱, 앞의 책(2013년), 333쪽／이백철, 앞의 책(2020년), 638쪽.
395 허주욱, 앞의 책(2013년), 337쪽.

2. 목적

계호의 목적은 수용자의 구금을 확보하고 교정시설 내 규율을 유지하는 한편 외부의 침입 등으로부터 교정시설을 방호하는 데 있다. 즉 구금은 형벌집행 또는 수용의 확보를 위한 것으로 수용자가 구속상태를 불법적으로 벗어나려는 시도를 저지하려는 데에 계호의 목적이 있다. 또한 수용자가 정해진 일과시간표를 준수하고 규율 및 직원의 직무상 지시에 따르도록 함으로써 시설의 안전과 질서를 유지하는 한편 외부세력이 사회혼란을 목적으로 교정시설을 공격하거나 특정 수용자의 탈취를 목적으로 교정시설에 침입하는 것을 방어하는 것도 목적이다. 그 중 일차적 목적은 행형질서의 확립에 있으며,[396] 재사회화 목적과 수형자의 기본권 보장도 함께 고려되어야 한다.

계호행위시에는 계호의 목적과 수형자에게 부과되는 의무와 제한이 서로 충돌하기도 하며, 이 경우 비례성의 원칙이 기준이 되어야 한다.[397] 즉 시설의 보안 또는 질서유지를 위하여 수용자에게 부과되는 의무와 제한은, 그것이 목적과 정당한 관계에 있고 동시에 수용자의 기본권을 필요 이상으로 과도하고 장기간 침해해서는 아니된다.

3. 종류

계호는 대상, 수단, 관점 등에 따라 여러 가지로 구분된다.[398]

계호대상을 기준으로 대인계호와 대물계호로 구분할 수 있다. 대인계호란 신체검사, 강제력 행사, 보호장비 사용, 무기사용 등과 같이 수용자나 제3자의 신체에 직접적으로 행사되는 계호를 말한다. 대물계호란 거실 및 작업장 검사, 차입물품 검사, 휴대품 검사 등과 같이 시설이나 물건에 대하여 행사되는 계호를 말한다.

계호수단을 기준으로 인적계호와 물적계호로 구분된다. 인적계호란 계호권자의 육체적 또는 정신적 기능을 통한 계호를 말하며, 수용동 또는 작업장

---

396 배종대·정승환, 앞의 책(2002년), 241쪽.
397 배종대·정승환, 앞의 책(2002년), 242쪽.
398 신양균, 앞의 책(2012년), 405쪽 / 허주욱, 앞의 책(2013년), 339쪽 / 배종대·정승환, 앞의 책(2002년), 241~242쪽.

근무나 운동·목욕시 근무와 같이 교도관이 수용자와 직접 접촉하는 직접 인적계호와 출입구 경계나 순찰근무, 거실검사 등과 같이 수용자의 행동을 규제하는 간접 인적계호로 구분된다. 물적계호란 시설이나 장비를 이용한 계호를 말하며 건물 및 부속설비, 보호장비, 무기의 사용에 의한 계호를 말한다. 예를 들면 건물, 외벽, 문, 철책, 감시초소, 인터폰, 조명시설, 포승, 수갑 등이 여기에 속한다.

계호장소를 기준으로는 수용자를 교정시설 외부 또는 교정시설 간에 이송하는 호송계호와 검찰이나 법원 등 형사사법기관의 소환에 따라 출석시키는 때의 출정계호로 구분된다. 이와 같은 구분은 계호에 필요한 장비와 무기, 근무원칙, 계호인원 등에서 차이가 없으므로 구별의 의미가 크지 않다.

> 형집행법 제97조 제1항, 제98조 제2항, 계호업무지침 제207조에서 말하는 '호송'이란 사전적으로 '죄수나 형사피고인을 어떤 곳에서 목적지로 감시하면서 데려가는 일'을 뜻하는 것으로, 이는 수용자를 일시적으로 구금시설 외의 장소로 이동시키는 것을 통칭한다고 할 것이다. 그러므로 수형자가 호송관서에서 출발하여 법원에 도착한 후 행정법정 방청석에서 대기하고, 행정재판을 받는 전 과정에서의 계호업무는 그 성격상 '호송'의 개념 범위 내에 있는 업무로 보아야 할 것이며, 이러한 인식에 터잡아 교도관이 해당 수형자를 호송하며 계구를 사용하는 것이 현행 교도실무라고 할 수 있다(헌재 2018. 7. 26. 2017헌마1238).

계호사태의 긴급성을 기준으로 통상계호와 비상계호로 구분된다. 통상계호란 신체검사, 의류검사, 휴대품검사, 거실 및 작업장 검사 등과 같은 일상적인 계호를 말하며, 수용자의 신체에 대한 직접적인 강제력을 수반하지 않는다. 비상계호는 천재지변, 폭동, 도주, 화재, 전쟁 등과 같은 경우에 특별한 수단과 방법으로 행해지는 계호를 말하며 이때에는 수용자의 신체나 법익에 대한 침해가 통상계호에 비해 강하게 작용된다.

그 밖에 계호대상의 특수성을 기준으로 일반계호와 특별계호로 구분된다. 일반계호는 일반수용자에 대한 통상적인 계호를 말한다.[399] 특별계호는 중형

---

399 교도관들이 수용자의 이상 유무를 수시로 관찰하고 특이사항이 있을 경우 이를 기록하여 보고하는 것까지는 사정이 없는 한 위법하다고 할 수 없지만, 이를 넘어서 수용자에게 특이사항이 없음에도 불구하고 공권력을 이용하여 수용처우의 자료로서 가치가 있는지 의문이 드는 원고의 일상생활에 관한 사항까지 한 시간에 한 번씩 기록으로 남긴 교도관들의 행위는 수용자의 인격권을 본질적으로 침해한 것이라고 할 것이다(서울중앙지방법원 2012. 4.

선고자, 상습규율위반자, 도주나 자살우려자, 정신질환자 등 교정사고의 우려
가 높은 수용자를 대상으로 교정사고를 방지하고 구금을 확보하기 위하여 행
해지는 계호를 말하며 수용자의 신체 및 법익에 대한 침해가 일반계호에 비해
강하게 작용된다. 헌법재판소는 '관심대상수용자 내지 중점관리대상자는 수용
자 중에서 교도관이나 동료 수용자를 폭행하거나 도주 또는 자살을 시도하는
등 교정사고의 위험이 높은 사람 중에서 분류처우위원회의 의결을 거쳐 지정
되게 되므로, 관심대상수용자로 지정된 사람에 대해서는 교정사고를 예방하고
다른 수용자 및 교도관의 생명·신체를 보호하기 위하여 일반 수용자 보다 높
은 수준의 계호가 요구된다'라고 결정하였다.[400]

4. 계호권의 행사 및 그 범위

계호권자란 계호업무를 수행할 수 있는 권한을 법적으로 인정받은 사람을
말한다. 현행법상 계호권자는 교도관이며, 교도관은 교정시설에 근무하면서
교도관 직무규칙 제2조 제1호에 규정되어 있는 업무를 담당하는 공무원을 말
한다(교도관 직무규칙 제2조). 그 중에 교정직교도관은 수용자에 대한 지도·처
우·계호, 교정시설의 경계, 교정시설의 운영·관리, 그 밖에 교정행정에 관한
사항의 사무를 담당한다(교도관 직무규칙 제25조 제1항).

계호권은 수용자에 대하여 적용하는 것이 원칙이나 수용자 이외의 사람이
교정시설에 침입하거나 방화·시설파괴 등 시설의 안전을 위협하는 경우와 교
정시설 밖에서 수용자 탈취를 시도하는 경우에는 수용자 이외의 사람에 대해
서도 계호권을 발동할 수 있다. 계호권자는 대상자가 현행범인 경우에는 체포
할 수 있고, 일정한 요건에 해당되는 경우에는 강제력을 행사하거나 무기를 사
용할 수 있다. 한편, 교도관은 자신이 소속된 교정시설의 수용자에 대해서만
계호권을 발동할 수 있는 것이 원칙이지만 예외적으로 다른 교정시설에 비상
사태가 발생하여 응원을 위하여 출동한 경우에는 해당 교정시설의 장의 지
휘·감독 아래 계호권을 행사할 수 있다.[401]

18. 2011가단210736).
400 헌재 2010. 10. 28. 2009헌마438.
401 허주욱, 앞의 책(2010년), 326쪽/이백철, 앞의 책(2020년), 640쪽.

수형자에 대한 기본권제한의 정도와 동행계호행위의 목적 등에 비추어 볼 때 청구인에 대한 동행계호행위는 법률에 따라 그 기본권제한의 범위 내에서 이루어진 것으로서 청구인의 신체의 자유 등을 침해하지 아니할 뿐만 아니라 관심대상수용자인 청구인에 대하여 특별히 계호를 엄중히 하는 것은 교도소 내의 안전과 질서유지를 위한 것으로서 그 차별에 합리적인 이유가 있으므로 청구인의 평등권을 침해한다고 볼 수 없다(헌재 2010. 10. 28, 2009헌마438).

계호권 행사는 공무집행에 해당하므로 법률상 보호를 받고, 적법으로 추정되어 상대방을 구속할 수 있다. 그리고 정당하고 적법한 계호권 행사는 위법성을 조각하고, 계호권 행사에 대하여 폭행이나 협박 등으로 이를 방해한 경우에는 공무집행방해죄를 구성하며, 도주 시에는 가중처벌된다. 계호권 행사에 대하여는 소장면담, 청원, 행정심판, 행정소송 등을 제기하여 그 효력을 다툴 수 있다.

그러나 계호권 행사가 고의 또는 과실로 위법부당한 경우에는 해당 교도관은 징계처분의 대상이 되고 폭행, 가혹행위에 해당하는 경우에는 형사처벌의 대상이 된다. 또한, 교도관이 고의 또는 과실로 법령을 위반하여 수용자나 제3자에게 손해를 가한 경우에는 국가가 그 손해를 배상하여야 하며, 이 경우 해당 교도관에게 고의 또는 중대한 과실이 있는 경우에는 국가가 해당 교도관에게 구상권을 행사할 수 있다(국가배상법 제2조).

계호권 행사의 한계로는 계호의 목적을 달성하기 위하여 사용되는 계호행위 간에는 비례의 원칙이 적용된다. 즉 계호의 목적달성을 위해 불가피하게 침해행위가 선택되는 경우라도 필요한 정도를 넘지 않아야 한다.

5. 계호행위

가. 서

계호행위란 계호권자가 수용자에 대한 구금확보와 보호 및 시설의 안전과 질서유지 등을 위하여 행하는 일체의 조치를 말한다. 계호를 위하여 필요한 경우 교도관은 강제력을 행사하거나 보호장비를 사용할 수 있고 위급한 경우에는 무기를 사용할 수 있다.[402]

---

402   배종대·정승환, 앞의 책(2002년), 242쪽.

계호행위의 내용에는 시찰, 명령 또는 지시, 강제, 검사, 정돈, 구제, 배제 등이 있다. 계호행위는 교정시설 기능의 하나인 구금확보를 위하여 행사되는 것이므로 원칙적으로 모든 수용자를 대상으로 하고, 수용자의 위험성과 그 개선정도에 따라 계호의 정도는 차등적으로 적용될 수 있다. 형집행법은 도주방지 등을 위한 수용설비 및 계호의 정도에 따라 교정시설을 개방시설, 완화경비시설, 일반경비시설, 중(重)경비시설로 구분하고 있다(법 제57조 제2항). 계호의 강화대상자는 상습규율위반자 · 중형선고자 등 교정사고의 우려가 높은 수용자이며, 계호의 완화대상자로는 개방처우대상자나 자치제대상자 등이 있다.

나. 계호행위의 내용

1) 시찰

시찰이란 수용자의 동정이나 시설의 상태 등을 살펴보는 예방조치를 말하며, 일상적으로 행해지는 기본적인 계호행위 중 하나이다. 형집행법 시행령은 계호상 독거수용자의 시찰(법 시행령 제6조), 여성수용자에 대한 시찰(법 시행령 제7조)에 대하여 규정하고 있다.

시찰과 관련하여 헌법재판소는 수용자에게 '취침시 출입구 쪽으로 머리를 두면 취침하는 동안 CCTV나 출입문에 부착된 시찰구를 통해서라도 얼굴부위를 확인할 수 없으므로, 출입구 반대 방향인 화장실 방향으로 머리를 두라'고 지시한 지도행위는 취침 중 자살이나 심장마비 등의 교정사고가 발행하는 것을 방지하고 수용자의 생명을 보호하기 위해 거실출입문 반대로 머리를 두고 취침하라고 지도 · 교육한 것에 불과하여 공권력의 행사가 아니라고 하였다.[403] 그리고 교정시설 내 CCTV계호와 관련하여 '교정시설 내 자살사고는 수용자 본인이 생명을 잃는 중대한 결과를 초래할 뿐만 아니라 다른 수용자에게도 직접적으로 부정적 영향을 미치고, 나아가 교정시설이나 교정정책 전반에 대한 불신을 야기할 수도 있다는 점에서 이를 방지할 필요성이 매우 크다. CCTV계호행위로 인하여 수용자의 사생활에 상당한 제약이 가하여진다고 하더라도, 수용자의 생명 · 신체를 보호하고 교정시설 내의 안전과 질서를 보호하려는 공익이 그보다 작다고 할 수 없다.'라고 판단하고 '그 목적이 정당할 뿐만 아니라 적합한 수단이며 피해의 최소성의 요건을 갖추었으며 법익의 균형성도 갖추었

---

403 헌재 2012. 10. 16. 2012헌마750, 교정시설 내 특정취침자세 강요행위 위헌확인.

으므로 수용자의 사생활의 비밀 및 자유를 침해하였다고는 볼 수 없다.'라고
하였다.[404]

> 형집행법 제94조 제1항은 '교도관은 자살·자해·도주·폭행·손괴, 그 밖에 수용자의
> 생명·신체를 해하거나 시설의 안전 또는 질서를 해하는 행위(이하 '자살 등'이라 한
> 다)를 방지하기 위하여 필요한 범위에서 전자장비를 이용하여 수용자 또는 시설
> 을 계호할 수 있다. 다만, 전자영상장비로 거실에 있는 수용자를 계호하는 것은
> 자살 등의 우려가 큰 때에만 할 수 있다.'라고 규정하고 있다. 위 규정들은 CCTV
> 를 이용하여 수용자의 행동을 상시적으로 관찰함으로써 그의 생명·신체를 보호하
> 고 교정시설 내의 안전과 질서를 보호하는 것을 목적으로 하는데, 교도관의 시선
> 에 의한 감시의 경우 발생하는 시간적·공간적 공백을 메움으로써 자살 등의 교정
> 사고 발생을 막을 수 있다는 점에서 위 목적 달성에 적합한 수단이고, 형집행법
> 및 동법 시행규칙이 CCTV 계호행위로 인해 수용자가 입게되는 피해를 최소화하
> 기 위한 규정들을 마련하고 있으며, 수용자의 생명·신체를 보호하고 교정시설 내
> 의 안전과 질서를 보호하려는 공익이 수용자의 사생활보호라는 사익보다 결코 작
> 다고 할 수 없으므로(헌재 2011. 9. 29. 2010헌마413 결정 참조), 위 규정의 요건을
> 충족하는 수용자에 대하여 CCTV 계호를 하는 것은 정당하다(수원지방법원 2015.
> 10. 15. 2015구합60847).

2) 명령

명령은 계호권자가 직무권한의 범위 내에서 직무의 목적을 달성하기 위하
여 수용자에게 강제적으로 일정한 행동을 요구하거나 금지하는 것을 말하며
통상 구두나 서면 또는 게시 등의 방법에 의한다. 명령은 수용자의 의무를 전
제로 하며, 명령이 실현되지 않았을 때에는 강제가 따른다. 예를 들면 수용자
는 청결의무(법 제32조), 교도관의 직무상 지시에 따라야 할 의무(법 제105조 제
3항) 등에 근거한 교도관의 명령에 대하여 따라야 하며, 불응할 경우 징벌이나
강제력이 발동될 수 있다.

헌법재판소는 '수용동에서 인원점검을 하면서 수형자들을 정열시킨 후
차례로 번호를 외치도록 한 행위에 대하여 신속하고 정확하게 거실 내 인원수
를 확인함과 동시에 수형자의 건강상태 내지 심리상태, 수용생활 적응 여부
등을 살펴 각종 교정사고를 예방하거나 사후에 신속하게 대처할 수 있도록 함

---

404 헌재 2011. 9. 29. 2010헌마413, 독거실내 폐쇄회로 텔레비전 설치 위헌확인.

으로써 교정시설의 안전과 질서를 유지하기 위한 것으로 그 목적이 정당하고 그 목적을 달성하기 위한 적절한 수단이 된다.'라고 결정하였다.[405] 하급심 판례는 '법 및 규칙상 교도소 내 수용자의 청결의무, 지시복종의무, 금지물품 등에 관한 규정을 살펴보면 교도관에게는 교정 분위기를 저해할 수 있는 부착물을 제거하라고 지시할 수 있는 재량권이 인정된다고 할 것이다.'라고 판시하였다.[406]

3) 강제

강제는 수용자가 정당한 이유없이 법규 또는 계호권자의 직무상 명령을 이행하지 않은 경우에 그 명령을 이행한 것과 동일한 상태를 실현하기 위하여 행하는 조치를 말하며, 강제력 행사나 보호장비 사용 등이 여기에 속한다. 강제에는 주로 수용자의 행동에 대한 제지 등의 조치가 행해지며 수용자의 신체에 유형력을 행사하는 등 강제력을 수반하기 때문에 근거, 요건, 행사주체, 대상, 한계 등에 대해 명확하게 법으로 규정할 필요가 있다. 교도관은 수용의 확보, 수용자의 보호, 시설의 안전과 질서의 유지 등 일정한 사유에 해당하면 수용자는 물론 수용자 이외의 사람에 대하여 강제력을 행사할 수 있고, 강제력을 행사하는 경우에는 보안장비를 사용할 수 있다(법 제100조).

4) 검사

검사는 교정사고를 예방하기 위하여 신체나 물품 등에 대하여 보안상태를 조사하는 것을 말하며 중요한 계호행위 중 하나이다. 신체 및 의류·지니는 물건·거실이나 작업장 등에 대한 검사(법 제93조 제1항), 전달 허가물품의 검사(법 시행령 제43조), 마약류수용자의 보관품 및 지니는 물건의 수시점검(법 시행규칙 제208조) 등이 있다. 검사는 도주나 살상행위 또는 방화행위를 사전에 방지하기 위하여 칼 종류나 공구, 라이타 등의 위험한 물품이나 금지물품 등이 은닉·소지되는 것을 방지하기 위한 조치로 이와 같은 검사 등은 구체적인 의심에 이르지 않는 경우에 실시된다.

수용자 및 교정시설 종사자의 생명과 신체에 대한 위해를 방지하고 교정시설의 안전과 질서유지를 위하여 수용자의 신체 및 휴대품을 검사하는 것은

405　헌재 2012.7.26. 2011헌마332.
406　대전고등법원 2013.8.13. 2012누742, 징벌처분무효확인.

반드시 필요하고, 특히 수용자가 흉기 기타 위험물이나 금지물품을 교정시설 내로 반입하는 것을 원천적으로 차단하기 위해서는 교정시설에 입소하는 수용자에 대해 보다 세밀한 검사가 요구된다.[407]

헌법재판소는 거실 및 작업장을 검사하는 행위에 대하여 '교도소의 안전과 질서를 유지하고, 수형자의 교화·개선에 지장을 초래할 수 있는 물품을 차단하기 위한 것으로서 과잉금지원칙에 위배하여 청구인의 사생활의 비밀과 자유를 침해하였다고 할 수 없고, 나아가 교도소장의 거실 검사행위가 추구하는 목적의 중대성, 검사행위의 불가피성과 은밀성이 요구되는 특성, 이에 비하여 수형자의 부담이 크지 아니한 점, 수형자의 이의나 불복이 있을 경우 그 구제를 위하여 일정한 절차적 장치를 두고 있는 점 등을 종합해 볼 때 적법절차에 위배되지 아니한다.'라고 판시하였다.[408]

또한 헌법재판소는 교도관이 마약류사범에게 검사의 취지와 방법을 설명하고 반입금지품을 제출하도록 안내한 후 외부와 차단된 검사실에서 같은 성별의 교도관 앞에 돌아서서 하의 속옷을 내린 채 상체를 숙이고 양손으로 둔부를 벌려 항문을 보이는 방법으로 실시한 정밀신체검사에 대하여 목적이 정당하고, 수단이 적절하며, 최소침해성과 법익 균형성을 갖추고 있으며 과잉금지의 원칙에 위배되었다고 할 수 없다고 판시하였다.[409]

또한 신입수용자에 대하여 일괄적으로 전자영상 검사기로 항문부위를 검사하는 것에 대하여 수용자가 느끼는 모욕감이나 수치심이 결코 작다고 할 수는 없지만 이에 비하여 흉기 기타 위험물이나 금지물품을 교정시설 내로 반입하는 것을 차단함으로써 수용자 및 교정시설 종사자들의 생명·신체의 안전과 교정시설 내의 질서를 유지한다는 공익적 이익이 훨씬 크다 할 것이므로, 법익의 균형성 요건 또한 충족되어 청구인의 인격권 내지 신체의 자유를 침해한다고 할 수 없다라고 판시하였다.[410] 그리고 마약 반응검사를 위하여 수용자로부터 소변을 채취하는 것은 형집행법에서 규정하고 있는 신체검사의 하나라고 할 것이며, 그 목적의 정당성과 방법의 적절성이 인정되고, 피해의 최소성의 원칙도

---

407   헌재 2011. 5. 26. 2010헌마775, 수용자 신체검사 위헌확인.
408   헌재 2011. 10. 25. 2009헌마691, 계호업무지침 제60조 등 위헌확인.
409   헌재 2006. 6. 29. 2004헌마826.
410   헌재 2011. 5. 26. 2010헌마775, 수용자 신체검사 위헌확인.

지켜졌으며, 법익의 균형성을 갖추었으므로 과잉금지의 원칙에 위반되지 아니한
다고 하였다.[411]

> 행형법에서 유치장에 수용되는 피체포자에 대한 신체검사를 허용하는 것은 유치
> 의 목적을 달성하고, 수용자의 자살, 자해 등의 사고를 미연에 방지하며, 유치장
> 내의 질서를 유지하기 위한 것인 점에 비추어 보면, 이러한 신체검사는 무제한적
> 으로 허용되는 것이 아니라 위와 같은 목적 달성을 위하여 필요한 최소한도의 범
> 위 내에서 또한 수용자의 명예나 수치심을 포함한 기본권이 부당하게 침해되는
> 일이 없도록 충분히 배려한 상당한 방법으로 행하여져야만 할 것이고, 특히 수용
> 자의 옷을 전부 벗긴 상태에서 앉았다 일어서기를 반복하게 하는 것과 같은 방법
> 의 신체검사는 수용자의 명예나 수치심을 심하게 손상하므로 수용자가 신체의 은
> 밀한 부위에 흉기 등 반입이나 소지가 금지된 물품을 은닉하고 있어서 다른 방법
> (외부로부터의 관찰, 촉진에 의한 검사, 겉옷을 벗고 가운 등을 걸치게 한 상태에서 속
> 옷을 벗어서 제출하게 하는 등의 방법을 생각할 수 있다)으로는 은닉한 물품을 찾아
> 내기 어렵다고 볼 만한 합리적인 이유가 있는 경우에 한하여 허용된다고 할 것이
> 다(대법원 2001. 10. 26. 선고 2001다51466).

5) 정돈

정돈이란 수용자의 규칙적 생활을 유도하고 시설 내 물품이나 장비의 이
상 유무를 확인하는 행위를 말한다. 정돈은 수용자의 무질서한 생활습관을 교
정하는 데에도 유용하다.[412] 수용자에게 지급하는 의류와 침구 등 생활용품의
지급기준을 정하고(법 시행규칙 제8조), 수용자 의류·침구의 품목별 색채 및 규
격을 법무부장관이 정하도록 한 규정(법 시행규칙 제9조) 등은 정돈을 위해 필
요한 조치이다.

6) 구제

구제란 위험이 발생한 경우에 적정한 방법을 동원하여 수용자를 구조하거
나 시설의 본래 기능을 회복하기 위한 사후 조치를 말하며, 재난시의 조치(법
제102조)가 이에 해당된다.

7) 배제

배제란 위험발생의 개연성이 있다고 판단되는 경우에 이를 사전에 예방하

---

411 헌재 2006. 7. 27. 2005헌마277, 소변강제채취 위헌확인.
412 허주욱, 앞의 책(2010년), 328쪽/이백철, 앞의 책(2020년), 642쪽.

기 위한 조치를 말한다. 시설의 안전과 질서에 대한 위험을 예방하기 위하여 수형자를 다른 수형자로부터 분리하는 것도 이에 해당한다. 위험발생의 우려가 있는 물품의 소지를 금지(법 제132조)하고, 이를 소지한 경우에는 몰수 또는 폐기하는 것과 독거실 내 안전방충망을 설치한 것도 자살사고를 예방하기 위한 것으로 이에 해당한다고 할 수 있다. 또한 독거실에 수용 중인 관심대상수용자에 대한 동행계호행위는 교정사고를 예방하고 수용자 및 교도관의 신체 등을 보호하기 위한 것으로서 그 목적은 정당하고 목적을 달성하기 위한 적합한 수단이라고 할 수 있다.[413]

> 독거실 내 안전방충망의 설치로 수용자가 어떠한 불쾌함이나 불편함을 느꼈다고 하더라도 그것만으로 수용자의 헌법상 기본권이 침해될 가능성이나 위험성이 있다고 보기 어렵다(헌재 2012. 4. 17. 2012헌마339).

하급심 판례는 수용자들에게 우송되는 크리스마스카드는 일반 편지지에 비하여 그 두께가 두꺼워 마약, 담배 등 부정한 물품이 반입될 수 있으므로 평상시보다 엄격한 검열이 필요하고, 이러한 검열을 하면서 특히 멜로디카드에 장착되어 있는 건전지, 전선, 스피커 등을 이용하여 수용자들이 부정물품을 제작하거나 자해를 할 가능성이 있다고 판단하여 소장이 이 각 부품을 제거한 후 수용자들에게 교부할 것을 지시한 후 교도관들이 위 지시에 따라 누나로부터 우송된 멜로디카드의 멜로디 기능을 이루는 부품을 제거한 채 원고에게 교부한 것은 위법하다고 할 수는 없다고 판시하였으며,[414] 이는 배제에 해당한다고 볼 수 있다.

제 3 절 안전과 질서를 위한 방안

1. 서

형집행법은 교정시설의 안전과 질서를 위해 다양한 방법과 수단에 대한 규정을 두고 있다.

---

413 헌재 2010. 10. 28. 2009헌마438, 공권력행사 위헌확인 등.
414 서울중앙지방법원 2006. 12. 22. 2006나5702.

시설의 안전과 질서에 방해가 되는 금지물품에 대하여 규정하여 사전예방적인 방안을 마련하고 있으며, 수용자의 신체·의류·휴대품·거실 및 작업장 등과 교정시설을 출입하는 수용자 외의 사람에 대하여 의류와 휴대품을 검사할 수 있도록 하고 있다. 그 밖에 시설의 안전 또는 질서를 유지하기 위하여 수용자를 수용하고 있는 장소와 외부와의 차단, 외부인의 출입제한, 거실문 개방 등 제한, 계호상 장애물 금지 등에 대해 규정하고 있다.

시설 내 안전과 질서를 유지하기 위한 방안으로 전자장비를 이용한 계호, 보호실 및 진정실 수용, 보호장비의 사용, 강제력의 행사, 무기의 사용 등에 대해 규정하고 있다. 교정시설에서 계호나 강제력 행사에 사용되는 일체의 기기를 포함한 교정장비에 대하여 규정하고 있다. 여기서 교정장비란 교정시설 안(교도관이 교정시설 밖에서 수용자를 계호하고 있는 경우 그 장소를 포함한다.)에서 사람의 생명과 신체의 보호, 도주의 방지 및 교정시설의 안전과 질서를 유지하기 위하여 교도관이 사용하는 장비와 기구 및 그 부속품을 말한다(법 시행규칙 제2조 제7호).

교정장비의 종류는 전자장비, 보호장비, 보안장비, 무기가 있다(법 시행규칙 제157조). 소장은 교정장비의 보관 및 관리를 위하여 관리책임자와 보조자를 지정하고, 관리책임자와 보조자는 교정장비가 적정한 상태로 보관·관리될 수 있도록 수시로 점검하는 등 필요한 조치를 하여야 하며, 특정장소에 고정식으로 설치되는 장비 외의 교정장비는 별도의 장소에 보관·관리하여야 한다(법 시행규칙 제158조).

2. 금지물품

수용자는 시설에서 지급하는 물품을 소지할 수 있고, 소장의 허가를 받아서 자신의 비용으로 음식물·의류·침구, 그 밖에 수용생활에 필요한 물품을 구매할 있으며(법 제24조 제1항), 법무부장관이 정하는 범위에서 편지·도서, 그 밖에 수용생활에 필요한 물품을 지닐 수 있다(법 제26조 제1항).

시설의 안전 또는 질서를 유지하기 위하여 일정한 물품에 대하여 수용자가 소지하는 것을 금지할 필요가 있다. 현행법은 금지물품의 범위와 그 기준을 구체적으로 정하고 있다. 형집행법은 수용자 외의 사람이 수용자에게 금품을

건네줄 것을 신청하거나 수용자에게 보내온 금품으로서 ① 수형자의 교화 또
는 건전한 사회복귀를 해칠 우려가 있는 때, ② 시설의 안전 또는 질서를 해칠
우려가 있는 때에는 이를 허가하지 아니한다(법 제27조).

　　형집행법은 수용자가 소지하여서는 아니되는 금지물품으로 ① 마약·총
기·도검·폭발물·흉기·독극물, 그 밖에 범죄의 도구로 이용될 우려가 있는
물품, ② 무인비행장치, 전자·통신기기, 그 밖에 도주나 다른 사람과의 연락
에 이용될 우려가 있는 물품, ③ 주류·담배·화기·현금·수표, 그 밖에 시설
의 안전 또는 질서를 해칠 우려가 있는 물품, ④ 음란물, 사행행위에 사용되는
물품, 그 밖에 수형자의 교화 또는 건전한 사회복귀를 해칠 우려가 있는 물품
에 대하여 규정하고 있다(제92조 제1항). 그러나 금지물품 중 소장이 수용자의
처우를 위하여 허가하는 경우에는 무인비행장치, 전자·통신기기, 그 밖에 도
주나 다른 사람과의 연락에 이용될 우려가 있는 물품을 소지할 수 있다(동조
제2항).

　　수용자가 위의 금지물품을 반입·제작·소지·사용·수수·교환·은닉하
는 행위를 하면 징벌위원회의 의결에 따라 징벌을 부과할 수 있다(법 제107조
제4호). 또한 형집행법은 금지물품의 소지(법 제132조)와 반입(법 제133조)에 대
해 벌칙을 규정하고 있다.

3. 신체검사 등

가. 서

　　수용자 및 교정시설에 근무하는 직원 등의 생명·신체에 대한 위해를 방
지하고 교정시설의 안전과 질서유지를 위하여 수용자의 신체 및 휴대품을 검
사하는 것은 반드시 필요하고 특히 수용자가 흉기 기타 위험물이나 금지물품
을 교정시설 내로 반입하는 것을 원칙적으로 차단하기 위해서는 교정시설에
입소하는 수용자에 대해 보다 세밀한 검사가 요구된다.[415] 이를 위해 형집행법
은 수용자의 신체, 거실 등에 대한 검사와 필요한 경우 교정시설에 출입하는
사람의 의류와 휴대품을 검사할 수 있도록 규정하고 있다.

　　그러나 신체검사는 시설의 안전과 질서를 유지하는 데 불가결한 처분인

415　헌재 2011. 5. 26. 2010헌마775.

동시에 수용자 또는 수용자 외의 사람에 대하여 권리와 자유를 일정한 한도에서 제약하기 때문에 형집행법은 법적 근거와 요건을 명확히 하고 그 대상과 범위를 한정하고 있다. 즉 교도관은 시설의 안전과 질서유지를 위하여 필요하면 수용자의 신체·의류·휴대품·거실 및 작업장 등을 검사할 수 있고, 교정시설을 출입하는 수용자 외의 사람에 대하여 의류와 휴대품을 검사할 수 있다 (법 제93조 제1항 및 제3항). 교도관은 이러한 검사를 위하여 탐지견, 금속탐지기, 그 밖의 장비를 이용할 수 있다(법 시행령 제114조).

헌법재판소는 '헌법 제10조는 모든 기본권 보장의 종국적 목적이자 기본이념이라 할 수 있는 인간의 본질적이고 고유한 가치인 인간의 존엄과 가치로부터 유래하는 인격권을 보장하고 있고, 제12조는 정신적 자유와 더불어 인간의 존엄과 가치를 구현하기 위한 가장 기본적인 자유로서 모든 기본권 보장의 전제가 되는 신체의 자유를 보장하고 있다. 따라서 구행형법 제68조 등에 근거하여 경찰서 유치장 내의 수용자에 대한 정밀신체검사의 실시에 따라 국민의 기본권에 대한 제한이 불가피하다 하더라도 그 본질적인 내용을 침해하거나, 목적의 정당성, 방법의 적정성, 피해의 최소성 및 법익의 균형성 등을 의미하는 과잉금지의 원칙에 위배되어서는 아니된다.'고 판시하였다.[416]

나. 검사 주체 및 검사 요건

신체검사 등은 교도관이 할 수 있다(법 제93조 제1항 및 제3항). 신체검사 등은 강제력을 행사하는 것이므로 그 주체를 교도관에 한정한 것이다. 여성의 신체·의류 및 휴대품에 대한 검사는 여성교도관이 하여야 한다(동조 제4항). 여성의 수치심 등에 배려할 필요가 있기 때문에 규정한 것으로 교도관이 아닌 여성은 검사의 주체가 될 수 없다.

검사의 요건은 시설의 안전과 질서유지를 위해 필요한 경우이다. 신체검사 등이 시설의 안전과 질서를 유지하기 위해 필요한 경우에 대해 일률적으로 제시하기는 어렵다. 구체적인 상황, 시설 사정, 검사의 구체적인 필요성, 필요로 하는 검사의 내용이나 정도 등이 각각 다르기 때문에 비례의 원칙에 따라 개별적으로 판단할 수밖에 없다.[417]

---

416 헌재 2002. 7. 18. 2000헌마327.
417 신양균, 앞의 책(2012년), 411쪽.

헌법재판소는 '교도관이 실시한 정밀신체검사는 수용자의 생명·신체에 대한 위해를 방지하고 구치소 내의 안전과 질서를 유지하기 위하여 흉기 등 위험물이나 반입금지물품의 소지·은닉 여부를 조사하기 위한 것으로 그 목적이 정당하고(목적의 정당성), 마약류 등은 항문에 충분히 은닉할 수 있어 그 수단도 적합하며(수단의 적합성), 청구인은 마약류관리법 위반으로 구속영장이 집행된 자로서 그 이전에도 동종의 전과가 있어 신체의 은밀한 부위에 마약 등 반입금지물품을 은닉하였다고 의심할 합리적인 이유가 있고, 마약 등을 항문에 은닉할 경우 외부관찰 또는 촉수검사, 신체검사의를 입고 속옷을 벗거나 쪼그려 앉았다 서기를 반복하는 방법 등으로는 은닉물을 찾아내기 어려우며, 다른 사람들은 볼 수 없는 차단된 공간에서 같은 성별의 교도관과 1대1의 상황에서 짧은 시간 내에 손가락이나 다른 도구의 사용 없이 시각적으로만 항문을 보이게 하였고, 그러한 신체검사의 목적과 방법을 미리 설명하면서, 소지한 반입금지품을 자진 제출하도록 한 점 등에 비추어 수용자의 명예나 수치심 등을 충분히 배려하여 기본권 침해의 여지를 최소화하였으며(최소침해성), 청구인이 느끼는 모욕감이나 수치심에 비하여, 마약류 등이 구치소 내에 반입되는 것을 차단함으로써 수용자들의 생명·신체를 보호하고, 구치소 내의 안전과 질서를 보호할 수 있는 공익이 훨씬 크다고 할 것이므로(법익의 균형성), 과잉금지의 원칙에 반하지 않는다.'라고 판시하였다.[418]

다. 검사대상과 장소 등

시설의 안전과 질서유지를 위하여 필요하면 수용자의 신체·의류·휴대품·거실 및 작업장 등을 검사할 수 있다(법 제93조 제1항). 검사대상을 포괄적으로 규정하여 열거된 검사대상 외에도 시설의 안전과 질서유지를 위하여 필요한 경우에 검사가 가능하다.[419]

신체검사는 수용자가 체내에 물품을 은닉하고 있는지를 확인하기 위해 입안이나 항문 등 수용자의 신체에 대해 검사하는 것을 말한다. 이 때에는 수용자의 수치심을 자극할 수 있고, 명예감정을 손상시킬 수 있기 때문에 그 필요성 및 방법, 빈도 등에 대해 신중한 방법으로 검사할 필요가 있다. 따라서 형

---

418 헌재 2006. 6. 29. 2004헌마826.
419 신양균, 앞의 책(2012년), 413쪽.

집행법은 '수용자의 신체를 검사하는 경우에는 불필요한 고통이나 수치심을 느끼지 아니하도록 유의하여야 하며, 특히 신체를 면밀하게 검사할 필요가 있으면 다른 수용자가 볼 수 없는 차단된 장소에서 하여야 한다(제93조 제2항).'고 규정하여 이와 같은 취지를 규정하고 있다.

헌법재판소는 수용자가 구치소 등에 수용되는 과정에서 알몸상태로 가운만 입고 전자영상장비에 의한 신체검사기에 올라가 다리를 벌리고 용변을 보는 자세로 쪼그려 앉아 항문 부위에 대한 검사를 하는 데 대한 헌법소원심판에서 '이 사건 신체검사로 인하여 청구인의 느끼는 모욕감이나 수치심이 결코 작다고 할 수는 없지만, 이에 비하여 흉기 기타 위험물이나 금지물품을 교정시설 내로 반입하는 것을 차단함으로써 수용자 및 교정시설 종사자들의 생명·신체의 안전과 교정시설 내의 질서를 유지한다는 공적인 이익이 훨씬 크다 할 것이므로, 법익의 균형성 또한 충족된다. 또한 이 사건 신체검사는 필요한 최소한도를 벗어나 과잉금지원칙에 위배되어 청구인의 인격권 및 신체의 자유를 침해한다고 볼 수 없다.'라고 판시하였다.[420]

의류는 수형자가 입고 있는 옷을 말하며, 의류에 금지물품 등을 숨기고 있는지를 검사하는 것을 말한다. 휴대품이란 반드시 수용자가 현재 소지하고 있는 것에 한하지 않고, 보관되어 있는 물건도 포함한다. 수용자의 신체 등의 검사와 관련하여 소장은 교도관에게 작업장이나 실외에서 수용자 거실로 돌아오는 수용자의 신체·의류 및 휴대품을 검사하게 하여야 하고, 다만 교정성적 등을 고려하여 그 검사가 필요하지 아니하다고 인정되는 경우에는 예외로 할 수 있다(법 시행령 제113조).

소장은 교도관에게 수용자의 거실, 작업장, 그 밖에 수용자가 생활하는 장소를 정기적으로 검사하게 하여야 한다. 다만, 형집행법 제92조에서 규정하고 있는 금지물품을 숨기고 있다고 의심되는 수용자와 마약류사범·조직폭력사범 등 법무부령으로 정하는 수용자의 거실 등은 수시로 검사하게 할 수 있다(법 시행령 제112조). 금지물품을 차단하여 교정시설과 교도관의 안전은 물론 수용자의 안전을 확보하기 위한 것이다.

헌법재판소는 '수용자가 생활하는 거실이나 작업장은 형벌의 집행을 위해

---

420 헌재 2011. 5. 26. 2010헌마775.

강제적인 집단생활을 하는 곳이고 수용자는 일반인과 달리 기본권이 제한된 상태에서 일상생활에서 교정당국의 감독과 규율을 받아야 하는 사람임을 감안할 때, 거실이나 작업장에 대한 검사행위로 인해 수용자가 받게 되는 사생활의 비밀 및 자유에 대한 불이익 보다는 교도소의 안전과 질서의 유지, 수용자의 교정·교화라는 공익이 더욱 크다고 할 것이다.'라고 판시하였다.[421]

수용자의 신체·의류·휴대품·거실 및 작업장을 검사한 결과 형집행법 제92조의 금지물품이 발견되면 형사법령으로 정하는 절차에 따라 처리할 물품을 제외하고는 수용자에게 알린 후 폐기한다. 다만 폐기하는 것이 부적당한 물품은 교정시설에 보관하거나 수용자로 하여금 자신이 지정하는 사람에게 보내게 할 수 있다(법 제93조 제5항).

라. 수용자 이외의 사람에 대한 검사

형집행법은 수용자 이외의 사람이 교정시설을 참관, 접견, 업무 등으로 출입하면서 흉기 기타 위험물이나 금지물품을 교정시설 내로 반입하는 것을 차단함으로써 수용자 및 교정시설 종사자들의 생명·신체의 안전과 교정시설 내의 질서를 유지하기 위해 교정시설을 출입하는 수용자 외의 사람에 대하여 의류와 휴대품을 검사할 수 있도록 하고 있다(법 제93조 제3항).

검사대상은 수용자와는 달리 의류와 휴대품이 검사대상이고 신체검사는 허용되지 아니한다. 교정시설을 출입하는 수용자 이외의 사람에 대한 의류 등을 검사한 결과 신체 내에 위험한 물건을 은닉하고 있는 것으로 의심되는 경우라도 강제로 신체검사를 하는 것은 허용되지 아니하고, 그 사람이 휴대하고 있는 물품 가운데 문서 등의 경우 내용을 검사하는 것은 허용되지 아니한다.[422] 수용자 이외의 사람에 대한 휴대품 검사는 위험물 등이 교정시설 내에 반입되는 것을 방지하거나 수용자에게 부정하게 전달되는 것을 방지하기 위하여 실시되기 때문에 휴대품의 내용을 검사할 필요는 없다.

수용자 이외의 사람의 의류와 휴대품을 검사한 결과 출입자가 형집행법 제92조에서 정하고 있는 금지물품을 소지하고 있으면 교정시설에 맡기도록 하

---

421 헌재 2011. 10. 25. 2009헌마691.
422 신양균, 앞의 책(2012년), 420쪽 / 林眞琴·北村篤·名取俊也 공저, 안성훈·금용명 등 번역, 앞의 책(2016년), 313쪽.

여야 하며, 이에 응하지 아니하면 출입을 금지할 수 있다(법 제93조 제3항 후단). 실무상으로는 담배, 휴대폰 등 금지물품에 대해서는 교정시설에 일시 보관한 후 출입하도록 하고 있다.

마. 위치추적전자장치를 이용한 계호

형집행법은 '교도관은 자살·자해·도주·폭행·손괴, 그 밖에 수용자의 생명·신체를 해하거나 시설의 안전 또는 질서를 해하는 행위를 방지하기 위하여 필요한 범위에서 전자장비를 이용하여 수용자 또는 시설을 계호할 수 있다(법 제94조 제1항).'고 규정하고 있다. 그리고 교도관이 외부의료시설 입원, 이송·출정, 그 밖의 사유로 교정시설 밖에서 수용자를 계호하는 경우 보호장비나 수용자의 팔목 등에 전자장비의 일종인 전자경보기를 부착하여 사용할 수 있다(법 시행규칙 제160조 제3호, 제165조)고 규정하고 있다. 교정당국은 2015년 11월 15일 '수용자 도주방지를 위한 위치추적전자장치 운영방안'을 마련하여 이송, 출정, 외부의료시설 진료 및 입원 귀휴 등으로 교정시설의 밖으로 나가는 수용자에 대하여 같은 해 10월부터 2017년까지 총 세 차례에 걸쳐 시범실시를 한 후 2017년 8월 1일부터 전국적으로 실시하였다.

위치추적장치 운영방안에 따른 전자장치 부착행위에 대한 헌법소원심판에서 헌법재판소는 '특정범죄자에 대한 보호관찰 및 전자장치 부착 등에 관한 법률'에 의한 위치추적 전자장치 부착과는 달리 이 사건 부착행위는 교정시설에서의 안전과 질서유지를 위해 형집행법에 따라 수용자들을 대상으로 이루어진 것이므로, 전자장치 부착에 앞서 법원의 명령이 필요한 것은 아니다. 또한 수용자에 대해서는 교정시설의 안전과 구금생활의 질서유지를 위하여 신체의 자유 등 기본권 제한이 어느 정도 불가피한 점, 행형 관계 법령에 따라 행하는 사항에 대하여는 의견청취·의견제출 등에 관한 행정절차법 조항이 적용되지 않는 점(행정절차법 제3조 제2항 제6호), 전자장치 부착은 도주 우려 등의 사유가 있어 관심대상수용자로 지정된 수용자를 대상으로 하는 점, 형집행법상 소장에 대한 면담 신청이나 법무부장관 등에 대한 청원 절차가 마련되어 있는 점(법 제116조, 제117조)을 종합해 보면, 이 사건 부착행위는 적법절차원칙에 위반되어 수용자인 청구인들의 인격권과 신체의 자유를 침해하지 아니한다. 그리고 외부 의료시설 입원, 이송·출정, 그 밖의 사유로 교정시설 밖으로 나가는 수용자에 대하여 전자장치를 부착함으로써 교정시설 밖에서 발생할 수 있는 수용자의 도주를 방지하고, 도주 수용자에 대한 신속한 대응 및 검거를 가능하게 하며, 일반 국민의 안전을 보장하기 위한 것으로, 그 목적의 정당성 및 수단의 적절성이 인정되는 점, 전자장치가 부착된 상황에서 수용자가 도주하는 경우 곧바로 교도관이 도주사실을 인지하고 신속하게 검거에 나설 수 있고, 도주 후 일정한 거리를 벗어나지 않은 상황에서 도주자를 추격하여 체포할 수 있으므로, 전자장치는 수용자의 도주 방지를 위한 용이한 수단이고, 이를 대체할 만한 다른 수단을 상정하기 어려운 점, 이 사건 부착행위는 관심대상수용자 중에서도 도주 우려 등이 있다고 인정되는 수용자를 대상으로 제한적으로 이루어지며, 그것도 해당 수용자가 교정시설 외부로 이동할 필요가 있을 경우 일시적으로 취해지는 조치인 점, 교도관이 전자장치를 사용하는 경우 호송계획서나 수용기록부에 그에 관한 사항을 기록하도록 함으로써 전자장치 부착이 남용되지 않도록 통제하고 있는 점, 이 사건 부착행위를 통하여 수용자의 도주 사고를 미연에 방지하고, 도주 사고가 발생한 경우에도 신속하게 검거할 수 있도록 함으로써 일반국민의 안전을 확보할 수 있는바, 이와 같은 전자장치 부착을 통하여 달성하고자 하는 공익은 수용자가 수인해야 하는 기본권 제한의 정도에 비하여 크다고 할 수 있는 점 등을 종합하면, 이 사건 부착행위는 과잉금지원칙에 위반되어 수용자인 청구인들의 인격권과 신체의 자유를 침해하지 아니한다.'라고 판시하였다.[423]

4. 전자장비를 이용한 계호

가. 서

형집행법은 전자장비를 이용한 계호에 대하여 규정하고 있다.

교도관은 자살·자해·도주·폭행·손괴, 그 밖에 수용자의 생명·신체를 해하거나 시설의 안전 또는 질서를 해치는 행위를 방지하기 위하여 필요한 범위에서 전자장비를 이용하여 수용자 또는 시설을 계호할 수 있으며, 다만 전자영상장비로 거실에 있는 수용자를 계호하는 것은 자살 등의 우려가 큰 때에만 할 수 있다(법 제94조 제1항). 거실에 있는 수용자를 전자영상장비로 계호하는

423　헌재 2018. 5. 31. 2016헌마191·330, 2017헌마171(병합).

경우에는 계호직원·계호시간 및 계호대상 등을 기록하여야 하고, 이 경우 수용자가 여성이면 여성교도관이 계호하여야 한다(동조 제2항). 위와 같이 계호하는 경우에는 피계호자의 인권이 침해되지 아니하도록 유의하여야 한다(동조 제3항).

전자장비는 경비의 효율성이 높은 반면 수용자의 사생활 등에 대한 지속적인 침해의 가능성이 높기 때문에 교정시설 내에서 임의로 사용할 수 없도록 하기 위해 자살 등의 경우에 한하여 필요한 범위 내에서만 사용할 수 있도록 한 것이다.[424]

나. 전자영상장비를 이용한 계호에 대한 논의

전자영상장비를 이용한 계호는 교정시설의 안전과 질서유지라는 목적에도 불구하고 수용자 인권침해라는 위헌성 논란이 있어 왔다.

엄중격리 대상자의 수용 거실에 CCTV를 설치하여 24시간 감시하는 행위는 사생활의 비밀과 자유를 침해한다는 이유로 제기된 헌법소원[425]에서 재판관 9인 중 5인은 이 사건 CCTV 설치행위는 수형자의 사생활의 비밀과 자유를 침해하는 것임에도 불구하고, 법률의 근거도 없이 국가의 공권력에 의해 시행되었기 때문에 위헌이라는 의견을 내놓았으나, 재판관 4인은 CCTV 설치를 직접적으로 허용한 법률 규정은 없지만, 행형법이 수형자를 격리하여 교정 교화하도록 규정하면서 그러한 계호활동을 위해 계구나 무기사용 등의 강제력을 행사할 수 있도록 허용하고 있다고 보았다. 또한 특별관리대상자 또는 엄중격리대상자와 같이 위험성이 큰 수형자에 대해서는 시선계호가 필요한데, 부족한 인력 문제를 극복하여 계호의 지속성과 효율성을 확보하고자 CCTV를 설치한 것은 교정사고를 방지하고 수용질서를 유지하기 위한 것인바, 이는 교도관의 육안에 의한 시선계호가 CCTV 장비에 의한 시선계호로 대체된 것에 불과하다고 판단하였다. 이 사건은 합헌의견을 내놓은 재판관(4인)보다 위헌의견을 내놓은 재판관(5인)이 다수였음에도 불구하고, 위헌 결정 정족수(6인)에 미치지 못하여 합헌으로 결정되었다.

CCTV 설치행위는 행형법 및 교도관직무규칙 등에 규정된 교도관의 계호활동 중

---

424 신양균, 앞의 책(2012년), 425쪽.
425 헌재 2008. 5. 29. 2005헌마137.

육안에 의한 시선계호를 CCTV 장비에 의한 시선계호로 대체한 것에 불과하므로, 이 사건 CCTV 설치행위에 대한 특별한 법적 근거가 없더라도 일반적인 계호활동을 허용하는 법률규정에 의하여 허용된다고 보아야 한다. 한편 CCTV에 의하여 감시되는 엄중격리대상자에 대하여 지속적이고 부단한 감시가 필요하고 자살·자해나 흉기제작 등의 위험성 등을 고려하면, 제반사정을 종합하여 볼 때 기본권 제한의 최소성 요건이나 법익균형성의 요건도 충족하고 있다(헌재 2008. 5. 29. 2005헌마137·247·376, 2007헌마187·1274(병합)).

한편 이 사건이 계속 중이던 2007년 12월 21일에 「형의 집행 및 수용자의 처우에 관한 법률」이 전부 개정되면서 CCTV 등 전자영상장비를 이용하여 수용자를 계호할 수 있는 법적 근거와(법 제94조 제1항), CCTV와 같은 영상정보처리기기의 거실설치에 대한 근거(법 시행규칙 제162조)를 마련하였다.

다. 전자장비의 종류 및 운영

교도관이 수용자 또는 시설을 계호하는 경우에 사용할 수 있는 전자장비의 종류는 영상정보처리기기, 전자감지기, 전자경보기, 물품검색기, 증거수집장비, 그 밖에 법무부장관이 정하는 전자장비가 있다(법 시행규칙 제160조).

영상정보처리기기란 일정한 공간에 지속적으로 설치되어 사람 또는 사물의 영상 및 이에 따르는 음성·음향 등을 수신하거나 이를 유·무선망을 통하여 전송하는 장치를 말한다(동조 제1호). 전자감지기는 일정한 공간에 지속적으로 설치되어 사람 또는 사물의 움직임을 빛·온도·소리·압력 등을 이용하여 감지하고 전송하는 장치를 말하고(동조 제2호), 전자경보기는 전자파를 발신하고 추적하는 원리를 이용하여 사람의 위치를 확인하거나 이동경로를 탐지하는 일련의 기계적 장치를 말한다(동조 제3호). 물품검색기는 고정식과 휴대식으로 구분하고(동조 제4호), 증거수집장치는 디지털카메라·녹음기·비디오카메라·음주측정기 등 증거수집에 필요한 장비를 말한다(동조 제5호). 그 밖에 법무부장관이 정하는 전자장비가 있다(동조 제6호).

각 교정시설에는 전자장비의 효율적인 운용을 위하여 각종 전자장비를 통합적으로 관리할 수 있는 시스템이 설치된 중앙통제실을 설치하여 운영하고 있으며,[426] 중앙통제실에 대하여는 시찰, 참관, 그 밖에 소장이 특별히 허가한 경우

---

[426] 전자시스템을 이용한 경비체계를 효율적으로 운영·관리하기 위해 「교정시설 방호 및 교정장비 관리 지침」(2018. 3. 26. 제정, 법무부훈령 제1143호)이 마련되어 있다.

를 제외하고 외부인의 출입을 제한하고 있다(법 시행규칙 제161조 제1항, 제2항).

라. 전자장비의 설치 및 사용방법

영상정보처리기기 카메라는 교정시설 내에서 예측이 어렵고 돌발적인 상황에 신속하고 효과적으로 대처하기 위해 필요하지만 수용자의 사생활을 침해할 우려가 있으므로 교정시설의 주벽·울타리 경계·복도 등 경비의 보강이 필요하거나 교정시설의 안전과 질서를 해칠 우려가 높은 장소에 설치하도록 하였다. 즉 영상정보처리기기 카메라는 교정시설의 주벽(周壁)·감시대·울타리·운동장·거실·작업장·접견실·전화실·조사실·진료실·복도·중문, 그 밖에 형집행법 제94조 제1항에 따라 전자장비를 이용하여 계호해야 할 필요가 있는 장소에 설치하고, 모니터는 중앙통제실·관구실, 그 밖에 교도관이 계호하기에 적정한 장소에 설치한다(법 시행규칙 제162조 제1항, 제2항). 그러나 거실에 영상정보처리기기 카메라를 설치하는 경우에는 용변을 보는 하반신의 모습이 촬영되지 아니하도록 카메라의 각도를 한정하거나 화장실에 차폐시설을 설치하여야 한다(동조 제3항).

교도관이 거실에 있는 수용자를 계호하는 경우에는 거실 수용자의 영상계호부에 피계호자의 인적사항 및 주요 계호내용을 개별적으로 기록하여야 하고, 다만 중경비시설의 거실에 있는 수용자를 전자장비를 이용하여 계호하는 경우에는 중앙통제실 등에 비치된 현황표에 피계호인원 등 전체 현황만을 기록할 수 있다(법 시행규칙 제163조 제1항). 교도관이 전자장비를 이용한 계호과정에서 수용자의 처우 및 관리에 특히 참고할 만한 사항을 알게 된 경우에는 그 요지를 수용기록부에 기록하여 소장에게 지체 없이 보고하여야 한다(동조 제2항).

전자감지기는 교정시설의 주벽·울타리, 그 밖에 수용자의 도주 및 외부로부터의 침입을 방지하기 위하여 필요한 장소에 설치한다(법 시행규칙 제164조).

고정식 물품검색기는 정문, 수용동 입구, 작업장 입구, 그 밖에 수용자 또는 교정시설을 출입하는 수용자 외의 사람에 대한 신체·의류·휴대품의 검사가 필요한 장소에 설치한다. 교도관이 수용자의 신체·의류·휴대품을 검사하는 경우에는 특별한 사정이 없으면 고정식 물품검색기를 통과하게 한 후 휴대식 금속탐지기 또는 손으로 이를 확인한다. 그리고 교정시설을 출입하는 수용자 외의 사람의 의류와 휴대품을 검사하는 경우에는 고정식 물품검색기를 통과하게 하거나 휴대식 금속탐지기로 이를 확인한다(법 시행규칙 제166조).

교도관은 수용자가 사후에 증명이 필요하다고 인정되는 행위를 하거나 사후 증명이 필요한 상태에 있는 경우 수용자에 대하여 증거수집장비를 사용할 수 있다(법 시행규칙 제167조). 녹음·녹화된 기록물은 수용자 등의 개인정보가 포함되어 있기 때문에「공공기록물 관리에 관한 법률」에 따라 관리하도록 규정하고 있다(법 시행규칙 제168조).

5. 그 밖의 시설의 안전과 질서유지를 위한 방안

그 밖에 시설의 안전 또는 질서를 유지하기 위하여 수용자를 수용하고 있는 장소와 외부와의 차단, 외부인의 출입제한, 거실문 개방 등 제한, 계호상 장애물 금지 등에 대한 규정을 두고 있다.

교정시설의 바깥문, 출입구, 거실, 작업장 그 밖에 수용자를 수용하고 있는 장소는 외부와 차단하여야 하고, 필요에 따라 일시 개방하는 경우에는 그 장소를 경비하여야 한다(법 시행령 제116조 제1항). 교도관은 접견·상담·진료, 그 밖에 수용자의 처우를 위하여 필요한 경우가 아니면 수용자와 외부인이 접촉하게 해서는 아니된다(동조 제2항). 수용자가 입원하고 있는 외부의료시설의 입원실도 이에 해당한다.

교도관 이외의 사람은「국가공무원복무규정」제9조에 따른 근무시간 외에는 소장의 허가 없이 교정시설에 출입하지 못한다. 소장은 외부인의 교정시설 출입에 관한 사무를 수행하기 위하여 불가피한 경우「개인정보보호법 시행령」제19조에 따른 주민등록번호, 여권번호, 운전면허 또는 외국인등록번호가 포함된 자료를 처리할 수 있다(법 시행령 제115조).

교도관은 수사·재판·운동·접견·진료 등 수용자의 처우 또는 자살방지, 화재진압 등 교정시설의 안전과 질서유지를 위하여 필요한 경우가 아니면 수용자 거실의 문을 열거나 수용자를 거실 밖으로 나오게 해서는 아니된다(법 시행령 117조).

교정시설의 구내에는 시야를 가리거나 그 밖에 계호상 장애가 되는 물건을 두어서는 아니된다(법 시행령 제118조).

제4절 보호실과 진정실

1. 서

형집행법은 보호실과 진정실에 대한 규정을 신설하였다.

보호실이란 자살 및 자해방지 등의 설비를 갖춘 거실을 말한다(법 제95조 제1항). 보호실은 자살 또는 자해의 우려가 있는 수용자나 신체적·정신적 질병으로 인하여 특별한 보호가 필요한 수용자를 수용하여 보호하는 거실로 자살이나 자해를 방지하기 위한 구조와 벽에는 충격을 완화하는 설비 등이 마련되어 있다.

보호실은 현저한 흥분상태나 정신적으로 불안정한 상태에 있고 자살 또는 자상(自傷)의 위험이 있거나 큰 소리를 내는 등 규율 및 질서를 현저하게 위반하는 행위 등을 하는 사람에 대해서 그 상태의 진정과 보호를 위하여 이용되는 특별한 설비 및 구조를 갖춘 단독실이다. 통상의 거실에는 창유리나 변기, 수납장, 싱크대 등이 갖추어져 있지만 흥분상태에 있는 수용자가 그것에 신체를 부딪치는 등으로 부상당할 위험성이 있기 때문에 이러한 시설물을 가능한 한 제거한 구조로 되어 있고, 또한 수용자가 내는 소음을 방지하기 위한 구조도 설치되어 있다. 그러나 다른 한편으로 보호실에의 수용은 수용자에게 강한 폐쇄감을 주고 심신에 미치는 영향이 크기 때문에 특히 신중한 사용이 요구된다.

진정실은 일반 수용거실로부터 격리되어 있고, 방음설비 등을 갖춘 거실을 말한다(법 제96조 제1항). 진정실은 수용자가 고성을 발하더라도 주위 수용자의 일상생활에 지장이 발생하지 아니하도록 방음설비를 갖추고 있는 반면 통기성 확보를 위한 설비가 마련되어 있고, 또한 수용자가 소란을 피우거나 자살·자해를 기도하는 등 생명과 신체에 위험이 발생하지 않도록 집기류가 설치되어 있지 아니하고 세면기와 변기는 바닥에 몰입되어 있으며, 천정에는 감시카메라와 마이크 등이 설치되어 있다.

2. 수용요건 및 수용기간

보호실과 진정실 수용은 수용자의 행동의 자유를 심하게 제한하고 좁은 공간에서 고통을 줄 가능성이 크기 때문에 수용요건과 기간을 엄격하게 제한하고 수용할 때와 수용 중 의무관의 의견을 듣도록 하고 있다.

보호실 수용요건은 수용자가 ① 자살 또는 자해의 우려가 있는 때, ② 신체적·정신적 질병으로 인하여 특별한 보호가 필요한 때의 어느 하나에 해당하면 의무관의 의견을 고려하여 보호실에 수용할 수 있다(법 제95조 제1항). 보호실 수용은 예외적인 수용형태로 수용자의 심신에 중대한 영향을 줄 우려가 있기 때문에 자해의 우려가 있다고 추상적으로 인정되는 것만으로는 충분하지 않고 수용자의 행동이나 말 등에 비추어 구체적으로 자해 등의 우려가 있다고 인정되는 것이 필요하다.[427]

수용자의 보호실 수용기간은 15일 이내로 하고, 다만 소장은 특히 계속하여 수용할 필요가 있으면 의무관의 의견을 고려하여 1회당 7일의 범위에서 기간을 연장할 수 있다. 이에 따라 수용자를 보호실에 수용할 수 있는 기간은 계속하여 3개월을 초과할 수 없다(동조 제2항, 제3항).[428] 보호실은 일반거실에 비해 행동이 제한되고 폐쇄적인 환경이기 때문에 수용자에게 정신적인 압박이나 심리적인 구속을 느끼게 할 수 있으므로 특별한 보호의 필요성에 대해서는 요건에 대한 엄격한 해석과 판단이 필요하다.

진정실 수용요건은 수용자가 ① 교정시설의 설비 또는 기구 등을 손괴하거나 손괴하려고 하는 때, ② 교도관의 제지에도 불구하고 소란행위를 계속하여 다른 수용자의 평온한 수용생활을 방해하는 때의 어느 하나에 해당하는 경우로서 강제력을 행사하거나 보호장비를 사용하여도 목적을 달성할 수 없는 경우에만 진정실에 수용할 수 있다(법 제96조 제1항).

수용자의 진정실 수용기간은 24시간 이내로 하고, 다만 소장은 특히 계속하여 수용할 필요가 있으면 의무관의 의견을 고려하여 1회당 12시간의 범위에서 연장할 수 있다(동조 제2항). 그리고 수용자를 진정실에 수용할 수 있는 기간은 계속하여 3일을 초과할 수 없다(동조 제3항). 진정실 수용은 수용자가 극

---

427 林眞琴·北村篤·名取俊也 공저, 안성훈·금용명 등 번역, 앞의 책(2016년), 343쪽.
428 '초과할 수 없다.'의 주어는 '기간연장'이므로 3개월이라는 것은 기간 연장에 포함되어 총 3개월 15일을 수용할 수 있다. '계속하여'라는 부사는 '초과할 수 없다'라는 동사를 수식하는 부사이므로 '계속하여'라는 부사를 보아서도 3개월은 총 수용기간이 아니라 연장기간을 의미한다고 보아야 한다.

도로 홍분하여 소란을 피우거나 기물을 파괴하고 달리 제지할 방법이 없는 경우에 한하여 예외적으로 인정되는 것으로서 보충성의 원칙이 적용되어야 한다.

3. 수용중지 등 제한조치

　　수용자를 보호실 또는 진정실에 수용하거나 수용기간을 연장하는 경우에는 그 사유를 본인에게 알려주어야 하고(법 제95조 제4항 및 제96조 제4항), 소장은 보호실 수용사유 또는 진정실 수용사유가 소멸한 경우에는 수용을 즉시 중단하여야 한다(법 제95조 제6항 및 제96조 제4항). 이는 처우 대상자에게 그 사유에 대해 명확하게 인식을 하도록 하고, 수용자 자신이 보호실이나 진정실에 수용되는 이유와 기간이 연장되는 사유에 대해 알도록 함으로써 처우에 대한 불복 내지 권리구제를 신청할 수 있도록 한 것이다.

　　보호실 또는 진정실에 수용되어 있는 수용자의 건강보호를 위해 의무관은 보호실 또는 진정실 수용자의 건강상태를 수시로 확인하여야 한다(법 제95조 제5항, 제96조 제4항). 의무관이 보호실이나 진정실 수용자의 건강을 확인한 결과 보호실 또는 진정실에 계속 수용하는 것이 부적당하다고 인정하는 경우에는 소장에게 즉시 보고하여야 하고, 이 경우 소장은 특별한 사유가 없으면 보호실 또는 진정실 수용을 즉시 중지하여야 한다(법 시행령 제119조 제1항). 소장은 의무관이 출장·휴가, 그 밖의 부득이한 사유로 보호실이나 진정실 수용자의 건강상태를 수시로 확인하는 직무를 수행할 수 없는 때에는 그 교정시설에 근무하는 의료관계 직원에게 대행하게 할 수 있다(동조 제2항).

제 5 절 보호장비

1. 서

　　보호장비[429]란 수용자의 도주·자살·자해 또는 다른 사람에 대한 위해의 방지, 시설의 안전과 질서유지 등을 목적으로 수용자의 신체를 속박하여 자유

---

429 구행형법은 '계구(戒具)'라는 용어를 사용하였다.

로운 행동을 제한하는 데 사용되는 실력강제의 도구를 말한다. 보호장비는 기구를 이용해서 일정한 시간 동안 수용자의 신체를 직접 구속한다는 점에서 수용자의 신체와 자유를 침해할 위험이 있고 심신에 미치는 영향이 크기 때문에 종류와 사용요건, 사용기간 등을 법률상 명확하게 규정하는 등 법적근거를 명확히 할 필요가 있다. 형집행법은 '교도관은 필요한 최소한의 범위에서 보호장비를 사용하여야 하며, 그 사유가 없어지면 지체 없이 중단하여야 하고, 보호장비는 징벌의 수단으로 사용해서는 아니된다(법 제99조).'고 규정하여 보호장비 사용에 대해 엄격한 제한을 하고 있다. 유엔최저기준규칙은 '본질적으로 악화 또는 고통을 주는 사슬, 발목수갑 또는 보호장비의 사용은 금지되어야 한다(제47조).'고 규정하고 있다.

보호장비의 사용은 수용자의 신체적·정신적 건강상태가 유지되는 범위 내에서 이루어져야 하고, 시설의 안전과 질서에 대한 구체적이고 명확한 위험이 임박한 상황에서 이를 제거하기 위하여 제한적으로 필요한 정도만 이루어져야 한다. 이 경우에도 가능한 한 인간으로서의 기본적인 품위를 유지할 수 있도록 하여야 한다. 보호장비의 사용은 목적과 필요성, 사용으로 인한 기본권의 침해 정도, 목적달성을 위한 다른 방법의 유무 등 제반사정에 비추어 상당한 이유가 있는 경우에 한하여 그 목적달성에 필요한 최소한의 범위내에서만 허용된다.[430]

2. 보호장비의 종류 및 사용요건

가. 종류

보호장비의 종류는 수갑, 머리보호장비, 발목보호장비, 보호대(帶), 보호의자, 보호침대, 보호복, 포승 등 8종류가 있다. 수갑은 양손수갑, 일회용수갑, 한손수갑이 있으며 발목보호장비는 양발목보호장비와 한발목보호장비가 있다. 보호대는 금속보호대와 벨트보호대가 있고, 포승은 일반포승과 벨트형 포승 및 조끼형 포승이 있다(법 제98조 제1항, 법 시행규칙 제169조).[431]

---

[430] 대법원 1998. 1. 20. 96다18922.
[431] 법무부는 국가인권위원회의 권고(2003. 7. 21.)에 따라 사슬을 삭제하는 대신 신체에 대한 구속을 줄이면서 목적을 달성할 수 있는 보호대, 보호의자, 보호침대, 보호복 등의 현대적 장비를 도입하였다.

나. 종류별 사용요건과 사용방법

1) 요건과 한계

보호장비는 수용자의 신체적 · 정신적 건강에 해를 끼칠 가능성이 크기 때문에 엄격한 요건 하에 신중하게 사용되어야 하고, 사용으로 인한 침해 정도와 목적 사이에 비례의 원칙이 준수되어야 한다.

형집행법은 보호장비의 사용요건으로 교도관이 수용자가 ① 이송 · 출정, 그 밖에 교정시설 밖의 장소로 수용자를 호송하는 때(제1호), ② 도주 · 자살 · 자해 또는 다른 사람에 대한 위해의 우려가 큰 때(제2호), ③ 위력으로 교도관 등의 정당한 직무집행을 방해하는 때(제3호), ④ 교정시설의 설비 · 기구 등을 손괴하거나 그 밖에 시설의 안전 또는 질서를 해칠 우려가 큰 때(제4호)를 규정하고 있다(법 제97조 제1항).

보호장비의 종류별 사용요건은 ① 수갑 및 포승은 법 제97조 제1항 제1호부터 제4호까지의 어느 하나에 해당하는 때, ② 머리보호장비는 머리부분을 자해할 우려가 큰 때, ③ 발목보호장비 · 보호대 · 보호의자는 제97조 제1항 제2호부터 제4호까지의 어느 하나에 해당하는 때, ④ 보호침대 및 보호복은 자살 · 자해의 우려가 큰 때에 사용할 수 있다(법 제98조 제2항).

종류＼사용요건	제1호 요건	제2호 요건	제3호 요건	제4호 요건
수갑 및 포승	○	○	○	○
머리보호장비		○ (머리부분 자해)		
발목보호장비, 보호대, 보호의자		○	○	○
보호침대, 보호복		○ (자살, 자해)		

수형자를 교정시설 밖의 장소로 호송하는 경우에는 도주 등 교정사고의 우려가 높아지기 때문에 교정시설 안에서의 계호보다 높은 수준의 계호가 요구되고, 효과적인 계호를 위하여 신체의 자유로운 움직임을 부득이 제한할 필요가 발생한다.

따라서 수형자를 교정시설 밖의 장소로 호송할 때 보호장비인 수갑을 양손에 채우고 상체승을 한 후 공범관계가 아닌 다른 수용자와 연결하여 연승하는 것은, 도주 등 교정사고와 다른 사람에 대한 위해를 예방하기 위한 것으로서 그 목적이 정당하고, 적절한 수단에 해당한다(헌재 2014. 5. 29, 2013헌마230 / 헌재 2012. 7. 26. 2011헌마426 참조).

헌법재판소는 보호장비 사용한계에 대하여 '보호장비는 수용자에 대한 직접강제로 작용하므로 이것이 사용되면 수용자는 팔·다리 등 신체의 움직임에 큰 지장을 받게 되고 육체적·정신적 건강을 해칠 가능성이 높으므로 보호장비의 사용은 무엇보다 수용자의 육체적·정신적 건강상태가 유지되는 범위 내에서 이루어져야 하고, 시설의 안전과 구금생활의 질서에 대한 구체적이고 분명한 위험이 임박한 상황에서 이를 제거하기 위하여 제한적으로 필요한 만큼만 이루어져야 한다. 이 경우에도 가능한 한 인간으로서의 기본적인 품위를 유지할 수 있도록 하여야 한다.'라고 판시하는 등 보호장비 사용과 관련하여 법익균형성과 긴급성 등 엄격한 기준을 제시하고 있다.[432]

수형자나 미결수용자에 대한 계호의 필요에 따라 수갑, 포승 등의 계구를 사용할 수 있지만 구금된 자라는 이유만으로 계구사용이 당연히 허용되는 것이 아니고 계구사용으로 인한 신체의 자유의 추가적 제한 역시 과잉금지원칙에 반하지 않아야 한다. 그러므로 구속 피의자에 대한 계구사용은 도주, 폭행, 소요 또는 자해나 자살의 위험이 분명하고 구체적으로 드러난 상태에서 이를 제거할 필요가 있을 때 이루어져야 하며, 필요한 만큼만 사용하여야 한다. 검사가 검사조사실에서 피의자신문을 하는 절차에서는 피의자가 신체적으로나 심리적으로 위축되지 않은 상태에서 자기의 방어권을 충분히 행사할 수 있어야 하므로 계구를 사용하지 말아야 하는 것이 원칙이고 다만 도주, 폭행, 소요, 자해 등의 위험이 분명하고 구체적으로 드러나는 경우에만 예외적으로 계구를 사용해야 할 것이다. 검사실에서의 계구사용을 원칙으로 하면서 심지어는 검사의 계구해제 요청이 있더라도 이를 거절하도록 규정한 계호근무준칙의 이 사건 준칙조항은 원칙과 예외를 전도한 것으로서 신체의 자유를 침해하므로 헌법에 위반된다(헌재 2005. 5. 26, 2004헌마49).

---

432 헌재 2003. 12. 18, 2001헌마163/헌재 2005. 5. 26, 2004헌마49/헌재 2008. 5. 29, 2005헌마137·47·376, 2007헌바187·1274(병합).

2) 보호장비의 규격과 사용방법

보호장비의 규격과 사용방법에 관하여 필요한 사항은 법무부령으로 정하고 있으며(법 시행령 제120조 제2항), 형집행법 시행규칙에서 각 보호장비의 사용방법에 관해 구체적으로 규정하고 있다(법 시행규칙 제172조~제178조).

수갑을 사용하는 경우에는 수갑보호기를 함께 사용할 수 있다(법 시행규칙 제172조 제2항). 수갑은 상황에 적합한 종류를 선택하여 사용할 수 있다. 다만 일회용수갑은 일시적으로 사용하여야 하고, 사용목적을 달성한 후에는 즉시 사용을 중단하거나 다른 보호장비로 교체하여야 한다(동조 제4항).

머리보호장비를 사용하는 경우 수용자가 머리보호장비를 임의로 해제하지 못하도록 다른 보호장비를 함께 사용할 수 있다(법 시행규칙 제173조).

보호대의 사용방법은 금속보호대는 수갑과 수갑보호기를 보호대에 연결하여 사용하고, 벨트보호대는 보호대에 부착된 고리에 수갑을 연결하여 사용한다(법 시행규칙 제175조).

보호의자의 사용은 다른 보호장비로는 법 제97조 제2호부터 제4호까지 규정의 어느 하나에 해당하는 행위를 방지하기 어려운 특별한 사정이 있는 경우에만 사용하여야 하고, 보호의자는 그 사용을 일시 중지하거나 완화하는 경우를 포함하여 8시간을 초과하여 사용할 수 없으며, 사용중지 후 4시간이 경과하지 아니하면 다시 사용할 수 없다(법 시행규칙 제176조).

보호침대는 다른 보호장비로는 자살·자해를 방지하기 어려운 특별한 사정이 있는 경우에만 사용하여야 하고, 그 사용을 일시 중지하거나 완화하는 경우를 포함하여 8시간을 초과하여 사용할 수 없으며, 사용중지 후 4시간이 경과하지 아니하면 다시 사용할 수 없다(법 시행규칙 제177조).

3. 보호장비

보호장비를 사용하는 경우에는 수용자의 나이·건강상태 및 수용생활태도 등을 고려하여야 하고, 교도관이 교정시설 안에서 수용자에 대하여 보호장비를 사용한 경우에 의무관은 그 수용자의 건강상태를 수시로 확인하여야 한다(법 제97조 제2항, 제3항). 보호장비를 사용하는 경우에는 수용자에게 그 사유를 알려주어야 하고(법 시행령 제122조), 보호장비를 사용 중인 수용자는 특별한 사정이 없으면 계호상 독거수용한다(법 시행령 제123조).

교도관은 소장의 명령 없이 수용자에게 보호장비를 사용하여서는 아니되며, 다만 소장의 명령을 받을 시간적 여유가 없을 경우에는 사용 후 소장에게 즉시 보고하여야 한다(법 시행령 제120조).

보호장비의 규격은 형집행법 시행규칙 별표 5호에서 규정하고 있으며, 교도관은 규격에 맞지 아니한 보호장비를 수용자에게 사용해서는 아니된다(법 시행규칙 제170조). 소장은 보호장비 사용을 명령하거나 승인하는 경우에는 보호장비의 종류 및 사용방법을 구체적으로 지정하여야 하고, 규칙에서 정하지 아니한 방법으로 보호장비를 사용하게 해서는 아니된다(법 시행규칙 제171조). 그리고 소장은 보호장비의 사용을 명령한 경우에는 수시로 그 사용실태를 확인·점검하여야 하고, 지방교정청장은 소속 교정시설의 보호장비 사용실태를 정기적으로 점검하여야 한다(법 시행령 제124조).

하나의 보호장비로 사용목적을 달성할 수 없는 경우에는 둘 이상의 보호장비를 사용할 수 있으나, 보호의자를 사용하는 경우와 보호침대를 사용하는 경우에는 다른 보호장비와 같이 사용할 수 없다(법 시행규칙 제180조). 예컨대 자살의 우려가 큰 수용자에 대해 수갑만 사용하여 자살을 막기 어려운 경우에 보호대를 동시에 사용할 수 있으나, 보호침대를 사용하는 경우에는 수갑이나 보호대 또는 보호의자 등을 함께 하용하는 것은 허용되지 아니한다.[433]

교도관은 보호장비를 사용하는 경우에는 보호장비 사용심사부에 기록하여야 하고 다만 이송·출정, 그 밖에 교정시설 밖의 장소로 수용자를 호송하는 때에 보호장비를 사용하거나 중경비시설 안에서 수용자의 동행계호를 위하여 양손수갑을 사용하는 경우에는 호송계획서나 수용기록부의 내용 등으로 그 기록을 갈음할 수 있다(법 시행규칙 제181조). 의무관은 법 제97조 제3항에 따라 보호장비를 착용한 수용자의 건강상태를 확인한 결과 특이사항을 발견한 경우에는 보호장비 사용기록부에 기록하여야 한다(법 시행규칙 제182조).

보호장비의 계속사용에 대해서는 엄격한 요건을 규정하고 있다. 소장은 보호장비를 착용 중인 수용자에 대하여 보호장비 사용심사부 및 보호장비 착용자 관찰부 등의 기록과 관계 직원의 의견 등을 토대로 보호장비의 계속 사

---

433 신양균, 앞의 책(2012년), 448쪽.

용여부를 매일 심사하여야 한다(법 시행규칙 제183조 제1항).

보호장비를 사용 중인 수용자의 건강보호와 사용사유가 해소된 경우 즉시 해제할 수있도록 보호장비 착용 수용자의 관찰에 대하여 구체적인 규정을 마련하고 있다. 즉 소장은 보호의자, 보호침대, 보호복의 보호장비를 사용하거나 포승을 하체승의 방법으로 사용하게 하는 경우에는 교도관으로 하여금 수시로 해당 수용자의 상태를 확인하고 매 시간마다 보호장비 착용자 관찰부에 기록하게 하여야 한다. 다만, 소장은 보호장비 착용자를 전자영상장비로 계호할 때에는 거실수용자 영상계호부에 기록하게 할 수 있다(법 시행규칙 제185조).

4. 보호장비의 사용중단 및 해제

보호장비는 수용자의 행동을 제약하고 심리적인 압박감을 주기 때문에 사용 중 건강에 이상을 가져오거나 또는 사용할 필요가 없어진 경우에 그 사용을 중단하여야 하고, 사용사유가 없어진 경우에는 사용 중인 보호장비를 해제하여야 한다.

의무관은 수용자에게 보호장비를 계속 사용하는 것이 건강상 부적당하다고 인정하는 경우에는 소장에게 즉시 보고하여야 하고, 이 경우 소장은 특별한 사유가 없으면 보호장비 사용을 즉시 중지하여야 한다(법 시행령 제121조 제1항). 그리고 소장은 의무관 또는 의료관계 직원으로부터 보호장비의 사용중지 의견을 보고받았음에도 불구하고 해당 수용자에 대하여 보호장비를 계속하여 사용할 필요가 있는 경우에는 의무관 또는 의료관계 직원에게 건강유지에 필요한 조치를 취할 것을 명하고 보호장비를 사용할 수 있다. 이 경우 소장은 보호장비 사용 심사부에 보호장비를 계속 사용할 필요가 있다고 판단하는 근거를 기록하여야 한다(동조 제2항).

교도관은 보호장비 사용사유가 없어진 경우에는 소장의 허가를 받아 지체 없이 사용중인 보호장비를 해제하여야 하고, 다만 소장의 허가를 받을 시간적 여유가 없을 때에는 보호장비 사용을 중단한 후 지체 없이 소장의 승인을 받아야 한다. 그리고 교도관은 보호장비 착용 수용자의 목욕, 식사, 용변, 치료 등을 위하여 필요한 경우에는 보호장비 사용을 일시 해제하거나 완화할 수 있다(법 시행규칙 제184조).

제6절 강제력의 행사와 보안장비의 사용

1. 서

강제력의 행사란 일정한 수용목적을 달성하기 위하여 신체의 일부분 또는 장비·기구를 이용하여 사람의 신체에 유형력을 행사하는 것을 말하며 1999년 행형법 개정시 신설되었다. 직접강제는 신체적 강제, 보호장비 및 보안장비의 사용 그리고 무기의 사용을 통해 사람이나 물건에 작용하는 것으로 강제력의 행사는 수형자의 신체나 행동의 자유에 관한 권리를 가장 심각하게 침해할 우려가 있는 조치들이다.[434]

형집행법은 강제력의 행사요건을 수용자에 대한 경우와 수용자 외의 사람에게 사용하는 경우를 나누어 각각 규정하고 한편, '강제력을 행사하려면 상황이 급박하여 경고할 시간적인 여유가 없는 때를 제외하고 사전에 상대방에게 이를 경고하도록 하고, 강제력은 필요한 최소한도에 그쳐야 한다(법 제100조).'고 사용요건을 엄격하게 정하고 있다. 즉 여러 가지 가능하고 적법한 강제력 중, 침해정도가 가장 적다고 예상되는 것을 선택하여야 하고, 또한 강제력에 의하여 예상되는 침해가 달성하려고 하는 효과와 균형을 잃는다고 인정되는 때에는 그 강제력을 행사하여서는 안 된다. 강제력을 행사하는 경우에는 보안장비를 사용할 수 있다.

2. 강제력의 행사

가. 주체

강제력 행사의 주체는 교도관이다. 수용자 또는 수용자 외의 사람이 시설의 안전이나 질서를 해치는 행위를 하거나 하려고 하는 경우에 이를 신속하고 효과적으로 제압하기 위해서는 소장의 명령이나 지시를 기다릴 여유가 없는 경우가 적지 않으므로 보호장비의 경우와 마찬가지로 요건이 갖추어지면 독자적으로 교도관은 강제력을 행사할 수 있다.[435]

강제력의 행사는 도주, 자해, 시설손괴 등을 막기 위해 경우에 따라 물리

---

434 클라우스 라우벤탈 저/신양균·김태명·조기영 역, 앞의 책(2010년), 418쪽.
435 신양균, 앞의 책(2012년), 459쪽.

적인 강제력을 통해 신체나 행동의 자유를 일시적으로 제한하는 것도 포함된다. 이와 같은 강제력의 행사는 사람의 생명과 신체에 직접 작용하기 때문에 그 사용에 있어 신중을 기하여야 한다.

나. 요건

수용자가 ① 도주하거나 도주하려고 하는 때, ② 자살하려고 하는 때, ③ 자해하거나 자해하려고 하는 때, ④ 다른 사람에게 위해를 끼치거나 끼치려고 하는 때, ⑤ 위력으로 교도관 등의 정당한 직무집행을 방해하는 때, ⑥ 교정시설의 설비·기구 등을 손괴하거나 손괴하려고 하는 때, ⑦ 그 밖에 시설의 안전 또는 질서를 크게 해치는 행위를 하거나 하려고 하는 때의 어느 하나에 해당하면 강제력을 행사할 수 있다(법 제100조 제1항).

형집행법은 강제력을 수용자뿐만 아니라 일정한 요건에 해당하면 수용자 외의 사람에 대해서도 행사할 수 있도록 하여 그 대상을 확대하였다.[436] 수용자 외의 사람이 ① 수용자를 도주하게 하려고 하는 때, ② 교도관 등 또는 수용자에게 위해를 끼치거나 끼치려고 하는 때, ③ 위력으로 교도관 등의 정당한 직무집행을 방해하는 때, ④ 교정시설의 설비·기구 등을 손괴하거나 하려고 하는 때, ⑤ 교정시설에 침입하거나 하려고 하는 때, ⑥ 교정시설의 안(교도관이 교정시설의 밖에서 수용자를 계호하고 있는 경우 그 장소를 포함한다.)에서 교도관 등의 퇴거요구를 받고도 이에 따르지 아니하는 때의 어느 하나에 해당하면 강제력을 행사할 수 있다(법 제100조 제2항).

다. 보안장비

교도관이 수용자 또는 수용자 외의 사람에게 강제력을 행사하는 경우에는 보안장비를 사용할 수 있다. '보안장비'란 교도봉, 가스분사기, 가스총, 최류탄 등 사람의 생명과 신체의 보호, 도주의 방지 및 시설의 안전과 질서유지를 위하여 교도관이 사용하는 장비와 기구를 말한다(법 제100조 제3항, 제4항). 보안장비의 사용도 강제력행사에 포함되므로 필요한 경우에 한해 최소한으로 사용하여야 하고, 교도관이 보안장비를 사용하지 아니하고는 사태를 해결할 수 없는 경우이어야 한다. 또한 장비를 사용하는 경우라도 상대적으로 침해가 적은 방법을 사용하여야 한다.

---

436 행형법에서는 수용자에 대해서만 강제력을 행사할 수 있었다.

라. 강제력 행사의 한계

강제력을 행사하려면 사전에 상대방에게 이를 경고하여야 한다. 다만, 상황이 급박하여 경고할 시간적인 여유가 없는 때에는 그러하지 아니하다(법 제100조 제5항). 수용자뿐만 아니라 수용자 외의 사람에 대해서 강제력을 행사하는 경우에도 같다.

형집행법은 '강제력의 행사는 필요한 최소한에 그쳐야 한다(법 제100조 제6항).'고 규정하여 비례의 원칙을 규정하고 있다. 즉 가능하고 적법한 강제력 가운데 대상자에게 가장 피해를 적게 주는 조치를 선택하여야 한다. 교도관이 행사하는 강제력은 상대방의 기본권의 본질적인 내용을 침해해서는 안 되고, 직무집행방해 또는 시설의 손괴나 침입의 방어에 적합한 것이어야 한다. 강제력의 행사가 필요한 경우라도 강제력 행사가 발생한 사태에 비추어 상당한 것으로 피해가 최소한에 그치도록 하여야 한다. 강제력 행사가 비례의 원칙에 합치하는지 여부는 구체적 사정에 비추어 합리적으로 판단하여야 한다.

3. 보안장비의 사용

보안장비란 교도봉·가스분사기·가스총·최류탄 등 사람의 생명과 신체의 보호, 도주의 방지 및 시설의 안전과 질서유지를 위하여 교도관 등이 사용하는 장비와 기구를 말하며 보안장비의 종류, 종류별 사용요건 및 사용절차 등에 관하여 필요한 사항은 법무부령으로 정하도록 하고 있다(법 제100조 제3항, 제7항). 형집행법 시행규칙에서는 보안장비의 종류, 종류별 사용요건, 종류별 사용기준에 대하여 구체적으로 규정하여 보안장비의 사용에 대하여 엄격한 기준을 마련하고 있다(법 시행규칙 제188조).

교도관 등이 강제력을 행사하는 경우 사용할 수 있는 보안장비는 교도봉(접이식을 포함한다.), 전기교도봉, 가스분사기, 가스총(고무탄 발사겸용을 포함한다.), 최류탄, 전자충격기, 그 밖에 법무부장관이 정하는 보안장비가 있다(법 시행규칙 제186조).

보호장비와는 달리 보안장비는 수용자뿐만 아니라 수용자 외의 사람에게도 사용할 수 있다. 교도봉, 가스분사기, 가스총, 최류탄은 수용자와 수용자 이외의 사람에 대한 강제력 행사 요건의 어느 하나에 해당하는 경우(법 제100조

제1항 및 제2항)에 사용할 수 있고, 전기교도봉과 전자충격기는 수용자와 수용
자 이외의 사람에 대한 강제력 행사 요건의 어느 하나에 해당하는 경우로서
상황이 심각하여 교도봉, 가스분사기, 가스총, 최류탄만으로는 그 목적을 달성
할 수 없을 때 사용할 수 있다(법 시행규칙 제187조 제1항, 제2항).

보안장비의 사용은 상대방의 생명이나 신체에 중대한 침해를 초래할 수
있으므로 종류별 사용기준을 엄격하게 규정하고 있다(법 시행규칙 제188조). 교
도봉과 전기교도봉은 얼굴이나 머리부분에 사용하여서는 아니되며 전기교도
봉은 타격 즉시 떼어야 한다. 가스분사기와 가스총은 1미터 이내의 거리에서
상대방의 얼굴을 향하여 발사하여서는 아니된다. 투척용 최류탄은 근거리용으
로 사용하고, 발사용 최류탄은 50미터 이상의 원거리에서 사용하되 30도 이상
의 발사각을 유지하여야 한다. 전극침발사장치가 있는 전기충격기는 전극침을
상대방의 얼굴을 향해 발사하여서는 아니된다(법 시행규칙 제188조).

제 7 절 무기의 사용

1. 서

무기란 사람의 신체와 생명에 대해 치명적인 위험을 가져올 수 있는 도구
로, 수용자의 행위가 사람의 생명 · 신체 및 설비에 대한 중대하고도 뚜렷한 위
험을 초래할 우려가 있거나, 도주 등을 하는 경우 이를 방지하기 위하여 사용
할 수 있다. 무기는 다른 강제력으로는 효과가 없거나 또는 효과를 기대할 수
없는 경우에 한하여 사용할 수 있다. 무기는 최후수단으로만 사용되어야 하고,
사용시에도 신체에 대한 사용은 자제하여야 하며, 사용 전에 경고사격이나 대
물적 사용이 선행되도록 해야 할 것이다.[437]

형집행법은 일정한 상황 아래에서 교도관으로 하여금 무기를 사용할 수
있도록 규정하고 있다. 무기는 사람의 신체와 생명에 대한 치명적인 위험을 가
져올 수 있기 때문에 형집행법은 교정시설의 안전과 질서유지 등에 있어 사용이
불가피할 경우에만 사용할 수 있도록 사용요건을 엄격하게 규정하는 한편, '무기는

---

[437] 배종대 · 정승환, 앞의 책(2002년), 245쪽.

사람의 생명과 신체에 커다란 영향을 미치기 때문에 무기의 사용은 필요한 최소한도에 그쳐야 하며, 최후의 수단이어야 한다(법 제101조 제5항).'고 규정하고 있다.

2. 무기의 종류

무기는 상대방의 생명이나 신체에 치명적인 위험을 초래할 수 있으므로 무기가 자의적으로 사용되는 일이 없도록 하기 위해 그 요건을 엄격하게 규정하는 한편 비례의 원칙을 명시하고 있으며 무기의 종류, 종류별 사용요건과 절차에 대해서도 법무부령으로 정하고 있다.

교도관이 사용할 수 있는 무기의 종류는 ① 권총, ② 소총, ③ 기관총, ④ 그 밖에 법무부장관이 정하는 무기가 있다(법 시행규칙 제189조).

3. 무기의 사용

가. 사용사유

무기는 수용자 또는 수용자 외의 사람에게 사용할 수 있으며, 사용사유는 수용자에 대한 경우와 수용자 외의 사람에 대한 경우가 각각 다르다.

먼저 수용자에 대해서는 ① 수용자가 다른 사람에게 중대한 위해를 끼치거나 끼치려고 하여 그 사태가 위급한 때, ② 수용자가 폭행 또는 협박에 사용할 위험물을 지니고 있어 교도관 등이 버릴 것을 명령하였음에도 이에 따르지 아니한 때, ③ 수용자가 폭동을 일으키거나 일으키려고 하여 신속하게 제지하지 아니하면 그 확산을 방지하기 어렵다고 인정되는 때, ④ 도주하는 수용자에게 교도관 등이 정지할 것을 명령하였음에도 계속하여 도주하는 때, ⑤ 수용자가 교도관 등의 무기를 탈취하거나 탈취하려고 하는 때, ⑥ 그 밖에 사람의 생명·신체 및 설비에 대한 중대하고도 뚜렷한 위험을 방지하기 위하여 무기의 사용을 피할 수 없는 때의 어느 하나에 해당하는 사유가 있으면 무기를 사용할 수 있다(법 제101조 제1항).

제1호의 중대한 위해는 단순한 상해로는 충분하지 아니하고 사망 또는 중상에 이르는 정도를 말한다. 중대한 위해를 가하는 대상은 다른 수용자, 직원, 참관자, 방문자 등을 포함하고 교정시설의 밖에 있는 경우에는 교정시설과 관계가 없는 사람도 포함된다. 제3호의 폭동은 다수의 수용자가 집단으로 직원의 직무집행에 대해 폭행 또는 협박하거나 교정시설의 설비를 손괴하는 것으로 그 정도는 교정시설의 기능을 크게 저하시킬 정도를 말한다.

교도관이 수용자에게 사용할 수 있는 무기의 사용요건 중 권총과 소총은 형집행법 제101조 제1항의 무기사용요건에 해당하는 경우에 사용할 수 있다. 반면에 기관총은 수용자가 폭동을 일으키거나 일으키려고 하여 신속하게 제지하지 아니하면 그 확산을 방지하기 어렵다고 인정되는 때(법 제101조 제1항 제3호)에 사용할 수 있다(법 시행규칙 제190조 제1항). 기관총은 대공초소 또는 집중사격이 가장 용이한 장소에 설치하고, 유사시 즉시 사용할 수 있도록 충분한 인원의 사수(射手)·부사수·탄약수를 미리 지정하여야 한다(법 시행규칙 제191조).

수용자 외의 제3자에 의해 교정시설의 규율 및 질서가 현저하게 혼란한 경우나 교정시설의 기능에 중대한 장해가 발생할 우려가 있는 경우에 무기를 사용할 수 있다. 수용자 외의 사람에 대해서는 교정시설 안(교도관이 교정시설의 밖에서 수용자를 계호하고 있는 경우 그 장소를 포함한다.)에서 자기 또는 타인의 생명·신체를 보호하거나 수용자의 탈취를 저지하거나 건물 또는 그 밖의 시설과 무기에 대한 위험을 방지하기 위하여 급박하다고 인정되는 상당한 이유가 있으면 수용자 외의 사람에 대해서도 무기를 사용할 수 있다(법 제101조 제2항). 수용자 외의 사람은 수용자 외의 모든 사람을 말한다.

교도관이 수용자 외의 사람에게 사용할 수 있는 무기의 사용요건 중 권총과 소총은 교정시설 안에서 자기 또는 타인의 생명·신체를 보호하거나 수용자의 탈취를 저지하거나 건물 또는 그 밖의 시설과 무기에 대한 위험을 방지하기 위하여 급박하다고 인정되는 상당한 이유가 있을 때(법 제101조 제2항)이다. 반면 기관총은 위와 같은 경우로서 권총과 소총만으로는 그 목적을 달성할 수 없다고 인정하는 경우이다(법 시행규칙 제190조 제2항 제2호).

나. 사용방법

무기는 교도관 등이 소장 또는 그 직무를 대행하는 사람의 명령을 받아 사용하며, 그 명령을 받을 시간적 여유가 없으면 명령없이 사용할 수 있다(법 제101조 제3항). 그리고 교도관은 무기를 사용한 경우에는 소장에게 즉시 보고하고, 보고를 받은 소장은 그 사실을 법무부장관에게 즉시 보고하여야 한다(법 시행령 제126조).

교도관이 무기를 사용하려면 공포탄을 발사하거나 그 밖에 적당한 방법으로 사전에 상대방에 대하여 이를 경고하여야 한다(법 제101조 제4항). 즉 총기를 사용하는 경우에는 구두경고, 공포탄 발사, 위협사격, 조준사격의 순서에 따라야 하고, 다만 상황이 긴급하여 시간적 여유가 없을 때에는 예외로 한다(법 시행규칙 제192조).

총기사용의 적법성과 적정성을 확보하기 위하여 소장은 소속 교도관에 대하여 연 1회 이상 총기의 조작·정비·사용에 관한 교육을 하도록 하고 있다(법 시행규칙 제193조 제1항). 총기교육을 받지 아니하였거나 총기조작이 미숙한 사람, 그 밖에 총기휴대가 부적당하다고 인정되는 사람에 대하여는 총기휴대를 금지하고 총기휴대금지자 명부에 그 명단을 기록한 후 총기를 지급할 때마다 대조·확인하여야 한다(동조 제2항). 총기휴대금지자에 대하여 금지사유가 없어진 경우에는 그 사유를 총기휴대금지자 명부에 기록하고 총기휴대금지를 해제하여야 한다(동조 제3항).

제 8 절 재난시 조치

1. 서

재난시의 조치란 천재·지변 등 불가항력적인 사태가 발생하여 교정시설의 안전 또는 질서가 위태롭게 되거나 수용자의 생명·신체에 회복하기 어려운 피해가 발생될 우려가 있는 경우에 수용자를 응급용무에 종사하거나 일시석방하는 등의 비상적 조치를 말한다. 여기서 천재지변이란 태풍, 홍수, 해일, 산사태 등 자연현상으로 인해 발생하는 것으로서 인명과 재산, 시설 등에 심각한 피해를 주는 것을 말한다. 그 밖의 재해란 폭발, 붕괴, 화재, 환경오염사고와 같은 인적재난이나 정전 등 국가기반체계의 마비나 감염병 확산 등과 같은 사회적 재난을 의미한다. 뿐만 아니라 재해가 현실적으로 발생한 경우는 물론 재해의 발생이 급박하거나 그런 징후가 보이는 경우에도 구체적인 상황에 따라 필요한 조치를 취할 수 있다.[438]

교정시설은 다수의 수용자를 수용하고 있는 시설로 각종 재난에 대해 신

---

438 신양균, 앞의 책(2012년), 466쪽.

속하고 안전한 대응이 매우 중요하기 때문에 교정시설은 평상시부터 위기관리
능력과 재난시 시설의 안전과 질서유지를 위해 필요한 모든 조치를 갖추어야
한다.

2. 재난시 조치

재난시의 조치로는 응급용무의 보조와 긴급이송 및 일시석방이 있다.

천재지변이나 그 밖의 재해가 발생하여 교정시설 운영이 곤란할 정도인
경우에 시설의 안전과 질서유지를 위하여 긴급한 조치가 필요하면 소장은 수
용자로 하여금 피해의 복구나 그 밖의 응급용무를 보조하게 할 수 있고(법 제
102조 제1항), 응급용무의 보조를 위하여 교정성적이 우수한 수형자를 선정하
여 필요한 훈련을 시킬 수 있다(법 시행령 제127조 제1항). 응급용무란 재난발생
을 예방하거나 그 피해를 최소화하기 위하여 필요한 긴급한 조치를 말하여 진
화작업, 인명구조, 시설의 보수나 복구작업, 사상자에 대한 응급조치, 물자관
리 등 재해에 종류에 따라 다양하다.

교정시설의 안에서 천재지변이나 그 밖의 사변에 대한 피난의 방법이 없
는 경우에는 수용자를 다른 장소로 이송할 수 있고, 이송이 불가능하면 수용자
를 일시석방할 수 있다(법 제102조 제2항, 제3항).[439] 재해가 발생하여 달리 피난
의 방법이 없는 경우에는 예외적으로 수용자를 이송하거나 경우에 따라서는
석방할 수 있도록 한 것이다. 일시석방은 재해 등의 위험으로부터 수용자의 생
명과 신체의 안전을 확보하기 위하여 교정시설의 중요한 기능인 수용확보를
포기하는 것으로 극한적인 경우에 취하는 예외적인 조치라고 하여야 한다.[440]

이송은 다른 장소로 보내는 것으로 그 장소는 교정시설에 한하지 않는다.
재난의 규모나 성격 등에 비추어 다른 교정시설로 이송할 수 없는 경우에는
교정시설 외의 다른 재난 대피장소로 보내는 것도 가능하다.[441] 이송이 불가능
한 경우란 재해지역이 광범위하거나 교통수단을 확보할 수 없어 모든 수용자
를 이송할 수 없는 경우 등을 예상할 수 있다.

---

439 한국전쟁 당시 수용자 이송과 일시석방이 실시되었다.
440 林眞琴·北村篤·名取俊也 공저, 안성훈·금용명 등 번역, 앞의 책(2016년), 369쪽.
441 신양균, 앞의 책(2012년), 468쪽.

이때 석방된 사람은 석방 후 24시간 이내에 교정시설 또는 경찰관서에 출석하여야 한다(동조 제4항). 석방된 수용자는 일시석방으로 구금상태를 벗어나고 적법하게 수용자로서의 지위를 상실하므로, 그자의 신병을 확보하여 수용관계를 회복시키기 위해 출석의무를 부과할 필요가 있기 때문에 규정한 것이다. 정당한 사유없이 일시석방 후 24시간 이내에 교정시설 또는 경찰관서에 출석하지 아니하는 행위를 한 수용자는 1년 이하의 징역에 처한다(법 제134조 제1호).

제 9 절 수용을 위한 체포

1. 서

법률과 적법한 절차에 따라 체포 또는 구금된 수용자가 허가없이 구금상태를 불법적으로 이탈하는 경우에 교도관은 그 사람을 체포할 수 있으며 이를 수용을 위한 체포라 한다. 형집행법은 수용자가 도주한 경우 또는 그 밖에 허가없이 시설 외에 있는 경우 교도관에게 체포권을 인정하고 있다(제103조). 수용자가 시설로부터 도주하거나, 귀휴나 외부통근 또는 그 밖의 사유로 소장의 허가를 받아 교도관의 계호 없이 교정시설 밖으로 나간 후에 정당한 사유 없이 기한 내에 시설로 돌아오지 아니하는 경우에 수용관계의 회복을 위하여 교정기관이 직접적이고 즉각적으로 조치하는 것이 필요하다.

도주한 수용자는 스스로 구금상태를 불법적으로 이탈하였고, 교도관의 직무상 명령이 미치지 않는 곳에 있으므로 사실상 계호의 대상이나 처우의 대상이라고 보기 어렵다. 그러나 형집행법 제103조는 범죄인의 체포권을 사법경찰관리에게 부여하고 있는 형사소송법 제81조의 특별규정에 해당하므로 별도의 영장 없이 도주자를 체포 또는 구속할 수 있고 별도의 수용지휘서 없이 재수용할 수 있다.

1950년 행형법 제정당시에는 체포시한이 60시간이었으나 1961년 행형법 개정시 72시간으로 연장하였으며, 형집행법은 도주한 수용자에 대한 교도관의 체포권을 72시간까지 인정하고 있다.

2. 입법취지

수용자는 각종 영장, 판결의 집행 등의 효력에 따라 일정기간 동안 신체가 구속되는 지위에 있다. 구속된 수용자가 도주 등에 의해 불법적으로 수용상태를 이탈하거나 외부통근작업 또는 귀휴 등을 허가받아 일시적으로 구속상태가 적법하게 해소된 것을 기회로 정해진 일시까지 교정시설로 돌아오지 않는 경우에는 그 수용자를 다시 교정시설에 수용하기 위해서는 형사소송법이 정하는 바에 따라 다시 영장 또는 수용지휘서의 발부가 필요하게 되는 경우가 발생한다. 예를 들면 도주한 수용자에 대해서는 일반적으로 동일한 피의사실로 긴급체포하거나 다시 체포영장을 발부받아 체포하여야 하고, 도주한 수형자에 대해서는 검사가 발부한 형집행장(형소법 제473조)에 의해 교정시설에 수용하는 것이 원칙이다.[442] 그러나 수용자가 도주 등을 한 직후에도 이와 같은 원칙적인 절차에 따라 처리하는 것은 현실적이기 않기 때문에 형집행법 제103조에서 수용자가 도주하거나 일정한 사유가 있는 때에는 72시간 내에 한해 교도관에게 수용을 위한 체포권한을 인정한 것이다. 형법 제20조의 위법성 조각사유인 정당행위 중 법령에 의한 행위에 해당한다.

입법취지는 첫째 수용자의 도주행위로 인하여 적법절차에 의하여 성립된 수용관계 또는 구금관계가 파괴되었고 이를 회복할 권한이 교도관에게 있다고 할 수 있을 뿐만 아니라 도주로 인하여 수용자로서의 신분이 상실되었기 때문에 교도관은 체포할 수 없다는 문제점을 해결하기 위하여 정책적·예외적으로 인정하고, 둘째 도주한 수용자의 체포에 인력이 동원됨으로 인하여 각종 처우, 작업, 교화활동 등 교정시설의 본래 기능에 막대한 지장을 초래하기 때문에 일정한 시간이 지난 이후에는 교도관은 통상적인 업무로 복귀하도록 하기 위한 것이라고 할 수 있다.[443]

도주한 수용자는 형사소송법상 현행범에 해당하므로 누구나 체포가 가능하고, 특별사법경찰관리의 권한을 가지고 있는 교도관은 72시간이 경과하더라도 체포권한이 있다는 점 등을 이유로 도주 후 72시간이 경과된 후에도 체포

---

442 林眞琴·北村篤·名取俊也 공저, 안성훈·금용명 등 번역, 앞의 책(2016년), 360쪽.
443 교도관의 도주한 수용자 체포시한을 규정한 형집행법 제103조 제1항의 법적성격에 대한 자세한 내용은 김화수 등 8인공저, 앞의 책(2007년), 425~430쪽 참조.

가 가능하다는 견해가 있다.[444] 그러나 현행범인이란 범죄의 실행 중이거나 실
행의 즉후인 자(형소법 제211조 제1항)를 말하기 때문에 도주죄는 상태범으로
계호권이 미치는 범위를 벗어나면 현행범인이라고 할 수 없고, 도주한 수용자
는 수용자로서의 신분을 상실하였다고 보면 교정시설 내 범죄행위에 대한 수
사권을 가지고 있는 특별사법경찰관인 교도관은 형행법이라는 법정사유로 수
용자를 체포할 수 없다고 보아야 한다.

3. 도주수용자의 체포

　형집행법상 도주수용자의 유형으로는 첫째 시설 내 또는 시설 외에서 계
호권자의 실력지배로부터 구금상태를 이탈한 수용자, 둘째 일시석방된 후 정
당한 사유없이 24시간 이내에 교정시설 또는 경찰관서에 출석하지 아니한 수
용자, 셋째 귀휴나 외부통근 그 밖의 사유로 소장의 허가를 받아 교정시설 밖
으로 나간 후에 정당한 사유없이 기한 내에 돌아오지 아니한 수용자로 구분할
수 있다.

　교도관은 수용자가 도주, 정당한 사유없이 일시석방 후 24시간 이내에 교
정시설 또는 경찰관서에 출석하지 아니하는 행위, 귀휴·외부통근 그 밖의 사
유로 소장의 허가를 받아 교도관의 계호없이 교정시설 밖으로 나간 후에 정당
한 사유 없이 기한 내에 돌아오지 아니하는 행위를 한 경우에는 도주 후 또는
출석기한이 지난 후 72시간 내에만 그를 체포할 수 있다(법 제103조 제1항). 체
포권자는 도주자를 수용하고 있던 해당 교정시설에 소속된 교도관이지만 다른
교정시설에 소속된 교도관이라 할지라도 소속 교정시설의 장의 명령에 의하여
도주자를 체포할 수 있다고 하는 것이 입법취지로 보아 합리적이다.

　소장은 수용자가 도주하거나 법 제134조 각 호의 어느 하나에 해당하는
행위를 한 경우에는 교정시설의 소재지 및 인접지역 또는 도주 등을 한 사람
이 숨을 만한 지역의 경찰관서에 도주자의 사진이나 인상착의를 기록한 서면
을 첨부하여 그 사실을 지체 없이 통보하여야 한다. 그리고 소장은 수용자가
도주 또는 출석의무위반 등을 하거나 그를 체포한 경우에는 법무부장관에게
지체 없이 보고하여야 한다(법 시행령 제128조).

444　김화수 등 8인공저, 앞의 책(2007년), 430쪽.

574 제 3 편 수용자 처우

4. 체포를 위한 교도관의 권한

형집행법은 교도관에 대하여 도주한 수용자의 체포를 위한 불심검문권과 영업장 출입권을 신설하였다.

형집행법은 경찰관직무집행법상의 직무질문에 해당하는 권한을 교도관에게 부여하고 있다.[445] 교도관은 도주한 수용자의 체포를 위하여 긴급히 필요하면 도주 등을 하였다고 의심할 만한 상당한 이유가 있는 사람 또는 도주 등을 한 사람의 이동경로나 소재를 안다고 인정되는 사람을 정지시켜 질문할 수 있으며, 질문을 할 때에는 그 신분을 표시하는 증표를 제시하고 질문의 목적과 이유를 설명하여야 한다(법 제103조 제2항, 제3항).

또한 교도관은 도주 수용자 체포를 위하여 영업시간 내에 공연장·여관·음식점·역, 그 밖에 다수인이 출입하는 장소의 관리자 또는 관계인에게 그 장소의 출입이나 그 밖에 필요한 사항에 관하여 협조를 요구할 수 있고, 이때 필요한 장소에 출입하는 경우에는 그 신분을 표시하는 증표를 제시하여야 하며, 그 장소의 관리자 또는 관계인의 정당한 업무를 방해하여서는 아니된다(동조 제4항, 제5항). 다수인이 출입하는 장소에서 체포를 위한 출입 등에는 영업시간 내라는 시간적 제한을 두어 개인의 사생활을 보호하고, 신분을 표시하는 증표를 제시하도록 한 것이다.

5. 포상금 지급

2015년 12월 10일 형집행법 시행령을 개정하여 도주 수용자를 체포하거나 체포하는데 공적이 있는 사람에 대하여 포상금을 지급할 수 있도록 하였다.

법무부장관은 「형법」 제145조·제146조 또는 법 제134조 각 호에 규정된 죄를 지은 수용자를 체포하거나 행정기관 또는 수사기관에 정보를 제공하여 체포하게 한 사람에게 예산의 범위에서 포상금을 지급할 수 있다(법 시행령 제128조의2). 포상금을 받으려는 사람은 법무부장관이 정하는 바에 따라 포상금 지급 신청서를 지방교정청장에게 제출해야 하고, 신청서를 접수한 지방교정청장은 그 신청서에 법무부장관이 정하는 서류를 첨부하여 법무부장관에게 제출

---

445 신양균, 앞의 책(2012년), 471쪽.

하여야 한다(법 시행령 제128조의3).

법무부장관은 포상금을 지급한 후 ① 위법 또는 부당한 방법의 증거수집, 허위신고, 거짓진술, 증거위조 등 부정한 방법으로 포상금을 지급받은 경우, ② 동일한 원인으로 다른 법령에 따라 포상금 등을 지급받은 경우, ③ 그 밖에 착오 등의 사유로 포상금이 잘못 지급된 경우의 어느 하나에 해당하는 사실이 발견된 경우에는 해당 포상금을 환수할 수 있다(법 시행령 제128조의4).

제 10 절 엄중관리대상자

1. 서

엄중관리대상자란 시설의 안전과 질서유지를 위하여 다른 수용자와의 접촉을 차단하거나 계호를 엄중히 하여야 하는 수용자로 조직폭력수용자, 마약류수용자, 관심대상수용자가 이에 해당된다(법 시행규칙 제194조). 형집행법은 '마약류사범·조직폭력사범 등 법무부령으로 정하는 수용자에 대하여는 시설의 안전과 질서유지를 위하여 필요한 범위에서 다른 수용자와의 접촉을 차단하거나 계호를 엄중히 하는 등 법무부령으로 정하는 바에 따라 다른 수용자와 달리 관리할 수 있다(제104조 제1항).'고 규정하고 있다. 소장은 다른 수용자와 달리 관리하는 경우에도 기본적인 처우를 제한하여서는 아니된다(동조 제2항). 이 규정은 교정시설의 안전과 질서를 유지하기 위하여 수용자 중에서 엄중관리대상자를 지정하여 합리적·효율적인 수용관리와 특별한 처우를 하기 위한 것이다.[446]

헌법재판소는 동 조항에 대하여 '마약류에 대한 중독성 및 그로 인한 높은 재범률이라는 마약류수용자의 일반적 특성상 교정시설 내부로 마약이 반입될 위험성이 항상 존재하고, 그 경우 당해 수용자에 대한 교정의 목적이 근본적으로 훼손될 뿐만 아니라 다른 수용자들에 대한 위해로 인하여 또 다른 교정사고가 발생할 가능성이 있으므로, 마약류수용자를 다른 수용자와 달리 관리할 수 있도록 규정한 것은 합리적인 이유가 있고 따라서 평등원칙에 위배되

---

446 신양균, 앞의 책(2012년), 473쪽.

지 아니한다.'라고 판시하였다.[447]

2. 수용관리

엄중관리대상자에 대하여는 식별을 쉽게 하기 위하여 번호표와 거실표의 색상을 구분하여 관리하고 있다. 관심대상수용자와 조직폭력수용자는 노란색, 마약류수용자는 파란색으로 구분하고, 엄중관리대상자의 구분이 중복되는 수용자의 경우에는 번호표 및 거실표의 색상은 관심대상수용자, 조직폭력수용자, 마약류수용자 순서로 한다(법 시행규칙 제195조). 흰색 번호표를 부착하는 일반수형자와는 달리 색깔이 있는 번호표와 거실표를 사용하도록 한 것은 수용관리상의 편의를 위한 것이다.

일반 수용자와는 달리 엄중관리대상자에 대하여는 수용생활지도와 고충처리, 처우 등을 위한 상담을 실시하도록 하고 있다. 즉 소장은 엄중관리대상자 중 지속적인 상담이 필요하다고 인정되는 사람에 대하여는 상담책임자를 지정하여 상담토록 하며, 상담책임자는 감독교도관 또는 상담관련 전문교육을 이수한 교도관을 우선하여 지정하고 상담책임자 1명당 상담대상자는 10명 이내로 하여야 한다. 상담책임자는 해당 엄중관리대상자에 대하여 수시로 개별상담을 함으로써 신속한 고충처리와 원만한 수용생활지도를 위하여 노력하여야 한다. 상담책임자가 상담을 하였을 때에는 그 요지와 처리결과 등을 교정정보시스템에 입력하여야 하고, 이 경우 엄중관리대상자의 처우를 위하여 필요하면 엄중관리대상자 상담결과 보고서를 작성하여 소장에게 보고하여야 한다(법 시행규칙 제196조).

소장은 엄중관리대상자에게 작업을 부과할 때에는 분류조사 및 분류검사 등의 결과를 고려하여야 한다(법 시행규칙 제197조).

3. 엄중관리대상자의 처우

가. 조직폭력수용자

1) 지정 및 해제

조직폭력수용자의 지정대상은 ① 체포영장, 구속영장, 공소장 또는 재판

---

447 헌재 2013. 7. 25. 2012헌바63.

서에 조직폭력사범으로 명시된 수용자, ② 공소장 또는 재판서에 조직폭력사
범으로 명시되어 있지는 아니하나 「폭력행위 등 처벌에 관한 법률」 제4조 · 제5
조 또는 형법 제114조[448]가 적용된 수용자, ③ 공범 · 피해자 등의 체포영장 · 구
속영장 · 공소장 또는 재판서에 조직폭력사범으로 명시된 수용자이다(법 시행규
칙 제198조).[449]

소장은 위의 어느 하나에 해당하는 수용자에 대하여는 조직폭력수용자로
지정하고, 현재 수용생활 중 집행되었거나 집행할 형이 위 ① 또는 ②의 기준
에 해당하는 경우에도 또한 같다. 소장이 형집행법 제104조 및 동법 시행규칙
제198조 및 제199조를 적용하여 수용자를 조직폭력수용자로 지정하고 특별관
리하고 있는 것은 행정소송 내지 행정심판의 대상이 되는 '행정청이 행하는 구
체적 사실에 대한 법집행으로서의 공권력의 행사'에 해당하고, 따라서 행정소
송 및 행정심판이 가능하다.[450] 소장은 조직폭력수용자로 지정된 사람에 대해
서는 석방할 때까지 지정을 해제할 수 없다. 다만 공소장 변경 또는 재판 확정
에 따라 지정사유가 해소되었다고 인정되는 경우에는 교도관회의의 심의 또는
분류처우위원회의 의결을 거쳐 해제한다(법 시행규칙 제199조).

2) 처우

조직폭력수용자에 대해서는 일반수형자와는 구별되는 처우를 통해 교정
기관의 관리와 질서 및 규율을 유지하고, 조직폭력수용자가 가지고 있는 폭력
성과 사회에 있는 조직원과의 연계를 통한 위험에 대처하는 것이 필요하다. 조
직폭력수용자에 대한 처우와 관련하여 소장은 조직폭력수용자에게 거실 및 작
업장 등의 봉사원, 반장, 조장, 분임장, 그 밖에 수용자를 대표하는 직책을 부
여해서는 아니된다(법 시행규칙 제200조). 그리고 조직폭력수형자가 작업장 등
에서 다른 수형자와 음성적으로 세력을 형성하는 등 집단화할 우려가 있다고
인정하는 경우에는 법무부장관에게 해당 조직폭력수형자의 이송을 지체 없이

---

448 형법 제114조(범죄단체 등의 조직) 사형, 무기 또는 장기 4년 이상의 징역에 해당하는 범죄
    를 목적으로 하는 단체 또는 집단을 조직하거나 이에 가입 또는 그 구성원으로 활동한 사람
    은 그 목적한 죄에 정한 형으로 처벌한다. 다만, 형을 감경할 수 있다.
449 조직폭력수용자의 지정대상에서 '조직폭력사범으로 형의 집행을 종료한 이후 5년 이내에
    교정시설에 다시 수용된 자로서 교도관회의 또는 분류처우위원회에서 조직폭력수용자로
    심의·의결된 수용자'는 2013년 4월 16일 개정에서 삭제되었다.
450 헌재 2012. 12. 11. 2012헌마933.

신청하여야 한다(법 시행규칙 제201조).

조직폭력수용자가 다른 사람과 접견을 할 때에는 외부 폭력조직과의 연계
가능성이 높은 점 등을 고려하여 접촉차단시설이 있는 장소에서 하게 하여야
하며, 귀휴나 그 밖의 특별한 이익이 되는 처우를 결정하는 경우에는 해당 처
우의 허용요건에 관한 규정을 엄격히 적용하여야 한다(법 시행규칙 제202조).
그리고 조직폭력수용자의 편지 및 접견내용 중 특이사항이 있는 경우에는 검
찰청, 경찰서 등 관계기관에 통보할 수 있다(법 시행규칙 제203조).

나. 마약류수용자

1) 지정 및 해제

마약류수용자의 지정대상은 ① 체포영장·구속영장·공소장 또는 판결문
에 「마약류관리에 관한 법률」, 「마약류 불법거래방지에 관한 특례법」, 그 밖
에 마약류에 관한 형사법률이 적용된 수용자, ② 제1호에 해당하는 법률을 적
용받아 집행유예가 선고되어 그 집행유예기간 중에 별건으로 수용된 수용자이
다(법 시행규칙 제204조).

소장은 위의 어느 하나에 해당하는 수용자에 대하여는 마약류수용자로 지
정하여야 하고, 현재의 수용생활 중 집행되었거나 집행할 형이 위 제1호에 해
당하는 경우에도 같다. 그리고 소장은 마약류수용자로 지정된 사람에 대하여
는 석방할 때까지 지정을 해제할 수 없다. 다만, ① 공소장 변경 또는 재판 확
정에 따라 지정사유가 해소되었다고 인정되는 경우, ② 지정 후 5년이 지난 마
약류수용자로서 수용생활태도, 교정성적 등이 양호한 경우. 다만, 마약류에 관
한 형사법률 외의 법률이 같이 적용된 마약류수용자로 한정한다의 어느 하나
에 해당하는 경우에는 교도관회의의 심의 또는 분류처우위원회의 의결을 거쳐
마약류수용자의 지정을 해제할 수 있다(법 시행규칙 제205조).

2) 처우

마약류수용자에 대하여 다른 수용자와 달리 처우하도록 하는 요건인 '시설의
안전과 질서유지를 위하여 필요한 범위'라 함은 마약류수용자에 의한 교정시설 내
마약류 반입 및 이로 인하여 일어날 수 있는 환자 발생, 도주, 수용자 간 폭행이나
갈취 등 교정사고의 발생을 차단하기 위한 범위를 의미한다. '다른 수용자와의 접
촉을 차단하거나 계호를 엄중히 하는 등'의 방법이란 다른 수용자와의 대면 또는

편지수수의 제한을 비롯하여 물품교부의 원칙적 금지, 보관품 및 수용거실의 수시 점검, 마약반응검사의 실시 등 강화된 기본권 제한조치는 물론, 마약류수용자의 특성을 고려한 재활교육, 치료 등의 조치를 할 수 있음을 의미한다.[451]

마약류수용자에 대하여 다량 또는 장기간 복용할 경우 환각증세를 일으킬 수 있는 의약품을 투약할 때에는 특히 유의하여야 하고, 소장은 교정시설에 마약류를 반입하는 것을 방지하기 위하여 필요하면 강제에 의하지 아니하는 범위에서 수용자의 소변을 채취하여 마약반응검사를 할 수 있다. 검사결과 양성반응이 나타난 수용자에 대하여는 관계기관에 혈청검사, 모발검사, 그 밖의 정밀검사를 의뢰하고 그 결과에 따라 적절한 조치를 하여야 한다(법 시행규칙 제206조).

헌법재판소는 마약류수용자에게 마약류반응검사를 위하여 소변을 받아 제출하게 한 것이 영장주의에 반하지 아니하며, 일반적인 행동자유권과 신체의 자유를 침해한 것은 아니라고 결정하였다.

> 마약류는 중독성 등으로 교정시설로 반입되어 수용자가 복용할 위험성이 상존하고, 수용자가 마약류를 복용할 경우 그 수용자의 수용목적이 근본적으로 훼멸될 뿐만 아니라 다른 수용자들에 대한 위해로 인한 사고로 이어질 수 있으므로, 소변채취를 통한 마약류반응검사가 월 1회씩 정기적으로 행하여진다 하여도 이는 마약류의 반입 및 복용사실을 조기에 발견하고 마약류의 반입시도를 사전에 차단함으로써 교정시설 내의 안전과 질서유지를 위하여 필요하고, 마약의 복용 여부는 외부관찰 등에 의해서는 발견될 수 없으며, 징벌 등 제재처분 없이 자발적으로 소변을 받아 제출하도록 한 후, 3분 내의 짧은 시간에, 시약을 떨어뜨리는 간단한 방법으로 실시되므로, 대상자가 소변을 받아 제출하는 것은 하기 싫은 일을 하여야 하고 자신의 신체의 배출물에 대한 자기결정권이 다소 제한된다고 하여도, 그것만으로는 소변채위의 목적 및 검사방법 등에 비추어 과잉금지의 원칙에 반한다고 할 수 없다(헌재 2006. 7. 27. 2005헌마277).

마약류수용자에 대한 처우는 수용자 외의 사람이 마약류수용자에게 물품을 건네줄 것을 신청하는 경우에는 마약류 반입 등을 차단하기 위하여 신청을 허가하지 아니함을 원칙으로 하고 다만, ① 법무부장관이 정하는 바에 따라 교정시설 안에서 판매되는 물품, ② 그 밖에 마약류 반입을 위한 도구로 이용

될 가능성이 없다고 인정되는 물품을 건네줄 것을 신청한 경우에는 예외로 할 수 있다(법 시행규칙 제207조). 마약류수용자의 경우 외부인의 물품교부를 엄격하게 제한하는 이유는 마약류의 경우 대부분 분말 등의 형태로 다른 물품에 비하여 반입이 용이하여 이를 금품의 표면이나 그 속에 묻혀 반입할 경우 발견하기가 거의 불가능하고, 또한 미세한 양이라도 복용하거나 주사하는 경우 적은 양으로 많은 사람이 사용할 수 있어 만일 교정시설에 적은 양이라도 반입되어 수용자들이 이를 복용한다면 질서를 해치고 관리에 어려움을 초래할 수 있는 바 이를 방지하기 위한 것이다.

담당교도관은 마약류수용자의 보관품 및 지니는 물건의 변동상황을 수시로 점검하고, 특이사항이 있는 경우에는 감독교도관에게 보고하여야 한다(법 시행규칙 제208조). 소장은 마약류수용자가 마약류 근절(根絶)의지를 갖고 이를 실천할 수 있도록 해당 교정시설의 여건에 적합한 마약류수용자 재활교육계획을 수립하여 시행하여야 하고, 마약류수용자의 마약류 근절의지를 북돋울 수 있도록 마약퇴치 전문강사, 성직자 등과 자매결연을 주선할 수 있다(법 시행규칙 제209조).

다. 관심대상수용자

관심대상수용자의 지정대상은 ① 다른 수용자에게 상습적으로 폭력을 행사하는 수용자, ② 교도관 등을 폭행하거나 협박하여 징벌을 받은 전력(前歷)이 있는 사람으로서 같은 종류의 징벌대상행위를 할 우려가 큰 수용자, ③ 수용생활의 편의 등 자신의 요구를 관철할 목적으로 상습적으로 자해하거나 각종 이물질을 삼키는 수용자, ④ 다른 수용자를 괴롭히거나 세력을 모으는 등 수용질서를 문란하게 하는 조직폭력수용자(조직폭력사범으로 행세하는 경우를 포함한다.), ⑤ 조직폭력수용자로서 무죄 외의 사유로 출소한 후 5년 이내에 교정시설에 다시 수용된 사람, ⑥ 상습적으로 교정시설의 설비·기구 등을 파손하거나 소란행위를 하여 공무집행을 방해하는 수용자, ⑦ 도주(음모, 예비 또는 미수에 그친 경우를 포함한다.)한 전력이 있는 사람으로서 도주의 우려가 있는 수용자, ⑧ 중형선고 등에 따른 심적 불안으로 수용생활에 적응하기 곤란하다고 인정되는 수용자, ⑨ 자살을 기도한 전력이 있는 사람으로서 자살할 우려가 있는 수용자, ⑩ 사회적 물의를 일으킨 사람으로서 죄책감 등으로 인하여 자살 등 교정사고를 일으킬 우려가 큰 수용자, ⑪ 징벌집행이 종료된 날부터 1년 이내에 다시 징벌을 받는 등 규율위반의 상습성이 인정되는 수용자, ⑫ 상습적으로 법령에 위반하여 연락을 하거나 금지물품을 반입하는 등의 방법으로 부조리를 기도하는 수용자, ⑬ 그 밖에 교정시설의 안전과 질서유지를 위하여 엄중한 관리가 필요하다고 인정되는 수용자이다(법 시행규칙 제210조).

> 수형자에 대한 기본권제한의 정도와 동행계호행위의 목적 등에 비추어 볼 때 청구인에 대한 동행계호행위는 법률에 따라 그 기본권제한의 범위 내에서 이루어진 것으로서 청구인의 신체의 자유 등을 침해하지 아니할 뿐만 아니라 관심대상수용자인 청구인에 대하여 특별히 계호를 엄중히 하는 것은 교도소 내의 안전과 질서유지를 위한 것으로서 그 차별에 합리적인 이유가 있으므로 청구인의 평등권을 침해한다고 볼 수 없다(헌재 2010. 10. 28, 2009헌마438).

관심대상수용자의 지정은 소장이 위 각 호에 해당하는 수용자에 대하여는 분류처우위원회의 의결을 거쳐서 지정하며, 다만 미결수용자 등 분류처우위원회의 의결 대상자가 아닌 경우에도 관심대상수용자로 지정할 필요가 있다고 인정되는 수용자에 대하여는 교도관회의의 심의를 거쳐 지정할 수 있다. 그리고 소장은 관심대상수용자의 수용생활태도 등이 양호하고 지정사유가 해제되었다고 인정되는 경우에는 분류처우위원회의 의결을 거쳐 그 지정을 해제한다. 관심대상수용자로 지정하거나 지정을 해제하는 경우에는 담당교도관 또는 감독교도관의 의견을 고려하여야 한다(법 시행규칙 제211조).

수용동 및 작업장 계호배치와 관련하여 소장은 다수의 관심대상수용자가 수용되어 있는 수용동 및 작업장에는 사명감이 투철한 교도관을 엄선하여 배치하여야 한다(법 시행규칙 제213조).

제 12 장 규율과 상벌

제 1 절 서론

1. 서

 교정시설은 다수의 사람들이 자신의 의사에 반해 구금된 상황에서 관리되고 있기 때문에 그 속에서 다양한 형태로 규칙과 규정을 위반하는 사건이 일어나는 것은 불가피하다. 따라서 교정시설은 안전하고 평온한 공동생활을 유지하고 적절한 처우를 실시하기 위하여 일정한 규율과 질서를 유지하는 것이 필요하며, 직원뿐만 아니라 수용자가 공정하다고 인식하는 규칙과 규정 내에서 운영되어야 한다. 또한 교정시설에서 규칙과 규정은 직원과 수용자의 안전을 보장하는 것이어야 하고 각자는 그러한 규칙과 규정을 준수할 의무가 있다. 그러나 다른 한편으로 규율과 규정이 과잉하면 사회로부터 괴리가 심화되고 교정처우의 효과도 거둘 수 없으며, 나아가 수용자 인권의 침해로 이어질 수 있다.

 한편 수용자는 나쁜 행동을 하면 처벌받아야 하고, 좋은 행동을 하면 보상을 받아야 한다. 교정시설 내에서 발생하는 사건을 처리하기 위해 객관적이고 공정한 일련의 절차가 마련되어야 함은 물론 올바른 생활을 하도록 하는 여러 가지 방법이 마련되어야 하며 그 중 하나가 상벌이다. 상벌이라 함은 포상과 징벌을 말한다. 선행을 한 수용자에게는 포상을 하고 규율을 위반한 수용자에게는 징벌을 부과하는 것은 교정시설의 질서유지와 수형자의 교정·교화에 있어 매우 효과적인 방법이다. 포상은 수용자에 대한 이익을 주는 것으로서 적극적으로 해석하여 자유형 집행에 있어 탄력적으로 운용하여야 하며, 징벌은 불이익 처분으로서 가능한 한 소극적으로 운용하도록 노력하여야 한다.[452]

 상벌의 성격은 수용자에게 과해지는 행형상의 처분으로 사회내의 포상이나 형벌과는 구분된다. 상벌은 수용자의 자발적인 개선노력의 정도에 따라 처우를 완화하는 등 희망을 줌으로써 개선의욕을 촉진시키고, 교정성적에 따라

---

452 허주욱, 앞의 책(2013년), 672쪽.

자유와 책임이 확대된 생활을 영위하도록 함으로써 사회성을 함양하도록 하여야 한다. 그리고 상벌제도를 효율적으로 운용하기 위하여 그 요건과 종류 및 절차를 명확하게 하고, 실제 운용에 있어 공정하고 합리적인 각종 제도적인 절차와 수단을 마련하는 것이 필요하다.

2. 연혁

1894년 12월 25일(고종 31년) 제정된 「감옥규칙」 제20조에는 재감자 준수사항이 규정되었으며, 1898년 1월 19일(광무 2년) 제정된 감옥규칙의 시행령인 「감옥세칙」은 제6장에서 징벌에 대하여 규정하였다.[453] 1909년 7월 12일 「한국의 사법 및 감옥사무를 일본국 정부에 위탁하는 건에 관한 각서」(기유각서)에 의해 우리나라의 감옥사무가 박탈되고 일제의 통감부 사법청에서 관장하게 되었으며, 1912년 3월 제령 제14호로 일본의 감옥법을 그대로 적용하도록 함으로써 일본 감옥법에 규정되어 있는 규율 및 징벌이 적용되었다. 해방 후인 1946년 3월 23일 형정국장 지시공문으로 '감옥법 제60조 제10호의 감식벌은 인도상 가혹한 징벌이므로 금후에는 범행종류의 여하를 막론하고 감식벌을 가할 필요가 있을 때는 다른 종류의 징벌로서 이에 대행할 것'이라고 하여 감식벌을 폐지하였다.

1950년 3월 2일 법률 제105호로 제정된 「행형법」 제44조에서 '규율을 위반한 경우 징벌에 처한다.'라고 규정하고, 제45조에서 징벌의 종류를 8종[454]으로 정하였다. 징벌은 징벌위원회의 결정으로 정하고, 징벌의 일시정지와 징벌의 경감 또는 면제에 대하여 규정하였다. 1961년 행형법 개정시 규율에 관한 사항은 법무부장관이 정하도록 규정하였으며, 1980년 행형법 개정에서는 '7일 이내의 감식벌'을 추가하였다. 1995년 개정에서는 기존의 징벌의 종류 9종 중 4종을 폐지하고 경고, 1월 이내의 도서열람 제한, 청원작업의 정지, 작업상여금의 전부 또는 일부의 삭감, 2월 이내의 금치 등 5종을 규정하였다. 그 후 2008년 형집행법에서는 징벌에 관한 규정을 정비하고 징벌 14종을 규정하였다.

---

453 자세한 것은 법무부 교정본부, 앞의 책(2010년), 204~208쪽 참조.
454 8종의 징벌은 계고, 상우정지 또는 취소, 도서의 3일 이내의 열독금지, 청원작업의 정지, 작업상여금의 일부 또는 전부의 삭감, 2월 이내의 작업정지, 2월 이내의 금치이다.

1971년 10월 1일 「재소자규율및징벌에관한규칙」(법무부령 제176호)을 제정하여 수형자 및 미결수용자가 준수할 규율과 그 위반에 대한 징벌을 과함에 필요한 기준을 정하였다. 그 후 수용자의 인권을 신장시키기 위하여 수용자가 준수해야 할 규율의 내용 및 규율을 위반한 경우 부과하는 징벌의 기준을 명확히 하고, 규율위반행위 조사, 징벌의결 및 집행의 공정성을 제고하는 등 징벌제도를 개선하기 위하여 2004년 6월 29일 「수용자 규율 및 징벌에 관한 규칙」(법무부령 제555호)을 전면개정하였다.

상우제도는 1950년 제정 행형법에서 도입하였고,[455] 그 후 1980년 행형법 개정시 분류처우에 관한 근거규정을 두면서 상우에 관한 규정이 삭제되었다. 분류처우제도의 도입으로 개별 수형자의 개전의 정도에 따라 그에 상응하는 처우를 하게 되어 별도의 상우제도가 불필요하게 되었기 때문이다.[456]

제 2 절 포 상

포상이란 수용자가 모범적인 수용생활을 하고 교정사고방지 및 교정행정의 발전에 공로를 세우는 등 다른 수용자에게 모범이 되는 경우에 해당 수용자에게 표창, 교정성적 상향조정, 가석방, 귀휴 등 각종 처우상의 혜택을 부여하는 것을 말한다. 포상의 목적은 수용자가 스스로 사회복귀를 위한 적극적인 노력을 하도록 하는 한편 다른 수용자에게도 모범적인 생활을 하면 포상 등이 따른다는 것을 인식하도록 함으로서 행형의 목적인 교정·교화와 사회복귀의 효과를 높이는 데 있다.

이와 같은 포상제도는 수용자에게 자신의 행동에 대한 긍정적인 평가를 통해 책임있는 생활을 영위하게 하고, 긍정적인 자아관념을 가지게 할 뿐만 아니라 수형자에게는 사회복귀에 대한 의욕을 고취시킬 수 있고 징벌제도와 함께 신상필벌(信賞必罰)을 명확히 함으로써 수용질서를 확립하고 시설의 안전과 질서를 유지하는 기능을 가지고 있다.

---

455 수형자가 개과의 정상이 현저하거나 행장이 우량한 자에 대하여는 상우를 할 수 있다(1950년 행형법 제43조).
456 신양균, 앞의 책(2012년), 485쪽.

형집행법은 수용자에 대한 포상과 관련하여 수용자가 ① 사람의 생명을 구조하거나 도주를 방지한 때, ② 법 제102조 제1항에 따른 응급용무에 공로가 있는 때, ③ 시설의 안전과 질서유지에 뚜렷한 공이 인정되는 때, ④ 수용생활에 모범을 보이거나 건설적이고 창의적인 제안을 하는 등 특히 포상할 필요가 있다고 인정되는 때의 어느 하나에 해당하면 법무부령으로 정하는 바에 따라 포상할 수 있다고 규정하고 있다(법 제106조). 포상은 해당 수용자의 평소 생활태도, 책임감, 작업성적, 교정성적 등을 종합적이고 객관적으로 판단하여야 한다.

포상기준은 사람의 생명을 구조하거나 도주를 방지한 때 및 법 제102조 제1항에 따른 응급용무에 공로가 있는 때에 해당하는 경우는 소장 표창 및 가족만남의 집 이용대상자 선정이고, 시설의 안전과 질서유지에 뚜렷한 공이 인정되는 때와 수용생활에 모범을 보이거나 건설적이고 창의적인 제안을 하는 등 특히 포상할 필요가 있다고 인정되는 때에 해당하는 경우는 소장 표창 및 가족만남의 날 행사 참여대상자 선정이다(법 시행규칙 제214조의2).

제 3 절 규율

1. 의의

교도소 등은 형벌집행을 위하여 또는 피고인 등의 구금확보를 위하여 일정 기간 수용자를 강제로 구금하는 시설이다. 이러한 시설에서는 강제적인 수용에 따른 집단생활이라는 점에서 시설과 사람의 안전은 물론 수용자들의 안전을 위해서 일상생활에 있어 일정한 규율이 불가피하다. 일반적인 용어로 규율은 그 사회와 집단이 정상적인 상태를 유지하기 위한 규정이 정비되어 지켜지고 있는 상태를 말한다.[457] 교정시설에서 규율이란 교정시설의 안전과 질서유지를 위하여 수용자가 지켜야 할 행동의 준칙을 말한다.

형집행법령은 수용자의 규율준수 의무와 규율 내용에 대하여 규정하고 있다. 수용자는 교정시설의 안전과 질서유지를 위하여 법무부장관이 정하는 규

---

457 林眞琴·北村篤·名取俊也 공저/안성훈·금용명 등 번역, 앞의 책(2016년), 295쪽.

율과 소장이 정하는 일과시간표를 지켜야 하고, 교도관의 직무상 지시에 따라야 하며(법 제105조), 이에 위반할 경우에는 처우상 불이익을 받을 수 있다. 수용자의 수용을 확보하고 집단생활을 하는 수용자의 안전하고 질서있는 생활 및 적절한 처우환경을 보장하기 위해서는 교정시설의 규율과 질서가 유지되어야 하는 것이 매우 중요하지만 반면에 규율 및 질서유지의 요청이 수용자의 권리 및 자유를 제약하는 실질적인 근거가 된다는 점을 고려하여 형집행법에서 규정한 것이다.

2. 규율의 내용과 고지

가. 서

공동생활을 하는 시설 내에서 수용자가 일과시간표에 따라 생활을 하지 않게 되면 무질서한 상태가 되어 시설의 운영이 어렵기 때문에 일과시간표의 준수는 수용생활의 가장 기본이 된다고 할 수 있다.[458] 교도관의 지시는 직무에 관한 것이면 족하고 반드시 지시내용이 법령에 명시되어 있을 필요는 없다. 교도관은 수용자에 대한 처우나 시설의 관리운영을 위해 필요에 따라 수용자에게 다양한 지시를 하는 경우가 있으며, 수용자의 입장에서는 이러한 지시가 정당한지를 판단하기가 쉽지 않다. 따라서 교도관은 수용자에게 지시를 하는 경우 가능한 한 법령상의 근거에 따라 구체적이고 알기 쉬운 내용으로 해야 할 필요가 있다.

나. 규율의 구체적 내용

어떤 구체적 행위가 교정시설의 규율 및 질서를 방해하는 것으로 금지되는지 명확하지 않는 경우가 있기 때문에 형집행법령은 수용자가 준수하여야 하는 사항을 구체적으로 정하여 명확하게 하는 한편 교도관에 의한 수용자의 생활 및 행동에 대한 지시권을 규정하고 있다.[459] 소장은 수용자가 ① 「형법」, 「폭력행위 등 처벌에 관한 법률」, 그 밖의 형사법률에 저촉되는 행위, ② 수용생활의 편의 등 자신의 요구를 관철할 목적으로 자해하는 행위, ③ 정당한 사유없이 작업·교육·교화프로그램 등을 거부하거나 태만히 하는 행위, ④ 법

---

458 신양균, 앞의 책(2012년), 481쪽.
459 林眞琴·北村篤·名取俊也 공저/안성훈·금용명 등 번역, 앞의 책(2016년), 300쪽.

제92조의 금지물품을 반입·제작·소지·사용·수수·교환·은닉하는 행위, ⑤ 다른 사람을 처벌받게 하거나 교도관의 직무집행을 방해할 목적으로 거짓사실을 신고하는 행위, ⑥ 그 밖에 시설의 안전과 질서유지를 위하여 법무부령으로 정하는 규율을 위반하는 행위의 어느 하나에 해당하는 행위를 하면 징벌위원회의 의결에 따라 징벌을 부과할 수 있다(법 제107조).

제1호의「형법」,「폭력행위 등 처벌에 관한 법률」, 그 밖의 형사법률에 저촉되는 행위는 범죄행위로 모든 형벌규정에 위반하는 행위가 포함된다. 다른 사람에 대한 살상행위, 도박 등과 같이 교정시설 내에서 결과가 발생하는 것을 포함하여 외부교통을 통하여 외부인에 대한 협박행위나 외부인과의 공모에 의한 범죄행위도 포함된다.

제2호의 자해행위는 자신을 해하거나 자살을 기도하는 행위를 말한다. 이는 수용생활의 편의 등 자신의 요구를 관철할 목적으로 자해하는 행위가 대상이 되며, 정신질환으로 자해하는 행위는 포함되지 아니한다.

제3호의 정당한 사유없이 작업·교육·교화프로그램 등을 거부하거나 태만히 하는 행위는 수형자를 대상으로 하는 것으로 성실하게 작업을 하지 아니하거나 지도를 성실하게 받지 아니하는 행위도 포함된다.

제4호 금지물품을 반입·제작·소지·사용·수수·교환 또는 은닉하는 행위는 부정하게 금지물품을 반입하는 행위 외에 허가없이 제작하거나 또는 사용 등을 허가받은 물품을 다른 수용자와 주고받는 행위 등이 포함된다.

제5호 다른 사람을 처벌받게 하거나 교도관의 직무집행을 방해할 목적으로 거짓사실을 신고하는 행위는 교정시설 운영에 지장을 초래하거나 불필요한 행정력을 낭비할 우려가 크기 때문에 규율과 내용으로 정한 것이다. 여기서 거짓사실의 신고는 형법상의 공무집행방해죄의 성립범위 보다 넓다.

제6호의 법무부령으로 정하는 규율의 구체적 내용에 대해서는 형집행법 시행규칙에서 18종류를 규정하고 있다. 수용자는 ① 교정시설의 안전 또는 질서를 해칠 목적으로 다중(多衆)을 선동하는 행위, ② 허가되지 아니한 단체를 조직하거나 그에 가입하는 행위, ③ 교정장비, 도주방지시설, 그 밖의 보안시설의 기능을 훼손하는 행위, ④ 음란한 행위를 하거나 다른 사람에게 성적(性的) 언동 등으로 성적 수치심 또는 혐오감을 느끼게 하는 행위, ⑤ 다른 사람에게 부당한 금품을 요구하는 행위, ⑤의2. 허가 없이 다른 수용자에게 금품을 교부하거나 수용자 외의 사람을 통하여 다른 수용자에게 금품을 교부하는 행위, ⑥ 작업·교육·접견·집필·전화통화·운동, 그 밖에 교도관의 직무 또는 다른 수용자의 정상적인 일과 진행을 방해하는 행위, ⑦ 문신을 하거나 이물질을 신체에 삽입하는 등 의료 외의 목적으로 신체를 변형시키는 행위, ⑧ 허가 없이 지정된 장소를 벗어나거나 금지구역에 출입하는 행위, ⑨ 허가 없이 다른 사람과 만나거나 연락하는 행위, ⑩ 수용생활의 편의 등 자신의 요구를 관철할 목적으로 이물질을 삼키는 행위, ⑪ 인원점검을 회피하거나 방해하는 행위, ⑫ 교정시설의 설비나 물품을 고의로 훼손하거나 낭비하는 행위, ⑬ 고의로 수용자의 번호표, 거실표 등을 지정된 위치에 붙이지 아니하거나 그 밖의 방법으로 현황파악을 방해하는 행위, ⑭ 큰 소리를 내거나 시끄럽게 하여 다른 수용자의 평온한 수용생활을 현저히 방해하는 행위, ⑮ 허가 없이 물품을 지니거나 반입·제작·변조·교환 또는 주고받는 행위, ⑯ 도박이나 그 밖에 사행심을 조장하는 놀이나 내기를 하는 행위, ⑰ 지정된 거실에 입실하기를 거부하는 등 정당한 사유 없이 교도관의 직무상 지시나 명령을 따르지 아니하는 행위에 해당하는 행위를 하여서는 안 된다(법 시행규칙 제214조).

다. 규율내용의 고지 등

규율내용은 수용자가 충분히 알고 있어야 자신의 권리와 책임을 이해하고 수용생활에 적응할 수 있기 때문에 형집행법은 신입자 및 다른 교정시설로부터 이송되어 온 사람에게는 징벌·규율, 그 밖의 수용자의 의무에 관한 사항을 말이나 서면으로 알려주도록 규정하고 있다(법 제17조).

특히 형집행법에서 규정하고 있는 '그 밖에 시설의 안전과 질서유지를 위하여 법무부령으로 정하는 행위(제107조 제6호)'와 관련하여 규율 내용을 법무부령에 포괄위임하고 있어 명확성의 원칙에 위배되고, 또한 징벌처분의 전제가 되는 규율 내용이 너무 광범위하고 포괄적이며, 사소한 생활규범적 성격을 띠고 있는 사항이 많아 수용자의 일상생활을 지나치게 제약하고 있어 위헌의 소지가 있다는 비판이 있다.

입법상으로 미결수용자는 무죄추정을 받고 있음에도 수형자와 동일한 징벌절차에 의해 징벌을 부과하는 것은 적절하지 않으므로 미결수용자에 대해서 적용되는 규정을 별도로 마련하여 징벌내용 및 절차를 규정할 필요가 있다.[460] 왜냐하면 무죄추정을 받고 있는 미결수용자에 대한 처우와 형이 확정된 수형자에 대한 처우의 내용이 다르기 때문에 징벌의 목적 달성을 위해서는 불이익처분인 징벌의 종류도 달리하여야 하기 때문이다.

제 4 절 징벌

1. 서

　　교정행정에 있어서 규칙을 위반하는 수용자에 대한 조사, 징벌 등과 관련한 처리절차를 명확하게 규정하여야 하고 정당하고 공정한 방식으로 운용되어야 한다. 형집행법은 징벌제도와 관련한 규정과 절차에 대하여 자세하게 규정하고 있다.

　　징벌이란 교정시설 내의 구금확보와 시설의 안전과 질서유지를 위하여 일정한 규율을 위반한 수용자에게 부과하는 불이익처분을 말한다. 즉 징벌은 규율위반행위를 한 수용자에 대하여 제재를 가함으로써 당해 위반자는 물론 다른 수용자의 규율위반행위를 억제하는 점에 그 의의가 있다.[461] 또한 징벌제도는 소극적으로는 규율위반자를 처벌함으로써 시설 내의 질서를 유지하기 위한 것이고 적극적으로는 교육형제도의 이념 아래 수용자를 규율생활에 순치시켜 그들의 행동과 성격을 교정하는 데 제도적 가치가 있다.[462] 이와 같은 징벌은 징벌위원회의 의결로 행해지는 행정처분이지만 본질적으로 형벌적 성격을 가지고 있다고 볼 수 있다.[463]

　　징벌은 징벌대상자의 권리와 처우 등에 일정한 제한이 가해지기 때문에 그 부과에 있어 법정주의의 원칙, 필요최소한의 원칙, 보충성의 원칙, 비례성의 원칙 등이 적용된다. 그리고 징벌은 형벌적 성격을 지니는 행정처분이므로 징벌의 종류·요건 및 주요절차는 법률로 규정하여야 하고 그 내용도 구체적이고 명확하여야 한다는 법정주의 원칙이 적용된다. 또한 징벌을 부과하는 경

460　신양균, 앞의 책(2012년), 497쪽.
461　川出敏裕·金光旭, 앞의 책(2018년), 218쪽.
462　김화수, 앞의 책(1991년), 418쪽.
463　배종대·정승환, 앞의 책(2002년), 247쪽.

우 그 내용은 적법하고 필요한 최소한도에 그쳐야 하고, 교정시설의 안전과 질
서유지 및 사회복귀목적을 달성할 수 없다고 인정되는 경우에 한하여 최후의
수단으로 행해져야 하며, 규율위반의 원인 및 내용의 정도는 제한되는 수형자
의 권리와 균형이 유지되어야 한다. 징벌부과시 규율 및 질서를 유지하기 위해
취하는 조치는 수용자의 수용을 확보하고 처우를 위한 적절한 환경 및 안전하
고 평온한 공동생활을 유지하기 위해 필요한 한도를 넘어서는 안 되고 징벌이
수용자에 대한 중대한 불이익처분이라는 점이 비추어 징벌은 규율위반행위를
억제하는 데 필요한 한도를 넘어서는 안 된다.

2. 법적 성격

종래에는 수용관계를 특별권력관계로 보아 법률적 근거없이 수용자에 대
하여 기본권 제한이 가능하고 사법심사의 대상이 되지 않는 것으로 보았으나,
오늘날에는 특별권력관계이론이 부인되고 징벌은 법률 또는 법률에서 위임한
규정에 따라 부과하여야 한다. 형집행법상 수용자에 대한 징벌은 일종의 행정
벌이다.[464] 행정벌은 직접적으로 과거의 의무위반에 대해 제재를 과하는 것에
의해 행정법규의 실효성을 확보하는 것 뿐만 아니라 의무를 지고 있는 사람에
대해 심리적 강제를 통하여 간접적으로 의무의 이행을 확보하는 것을 목적으
로 하고 있다. 징벌은 교도소의 안전과 질서를 유지하기 위해 정한 규율을 위
반한 수용자에 대하여 과해지는 불이익처분으로 규율의 준수를 유도하는 일반
예방의 효과와 징벌을 받은 자가 장차 규율위반을 자제하도록 하는 특별예방
의 효과를 함께 가지는 행정상 질서벌의 일종이다.[465]

형벌과의 차이점은 첫째 형벌은 일반사회의 공공질서를 침해한 것에 대하
여 과해지는 제재인 반면, 징벌은 교정시설이라는 한정된 공간의 안전과 질서
유지를 위해 과해지는 제재라는 점, 둘째 형벌은 범죄에 대한 처벌인 반면, 징
벌은 수용자가 국가에 대하여 그 지위상 부담하는 특별의무를 위반한 것에 대

---

[464] 鴨下孝守, 앞의 책(2006년), 32쪽.
[465] 헌재 2005. 5. 24. 2003헌마289 / 징벌은 규율위반에 상응하는 제재로서 응보의 성격을 가지
고 있으며, 일반예방적 측면에서 보면 시설 내 공동생활을 위해 정해진 규칙이 무엇인지를
명백히 알게 하여 시설 내 질서를 유지시키는 기능을 할 뿐만 아니라 특별예방의 측면에서
수용자가 규율위반을 반복하지 아니하고 시설 내 생활에 적응할 수 있도록 한다(신양균,
앞의 책(2012년), 489쪽).

한 제재라는 점, 셋째 형벌은 수용자가 석방 후에도 수용 중에 범한 행위에 대
하여 처벌하는 반면, 징벌은 석방 후에는 부과할 수 없다는 점 등이 있다.

징벌의 실효성과 관련하여 징벌이 실질적으로 수용자에게 미치는 불이익
이 클수록 적법절차 원칙의 준수와 권리구제의 요구가 강해진다. 예를 들면 징
벌의 실효성을 확보하기 위해 징벌기간을 형기에서 제외하면 사법부의 개입과
변호인의 조력 등 형사사법절차에 따르도록 요구받게 된다. 따라서 징벌은 질
서벌로서 신속성을 확보하여 목적을 달성하여야 하는 한편 피징벌자의 권리침
해 사이에서 적정한 균형을 유지하기 위한 정책적인 판단과 결정이 필요하다.
즉 사회내 질서유지를 위해 경범죄처벌법이 시행되는 것과 같이 교정시설 내
질서유지를 위한 법과 절차를 마련하는 것이 징벌과 형사벌의 장점을 모두 살
리고 문제점을 해결할 수 있다고 생각된다.

대법원은 '행형법상의 징벌은 수형자의 교도소 내의 준수사항 위반에 대하여
과하는 행정상의 질서벌의 일종으로서 사회일반의 형벌법령에 위반한 형사책임과
는 그 목적, 성격을 달리하는 것이므로 징벌을 받은 뒤에 형사처벌을 한다하여 일
사부재리의 원칙에 반하는 것은 아니다.'[466]라고 판시하여 형벌과 징벌의 성격이
다르다는 것을 명확하게 하였다. 또한 행정법규 위반에 대하여 가하는 제재조치는
행정목적 달성을 위하여 행정법규 위반이라는 객관적 사실에 착안하여 가하는 제
재이므로 위반자의 의무해태를 탓할 수 없는 정당한 사유가 있는 등의 특별한 사정
이 없는 한 위반자에게 고의나 과실이 없다고 하더라도 부과될 수 있다.[467]

징계처분 후 징계사유에 대한 형사사건으로 제1심에서 유죄판결이 선고되었으나
그 후 항소심에서 무죄판결이 선고되고 이 판결이 대법원에서 확정되었다면, 그
징계처분이 근거 없는 사실을 징계사유로 삼은 것이 되어 위법하다고 할 수 있으
나, 그 하자가 객관적으로 명백하다고 할 수 없으므로 징계처분이 당연무효가 되
는 것은 아니다.[468] 즉 수용자에 대한 불법부착물 제거지시 및 조사실 수용, 보호
장비 부착 등이 위법한 직무집행에 해당한다고 보아 공무집행방해죄에 대하여 무
죄를 선고한 형사항소심 판결이 대법원에서 확정된다고 하더라도 해당 형사사건
의 제1심에서 원고의 공무집행방해죄의 유죄를 판단하였고, 사실관계를 정확하

---

466   대법원 2000. 10. 27. 2000도3874/대법원 1987. 11. 24. 87도1463.
467   대법원 2003. 9. 2. 2002두5177.
468   대법원 1994. 1. 11. 93누14572.

게 조사하기 전까지는 그 행위의 위법성을 명확하게 밝히기 어려운 것이므로 처분의 위법성이 존재하더라도 그 위법성이 중대 명백하여 무효라고 볼 수는 없을 것이다.[469]

3. 종류 및 내용

행형법 제정당시에는 8종이던 징벌은 1980년 개정에서 징벌강화의 목적으로 감식벌을 추가하여 9종으로 증가되었으나 1995년 개정에서는 인도적 처우 및 교육형의 이념에 따라 5종으로 감소되었다. 그러나 금치 외에 실효성이 거의 없어 금치 위주로 징벌제도가 운용되었으며 이에 대한 반성으로 2007년 형집행법 개정에서는 다양한 징벌을 부과할 수 있도록 14종으로 확대(법 제108조)하는 한편, 금치의 내용으로 규정하고 있었던 처우제한의 종류를 독립된 징벌의 종류로 규정하고 근로봉사명령을 새롭게 추가함으로써 위반된 규율내용에 따라 다양한 징벌을 부과할 수 있도록 하였다.

징벌의 종류별 특징 등을 살펴보면 다음과 같다.

제1호 '경고'는 가장 경미한 징벌로 훈계적·예방적 성격을 지닌다. 그러나 징벌의 형식을 고려한다는 관점에서 사실상의 훈계나 주의와는 다르다.[470] 경고를 받은 경우 특별히 부과되는 불이익은 없으나 유사행위를 반복할 경우 보다 중한 징벌이 부과될 가능성이 높으며, 각종 이익적 처우의 대상에서 제외되는 불이익을 당할 수 있다. 실무상으로 다양한 불이익처분을 부과하고 있다.

제2호 '50시간 이내의 근로봉사'는 주로 작업의무가 없는 금고수형자나 구류수형자 또는 미결수용자 등을 대상으로 부과되는 징벌이다.

제3호 '3개월 이내의 작업장려금 삭감'은 원칙적으로 징역의무가 있는 징역형수형자를 대상[471]으로 부과할 수 있는 재산형의 성격을 가진 징벌이나 신청에 의한 작업으로 작업장려금 지급 대상이 되는 금고형수형자나 구류형수형자에게도 예외적으로 부과될 수 있다. 징벌은 금액이 아닌 기간으로 부과하는 것이므로 월단위 작업장려금이 소액인 경우 징벌의 효과를 거둘 수 없는 점, 형벌이 아닌 행정처분으로 재산권을 박탈하는 것은 징벌의 범위를 넘어서는

---

469 대전고등법원 2013. 8. 13. 2012누742 징벌처분무효확인.
470 林眞琴·北村篤·名取俊也 공저／안성훈·금용명 등 번역, 앞의 책(2016년), 738쪽.
471 신양균, 앞의 책(2012년), 495쪽.

점, 절차상의 번잡성 때문에 일선 교정시설에서 작업장려금 삭감을 징벌로 부과하는데 소극적인 점 등의 문제가 있다. 그러나 금치와 부과하여 집행될 경우 효과가 있다고 할 수 있다. 작업장려금 삭감을 3개월 이내로 규정한 것은 작업에 대한 보수의 성격이 있고 또한 사회복귀 후의 생활자금으로 필요한 것을 고려한 것이다.[472] 또한 외국인수형자에게 징벌로 작업장려금 삭감을 부과하는 경우에는 소액이라도 큰 부담으로 느끼기 때문에 징벌의 효과가 크다.

제4호 '30일 이내의 공동행사참가 정지'는 종교집회, 교화행사 등 각종 단체 행사에 참가할 수 있는 기회를 일시적으로 정지하는 징벌로 교화행사는 그 횟수가 드물고 종교가 없는 수형자에 대해서는 실효성이 없다. 그러나 공동행사에 참가한 수용자가 규율위반행위를 했을 경우에는 금치집행 후 일정기간 공동행사참가 정지를 부과할 경우 그 실효성이 인정된다고 할 수 있다.

제5호 '30일 이내의 신문열람 제한'은 신문을 구독 중인 수용자에 대하여 그 열람을 정지하거나 신문구독을 신청할 수 없도록 하는 징벌을 말한다. 지식층 수용자나 시사에 관심이 많은 수용자에게 효과적인 징벌이다.[473]

제6호 '30일 이내의 텔레비전시청 제한'은 신문열람 제한과 마찬가지로 정보접근기회를 일시적으로 제한하는 징벌이다.

제7호 '30일 이내의 자비구매물품(의사가 치료를 위하여 처방한 의약품을 제외한다.) 사용 제한'은 자비로 구매한 물품의 사용을 제한하는 징벌로 국가에서 지급하는 관용물품과 의사가 치료를 위하여 처방한 의약품은 제외된다. 수용자는 형집행법 제24조 제1항에 따라 음식물, 의류, 침구, 그 밖에 수용생활에 필요한 물품에 대하여 구매할 수 있으며, 이 징벌은 허가될 수 있는 자비구매물품의 구매를 일시적으로 정지하는 것을 내용으로 한다.

제8호 '30일 이내의 작업정지(신청에 따른 작업에 한정한다.)'는 신청에 의해 작업을 하는 금고형수형자, 구류형수형자, 미결수용자가 그 대상이 될 수 있다. 구행형법에서는 신청에 의한 작업정지만을 징벌의 종류로 규정하였으나 형집행법에서는 '신청에 의한'을 삭제하여 징역형수형자도 대상이 될 수 있도록 하였다. 징역형수형자에게는 작업이 의무이고 이를 정지한다는 것은 오히

472　林眞琴·北村篤·名取俊也 공저/안성훈·금용명 등 번역, 앞의 책(2016년), 740~741쪽.
473　신양균, 앞의 책(2012년), 495쪽.

려 혜택을 주는 것으로 징벌의 성격과 맞지 아니하기 때문에 '신청에 의한'을 삭제한 것은 입법과정에서 명백한 오류였다. 2019. 4. 23. 형집행법 개정시 '(신청에 따른 작업에 한정한다.)'라는 문구를 추가하여 입법적 불비를 보완하였다.

제9호 '30일 이내의 전화통화 제한'은 원칙적으로 전화통화는 개방처우급, 완화경비처우급 수형자에게 허용되지만(법 시행규칙 제90조) 분류처우업무지침에 따르면 일반경비처우급이나 중경비처우급 수형자에 대해서도 처우상 특히 필요한 경우에는 월 2회 이내에서 전화통화를 허용할 수 있으므로 모든 수용자에게 적용될 수 있다.

제10호 '30일 이내의 집필 제한'은 문서나 도화의 작성을 금지하는 징벌을 말하며, 문예창작의 자유를 제한하는 기능을 한다. 그러나 미결수용자가 소송서류를 작성하는 것은 제한할 수 없다(법 제85조). 집필제한 조항은 일반수용자에게는 실질적으로 허용되어 있는 집필행위와 관련한 규율위반으로 금치처분을 받은 자에 대하여 이를 금지함으로써, 규율위반자에 대해서는 반성을 촉구하고 일반수용자에게는 규율위반에 대한 불이익을 경고하여, 수용자들의 규율준수를 유도하는 데 필요하고도 효과적인 수단이 될 수 있다.[474]

제11호 '30일 이내의 편지수수 제한'은 편지를 주고 받는 것을 제한하는 징벌로 편지작성은 포함되지 않는다. 그러나 미결수용자의 변호인과의 편지수수는 제한할 수 없다(법 제85조).

제12호 '30일 이내의 접견 제한'은 외부인과 접견을 제한하는 징벌로 미결수용자의 변호인과의 접견은 제한할 수 없다(법 제85조).

제13호 '30일 이내의 실외운동 정지'는 실외운동을 정지하는 징벌로 운동정지는 사람의 신체와 정신건강에 많은 영향을 미치므로 징벌로 실외운동을 정지하는 경우에는 의무관으로 하여금 사전에 수용자의 건강을 확인하도록 하여야 하며, 집행 중인 경우에도 수시로 건강상태를 확인하도록 하고 있다(법 제112조 제4항).

제14호 '30일 이내의 금치(禁置)'는 가장 무거운 징벌로서 징벌의 종류인 제4호부터 제13호까지의 처우제한이 함께 부과된다. 다만, 소장은 수용자의 권리구제, 수형자의 교정·교화 또는 건전한 사회복귀를 위하여 특히 필요하

---

474 헌재 2014. 8. 28. 2012헌마623.

다고 인정하면 집필·편지수수·접견 또는 실외운동을 허가할 수 있다(법 제112조 제3항). 금치처분은 다른 사람과의 접촉을 차단하고 각종 처우를 제한하면서 엄격한 격리 하에 원칙적으로 자신의 규율위반행위에 대해서 반성을 촉구하기 위해 징벌실로 지정된 거실에 수용한다.

헌법재판소는 금치처분을 받은 자에 대하여 집필의 목적과 내용 등을 묻지 않고, 또 대상자에 대한 교화 또는 처우상 필요한 경우까지도 예외 없이 일체의 집필행위를 금지하고 있음은 입법목적 달성을 위한 필요최소한의 제한이라는 한계를 벗어난 것으로서 과잉금지의 원칙에 위반된다라고 판시하여 금치기간 중 절대적 집필금지에 대해서는 위헌으로 판단[475]하였으나 금치 수형자에 대한 접견·편지수발의 제한은 수용시설 내의 안전과 질서유지라는 정당한목적을 위하여 필요·최소한의 제한으로 보았다.

금치 징벌의 목적 자체가 징벌실에 수용하고, 엄격한 격리에 의하여 개전을 촉구하고자 하는 것이므로 접견·서신수발의 제한은 불가피하며, 행형법시행령 제145조 제2항은 금치기간 중의 접견·서신수발을 금지하면서도, 그 단서에서 소장으로 하여금 "교화 또는 처우상 특히 필요하다고 인정되는 때"에는 금치 기간 중이라도 접견·서신수발을 허가할 수 있도록 예외를 둠으로써 과도한 규제가 되지 않도록 조치하고 있으므로, 금치 수형자에 대한 접견·서신수발의 제한은 수용시설 내의 안전과 질서 유지라고 하는 정당한 목적을 위하여 필요·최소한의 제한이다(헌재 2004. 12. 16. 2002헌마478).

한편 금치에 있어서 '30일 이내' 부분이 지나치게 장기라는 이유로 최근에도 계속 위헌성 논란이 이어지고 있다.[476] 유엔최저기준규칙은 징계 독거구

---

475 헌재 2005. 2. 24, 2003헌마289.
476 현행법상 선고 가능한 금치의 기간이 너무 길다는 것도 문제가 된다. 형집행법 제108조 제14호는 금치의 기간을 30일 이내로 정하고 같은 법 제109조 제2항은 징벌가중사유가 존재하는 경우에는 1/2까지 가중하여 45일까지 금치를 부과할 수 있도록 하고 있다. 하지만 외국의 입법례는 금치의 상한선을 대개 30일 미만으로 규정하고 있다. 또한 UN인권이사회가 1개월 이상의 금치는 장기금치로서 피구금자의 존엄성에 대한 침해라고 결정한 것과, 유럽고문방지위원회(CPT)의 보고서에서 "어떤 상황에서는 독방 수용상태는 비인도적이고 인간의 존엄성을 손상시키는 처우에 해당한다. 어떠한 경우에도 모든 형태의 독방수용상태는 가능한 한 단기간이어야 한다"고 권고한 것을 고려하면 금치의 기간은 더 축소되어야 한다(정승환, 구금시설 수용자에 대한 징벌제도의 개선방안, 형사정책연구, 제22권 제2호 (2011))./2018년 교정시설 방문조사에 따른 수용자 인권증진 개선 권고」에서 금치 기간의 상한선을 국제인권기준에 부합하도록 15일로 제한할 것을 권고하였다(2019. 1. 16. 국가인권위원회).

금은 특수한 경우에 한하여 최후의 수단으로 최소한의 시간만 허용하고, 독거구금을 하더라도 15일 초과할 수 없도록 한다(제43조, 제44조, 제45조)고 하고, 유럽고문방지위원회(CPT)는 금치기간에 대하여 '징계 독거구금은 최후의 수단으로, 가장 짧은 기간 동안만 이루어져야 한다. 금치기간이 최대 14일을 넘지 않아야 하며, 더 나아가, 바람직한 최대 금치기간은 14일 미만이어야 한다고 본다. 연속적인 징벌이라도 14일 초과하여 독방에 수용될 수 없다.'라고 제21차 일반보고서(2010~2011)[477]에서 입장을 정리하였다.

4. 징벌의 요건

가. 징벌사유

수용자에게 징벌을 과하기 위해서는 먼저 수용자가 규율을 위반하여야 한다. 규율은 형집행법 제105조 및 동법 시행규칙 제214조에서 규정하고 있다. 즉 수용자가 ① 「형법」, 「폭력행위 등 처벌에 관한 법률」, 그 밖의 형사법률에 저촉되는 행위, ② 수용생활의 편의 등 자신의 요구를 관철할 목적으로 자해하는 행위, ③ 정당한 사유없이 작업·교육·교화프로그램[478] 등을 거부하거나 태만히 하는 행위, ④ 제92조의 금지물품을 반입·제작·소지·사용·수수·교환·은닉하는 행위, ⑤ 다른 사람을 처벌받게 하거나 교도관의 직무집행을 방해할 목적으로 거짓사실을 신고하는 행위, ⑥ 그 밖에 시설의 안전과 질서유지를 위하여 법무부령으로 정하는 행위의 어느 하나에 해당하는 행위를 하면 징벌위원회의 의결에 따라 징벌을 부과할 수 있다(법 제107조).

수용자가 형법, 폭력행위 등 처벌에 관한 법률, 그 밖의 형사법률에 저촉되는 행위를 한 경우에는 형사처벌과는 별개로 징벌의 요건이 된다.

수용생활의 편의 등 자신의 요구를 관철할 목적으로 자해하는 행위를 한 경우에는 징벌사유에 해당한다. 수용자가 단순히 시설의 질서를 문란케 할 목적이나 개인적인 이유로 자살을 시도한 경우 또는 정신질환 등에 의해 자해하는 경우에는 이에 포함되지 아니한다.

---

477 21st General Report on the CPT's Activities (2010~2011) 56(B)번 https://www.coe.int/en/web/cpt/annual-reports.

478 2019. 4. 23. 개정으로 교화프로그램을 거부하거나 태만히 하는 경우 징벌을 부과할 수 있도록 하였다.

정당한 사유없이 작업 · 교육 · 교화프로그램 등을 거부하거나 태만히 하는 행위는 징벌사유에 해당한다. 작업이나 교육은 수형자의 경우에 법률에 정해진 의무일 뿐만 아니라 처우의 중요한 수단이므로 정당한 사유없이 이를 거부하거나 태만히 하는 경우에 징벌로써 강제하는 의미를 가진다. 그러나 행형목적의 달성이라는 관점에서 작업 · 교육 등을 거부하거나 태만히 하는 행위에 대해 징벌처분을 하는 것은 신중하여야 하고, 사전에 자발적인 협력을 얻도록 하여야 한다. 그러나 수형자의 신체적 상태, 정신적 능력 또는 육체적 상태를 충분히 고려하지 않은 경우에는 작업, 교육 등을 거부하더라고 위반이라고 할 수 없다.[479]

금지물품을 반입 · 제작 · 소지 · 사용 · 수수 · 교환 또는 은닉하는 행위는 징벌사유에 해당한다. 금지물품에 대해서는 법 제92조에서 규정하고 있으며 금지물품이 시설 내에서 유통되거나 은닉되는 것을 방지하기 위한 것이다.

다른 사람을 처벌받게 하거나 교도관의 직무집행을 방해할 목적으로 거짓 사실을 신고하는 행위는 징벌사유에 포함된다.

위의 다섯 가지 징벌사유 외에도 그 밖에 시설의 안전과 질서유지를 위하여 법무부령으로 정하는 행위의 어느 하나에 해당하는 행위는 징벌사유에 포함된다. 구금시설의 특성상 시설의 안전과 질서를 유지하기 위해 징벌로서 규율해야 할 사항을 모두 법률로 정하는 데에는 한계가 있고 이를 시설의 재량에 맡겨서도 안 되기 때문에 법무부령으로 정하도록 한 것이다.[480] 이를 근거로 형집행법 시행규칙 제214조에서는 18종류의 규율위반행위에 대해 규정하고 있다.

> 빗은 이발작업장에서 다수인을 상대로 하는 이발작업에 사용하기 위하여 별도의 손잡이 부분이 있는 형태로 '베이클 라이트'라는 단단한 합성수지 재질로 만들어져 있어 그 빗살 부분을 제거하거나 날카롭게 하여 사용하는 경우에는 이를 사용하는 수용자가 자해하거나 다른 수용자에게 위해를 가하는 도구로 사용될 위험성이 없다고 보기 어려운 점, 이 사건 빗은 가격이 비싸지 아니하고 이발작업장에서 쉽게 구할 수 있는 것이기는 하나 국가 소유의 물품이 명백함에도 원고가 아무런 권한 없이 이를 가져가 소지한 것으로 보이는 점 등에 비추어 보면 원고가 교도소

---

479 클라우스 라우벤탈 저 / 신양균 · 김태명 · 조기영 역, 앞의 책(2010년), 224쪽.

480 신양균, 앞의 책(2012년), 493쪽 / 林眞琴 · 北村篤 · 名取俊也 공저, 안성훈 · 금용명 등 번역, 앞의 책(2016년), 734쪽.

당국이 교도소 내 이발작업 등에서 사용하기 위해 구입하여 교도소에 비치한 이 사건 빗을 허가없이 소지한 행위가 교정시설의 안전과 질서유지에 별다른 장애를 초래하지 않는 경미한 위반행위에 해당한다고 보기 어렵고 소장의 처분이 수용목적을 달성하기 위하여 필요한 정도를 초과하는 처분이라고 보기어렵다(대전고등법원 2015. 9. 27. 2015누11286 / 대법원 2016. 1. 18. 2015두53183 상고기각).

징벌의 실체적 요건은 가능한 한 망라적으로 법정하는 것이 바람직하지만 모든 사태를 예상하는 것은 곤란하고, 과도하게 상세히 규정하는 경우에는 오히려 각 교정시설에 수용되어 있는 수용자의 차이를 무시한 경직된 운용을 초래할 위험도 있기 때문에 현행법과 같은 규정방식은 불가피하다.

나. 징벌대상자

징벌을 부과하는 대상이 되는 자는 수용자이다. 그리고 당해 수용자가 수용 중이어야 한다. 호송 중이거나 법원에 출정 중인 수용자는 물론이고, 교정시설 밖의 외부의료시설에 통원 또는 입원하고 있는 자나 외부통근작업에 종사하고 있는 자, 귀휴 중인 수형자도 수용자로서의 지위를 가지고 있는 이상 징벌을 부과하는 대상이 된다.[481]

규율위반행위를 한 시점에서 지위가 그 후에 변동된 경우에도 징벌을 부과할 수 있다. 예를 들면 징벌집행 전에 석방되거나 또는 석방되었다가 재입소한 경우에는 징벌을 집행할 수 없지만 도주자가 체포되어 재입소하거나 미결수용자가 형이 확정되었을 때에는 징벌을 과할 수 있다.[482] 도주는 구금관계로부터 불법적인 이탈이며 또한 일시석방은 재해에 의한 위험으로부터 수용자의 생명과 신체의 안전을 확보하기 위한 비상적인 조치로 모두 도주나 석방에 의해 규율위반행위가 불문에 붙여지는 것은 불합리하기 때문이다.

5. 징벌위원회

가. 구성 및 의결사항

징벌대상자의 징벌을 결정하기 위하여 교정시설에 징벌위원회를 둔다(법 제111조 제1항). 징벌위원회는 수용자의 징벌을 심의·의결하는 의결기관의 성

---

481 林眞琴·北村篤·名取俊也 공저/안성훈·금용명 등 번역, 앞의 책(2016년), 733쪽.
482 허주욱, 행형학, 1992년 9월 10일, 377쪽.

격을 가진다.

징벌위원회는 위원장을 포함한 5명 이상 7명 이하의 위원으로 구성하고, 위원장은 소장의 바로 다음 순위자가 되며 위원은 소장이 소속 기관의 과장(지소의 경우에는 7급 이상의 교도관) 및 교정에 관한 학식과 경험이 풍부한 외부인사 중에서 임명 또는 위촉한다. 이 경우 외부위원은 3명 이상으로 한다(법 제111조 제2항). 징벌요구권자인 소장이 징벌위원장을 겸하는 것은 징벌결정의 중립성을 해칠 우려가 있으므로 소장의 바로 다음 순위자가 징벌위원장이 되도록 한 것이다.[483] 위원회의 위원장이 불가피한 사정으로 그 직무를 수행하기 어려운 경우에는 위원장이 미리 지정한 위원이 그 직무를 대행한다(법 시행령 제130조).

징벌위원회는 ① 징벌대상행위의 사실여부, ② 징벌의 종류와 내용, ③ 징벌기간의 산입, ④ 법 제111조 제5항에 따른 징벌위원에 대한 기피신청의 심의·의결, ⑤ 법 제114조 제1항에 따른 징벌집행의 유예여부와 그 기간, ⑥ 그 밖에 징벌내용과 관련된 중요사항을 심의·의결한다(법 시행규칙 제225조).

나. 외부위원

징벌위원회의 외부위원은 ① 변호사, ② 대학에서 법률학을 가르치는 조교수 이상의 직에 있는 사람, ③ 교정협의회(교정위원 전원으로 구성된 협의체를 말한다.)에서 추천한 사람, ④ 그 밖에 교정에 관한 학식과 경험이 풍부한 사람 중에서 위촉하며, 위촉된 위원의 임기는 2년으로 하고 연임할 수 있다.

그러나 소장은 외부위원이 ① 심신장애로 직무수행이 불가능하거나 현저히 곤란하다고 인정되는 경우, ② 직무와 관련된 비위사실이 있는 경우, ③ 직무태만, 품위 손상, 그 밖의 사유로 인하여 위원으로서 직무를 수행하기 적합하지 아니하다고 인정되는 경우, ④ 위원 스스로 직무를 수행하는 것이 곤란하다고 의사를 밝히는 경우, ⑤ 특정 종파나 특정 사상에 편향되어 징벌의 공정성을 해칠 우려가 있는 경우의 어느 하나에 해당하는 경우에는 해당 위원을 해촉할 수 있다(법 시행규칙 제223조).

다. 공정성 확보

징벌위원회의 심판의 공정함을 담보하고 공정한 결정을 위하여 형집행법은

---

483 신양균, 앞의 책(2012년), 497쪽.

징벌위원회의 위원에 대한 제척 및 기피제도와 조사자의 참석금지를 신설하였다.

위원회의 위원이 징벌대상자의 친족이거나 그 밖에 공정한 심의·의결을 기대할 수 없는 특별한 사유가 있는 경우에는 위원회에 참석할 수 없으며, 또한 징벌대상자는 위원에 대하여 기피신청을 할 수 있고 이 경우 위원회의 의결로 기피 여부를 결정하여야 한다(법 제111조 제4항, 제5항).

위원회의 위원이 해당 징벌대상 행위의 조사를 담당한 경우에는 해당 위원회에 참석할 수 없다(법 시행령 제131조). 그리고 징벌위원회의 회의에 참여한 사람은 직무상 알게 된 비밀을 누설하여서는 아니된다(법 시행규칙 제228조 제7항).

6. 징벌절차

가. 서

징벌은 형벌과 달리 행정상의 질서벌이라는 점에서 헌법 제12조 제1항에서 규정하는 적법절차의 보장이 직접 적용되는 것은 아니지만 수용자에 대한 제재로서 불이익 처분으로 권리에 중대한 영향을 주기 때문에 가능한 한 법률상의 적법절차를 보장하는 것이 바람직하다.[484] 징벌절차는 규율위반자에 대한 조사를 하여 혐의사실이 인정되는 경우에 소장은 징벌의결요구서를 징벌위원회에 제출하여 징벌의결을 요구하여야 하고, 징벌위원회의 의결로 징벌이 결정된다. 징벌위원회는 징벌의결을 한 후 징벌의결서를 작성하여 소장에게 통보하여야 한다.

나. 징벌대상자에 대한 조사

1) 조사자에 대한 처우

징벌을 결정하기 위해서는 징벌대상자를 조사하는 것이 필요하다. 조사는 객관적이고 공정하게 이루어져야 하며 피조사자에게도 충분한 진술의 기회가 보장되어야 한다. 규율위반행위에 관한 조사는 피조사자에 대한 조사나 참고인 등 관계자로부터의 의견청취가 중심이지만 정확한 조사를 위해서는 소지품 등에 대하여 조사를 할 필요도 있고 다른 수용자와 분리하는 것이 필요한 경우도 있다.[485]

---

484 林眞琴·北村篤·名取俊也 공저/안성훈·금용명 등 번역, 앞의 책(2016년), 762쪽.
485 林眞琴·北村篤·名取俊也 공저/안성훈·금용명 등 번역, 앞의 책(2016년), 755쪽.

소장은 징벌사유에 해당하는 행위를 하였다고 의심할 만한 상당한 이유가 있는 수용자가 ① 증거를 인멸할 우려가 있는 때 또는 ② 다른 사람에게 위해를 끼칠 우려가 있거나 다른 수용자의 위해로부터 보호할 필요가 있는 때의 어느 하나에 해당하면 조사기간 중 분리하여 수용할 수 있다. 또한, 소장은 징벌대상자가 위의 어느 하나에 해당하면 접견 · 편지수수 · 전화통화 · 실외운동 · 작업 · 교육훈련 · 공동행사 참가 · 중간처우 등 다른 사람과의 접촉이 가능한 처우의 전부 또는 일부를 제한할 수 있다(법 제110조).

소장은 징벌대상자에 대해 분리수용하고 접견 · 편지수수 또는 전화통화를 제한하는 경우에는 징벌대상자의 가족 등에게 그 사실을 알려야 하고, 다만 징벌대상자가 알리기를 원하지 않는 경우에는 그렇지 않다(법 시행규칙 제222조).

헌법재판소는 '조사 수용 중이거나 징벌처분 등을 받고 독거수용된 자의 경우에 교도소 내의 범죄를 방지하고, 안전을 도모하며 본래적인 교도행정의 목적을 효과적으로 달성하기 위하여 행정적 제재 및 교정의 필요상 텔레비전 시청을 규제하는 것은 불가피하다.'라고 판단하였다.[486]

2) 조사기간의 징벌기간에의 산입

조사기간 중 법 제110조 제2항에 따라 징벌대상자에 대하여 처우를 제한하는 경우에는 징벌위원회의 의결을 거쳐 처우를 제한한 기간의 전부 또는 일부를 징벌기간에 포함할 수 있다(법 시행규칙 제220조 제3항).[487] 하급심 판례는 TV시청 제한, 물품휴대 제한, 전화통화 제한에 대하여 '다른 사람과의 접촉이 가능한 처우'에 해당한다고 볼 수 없으므로 이를 제한하였다 하더라도 그 제한 기간을 형집행법 시행규칙 제220조 제3항에 따라 징벌기간에 산입하여야 하는 것은 아니라고 하였다.[488] 그리고 조사기간 중 징벌대상자의 생활물품 보관은 그 수용자가 생활용품 등으로 자살 · 자해할 우려가 있거나 교정시설의 안전과 질서를 해칠 우려가 있는 경우에는 그 물품을 따로 보관하고 필요한 경우에만 사용하게 할 수 있다(법 시행규칙 제220조 제6항).

징벌혐의자를 조사거실에 수용하면서 자해도구로 사용될 수 있다는 이유로 소지

---

486 헌재 2005. 5. 26. 2004헌마571.
487 구속기간을 형기에 산입하는 것과 마찬가지로 필요적 산입으로 변경하여야 한다는 견해도 있다(신양균, 앞의 책(2012년), 502쪽).
488 수원지방법원 2012. 2. 22. 2011구합12956, 징벌(금치)집행처분취소.

하고 있었던 자비물품인 담요, 고무장갑, 덧버선과 관급물품인 방한조끼를 압수
보관하여 그 사용을 제한하고, 면도할 때 필요한 아크릴 재질의 거울을 지급하지
아니한 것은 교정시설의 책임자로서 교정의 목적에서 한 개별적이고 구체적인 행
위라 할 것이고, 이와 아울러 개인물품의 사용을 제한함으로써 청구인에게 부과된
불이익한 처우의 성격, 내용이나 정도 등을 감안할 때 교정당국의 제한행위가 개
별적인 사안의 성격을 넘어 일반적으로 헌법적인 해명의 필요성이 있는 경우에까
지 해당한다고 보기는 어렵다(헌재 2009. 12. 29. 2009헌마5).

3) 조사시 준수사항

징벌대상행위에 대하여 조사하는 교도관은 징벌대상자 또는 참고인 등을
조사할 때에는 ① 인권침해가 발생하지 않도록 유의할 것, ② 조사의 이유를
설명하고, 충분한 진술의 기회를 제공할 것, ③ 공정한 절차와 객관적 증거에
따라 조사하고, 선입견이나 추측에 따라 처리하지 아니할 것, ④ 형사법률에
저촉되는 행위에 대하여 징벌부과 외에 형사입건조치가 요구되는 경우에는 형
사소송절차에 따라 조사대상자에게 진술을 거부할 수 있다는 것과 변호인을
선임할 수 있다는 것을 알릴 것을 지켜야 한다(법 시행규칙 제219조).

징벌부과 외에 형사입건조치가 요구되지 않는 경우에 변호인 선임과 관련
하여 입법론으로 변호사를 지명하여야 한다는 의견도 있지만 변호사는 형사시
설의 사정을 잘 알고 있다고 할 수 없고, 또한 전국 교정시설에서 일상적으로
다수 발생하는 모든 징벌사안에 대하여 변호사를 관여시키는 것은 현실문제로
서 곤란하며, 그와 같은 제도를 채택하는 경우에는 신속한 징벌권의 실현이 방
해받게 되는 점[489]에서 적절하지 않다.[490]

4) 조사기간

규율위반행위에 대한 조사가 지연되는 것은 조사의 대상이 되는 수용자를
장기간 불안정한 상태에 두게 되어 처우상 바람직하지 않으며 징벌을 조기에
집행함으로써 규율위반행위를 한 수용자뿐만 아니라 다른 수용자에 대해 보다

---

[489] 징계절차에서 신속처리의 원칙을 존중하여야 한다. 이러한 요청은 징계조치가 즉시 집행된
다는 행형법 제104조 제1항(징벌조치는 원칙적으로 즉시 집행된다)에서 나올 뿐만 아니라,
징계절차의 의미와 목적으로부터도 나온다. 의도된 학습효과가 이루어질 수 있기 위해서는
의무위반을 즉시 처벌함으로써 구금된 자에게 영향을 미쳐야 한다(클라우스 라우벤탈
저/신양균·김태명·조기영 역, 앞의 책(2010년), 428쪽).

[490] 林眞琴·北村篤·名取俊也 공저/안성훈·금용명 등 번역, 앞의 책(2016년), 766쪽.

깊은 감명력을 줄 수 있기 때문에 규율위반행위에 대하여 가능한 한 신속하게 조사하여 처리하는 것이 바람직하다.

징벌대상행위에 대한 조사기간은 조사를 시작한 날로부터 징벌위원회의 의결이 있는 날까지를 말하며 10일 이내로 하고, 다만 특히 필요하다고 인정하는 경우에는 1회에 한하여 7일을 초과하지 아니하는 범위에서 그 기간을 연장할 수 있다(법 시행규칙 제220조 제1항).

소장은 징벌대상자의 질병이나 그 밖의 특별한 사정으로 인하여 조사를 계속하기 어려운 경우에는 조사를 일시정지할 수 있으며, 이에 따라 정지된 조사기간은 그 사유가 해소된 때부터 다시 진행한다. 이 경우 조사가 정지된 다음 날부터 정지사유가 소멸한 전날까지의 기간은 조사기간에 포함되지 아니한다(법 시행규칙 제221조).

5) 조사결과의 처리

소장은 징벌대상행위가 징벌대상자의 정신병적인 원인에 따른 것으로 의심할 만한 충분한 사유가 있는 경우에는 징벌절차를 진행하기 전에 의사의 진료, 전문가 상담 등 필요한 조치를 하여야 하고, 징벌대상행위에 대한 조사결과 그 행위가 징벌대상자의 정신병적인 원인에 따른 것이라고 인정하는 경우에는 그 행위를 이유로 징벌위원회에 징벌을 요구할 수 없다(법 시행규칙 제220조 제4항, 제5항).

소장은 징벌대상자에 대하여는 조사한 결과에 따라 ① 징벌위원회로의 회부, ② 징벌대상자에 대한 무혐의 통보, ③ 징벌대상자에 대한 훈계,[491] ④ 징벌위원회 회부 보류, ⑤ 조사 종결의 어느 하나에 해당하는 조치를 할 수 있다(법 시행규칙 제220조 제2항).

규율위반 사실에 대한 객관적인 증거가 명확하고 징벌을 부과할 필요성이 있는 경우에는 징벌위원회로 회부한다. 규율위반행위가 인정되지 아니하거나 인정할 만한 충분한 증거가 없거나 또는 규율위반사실을 구성하지 아니하는

---

[491] 소장이 징벌대상자에 대하여 행하는 '훈계'는 징벌대상행위가 인정되지 아니한다는 '무혐의 통보'와는 다른 것이기는 하지만 법 및 법 시행규칙상 징벌에는 해당하지 아니하고 제반 사정을 참작하여 징벌을 가하지 아니한다는 것에 불과할 뿐이어서, 그 자체로 징벌대상자의 권리의무에 영향을 미치는 것은 아니다(서울행정법원 2009. 8. 13. 2009구합12143, 훈방조치처분취소).

경우에는 징벌대상자에 대한 무혐의 통고를 한다. 수용생활 중에 규율위반을 한 전력이 없이 모범적인 생활을 한 경우, 사안이 경미하고 잘못을 인정하고 반성하는 경우, 잘못을 반성하고 성실한 수용생활을 다짐하는 경우, 사안이 경미하고 피해자가 처벌의사가 없거나 처벌을 원하지 아니하는 경우, 규율위반행위에 정당한 사유가 있는 경우, 고령이나 지병 등으로 징벌을 감내하지 못하는 경우, 수용생활을 성실하게 하고 자격증을 취득하거나 표창을 받은 경우, 기타 처우상 필요한 경우에는 징벌대상자를 훈계할 수 있다. 그리고 규율위반행위가 정신병적 원인에 기인한 경우에는 징벌위원회 회부 보류를 할 수 있다. 규율위반사실이 구성요건에 해당하지 아니하는 경우, 폭행 등의 피해자인 경우, 다른 수용자의 규율위반사실을 신고하고 그 내용이 사실인 경우 등에는 조사종결한다.

다. 징벌의 요구 및 의결

1) 징벌의 요구

징벌위원회는 소장의 징벌요구에 따라 개회하며, 징벌은 그 의결로써 정한다(법 제111조 제3항). 징벌위원회의 위원장은 소장의 징벌요구에 따라 위원회를 소집한다(법 시행령 제129조). 소장이 징벌대상자에 대하여 징벌의결을 요구하는 경우에는 징벌의결요구서를 작성하여 징벌위원회에 제출하여야 하고, 징벌의결 요구서에는 징벌대상행위의 입증에 필요한 관계서류를 첨부할 수 있다(법 시행규칙 제226조).

규율위반행위를 한 의심이 있는 수용자는 조사과정에서 규율위반행위의 유무, 사정 등에 대해 자신의 의견을 주장하는 기회가 주어지지만 징벌을 적정하게 적용하기 위해서는 징벌의 근거가 되는 규율위반행위에 관한 사실을 고지하고 변명의 기회를 주는 것이 필요하다.

2) 징벌대상자의 출석

징벌위원회가 징벌의결요구서를 접수한 경우에는 지체 없이 징벌대상자에게 출석통지서를 전달하여야 하고, 출석통지서를 전달받은 징벌대상자가 징벌위원회에 출석하기를 원하지 아니하는 경우에는 출석포기서를 징벌위원회에 제출하여야 한다(법 시행규칙 제227조 제1항, 제3항).

출석통지서에는 ① 혐의사실 요지, ② 출석 장소 및 일시, ③ 징벌위원회에 출석하여 자기에게 이익이 되는 사실을 말이나 서면으로 진술할 수 있다는 사실, ④ 서면으로 진술하려면 징벌위원회를 개최하기 전까지 진술서를 제출하여야 한다는 사실, ⑤ 증인신청 또는 증거제출을 할 수 있다는 사실, ⑥ 형사절차상 불리하게 적용될 수 있는 사실에 대하여 진술을 거부할 수 있다는 사실과 진술하는 경우에는 형사절차상 불리하게 적용될 수 있다는 사실이 포함되어야 한다(동조 제2항).

> 출석통지서는 단순히 징벌위원회의 개최사실을 알리는 것 이외에도 원고에 대한 혐의사실의 적시, 진술서 제출기한의 시기 등 징벌위원회의 심의절차에 있어서 원고의 방어권행사에 필요한 사항의 고지까지도 포함하는 것이고, 원고가 교도소에 수감되어 외부와의 접촉이 자유롭지 못한 상태임을 감안하면 원고가 징벌위원회에 출석하여 진술한 것만으로 출석통지서를 전달하지 아니한 하자가 치유되었다고 할 수 없다(대법원 2007. 1. 11. 2006두13312, 징벌집행처분취소).

징벌위원회는 징벌대상자가 위원회에 출석하여 충분한 진술을 할 수 있는 기회를 부여하여야 하며, 징벌대상자는 서면 또는 말로써 자기에게 유리한 사실을 진술하거나 증거를 제출할 수 있다(법 제111조 제6항). 징벌대상자에게 출석권, 진술권 및 유리한 증거제출권을 보장함으로써 징벌의결과정에서 형사소송절차에서와 유사한 인권보장이 이루어지도록 한 것이다.[492]

3) 징벌위원회의 의결

징벌위원회는 출석한 징벌대상자를 심문하고, 필요하다고 인정하는 경우에는 교도관이나 다른 수용자 등을 참고인으로 출석하게 하여 심문할 수 있으며, 징벌대상자에게 출석통지서를 전달하였음에도 불구하고 징벌대상자가 출석포기서를 제출하거나 정당한 사유 없이 출석하지 아니한 경우에는 그 사실을 징벌위원회 회의록에 기록하고, 서면심리만으로 징벌을 의결할 수 있다(법 시행규칙 제228조 제1항, 제3항). 징벌위원회는 필요하다고 인정하는 경우 심리상담을 한 교도관으로 하여금 그 심리상담 결과를 제출하게 하거나 해당 교도관을 징벌위원회에 출석하게 하여 심리상담 결과를 진술하게 할 수 있다(동조 제2항).

징벌위원회는 재적의원 과반수의 출석으로 개의하고, 출석위원 과반수의 찬성으로 의결한다. 이 경우 외부위원 1명 이상이 출석한 경우에만 개의할 수

---

492 신양균, 앞의 책(2012년), 504쪽.

있다(동조 제4항). 징벌위원회가 작업장려금 삭감을 의결하려면 사전에 수용자의 작업장려금을 확인하여야 한다(동조 제6항). 징벌의 의결은 징벌의결서에 따른다(동조 제5항). 징벌위원회의 회의에 참여한 사람은 직무상 알게 된 비밀을 누설하여서는 아니된다(동조 제7항).

라. 징벌부과

1) 징벌부과의 기준

수용자가 징벌대상행위를 한 경우 부과하는 징벌의 기준에 대해서는 형집행법 시행규칙 제215조에 자세하게 규정하고 있다. 그 뿐만 아니라 가중, 교사 및 방조한 사람에 대한 징벌에 대하여 규정하고 있다.

> 징계의 양정이 결과적으로 재량권을 일탈·남용한 것이라고 인정되어 징계처분이 무효라고 판단된다 하더라도 그것이 법률전문가가 아닌 징계위원들의 징계 경중에 관한 법령의 해석 잘못에 불과한 경우에는 그 징계의 양정을 잘못한 징계위원들에게 불법행위책임을 물을 수 있는 과실이 없으며, 또 징계 등 불이익처분을 할 당시의 객관적인 사정이나 비위행위 등이 불이익처분사유에 해당한다고 판단한 것이 무리가 아니었다고 인정되고 아울러 소정의 적법한 절차 등을 거쳐서 당해 불이익 처분을 한 것이라면, 징계권자로서는 불이익처분을 하면서 기울여야 할 주의의무를 다한 것으로 보아야 하므로, 비록 당해 불이익처분이 사후 법원에 의하여 무효라고 판단되었다 하더라도 거기에 불법행위책임을 물을 만한 고의·과실이 없다(대법원 2008. 1. 31. 2005두8269).

2) 징벌부과시 고려사항

징벌이 규율 및 질서를 해치는 행위와 적절한 균형을 가지는 경우에는 수용자에게 감명력을 줄 수 있고 교정시설의 규율 및 질서를 유지하는 데 있어서 효과적이지만 부과방법에 따라서는 불필요한 반발을 초래하는 등 당해 수용자나 다른 수용자에게 악영향을 줄 수 있다. 이와 같은 의미에서 관용과 엄격함의 균형을 적절하게 갖춘 형벌이야 말로 가장 바람직하다고 할 수 있다.[493]

징벌을 부과하는 경우 ① 징벌대상행위를 하였다고 의심할 만한 상당한 이유가 있는 수용자의 나이·성격·지능·성장환경 및 건강, ② 징벌대상행위의 동기·수단 및 결과, ③ 자수 등 징벌대상행위 후의 정황, ④ 교정성적 또는

493　林眞琴·北村篤·名取俊也 공저/안성훈·금용명 등 번역, 앞의 책(2016년), 735쪽.

그 밖의 수용생활태도를 고려하여야 한다(법 시행규칙 제216조).

문제는 이러한 요소를 어떠한 기준 내지 체계에 따라 고려할 것인지이다. 징벌에 대해서 형사법상의 죄형균형의 원칙이 그대로 적용되지 않는다고 하더라도 행정법상 비례원칙의 관점에서 본다면 징벌에 대해서도 기본적으로는 징벌대상행위의 중대성과 균형을 가질 것이 요구된다. 이에 위의 요소를 분류하여 보면 징벌대상행위의 동기·수단 및 결과가 징벌대상행위의 중대성과 관련되는 객관적 사정이고, 그 이외의 요소는 징벌대상행위를 한 수용자의 주관적 사정이다. 일반론으로 말하자면 징벌의 정도는 우선은 징벌대상행위의 객관적 사정을 고려하고, 징벌대상행위의 중대성에 따라 징벌의 수위를 결정하는 것을 기본으로 하면서 그러한 범위 내에서 주관적 사정을 고려해야 할 것이다.[494]

3) 징벌의 가중

수용자가 ① 2 이상의 징벌사유가 경합하는 때, ② 징벌이 집행 중에 있거나 징벌의 집행이 끝난 후 또는 집행이 면제된 후 6개월 내에 다시 징벌사유에 해당하는 행위를 한 때의 어느 하나에 해당하면 징벌의 장기의 2분의 1까지 가중할 수 있다(법 제109조 제2항).

둘 이상의 징벌대상행위가 경합하는 경우에는 각각의 행위에 해당하는 징벌 중 가장 중한 징벌의 2분의 1까지 가중할 수 있고, 이 경우 징벌의 경중(輕重)은 시행규칙 제215조 각 호의 순서에 따른다. 이 경우 같은 조 제2호부터 제5호까지의 경우에는 각 목의 순서에 따른다(법 시행규칙 제218조).

징벌집행 중에 있거나 징벌의 집행이 끝난 후 또는 집행이 면제된 후 6개월 내에 다시 징벌사유에 해당하는 행위를 한 때에는 이를 가중처벌함으로써 징벌의 실효성을 높이고 규율위반행위를 억제하기 위한 것이다.

한편 형집행법 제108조 제14호는 금치의 기간을 30일 이내로 하므로 징벌가중사유가 있는 경우에는 최장 45일까지 금치를 부과할 수 있다. 또한 현행법상 금치의 기간에 대한 상한이 없어 실무상으로 45일을 초과하는 금치를 부과할 수 있고, 45일 이상 장기간 동안 징벌실에 수용하는 것도 가능하다는 문제가 있다.

---

494 林眞琴·北村篤·名取俊也 공저/안성훈·금용명 등 번역, 앞의 책(2016년), 736쪽.

4) 교사 및 방조

다른 수용자를 교사(敎唆)하여 징벌대상행위를 하게 한 수용자에게는 그 징벌대상행위를 한 수용자에게 부과되는 징벌과 같은 징벌을 부과하고, 다른 수용자의 징벌대상행위를 방조(幇助)한 수용자에게는 그 징벌대상행위를 한 수용자에게 부과되는 징벌과 같은 징벌을 부과하되, 그 정황을 고려하여 2분의 1까지 감경할 수 있다(법 시행규칙 제217조).

5) 징벌부과시 기본원칙

형집행법은 징벌에 대하여 일사부재리의 원칙과 비례의 원칙을 규정하고 있다.[495] '징벌은 동일한 행위에 관하여 거듭하여 부과할 수 없으며 행위의 동기 및 경중, 행위 후의 정황, 그 밖의 사정을 고려하여 수용목적을 달성하는 데에 필요한 최소한도에 그쳐야 한다(법 제109조 제3항).'고 규정하고 있다. 또한 징벌사유가 발생한 날부터 2년이 지나면 이를 이유로 징벌을 부과하지 못한다(동조 제4항).

수용자가 이송 중에 징벌대상행위를 하거나 다른 교정시설에서 징벌대상행위를 한 사실이 이송 후에 발각된 경우에는 그 수용자를 인수한 소장이 징벌을 부과한다(법 시행령 제136조).

6) 징벌의 병과

징벌의 종류 중 법 제108조 제4호부터 제13호까지의 처분, 즉 30일 이내의 공동행사 참가 정지(제4호), 30일 이내의 신문열람 제한(제5호), 30일 이내의 텔레비전 시청 제한(제6호), 30일 이내의 자비구매물품(의사가 치료를 위하여 처방한 의약품을 제외한다) 사용 제한(제7호), 30일 이내의 작업 정지(신청에 따른 작업에 한정한다)(제8호), 30일 이내의 전화통화 제한(제9호), 30일 이내의 집필 제한(제10호), 30일 이내의 편지수수 제한(제11호), 30일 이내의 접견 제한(제12호), 30일 이내의 실외운동 정지(제13호)의 처분은 함께 부과할 수 있다(법 제109조 제1항). 이 규정은 징벌사유는 하나이지만 중한 징벌을 필요로 하는 경우에 수개의 징벌을 병과할 수 있다는 의미이다.

이러한 처분들은 각기 그 성격을 달리하여 동시에 집행하는 데 있어서 문제가 없으므로 규율위반행위의 태양 및 경중에 따라 2 이상의 징벌을 병과할

---

495 1999년 행형법 개정시 신설되었다.

수 있도록 하여 징벌의 실효성을 확보하려는 취지라고 할 수 있다.[496]

마. 징벌부과에 대한 불복

현행 법령상 징벌위원회의 징벌처분에 대해서는 직접적인 불복수단이 마련되어 있지 아니하다. 따라서 청원, 국가인권위원회 진정, 행정심판, 행정소송 등의 간접적인 구제수단으로 구제를 받을 수 있다. 이러한 구제수단은 그 결정에 장기간이 소요되어 징벌부과에 대해 위법 또는 부당한 것으로 결정되더라도 징벌집행이 종료된 경우에는 실효성이 없으므로 징벌집행정지제도나 징벌재심절차 등 직접적이고 신속한 징벌구제절차가 필요하다는 지적이 있다.

> 금치처분은 행정소송의 대상이 되는 "행정청이 행하는 구체적 사실에 관한 법집행으로서의 공권력의 행사 또는 그 거부와 그 밖에 이에 준하는 행정작용"에 해당하므로 행정소송을 통하여 그 적법 여부를 다툴 수 있다(헌재 2010. 2. 16. 2010헌마54).

한편, 징벌집행이 종료한 경우라도 그 징벌처분에 대하여 취소소송을 통하여 처우상 불이익을 받을 여지를 제거하여 권리를 보호받을 필요성이 인정된다. 즉 징벌처분이 실효되지 않아 그 징벌처분의 존재 자체가 추가 징벌시 고려되고 징벌의 실효가 있기 전까지 규율위반전력으로 남고, 가석방 심사에 있어서 특별한 사정이 없는 한 징벌전력의 유무는 그 적격여부를 심사함에 있어서 중요한 고려요소로 작용하게 될 것이며, 귀휴 대상자 심사 및 개방시설에 수용하여 사회생활에 필요하다고 인정되는 적합한 처우를 함에 있어서는 징벌유무를 참작한다고 명시적으로 규정하고 있는 등 징벌처분을 받은 것을 전제요건 및 참작사유로 하기 때문에 나중에 불이익 처우를 받을 우려가 현실적으로 존재한다.[497]

그리고 금치기간 중 접견허가 여부가 소장의 재량사항에 속한다고 할지라도, 징벌처분을 받은 사람이 금치처분 자체를 다툴 목적으로 소송제기 등을 대리할 권한이 있는 변호사와 접견을 희망한다면 이는 예외적인 접견허가 사유인 '처우상 특히 필요하다고 인정하는 때'에 해당한다고 보일 뿐만 아니라 행형법령상 금치처분 자체에 대한 불복절차를 따로 마련해 두고 있지 아니하여 사실상 침해받고 있는 피징벌자의 재판청구권을 보장해 주기 위해서라도 당해

---

496 신양균, 앞의 책(2012년), 507쪽.
497 부산고등법원 2010누2548, 징벌처분 취소.

금치 처분에 대한 불복을 목적으로 하는 변호사와의 접견을 필요최소한도의 범위 내에서 허용해 줄 필요가 있다.[498]

7. 징벌집행

가. 집행방법과 징벌집행 중의 처우

1) 집행방법

징벌은 소장이 집행한다(법 제112조 제1항). 징벌위원회는 소장에게 징벌의결 내용을 통고하는 경우에는 징벌의결서 정본(正本)을 첨부하여야 한다(법 시행규칙 제229조 제1항). 소장은 징벌위원회로부터 징벌의결의 통고를 받은 경우에는 징벌을 지체 없이 집행하여야 하고 수용자가 징벌처분을 받아 접견, 편지수수 또는 전화통화가 제한된 경우에는 그의 가족에게 알려야 한다. 다만 수용자가 알리는 것을 원하지 아니하면 알리지 않는다(법 시행령 제133조 제1항, 제2항).

징벌은 수용자에게 중대한 불이익을 주는 처분으로 징벌을 부과하는 경우에는 그 내용을 고지하여야 한다. 수용자가 징벌의 원인을 명확하게 인식하는 것은 징벌집행 후 올바른 행동을 하도록 동기부여가 되고 형사시설의 규율 및 질서의 유지에도 도움이 되기 때문이다.[499] 소장은 징벌을 집행하기 위해서는 징벌의결의 내용과 징벌처분에 대한 불복방법 등을 기록한 징벌집행통지서에 징벌의결서 부본을 첨부하여 해당 수용자에게 전달하여야 한다(법 시행규칙 제229조 제2항). 그리고 수용자의 징벌에 관한 사항을 징벌집행부에 기록한 때에는 그 내용을 교정정보시스템에 입력하여야 한다(동조 제4항).

징벌의 집행순서는 금치와 그 밖의 징벌을 집행할 경우에는 금치를 우선하여 집행하고, 다만 작업장려금 삭감과 경고는 동시에 집행할 수 있다. 같은 종류의 징벌은 그 기간이 긴 것부터 집행하고, 금치를 제외한 두 가지 이상의 징벌을 집행할 경우에는 함께 집행할 수 있다(법 시행규칙 제230조). 작업장려금의 삭감은 징벌위원회가 해당 징벌을 의결한 날이 속하는 달의 작업장려금에서부터 이미 지급된 작업장려금에 대하여 역순으로 집행한다(법 시행규칙 제231조 제1항).

징벌집행을 위하여 필요하다고 인정하면 수용자를 분리하여 수용할 수 있

---

498 대법원 2004. 12. 9. 2003다50814, 손해배상.
499 林眞琴·北村篤·名取俊也 공저/안성훈·금용명 등 번역, 앞의 책(2016년), 768쪽.

다(법 제112조 제2항). 금치의 처분을 받은 사람에게는 30일 이내의 공동행사 참가 정지(제4호), 30일 이내의 신문열람 제한(제5호), 30일 이내의 텔레비전 시청 제한(제6호), 30일 이내의 자비구매물품(의사가 치료를 위하여 처방한 의약품을 제외한다.) 사용 제한(제7호), 30일 이내의 작업 정지(신청에 따른 작업에 한정한다.)(제8호), 30일 이내의 전화통화 제한(제9호), 30일 이내의 집필 제한(제10호), 30일 이내의 편지수수 제한(제11호), 30일 이내의 접견 제한(제12호), 30일 이내의 실외운동 정지(제13호)의 처우제한이 함께 부과된다. 다만 수용자의 권리구제, 수형자의 교화 또는 건전한 사회복귀를 위하여 특히 필요하다고 인정하면 집필·편지수수 또는 접견을 허가할 수 있다(법 제112조 제3항). 여기서 기간을 정하여 집행되는 징벌은 그 집행을 개시한 날을 시각에 상관없이 1일로 하여 징벌기간에 산입한다. 헌법재판소는 금치기간 중 집필을 함께 제한한 부분,[500] 서신을 함께 제한한 부분,[501] 접견을 함께 제한한 부분[502]에 대하여 수용자의 기본권을 침해하지 않는다고 판단하였다.

> 금치처분을 받은 자는 수용시설의 안전과 질서유지에 위반되는 행위, 그 중에서도 가장 중한 평가를 받은 행위를 한 자라는 점에서 금치기간 중에 전화통화를 제한하는 것은 외부와의 접촉을 금지하고 구속감과 외로움 속에 반성에 전념하게 하는 징벌의 목적에 상응한다고 할 수 있고, 수용시설에 구금됨으로써 이미 신체의 자유 등 기본권이 제한되고 있는 수용자에게 징벌을 통하여 법질서 준수를 촉구하기 위해서는 제한적으로 인정되던 권리를 더 제한하는 것이 불가피하다. / 형집행법 입법목적의 가장 기초적인 전제는 구금 또는 수용시설의 안정과 질서유지이다. 수용시설은 강제적인 수용에 따른 집단생활이라는 점에서 시설과 인력의 안전은 물론 수용자의 안전을 위해서라도 일상생활에 있어서 엄격한 규율이 필요하다. 신문열람제한 조항은 수용시설의 안전과 질서를 위하여 가장 중한 징벌인 금치처분을 받은 자를 엄격한 격리에 의하여 외부와의 접촉을 금지시키고 반성에 전념하도록 하여 수용질서를 확립하고자 하는 것으로서 과잉금지원칙에 위배하여 수용자의 알 권리를 침해한 것은 아니다(헌재 2017. 4. 28. 2012헌마549·2013헌마865 병합).

---

500 헌재 2014. 8. 28., 2012헌마289 / 헌재 2016. 4. 28., 2012헌마549.
501 헌재 2004. 12. 16., 2002허나478 / 헌재 2014. 8. 28., 2012헌마289 / 헌재 2016. 4. 28., 2012헌마549.
502 헌재 2004. 12. 16., 2002허나478 / 헌재 2016. 4. 28., 2012헌마549.

그러나 금치처분을 받은 수용자에게 금치기간 중 포괄적인 처우제한을 함께 부과하고 있는 형집행법 제112조 제3항에 대해서는 위헌성이 문제가 된다. 집필행위 자체는 양심과 사상의 자유 또는 인간의 존엄과 가치와 관련되는 동시에 인격의 핵심영역에 속하고, 편지수수와 접견권은 미결수용자의 방어권을 보장하기 위한 가장 핵심적인 기본권인 동시에 수형자의 재사회화를 위한 필수불가결한 기본권이라는 점에서 헌법위반 여부에 대한 다툼의 여지가 있다.[503]

2) 징벌집행 중인 수용자에 대한 처우

징벌집행 중인 자에 대하여 징벌기간 동안 운동을 완전히 금지하는 것은 수용자의 심신의 건강을 해칠 위험이 있기 때문에 건강유지상 운동을 실시하는 것이 필요하다. 금치기간 중 운동금지와 관련하여 헌법재판소[504]는 절대적 운동의 금지는 헌법 제12조의 신체의 자유를 침해한다고 판시하였다.

> 실외운동은 구금되어 있는 수형자의 신체적·정신적 건강유지를 위한 최소한의 기본적 요청이므로 금치처분을 받은 수형자에 대한 절대적인 운동의 금지는 징벌의 목적을 고려하더라도 그 수단과 방법에 있어서 최소한도의 범위를 벗어난 것으로 헌법 제10조의 인간의 존엄과 가치 및 신체의 안정성이 훼손당하지 아니할 자유를 포함하는 제12조의 신체의 자유를 침해하는 정도에 이르렀다고 판단된다(헌재 2004. 12. 16, 2002헌마478).

2016년 12월 2일 형집행법을 개정하여 '소장은 금치의 처분을 받은 사람에게 ① 도주의 우려가 있는 경우, ② 자해의 우려가 있는 경우, ③ 다른 사람에게 위해를 끼칠 우려가 있는 경우, ④ 그 밖에 시설의 안전 또는 질서를 크게 해칠 우려가 있는 경우로서 법무부령으로 정하는 경우의 어느 하나에 해당하는 사유가 있어 필요하다고 인정하는 경우에는 건강유지에 지장을 초래하지 아니하는 범위에서 실외운동을 제한할 수 있다(법 제112조 제4항).'고 규정하였다. 그리고 소장은 형집행법 제108조 제13호에 따른 실외운동 정지를 부과하는 경우 또는 형집행법 제112조 제4항에 따라 실외운동을 제한하는 경우라도 수용자가 매주 1회 이상 실외운동을 할 수 있도록 하여야 한다(동조 제5항). 즉 30일 이내의 실외운동 정지와 금치의 징벌을 집행하는 수용자에 대하여는 매

---

503 조성용, 형의 집행 및 수용자의 처우에 관한 법률상 금치의 문제점과 개선방안, 저스티스 제168호(2018년).
504 헌재 2004. 12. 16, 2002헌마478.

주 1회 이상 실외운동의 기회를 줌으로써 건강유지에 배려하였다.

구금되어 있는 수용자의 신체적·정신적 건강에 좋지 않은 영향을 미칠 우려가 있으므로 30일 이내의 실외운동 정지나 금치의 처분을 집행하는 경우에는 의무관으로 하여금 사전에 수용자의 건강을 확인하도록 하여야 하고, 집행 중인 경우에도 수시로 건강상태를 확인하여야 하며(동조 제6항) 집행을 마친 경우에도 의무관에게 해당 수용자의 건강을 지체 없이 확인하게 하도록 하고 있다(법 시행령 제133조 제4항).

교도소 등의 소장은 규율 위반 사실에 대한 조사기간 중 증거를 인멸할 우려가 있는 때, 다른 수용자를 해칠 우려가 있는 때 또는 조사에 현저한 지장을 초래할 우려가 있는 때에는 징벌혐의자를 다른 거실에 수용할 수 있고, 수용자가 흉기 등 허가되지 아니하는 물건을 제작하거나 소지, 사용, 수수 또는 은닉하는 행위를 한 때에는 30일 이하의 금치처분을 부과할 수 있는 바, 피청구인의 청구인에 대한 조사실 수용 행위는 행정소송 및 행정심판의 대상인 "행정청이 행하는 구체적 사실에 대한 법집행으로서의 공권력의 행사"에 해당한다 할 것이고, 이 사건 금치처분 역시 구 행형법 제46조에 의한 행정처분에 해당한다(헌재 2009. 12. 29, 2008헌마421).

금치를 집행하는 경우에는 징벌집행을 위하여 별도로 지정한 거실에 해당 수용자를 수용하여야 하고, 금치 외의 징벌을 집행하는 경우에는 그 징벌의 목적을 달성하기 위하여 필요하다고 인정하면 해당 수용자를 징벌거실에 수용할 수 있다(법 시행규칙 제231조 제2항, 제3항).

금치 중인 수용자가 생활용품 등으로 자살·자해할 우려가 있거나 교정시설의 안전과 질서를 해칠 우려가 있는 경우에는 그 물품을 따로 보관하고, 필요한 경우에만 사용하게 할 수 있다(법 시행규칙 제232조).

징벌집행 중인 수용자의 심적 안정과 재발방지를 위하여 심리상담 등을 실시하도록 하고 있다. 소장은 징벌집행 중인 수용자의 심리적 안정과 징벌대상행위의 재발방지를 위해서 교도관으로 하여금 징벌집행 중인 수용자에 대한 심리상담을 하게 하여야 하고, 또한 징벌대상행위의 재발방지에 도움이 된다고 인정하는 경우에는 징벌집행 중인 수용자가 교정위원, 자원봉사자 등 전문가의 상담을 받게 할 수 있다(법 시행규칙 제233조).

나. 징벌집행의 정지와 감면

적정한 절차를 거쳐 부과가 결정된 징벌은 지체 없이 집행을 하여야 하지만 질병 등 집행하기 어려운 사정이 있는 경우 또는 수용자의 심신의 상황에 따라서는 그 집행이 수용자에게 회복할 수 없는 폐해를 가져오는 경우도 있고, 수용자의 반성에 따라 이를 집행하는 것이 효과가 없이 불이익한 경우가 있으므로 징벌결정 후에 발생한 구체적인 사정에 따라 합리적, 합목적적인 이유에 의한 집행의 정지 또는 감면이 필요한 경우가 있다.[505] 그리고 징벌집행 중이라 하더라도 징벌의 목적을 달성하였을 경우에는 더 이상의 집행은 무의미하기 때문에 면제하는 등 탄력적으로 운용하는 것이 필요하다. 이와 같은 취지에서 형집행법은 징벌집행의 정지와 감면제도를 마련하고 있다.

징벌집행의 정지란 징벌집행 중인 수용자가 질병이나 그 밖의 사유로 징벌집행이 곤란하면 그 사유가 해소될 때까지 그 집행을 일시 정지하는 제도이고, 징벌집행의 면제란 징벌집행 중인 수용자가 뉘우치는 빛이 뚜렷한 경우에는 그 징벌을 감경하거나 남은 기간의 징벌집행을 면제하는 제도이다(법 제113조). 여기서 뉘우치는 빛이 뚜렷한 경우란 징벌이 부과된 수용자가 규율위반행위에 대하여 반성하고 징벌집행을 감경 또는 면제하더라도 교정시설의 규율 및 질서유지의 관점에서 지장이 없다고 인정되는 경우를 말한다. 징벌을 감경하거나 남은 기간의 징벌집행을 면제하는 것은 징벌의 전부 또는 일부에 대하여 그 효력을 상실시키는 것을 말한다.

징벌집행을 받고 있거나 집행을 앞둔 수용자가 같은 행위로 형사법률에 따른 처벌이 확정되어 징벌을 집행할 필요가 없다고 인정하면 징벌집행을 감경하거나 면제할 수 있다(법 시행규칙 제231조 제4항). 소장은 징벌집행을 일시 정지한 경우 그 정지사유가 해소되었을 때에는 지체 없이 징벌집행을 계속하여야 하고, 이 경우 집행을 정지한 다음 날부터 집행을 재개한 전 날까지의 일수는 계산하지 아니한다(법 시행령 제135조).

그리고 이송이나 출정 등의 경우에 징벌집행이 계속된 것으로 보아 징벌집행 중인 수용자에게 불이익을 주지 않도록 하고 있다. 즉 형집행법 제108조 제4호부터 제14호까지의 징벌집행 중인 수용자가 다른 교정시설로 이송되거

---

505 林眞琴·北村篤·名取俊也 공저/안성훈·금용명 등 번역, 앞의 책(2016년), 769쪽.

나 법원 또는 검찰청 등에 출석하는 경우에는 징벌집행이 계속되는 것으로 본다(법 시행령 제134조).

다. 징벌집행의 유예

징벌집행의 유예란 징벌을 선고하면서 일정기간 동안 징벌의 집행을 유예하고 그 유예기간을 무사히 경과한 때에는 그 집행을 종료된 것으로 간주하는 제도로 형법상 집행유예제도와 비슷하다. 이 제도의 목적은 징벌자의 자발적인 개선을 통한 수용생활에의 적응과 장래 사회복귀를 촉진하는 데에 있다.[506]

징벌위원회는 징벌을 의결하는 때에 행위의 동기 및 정황, 교정성적, 뉘우치는 정도 등 그 사정을 고려할 만한 사유가 있는 수용자에 대하여 2개월 이상 6개월 이하의 기간 내에서 징벌의 집행을 유예할 것을 결의할 수 있다. 소장은 징벌집행의 유예기간 중에 있는 수용자가 다시 징벌대상행위를 하여 징벌이 결정되면 그 유예한 징벌을 집행하지만, 징벌집행을 유예받은 후 징벌을 받음이 없이 유예기간이 지나면 그 징벌의 집행은 종료된 것으로 본다(법 제114조).

8. 그 밖의 징벌관련 사항

가. 징벌의 시효

징벌의 시효란 형법상 공소시효제도와 유사한 제도로 징벌대상이 되는 규율위반행위가 발생한 날부터 일정기간이 경과한 경우에 징벌사유에서 제외시키는 것을 말한다. 형집행법은 '징벌사유가 발생한 날부터 2년이 지나면 이를 이유로 징벌을 부과하지 못한다(법 제109조 제4항)'고 규정하여 징벌시효제도를 신설하였다.

나. 징벌의 실효

징벌의 실효란 징벌의 집행이 종료되거나 집행이 면제된 수용자가 교정성적이 양호하고 법무부령으로 정하는 기간 동안 징벌을 받지 아니하면 법무부장관의 승인을 얻어 징벌을 실효시킬 수 있고, 또한 수용자가 교정사고 방지에 뚜렷한 공로가 있다고 인정되면 분류처우위원회의 의결을 거친 후 법무부장관의 승인을 받아 징벌을 실효시킬 수 있는 제도를 말한다(법 제115조). 이 제도는 징벌을 받았다는 전력으로 인한 각종 처우상의 불이익을 막기 위해 형집행

---

506 1999년 개정 행형법 제48조의 2에서 신설한 규정이다.

법에서 신설한 것으로 형의 실효제도와 유사한 제도이다. 소장은 징벌을 실효시킬 필요가 있으면 징벌실효기간이 지나거나 분류처우위원회의 의결을 거친 후에 지체 없이 법무부장관에게 그 승인을 신청하여야 하고, 실효된 징벌을 이유로 그 수용자에게 처우상 불이익을 주어서는 아니된다(법 시행규칙 234조 제2항, 제3항).

징벌의 실효기간은 다음과 같다(법 시행규칙 제234조 제1항). 21일 이상 30일 이하의 금치는 2년 6개월, 16일 이상 20일 이하의 금치 및 3월의 작업장려금 삭감은 2년, 10일 이상 15일 이하의 금치 및 2월의 작업장려금 삭감은 1년 6개월이다. 9일 이하의 금치, 30일 이내의 실외운동 및 공동행사참가 정지, 30일 이내의 접견 · 편지수수 · 집필 및 전화통화 제한, 30일 이내의 텔레비전시청 및 신문열람 제한, 1개월의 작업장려금 삭감은 1년이다. 그리고 징벌대상행위를 하였으나 그 위반 정도가 경미한 경우에는 받은 징벌인 30일 이내의 접견 제한, 30일 이내의 편지수수 제한, 30일 이내의 집필 제한, 30일 이내의 전화통화 제한, 30일 이내의 작업정지, 30일 이내의 자비구매물품 사용 제한, 30일 이내의 텔레비전 시청 제한, 30일 이내의 신문 열람 제한, 30일 이내의 공동행사 참가 정지, 50시간 이내의 근로봉사, 경고는 6개월이다.

다. 징벌처분의 간접적 효력과 행정소송

징벌처분에 따른 간접적 효력의 문제는 집행이 종료된 징벌처분이 그 취소로 인하여 회복되는 법률상 이익이 있는 경우에는 취소를 구할 법률상 이익이 있어 행정소송의 대상되는 것과 관련된 문제이기도 하다.

징벌처분으로 인하여 영향을 받을 수 있는 각종 처우는 다음과 같다. 첫째, 형집행법 제59조는 교도소장은 수형자의 인성, 행동특성 및 자질 등을 근거로 분류심사를 하여 그에 상응한 처우를 하여야 하고, 행형성적이 우수하고 사회생활에 적응할 가능성이 높은 수형자에 대하여는 개방시설에 수용하여 사회생활에 필요하다고 인정되는 적합한 처우를 할 수 있다. 둘째, 형집행법 제77조에 따라 6개월 이상 형을 집행받은 수형자로서 형기의 3분의 1이 지나고 교정성적이 우수한 사람 중 법률이 규정하는 사유가 있는 경우 1년 중 20일 이내의 귀휴를 허용하고 있다. 셋째, 형집행법 제119조 내지 제122조와 형법 제72조에 의하면 교도소장은 유기형을 선고받고 그 형기의 1/3을 경과한 수형자가 행형성적이 우수하고 재범의 위험성이 없다고 인정되는 때에는 법무부령으로 정하는 바에 따라 가석방심사위원회에 가석방 심사를 신청하여야 하고 심사위원회가 가석방의 적격여부를 심사함에 있어서는 수형자의 나이, 죄명, 범죄의 동기, 형기, 교정성적 등 모든 사정을 참작하도록 하고 있다. 넷째, 형집행법 제109조 제2항 제2호에 의하면 수용자가 징벌의 집행이 끝난 후 6개월 내에 다시 징벌사유에 해당하는 행위를 한 때에는 형집행법 제108조 제2호부터 제14호까지의 규정에서 정한 징벌의 장기의 2분의 1까지 가중할 수 있도록 규정하고 있고, 형집행법 시행규칙 제216조 제4호는 교정성적 또는 그 밖의 수용생활 태도를 징벌부과시의 필수적 고려사항으로 정하고 있다.

징벌집행이 완료되어 징벌처분의 직접적 효력이 없어졌다고 하더라도, 그 징벌처분이 형집행법 제115조에 의하여 실효되기 전에는 규율위반전력이 남아 교정성적에 반영됨으로써 장래의 처우나 징벌양정, 귀휴와 가석방 심사 등에서 불이익 사유로 작용할 수 있다.[507] 따라서 행정소송법 제12조의 취소소송의 대상이 된다.[508]

라. 징벌사항의 기록 및 양형통보

소장은 수용자의 징벌에 관한 사항을 수용기록부 및 징벌집행부에 기록하여야 한다(법 시행령 제137조).

소장은 미결수용자에게 징벌을 부과한 경우에는 그 징벌대상행위를 양형(量刑) 참고자료로 작성하여 관할 검찰청 검사 또는 관할 법원에 통보할 수 있다(법 제111조의2). 양형(量刑)에 참고하거나 재범방지 등을 위하여 교정시설의 장이 미결수용자에게 징벌을 부과한 경우 그 징벌대상행위 등을 적은 양형 참고자료나 수형자의 수용이력 등을 법원이나 경찰관서 등에 통보할 필요가 있어 형집행법 시행규칙(제235조)[509]에서 규정하고 있었으나, 2020년 2월 4일 형집행법을 개정하여 양형 참고자료나 수용이력 등의 자료에는 미결수용자나 수형자의 개인정보가 포함되어 있으므로 그 통보행위의 근거를 법률에 신설하였다. 그 배경에는 비록 위헌으로 결정되지 아니하였으나 헌법재판소 재판관 5

---

507 대전지방법원 2013. 9. 4. 2012구합3103, 징벌처분취소.
508 춘천지방법원 2015. 6. 26. 2014구합1404 / 대구지방법원 2017. 1. 10. 2016구합1808.
509 2020. 8. 5. 해당 조문을 삭제하였다.

인 의견은 위헌이라고 한 사실에 있다.[510]

미결수용자에 대한 징벌을 부과한 경우 양형참고자료 통보행위를 할 것인지 여부에 관하여 구금시설의 장에게 재량이 인정된다.[511]

이 제도는 1993년 8월 4일 「미결수용자의 모범적인 생활자세 및 규율위반행위 통보지침」을 마련하여 교정시설에 수용 중인 미결수용자가 모범적인 생활을 하거나 교도관에 대한 폭행·협박이나 수용자 폭행, 부정물품 제작·소지·은닉·수수 등 규율을 위반한 때에는 구체적인 정황을 검찰청과 법원 등 관계기관에 통보하여 형법 제51조의 양형자료로 참작할 수 있도록 하거나 검사구형에 영향을 줄 수 있도록 하였다. 교정시설의 규율유지와 질서확립을 위한 제도로 시행하다가 2006년 형집행법 개정시 형집행법 시행규칙에 규정하여 운용하였으며 현재는 형집행법에 근거규정을 마련하였다.

마. 규율위반행위에 관계되는 물건의 처리

형집행법상에는 징벌에 부수하는 처분으로 형집행법 제93조 제1항과 연관된 규율위반행위에 관련된 물건에 대한 처리에 관한 규정이 없다. 규율위반행위와 관련된 물품은 규율위반행위자로부터 박탈하는 것이 제재로서의 의미를 가지며, 교정시설의 규율 및 질서유지에 도움이 될 뿐만 아니라 그 중에는 도주를 기도하기 위하여 작성된 도면이나 도박행위로 얻은 물품 또는 부정행위로 얻은 경제적 이익 등과 같은 것을 규율위반행위자에게 그 귀속을 인정하는 것은 적절하지 아니하다.[512] 이는 부가형으로서의 범죄조성물건, 취득물건의 몰수 또는 추징과 유사한 면이 있다.

규율위반행위를 조성한 물건, 규율위반행위의 용도에 제공하거나 제공하려고 한 물건, 규율위반행위에 의해 생기거나 또는 규율위반행위로 얻어진 물건, 규율위반행위의 보상으로서 얻은 물건의 대가로 얻은 물건 등에 대해서는

510 징벌처분된 미결수용자에 대한 양형자료통보는 개인정보 자기결정권을 제한하고, 형집행법에는 개인정보 자기결정권을 제한할 수 있도록 위임하는 근거가 없으며, 수용자의 징벌대상행위 및 그에 대한 징벌에 대한 개인정보를 미결수용자의 형사재판을 관할하는 법원에 통보하는 것은 '교도소의 수용질서를 확보하기 위한 목적' 범위 내의 정보제공이라고 보기 어렵다. 결국 이 사건 통보행위는 헌법 제37조 제2항에 위반하여 청구인의 개인정보 자기결정권을 침해하므로, 동일 또는 유사한 기본권 침해의 반복을 방지하기 위해 이에 대하여 위헌확인 선언을 하여야 한다(헌재 2016. 4. 28. 2012헌마549, 2013헌마865(병합)).
511 헌재 2015. 9. 1, 2015헌마810 참조.
512 林眞琴·北村篤·名取俊也 공저/안성훈·금용명 등 번역, 앞의 책(2016년), 750쪽.

징벌에 부수하는 처분으로 국고귀속처분을 하는 것이 바람직하다. 절차적으로
는 규율위반행위자에게 미리 서면으로 처분의 원인 사실을 알린 후 변명의 기
회를 부여하는 등의 규정을 마련하는 것이 바람직하다.

제 5 절   벌칙

구행형법은 천재지변 기타 사변으로 인하여 일시 석방된 자가 정당한 이
유없이 석방 후 24시간 이내에 교도소 등 가까운 경찰관서에 출석하지 아니한
경우 도주죄(형법 제145조)에 의해 처벌하도록 규정하고 있었으나 형집행법은
이를 별도로 규정하는 한편, 귀휴나 외부통근 등 교도관의 계호 없이 교정시설
밖으로 나간 수용자가 정해진 기한 내에 돌아오지 않는 경우에도 같은 처벌을
할 수 있도록 하였다. 그 뿐만 아니라 주류·담배·현금·수표의 소지·사용 등
의 경우에 형사처벌의 대상으로 규정하였다. 그 밖에도 형집행법은 행형운영
에 있어서 일정한 사유가 있는 경우에 형벌을 부과할 수 있도록 하고 있다.

형집행법 제102조 제4항에 의하여 일시석방된 사람이 24시간 이내에 교
정시설 또는 경찰관서에 출석하지 아니하거나 귀휴·외부통근, 그 밖의 사유
로 소장의 허가를 받아 교도관의 계호없이 교정시설 밖으로 나간 후에 정당한
사유 없이 기한 내에 돌아오지 아니하는 경우 1년 이하의 징역에 처하도록 하
였다(법 제133조). 그리고 출석의무 위반과 관련하여, ① 정당한 사유 없이 제
102조 제4항을 위반하여 일시석방 후 24시간 이내에 교정시설 또는 경찰관서
에 출석하지 아니하는 행위 또는 ② 귀휴·외부통근, 그 밖의 사유로 소장의
허가를 받아 교도관의 계호 없이 교정시설 밖으로 나간 후에 정당한 사유 없
이 기한 내에 돌아오지 아니하는 행위를 한 수용자는 1년 이하의 징역에 처한
다(법 제134조).

금지물품의 소지와 관련하여 수용자가 형집행법 제92조 제2항을 위반하
여 소장의 허가 없이 무인비행장치, 전자·통신기기를 지닌 경우 2년 이하의
징역 또는 2천만원 이하의 벌금에 처하고, 수용자가 형집행법 제92조 제1항
제3호를 위반하여 주류·담배·화기·현금·수표를 지닌 경우 1년 이하의 징역

또는 1천만원 이하의 벌금에 처한다(법 제132조).

금지물품의 반입과 관련하여 소장의 허가 없이 무인비행장치, 전자·통신기기를 교정시설에 반입한 사람은 3년 이하의 징역 또는 3천만원 이하의 벌금에 처하고, 주류·담배·화기·현금·수표·음란물·사행행위에 사용되는 물품을 수용자에게 전달할 목적으로 교정시설에 반입한 사람은 1년 이하의 징역 또는 1천만원 이하의 벌금에 처한다. 상습적으로 주류·담배·화기·현금·수표·음란물·사행행위에 사용되는 물품을 수용자에게 전달할 목적으로 교정시설에 반입한 사람은 2년 이하의 징역 또는 2천만원 이하의 벌금에 처한다(법 제133조).

한편, 형법상 죄책에 있어서 대법원은 수용자 또는 수용자 아닌 자가 단순히 교도관의 감시·단속을 피하여 규율위반행위를 하는 경우, 위계에 의한 공무집행방해죄가 성립되지 아니한다고 하면서, 변호사가 접견을 핑계로 수용자를 위하여 휴대전화와 증권거래용 단말기를 구치소 내로 몰래 반입하여 이용하게 한 행위가 위계의 의한 공무집행방해죄에 해당한다고 판시하였다.[513] 즉 교도관이 수용자의 규율위반행위를 알면서도 이를 방치하거나 도와주었다 하더라도, 이를 다른 교도관 등에 대한 관계에서 위계에 의한 공무집행방해죄가 성립하는 것으로 볼 수는 없다고 판시하였다.

> 수용자가 교도관의 감시, 단속을 피하여 규율위반행위를 하는 것만으로는 단순히 금지규정에 위반되는 행위를 한 것에 지나지 아니할 뿐 이로써 위계에 의한 공무집행방해죄가 성립한다고 할 수 없고, 수용자 아닌 자가 교도관의 검사 또는 감시를 피하여 금지물품을 교도소 내로 반입되도록 하였다고 하더라도 교도관에게 교도소 등의 출입자와 반출·입 물품을 단속, 검사하거나 수용자의 거실 또는 신체 등을 검사하여 금지물품 등을 회수해야 할 권한과 의무가 있는 이상, 그러한 수용자 아닌 자의 행위를 위계에 의한 공무집행방해죄에 해당한다고 볼 수 없다(대법원 2003. 11. 13. 2001도7045).

소장의 허가 없이 교정시설 내부를 녹화·촬영한 사람은 1년 이하의 징역

---

513 구체적이고 현실적으로 접견호실통제 업무를 담당하는 교도관들에 대하여 그들의 통상적인 업무처리과정 하에서는 사실상 적발이 어려운 위계를 사용하여 그 직무집행에 지장을 주거나 곤란하게 하는 행위를 하였다면 위계에 의한 공무집행방해죄가 성립한다(대법원 2005. 8. 25. 2005도1731, 위계공무집행방해).

또는 1천만원 이하의 벌금에 처한다(법 제135조).

금지물품을 반입(법 제133조) 및 녹화 등의 금지(법 제135조)의 미수범은 처벌하고(법 제136조), 금지물품의 소지와 반입에 해당하는 금지물품은 몰수한다(법 제137조).

제 4 편   수용의 종료

제 1 장 서론

　수용의 종료는 수용자의 유형에 따라 그 의미는 각기 다르다. 특히 수형자에게 있어서는 사회적 통합을 필요로 한다. 따라서 수용의 종료 중 형사정책상 중요한 의미를 가지는 것은 자유형이 종료되어 석방되는 경우이다. 이는 시설내 처우의 종료인 동시에 형기기간 중에 실시된 각종 처우와 행형당국의 노력의 결과가 수형자의 사회복귀 성공여부를 평가받는 기간이 되고 또한 보호관찰 등 사회내 처우가 시작되는 시점이기도 하다.

　수형자가 다시 범죄를 저지르지 않고 사회적으로 책임있는 생활을 할 수 있도록 하는 행형의 목적은 교정당국으로 하여금 사회공동체로의 재통합을 목표로 하는 행형운영의 의무를 부과한다. 수형자는 구금기간을 통해 석방 후 자유로운 생활에 재통합될 수 있도록 처우를 받아야 하고, 처우계획의 수립단계에서부터 석방준비를 위해 필요한 조치가 확정되어야 한다.[1]

　수용의 종료는 시설내 처우의 종료와 비시설처우, 즉 사회내 처우의 종료로 구분된다.[2] 그 중 시설내 처우의 종료는 수용의 종료라고도 하며 형집행법에 의한 수형자 및 미결수용자, 소년법에 의한 보호처분 대상자, 구사회보호법에 의한 보호감호 대상자, 치료감호법에 의한 치료감호 대상자 등이 시설에서의 구금을 종료하거나 구금 또는 보호처분이 해제되어 사회로 복귀하는 것을 말한다. 그리고 시설내 처우 중 사망하거나 또는 사형이 집행되는 경우를 포함한다.[3]

　수용의 종료는 수용과 마찬가지로 법에 규정된 절차에 따라 실시된다.

　석방은 구금되어 있는 사람에 대하여 적법하게 구금을 해제하는 것이다. 이는 물리적인 의미의 구금상태로부터의 해방이 아니라 법적인 의미의 해방이고, 석방이 되면 수용자가 아니다. 그리고 수용자는 법적인 의미의 구금상태로부터 석방이 되면 현실적·물리적으로 해방이 된다.[4]

1　클라우스 라우벤탈 저／신양균·김태명·조기영 역, 앞의 책(2010년), 377쪽.
2　배종대·정승환, 앞의 책(2002년), 255쪽.
3　이백철, 앞의 책(2020년), 693쪽.
4　林眞琴·北村篤·名取俊也 공저／안성훈·금용명 등 번역, 앞의 책(2016년), 850쪽.

제 2 장 가석방

제 1 절 서론

　가석방이란 재판에 의하여 선고된 자유형의 집행을 받고 있는 자가 교정성적이 우수하고 재범의 위험성이 없다고 인정될 때 형기종료 전에 일정한 조건 하에 임시로 석방하고, 그 후에 임시석방이 취소 또는 실효되지 아니하고 일정한 기간이 경과한 경우에 형의 집행이 종료된 것으로 간주하는 제도이다. 석방 시에는 조건이 붙여지고 그 조건을 위반한 때는 가석방이 취소되고 다시 시설에 수용되기 때문에 조건부 석방이라고도 불리운다.[5]

　가석방제도의 형사정책적 의의는 일정한 조건을 충족한 수형자를 조기에 석방함으로써 시설내 처우가 가지는 다양한 문제와 한계를 극복하고 범죄인의 자유를 박탈하지 아니한 상태에서 지역사회에서 자율적으로 생활하게 하면서 보호관찰 등의 지도, 감독, 원조 등을 통해 재범을 방지하고 개선을 도모하는 것이다.

　가석방제도는 18세기 말 영국에서 호주로 수형자를 유형을 보내면서 탄생하였다. 당시 영국에서는 특히 위험한 범죄자를 호주의 유형지 노포크섬에 보내어 준엄하고도 가혹한 강제노동에 종사시켜면서 과밀수용과 가혹한 노동에 대한 폭동이 빈발하는 등 부작용이 나타났다. 이러한 상황을 개선하기 위하여 1791년 아더 필립(Arthur Philip) 주지사는 수형자 중 특히 행상이 양호하고 개전의 정이 있는 사람에 대해 조건부 은사(恩赦) 형식으로 그 형기를 일부 단축하고 본국으로 돌아가지 않을 것을 조건으로 하고 잔형을 면제하는 가출소 허가장 제도를 채택하였다. 1840년 알렉산더 마코노키는 노포크섬의 뉴사우스웨일즈에서 영국형벌식민지를 담당하면서 조건부 석방을 허가하는 정책을 시행하였으며 '가석방의 아버지'로 불리운다. 이 제도는 1858년 호주에의 유형제도가 폐지될 때까지 존속하였다.[6]

5　川出敏裕·金光旭, 앞의 책(1018년), 246쪽.
6　신양균, 앞의 책(2012년), 564쪽.

영국에서는 유형제도를 대신하여 강제노역법(English Penal Servitude Act)이 제정되어 누진처우제도를 채택하였고 1854년에는 아일랜드에서 점수제, 중간처우 및 경찰에 의한 감독을 동반하는 가석방제도를 결합시킨 아일랜드제가 확립되었다. 클로프턴이 고안한 아일랜드제의 마지막 단계에서는 조건부 석방증을 지급하였으며 이는 지역사회에서의 조건부 자유제도를 만들려는 첫 시도였는데, 이 제도는 오늘날 가석방(parole)으로 알려져 있다.[7]

이 제도는 영국 전역뿐만 아니라 미국에도 영향을 미쳐 1876년 엘마이라감화원에서 처음으로 채택되었으며, 미국에서는 1944년 미시시피주를 마지막으로 모든 주에서 가석방(parole)이 채택되었다. 한편 유럽에서는 1830년에 독일 바이에른과 1835년 스페인의 발렌시아에서 실험적으로 실시되었고, 프랑스에서는 1832년 소년을 대상으로 1850년에는 성인에게 가석방이 인정되었다.[8]

우리나라에서는 1950년 제정된 행형법에 가석방심사위원회에 대한 규정을 두었으며, 1953년 제정된 형법에서 가석방에 관한 규정을 두었다. 1955년 형법을 일부 개정하면서 가석방된 자에 대한 체계적인 처우를 하기 위해 보호관찰을 필요적으로 부과하였다.

제 2 절 가석방의 성격과 법적성질

1. 성격

가석방의 성격에 대해서는 여러 가지 견해가 있다.

은사설은 수형자가 시설 내에서 선행을 유지한 데에 대한 은혜로서 부여하는 포상이라는 견해이다. 은사설은 가석방을 단순히 시설 내의 질서를 유지하기 위한 수단으로 평가하는 것은 문제가 있으며 이 견해에 입각할 경우 가석방의 운용이 매우 소극적인 것이 될 수밖에 없다. 제2차 세계대전 전의 가석방제도는 이와 같은 발상에 기초해서 운영되었다.

---

7 해리 앨런·에드워드 라테사·브루스 판더 저/박철현·박성민·곽대훈·장현석 공저, 앞의 책 (2020년), 56쪽.
8 川出敏裕·金光旭, 앞의 책(2018년), 239~241쪽 참조.

행정처분설은 자유형의 폐해를 피하기 위해 출소 후 사회에서 적응할 전망이 있으면 가석방을 해야한다는 견해이다. 행정처분설은 범죄자의 개선갱생의 관점에서 가석방의 의의를 파악하는 점에서는 정당한 측면을 가지지만, 그 의의를 자유형의 폐해의 회피라고 하는 소극적인 것에 두고 있는 점에 문제가 있다.

사회방위설은 위험한 범죄자에게 부정기형이 필요한 것처럼 석방시에도 임시로 석방해 보호관찰에 붙이고 만일 사회에 적응하지 못하면 다시 수용하여야 한다는 사회방위를 강조하는 견해이다.[9]

행형제도설은 구금시설이라는 자유가 박탈된 사회에서 나올 때는 조금이라도 보호와 원호를 필요로 하므로 모든 수형자에 대해 적용한다고 보아 형집행단계로서 가석방을 파악하는 견해이다.

가석방은 수형자에게 조기 석방의 희망을 주는 점에서 개선을 촉구하는 한편, 보호관찰과 결합함으로써 사회내에서의 개선갱생을 도모하는 것을 목적으로 하고 있고, 시설내 처우와 사회내 처우의 연계에 의해서 범죄자의 개선갱생을 도모하는 제도로 평가되어야 한다.[10]

가석방은 구금기간을 단축하여 자유형의 폐해를 줄이는 한편, 특별예방의 관점에서 사회에 적응할 충분한 능력을 가지고 있는 수형자에 대해 형벌의 집행 중이라도 석방하고 가석방의 취소가능성을 담보로 석방 후의 생활을 신중하게 하도록 한 것이다. 그러나 현행 가석방제도가 가석방을 보호관찰과 결합시키고 가석방자관리규정을 둔 것은 가석방의 사회방위적 성격을 고려한 것이며, 교정성적이 우수한 자에 대해 가석방심사위원회의 심사를 거쳐 석방하는 것은 행형제도로서의 성격도 가진 것이라고 할 수 있다.[11] 헌법재판소는 '가석

---

9 미국 보호관찰 및 가석방협회는 가석방의 목적을 '가석방자가 저지르는 범죄의 발생과 충격을 감소시킴으로서 공공의 안전을 증가시키는 것이다. 가석방이란 관용이나 사면이 아니라 범죄자들이 합당한 구금기간 후에 그들이 사회에 잘 적응하고 내재된 책임에 부응할 수 있는 능력과 요구가 있다고 평가될 때 생산적이고 법을 준수하는 시민으로서 사회에 복귀할 수 있는 기회를 제공하기 위한 판결의 논리적 연장이다. 조건부로 석방된 범죄자들에게 제공되는 가석방 조건과 감시는 가석방 당국이 사회를 지속적으로 보호하면서 범죄자가 지역사회에 성공적으로 재진입하는 것을 도울 수 있는 수단이다.'라고 하였다(해리 앨런·에드워드 라테사·브루스 판더 저/박철현·박성민·곽대훈·장현석 공저, 앞의 책(2020년), 511쪽).

10 川出敏裕·金光旭, 앞의 책(2018년), 247쪽.

11 신양균, 앞의 책(2012년), 566쪽.

방이란 수형자의 사회복귀를 촉진하기 위하여 형을 집행 중에 있는 자 가운데서 행장이 양호하고 개전의 정이 현저한 자를 그 형의 집행종료 전에 석방함으로써 갱생한 수형자에 대한 무용한 구금을 피하고 수형자의 윤리적 자기형성을 촉진하고자 하는 의미에서 취해지는 형사정책적 행정처분이다.'라고 하여 행정처분의 일종으로 판단하였다.

> 가석방은 수형자의 개별적인 요청이나 희망에 따라 행하여지는 것이 아니라 행형기관의 교정정책 혹은 형사정책적 판단에 따라 수형자에게 주어지는 은혜적 조치일 뿐이므로, 어떤 수형자가 형법 제72조 제1항에 규정된 요건을 갖추었다고 하더라도 그것만으로 행형당국에 대하여 가석방을 요구할 주관적 권리를 취득하거나 행형당국이 그에게 가석방을 해야 할 법률상의 의무를 부담하게 되는 것이 아니다. 수형자는 동조에 근거한 행형당국의 가석방이라는 구체적인 행정처분이 있을 때 비로소 형기만료 전 석방이라는 사실상의 이익을 얻게 될 뿐이다(헌재 1995. 3. 23. 93헌마12 / 헌재 2010. 12. 28. 2009헌마70).

가석방제도의 형사정책적 의의는 수형자에 대한 보호관찰을 통해 조속한 사회복귀를 도울 수 있다는 점에 있으며 이 외에도 교정교육의 처우효과를 유지하면서 보호관찰로 이어지는 점, 대상자는 자유로운 사회로 돌아와 자조의 정신과 책임을 가지고 보다 인간적인 생활을 하면서 독자적인 처우를 받아 갱생을 도모한다는 점, 이 제도를 통해 시설 내에서 본인의 형사책임의 이행태도 및 반성이나 갱생노력을 평가하여 형의 집행이 공정하게 이루어질 수 있다는 점, 가석방에 대한 기대로 수형자는 시설의 규율에 순응할 수 있다는 점, 사회의 경제와 문화 등 여러 활동에 조속히 복귀하여 사회에 봉사할 수 있다는 점, 본인뿐만 아니라 가족도 보다 빨리 정상적인 가정생활로 돌아갈 수 있다는 점, 국가는 시설유지에 필요한 경비를 절감할 수 있다는 점 등을 들 수 있다.

2. 법적성질

가석방은 자유형 집행의 한 형태라고 하는 것이 일반적인 견해이다. 따라서 가석방 중에도 형기가 진행하고 잔형기간이 경과한 때는 형의 집행을 종료하게 된다. 이러한 점에서 가석방자에 대한 보호관찰기간도 가석방의 기간, 즉 잔형기간에 한정된다.

이에 대하여 가석방의 법적성질을 형의 집행의 한 형태가 아니라 형의 한 형태로 파악하는 견해도 있다.[12] 이것은 가석방을 형의 집행유예와 동일하게 생각해서 잔형의 집행을 유예하는 것이라고 해석하는 견해이지만, 실제의 목적은 잔형기간에 구속되지 아니하는 가석방기간 내지 보호관찰기간의 확보에 있다. 입법론으로는 시사하는 바가 많은 견해이지만, 만약 가석방이 형의 한 형태라고 하면 그것은 사후적인 형의 변경에 해당하기 때문에 그것을 행정기관인 가석방심사위원회의 권한으로 실시하는 것이 허용되는가 하는 의문이 있다. 그러므로 역시 가석방은 형의 집행의 한 형태라고 하는 일반적인 견해가 타당하고, 가석방이 행정권한으로 인정되는 것도 가석방이 형의 집행형태의 변경에 불과하기 때문이라고 해석해야 할 것이다.[13]

제 3 절 가석방 요건

1. 형식적 요건

형법은 다음과 같은 요건(형법 제72조)이 갖추어진 경우에 행정처분으로써 가석방을 할 수 있도록 하고 있다.

첫째, 징역 또는 금고의 집행중에 있는 자가 무기에 있어서는 20년, 유기에 있어서는 형기의 3분의 1을 경과한 후라야 한다. 이 경우에 형기에 산입된 판결선고전 구금일수는 집행을 경과한 기간에 산입한다. 징역 또는 금고를 선고받은 소년에 대하여는 무기형의 경우에는 5년, 15년 유기형의 경우에는 3년, 부정기형의 경우에는 단기의 3분의 1의 기간이 지나면 가석방을 허가할 수 있다 (소년법 제65조). 소년은 아직 신체적, 정신적으로 미숙한 상태이기 때문에 소년보호의 원칙에 입각해서 성년수형자에 비해 허가요건을 완화한 것이다.[14]

둘째, 행상(行狀, 몸가짐이나 행동)이 양호하고 개전의 정이 현저하여야 한다. 행상이 양호한 자라 함은 교정성적이 우수한 자를 말하며, 개전의 정이 현

---

12 森下忠, 刑事政策大綱[新版第2版], 成文堂, 1996, 285쪽.
13 川出敏裕·金光旭, 앞의 책(2018년), 248쪽.
14 신양균, 앞의 책(2012년), 569쪽.

저하다는 것은 특별예방의 관점에서 재범의 위험성을 판단하는 것으로서 범죄의 중대성과 같은 일반예방의 관점을 고려하지 않도록 하여야 한다.[15]

셋째, 벌금 또는 과료의 병과가 있는 때에는 그 금액을 완납하여야 한다.

2. 실질적 요건

가석방의 실질적 요건은 징역 또는 금고의 집행 중에 있는 자가 그 행상이 양호하여 개전의 정이 현저한 때이다(형법 제72조 제1항). 개전의 정이란[16] 후회하고 있는 본인의 내심적 상태를 의미하지만 재범하지 않고 사회인으로서 자립생활이 가능하다고 하는 객관적인 상황을 포함한다고 해석하여야 한다.[17]

행상이 양호하여 개전의 정이 현저한 때에 대해서는 교정시설 내에서의 행상, 처우성적, 장래의 생활설계 등 본인의 행동을 통하여 외부에 나타나는 상황으로부터 판단하여야 한다.

재범의 위험여부는 가석방 허가에 있어서 매주 중요한 요소로 이것은 장래의 행상에 대한 예측이기 때문에 그 판단은 반드시 쉬운 것이 아니다. 개전의 정이나 개선갱생의 의욕이라고 하는 내면적 요소 외에 예를 들면 범죄력, 범죄의 정황, 생활이력, 직능, 귀주환경, 인수인의 의욕이나 인수능력, 보호관찰의 체제 등 객관적인 요인에 따라 판단된다. '재범의 위험이 없을 것'을 엄격하게 해석하면 가석방 운용이 현저하게 억제적으로 될 수밖에 없다. 가석방의 대상은 본래 개선갱생을 아직 이루지 못하고 사회 내에서의 추가적인 처우를 필요로 하는 사람을 예정하기 때문에 어느 정도의 재범의 위험성은 예상할 수밖에 없다고도 할 수 있다. 또한, 만기석방 후 보호관찰이 인정되지 아니하는 현행법 하에서 보호관찰에 의해서 재범의 가능성을 낮추는 것을 기대하고 가석방을 실시하는 것도 한마디로 상당성을 흠결했다고는 할 수 없다. 그러한 의미에서 이 요건에 대해서는 '재범의 위험이 높다고 인정될 때'에 가석방을 허가하지 아니한다는 취지로 해석하는 것이 타당하다고 생각된다.

---

15 신양균, 앞의 책(2012년), 569쪽.
16 일본 형법은 가석방의 요건으로서 개전의 모습(狀)이 있을 것이 요구된다고 규정하고 있다(형 제28조).
17 平野龍一, 矯正保護法, 有斐閣, 1963년, 100쪽.

사회의 감정도 다소 추상적인 개념이고, 그 판단이 어려우며, 이것을 특별히 강조하면 가석방의 운용이 위축될 우려가 있다. 여기서 사회의 감정에는 피해자의 감정도 포함된다고 해석되고 있다.

제 4 절 가석방 절차

가석방은 소장의 가석방적격심사 신청, 가석방심사위원회의 적격심사, 보호관찰심사위원회의 사안조사, 법무부장관의 가석방 결정의 절차에 따라 실시된다.

1. 가석방적격심사 신청

가. 대상자 선정

소장은 형법 제72조 제1항의 기간이 지난 수형자에 대하여는 법무부령으로 정하는 바에 따라 가석방심사위원회에 가석방적격심사를 신청하여야 한다(법 제121조 제1항). 형법 제72조 제1항에서 정하고 있는 기간이 지난 수형자로서 교정성적이 우수하고 뉘우치는 빛이 뚜렷하여 재범의 위험성이 없다고 인정하는 경우에는 분류처우위원회의 의결을 거쳐 가석방적격심사 신청대상자로 선정하고, 가석방적격심사 신청에 필요하다고 인정하면 분류처우위원회에 담당교도관을 출석하게 하여 수형자의 가석방적격심사 사항에 관한 의견을 들을 수 있다(법 시행규칙 제 245조).

소장은 가석방적격심사를 신청할 때에는 가석방적격심사 신청서에 가석방적격심사 및 신상조사표를 첨부하여야 한다(법 시행규칙 제250조 제1항). 가석방적격심사 신청대상자를 선정한 경우 선정된 날부터 5일 이내에 위원회에 가석방적격심사 신청을 하여야 하고, 위원회에 적격심사신청을 한 사실을 수형자의 동의를 받아 보호자 등에게 알릴 수 있다(동조 제2항, 제3항).

나. 사전조사

소장은 수형자의 가석방적격심사 신청을 위하여 신원에 관한 사항, 범죄에 관한사항, 보호에 관한 사항을 사전에 조사하여야 하고 특히 필요가 있다고 인정할 때에는 수형자, 가족, 그 밖의 사람과 면담 등을 할 수 있다(법 시행규칙 제246조).

신원에 관한 사항으로 건강상태, 정신 및 심리 상태, 책임감 및 협동심, 경력 및 교육 정도, 노동 능력 및 의욕, 교정성적, 작업장려금 및 작업상태, 그 밖의 참고사항을 조사하여야 한다(법 시행규칙 제246조 제1호). 신원에 관한 조사는 수형자를 수용한 날로부터 1개월 내에 하고 그 후 변경할 필요가 있는 사항이 발견되거나 가석방적격심사 신청을 위하여 필요한 경우에 한다(법 시행규칙 제249조 제1항).

범죄에 관한 사항으로 범행 시의 나이, 형기, 범죄횟수, 범죄의 성질·동기·수단 및 내용, 범죄 후의 정황, 공범관계, 피해회복 여부, 범죄에 대한 사회의 감정, 그 밖의 참고사항을 조사하여야 한다(법 시행규칙 제246조 제2호). 범죄에 관한 사항에 대한 조사는 수형자를 수용한 날로부터 2개월 이내에 하고 조사에 필요하다고 인정하는 경우에는 소송기록을 열람할 수 있다(법 시행규칙 제249조 제2항).

보호에 관한 사항으로 동거할 친족·보호자 및 고용할 자의 성명·직장명·나이·직업·주소·생활 정도 및 수형자와의 관계, 가정환경, 접견 및 편지의 수신·발신 내역, 가족의 수형자에 대한 태도·감정, 석방 후 돌아갈 곳, 석방 후의 생활계획, 그 밖의 참고사항을 조사하여야 한다(법 시행규칙 제246조 제3호). 보호에 관한 사항에 대한 조사는 형기의 3분의 1이 지나기 전에 하여야 하고, 그후 변경된 사항이 있는 경우에는 지체 없이 그 내용을 변경하여야 한다(법 시행규칙 제249조 제3항).

사전조사 중 가석방적격심사 신청과 관련하여 특히 피해자의 감정 및 합의여부, 출소시 피해자에 대한 보복범죄가능성 등에 유의하여야 한다(법 시행규칙 제247조). 소장은 사전조사한 사항을 매월 분류처우위원회 회의 개최일 전날까지 분류처우심사표에 기록하여야 한다(법 시행규칙 제248조 제1항).

소장은 가석방이 허가되지 아니한 수형자에 대하여 그 후에 가석방을 허가하는 것이 적당하다고 인정하는 경우에는 다시 가석방적격심사 신청을 할 수 있다(법 시행규칙 제251조).

2. 적격심사

가. 가석방심사위원회

1) 구성

형법 제72조에 따른 가석방의 적격 여부를 심사하기 위하여 법무부장관 소속으로 가석방심사위원회를 두고 있다(법 제119조). 가석방심사위원회는 위원장을 포함한 5명 이상 9명 이하의 위원으로 구성한다. 위원장은 법무부차관이 되고 위원은 판사, 검사, 변호사, 법무부 소속 공무원, 교정에 관한 학식과 경험이 풍부한 사람 중에서 법무부장관이 임명 또는 위촉한다(법 제120조 제1항, 제2항).

법무부장관은 ① 법무부 검찰국장, 범죄예방정책국장 및 교정본부장, ② 고등법원 부장판사급 판사, 변호사, 대학에서 교정학·형사정책학·범죄학·심리학·교육학 등 교정에 관한 전문분야를 가르치는 부교수 이상의 직에 있는 사람, ③ 그 밖에 교정에 관한 학식과 경험이 풍부한 사람 중에서 가석방심사위원회의 위원을 임명하거나 위촉한다(법 시행규칙 제239조). 제2항과 제3항의 위원의 임기는 2년으로 하고, 한 차례만 연임할 수 있다(법 시행규칙 제240조). 가석방심사위원회의 위원 중 공무원이 아닌 사람은 공무상 비밀의 누설(형법 제127조) 및 뇌물죄 관련 규정(형법 제129조부터 제132조)을 적용할 때에는 공무원으로 본다(법 제120조 제4항).

가석방심사위원회의 위원이 ① 심신장애로 직무수행이 불가능하거나 현저히 곤란하다고 인정되는 경우, ② 직무와 관련된 비위사실이 있는 경우, ③ 직무태만, 품위손상, 그 밖의 사유로 인하여 위원으로 적합하지 아니하다고 인정되는 경우, ④ 위원 스스로 직무를 수행하는 것이 곤란하다고 의사를 밝히는 경우의 어느 하나에 해당하는 경우에는 해당 위원을 해촉할 수 있다(법 시행규칙 제239조의2).

2) 운영

가석방심사위원회 위원장은 가석방심사위원회를 소집하고 동 위원회의 업무를 총괄한다. 위원장이 직무를 수행할 수 없을 때에는 위원장이 미리 지정한 위원이 그 직무를 대행한다(법 시행규칙 제238조). 위원장은 위원회의 사무를 처리하기 위하여 소속 공무원 중에서 간사 1명과 서기 약간 명을 임명하고,

간사는 위원장의 명을 받아 위원회의 사무를 처리하고 회의에 참석하여 발언할 수 있으며, 서기는 간사를 보조한다(법 시행규칙 제241조).

가석방심사위원회의 회의는 재적위원 과반수의 출석으로 개의하고, 출석위원 과반수의 찬성으로 의결하며, 간사는 위원회의 결정에 대하여 결정서를 작성하여야 한다(법 시행규칙 제242조). 간사는 가석방심사위원회 회의록을 작성하여 유지하여야 한다(법 시행규칙 제243조 제1항).

나. 가석방적격심사

가석방심사위원회는 가석방심사 신청된 수형자의 가석방 적격 여부 및 취소 등에 관한 사항을 심사한다(법 시행규칙 제236조).

가석방심사위원회는 수형자의 나이, 범죄동기, 죄명, 형기, 교정성적, 건강상태, 가석방 후의 생계능력, 생활환경, 재범의 위험성, 그 밖에 필요한 사정을 고려하여 가석방의 적격 여부를 결정한다(법 제121조 제2항).

가석방심사는 객관적 자료와 기준에 따라 공정하게 하여야 하며, 심사과정에서 알게된 비밀을 누설해서는 아니된다(법 시행규칙 제237조). 가석방심사과정에 있어 투명성과 공정성을 확보하고 다른 한편으로 개인의 사생활 보호를 위하여 심사공개에 관한 규정을 마련하였다. 가석방심사위원회의 심사과정 및 심사내용의 공개범위와 공개시기는 ① 위원의 명단과 경력사항은 임명 또는 위촉한 즉시, ② 심의서는 해당 가석방 결정 등을 행한 후부터 즉시, ③ 회의록은 해당 가석방 결정 등을 행한 후 5년이 경과한 때부터 공개한다. 다만 심의서 및 회의록의 내용 중 개인의 신상을 특정할 수 있는 부분은 삭제하고 공개하되, 국민의 알권리를 충족할 필요가 있는 등의 사유가 있는 경우에는 위원회가 달리 의결할 수 있다(법 제120조 제3항).

누범자에 대한 심사와 관련하여 가석방심사위원회는 동일하거나 유사한 죄로 2회 이상 징역형 또는 금고형의 집행을 받은 수형자에 대하여 적격심사할 때에는 뉘우치는 정도, 노동 능력 및 의욕, 근면성, 그 밖에 정상적인 업무에 취업할 수 있는 생활계획과 보호관계에 관하여 중점적으로 심사하여야 한다(법 시행규칙 제252조).

가석방심사위원회는 범죄의 동기에 관하여 심사할 때에는 사회의 통념 및 공익 등에 비추어 정상을 참작할 만한 사유가 있는지를 심사하여야 하고 범죄의 동기가 군중의 암시 또는 도발, 감독관계에 의한 위협, 그 밖에 이와 유사한 사유로 인한 것일 때에는 특히 수형자의 성격 또는 환경의 변화에 유의하고 가석방 후의 환경이 가석방처분을 받은 사람에게 미칠 영향을 심사하여야 한다(법 시행규칙 제253조).

① 범죄의 수단이 참혹 또는 교활하거나 극심한 위해(危害)를 발생시킨 경우나 ② 해당 범죄로 무기형에 처해진 경우 또는 ③ 그 밖에 사회적 물의를 일으킨 죄를 지은 경우에 해당하는 수형자에 대하여 적격심사할 때에는 특히 그 범죄에 대한 사회의 감정에 유의하여야 한다(법 시행규칙 제254조).

재산에 관한 죄를 지은 수형자에 대하여는 특히 그 범행으로 인하여 발생한 손해의 배상 여부 또는 손해를 경감하기 위한 노력 여부를 심사하여야 하고, 수형자 외의 사람이 피해자의 손해를 배상한 경우에는 그 배상이 수형자 본인의 희망에 따른 것인지를 심사하여야 한다(법 시행규칙 제255조).

가석방심사위원회는 가석방적격심사에 필요하다고 인정하면 수형자의 주소지 또는 연고지 등을 관할하는 시·군·구·경찰서, 그 밖에 학교·직업알선기관·보호단체·종교단체 등 관계기관에 사실조회를 할 수 있고, 가석방적격심사에 필요하다고 인정하면 위원이 아닌 판사·검사 또는 군법무관에게 의견을 묻거나 가석방심사위원회에 참여시킬 수 있다(법 시행규칙 제256조). 그리고 가석방심사위원회는 가석방적격심사를 위하여 필요하다고 인정하면 심리학·정신의학·사회학 또는 교육학을 전공한 전문가에게 수형자의 정신상태 등 특정 사항에 대한 감정을 촉탁할 수 있고, 이에 따른 촉탁을 받은 사람은 소장의 허가를 받아 수형자와 접견할 수 있다(법 시행규칙 제257조).

가석방심사위원회가 가석방적격 여부에 대한 결정을 한 경우에는 결정서를 작성하여야 한다(법 시행규칙 제258조).

3. 보호관찰 사안조사

보호관찰법은 성인수형자에 대한 보호관찰 사안조사에 대하여 규정하고 있다. 보호관찰 사안조사란 수용자의 범죄 또는 비행의 동기, 수용 전의 직업, 생활환경, 교우관계, 가족상황, 피해회복 여부, 생계대책 등, 석방 후의 재범 위험성 및 사회생활에 대한 적응 가능성 등에 관한 조사하는 것을 말한다(보호관찰법 제28조 제2항).

교도소 · 구치소 · 소년교도소의 장은 징역 또는 금고 이상의 형을 선고받은 성인에 대하여 형집행법에 따라 보호관찰심사위원회에 가석방적격심사 신청을 할 때에는 신청과 동시에 가석방적격심사 신청대상자의 명단과 신상조사서를 해당 교도소 · 구치소 · 소년교도소를 관할하는 보호관찰심사위원회에 보내어야 한다(동조 제1항). 보호관찰심사위원회는 교도소 · 구치소 · 소년교도소의 장으로부터 가석방적격심사 신청대상자의 명단과 신상조사서를 받으면 해당 성인수형자를 면담하여 직접 보호관찰 사안조사를 하거나 교도소 · 구치소 · 소년교도소의 소재지 또는 해당 성인수형자의 거주예정지를 관할하는 보호관찰소의 장에게 그 자료를 보내 보호관찰 사안조사를 의뢰할 수 있다(동조 제2항). 보호관찰 사안조사를 의뢰받은 보호관찰소의 장은 지체 없이 보호관찰 사안조사를 하고 그 결과를 심사위원회에 통보하여야 한다(동조 제3항).

4. 가석방 결정

가석방심사위원회가 가석방적격결정을 하였으면 5일 이내에 법무부장관에게 가석방 허가를 신청하여야 하고, 법무부장관은 위원회의 가석방 허가신청이 적정하다고 인정하면 허가할 수 있다(법 제122조). 소장은 법무부장관의 가석방 허가에 따라 수형자를 가석방하는 경우에는 가석방자 교육을 하고, 지켜야 할 사항을 알려준 후 증서를 발급해야 한다(법 시행령 제140조). 소장은 수형자가 가석방이 허가된 경우에는 주거지, 관할 경찰서 또는 보호관찰소에 출석할 기한 등을 기록한 가석방증을 가석방자에게 발급하여야 한다(법 시행규칙 제259조).

제 5 절 가석방 기간과 보호관찰

1. 가석방 기간

성인수형자와 소년수형자의 가석방 기간에 대해서는 다음과 같이 달리 규정하고 있다. 성인수형자의 가석방 기간은 무기형에 있어서는 10년으로 하고, 유기형에 있어서는 남은 형기로 하되 그 기간은 10년을 초과할 수 없다(형법

제73조의2 제1항). 소년수형자의 가석방 기간은 징역 또는 금고를 선고받은 소년이 가석방된 후 그 처분이 취소되지 아니하고 가석방 전에 집행을 받은 기간과 같은 기간이 지난 경우에는 형의 집행을 종료한 것으로 한다. 다만, 사형 또는 무기형(無期刑)으로 처할 경우에는 15년의 유기징역 또는 부정기형에 따른 장기의 기간이 먼저 지난 경우에는 그 때에 형의 집행을 종료한 것으로 한다(소년법 제66조).

2. 보호관찰

가석방된 자는 가석방기간 중 보호관찰을 받는다. 다만, 가석방을 허가한 행정관청이 필요가 없다고 인정한 때에는 그러하지 아니하다.

보호관찰심사위원회는 형집행법 제122조에 따라 가석방되는 사람에 대하여 보호관찰사안조사 결과를 고려하여 보호관찰의 필요성을 심사하여 결정하고(보호관찰법 제24조 제1항), 심사결과 보호관찰이 필요없다고 결정한 경우에는 결정서에 관계서류를 첨부하여 법무부장관에게 이에 대한 허가를 신청하여야 하며, 법무부장관은 심사위원회의 결정이 정당하다고 인정하면 이를 허가할 수 있다(보호관찰법 제25조). 보호관찰은 보호관찰 대상자의 주거지를 관할하는 보호관찰소 소속 보호관찰관이 담당한다(동법 제31조).

3. 가석방자의 보호 및 감독

가석방된 자가 보호관찰을 받지 않는 경우에는 가석방자관리규정에 따라 가석방기간 중에 그의 주거지를 관할하는 경찰서의 장의 보호와 감독을 받는다(가석방자관리규정 제2조, 제3조).

가석방된 자는 가석방 중에 적힌 기한 내에 관할 경찰서에 출석하여 가석방증에 출석확인을 받아야 하고(동규정 제5조), 그의 주거지에 도착하였을 때에는 지체 없이 종사할 직업 등 생활계획을 세우고 이를 관할 경찰서의 장에게 서면으로 신고할 신고의무를 진다(동규정 제10조). 가석방된 자는 국내 거주지 이전 및 1개월 이상 국내여행을 하려는 경우 관할경찰서의 장에게 신고하여야 하고(동규정 제10조), 국외 이주 또는 1개월 이상 국외 여행을 하려는 경우에도 관할경찰서의 장에게 신고하여야 한다(동규정 제17조).

제 6 절 가석방의 취소와 잔형의 집행

1. 취소 사유

가석방의 처분을 받은 후 그 처분이 실효 또는 취소되지 아니하고 가석방 기간을 경과한 때에는 형의 집행을 종료한 것으로 본다(형법 제76조). 가석방으로 석방된 수형자는 가석방기간 중에는 아직 형의 집행이 종료된 것이 아니므로 가석방기간 중 다시 죄를 범하여도 누범에 해당되지 아니한다.[18]

가석방 중 금고 이상의 형을 받아 그 판결이 확정될 때에는 가석방 처분은 효력을 잃는다. 다만 과실로 인한 죄로 형의 선고를 받았을 때에는 예외로 한다(형법 제74조). 가석방이 실효된 때에는 보호관찰대상자에 대한 보호관찰은 종료한다(보호관찰법 제51조 제3호). 그리고 가석방의 처분을 받은 자가 감시에 관한 규칙에 위배하거나 보호관찰의 지켜야 할 사항을 위반하고 그 정도가 무거운 때에는 가석방 처분을 취소할 수 있다(형법 제75조). 가석방자는 가석방 기간 중 출석의무(가석방자관리규정 제5조), 신고의무(제6조), 관할 경찰서장의 조치에 대한 준수(제7조), 국내주거지 이전 및 여행시의 허가(제10조), 국외이주 및 여행시의 허가 및 허가신고와 통보(제13조 제1항), 국외이주 등 거주지의 신고(제15조), 국외귀국신고(제16조) 및 관할 경찰서장의 명령 또는 조치를 따라야 하며 이를 위반하는 경우에는 「형법」 제75조에 따라 가석방을 취소할 수 있다(법 시행규칙 제260조).

2. 취소 신청 및 심사

가석방의 취소는 가석방심사위원회가 결정으로 한다. 수형자를 가석방한 소장 또는 가석방자를 수용하고 있는 소장은 가석방자가 가석방취소사유에 해당하는 사실이 있음을 알게 되거나 관할 경찰서장으로부터 그 사실을 통보받은 경우에는 지체 없이 가석방취소심사 신청서에 가석방취소심사 및 조사표를 첨부하여 위원회에 가석방취소심사를 신청하여야 한다(법 시행규칙 제261조 제1항). 소장은 가석방을 취소하는 것이 타당하다고 인정하는 경우에 긴급한 사유

---

18 대법원 1976. 9. 14. 76도2071.

가 있는 때에는 위원회의 심사를 거치지 아니하고 전화, 전산망 또는 그 밖의 통신수단으로 법무부장관에게 가석방의 취소를 신청할 수 있으며, 이 경우 소장은 지체 없이 가석방취소 심사 및 조사표를 송부하여야 한다(동조 제3항).

가석방심사위원회가 신청을 받아 심사를 한 결과 가석방을 취소하는 것이 타당하다고 결정한 경우에는 결정서에 가석방취소 심사 및 조사표를 첨부하여 지체 없이 법무부장관에게 가석방의 취소를 신청하여야 한다(동조 제2항). 가석방심사위원회가 가석방취소를 심사하는 경우에는 가석방자가 가석방자관리규정 등의 법령을 위반하게 된 경위와 그 위반이 사회에 미치는 영향, 가석방기간 동안의 생활 태도, 직업의 유무와 종류, 생활환경 및 친족과의 관계, 그 밖의 사정을 고려하여야 하며 이 경우 심사를 위하여 필요하다고 인정하면 가석방자를 가석방심사위원회에 출석하게 하여 진술을 들을 수 있다(법 시행규칙 제262조).

3. 잔형의 집행

소장은 가석방이 취소된 경우에는 지체 없이 잔형(殘刑)집행에 필요한 조치를 취하고 법무부장관에게 가석방취소자 잔형집행보고서를 송부하여야 한다. 그리고 가석방자가 형법 제74조에 따라 가석방이 실효된 것을 알게 된 경우에는 지체 없이 잔형집행에 필요한 조치를 취하고 법무부장관에게 가석방실효자 잔형집행보고서를 송부하여야 한다(법 시행규칙 제263조 제1항, 제2항).

가석방의 실효 및 취소의 결정에 따라 재수용된 사람의 가석방 중의 일수는 형기에 산입하지 아니한다(형법 제76조 제2항). 가석방 중의 일수란 가석방된 다음 날부터 가석방이 실효 또는 취소되어 구금된 전 날까지의 일수를 말한다.[19] 따라서 대상자는 교정시설에 다시 수용되어 집행되지 아니한 형기를 집행하게 된다.

소장은 가석방이 취소된 사람 또는 가석방이 실효된 사람이 교정시설에 수용되지 아니한 사실을 알게 된 때에는 관할 지방검찰청 검사 또는 관할 경찰서장에게 구인하도록 의뢰하여야 하고, 구인 의뢰를 받은 검사 또는 경찰서장은 즉시 가석방취소자 또는 가석방실효자를 구인하여 소장에게 인계하여야 한다(동조 제3항, 제4항).

---

19 신양균, 앞의 책(2012년), 579쪽.

가석방취소자 및 가석방실효자의 잔형 기간은 가석방을 실시한 다음 날부터 원래 형기의 종료일까지로 하고, 잔형집행 기산일은 가석방의 취소 또는 실효로 인하여 교정시설에 수용된 날부터 한다(동조 제5항). 가석방 기간 중 형사사건으로 구속되어 교정시설에 미결수용 중인 자의 가석방취소 결정으로 잔형을 집행하게 된 경우에는 가석방된 형의 집행을 지휘하였던 검찰청 검사에게 잔형집행지휘를 받아 우선 집행하여야 한다(동조 제6항).

가석방의 취소로 재수용되어 잔형이 집행되는 경우에는 석방 당시보다 한 단계 낮은 처우등급(경비처우급에만 해당한다)을 부여하여야 하고 다만 「가석방자 관리규정」 제5조 단서를[20] 위반하여 가석이 취소되는 등 가석방취소사유에 특히 고려할 만한 사정이 있는 때에는 석방 당시와 동일한 처우등급을 부여할 수 있다(법 시행규칙 제60조).

---

20 제5조(가석방자의 출석의무) 가석방자는 제4조 제2항에 따른 가석방증에 적힌 기한 내에 관할경찰서에 출석하여 가석방증에 출석확인을 받아야 한다. 다만, 천재지변, 질병, 그 밖에 부득이한 사유로 기한 내에 출석할 수 없거나 출석하지 아니하였을 때에는 지체 없이 그 사유를 가장 가까운 경찰서의 장에게 신고하고 별지 제1호 서식의 확인서를 받아 관할경찰서의 장에게 제출하여야 한다.

제 3 장 석방

제 1 절 서론

석방이라 함은 교정시설에 수용된 자의 구금상태를 적법하게 해제하여 사회에 복귀시키는 것을 말하며, 수용자의 지위가 상실되는 것을 의미한다. 따라서 외부통근이나 귀휴 등으로 교정시설 밖으로 나가는 경우는 여전히 수형자의 지위를 유지하는 것이므로 석방이라고 할 수 없다. 또한 재난시의 조치로서 이송이 불가능한 경우에 수용자를 일시석방하는 것은 수용자의 지위가 없어진 것이 아니라는 점에서 여기서 말하는 석방에 포함되지 않는다고 보아야 한다.[21]

형집행법에서 수용자의 석방은 사면·형기종료 또는 권한있는 사람의 명령에 따라 소장이 시행하는 것으로 규정되어 있다(법 제123조). 여기서 권한있는 사람의 명령이란 구금상태를 해제할 권한이 있는 사람의 명령에 의해 수용자가 석방되는 것을 말한다.

수형자 석방의 법정사유에는 만기석방이 있고, 권한있는 사람의 명령에 의한 사유는 사면, 가석방, 형의 집행면제, 형의 집행정지 등이 있다. 한편 미결수용자 석방의 법정사유는 구속기간의 종료와 무죄 등이 선고된 경우가 있고 권한 있는 사람의 명령에 의한 경우는 구속의 취소, 보석, 구속의 집행정지, 불기소 등에 의한 경우가 있다.

제 2 절 석방사유

1. 수형자 등

가. 형기종료

수형자 석방의 법정사유는 형기의 종료에 의한 석방이 있다. 이는 선고된

---

21 신양균, 앞의 책(2012년), 580쪽 / 林眞琴·北村篤·名取俊也 공저, 안성훈·금용명 등 번역, 앞의 책(2016년), 851쪽.

형기종료일에 석방되는 것을 말하며, 시설내 처우의 마지막 단계이자 사회복
귀의 최초 단계를 의미한다.[22] 형기종료일에 의한 석방은 수형자의 권리[23]이기
때문에 정당한 이유없이 석방하지 않으면 형법상 감금죄를 구성할 수 있다. 그
러나 형집행법 제125조에서 규정하고 있는 일시수용은 그러하지 아니하다.

나. 권한있는 자의 명령

수형자에 대한 권한이 있는 자의 명령에 의한 석방사유는 사면, 감형(감형
으로 인해 석방기일이 도래된 경우에 한한다.), 가석방, 형의 집행면제, 형의 집행
정지가 있다.

사면이란 국가경축일 등에 범죄인에 대한 은전(恩典)의 방법으로 죄를 용
서하고 형을 면하게 하는 제도로서 오랜 역사를 가지고 있다. 헌법은 '대통령
은 법률이 정하는 바에 의하여 사면·감형 또는 복권을 명할 수 있다(헌법 제79
조).'고 규정하여 있으며, 사면법에는 일반사면과 특별사면 및 감형으로 구분
하고 있다.

일반사면은 대통령이 국회의 동의를 얻어 시행하는 것으로 범죄의 종류를
지정하여 이에 해당하는 모든 범죄인을 대상으로 형의 선고의 효과를 전부 또
는 일부를 소멸시키는 것을 말한다. 일반사면의 목적은 사회내의 평화유지, 즉
법적 수단으로 해결할 수 없는 근원적인 갈등을 종결시키는 데 있다고 한다.[24]
일반사면은 국무회의의 심의를 거쳐 국회의 동의를 얻어야 하며, 대통령령으
로 하고 죄의 종류를 정하여야 한다.

특별사면은 이미 형의 선고를 받은 특정인에 대하여 형의 집행을 면제하
는 것을 말한다. 특별사면은 일반사면과는 달리 공공복리의 측면보다 특정한
개인을 대상으로 형사정책적인 고려에 따라 행해진다.[25] 즉 법의 획일성을 완
화하고 공정성을 보충하려는 경우, 재판의 흠결을 보충하거나 오판의 의심이
현저하여 이를 교정하기 위한 경우, 수형자가 개전의 정이 현저하여 더 이상
처벌할 필요가 없는 경우 등에 있어서 대상자의 개별 사정을 고려해서 결정한
다. 법무부장관은 대통령에게 특별사면, 특정한 자에 대한 감형 및 복권을 상

22 허주욱, 앞의 책(2010년), 680쪽.
23 배종대·정승환, 앞의 책(2002년), 255쪽.
24 변종필, 사면의 법리와 사면권 행사의 법치국가적 한계, 형사법연구 12호, 1999년, 286쪽.
25 신양균, 앞의 책(2012년), 583쪽.

신(上申)하며, 상신 전에 사면심사위원회[26]의 심사를 거쳐야 한다(사면법 제10조). 특별사면의 절차는 형의 집행을 지휘한 검찰청의 검사 또는 수형자가 수용되어 있는 교정시설의 장의 제청, 검찰총장의 상신신청, 사면심사위원회의 심사, 법무부장관의 상신, 국무회의의 심의, 대통령의 사면으로 이루어진다. 대통령의 특별사면 명령이 있을 때에는 법무부장관은 검찰총장에게 사면장을 송부하고 검찰총장은 이를 관계 검찰청의 검찰관을 경유하여 사건 본인에게 부여하며, 수용 중인 때에는 교도소장을 경유하여 전달한다.

감형이란 형의 선고를 받은 자에 대하여 형을 경감하는 것을 말하며 대통령이 행한다. 감형에는 범죄 또는 형벌의 종류를 정하여 이에 해당하는 모든 자에 대하여 일률적으로 형을 경감하는 일반감형과 특정범죄인에 대하여 형을 경감하는 특별감형이 있다. 일반(一般)에 대한 감형은 특별한 규정이 없는 경우에는 형을 변경하고, 특정한 자에 대한 감형은 형의 집행을 경감하지만 다만, 특별한 사정이 있을 때에는 형을 변경할 수 있다(사면법 제5조 제1항 제3호, 제4호). 감형이 석방사유가 되는 것은 감형으로 인하여 석방기일이 도래하였을 때이다.

가석방은 징역 또는 금고의 집행 중에 있는 자가 그 행상이 양호하여 개전의 정이 현저하고 재범의 우려가 없는 경우 형기종료 전에 석방하는 것으로(형법 제72조 제1항), 가석방의 처분을 받은 후 그 처분이 실효 또는 취소되지 아니하고 가석방기간을 경과한 때에는 형의 집행을 종료한 것으로 보는 제도이다(형법 제76조 제1항).

형의 집행면제란 형의 선고를 받았으나 그 집행을 하지 않거나 집행받을 의무를 소멸시키는 것을 말하며, 판결 자체에서 형의 선고를 받지 않는 형의 면제와 구별된다. 형의 집행면제는 사면의 일종[27]으로 ① 형의 선고를 받은 특정인에게 행하여지는 경우(사면법 제5조 제1항 제2호), ② 형의 시효가 완성된 경우(형법 제77조)가 있다.[28]

---

26 사면심사위원회제도는 법무부장관에 의한 특별사면 등의 상신이 적정하게 이루어질 수 있도록 심사·자문하기 위하여 2007년에 신설되었다.
27 배종대·정승환, 앞의 책(2002년), 257쪽.
28 범죄에 의하여 외국에서 형의 전부 또는 일부의 집행을 받은 자에 대하여는 형을 감경 또는 면제할 수 있다(형법 제7조)는 규정에 대해 헌법재판소는 외국에서 형의 전부 또는 일부의 집행을 받은 자에 대하여 형을 감경 또는 면제할 수 있도록 규정한 형법 제7조에 대해 외국에서 실제로 형의 집행을 받았음에도 불구하고 우리 형법에 의한 처벌 시 이를 전혀 고려하

형의 집행정지는 일정한 사유가 있는 경우에 검사의 지휘에 의하여 형의 집행을 정지하는 것을 말하며 필요적 집행정지와 임의적 집행정지가 있다. 형의 집행정지는 자유형의 순화를 목적으로 하는 것으로 형의 집행을 계속함으로써 수형자에게 주는 고통과 불이익을 최소한으로 감소하게 하기 위하여 실시된다.[29] 징역·금고 또는 구류의 선고를 받은 자가 심신장애로 의사능력이 없는 상태에 있는 때에는 형을 선고한 법원에 대응한 검찰청 검사 또는 형의 선고를 받은 자의 현재지를 관할하는 검찰청 검사의 지휘에 의하여 심신장애가 회복될 때까지 형의 집행을 정지한다(형소법 제470조 제1항). 징역, 금고 또는 구류의 선고를 받은 자에 대하여 ① 형의 집행으로 인하여 현저히 건강을 해하거나 생명을 보전할 수 없을 염려가 있는 때, ② 연령 70세 이상인 때, ③ 잉태 후 6월 이상인 때, ④ 출산 후 60일을 경과하지 아니한 때, ⑤ 직계존속이 연령 70세 이상 또는 중병이나 장애인으로 보호할 다른 친족이 없는 때, ⑥ 직계비속이 유년으로 보호할 다른 친족이 없는 때, ⑦ 기타 중대한 사유가 있는 때의 어느 하나에 해당하는 사유가 있는 때에는 형을 선고한 법원에 대응한 검찰청검사 또는 형의 선고를 받은 자의 현재지를 관할하는 검찰청검사의 지휘에 의하여 형의 집행을 정지할 수 있다(형소법 제471조). 이를 임의적 집행정지라고 한다.

2. 미결수용자

미결수용자 석방의 법정사유는 구속기간의 만료와 무죄 등의 선고가 있다. 형사소송법에서 정하는 구속기간이 만료되면 구속영장의 효력이 상실되므로 피의자 또는 피고인을 석방하여야 한다. 또한 무죄, 면소, 형의 면제, 형의 선고유예, 형의 집행유예, 공소기각 또는 벌금이나 과료를 선고하는 판결이 선고된 때에는 구속영장의 효력이 상실되므로 즉시 미결수용자를 석방하여야 한다.

지 않는다면 신체의 자유에 대한 과도한 제한이 될 수 있으므로 어느 범위에서든 반드시 반영되어야 하고, 현행 외국에서 받은 형의 집행을 전혀 반영하지 아니할 수도 있도록 한 것은 과잉금지원칙에 위배된다는 헌법불합치 결정(2015. 5. 28. 선고 2013헌바129 결정)을 함에 따라 2016년 12월 형법을 개정하여 외국에서 집행된 형의 전부 또는 일부를 우리나라에서 선고하는 형에 반드시 산입하도록 하였다.

29 배종대·정승환, 앞의 책(2002년), 257쪽.

무죄 등 판결선고 후 석방대상 피고인이 교도소에서 지급한 각종 지급품의 회수, 수용시의 휴대금품 또는 수용 중 영치된 금품의 반환 내지 환급문제 때문에 임의로 교도관과 교도소에 동행하는 것은 무방하나, 피고인의 동의를 얻지 않고 의사에 반하여 교도소로 연행하는 것은 헌법 제12조의 규정에 비추어 허용되지 않는다(헌재 1997. 12. 24, 95헌마247).

미결수용자의 경우 권한이 있는 자의 명령에 의한 경우로는 구속의 취소, 불기소처분, 보석, 구속의 집행정지가 있다. 구속의 취소는 구속된 자에 대해 구속의 사유가 없거나 소멸된 때 법원은 직권 또는 검사·피고인·변호인과 법정대리인 등의 청구에 의해 결정으로 구속을 취소하는 것을 말한다. 검사가 불기소처분을 내리면 구속된 자는 석방된다(형소법 제247조). 보석은 보증금 등 일정한 조건을 붙여 구속영장의 집행을 정지하고 피고인을 석방하는 것으로 필요적 보석과 임의적 보석이 있다(형소법 제95조, 제96조). 구속의 집행정지는 상당한 이유가 있을 때 법원의 결정으로 구속된 피고인을 친족, 보호단체, 기타 적당한 자에게 부탁하거나 피고인의 주거를 제한하여 구속의 집행을 정지하고 석방하는 제도이다(형소법 제101조).

제 3 절   석방시기

형집행법은 사면·형기종료 또는 권한있는 사람의 명령 등 석방사유에 따라 석방의 시기를 달리 규정하고 있다. 사면, 가석방, 형의 집행면제, 감형에 따른 석방은 그 서류가 교정시설에 도달한 후 12시간 이내에 하여야 하고, 다만 그 서류에서 석방일시를 지정하고 있으면 그 일시에 한다. 형기종료에 따른 석방은 형기종료일에 하여야 하고, 권한이 있는 사람의 명령에 따른 석방은 서류가 도달한 후 5시간 이내에 하여야 한다(법 제124조).

석방시기를 달리 규정하고 있는 것은 형기종료일의 석방은 명확하게 예측할 수 있어 사전에 출소준비를 할 수 있으나 그 밖의 사유인 경우에는 석방사실에 대한 예측이 어렵고 관련 서류 도착 이후에 신분확인, 석방지휘서류 확인, 가족에의 통보, 보관금품 지급 등 석방을 위해 필요한 시간이 각각 다르기 때문에 각 사유별로 필요한 시간을 고려한 것이다.

형기종료에 따른 석방을 형기종료일에 행하도록 한 것과 관련하여 1950년 제정된 행형법에서는 형기종료 익일 오전 6시까지로 한다라고 규정하였으나 1961년 동법 개정시부터 현행 형집행법과 같이 형기종료일에 석방한다라고 규정하고 실무상으로는 오전 6시 전후에 석방하였다. 현재는 형기종료일 05:00 이후에 석방하도록 하고 있다(수용구분 및 이송·기록 등에 관한 지침 제43조 제2항). 형기종료일에 따른 석방의 경우에는 형기종료일의 종료시까지 형이 집행되어야 하지만 본인 및 가족의 불편함과 출소자의 원활한 사회복귀와 지역의 안전 등을 고려하여 석방시각을 05:00 이후로 운용하고 있다.

사면·가석방·형의 집행면제·감형에 따른 석방에 대해 12시간 이내에 행하도록 한 것은 사면심사위원회나 가석방심사위원회의 심사 등의 내부절차를 거치게 되어 필요한 서류가 많고 그것이 교정시설에 도달되어 처리하는 데 시간이 걸릴 수 있다는 점을 고려한 것이다.[30] 실무상으로는 가석방자 또는 사면(감형)이 확정된 자는 지정된 일시에 석방하여야 하고, 석방일시가 지정되지 않는 경우에는 석방관련 서류 도달 후 12시간 이내에 석방하도록 하고 있다(수용구분 및 이송·기록 등에 관한 지침 제44조 제1항).

권한있는 자의 명령에 따른 석방은 수형자의 경우에는 검사의 지휘로 형의 집행이 정지되는 경우가 있고, 미결수용자의 경우에는 구속기간이 만료되는 경우를 제외하고 무죄선고, 구속취소 등으로 석방사유가 발생한 경우를 말한다.

제 4 절 석방절차

1. 석방예정자의 보호에 관한 조사 등

석방은 사회에서의 새로운 생활을 시작하는 단계이므로 석방자에게는 사회적응을 위한 준비를 하도록 하고, 필요한 경우에는 석방자를 보호해야 함은 물론 사회를 보호하기 위한 조치를 하여야 한다. 소장은 수형자의 건전한 사회

---

30 신양균, 앞의 책(2012년), 587쪽.

복귀를 위하여 필요하다고 인정하면 석방 전 3일 이내의 범위에서 석방예정자
를 별도의 거실에 수용하여 장래에 관한 상담과 지도를 할 수 있고(법 시행령
제141조), 형기종료로 석방될 수형자에 대하여는 석방 10일 전까지 석방 후의
보호에 관한 사항을 조사하여야 한다(법 시행령 제142조).

2. 수용이력 등 통보

석방예정자의 수용이력 등을 관할하는 경찰서 등에 통보할 수 있도록 하
고, 통보하는 수용이력 또는 사회복귀에 관한 의견의 구체적인 사항은 대통령
령으로 정하고 있다.[31] 소장은 석방될 수형자의 재범방지, 자립지원 및 피해자
보호를 위하여 필요하다고 인정하면 해당 수형자의 수용이력 또는 사회복귀에
관한 의견을 그의 거주지를 관할하는 경찰관서나 자립을 지원할 법인 또는 개
인에게 통보할 수 있다. 다만, 법인 또는 개인에게 통보하는 경우에는 해당 수
형자의 동의를 받아야 한다(법 제126조의2).

석방예정자의 수용이력 등 통보(법 제126조의2 제1항)에 따라 통보하는 수
용이력에는 ① 성명, ② 주민등록번호 또는 외국인등록번호, ③ 주민등록 상
주소 및 석방 후 거주지 주소, ④ 죄명, ⑤ 범죄횟수, ⑥ 형명, ⑦ 형기, ⑧ 석
방종류, ⑨ 최초입소일, ⑩ 형기종료일, ⑪ 출소일, ⑫ 범죄개요, ⑬ 그 밖에
수용 중 특이사항으로서 석방될 수형자의 재범방지나 관련된 피해자 보호를
위해 특히 알릴 필요가 있는 사항이 포함되어야 한다(법 시행령 제143조 제1항).

석방예정자의 수용이력 등 통보(법 제126조의2 제1항)에 따라 통보하는 사
회복귀에 관한 의견에는 ① 성명, ② 생년월일, ③ 주민등록 상 주소 및 석방
후 거주지 주소, ④ 수용기간 중 받은 직업훈련에 관한 사항, ⑤ 수용기간 중
수상이력, ⑥ 수용기간 중 학력변동사항, ⑦ 수용기간 중 자격증 취득에 관한
사항, ⑧ 그 밖에 석방될 수형자의 자립지원을 위해 특히 알릴 필요가 있는 사
항이 포함되어야 한다(동조 제2항). 그리고 석방될 수형자의 수용이력 또는 사
회복귀에 관한 의견을 그의 거주지를 관할하는 경찰관서에 통보하는 경우에는
「형사사법절차 전자화 촉진법」 제2조 제4호에 따른 형사사법정보시스템을 통
해 통보할 수 있다(동조 제4항).

---

31 2020. 2. 4. 형집행법 개정.

3. 보호를 위한 조치

형집행법은 피석방자의 보호를 위한 조치로 일시수용과 귀가여비의 지급·대여에 대해 규정하고 있다.

피석방자의 일시수용이란 피석방자가 질병이나 그 밖에 피할 수 없는 사정으로 귀가하기 곤란한 경우에 본인의 신청이 있으면 일시적으로 교정시설에 수용하는 것을 말한다(법 제125조).[32] 석방 후에 보호조치가 강구되지 않으면 석방자의 생명에 위험이 발생할 우려가 있는 등의 사정이 있는 경우에 예외적인 긴급한 조치로 인도적인 배려차원에서 일시적으로 교정시설에 수용할 수 있도록 한 것이다.[33] 일시수용을 하기 위해서는 수용자가 첫째 질병이나 그 밖에 피할 수 없는 사정으로 귀가하기 곤란한 경우라야 하고, 둘째 본인의 신청이 있어야 한다. 단지 질병에 걸렸다는 이유만으로 일시수용을 할 수 없고, 그로 인해 귀가하기 곤란한 경우이어야 한다. 귀가가 곤란한 사정이 해소되면 피석방자를 즉시 석방하여야 한다. 일시수용된 자에게는 국고부담으로 일상생활에 필요한 물품등이 대여 또는 지급되고 보건위생상 또는 의료상의 조치가 취해지며 그 밖에 관리운용상 필요한 제한이 부과된다.

피석방자가 귀가에 필요한 여비 또는 의류가 없으면 법무부장관이 정하는 범위에서 이를 지급하거나 빌려줄 수 있고(법 제126조), 이 경우 특별한 사유가 없으면 이를 회수한다(법 시행령 제145조). 귀가여비 등의 지급은 석방자의 보호를 위한 것이다. 소장은 석방을 앞둔 수용자로서 보관금, 작업장려금, 보관된 피복상태 등을 종합판단하여 자력으로 귀가여비 확보가 곤란하다고 인정되는 자에게 귀가여비 등을 지급할 수 있다(수용자 사회복귀지원 등에 관한 지침 제59조).

4. 기타

소장은 수용자에 대하여 건강상의 사유로 형의 집행정지 또는 구속의 집행정지를 할 필요가 있다고 인정하는 경우에는 의무관의 진단서와 인수인에 대한 확인서류를 첨부하여 그 사실을 검사에게, 기소된 상태인 경우에는 법원

---

32 본조에 따른 일시수용은 극히 예외적인 긴급조치로만 허용되어야 한다(신양균, 형집행법, 591쪽).
33 林眞琴·北村篤·名取俊也 공저/안성훈·금용명 등 번역, 앞의 책(2016년), 862쪽.

에도 지체 없이 통보하여야 한다(법 시행령 제21조).

그 밖에 석방예정자에 대한 보호조치로 수형자를 석방하는 경우 특히 필요하다고 인정하면 한국법무보호복지공단에 그에 대한 보호를 요청할 수 있다(법 시행령 제144조).

소장은 ① 수용자, ② 수용자가 지정한 사람, ③ 피석방자, ④ 피석방자가 지정한 사람의 신청에 따라 교정시설에 수용된 사실 또는 수용되었다가 석방된 사실에 관한 증명서를 발급할 수 있다(법 시행령 제145조의2). 소장은 증명서 교부 사무를 수행하기 위하여 불가피한 경우「개인정보 보호법 시행령」제19조에 따른 주민등록번호, 여권번호, 운전면허의 면허번호 또는 외국인등록번호가 포함된 자료를 처리할 수 있다(법 시행령 제145조의3).

제 4 장 사형의 집행 및 사망

제 1 절 사형의 집행

사형의 집행은 재판 내지 형의 집행의 일종으로 형사소송법의 영역에 속하는 문제이다. 그러나 사형의 집행장소가 교정시설 내에 있는 사형장이고, 교정시설의 장이나 그 대리자가 참여하기 때문에 형집행법에서 규정하고 있다.

사형은 사형확정자의 생명을 박탈하는 형벌로서 형법은 '형무소 내에서 교수(絞首)하여 집행한다(형법 제66조).'고 규정하고 있다.[34] 형법이 사형집행방법으로서 교수를 규정하고 있으며 이는 한편으로는 참살, 총살, 전기살 등 다른 방법과 구별되는 특정한 방법을 가리키고 다른 한편으로는 잔학한 집행방법을 허용하지 아니하는 것을 가리키는 의미를 가진다. 한편 군형법은 총살형을 규정하고 있다(군형법 제3조).

사형은 법무부장관의 명령에 의하여 집행한다(형소법 제463조). 사형집행의 명령은 판결이 확정된 날로부터 6월 이내에 하여야 하고, 상소권회복의 청구나 재심의 청구 또는 비상상고의 신청이 있는 때에는 그 절차가 종료할 때까지의 기간은 전항의 기간에 산입하지 아니한다(형소법 제465조). 법무부장관이 사형의 집행을 명한 때에는 5일 이내에 집행하여야 한다(형소법 제466조). 그러나 공휴일과 토요일에는 사형을 집행하지 아니한다(법 제91조 제2항). 또한 사형의 선고를 받은 자가 심신의 장애로 의사능력이 없는 상태에 있거나 잉태 중에 있는 여자인 때에는 법무부장관의 명령으로 집행을 정지하고, 심신장애의 회복 또는 출산 후 법무부장관의 명령에 의하여 형을 집행한다(형소법 제469조).

---

34 사형집행방법과 관련하여 일본 최고재판소(1956년 4월 6일)는 '형벌로서의 사형은 집행방법이 인도상의 견지에서 특히 잔학성을 가지고 있다고 인정할 수 없는 한, 사형 그 자체를 헌법 제36조에서 말하는 소위 잔학한 형벌이라고 할 수 없다. (중략) 그리고 현재 각국에서 채용하고 있는 사형집행 방법은 교살, 참살, 총살, 전기살 등이 있지만 이러한 것과의 비교하여 현재 우리나라에서 채용하고 있는 교수 방법이 다른 방법에 비하여 특히 잔학하다고 할 이유는 인정되지 아니한다. 따라서 교수형은 헌법 제36조에 위반된다고 하는 논지에는 이유가 없다'라고 판시하였다(矯正判例硏究會 編集, 行刑實務の基本問題, 東京法令出版, 1996년 1월 15일, 438쪽).

사형은 교정시설 내 사형장[35]에서 집행한다(법 제91조 제1항). 사형장은 그 때마다 만들어지는 것이 아니라 고정된 물적 설비이고 교정시설 내 특별한 구획에 마련되어 있다.[36] 사형의 집행에는 검사와 검찰청 서기관과 교도소장 또는 구치소장이나 그 대리자가 참여하여야 하고, 검사 또는 교도소장 또는 구치소장의 허가가 없으면 누구든지 형의 집행장소에 들어가지 못한다(형소법 제467조). 사형의 집행에 참여한 검찰청 서기관은 집행조서를 작성하고 검사와 교도소장 또는 구치소장이나 그 대리자와 함께 기명날인 또는 서명하여야 한다(형소법 제468조).

소장은 사형을 집행하였을 경우에는 시신을 검사한 후 5분이 지나지 아니하면 교수형에 사용한 줄을 풀지 못한다(법 시행령 제111조). 교승은 사형이 집행된 자의 사망을 확인하고 나서 풀어야 하지만 너무 빨리 풀면 소생하는 경우가 있기 때문에 이를 방지하기 위하여 5분이 경과된 후 푼다고 규정한 것이다.[37]

제 2 절 사망

사망은 수용의 종료사유의 하나이다. 수용자가 사망한 경우 가족에게 통지하는 한편 검시하여야 하며 사망상황을 사망장에 기록하고, 수용기록부를 정리하여야 한다. 그리고 시신은 인도하거나 임시매장, 합장 또는 화장을 할 수 있다.

소장은 수용자가 사망한 경우에는 그 사실을 즉시 가족(가족이 없는 경우에는 다른 친족)에게 알려야 하고(법 제127조), 수용자의 사망사실을 알리는 경우에는 사망일시·장소 및 사유도 같이 알려야 한다(법 시행령 제146조).

수용자가 사망한 경우에는 소장은 그 시신을 검사하여야 한다(법 시행령 제147조). 의무관은 수용자가 질병으로 사망한 경우에는 사망장에 그 병명·병

---

35 사형장은 고등법원 소재지의 교정기관인 서울구치소, 부산구치소, 대구교도소, 대전교도소, 광주교도소 등 5개 시설에 설치되어 있었으나 2015년 광주교도소가 신축 이전하면서 사형장을 설치하지 않았다. 그후 고등법원이 설치된 수원구치소에도 사형장이 설치되어 있지 아니하다.
36 林眞琴·北村篤·名取俊也 공저/안성훈·금용명 등 번역, 앞의 책(2016년), 876쪽.
37 林眞琴·北村篤·名取俊也 공저/안성훈·금용명 등 번역, 앞의 책(2016년), 877쪽.

력(病歷)·사인 및 사망일시를 기록하고 서명하여야 한다. 소장은 수용자가 자살이나 그 밖에 변사한 경우에는 그 사실을 검사에게 통보하고, 기소된 경우에는 법원에도 통보하여야 하며 검시가 끝난 후에는 검시자·참여자의 신분·성명과 검시결과를 사망장에 기록하여야 한다(법 시행령 제148조 제1항, 제2항).

사망한 수용자의 시신의 처리절차는 먼저 사망한 수용자의 친족 또는 특별한 연고가 있는 사람이 그 시신 또는 유골의 인도를 청구하는 경우에는 인도하여야 한다. 다만, 제3항에 따라 자연장(自然葬)을 하거나 집단으로 매장을 한 후에는 그러하지 아니하다(법 제128조 제1항). 소장은 수용자가 사망한 사실을 알게 된 사람이 ① 임시로 매장하려는 경우에는 사망 통지를 받은 날부터 3일, ② 화장하여 봉안하려는 경우에는 사망 통지를 받은 날부터 60일에 해당하는 기간 이내에 그 시신을 인수하지 아니하거나 시신을 인수할 사람이 없으면 임시로 매장하거나 화장(火葬) 후 봉안하여야 한다. 다만, 감염병 예방 등을 위하여 필요하면 즉시 화장하여야 하며, 그 밖에 필요한 조치를 할 수 있다(동조 제2항). 소장은 시신을 임시로 매장하거나 화장하여 봉안한 후 2년이 지나도록 시신의 인도를 청구하는 사람이 없을 때에는 ① 임시로 매장한 경우에는 화장 후 자연장을 하거나 일정한 장소에 집단으로 매장, ② 화장하여 봉안한 경우에는 자연장에 따른 방법으로 처리할 수 있다(동조 제3항).

소장은 병원이나 그 밖의 연구기관이 학술연구상의 필요에 따라 수용자의 시신인도를 신청하면 본인의 유언 또는 상속인의 승낙이 있는 경우에 한하여 인도할 수 있다(동조 제4항). 이때 수용자가 사망하면 법무부장관이 정하는 범위에서 화장·시신인도 등에 필요한 비용을 인수자에게 지급할 수 있다(동조 제5항).

소장은 시신을 인도, 화장(火葬), 임시매장 또는 집단매장 또는 자연장(自然葬)을 한 경우에는 그 사실을 사망장에 기록하여야야 한다(법 시행령 제148조 제3항).

소장은 시신을 임시매장하거나 봉안한 경우에는 그 장소에 사망자의 성명을 적은 표지를 비치하고 별도의 장부에 가족관계 등록기준지, 성명, 사망일시를 기록하여 관리하여야 하며 시신 또는 유골을 집단 매장한 경우에는 집단매장된 사람의 가족관계 등록기준지, 성명, 사망일시를 집단매장부에 기록하고 그 장소에 묘비를 세워야 한다(법 시행령 제150조).

사망자가 남겨둔 금품이 있는 경우에는 그 상속인에게 내용 및 청구절차 등을 알려주어야 하고, 상속인이 내어달라고 청구를 하면 지체 없이 내어주어야 한다. 다만, 알림을 받은 날(알려줄 수 없는 경우에는 청구사유가 발생한 날)부터 1년이 지나도록 청구하지 아니하면 그 금품은 국고에 귀속된다(법 제28조). 이때 사망자의 작업장려금이 있는 경우에는 유류금에 포함되므로 위와 같은 절차를 밟아야 한다(교도작업특별회계 운영지침 제95조). 사망자의 유류품을 건네받을 사람이 원거리에 있는 등 특별한 사정이 있는 경우에는 유류품을 받을 사람의 청구에 따라 유류품을 팔아 대금을 보낼 수 있으며, 이때 드는 비용은 유류금품의 청구인이 부담한다(법 시행령 제45조).

참고문헌

[국내문헌]

권인호, 行刑史, 국민서관, 1973년 2월 10일.

권영성, 憲法學原論, 법문사, 2003년.

김성돈, 자유형제도의 개선방안, 한국형사정책연구원, 1995년.

김유향·정회철, 기본강의 헌법, 도서출판 윌비스, 2015년.

김화수 등 8인공저, 한국교정학, 한국교정학회, 2007년.

김화수, 행형법학, 東民出版社, 1991년 8월 31일.

남상철, 矯正發展論, 時事法律社, 1998년 8월 25일.

민건식 편저, 형사학의 선구자, 홍문관, 1983년.

박상기/손동권/이순래, 형사정책, 한국형사정책연구원, 2016년 7월 29일.

박재윤, 수형자의 권리와 권리구제제도, 국민대학 출판부, 1997년.

배종대·정승환, 行刑學, 弘文w社, 2002년 8월 30일.

배종대, 형사정책, 弘文社, 2014년 8월 30일.

신동운, 신형사소송법(제5판), 법문사, 2014년 3월 1일.

신양균, 형집행법, 화산미디어, 2012년 12월 26일.

신왕식, 새行刑學, 법조문화사, 1988년 6월 20일.

안성훈, 교정시설에서의 과밀수용 현상과 그 대책에 관한 연구, 한국형사정책연구
    원, 2016년.

이백철·양승은, 교정교육학, 時事法律, 1995년 6월 10일.

이백철, 교정학, 교육과학사, 2020년 9월 25일.

이순길·김용준, 교정학, 고시원, 1999년.

이영근, 분류처우론, 시사법률, 1995년.

이윤호, 교정학, 박영사, 2012년 4월 15일.

이재상, 형법총론, 박영사, 2010년.

이재상, 형사소송법(제9판), 박영사, 2012년 1월 20일.

이정찬, 現代行刑學, 法曹文化社, 1978년 2월 20일.

임재표, 조선시대 행형제도에 관한 연구- 휼형(恤刑)을 중심으로-, 한국형사정책
　　연구원, 2000년.

임재표, 조선시대 휼형(恤刑) 사례집, 한국형사정책연구원, 2000년.

전돈수, 범죄학개론, 21세기사, 2019년 2월 27일.

정갑섭, 矯正學, 을지서적, 1990년 10월 29일.

정약용 저·다산연구회 역주, 譯註 牧民心書 V, 創作과 批評社, 1992년.

조만형, 교정학, 동방문화사, 2013년 2월 17일.

최영승, 형사소송법, 도서출판 대명, 2012년 8월 10일.

한영수, 행형과 형사사법, 세창출판사, 2000년 12월 30일.

한인섭, 형벌과 사회통제, 박영사, 2007년 9월 30일.

허주욱, 行刑學, 일조각, 1992년 1월 10일.

허주욱, 교정보호학, 박영사, 2010년 9월 3일.

허주욱, 교정학, 박영사, 2013년 3월 22일.

[정부간행물]

공주교도소, 1500년의 시간과 공간 -공주교도소사-, 2020년 7월.

법무부 교정본부, 외국 교정관계 법령집, 2012년 12월.

법무부 교정본부, 교정관계 국제규약집, 2015년 5월.

법무부 교정본부, 수용자 처우에 관한 유엔최저기준규칙(만델라 규칙), 2015년 7월.

법무부 교정본부, 교정판례집 1, 2, 3, 법무부 교정본부 분류심사과, 2012년 12월.

법무부 교정본부, 2014 교정판례집, 2014년 6월.

법무부 교정본부, 2016 교정판례집, 법무부 교정본부 교정기획과, 2016년 6월.

법무부 교정본부, 2018 교정판례집, 법무부 교정본부 교정기획과, 2018년 10월.

법무부 교정본부, 2020 교정통계연보, 법무부 교정본부 교정기획과, 2020년 6월.

법무부 교정본부, 대한민국 교정사, 2010년.

법무부 교정본부, 수형자 직업훈련 반세기, 2019년 10월.

[번역서]

미셸 푸코 지음, 오생근 옮김, 감시와 처벌－감옥의 역사－, 나남출판, 2007년 9월 30일.

Samuel Walker 저, 장영민 역, 미국형사사법사, 한국형사정책연구원, 2007년 6월 5일.

林眞琴·北村篤·名取俊也 공저, 안성훈·금용명 등 번역, 일본행형법, 한국형사정책연구원, 2016년 9월 23일.

Laubenthal 저, 신양균·김태명·조기영 역, 독일행형법, 한국형사정책연구원, 2010년 10월 20일.

해리 앨런·에드워드 라테사·브루스 판더 저, 박철현·박성민·곽대훈·장현석 공역, 교정학 개론, 박영사, 2020년 9월 10일.

American Correctional Association, Design Guide For Secure Adult Corretional Facitilties, 1983년 / 최윤석 번역, 백진 감수, 성인교정시설 설계지침, 법무부 교정본부, 2016년 12월.

[논문]

이창수, 수형자분류처우제도의 문제점과 개선방안, 조선대학교 법학논집, 1998년.

강영철, 현행 수형자분류처우제도의 문제점과 개선방안, 교정연구, 제8호, 한국교정학회, 1998년.

성중탁, 우리나라 교정시설의 과밀수용 문제와 그 해결방안, 행정판례연구ⅩⅩⅡ－1, 2017년.

조택현, 우리나라 분류처우제도의 변천과정, 월간 교정, 2009년 8월호, 통권 400호.

조성용, 형의 집행 및 수용자의 처우에 관한 법률상 금치의 문제점과 개선방안, 저스티스 제168호, 2018년.

정승환, 구금시설 수용자에 대한 징벌제도의 개선방안, 형사정책연구, 제22권 제2호, 2011년.

藤本哲也 / 금용명 역, 美國에서의 矯導所 人口의 增加와 그 原因 － 미국 범죄학회의 전미범죄백서를 중심으로 － 교정, 2004년 4월호.

[일본문헌]

藤本哲也, 刑事政策槪論, 靑林書院, 2008년 4월 30일.

藤本哲也, 近代自由刑の起源, 法學新報 95卷 3·4號, 1988년.

宮澤浩一·西原春夫·中山硏一·藤木英雄 編著, 刑事政策講座, 第2卷(刑罰), 成文堂, 1972년.

大塚仁·平松義郞 編著, 行刑の現代的視點, 有斐閣, 1981년.

森下忠, 刑法改正と刑事政策, 一粒社, 1964년.

朝倉京一, 矯正法講話, 法律硏究社, 1963년.

森下 忠·佐藤 司·小野義秀·宮本惠生·鴨下守孝, 日本矯正の展開, 一粒社, 1993년.

鴨下守孝, 新行刑法要論, 東京法令出版, 2006년 12월 20일.

鴨下守孝·松本良枝, 矯正用語辭典, 東京法令出版, 2006년 4월 20일.

川出敏裕·金光旭, 刑事政策, 成文堂, 2018년 5월 1일.

小野靑一郞·朝倉京一, 監獄法, 有斐閣, 2001년 8월 10일.

小池振一郞, 刑事施設·受刑者處遇法成立の意義, 法律のひろば, 2005년 8월호.

杉山多惠, 被拘禁者處遇最低基準規則改正について, 刑政, 日本矯正協會, 2016년 3월, 127권 3호.

中橋政吉, 朝鮮舊時の刑政, 朝鮮總督府, 1936년 12월 20일.

矯正判例硏究會, 行刑實務の基本問題, 東京法令出版, 2000년 5월 25일.

內藤謙, 刑法講義總論（上）, 有斐閣, 1983년.

小野坂弘, 近代的自由刑の發生と展開(一), 新潟大學 法政理論, 1卷2號, 1962년 2월.

森本益之, 行刑の現代的展開, 成文堂, 1985년.

川原富良, 日本行刑の展開, 一粒社, 1993년.

平野龍一 監譯, アメリカの刑事司法－犯罪學Ⅱ－, 有信堂高文社, 1984년.

副島和穗 編, 矯正敎育學槪論, 有斐閣双書, 1971년.

日本法務硏修所, 刑務作業の本質についての硏究, 1958년.

日本法務總合硏究所, 被拘禁者處遇最低基準規則の硏究, 法務硏究, 58卷3号, 1971년.

吉岡一男, 自由刑論の新展開, 成分堂, 1997年.

吉田敏雄, 行刑の理論, 慶応通信, 1987年.

[영미독문헌]

Norman Johnston, Forms of Constraint－A History of Prison Architecture－, 2000 by the Board of Trustees of the Universit of Illinois.

Norval MOrris and David J. Tothman, The Oxford History of the Prison－The Practice of Punishment in Western Society, Oxford University Press, 1998년.

J. Thorsten Sellin, Slavery and the Penal System, Elsevier Scientific Publishing Co., Ind., 1976년.

Torsten Eriksson, The Reformers Historical Srvey of Pioneer Experiments in the Treatment of Criminals－, 1976 by Elsevier Scientific Publishing Company, Inc.

平野龍一 監譯, CRIMINOLOGY 10th Edition part Ⅱ, アメリカの刑事司法－犯罪學Ⅱ－, 有信堂高文社, 1984년.

Thorsten Sellin, Pioneering in Penology, The Amsterdam Houses of Correction in the sixteenth and Seventeenth Centuries, Philadelphia: University of Pennsylvania Press, 1944년.

E.H. Sutherland · D.R. Cressey, Principles of Criminology Part Two, 1960, J.B. Lippincott Company (平野龍一·所一彦 訳, 犯罪の対策, 有信堂, 1996年).

Wolfgang Sellert, 石塚伸一 역, Zur Entstehung und Entwicklung der Freiheitsstrafe in der Geschichte der deutschen Strafrechtspflege, 北九州大學法政論集 제18권 제2호, 1990년 9월.

Dr. Paul Pollitz, Starfe und Verbrechen, Geschichte und Organisation des Gefängniswesens(1910) 東邦彦 역, 刑罰と犯罪, 刑務協會 橫濱支部, 1938년.

H.E. Barnes, The Evolution of Penology in Pennsylvania : A Study in American Social History, Indianapolis : Bobbs－Merrill Co. 1927년.

헌법재판소 판례

대법원 판례

찾아보기

서술형 기출문제 교정학

국가공무원 5급(행정) 공개경쟁채용 제2차시험(인사혁신처)

[2020년도]

제1문 다음은 수용자 접견과 관련된 「형의 집행 및 수용자의 처우에 관한 법률」(이하 '형집 행법'이라 한다)의 규정이다. 다음 물음에 답하시오. (총 40점) [본문 350~352면]

> **형집행법 제41조(접견)** ④ 소장은 다음 각 호의 어느 하나에 해당하는 사유가 있으 면 교도관으로 하여금 수용자의 접견내용을 청취·기록·녹음 또는 녹화하게 할 수 있다.
> 1. 범죄의 증거를 인멸하거나 형사 법령에 저촉되는 행위를 할 우려가 있는 때
> 2. 수형자의 교화 또는 건전한 사회복귀를 위하여 필요한 때
> 3. 시설의 안전과 질서유지를 위하여 필요한 때

1) 형집행법 제41조 제4항 규정에도 불구하고 형집행법령상 미결수용자에게 인정되는 변호인 접견 방식에 대한 특칙의 내용을 기술하시오.(20점)

2) 1)과 같이 미결수용자에게 변호인 접견상 특칙이 인정되는 이유를 헌법상 의 기본권과 연결하여 설명하시오.(20점)

제2문 다음 사례를 읽고 물음에 답하시오. (총 40점)

> A경찰서의 관할지역은 저임금의 단순 노동으로 생계를 유지하는 다문화 가구가 많 은 곳으로, A경찰서는 다문화 가구 증가 등에 대비하여 관할 지구대 중 일부를 다문 화 치안센터로 지정하여 전담 경찰관이 근무함과 동시에 통역요원을 배치하여 방범 활동은 물론 다양한 민원업무를 처리하고 있다.

1) A경찰서의 노력에도 불구하고 관할지역 내 다문화 가정 청소년의 일탈행 위가 증가하고 있다고 가정할 경우, 그 원인을 코헨(A. Cohen)의 비행하위 문화이론의 관점에서 설명하시오. (30점)

2) 다문화 가정 청소년의 일탈행위가 증가했다고 가정할 경우, 이에 대한 적

절한 대응방안을 제시하시오. (10점)

제3문 다음 사례를 읽고 물음에 답하시오. (총 20점)

교도관 甲은 강도죄로 유죄가 확정되어 수용된 A를 외부의료시설로 이송하기 전에
도주를 방지하기 위하여 법원의 명령 없이 A에게 위치추적 전자장치를 부착하였다.
A는 외부의료시설로 이송되어 가던 중 도주하였는데, 이를 추적하던 교도관 乙은 A
가 도주한 지 5일째 되던 날 A를 발견하고 체포하였다.

1) 교도관 甲이 A에게 위치추적 전자장치를 부착한 것이 적법한지 여부와 그
   법적 근거에 대하여 기술하시오. (10점) [본문 548~549면]

2) 교도관 乙이 A를 체포한 것이 적법한지 여부와 그 법적 근거에 대하여 기
   술하시오. (10점) [본문 571~574면]

[2019년도]

제1문 교정의 발전단계는 복수적 위하단계, 교육적 개선단계, 과학적 처우단계, 사회적 권리
     보장단계로 구분할 수 있다. 다음 물음에 답하시오. (총 30점) [본문 23면 참조]

1) 범죄발생의 이유와 형벌에 대한 관점을 중심으로 교육적 개선단계와 과학
   적 처우단계의 특징을 비교하여 설명하시오. (10점)

2) 교육적 개선단계와 과학적 처우단계에서 나타난 처우의 특성(시설 및 제도
   등)을 비교하여 설명하시오. (20점)

제2문 범죄자가 교정시설에 입소하면 재소자로서 교정시설에서의 행위유형을 학습
     하는 과정을 겪는데, 이를 교도소화(prisonization)라고 한다. 다음 물음에 답
     하시오. (총 30점)

1) 교도소화를 설명하는 3가지 모델을 제시하고, 이에 대하여 설명하시오. (20점)

2) 교도소화와 관련된 클레머(D. Clemmer)와 휠러(S. Wheeler)의 견해를 비교
   하여 설명하시오. (10점)

제3문 다음 사례를 읽고 물음에 답하시오. (총 40점)

강도죄로 징역 3년이 확정된 후 교도소에 수용 중인 甲은 작업 도중 다른 수형자를 일방적으로 타격하여 전치 10주의 치료를 요하는 상해를 가하였다. 소장은 甲에 대하여 20일 금치처분을 하면서 실외운동과 집필을 일절 금지하였다. 甲은 이에 대한 불만으로 자살을 시도하였는데 생명에는 지장이 없었다. 하지만 소장은 甲의 자살시도를 방지하기 위하여 甲이 수용된 거실에 CCTV를 설치하여 감시하였다.

1) 소장이 부과한 금치처분과 실외운동·집필금지처분의 적법 여부에 대하여 논하시오. (15점) [본문 592~596면]
2) 소장의 각 처분에 대하여 甲이 취할 수 있는 현행법상 권리구제방법을 설명하시오. (15점) [본문 224~253면]
3) 현행 법령상 수용자 계호에 사용할 수 있는 전자장비의 종류를 설명하고, CCTV 설치에 의한 계호의 적법 여부에 대하여 논하시오. (10점) [본문 549~553면]

[2018년도]

제1문 범죄의 원인과 예방에 관한 논의는 고전주의 범죄학과 실증주의 범죄학으로 나누어진다. 다음 물음에 답하시오. (35점)

1) 고전주의 범죄학과 실증주의 범죄학의 관점에서 범죄의 원인을 각각 설명하시오. (20점)
2) 범죄예방의 관점에서 고전주의 범죄학과 실증주의 범죄학에 대하여 논하시오. (15점)

제2문 독거수용된 수형자 甲은 최근 자살을 시도하였고, 교도소장은 甲의 생명 또는 신체의 보호 및 정서적 안정에 필요다하다고 판단하여 혼거수용 조치를 하였다. 그러나 甲은 혼거수용되어 있음에도 불구하고 지속적으로 자해를 시도하였다. 다음 물음에 답하시오. (총 40점)

1) 甲에게 사용할 수 있는 보호장비의 종류와 사용요건을 설명하시오. (20점) [본문 557~559면]

2) 독거수용과 혼거수용의 장단점을 설명하고, 甲에 대해 혼거수용조치를 내린 판단의 적정성에 대하여 설명하시오. (20점) **[본문 157~159면, 168~172면]**

제3문 다음 사례에서 甲이 행한 거부의 적법성 여부를 논하시오. (25점) **[본문 212~214면]**

> 양심적 병역거부자 A는 병역법 위반으로 징역 1년의 형이 확정되어 교도소에 수감되어 있는 중, 교도소장 甲에게 대통령선거에 투표할 수 있도록 해 줄 것을 요청하였다. 그러나 甲은 「형법」 제43조 제2항, 「공직선거법」 제18조 제1항 제2호에 근거하여 A의 요청을 거부하였다.

〈참조조문〉

「형법」 제43조(형의 선고와 자격상실, 자격정지)

「공직선거법」 제18조(선거권이 없는 자)

[2017년도]

제1문 최근 '맞춤형 교정교화 프로그램'의 시행은 개별화된 수형자 처우를 향한 노력의 좋은 사례이다. 다음 물음에 답하시오. (총 30점) **[본문 401~410면]**

  1) 수형자 처우 개별화의 필요성과 법적근거에 대하여 설명하시오. (20점)

  2) 수형자 처우 개별화를 위한 전제조건에 대하여 설명하시오. (1점)

제2문 교정시설과 사회를 연결하는 일종의 완충지대로서 중간처우제도가 국내·외에서 운영되고 있다. 다음 물음에 답하시오. (총 30점)

  1) 중간처우제도의 의의와 유형을 설명하시오. (10점)

  2) 우리나라 중간처우의 집(halfway house) 운영과 발전방안에 대하여 논하시오. (20점)

제3문 다음 사례에 대하여 물음에 답하시오. (총 40점)

> 수형자 A는 재조자 간 폭행사건으로 25일의 금치 집행이 종료된 2개월 후에 같은 거실 내에 수용 중인 다른 수형자에게 전치 8주에 해당하는 상해를 입혀 거실 내에서 조사를 기다리던 중 반복적으로 자살을 시도하였다.

  1) A에게 징벌을 부과하는 경우 징벌의 종류와 부과기준, 집행방법에 대하여 설명하시오. (25점) [본문 592~596면, 606~607면, 610~613면]

  2) A에 대한 계호상 특별 조치에 대하여 설명하시오. (15점) [본문 531~541면]

[2016년도]

제1문 오늘날은 범죄자에 대한 재사회화를 통해 재범방지에 주안점을 두어야 한다는 교정처우의 이념이 자리잡고 있다. 교정처우의 모델에 대하여 다음 물음에 답하시오. (40점) [본문 47~53면]

  1) 의료모델(치료모델, medical model)의 개념과 한계를 설명하시오. (10점)

  2) 적응모델(adjustment model)의 개념과 한계를 설명하시오. (15점)

  3) 재통합모델(reintegration model)의 개념과 한계를 설명하시오. (15점)

제2문 최근 수형자의 원활한 사회복귀를 이해 외부교통권의 중요성이 높아지고 있다. 외부교통권에 대하여 다음 물음에 답하시오. (총 30점) [본문 342~369면]

  1) 외부교통권의 의의를 서술하시오. (5점)

  2) 외부교통권의 제한원리를 설명하시오. (10점)

  3) 형의 집행 및 수용자의 처우에 관한 법령상 접견, 서신수수, 전화통화에 대한 각각의 제한사유를 기술하시오. (15점)

제3문 사음 사례에 대하여 물음에 답하시오. (총 30점)

소년 A는 중학교 3학년 때 가출하여 학업을 그만 두고 또래의 친구들과 함께 의사가족(가출팸)을 형성하고 같이 살면서, 낮에는 음식점에서 배달을 하고 밤에는 매일 술을 마시고 오토바이를 타면서 폭주족 생활을 하던 중 경찰에 단속되었고, 소년법원에서 2년의 보호관찰 처분을 받았다.

1) 「보호관찰 등에 관한 법률」상 A군에게 부과되어야 하는 보호관찰의 일반 준수사항에 대하여 설명하시오. (15점)

2) 「보호관찰 등에 관한 법률」과 「소년법」상 A군에게 가장 적절한 보호관찰의 특별준수사항 및 부가처분에 대하여 논하시오. (15점)

[2015년도]

제1문 다음 사례에 대하여 물음에 답하시오. (총 40점)

수형자 A는 3년의 형기 중 11개월의 기간 동안 구외작업에 참여하였다. 그러던 중 2014년 4월 작업장에서 부상을 당하여 더 이상 일을 할 수 없게 되었다. A는 치료와 회복을 위해 비용이 많이 들자 11개월의 작업장려금 전부를 지급해 줄 것을 요청하였으나 교도소장은 교도소내 의료과의 진찰과 치료로 충분하다고 하면서 지급을 거부하였다. A는 이러한 처분에 불복함은 물론 작업장려금이 아닌 작업임금을 지급해 달라고 요청하였다.

1) A가 교도소장의 처분에 불복하여 자신의 권리를 구제받을 수 있는 비사법적 수단과 절차에 대하여 설명하시오. (15점) **[본문 227~247면]**

2) 작업장려금의 의의를 서술하고, A의 작업장려금 지급요청을 거부한 교도소장의 조치가 타당한지에 대하여 설명하시오. (15점) **[본문 474~477면]**

3) 작업임금제의 의의 및 장단점과 A의 작업임금 지급요청의 타당성 여부에 대하여 설명하시오. (10점) **[본문 478~480면]**

제2문 지역사회교정의 모형으로서 전환제도(Diversion)에 대하여 다음이 내용을 설명하시오. (총 30점)

1) 전환제도의 이론적 의의 (6점)

2) 형사사법단계에 따른 전환제도의 종류 (10점)

3) 전환제도의 장점과 단점 (14점)

제3문 「형의 집행 및 수용자의 처우에 관한 법률」상 교도소 수형자에 대한 징벌제도 대하여 다음의 내용을 설명하시오. (총 30점)

1) 징벌제도의 의의 및 종류 (15점)　[본문 589~596면]

2) 징벌의 절차 (15점)　[본문 600~610면]

[2014년도]

제1문 수형자분류제도에 관한 다음 내용을 설명하시오. (총 40점)　[본문 181~182면, 404~417면]

1) 수형자분류제도의 형사정책적 의의와 현행법상 목적 (10점)

2) 현행 법령상 분류심사 제외자 및 유예자, 분류심사의 종류 (15점)

3) 현행 수형자분류제도의 문제점과 개선방안 (15점)

제2문 최근 외국인 범죄가 증가함에 따라 외국인 수용자 처우에 대한 관심이 높아지고 있다. 외국인 수용자에 관한 다음의 내용을 설명하시오. (총 30점)　[본문 369~397면]

1) 현행 법령상 외국인 수용자 처우에 관한 내용 (10점)

2) 외국인 수용자 처우의 문제점과 개선방안 (20점)

제3문 미결수용자에 대한 다음의 내용을 설명하시오. (총 30점)　[본문 504~516면]

1) 미결수용자의 법적 지위와 미결수용자의 권리 제한 사유 (15점)

2) 「형의 집행 및 수용자의 처우에 관한 법률」에 따른 미결수용자의 처우 (15점)

[2013년도]

제1문 「형의 집행 및 수용자의 처우에 관한 법률」상 작업장려금에 관하여 다음 사항을
　　　설명하시오. (총 30점)　[본문 474~480면]

　　1) 작업장려금의 의의와 법적 성격 (10점)

　　2) 현행법상 작업장려금제도의 내용과 개선방안 (20점)

제2문 5년의 징역형을 선고받아 복역 중인 甲은 3년의 형기가 지난 후 교도소장에게
　　　가석방 적격심사를 신청해달라고 요청하였다. 그러나 교도소장은 甲의 요청을 기
　　　각하였다. 이와 관련하여 다음 물음에 답하시오. (총 30점)　[본문 626~641면]

　　1) 甲이 권리침해를 이유로 헌법소원을 제기한다면 이러한 甲의 주장은 타당
　　　한가? (15점)

　　2) 형기를 1년 남기고 교도소장은 甲에 대한 가석방 적격심사를 신청하였고,
　　　甲은 가석방 되었다. 그러나 가석방된 지 6개월 만에 보호관찰의 준수사항
　　　을 위반하여 가석방이 최소되었다. 이 경우 甲에 대한 재수용 절차와 재수
　　　용 기간 및 처우등급에 대해 설명하시오. (15점)

제3문 범죄자가 사회내처우·교육·상담 등 다른 개선프로그램에 자발적으로 참여하는
　　　조건으로 구속이나 기소를 회피하는 제도의 유형과 그 문제점을 설명하시오.
　　　(20점)

제4문 현행 법령상 수형자의 가족관계유지를 위한 제도와 문제점을 설명하시오. (20점)
　　[본문 342~345면, 443면, 495~498면]

[2012년도]

제1문 사회내 처우의 하나로 행해지는 사회봉사명령제도와 관련하여 다음을 논하시오.
　　　(총 40점)

　　1) 사회봉사명령의 기능과 성격 (10점)

　　2) 현행법상의 사회봉사명령제도 (15점)

3) 사회봉사명령 대상자의 준수사항 (10점)

4) 현행 사회봉사명령제도의 문제점과 그 개선방안(5점)

제2문 현행법상의 귀휴제도와 관련하여 다음을 논하시오. (총 30점) [본문 495~503면]

1) 귀휴제도의 기능과 귀휴의 허가요건 (15점)

2) 귀휴심사위원회의 구성과 그 심사상의 특례 (10점)

3) 귀휴제도의 문제점과 그 개선방안 (5점)

제3문 〈그림〉은 우리 사회의 인구 변화에 대한 추이를 나타내고, 〈표〉는 지난 10년 간의 교도소 수용인원에 대한 통계치를 보여준다. (총 30점)

〈그림〉 대한민국의 인구 변화 추이 (생략)

〈표〉 수용인원의 연령별 분포

	2001	2002	2003	2004	2005	2006	2007	2008	2009	2010
16세 미만	20	3	4	2	—	1	1	5	2	1
18세 미만	95	70	59	32	29	22	36	60	73	46
20세 미만	773	541	425	324	201	156	214	228	273	304
25세 미만	6,348	5,568	5,225	4,637	3,770	3,086	2,519	2,189	2,471	2,457
25세 이상	6,176	5,971	5,207	4,868	4,376	3,877	3,867	3,898	3,697	3,295
30세 미만	12,434	12,217	11,922	11,581	20,423	9,262	9,348	8,998	8,733	8,436
40세 미만	9,146	9,416	9,576	9,909	9,471	9,045	9,849	10,381	10,166	9,925
50세 미만	2,699	2,982	3,007	3,339	3,667	3,653	4,375	5,032	5,387	5,876
60세 이상	830	878	907	935	1,032	1,043	1,269	1,406	1,495	1,641
계	38,521	37,646	36,332	35,627	32,969	30,145	31,478	32,197	32,297	31,981

1) 〈그림〉이 시사하는 우리 사회의 변화 양상을 토대로 〈표〉의 통계치를 분석하고, 앞으로 수용자 처우와 관련하여 어떠한 문제가 대두될 것인지를 기술하시오. (15점)

2) 위 문제를 해결하기 위하여 교정행정의 정책방향이 어떻게 수정되어야 할 것인지를 논하시오. (15점)

[2011년도]

제1문 범죄자에 대한 전자감시제도에 관해 다음을 논하시오. (총 40점)

   1) 전자감시제도의 의의와 유형 (20점)

   2) 전자감시제도의 장·단점 (20점)

제2문 여성범죄에 대해 다음을 논하시오. (총 30점) [본문 389~390면]

   1) 여성범죄의 증가원인 (10점)

   2) 현행법상 여성수용자에 대한 특별처우 유형 (10점)

   3) 여성수용자 처우의 개선방안 (10점)

제3문 소년범죄자의 충격구금(예 : 초단기 소년원 구금)에 대해 다음을 논하시오.

   (총 15점)

   1) 제도적 의의 (5점)

   2) 현행법상 법적 근거 (5점)

   3) 문제점 (5점)

제4문 일수벌금형제도에 대해 다음을 논하시오. (총 15점)

   1) 개념 (5점)

   2) 정책적 의의 (5점)

   3) 문제점 (5점)

[2010년도]

제1문 범죄이론 중 제지이론(억제이론, Deterrence Theory)과 낙인이론(Labeling Theory)은 구금을 통한 처벌이 범죄자에게 미치는 효과에 대해 서로 다른 설명을 하고 있다. 이 이론들과 관련된 다음 사항에 대하여 논하시오. (총 50점)

   1) 제지이론의 효과와 한계를 설명하시오. (20점)

2) 낙인이론의 개념과 교정정책적 함의를 설명하시오. (20점)

3) 두 이론 중 어떤 이론이 재범방지에 있어서 더 효과적이라고 생각하는지 자신의 견해를 밝히시오. (10점)

제2문 중간처우제도에 관하여 다음 사항을 설명하시오. (총 30점)

1) 중간처우제도의 의의 (5점)

2) 중간처우제도의 유형 (15점)

3) 중간처우제도의 운영시 고려사항 (10점)

제3문 현행 법령상 노인수용자의 특별한 보호에 관하여 설명하시오. (20점)   [본문 393~394면]

[2009년도]

제1문 최근 UN이 '회복적 사법(restorative justice)' 프로그램의 적극적 활용을 권고함에 따라 많은 국가에서 회복적 사법 프로그램을 경쟁적으로 도입하고 있다. 다음의 내용을 포함하여 회복적 사법에 대하여 논하시오. (총 40점)

1) 개념 및 필요성 (10점)

2) 프로그램 유형 (15점)

3) 한국 교정에의 적용가능성 및 한계 (15점)

제2문 과밀수용에 대하여 다음을 중심으로 논하시오. (총 30점)   [본문 287~293면]

1) 개념 및 원인 (10점)

2) 문제점 (10점)

3) 개선방안 (10점)

제3문 최근 사형확정자가 증가하면서 그들의 교정처우에 대한 관심이 증가하고 있
    다. 「형의 집행 및 수용자의 처우에 관한 법률」상 '사형확정자의 처우'에 대하
    여 논하시오. (총 30점) [본문 518~525면]

  1) 사형확정자의 법적지위와 권리보장 (10점)

  2) 사형확정자의 교육·작업 등 처우 (10점)

  3) 사형확정자 처우의 문제점과 개선방안 (10점)

[저자 약력]

금용명

서울시립대학교 법학과
일본 쮸오대학(中央大學) 대학원 법학연구과 법학석사
법무부 교정본부 미래정책팀장
공주교도소장
현, 안동교도소장

〈주요 저서 등〉
외국교정관계법령집(법무부 교정본부, 2012)
교정관계국제규약집(법무부 교정본부, 2015)
일본행형법(공역, 한국형사정책연구원, 2016)
교정실무(공동집필, 법무부 교정본부, 2018)
일본의 형사정책(공역, 박영사, 2019)

교정학
행형론과 수용자 처우

초판발행   2021년 2월 25일

지은이   금용명
펴낸이   안종만·안상준

편 집   최문용
기획/마케팅   장규식
디자인   BEN STORY
제 작   고철민·조영환

펴낸곳   ㈜ **박영사**
                 서울특별시 금천구 가산디지털2로 53 210호(가산동, 한라시그마밸리)
                 등록 1959.3.11. 제300-1959-1호(倫)

전 화   02)733-6771
f a x   02)736-4818
e-mail   pys@pybook.co.kr
homepage   www.pybook.co.kr
ISBN   979-11-303-1208-8 93350

정 가   38,000원